中国社会科学院创新工程学术出版资助项目

国家社科基金重大特别委托项目
西藏历史与现状综合研究项目

中国社会科学院创新工程学术出版资助项目

国家社科基金重大特别委托项目
西藏历史与现状综合研究项目

西藏文化产业发展探析

罗 莉 主编

社会科学文献出版社
SOCIAL SCIENCES ACADEMIC PRESS (CHINA)

西藏历史与现状综合研究项目
编　委　会

课题参加人员及分工

项目主持人 罗莉教授（中央民族大学经济学院，教授、博士生导师）

参　与　人 刘静菲讲师（北京第二外国语学院继续教育学院/国际教育学院）

刘江荣（中央民族大学经济学院中国少数民族经济专业2011级博士研究生）

曾丽（北京西藏中学工作人员）

李秀阳（中央民族大学经济学院中国少数民族经济专业2010级硕士研究生）

黄鑫宇（中央民族大学经济学院中国少数民族经济专业2010级硕士研究生）

吴建伟（中央民族大学经济学院中国少数民族经济专业2010级硕士研究生）

白晓慧（中央民族大学经济学院中国少数民族经济专业2010级硕士研究生）

张　靖（中央民族大学经济学院中国少数民族经济专业2010级硕士研究生）

曾　静（中央民族大学经济学院中国少数民族经济专业2011级硕士研究生）

钟　静（中央民族大学经济学院中国少数民族经济专业2011级硕士研究生）

吕明辉（中央民族大学经济学院中国少数民族经济专业2011级硕士研究生）

具体撰写 罗莉（绪言、后记、第一章），刘静菲（第四章），刘江荣（第七章），曾丽（第三章），李秀阳（第五章、第八章），黄鑫宇（第十四章），吴建伟（第六章、十七章），白晓慧（第十一章、十六章），张靖（第十章、十二章），曾静（第二章、第十三章），钟静（第九章、第十五章），吕明辉（第八章、第十八章）

罗莉负责全稿的最后统筹、修改和补充

总 序

郝时远

中国的西藏自治区，是青藏高原的主体部分，是一个自然地理、人文社会极具特色的地区。雪域高原、藏传佛教彰显了这种特色的基本格调。西藏地区平均海拔4000米，是人类生活距离太阳最近的地方；藏传佛教集中体现了西藏地域文化的历史特点，宗教典籍中所包含的历史、语言、天文、数理、哲学、医学、建筑、绘画、工艺等知识体系之丰富，超过了任何其他宗教的知识积累，对社会生活的渗透和影响十分广泛。因此，具有国际性的藏学研究离不开西藏地区的历史和现实，中国理所当然是藏学研究的故乡。

藏学研究的历史通常被溯到17世纪西方传教士对西藏地区的记载，其实这是一种误解。事实上，从公元7世纪藏文的创制，并以藏文追溯世代口传的历史、翻译佛教典籍、记载社会生活的现实，就是藏学研究的开端。同一时代汉文典籍有关吐蕃的历史、政治、经济、文化、社会生活及其与中原王朝互动关系的记录，就是中国藏学研究的本土基础。现代学术研究体系中的藏学，如同汉学、东方学、蒙古学等国际性的学问一样，曾深受西学理论和方法的影响。但是，西学对中国的研究也只能建立在中国历史资料和学术资源基础之上，因为这些历史资料、学术资源中所蕴含的不仅是史实，而且包括了古代记录者、撰著者所依据的资料、分析、解读和观念。因此，中国现代藏学研究的发展，不仅需要参考、借鉴和吸收西学的成就，而且必须立足本土的传统，光大中国藏学研究的中国特色。

作为一门学问，藏学是一个综合性的学术研究领域，“西藏历史与现状综合研究项目”即是立足藏学研究综合性特点的国家社会科学基金重大特别委托项目。自2009年“西藏历史与现状综合研究项目”启动以来，中国社会科学院建立了项目领导小组，组成了专家委员会，制定了《“西藏历史与现状综合研究项目”管理办法》，采取发布年度课题指南和委托的方式，面向全国进行招标申报。几年来，根据年度发布的项目指南，通过专家初审、专家委员会评审的工作机制，逐年批准了一百多项课题，约占申报量的十分之一。这些项目的成果形式主要为学术专著、档案整理、文献翻译、研究报告、学术论文等类型。

承担这些课题的主持人，既包括长期从事藏学研究的知名学者，也包括致力于从事这方面研究的后生晚辈，他们的学科背景十分多样，包括历史学、政治学、经济学、民族学、人类学、宗教学、社会学、法学、语言学、生态学、心理学、医学、教育学、农学、地理学和国际关系研究等诸多学科，分布于全国23个省、自治区、直辖市的各类科学研究机构、高等院校。专家委员会在坚持以选题、论证等质量入选原则的基础上，对西藏自治区、青海、四川、甘肃、云南这些藏族聚居地区的学者和研究机构，给予了一定程度的支持。这些地区的科学研究机构、高等院校大都具有藏学研究的实体、团队，是研究西藏历史与现实的重要力量。

“西藏历史与现状综合研究项目”具有时空跨度大、内容覆盖广的特点。在历史研究方面，以断代、区域、专题为主，其中包括一些历史档案的整理，突出了古代西藏与中原地区的政治、经济和文化交流关系；在宗教研究方面，以藏传佛教的政教合一制度及其影响、寺规戒律与寺庙管理、僧人行止和社会责任为重点，突出了藏传佛教与构建和谐社会的关系；在现实研究方面，则涉及政治、经济、文化、社会和生态环境等诸多领域，突出了跨越式发展和长治久安的主题。

在平均海拔4000米的雪域高原，实现现代化的发展，是中国改革开放以来推进经济社会发展的重大难题之一，也是没有国际经验可资借鉴的中国实践，其开创性自不待言。同时，以西藏自治区现代化为主题的经济社会发展，不仅面对地理、气候、环境、经济基础、文化特点、社会结构等特殊性，而且面对境外达赖集团和西方一些所谓“援藏”势力制造的“西藏问题”。因此，这一项目的实施也必然包括针对这方面的研究选题。

所谓“西藏问题”是近代大英帝国侵略中国、图谋将西藏地区纳入其殖民统治而制造的一个历史伪案，流毒甚广。虽然在一个世纪之后，英国官方承认以往对中国西藏的政策是“时代错误”，但是西方国家纵容十四世达赖喇嘛四处游说这种“时代错误”的国际环境并未改变。作为“时代错误”的核心内容，即英国殖民势力图谋独占西藏地区，伪造了一个具有“现代国家”特征的“香格里拉”神话，使旧西藏的“人间天堂”印象在西方社会大行其道，并且作为历史参照物来指责1959年西藏地区的民主改革、诋毁新西藏日新月异的现实发展。以致从17世纪到20世纪上半叶，众多西方人（包括英国人）对旧西藏黑暗、愚昧、肮脏、落后、残酷的大量实地记录，在今天的西方社会舆论中变成讳莫如深的话题，进而造成广泛的“集体失忆”现象。

这种外部环境，始终是十四世达赖喇嘛及其集团势力炒作“西藏问题”和分裂中国的动力。自20世纪80年代末以来，随着前苏联国家裂变的进程，达赖集团在西方势力的支持下展开了持续不断、无孔不入的分裂活动。达赖喇嘛以其政教合一的身份，一方面在国际社会中扮演“非暴力”的“和平使者”，另一方面则挑起中国西藏等地区的社会骚乱、街头暴力等分裂活动。2008年，达赖集团针对中国举办奥运会而组织的大规模破坏活动，在境外形成了抢夺奥运火炬、冲击中国大使馆的恶劣暴行，在境内制造了打、砸、烧、杀的严重罪行，其目的就是要使所谓“西藏问题”弄假成真。而一些西方国家对此视而不见，则大都出于“乐观其成”的“西化”“分化”中国的战略意图。其根本原因在于，中国的经济社会发展蒸蒸日上，西藏自治区的现代化进程不断加快，正在彰显中国特色社会主义制度的优越性，而西方世界不能接受中国特色社会主义取得成功，达赖喇嘛不能接受西藏地区彻底铲除政教合一封建农奴制度残存的历史影响。

在美国等西方国家的政治和社会舆论中，有关中国的议题不少，其中所谓“西藏问题”是重点之一。一些西方首脑和政要时不时以会见达赖喇嘛等方式，来表达他们对“西藏问题”的关注，显示其捍卫“人权”的高尚道义。其实，当“西藏问题”成为这些国家政党竞争、舆论炒作的工具性议题后，通过会见达赖喇嘛来向中国施加压力，已经成为西方政治作茧自缚的梦魇。实践证明，只要在事实上固守“时代错误”，所谓“西藏问题”的国际化只能导致搬石砸脚的后果。对中国而言，内因是变化的依据，外因是变化的条件这一哲学原理没有改变，推进“中国特色、西藏特点”现代化建设的时间表是由中国确定的，中国具备抵御任何外部势力破坏国家统一、民族团结、社会稳定的能力。从这个意义上说，本项目的实施不仅关注了国际事务中的涉藏斗争问题，而且尤其重视西藏经济社会跨越式发展和长治久安的议题。

在“西藏历史与现状综合研究项目”的实施进程中，贯彻中央第五次西藏工作座谈会的精神，落实国家和西藏自治区“十二五”规划的发展要求，是课题立项的重要指向。“中国特色、西藏特点”的发展战略，无论在理论上还是实践中，都是一个现在进行时的过程。如何把西藏地区建设成为中国“重要的国家安全屏障、重要的生态安全屏障、重要的战略资源储备基地、重要的高原特色农产品基地、重要的中华民族特色文化保护地、重要的世界旅游目的地”，不仅需要脚踏实地的践行发展，而且需要科学研究的智力支持。在这方面，本项目设立了一系列相关的研究课题，诸如西藏跨越式发展目标评估，西藏民生改善的目标与政策，西藏基本公共服务及其管理能力，西藏特色经济发展与发展潜力，西藏交通运输业的发展与国内外贸易，西藏小城镇建设与发展，西藏人口较少民族及其跨越式发展等研究方向，分解出诸多的专题性研究课题。

注重和鼓励调查研究，是实施“西藏历史与现状综合研究项目”的基本原则。对西藏等地区经济社会发展的研究，涉面甚广，特别是涉及农村、牧区、城镇社区的研究，都需要开展深入的实地调查，课题指南强调实证、课题设计要求具体，也成为这类课题立项的基本条件。在这方面，我们设计了回访性的调查研究项目，即在20世纪五六十年代开展的藏区调查基础上，进行经济社会发展变迁的回访性调查，以展现半个多世纪以来这些微观社区的变化。这些现实性的课题，广泛地关注了经济社会的各个领域，其中包括人口、妇女、教育、就业、医疗、社会保障等民生改善问题，宗教信仰、语言文字、传统技艺、风俗习惯等文化传承问题，基础设施、资源开发、农牧业、旅游业、城镇化等经济发展问题，自然保护、退耕还林、退牧还草、生态移民等生态保护问题，等等。我们期望这些陆续付梓的成果，能够从不同侧面反映西藏等地区经济社会发展的面貌，反映藏族人民生活水平不断提高的现实，体现科学研究服务于实践需求的智力支持。

如前所述，藏学研究是中国学术领域的重要组成部分，也是中华民族伟大复兴在学术事业方面的重要支点之一。“西藏历史与现状综合研究项目”的实施涉及的学科众多，它虽然以西藏等藏族聚居地区为主要研究对象，但是从学科视野方面进一步扩展了藏学研究的空间，也扩大了从事藏学研究的学术力量。但是，这一项目的实施及其推出的学术成果，只是当代中国藏学研究发展的一个加油站，它在一定程度上反映了中国藏学研究综合发展的态势，进一步加强了藏学研究服务于“中国特色、西藏特点”

的发展要求。但是，我们也必须看到，在全面建成小康社会和全面深化改革的进程中，西藏实现跨越式发展和长治久安，无论是理论预期还是实际过程，都面对着诸多具有长期性、复杂性、艰巨性特点的现实问题，其中包括来自国际层面和境外达赖集团的干扰。继续深化这些问题的研究，可谓任重道远。

在“西藏历史与现状综合研究项目”进入结项和出版阶段之际，我代表“西藏历史与现状综合研究项目”专家委员会，对全国哲学社会科学规划办公室、中国社会科学院及其项目领导小组几年来给予的关心、支持和指导致以崇高的敬意！对“西藏历史与现状综合研究项目”办公室在组织实施、协调联络、监督检查、鉴定验收等方面付出的努力表示衷心的感谢！同时，承担“西藏历史与现状综合研究项目”成果出版事务的社会科学文献出版社，在课题鉴定环节即介入了这项工作，为这套研究成果的出版付出了令人感佩的努力，向他们表示诚挚的谢意！

2013 年 12 月北京

目 录

绪　言

文化，是观察一个地区发展态势的最佳对象。兴盛的文化，不仅在无形中提升着对外部世界的整体影响力，同时也以醒目的姿态充当着这个地区经济社会发展的标杆。人类社会的发展史是人类生命繁衍、财富创造的物质文明发展史，更是人类文化积累、文明传承的精神发展史。在漫长的岁月中，人们逐渐形成和积淀了只属于某个民族的行为习惯和社会心理。藏族文化是中华民族文化的一朵奇葩，在西藏这块神奇的土地上，勤劳智慧的藏民族的确孕育了流金溢彩的文化，也繁衍了多姿多彩的藏族文化产业。

一

20 世纪下半叶，在经济全球化和知识经济推动下，发达国家和地区面临前所未有的经济结构和产业调整：一般制造业加速向后发国家地区迁徙，城市功能由生产型为主向服务型为主转型，各种资源的全球流动速度加快，新兴国家和城市不断崛起，几百年来西方国家世界经济中心的地位开始动摇，一些发达国家和城市的发展面临巨大挑战。寻找新的发展途径，为国家和城市发展注入新的动力，是一些发达国家迫切需要解决的重大问题。正是在上述背景下，文化和文化产业对城市乃至国家整体发展的带动作用受到特别关注和重视。文化产业既是现代服务的核心内容之一，也为现代服务业发展提供了动力。特别是在信息化浪潮的冲击下，高新技术尤其是数字化、网络化的运用，使文化产品的生产效率越来越高，文化的传播力度越来越大，文化的覆盖面越来越广，文化不仅仅是一种“软实力”，同时也是一种“硬实力”。[①] 因此，发展文化和文化产业被认为是国家和城市复兴的必不可少的路径。发达国家政府和学术界所论及的文化和文化产业，其核心理论是创新（创造性），是以国家和城市的振兴为目标，在创新这种核心理念的统领下，激发个人创造、发展新型服务业（主要指文化与科技融合的服务业）、提供完善的服务、提升城市品质、增强吸引力和集聚能力等，同时促进文化与科技的融合，大力发展新媒体产业，以推动产业升级。网络技术、通信技术和数字技术的不断进步，打破了各种文化行业之间的界限，图像、文字、影像、声乐被整合，文化艺术的表现内容和表现形式得到极大的丰富，新兴文化行业层出不穷，新媒体产业显示出令人鼓舞的发展前景，成为经济和社会发展的强大动力。一些西方学者甚至认为，通过发展文化和文化产业来振兴城市，其重要性与欧洲文艺复兴具有同等重要的意义。当前，全球经济结构正进入一个大调整期，未来生产向着品质化、趣味化、环保化、精神化、经验化等方面发展，文化成为一个最强大的产业形态。文化产业的崛起，将为世界带来全新的面貌和体验，文化在经济的舞台上已不只是配角，更要担当日趋活跃的主角。从世界范围来观察，美国文化产业的视听产品出口额仅次于航空业和食品业，英国的文化产业年产值只排在汽车工业之后，日本的文化产业更是超过汽车工业占据首位。

在我国，文化是宣传、文化等行政部门的事情，如果说与经济有某些关联，也不过是经济的一个小小附庸，诸如“文化搭台，经济唱戏”之类。随着市场经济体制改革的深化，文化作为一种产业功能也逐步从行政体制中分离出来，并运用市场机制，实现文化的社会化大生产，被纳入产业发展的轨道。

由于长期受计划经济体制束缚，中国文化产业主要以事业单位的形式出现，因此文化产业半个世纪以来发展缓慢。20 世纪后期世界各国迅猛发展的文化产业浪潮也为中国文化产业的兴起和发展提供了前所未有的机遇。改革开放以来，我国文化产业发展走过了两个阶段。[②]

第一阶段是从 1978 年到 20 世纪末，为文化产业发展的自发阶段。其

① 关群：《文化对经济发展的影响及作用》，《中国第三产业》2004 年第 9 期。

② 祁述裕主编《中国文化产业发展战略研究》，社会科学文献出版社，2008，第 003 页。

基本特点是，在经济体制改革的推动下，为满足人民群众日益增长的精神文化消费需求，文化领域逐步打破计划经济的束缚，放开搞活。基本倾向主要表现为两个方面：其一，改变计划经济时期由国家“包办”文化生产的局面到允许社会力量参与文化产品生产。特别是 20 世纪 90 年代新媒体的出现，以及政府在新媒体管理方面相对宽松的政策，为社会力量介入这一新的领域提供了更大的空间。社会力量参与文化生产所表现出来的文化创造力，使人们看到了文化产业的巨大潜力。其二，改革国有文化单位机制，激发国有文化单位活力。在引入社会力量参与文化生产的同时，国有企业单位的改革也在谨慎地进行。起初是实行“事业单位，企业化经营”。进入 20 世纪 90 年代，随着我国经济体制改革的不断深入，国有文化单位的改革也在不断推进，商品经济规律已经成为绝大多数国有文化单位必须遵循的基本法则。

第二阶段大致是从 1995 年到现在，为文化产业发展的自觉阶段。其基本特点是人们由关注文化产品转到关注文化产业，文化产业在促进经济社会发展中的战略性作用受到高度重视。党的十六大的召开成为我国文化产业发展的里程碑。文化部在 2012 年发布的《文化部“十二五”时期文化产业倍增计划》和《文化部“十二五”时期文化改革发展规划》，都旨在加强对文化产业发展的政策保障和体制机制保障，全面创造有利于文化产业跨越式发展的良好环境，文化产业的发展在我国也进入了黄金时代。当然，促使这种转变的根本原因是我国经济结构调整和产业结构转型，以及对外开放程度的加深。20 世纪 90 年代中后期，我国的经济社会发展在以下几个方面有明显表现：一是以消耗物质资源为基本特点的经济发展模式已经无法为继，迫切需要寻找到新的经济增长方式；二是居民消费由物质消费为主逐步向物质消费和精神文化消费并重转变；三是文化与科技相结合，文化与产业相结合，推动了经济结构调整和产业的升级；四是衡量国家综合实力开始由主要关注“硬实力”向“硬实力”和文化软实力并重转变。这些经济结构的调整和产业结构的转型为我国文化产业的进入和发展创造了良好的机会和环境。同时，面对国际文化产业迅猛发展的态势，我国文化产业亟须与国际接轨。

文化与经济的结合已成为 21 世纪最引人注目的现象之一，各国的实践表明：文化作为一种重要的因素推动了经济的快速发展。藏族文化产业在国内文化产业发展的大背景中独树一帜，音乐、影视率先出击，深得国内外听众和观众的喜爱，一些有实力的藏族歌舞家踊跃参与各种大赛，西藏及青海、四川、云南、甘肃藏区都推出了一批藏族原创音乐制作人，深受群众欢迎。随着互联网的快速发展，数百家涉藏网成为推介藏族文化的重要窗口。西藏还多次组织文化企业参加各种博览会。事实证明，藏族文化产品深受欢迎，藏族文化产业成为中国文化产业发展的重要力量，同时成为当代西藏经济发展的重要力量和新的经济增长点。

二

西藏自然资源和人文资源极其丰富，经济发展也有自身的规律和特点。然而，人们对西藏经济发展特别是文化产业发展的真正了解是十分有限的。本课题旨在从西藏文化产业发展层面，进行一些初步探索，并总结、归纳出西藏文化产业现实的状况和特点，探索西藏是否具有发展文化产业的条件与潜力，以及西藏文化未来发展的趋势。

在西藏及其他藏区，有一点是与发达国家和地区文化产业发展有相似之处的，就是文化产业是西藏乃至整个青藏高原在今天经济发展中的最优选择之一。不同的是，发达国家和地区选择文化产业作为重要的支柱产业，是在经历了第一、第二、第三产业之后，一般是后工业化和发达的第三产业推动的产物和选择。西藏的文化产业则是在经济结构经历了“一、三、二”向“三、一、二”转变的产物和选择。这种选择与发达国家有着很大的不同，最主要的是体现在产业发展的基础不同，西藏文化产业的发展没有强大的第二产业和第三产业作后盾。第一产业是西藏的主体产业，也是西藏国计民生的重要依托，由于西藏生态的决定性地位，第二产业并不是西藏的最优产业，而西藏的第三产业也并不是建立在发达的第一、第二产业基础之上，是由于西藏自然条件的超常规要求，造成了运输、邮电、商业甚至旅游业等第三产业相对其他产业的超前发展。因而，西藏文化产业的选择与发展从总体上是在经济基础相对落后，自然环境又极其严峻的条件下进行的，必定有其自身独特的条件和因素，不可与一般地区相比，更不可与发达国家相比，当然，更不可拿发达国家或一般地区文化产业发展的模式来要求西藏。在国际上，文化产业的概念至今还未得到十分严格和统一的界定，各国官方和学者也都认同这一概念具有多重含义，并在不同的历史、文化背景下和不同的意义上理解、使用着这一概念。西藏必须有自己的路径和渠道发展属于西藏自身的文化产业。

另外，众所周知，西藏文化独具魅力，但人们对西藏文化，特别是西藏文化产业的了解实际上非常有限。

其一是因为藏民族所世居的被誉为“世界屋脊”和“地球第三极”之称的青藏高原，是世界上生存环境最严酷的极地板块，其独特的自然地域单元、地理位置、地势结构、气候特征及独特的资源都使人类面临严峻的考验。世界上至今还没有哪一个地方可以像青藏高原那样带给世人如此莫名的诱惑。“一位哲学家在漫游西藏后感慨万千，认为一个人只要能够站在这冰峰雪岭上沉思默想一分钟，哪怕是历尽世间所有的苦难也是值得的；一位歌唱家感受着西藏高原风神的亲吻和雨神的拥抱，以她那风靡海内外的声音，把西藏唱作‘没有阴影的家园’，喃喃诉说着：‘我为诱惑而来’，‘我为您感召而来’。然而，没有人能够说得清，那诱惑的具体所在、具体所言……或许，西藏的诱惑首先是大自然的奇迹。”① 的确，这里曾是一片在第三纪著名的喜马拉雅山运动中从古海里崛起的高地；曾经是波涛汹涌的海洋，后成为举世瞩目的万山之源、有众山之王美称的珠穆朗玛峰，身处地球之巅。许多证据表明，青藏高原至今仍在继续长高。到这里旅游的人们，时常可以发现古海生物的化石，看到板块撞击的地层曲线，形象地感受着我们这个星球沧海桑田的变迁，感受着另一种更为辽远广阔的时间和空间。而由于西藏特殊的地理因素，以及绝佳的生态环境，生长着数量惊人的野生动植物。西藏被称为“地球上最后一片净土”，而在这块广袤的大地上，鸟在蓝天中翱翔，兽在草原上奔跑，鱼在河湖里畅游，动物遍布山川河谷，种类繁多，形态各异，构成了一副极其丰富多彩而又神奇奥妙的大型立体画卷，被称为“世界上最高的天然动植物园”。高原的主人——藏族人民在长期的生产生活实践中，在利用野生动植物方面积累了极其丰富和宝贵的经验，这些都成了藏族人民对人类世界的巨大贡献。

其二，西藏的魅力在于其神秘的文明和文化。千百年来，以藏族为主体的高原各族人民在开发高原、发展高原历程中，谱写了光辉的篇章，创

① 龚威健、吴雨初：《旅游在中国·西藏》，中国旅游出版社，2000。

立了不朽的业绩，更为重要的是创造了世界上独一无二的藏族文化形态。这种文化形态应该是一个整体，涵盖了关于藏民族的一切物质文明和精神文明。行旅在青藏高原，会被在这片土地上生生不息的藏族人民而深深地感染和震撼。雅鲁藏布江是藏族人民的母亲河，它哺育出最早的藏族儿女。他们在河谷耕耘，在草原游牧，在丛林狩猎，在大地迁徙，写下了一部既与大自然相适应，又与大自然相抗争的民族文明发展史。正是从他们对天空的瞩望、对山野的亲情中，发展出了富有高原特色的天文历法、民族医学，发展出了自己的戏剧和绘画、歌舞艺术。金顶闪烁的寺庙，是青藏高原随处可见、不可或缺的另一道风景。一千多年来，佛教一直是多数藏族群众的信仰，充满形式感的各种宗教活动，包含了高原人民对生活的哲思、热望和祈盼。今天，在西藏人民迈向现代化进程中，漫长的宗教历史的影响仍然是不可或缺的。深深潜入普通人民的生活和心灵的宗教感情和让人崇敬又有些生畏的西藏文化，正以其壮美、深邃和神秘感召着世人。长期以来特别是党的十六大以来，西藏优秀的传统文化得到了很好的传承和弘扬，物质和非物质文化遗产都得到了有效的保护。

西藏的文化产业也是独具魅力的，西藏因为文化资源丰富多彩，文化产品形态各异、文化内涵不可替代，西藏发展文化产业具有无与伦比的资源优势和区位优势。藏民族在对自然、社会和自身的认知、适应、改造和发展的漫长历史进程中，在与内地各民族文化和外来文明的交流融合以及相互借鉴的过程中，创造了内容丰富、特色鲜明、形态多样的民族文化，其中包括语言文字、哲学宗教、藏医藏药、藏香、藏纸、天文历算、音乐舞蹈、戏剧曲艺、建筑美学、雕塑绘画、工艺美术等，这些既是藏民族千百年来执守高原的生存之本，也是今天西藏发展文化产业的重要依据和载体。

近年来，随着外界想了解西藏的愿望的提升，西藏自治区对外开放步伐的加快，西藏各级政府高度重视文化体制改革和文化事业、文化产业的发展，积极探索有中国特色、西藏特点的文化发展路子，文化产业有了一定发展，西藏自治区的文化市场从无到有、从小到大，逐步繁荣壮大，呈现出多渠道、多元化投资、多种所有制齐头并进、相互促进、蓬勃发展的态势，初步形成了多门类、多体系、多层次的发展格局。截至 2011 年 7 月，全区从事文化产业发展的企业和单位已发展到 3000 多家，从业人员超过2万人，门类近20种。[1] 从目前的情况来看，虽然西藏自治区文化产业规模小、科技含量低，缺少具有竞争力的市场主体，整体实力不强，但发展速度迅猛，发展潜力巨大。特别是2006年青藏铁路通车后，在旅游业迅猛发展的带动下，旅游干线周边的县、乡、村，积极创办旅游度假村、文化大院、“农家乐”、“藏家乐”、休闲林卡等，将民族民间文化推向市场，有效拓宽了农牧民群众增收和脱贫致富的渠道，也使藏族文化产业初步产生了一些影响。

近10多年来，西藏不少藏民族的企业精英们，也注意到了西藏发展文化产业的特殊性与比较优势，并用自己的行为捍卫着自己民族文化产业的发展。他们认为，西藏由于地处世界屋脊，与其他产业相比，发展文化产业更具有得天独厚的优势。一是文化产业可以减少对脆弱生态环境的破坏；二是西藏有丰富的文化资源和深厚的传统文化产业基础；三是藏族人民本身非常热爱本民族的传统文化产业，甚至对传统文化的传承、保护与开发有着强烈的使命感。特别是在“将西藏建设成为具有中华民族特色文化保护地”的倡导下，藏族人民发展文化及文化产业的动力更是十足，加之国家和西藏地区较好地注意到保护和发展藏族文化产业的重要性，使西藏的文化产业以其自身的特殊性和特色迅速在西藏及其他藏区发展起来，带“藏”字的文化产品甚至风靡全球。

但我们深知，就西藏文化产业的发展来说，目前的确还只能是初具规模，没有形成整体规模优势，并且市场化程度低，在市场对资源配置的基础性作用方面，西藏还有较多羁绊，从根本上制约着文化产业的发展。特别是非公有制经济所占比重很低，难以成为市场平等竞争的主体力量，与发达国家之间和国内一般文化产业较为发达的地区相比，文化产业还有较大的发展空间。在发达国家，文化产业是作为一种“朝阳产业”和高端产业，影响整个产业的生态和效益，是核心竞争力的主要来源。它不仅是全球发展最快的产业之一，能创造巨大的价值，同时还是传统产业各分散产业链的黏合剂和润滑剂，现代新兴产业的助推器，国民经济的重要支柱产业。西藏将大力发展特色文化产业，但当前目标定位还比较低，到2015年

① 熊裕华：《西藏将把文化产业建设成为特色支柱产业》，http://tibet.news.cn/gdbb/2011-10/14/content_23890617_1.htm，最后访问日期：2011年12月4日。

文化产业增加值占生产总值的比重也仅为3%，因此，西藏文化产业发展的道路还任重而道远。

三

西藏具有深厚的文化底蕴，是全国当之无愧的文化大省区，也是世界旅游资源富集地之一。2010年，中央第五次西藏工作座谈会上提出，要把西藏建设成为“重要的中华民族特色文化保护地”“重要的世界旅游目的地”；“要大力推进经济建设，从西藏资源条件、产业基础和国家战略需要出发，统筹规划，科学布局，着重培育具有地方特色和比较优势的战略支撑产业，做大做强做精特色旅游业，支持发展民族手工业；支持文化产业发展和新兴媒体建设，推进基本文化设施建设，提高精神文化产品供给能力”。这是党中央赋予的重大历史使命，在全国上下致力发展文化产业的大好形势下，西藏的文化发展得到国家如此的重视，无疑是获得文化产业大发展的有利时机。

但是，值得一提的是，西藏文化产业发展的整体形象还没有得到国内外的普遍认识和学术界的高度重视，许多人虽然对西藏充满向往，但了解甚少，特别是对西藏传统文化产业的认识还很有限，甚至根本就没有听说过。导致这种情况的原因有二：一是关于西藏文化及其文化产业的宣传甚少，一提起西藏，人们除了知道布达拉宫，了解一点西藏音乐、影视、绘画、饮食、旅游等带有一定创意元素的现代文化产业，对于唐卡、藏纸、藏香、藏毯、藏药、建筑、服饰、装饰、雕塑等一系列传统文化产业了解很少，甚至根本没有听说过。这也与各种各类学校或科研机构的人员更多地探讨西藏专门的文化现象，如历史、宗教、政治、文学、艺术等，而忽略从经济或产业的角度进行探讨和宣传是分不开的。二是许多研究民族经济问题的学者，大多很难专门关注西藏文化因素而对其文化产业进行研究，虽然伴随着西藏文化产业的发展，也催生了学者们研究西藏文化产业的浓厚兴趣，但是从西藏文化产业的整体发展情况进行研究的尚十分有限。

从总体上说，西藏文化的影响以及人们对此的认知与其作为享誉中华文化和世界文化的璀璨明珠以及世界文化之瑰宝不相匹配。西藏这个地方的文化及其文化资源和产业都太需要人们去真正了解和关注，因为，在今天我们大打文化品牌、努力增强“文化软实力”之机，西藏的文化及其文化产业是非常值得重视与发展的，它是中华文化“软实力”的重要组成部分。西藏文化“软实力”在我国具有特殊意义，一是体现中华文化安全，高度可以进一步提升到国家利益的安全；二是体现世界意义上的生态安全，毕竟“世界屋脊”仅此一个，也正因为如此，西藏文化也应该是世界文化体系中的一个部分。认识到这种特殊性，我们对西藏文化的认识以及以此为载体的文化产业的认识，应该放大到对“使西藏成为中华民族特色文化保护地”的高度。因此，本课题强调，西藏文化产业的发展实际上应该被当成一个系统工程来看待，即以富有深刻内涵的“藏文化”（宗教因素在一定程度占重要地位）为中心，但又要体现“藏”文化元素，如唐卡中的“绘”元素、藏药中的“药”元素、藏纸中的“纸”元素、藏餐中的“餐”元素、藏毯中的“织”元素、音乐中的“歌”元素、舞蹈中的“舞蹈”元素等为延伸或分支的元素文化为内容，共同打造藏族文化产业，它们是整个藏族文化产业的重要组成部分，又可独立打造成体系，共同促进整个藏族文化产业的发展，真正体现“中华特色保护地”的重要地位与作用。

重视西藏文化产业的概念界定和正面宣传西藏文化及文化产业的发展，不仅有利于国内人士真正了解西藏，了解藏族人民的文化形态，也可使国际人士正确看待西藏文化及西藏问题，消除人们在未知中产生的困惑与疑虑。本书通过对西藏文化产业的实地考证，并以系统论的理念和方法概括出西藏文化产业发展整体概况，以期填补学术研究的不足，同时，让更多人真正了解西藏文化产业的发展状况、发展特点、发展模式及发展趋势。

由中国社会科学院文化研究中心承担编制的《西藏自治区文化产业发展规划纲要（2011～2020）》将成为从维护国家文化安全的高度，着眼于西藏跨越式发展和长治久安的战略目标，真正形成指导西藏未来10年文化产业发展的纲领性文件。该纲要提出，将建设“特色文化经济实验区”作为西藏文化产业发展目标，积极打造以“幸福西藏”为主题的世界级文化经济示范区，未来10年将是西藏面临现代化模式重大抉择的关键期。据悉，“十二五”期间，根据西藏自治区“十二五”规划，西藏自治区将加强专业艺术人才和群众文化人才的培养，挖掘传统和民间文化资源，发展文化旅游、文化创意、影视动漫制作、演艺娱乐、出版发行、民族工艺品制作、高原极限运动等特色文化产业，打造西藏文化品牌，促进文化资源优势向文化产业优势转变，并加快培育拥有自主知识产权、文化创新能力和较强核心竞争力的文化产业集团。

我们相信，西藏文化产业将迎来最好的发展机遇！

第一章　藏族文化概述

文化是一个民族的精神和灵魂，是民族振兴和发展的强大力量。千百年来，世居青藏高原的藏族人民，繁衍生息在“世界屋脊”上，在征服大自然的斗争和在社会发展的演变中，独树一帜地创造和发展了极富特色的物质文化和精神文化，在中国乃至世界都堪称奇葩，一直为世人所瞩目，成为中华文化和世界文化宝库中一颗璀璨的明珠，是中华民族特色文化的富集地。

一　关于藏族文化

藏族文化不仅是中华民族多元文化的重要组成部分，也是世界文化的瑰宝。从气势恢宏的庙宇到金碧辉煌的殿堂，从浩如烟海的经书到神秘庄重的宗教仪轨，从精美绝伦的唐卡到馥郁悠长的藏香，无不体现雪域文化特有的神韵与魅力。

（一）关于藏族

藏族是中国 56 个民族中的一员。据 2000 年人口普查统计，全国藏族人口有 5416021 人，主要分布在西藏自治区以及青海、甘肃、四川、云南等临近省份。其中西藏自治区有藏族 2427168 人，占全自治区人口总数的 90% 以上，约占全国藏族人口总数的 45%。此外，四川省有藏族人口 1269120 人，约占全国藏族人口总数的 23%；青海省有藏族人口 1086592 人，约占全国藏族人口总数的 20%；甘肃省有藏族人口 443228 人，约占全国藏族人口总数的 8%；云南省有藏族人口 128432 人，约占全国藏族人口总数的 2.4%。其余藏族散居在全国各省、自治区、直辖市。

藏族主要生活在被誉为“世界屋脊”和“地球第三极”的青藏高原。青藏高原雄踞亚洲大陆中部，大部分位于中国境内，东西长约 2700 千米，南北宽达 1400 千米，面积约 250 万平方千米，约占我国陆地总面积的1/4。它包括了西藏自治区和青海省全部，以及新疆维吾尔自治区、甘肃、四川、云南省的一部分。

藏族是汉语的称谓。西藏在藏语中称为“博”，生活在这里的藏族自称“博巴”。“博巴”又按不同地域分为“兑巴”（阿里地区）、“藏巴”、（日喀则地区）、“卫巴”（拉萨地区）、“康巴”（四川西部地区）、“安多娃”（青海、云南、川西北等地区）。藏族使用的语言属汉藏语系藏缅语族藏语支。藏族在其发展过程中自然形成了三大方言，即卫藏、康、安多三种方言。我们常说的康巴藏族、安多藏族、卫藏一带的藏族，就是根据三大方言的范围来划分的。

藏族是中国古老的民族之一。史书记载，早在秦汉以前，藏族先民就聚居在雅鲁藏布江中游两岸。近年来考古工作者还在西藏发现了属于旧石器时代的考古遗存和遗物，这些采集点多分布在唐古拉山脉以南至喜马拉雅山以北的西藏中、西部广阔区域，海拔高度在 4400～4830 米，气候寒冷，许多地方终年没有无霜期，其中申扎县境内绝大部分地方至今仍然是人类无法生存的“无人区”。上述发现说明，这些地方的自然环境并非自古以来就是这样，相反，很有可能是古代人类生活栖息的重要场所之一。因此，藏族是远古时期生活在青藏高原上的土著民族。今天的藏族是青藏高原上的土著居民在其长期的历史发展过程中，不断融合、吸收周边其他民族成分而逐渐形成的。青藏高原不仅是藏族的发源地，而且也是人类发祥地之一。①

（二）藏族文化

“文化”最为广泛的定义，是指人类在社会历史实践过程中所创造的物质财富和精神财富的总和，也是指人类创造出来并可以通过学习获得为后人传递下去的一切物质和非物质产品。文化是一个内涵极其丰富、复杂而又难以明确界定的抽象概念，学者们从不同的侧面、不同的角度去研

① 杨圣敏主编《中国民族志》，中央民族大学出版社，2003，第 200 页。

究、理解、界定文化的内容、结构和功能，并试图以此概括文化的定义和本质。这样，文化的定义也就众说纷纭、难以统一。

《中国大百科全书·哲学卷》对文化的界定：文化即人类在社会实践过程中所获得的能力和创造的成果。人们的衣食住行、生活方式、社会心理、道德风尚、劳动创造、社会习俗都属于文化范畴。1979 年的《辞海》是这样解释和界定文化的："文化，从广义来说，指人类社会历史实践过程中所创造的物质财富和精神财富的总和。从狭义来说，指社会的意识形态，以及与之适应的制度和组织机构。"哲学界一般认为文化的实质就是"人化"，是人类在改造世界和自身的社会历史过程中，对活动和活动的产物赋以人化的性质和形式。文化的内涵既体现在人们的活动成果和活动方式之中，也体现在人们的精神生产、观念形态和思维方式之中。文化渗透在人类社会的一切方面，随着人类社会的发展而不断地由低级向高级、由片面向全面发展。① 今天大多数人把文化理解为人类在认识和改造世界过程中所取得的一切文明成果的总和，这是广义的文化。它既包括物质文明成果，也包括精神文明成果。在这一意义上，文化的本质就是自然的人化，也就是说，凡是超越了人的本能从而有意识地作用于物质世界的一切活动都属于文化的范畴。狭义的文化则主要是指精神生产活动的成果。

藏族作为我国青藏高原上一个有着悠久历史的民族，在漫长的历史过程中，造就了藏族古老、独特而又光辉灿烂的民族文化。藏族文化是藏族劳动人民在长期社会实践中所创造的物质和精神财富的总和。由于本身所处的高寒缺氧等环境因素和全民族普遍信奉藏传佛教的民族特点，藏族文化被蒙上了一层神秘的面纱。与中原的汉民族相比，藏族的文化是一种人类在适应自然、改造自然过程中所创造出来的高原文化，也是一种在特定的历史条件下形成的独特文化。2008 年 9 月 30 日，国务院新闻办公室发表的《西藏文化的保护与发展》② 一文是这样概括的：藏民族世代生活在青藏高原，面对独特的自然条件和艰苦的生存环境，表现出顽强的生命力和对美好生活的不懈追求。在对自然、社会和自身的认知、适应、改

① 孙熙国等：《全球化与中国传统文化的现代转换》，山东大学出版社，2009，第 4 页。

② 国务院新闻办公室发布《西藏文化的保护与发展》，2008 年 9 月 30 日。

造、发展的漫长历史进程中，在与汉族等中国其他民族以及南亚、西亚一些民族的文化交流、融合和借鉴过程中，藏族人民创造了内容丰富、特色鲜明、形态多样的文化，其中包括语言文字、哲学宗教、藏医藏药、天文历算、音乐舞蹈、戏剧曲艺、建筑美学、雕塑绘画、工艺美术等。西藏文化是藏民族世代繁衍、生生不息的精神支柱，也是在同其他文化特别是汉文化的相互影响和不断交融中得到发展的。藏族文化是藏民族的历史、社会、政治、经济、宗教、生活、习俗与地理环境的特点在意识形态中的反映，是藏民族智慧的结晶，它凝聚着藏民族的情感意志和精神追求，体现着民族的精神，是藏民族的灵魂和标志。代表着东方文化风格的藏传佛教文化，是藏族文化的核心和主体，在青藏高原独特的自然板块上对生活在此的藏民族的语言、文学、历算、音乐、建筑、工艺美术、雕刻绘画、教育等的丰富和发展起着无与伦比的作用，使其形成了与此相对应的独具特色的文化体系，从藏民族的衣食住行到婚丧嫁娶、精神信仰，从文学艺术的故事传奇、合唱群舞、工艺美术到其生产生活方式莫不自成体系。独特的地理位置和气候特点也构造了藏族人民独特的饮食、服饰、居住、医药文化，有别于世界上的任何一个地方、任何一个民族，并且历史悠久，亘古传承，堪称世界民族文化中的一朵奇葩。

自20世纪初以来逐步兴起的世界“藏学热”，其焦点主要集中于政治、宗教、风俗等问题，理论研究相对薄弱。著名学者丹珠昂奔对藏学的基本理论问题进行了深入的探讨。他首先对藏族文化进行了定义，认为藏族文化是一种以藏族原始信仰、本教文化为基础，以藏传佛教文化为主导，并吸收了一些其他民族文化的文化。丹珠昂奔认为，以藏传佛教文化为灵魂或者说核心、指导的藏族文化主要有五个特点：一是以大藏经为代表的经籍文，二是以“政教合一”为特点的制度文化，三是以活佛转世制度为特点的寺院僧侣文化，四是以颂扬、阐释佛理为主体的文学艺术，五是以礼佛、转经为主体的民俗文化。丹珠昂奔认为藏族文化的文化精神主要表现在四个方面：一是藏族文化是一种倡行和平主义的文化，反对战争和相互残杀，主张人与人应和平相处；二是藏族文化是一种倡行人性主义的文化，强调行善修好、慈悲、博爱；三是藏族文化是一种崇尚利他主义的文化，认为人生的价值是为他人服务；四是藏族文化是一种出世主义的文化，它追求出离人世，获得正果。①

藏族文化源远流长、博大精深。一方面，藏族文化兼容并蓄，积极吸收和借鉴周边民族特别是汉族的文化精髓；另一方面，藏族文化始终以本土文化为基础，具有很强的地域特征，这种区域性文化最显著的特点是宗教色彩相当浓厚。藏族文化作为文化的融合点，正是因为不断吸收外来不同文化的积极因素，才使自己不断得到丰富和更新。②

二　藏族物质文化和非物质文化

文化是人类改造世界的结果性表征，不同民族、不同时代都有自己不同的文化精神和文化产品，文化的进步是通过其物化形态和传播方式决定的。世界上的每一个民族在其历史进程中，都创造了独具民族特色的物质和非物质的历史文化遗产。藏民族也不例外，并且是在世界上独特的自然地理板块上创造了世界上独一无二的文化体系。

按照角度的不同，我们可以将藏族文化分成很多类型：

以社会形态的不同，可以分为原始社会、奴隶社会、封建农奴制社会以及社会主义社会的藏族文化；

以生产形式的不同，可以分为藏族农业文化、藏族牧业文化、藏族城镇文化等；

以宗教信仰的不同，可以分为史前信仰文化、本教文化以及藏传佛教文化；

以文化资源形式的不同，可以分为有形文化和无形文化，即物质文化和非物质文化；

以文化产业发展的角度，可以分为可开发文化和不可开发文化；

从可持续发展的角度，可以分为可再生文化和不可再生文化。

当然，还可以从许多其他的角度来进行划分。鉴于本课题是对藏族文化产业的研究，按照联合国教科文组织将文化分为物质文化遗产和非物质

---

① 刘彦军：《丹珠昂奔眼中的藏族文化圈》，《北京日报》2000 年 10 月 30 日，第 12 版。

② 倪四义、俞铮：《藏族文化同现代化相融相存》，《新华每日电讯》2001 年 8 月 6 日，第 8 版。

文化遗产的标准①，将藏族文化分为物质文化遗产和非物质文化遗产并对藏族的文化进行重点探讨。

（一）藏族物质文化

物质文化是指为了满足人类生存和发展的需要所创造的物质产品及其所表现的文化。物质文化遗产是指具有历史、艺术和科学价值的文物，包括古代遗址、古墓葬、古建筑、石窟寺、石刻、壁画、现代重要史迹等不可移动文物，历史上各时代的重要实物、艺术品、文献、手稿、图书资料等可移动文物，以及在建筑式样、分布或环境景观结合方面具有突出价值的历史文化名城（街区、村镇）。在藏族文化资源中，宫殿、寺庙、园林和人类文化遗址等都属于物质文化。目前，西藏自治区有各类文物点 4283 处，各级文物保护单位 743 处，国家级历史文化名城 3 座，馆藏文物数十万件。② 这些艺术作品体现了藏族特有的社会经济生活和民族特征。

根据世界文化遗产遴选标准 C（I）（IV）（VI），布达拉宫于 1994 年 12 月入选《世界遗产名录》，后来拉萨的大昭寺也加入了该名录。2001 年 12 月，拉萨的罗布林卡也被补充加入此项世界文化遗产。世界遗产委员会评价：布达拉宫和大昭寺，坐落在拉萨河谷中心海拔 3700 米的红色山峰之上，是集行政、宗教、政治事务于一体的综合性建筑。布达拉宫由白宫和红宫及其附属建筑组成，自公元 7 世纪起就成为达赖喇嘛的冬宫，是西藏佛教和历代行政统治的中心。优美而又独具匠心的建筑，华美绚丽的装饰，与天然美景的和谐融洽，使布达拉宫在历史和宗教特色之外凭添了几

---

① 按照联合国教育科学文化组织（以下简称教科文组织）1972 年颁布的《世界文化和自然遗产公约》和 2003 年颁布的《保护非物质文化遗产公约》界定，文化遗产主要包括物质和非物质文化遗产两大类。而中文的“遗产”一词最初的含义为“财产”，是指祖辈留下来的物质财富。在中国古代，“遗产”一词的范畴一般局限在“家”或“私有财富”的范畴，还没有扩大上升到国家或公有财富的范畴。在近现代社会发展中，“遗产”一词已经不仅仅指“祖辈留下来的物质财富”，1933 年胡适在芝加哥大学发表著名的演讲《中国的文艺复兴》，其中就提到了“文化遗产”，此时遗产的含义从物质财富扩大到精神财富。“二战”以后，国际社会赋予了“遗产”一词更多的内涵，而与“遗产”搭配的词也越来越多，如自然遗产、文化遗产、双遗产等。在与“遗产”搭配的众多词汇中，备受关注的是文化遗产。

② 索朗达杰：《西藏始终继承和弘扬民族优秀文化》，http：//www. tibet. cn/gc/jd/201110/t20111013_ 1144831. htm/，2011 年 10 月 13 日。

分灵秀。大昭寺是一组极具特色的佛教建筑群。建造于公元18世纪的罗布林卡，是达赖喇嘛的夏宫，也是西藏建筑艺术的杰作。

西藏最具盛名的宫殿，当然非布达拉宫莫属，每年总有络绎不绝的游客来此一睹“世界屋脊明珠”的风采。布达拉是“普陀罗”的藏语音译。布达拉宫是世界上最壮丽雄伟的建筑之一，是西藏最典型的建筑群。相传布达拉宫始建于公元7世纪吐蕃王松赞干布时期，后因雷击仅存法王洞与超凡佛殿两处。五世达赖喇嘛在红山宫殿的遗址上建立了白宫部分，后来第巴·桑结嘉措于1690年在白宫的西面加建红宫，清朝的康熙皇帝也曾专门派人进藏参加工程建设，布达拉宫在经过半个多世纪的扩建后才有了今天的规模。布达拉宫依山而建，主要体现了藏族传统的碉房建筑形式——石木结构等特点，形成独具一格的藏族建筑风格，是藏族规模最大的宫殿城堡式建筑群。今天人们眼中的布达拉宫，不论是从其石木交错的建筑方式，还是从宫殿本身所蕴藏的文化内涵来看，都能感受到它的独特性，它总能给到过这里的人留下深刻的印象。大殿内的壁画亦算是布达拉宫内一道别致风景，在这堪称巨型绘画艺术的长廊内，既记载有西藏佛教发展历史，又有文成公主进藏过程、五世达赖生平，还有西藏古代建筑和大量佛像金刚等，说它是一部珍贵的历史画卷丝毫不为过。①

藏族地区的寺庙林林总总不下几千座，其中哲蚌寺是藏传佛教最大的寺庙，黄教六大寺之一，也是格鲁派中地位最高的寺院。在新中国成立前哲蚌寺的僧众共有一万多人，整个寺院规模宏大，鳞次栉比的白色建筑群依山布满山坡，远望好似巨大的米堆，故名“哲蚌”②。寺庙不仅是僧众吃、住、学，进行语言、文字、诗歌等文化事业活动的场所，而且是藏族社会政教活动的中心，兼宗教活动场所，带有行政职能的经济实体等多重任务。哲蚌寺的主要建筑——大经堂雄伟壮观，立柱上的雕刻也十分细致，还有精美的织绣经幢、挂幢、唐卡以及佛像、壁画等作为修饰，使这一闻名中外的古寺显得更加庄严华丽，成为国内外佛教徒和游客朝拜观光的佛教圣地。

位于昌都镇东南约12公里的加卡区卡若村的卡若文化遗址，被藏学

① 资料来源：中国文化遗产信息产业中心中国文化遗产资料库。

② 藏语中“哲蚌”意为“堆积的大米”。

界、考古学界和古人类学研究者公认为西藏三大原始文化遗址之一。卡若，藏语意为“城堡”。卡若遗址是西藏20多处文物保护单位中唯一的新石器遗址，该遗址面积大，保存情况好，文物堆积层丰富，文物分类繁多，有铲类、锄类、切割器类、斧类、石钻等石制生产用具，有环、珠镯等装饰品及土陶制品，还有谷物、兽骨等，这些对研究藏文化的发展尤其是西藏早期历史和汉藏关系史有重要意义。卡若遗址的发掘不仅对研究西藏的原始文化具有划时代的意义，为追索西藏人的祖源提供了翔实的资料，而且用事实证明了早在4000多年以前，中华民族的祖先们就曾经使用简陋的工具，为开发这片广袤的大地付出过辛勤的汗水。

近代西藏的园林建筑以位于拉萨市西郊的罗布林卡为代表，展现了藏族特有的物质文化资源的魅力。林卡，藏语意为“园林”，罗布林卡意为“宝贝园林”，由七世达赖喇嘛命名，最早为达赖喇嘛的夏宫。从七世达赖喇嘛开始，历任达赖喇嘛在夏天都要从冬宫布达拉宫移居此处，在此处理宗教及政务。林卡内按照功能的不同，又划分成许多景区，利用树木、建筑、花草组成各种景致，亭台楼阁及壁画装饰都美不胜收、富丽堂皇、优雅别致。此外，院内有花木100余种，全盛时代达300多种，称其为西藏园林之冠也确实是名副其实。

（二）藏族非物质文化

非物质文化是与物质文化相对的一个概念，它泛指人类在社会历史实践过程中所创造的各种精神文化。与非物质文化密切相关的，也是我们近些年经常听到的一个词语叫作“非物质文化遗产”，它指的是被各群体、团体，有时为个人所视为其文化遗产的各种实践、表演、表现形式、知识体系和技能及其有关的工具、实物、工艺品和文化场所。自2005年起，西藏自治区先后向文化部申报非物质文化遗产代表作和45名非物质文化遗产代表性传承人。目前西藏已有联合国教科文组织人类非物质文化遗产代表作2项；国家级非物质文化遗产项目代表性传承人62位；76项国家级非物质文化遗产，222项自治区级非物质文化遗产。这62名国家级非物质文化遗产代表性传承人，传承着包括佛教音乐、传统音乐、舞蹈、藏戏，以及藏族邦典、卡垫织造、藏族造纸、传统医药等各项传统技艺。西藏自治区文化厅非遗办公室介绍，近30年来，西藏有关部门对流传于民间的戏剧、音乐、曲艺、民歌、谚语、故事等文学艺术积极搜集、整理，先后采录整理藏汉文资料3000多万字，发表有关藏族传统文化学术论文1000多篇，专著30多部。①

我国首批国家级非物质文化遗产名录分为民间文学类、民间音乐类、民间舞蹈类、传统戏剧类、曲艺类、杂技与竞技类、民间拳术类、传统手工艺类、传统医药类、民俗类等10个类别。藏族的非物质文化遗产非常丰富：一是口头传说和表述，包括神话、传说、歌谣、民间故事和民间说唱艺术；二是表演艺术，包括歌舞、藏戏；三是社会风俗、礼仪、节庆，包括藏族人生礼仪和民俗节日；四是有关自然界和宇宙的知识实践，包括本教、藏传佛教；五是传统手工艺技能，包括藏毯、藏纸的制作工艺、藏式木雕家具的制作和面具的制作艺术；六是藏医药；七是文化空间，主要指每年在特定的时间内举行"晒佛"活动的各地藏传佛教寺院及其所在的较大区域。

具体来讲，藏族的非物质文化遗产可分为以下六大类（见表1－1）。

第一，口头传说和表述，主要指的是神话、传说、歌谣、民间故事与民间说唱艺术。藏族的神话故事内容十分丰富，涉及平时生活中的方方面面：从人类起源的猕猴神话、天和地是怎样来的，到青稞种子的来历、大地和庄稼的由来，可谓包罗万象。另外，对于各路神仙的记载也不计其数。而提到传说，就不得不说松赞干布与文成公主。松赞干布与文成公主是吐蕃时期非常著名的历史人物，他们见证了吐蕃王朝与当时的唐中原王朝之间的友好关系，所以对于他们的传说数量也是最多的，禄东赞破难题为松赞干布向唐太宗求娶公主的传说在藏族人民中就广泛流传。人们赋予文成公主和金城公主这两位历史中本就存在的人物以神话色彩，如说文成公主带进了绿、蓝、黄、白和黑的五种颜色的羊；又如描写金城公主带的一个神奇的宝镜，在西宁附近的地方被打碎，变成日月山，阻挡了退路，她便勇往直前，终于到达了拉萨。还有关于格萨尔王的传说、女神贡唐拉姆的传说等。

藏族的民间故事浩如烟海，是藏族悠久丰富的文化的重要组成部分，主要分为两大类：一种是口头流传的故事，一种是书面记录整理的故事。

---

① 百度百科："非物质文化遗产"词条。

表 1－1　西藏国家级非物质文化遗产一览

类　别	项　目	批　次
民间音乐	佛教音乐	第二批
民间文学	格萨尔	第一批
民间舞蹈	日喀则扎什伦布寺羌姆	第一批
	昌都锅庄舞	第一批
	山南昌果卓舞	第一批
	芒康弦子舞	第一批
	丁青热巴舞	第一批
	那曲比如丁嘎热巴舞	第一批
	古格宣舞、普堆巴宣舞	第二批
	拉萨囊玛	第二批
	拉孜堆谐	第二批
	拉萨纳如谐钦、南木林土布加谐钦	第二批
	达布阿谐	第二批
	噶尔	第二批
	芒康三弦舞	第二批
	定日洛谐	第二批
	旦嘎甲谐	第二批
	廓孜	第二批
传统戏剧	拉萨觉木隆	第一批
	日喀则迥巴	第一批
	南木林湘巴	第一批
	仁布江嘎尔	第一批
	山南雅砻扎西雪巴	第一批
	山南琼结卡卓扎西宾顿	第一批
	山南门巴戏	第一批
杂技与竞技	赛马会	第二批
民间美术	藏族唐卡	第一批
	拉萨风筝	第一批
传统手工技艺	藏族邦典	第一批
	卡垫织造技艺	第一批
	藏族造纸技艺	第一批
	藏族金属锻造技艺（藏族锻铜技艺、藏刀锻制技艺）	第二批
	藏香制作技艺	第二批
	晒盐技艺	第二批

续表

类　别	项　目	批　次
传统医药	藏医药	第一批
民俗	雪顿节	第一批
	江孜达玛节	第二批
	珞巴族服饰	第二批
	藏族天文历算	第二批

资料来源：根据中国非物质文化遗产网整理。

藏族民间故事内容十分丰富，因为它来自民间，这些故事都从一个侧面反映了当时西藏社会的现实，传递了藏族人民内心深处的爱憎，表达了他们对美好生活前景的强烈愿望。正因为这些故事反映的是广大群众的心声，给人们以勇气和力量，所以人民爱听它、爱传它，使它富有生命力。在藏族的说唱艺术中，有一部享誉中外的世界上最长的史诗，那就是《格萨尔》。它有120多卷、100多万诗行、2000多万字，仅从字数来看，远远超过了世界几大著名史诗的总和。其传播地域之广、涉及语言之多在世界文学史上也是少见的，《格萨尔》史诗堪称人类伟大的口头表达艺术生动鲜活的样本。《格萨尔》不仅是相关族群社区宗教信仰、本土知识、民间智慧、族群记忆、母语表达的主要载体，还是唐卡、藏戏、弹唱等传统民间艺术创作的灵感源泉，同时也是现代艺术形式的源头活水。

第二，表演艺术，主要包括歌舞和藏戏。藏族人民能歌善舞是众所周知的，藏族舞蹈的步伐和动作也很特别，能给看过的人留下深刻的印象，与其他民族舞蹈相比，辨识度很高。就目前发掘和发现的古代舞蹈以及前藏、后藏、昌都、阿里西部地区藏族民间舞分布的现状来看，藏族舞蹈的种类众多，异彩纷呈：有载歌载舞、顿地为节、连臂踏歌的集体圆圈舞蹈“果谐”；有乐器伴奏，脚下发出各种连点踏步，抒发人们活泼热情的“堆谐”；有吸收内地音乐文化发展起来的华丽典雅的“朗玛谐”；有舞姿舒展，曲调悠扬流畅的弦子舞——“康谐”；有男性舞姿矫健奔放、女性动作优美开放的锅庄——“果卓”；有腾跃飞旋、翩翩起舞、动作粗犷、技巧性很强的铃鼓舞——“热巴”；有由拟兽舞、法器舞和本教仪轨中的面具舞混杂而成的跳神舞蹈——“羌姆”；有兼具宴乐舞、祭祀乐舞和仪礼乐舞为一体的宫廷乐舞——“噶尔”；等等。[①] 从韵律上讲，既有平实圆滑，又有抑扬顿挫；既有“线”的流动，又有“点”的震撼，呈现出一个民族中不同形态的多种风格特征。正因如此，藏族舞蹈可以说是藏民族历史悠久、文化灿烂的真实写照。

第三，社会风俗、礼仪和节庆，主要包括藏族人生礼仪和民俗节日。人生礼仪一般包括出生礼、成年礼、婚礼、葬礼等。藏族的丧葬习俗很有特点，其中土葬、水葬、火葬等方式都是和许多其他民族共通的，而天葬是藏族和蒙古族这两个信奉藏传佛教的民族所特有的丧葬形式，也是藏族聚居区最为常见和最为一般藏族群众所接受的处理死者的方式。至于节庆那更可谓不胜枚举。藏族的民俗节日很多，其中比较著名的有藏历年、雪顿节、望果节等，各地藏族还有很多独具地方特色的节日：如青海、甘肃藏族的正月十五“酥油花灯节”，四川藏族的四月初八“转山会”，甘肃舟曲藏族的五月初五“采花节”，迪庆藏族的五月初五“赛马会”，等等。[②]

第四，有关自然界和宇宙的知识和实践，包括藏族文化中最具代表性的本教文化和藏传佛教文化。众所周知，藏民族是一个几乎全民信教的民族，所以宗教文化在藏族文化中有着举足轻重的地位。本教是西藏本土的原始宗教，在藏传佛教传入西藏之前，本教在藏族地区占据着绝对主要的地位。现在的本教在康定地区和安多地区如四川阿坝州、甘孜州，甘肃甘南州，青海同仁县等还有较多的信徒，拥有一定数量的寺院。而藏传佛教是藏族文化中最具代表意义的文化资源之一，又称为喇嘛教，是传入西藏的佛教分支，并用藏语来传播佛教经典。藏传佛教并不是藏族地区土生土长的宗教，但在历史上，藏族全民信教并且非常笃诚。雪域圣地，寺院比比皆是，顶礼膜拜者摩肩接踵，玛尼堆处处可见，香烟袅袅，经文经幡悬于山口、路道，俨然是一派佛国天界。一般认为佛教大规模传入吐蕃是在7世纪上半叶松赞干布时期，后来经过一个和本教长期融合的复杂过程，到了10世纪后半叶最终形成藏传佛教。其实即使是对藏族文化知之甚少的

---

① 曾国庆：《藏族历史·文化》，民族出版社，2004，第214页。

② 马宁：《论西藏非物质文化遗产的分类和传承保护》，《西藏民族学院学报》（哲学社会科学版）2008年第1期。

人来说，藏传佛教的转世灵童制度、“唵嘛呢叭咪吽”六字真言以及扎什伦布寺等藏传佛教寺庙都应该是略有耳闻的。位于北京东城区的雍和宫就是一座藏传佛教寺院，每个月（农历）的初一、十五，它都接待数以万计的各地的朝拜者前来烧香拜佛，祈祷祝福，这其中有很多人虽然不是藏族，但是他们对于藏传佛教的信仰却十分虔诚，这也足以从一个侧面证明藏族文化的影响之深。

第五，传统手工艺技能，包括藏毯、藏纸、藏香、藏式木雕家具、面具以及唐卡等。藏毯分为卡垫、地毯、靠垫、炕毯、座毯、挂毯等，马具垫、大牲畜额头等部位的装饰品及其他一些产品也属于这类工艺。藏毯既是生活用品，又是工艺品，它的主要原料是藏羊毛，以纤维长、软硬度适中、弹性强为特点，图样设计别致，色彩鲜艳，美观大方，在世界三大名地毯中占有一席之地。传统藏毯图案带有浓厚的宗教艺术风格，并融合了汉地、印度和尼泊尔的艺术精华，表现内容丰富，色彩艳丽，对比强烈，与藏族建筑彩画的艺术风格十分相像。面具在藏族地区是非常多见的，尤其是在许多宗教仪式和活动中经常出现。藏族面具在西藏、甘肃、云南、青海和四川五个藏族聚居区十分常见。藏族面具主要有跳神面具、悬挂面具和藏戏面具三种主要形式。形态各异的面具就好像京剧中的脸谱一样，让人很直观地看到人物的善恶美丑。藏纸产生于吐蕃王朝统治的公元7世纪的中期，文成公主入藏带来造纸术后，藏、汉两族的能工巧匠们经过多年摸索，生产出工艺独特的藏纸，这也是西藏特有的文化产品。许多大型寺庙中收藏的各类经文典籍所采用的纸张都是藏纸，直到20世纪50年代，藏纸还在西藏广泛使用。几千年来，它默默地记录着西藏的历史，见证了西藏的文明进程。严寒的高原气候、恶劣的生活环境，造就了藏族人民勇敢刚毅的民族性格，也形成了藏族地区独特的雪域文化，藏式家具作为我国传统家具中的一朵奇葩，更是引人注目。因为历史条件和自然条件的限制，藏式家具早期主要存在于宫殿、寺庙和贵族上层人物家中，普通家庭只有一些粗糙、简陋的家具。在藏族固定民居中，室内陈设主次分明，重点突出，主要部分是主居室和经堂，其他部位则十分简陋。主居室是家庭集体生活的多功能房间，一般比其他房间大，家具陈设也多于其他房间。经堂是供主人礼佛之用，装修布置庄严整洁，整体宽敞华丽。藏式家具虽然形式单调，品种不多，但它们那充满神秘色彩的绚丽文饰和古朴造型，如今已经成为小资的时尚精品。对于热衷者而言，藏式家具绝不仅仅是用品，而是浓墨重彩的文化符号。藏式家具1990年首次出现在国际市场上，它们大部分来源于寺院等宗教场所，还有许多是从藏民手里收集到的。[①]

据2009年普查，西藏自治区全区共发现有民间文学、民间音乐、民间舞蹈、传统戏剧、曲艺、民间美术、民间手工技艺、民间商贸习俗、消费习俗、岁时节令、民间知识、民间游艺和传统体育竞技、传统医药等14种非物质文化遗产所包含的所有资源，共发现非物质文化遗产项目406个。其中包括拉萨雪顿节等岁时节令品种30个，藏医外治法等民间知识品种9个，赛牦牛等游艺传统体育与竞技品种20个，藏药七十味珍珠丸配伍技艺等传统医药品种15个，格萨尔等民间文学品种20个，直孔噶举派音乐等民间音乐品种20个，噶尔舞等民间舞蹈品种116个，觉木隆藏戏等传统戏剧品种19个，喇嘛玛尼等曲艺品种7个，唐卡嘎玛嘎赤画派等民间美术品种7个，拉孜藏刀制作等民间手工技艺品种104个，达隆集市等商贸习俗品种7个，巴扎服饰等消费习俗品种27个，藏北婚俗等人生礼仪品种5个。[②] 以上项目分布在西藏自治区全区六地一市，分布数量由高到低依次是拉萨市、山南地区、日喀则地区、昌都地区、林芝地区、那曲地区和阿里地区。[③]

西藏的非物质文化遗产很多都是世界上独一无二的，无论是舞蹈艺术，还是节日礼仪民俗，都极具文化艺术、审美和历史价值。文化是一个民族的标识，而非物质文化是藏民族文明传承中不可剥离的载体。

三　藏族文化的典型特征

青藏高原占据我国1/4的地理空间，仅西藏就占到我国国土面积的1/8。整个青藏高原，传统的历史和民族文化源远流长，具有“层见叠

---

① 百度百科：“藏式家具”词条。

② 董昌俊：《西藏木结构营造技艺“申遗”成功在望》，《西部时报》2010年第1期。

③ 张巍、贺恩建：《西藏普查发现非遗项目406个中拉萨拥有量居首》，《拉萨晚报》2009年12月23日。

出、辐射面广、涉及领域宽、涵盖内容多、实用性强”等多重性的发展特点。以藏族为主的各民族在青藏高原这个特殊的地域孕育出的藏族特色文化，使藏族文化具有了突出地域性、原生性、民族性、宗教性和兼容性特征。

特征之一是地域性。任何一个民族文化的形成和发展都离不开特定的地理环境和社会历史条件，因不同地理环境而形成的文化圈各异。被称为“世界屋脊”的青藏高原，自古以来是世界上海拔最高的居民——藏民族的主要聚居区，是藏民族赖以生存的家园。徐宝国在《藏文化的特点及其所蕴涵的中华母文化的共性》一文中认为：藏文化的分布范围与藏族居住区的范围大体一致，即整个青藏高原地区，包括西藏地区、甘南地区、青海藏族聚居区、川西藏族聚居区和滇西北藏族聚居区。这里号称“世界屋脊”，由于其特殊的地理条件而形成一个雪域文化圈。青藏高原平均海拔在 4500 米以上，自然环境恶劣，高寒缺氧、地广人稀，但自然资源和矿产资源丰富，藏文化发源于这片神奇的土地。长期以来，藏族聚居区独特的自然环境和传统的生产、生活方式对藏族的社会生活产生了深远影响，并形成独具特色的民族民俗文化。藏族文化是藏民族在雪域高原为了适应恶劣的生存条件而创造出来的文化结晶，具有鲜明的地域特色。

特征之二是原生性。任何事物的产生都不是凭空设想，而是在特定的环境和背景下产生的。青藏高原不仅是藏族的发源地，而且是人类发祥地之一。自古以来，藏民族就生活在青藏高原这块土地上，藏族人民在改造和征服青藏高原的物质生产活动中，创造了独特丰富的民族文化。1958 年，西藏林芝发现了古代人骨，经初步鉴定，是新石器时代或金石并用时期的人类遗骸。1966 年，我国考古工作者又在西藏聂拉木县发现了 27 件细石器，根据科学鉴定，它们是属于中石器时代或稍晚一些时代的生产、生活遗物。后来在西藏又进行了两次正式考古发掘，发现了“昌都卡若遗址”和“拉萨曲贡遗址”。上述新、旧石器时代的发现充分说明，至少从大约 5000 年前的新石器时代起，藏族的先民就已在青藏高原上披荆斩棘、辛勤劳动，用自己的双手，开拓了这片神奇而富饶的土地。他们是青藏高原的主人。因此，今天的藏族是世居青藏高原上的土著居民，在其长期的历史发展过程中，不断与周边其他民族交流、融合。藏族传统文化是藏族人民自己创造的，其主体性表现在创造文化的历史长河中，始终坚持对雪域高原特殊的地理和自然环境条件的认识、把握和利用。藏族的衣食住行、歌舞文化、宗教习俗等，表现出对人文社会环境能动地进行调解、适应和合理选择，始终保持鲜明的地域性和民族性的特色，自觉地融汇于人类文化绚丽多彩的滚滚大潮中。①

特征之三是民族性。“文化的民族性，是指体现在特定民族文化类型中，并作为其基本内核而存在的民族文化心理素质的特征，是文化的民族风格、民族气派的理论表征。”② 藏族文化的民族性具有以下特点：一是反映了藏民族文化类型的基本特质，具有不同于别的民族的文化心理和文化结构。青藏高原在远古时代与世隔绝、自然环境恶劣，这样的生存环境造就了藏族坚忍不拔、热情豪爽的性格特点和健壮的体格。他们凭借自身能力和毅力在雪域高原繁衍生息、代代相传，创造了世界上具有独特性和神秘性的藏族文化。二是反映了藏族特有的民族精神。藏民族在长期的社会实践中所形成的共同的文化心理和社会意识，在长期的生产劳动、生活实践中积淀而成的民族精神，是藏民族世代相传沉积下来的民族的思想精髓、文化理念，包括了民族的价值观念、文化心理结构、伦理道德、哲学思想、民族观念、审美情趣、思维方式、宗教信仰等方面在内的群体意识、群体精神，是藏民族的灵魂、民族文化的本质和核心。三是反映了藏民族的超越性，即具有超越时代、阶级的内容和精神，与民族存亡共始终。藏民族历经5000多年的历史，创造了丰富多彩的文化。特别是佛教作为一种社会意识形态，传入西藏地区后，对藏族的伦理道德和价值观念影响极大，藏族的伦理思想主要体现在辨善恶、尽义务、讲良心、贵勇敢、忠于家庭和婚姻、坚持正义和修养道德等方面。这些内容影响着藏族人格的塑造，而藏族人格又影响着藏族文化的创造，直接构成创造藏文化的独特因子。因此，藏族独特的伦理价值观在藏文化的发展中发挥了主观能动性，在发展过程中形成的具有藏族特色的文化作品，充分体现了藏族典型的民族特征，这与其他民族文化相比具有独特性。

---

① 得荣·泽仁邓珠：《西藏传文化的价值》，《中国民族报》2003年第8期。

② 许苏民：《文化哲学》，上海人民出版社，1990，第158页。

特征之四是宗教性。一提起藏族，人们常常联想到的是藏民族浓郁的宗教文化。所谓宗教文化，是在人与自然、人与社会的矛盾对抗中，以对人性自由的否定、对恶的屈从和对超世（超现实、超世间）的理想为世界观基础，见诸价值取向、观念体系、崇拜行为和仪式模式等“实践—精神”系统。[①] 藏文化的神秘性主要体现在它的宗教文化上，西藏历史上的宗教文化大致经历了原始宗教即巫教时期、吐蕃王朝崩溃之前的本教时期和吐蕃王朝崩溃后的佛教时期。大约在公元7世纪，自尺尊公主和文成公主嫁给雄才大略的松赞干布后，佛教从印度和中原内地传入西藏，受到松赞干布的支持和倡导，佛教寺院开始兴建，同时开始翻译佛经，逐渐形成一定规模。赞普松赞干布还亲自制定佛教戒律，将佛教戒律和善行标准变为国之法律，佛教戒律就是政治信条，明令人们要信仰佛教。佛教历经毁灭和复兴，在西藏得以生存和发展，并且自成一体，形成独具特色和具有丰富内涵的藏传佛教。[②] 由于社会历史的原因，藏传佛教受到广大藏族人民的虔诚信奉。尤其是在我国边陲的西藏地区，它已融入藏族人民的生活之中。长期以来，藏传佛教几乎主宰着藏族地区的文化，它深入藏族政治、经济、社会生活、文化艺术、思想观念等各个方面，并产生了重大影响，这在世界各民族中少有。藏传佛教本身也是不断完善的思想体系和理论体系，并在不同的历史时期吸收并消化了人类思想文化的精华，在西藏占有绝对主导地位。藏族佛教在文学、绘画艺术、因明学、天文历算、医学、建筑、神话传说、风俗习惯、民族节庆等方面的宗教色彩极为浓厚，影响着人们社会文化生活的方方面面。

特征之五是兼容性。藏民族的传统文化，历来都是不断吸收中原地区和周边地区的先进文化，并结合自身的特点予以消化，以此形成独具特色的文化内涵。“一种古老的文化传统是在特定的文化背景中形成，又在千

① 刘志群：《藏文化特性论探（上）》，《西藏艺术研究》2003年第1期。

② 藏传佛教是佛教的一大支派，在我国藏族地区和内蒙古、新疆等部分地区流传。藏传佛教在其形成和发展过程中形成了许多派别，发展至今，主要分为宁玛（红教）、噶举（白教）、萨迦（花教）、格鲁（黄教），有的还把现在的本波教（黑教）也列入藏传佛教，但多数学者不赞同这种认识。在这些主要派别中，还有许多支派，如噶举教派中就有四系八支。四系是：噶玛噶举（复分为黑帽派系和红帽派系）、帕竹噶举、蔡巴噶举、巴绒噶举；八支是：止贡巴、周巴、达垅、雅桑、绰浦、玛仓、叶巴、修赛。此外，在藏族聚居区个别地方至今还存有觉囊派的寺院和僧人。

百年的历史进程中不断被吐故纳新、繁衍发展。”① 南亚文化对藏族文化的影响最早可追溯到2000多年前，据传在第27代藏王时就已有佛经、佛塔流入吐蕃。其中，吐蕃王朝时期尺尊公主入藏对藏文化影响较大。为了巩固政权、发展经济，藏族首领与印度等南亚国家进行频繁的文化交流。松赞干布亲派吐蕃弟子赴印度等地学习交流，将佛教典籍译成藏文，促进了藏族语言文字的推广和藏族文学的发展。就是在吐蕃分裂时期，很多藏族学者也去印度等地求学深造，翻译了大量宗教、文学、艺术、工艺、医药、天文历算等方面的典籍，翻译典籍的完成以集成《大藏经》为标志。随着佛经的大量翻译，印度佛教文化逐渐传入西藏，对藏族早期的绘画艺术、建筑风格、文学、音乐舞蹈等藏族文化都有较深的影响。中原文化对藏文化的影响也是巨大的。朱维群在2011年8月20日第三届中国西藏文化论坛中以《保护发展西藏文化是中国民族和文化政策重要内容》为题发言指出：“中原地区对西藏文化的形成和发展产生过极为重要影响。自古以来西藏与中原交往就十分密切，‘茶马互市’、文成公主入藏、佛教传入等，只是其中最为世人知晓的一部分。元代中国中央政府对西藏实施直接行政管辖以来的七百年中，西藏不仅在政治上、经济上而且在文化上与中原联系更加密切，形成水乳交融、密不可分的关系。西藏文化的每一种形态，包括语言文字、哲学宗教、藏医藏药、天文历算、音乐舞蹈、戏剧曲艺、建筑美学、雕塑绘画、工艺美术等，无不清晰（地）看到中原文化广泛而深刻（的）影响。同时，西藏文化也对中原文化不断输入新的内容和新的样式，做出重大贡献。”②

总之，藏民族经过几千年的历史发展与沿革，形成了独具特色的历史、文化、科技、民俗、文学、宗教、艺术等人文景观，成为中华民族文化宝库中的一朵奇葩，博大精深，独具特色，魅力无穷。藏族的传统文化极为丰富，其中包含有不少科学、合理的成分，至今仍为社会和人民服务。随着时代的变迁、社会的发展，藏族优秀传统文化仍将得到继承和发扬。

---

① 杨恩洪：《千年绝唱——藏族英雄史诗〈格萨尔王传〉概览》，地点：北京大学百年讲堂，2009年7月5日。

② 朱维群：《保护发展西藏文化是中国民族和文化政策重要内容》，2011年8月20日，该文是作者在第三届中国西藏文化论坛的发言。

第二章　西藏文化产业的界定及类型划分

关于文化产业的概念国内外理论界尚无定论，国际组织和各国官方对文化产业的概念内涵、行业范围、统计口径等的界定均存在差异。发达国家政府和学术界所论及的文化和文化产业，其核心理念是创新（创造性），是以国家和城市振兴为目标，在创新这个核心理念的统领下，激发个人创造力、发展新型服务业（主要指文化与科技融合的服务业），提供完善的服务，提升城市品质，增强吸引力和集聚能力。西藏的文化产业与此相比具有完全不同的特点，正因为如此，我们在探讨西藏文化产业发展时，就不能拿国内外通行的产业定义、发展标准、内涵和外延等来进行研究，而必须遵循西藏的实际情况，探索符合西藏特色的文化产业轨迹，即西藏文化产业应将传统与现代并重发展。

一　西藏文化产业的界定

文化产业是反映现代社会文明进步程度的一种文化生存形态，它不仅是一个国家一切原创性精神产品生产、流通、消费的重要手段和载体，而且是现代社会物质财富创造的重要来源，是知识经济时代国民经济的支柱产业之一。[①] 进入21世纪，文化产业巨大的经济潜力已经为众多国家所认同，作为一种新的经济形态，其崛起势头异常强劲。文化产业作为潜力巨大、发展速度较快的优质产业，将有望成为未来国家经济发展的主导角色。当代文化生产日益成为一种巨大的、复杂的社会化大生产。文化发展

---

① 李春华、傅西红：《论全球视野下的西藏文化产业》，http：//www. tibetcn/ture. net/lsmy/x21w/201202/t20120223_ 1664779. thm，最后坊问日期：2012年2月23日。

出现规模化、产业化趋势，文化产业成为当今世界的新型战略课题。随着传播媒介的调整发展和信息时代的来临，文化产业日益成为当代产业经济的一个重要部分。

从国内外关于文化产业的界定来看，文化产业的特征毫无疑问都是以文化资源的开发为基础，对文化资源进行直接使用，或在文化资源基础上进行再创作的经济生产过程。文化产业除具有一般产业的共同属性之外，主要侧重满足人们的文化娱乐消费需求，并且一些文化的消费内容和消费方式具有一定的价值取向；文化产业也可能是众多文化行业的集合体，不同的文化行业的生产流通和消费方式既有相似之处也有差异之处。同时，文化产业具有辐射面广、涉及领域宽、涵盖内容多、实用性强等多重显著特征。

西藏文化是指在西藏地域内各民族所创造的物质文化财富和精神文化财富的总和。目前，西藏民族特色文化主要指以藏族为主的各民族在青藏高原这个特殊的地域里产生的民族文化，具有浓郁的藏民族和青藏高原极地文化特色，原生性、民族性、宗教性、地域性和兼容性特征突出。针对西藏文化的独特性，狭义的文化产业是指民族传统手工艺，即将藏族文化融入产品的制造而生产出的物质文化产品。如藏毯、唐卡、藏香、藏纸、邦典等独具民族特色的手工艺产品。一般来说，西藏文化产业应是一个广义的概念，即第一、第二、第三产业中具有突出的藏民族文化内涵的那部分产业，包括具有地方藏族特色的医药业、产品加工业（包括传统工艺和宗教艺术）、旅游业、服务业、歌舞产业、制造业、建筑业、现代传媒业等，都应属于藏族文化产业。[①] 西藏文化产品指广义文化产品，即依托藏族文化生产、制作或创造的物质文化产品和精神文化产品的总和。因此，西藏文化产业就是依托藏族丰富的物质文化资源和精神文化资源而创造的含有民族文化因子的文化产品的总和，主要是经营性文化产业。西藏文化产业虽不能等同于藏族文化产业，但由于西藏的主体民族是藏族，占整个西藏人口的90%以上，其文化产业独具藏族特色，所以本书所指的西藏文化产业主要是指藏族文化产业。

---

① 罗莉：《藏族文化产业的定位与发展》，《西南民族大学学报》（人文社会科学版）2005年第6期。

（一）藏族传统文化产业

本课题组认为，发展藏族文化产业就其宗旨应该是服务于中央第五次西藏工作会议提出的“使西藏成为中华民族特色文化保护地”。鉴于此，界定藏族文化产业，不能完全套用我国对于文化产业的一般界定，在促进以西藏为主的藏族文化产业发展中更不能照搬国内一般文化产业发展的标准，而应该一切从藏族文化本身所具有的地域性、原生性、民族性、宗教性和兼容性特征出发，根据藏族文化资源的特殊性发展藏族文化产业。

文化是一个民族的灵魂，西藏传统文化更应受到重视和保护，传承人的确认、非物质文化遗产的保护与发展，为西藏民族文化的传承保留着火种。藏族文化是世界文化宝库中一颗璀璨的明珠，其悠久的历史、丰富的内容和独特的表现形式越来越受到世人的瞩目。世代生活在高海拔地区的藏族人民面对恶劣的生存环境和相对匮乏的自然资源，表现出了顽强的生命力，形成了独特的生存方式和文化内容。藏族传统文化产业，总体上来说是以藏族所处的独特生态环境与历史文化为根基，主要是指以传统文化为载体、保留其传统工艺并可将藏族传统文化资源转变为特色文化产品及文化服务的商业化活动。藏族传统文化产业，如与藏族传统文化有关的音乐舞蹈、传统手工艺、宗教信仰、医药、教育、饮食、体育竞技民族特色产业，在西藏和平解放前主要以民族手工业形式存在并作为主体产业——农牧业的补充的特色文化产业。如唐卡、藏药、藏纸、藏香、建筑、藏戏等产业，既是藏族风情浓郁的民族特色产业（主要是传统民族手工业），也是文化底蕴浓厚的传统民族文化产业，更是青藏高原地区未来发展的优势产业。在藏民族的历史长河中，西藏的民族手工业者经过艰苦劳动，创造了具有丰富精神内涵的大量物质产品，并使其技艺代代相传。[①] 2010 年，西藏自治区共启动了 21 个重点非物质文化遗产项目的保护工作，重点包括保护藏戏的各个流派如觉木隆藏戏、江格尔藏戏、迥巴藏戏、湘巴藏戏、雅砻扎西雪巴藏戏、琼结卡卓宾顿藏戏、昌都香堆藏戏、门巴藏戏等的传承；保护藏香制作技艺的传承；保护囊玛等的传承。

藏族特色工艺产品的种类和数量也很丰富，许多地方都有藏族风格浓

---

① 张明、扎嘎：《西藏的手工业和工艺品》，中国藏学出版社，1996，第 1 页。

郁的传统工艺产品，如日常生活中使用的金、银、铜、铁器，享誉世界的三大名毯之一的藏毯，高档别致的“松巴”靴，江孜的“仲丝”卡垫、氆氇，谢通门、拉孜的藏刀，仁布的玉器，吉隆的木碗、竹器，寺庙中的祭器、法器，等等。这些民族手工艺品在历史的传承中保持着独特的民族风格和地方特色，既有实用性又有观赏性，许多产品在国内外享有较高的声誉，藏毯、藏纸的制作工艺、藏式木雕家具的制作和面具的制作工艺都被收录在我国首批国家级非物质文化遗产名录的传统手工艺技能项里。

在西藏，80% ~90% 的产业都与藏族传统文化有关，因此，它们也几乎可以被看作藏族文化产业。如藏药业，从国内外现行的文化产业来看，一般没有把药业划作文化产业，但在西藏和青海等藏族聚居区，藏药业是藏族最重要的传统文化和产业之一，藏医药在国家所颁布的第一批非物质文化遗产名录上。因此，毫无疑问，藏药业是藏族文化产业。今天藏药业被西藏和青海省当作重要的支柱产业来发展。还有藏纸业，一般文化产业主要是将印刷出版业当作文化产业，没有把纸业的生产当作文化产业，而在青藏高原，藏纸的生产具有千年的传统工艺，也成为国家级非物质文化遗产，因此，藏纸生产理所当然地应该被看作是藏族传统文化产业。除此之外，藏毯、藏式家具、藏刀、藏靴、藏香等产业也都被赋予了浓郁的藏民族文化特色和内涵，并且是只属于藏民族的产业，因此，它们毫无疑问都是藏族文化产业。

2010 年 10 月 13 日 ~24 日，由西藏自治区工艺美术协会、广东中华民族文化促进会和广东省工艺美术协会共同主办的“走近西藏——西藏传统工艺美术公益慈善展览”在广州二沙岛岭南会展览馆展出。这是来自雪域高原的西藏民族传统工艺美术精品第一次与广州观众见面，引起人们的关注。西藏传统工艺美术历史悠久，凝聚着传统技艺的精华，承载着厚重的历史文化内涵，表现富有思想、善于创造、追求完美和强健豪放的文化精神，具有浓郁的地方和民族特色。在漫长的历史进程中，雪域高原独特的地理环境使得藏族人民善于利用大自然赐予的资源，他们在每件作品中表现出一种艺术、一种智慧、一门科学、一门文化，乃至藏民族的一段历史，让世人感悟到西藏博大精深的文化是一笔一画写出来的、一刀一斧凿出来的、一针一线缝出来的、一步一步走出来的。藏族同胞在艰苦的自然环境中创造的文明，体现在生产生活、宗教信仰、民俗风情各个领域中，是中华民族文化瑰宝。[①] 2014 年 5 月，由西藏自治区工艺美术协会、广东省工艺美术协会和广东中华民族文化促进会共同主办的“藏地瑰宝——西藏传统工艺美术精品展”再度亮相广州，深受欢迎。

西藏自治区工艺美术协会会长央扎西介绍，这次在广州展出的西藏传统民间工艺作品主要有几大类：一是最具西藏民族特色的、由当今顶级唐卡大师绘制的唐卡艺术精品；二是天珠、绿松石、红珊瑚等藏地宝石类的工艺美术精品，寄托着藏族聚居区的天地有大美、天人合一的深邃内涵；三是代表藏传佛教文化的工艺美术精品，如法器、念珠、转经筒、佛像、佛龛等，体现的是藏文化的传统特色；四是藏刀、酒具、茶具、银饰、宗教文化及生活日用器皿等木雕、铜雕藏地雕刻类工艺美术精品；五是藏毯、藏式卡垫等藏风编织类工艺美术精品；六是有着数千年历史、代表藏地工艺美术发展源头的土陶制品；等等。来自拉萨的唐卡大师还在展览现场亲自演绎唐卡等工艺美术品的神秘绘制过程，与观众零距离互动交流，使广州观众能切实感受到藏地文化的悠远神奇与博大精深。

青藏高原经千百年的洗礼，至今仍保留着不计其数的珍贵文物。纯粹的自然环境，穿越古今的人文积淀，承载着这片热土厚重的文化历史，为这片雪域高原奠定了深厚的文化底蕴。由于地缘的阻隔和千百年来顽强的固守，藏民族至今依然较为完整地保留着他们特有的民族文化。今天除了农耕和游牧外，藏族其余的生产活动几乎都集中在手工业领域。藏族传统手工业不仅使藏族文化在国际、国内享有独特的地位并有着深远影响，而且是当地当代发展传统文化产业的基础，这些藏族传统文化产业也逐渐成为雪域高原新的经济增长因素，是使西藏成为中华民族特色文化保护地的重要突破口和途径。

（二）藏族现代文化产业

所谓现代藏族文化产业，是以藏族传统文化为载体，结合了高新科学技术、理念、手段而形成的文化产业，代表了一种新兴的产业力量。藏族现代文化产业就其内涵来看，与国内外现已提出的“文化产业”有一定相关性，

---

① 《西藏民族传统工艺美术精品首次亮相广州》，http：tibetinfor. com/news/xzxw/whhb/201010/t20101013_ 755870. htm，最后访问日期：2010 年 10 月 13 日。

即凡是与藏民族文化内涵相关并赋予了现代技术、理念、手段而发展的产业，都应该被看作是藏族现代文化产业，包括各种文化服务业、现代传媒业，如网络、出版、影视、音乐、动漫等包含藏文化元素的产业。

20 世纪中叶以来，现代高科技如微电子与信息技术，新材料、新能源技术，生物工程技术等突飞猛进的发展，特别是计算机和互联网的出现，给文化产业注入了强劲的发展动力，形成了庞大的产业链和产业群。而伴随着国际信息化浪潮的冲击和各种高新技术尤其是数字化、网络化的运用，藏族文化产业越来越多地受到现代科学技术的冲击和影响，雪域高原的文化产业也越来越富有现代气息，藏族聚居区文化的发展逐渐打破封闭、停滞状态，形成了面向现代化、面向国内外的开放发展状态。各种现代通信、网络、报刊、电台、电视、电影、移动电话，纷纷涌入雪域高原，还有国家在高原进行的各种文化设施的改善，使藏族聚居区的第三产业带有明显的现代化气息。用现代高新技术和理念挖掘藏族传统文化，不仅吸引了藏民族中热爱自己民族文化的民族精英们孜孜不倦的探索，更吸引了国内外喜欢藏族文化的企业家们的涌入。雪域高原丰富厚重的传统文化资源成为现代传媒产业得天独厚的条件，西藏现代文化产业应运而生。与藏元素相关的网络产业、影视产业、歌舞产业、动漫产业、出版产业等都有越来越好的发展势头，吸引着国内外游客的眼球。日趋活跃的对外文化交流，加之中国藏族聚居区与世界各国的相互沟通和了解，使现代文化产业成为以西藏为中心的各藏族聚居区民族经济发展中的一支新生的产业力量，受到藏族人民群众和国内外消费者的热烈欢迎，表现出极强的生命力和发展潜力。

经过 20 多年的培育和建设，西藏的现代文化产业发展已初具规模，从无到有，从弱小到壮大，特别是在文艺演出业、大众娱乐业、会展旅游业等方面有了一定的发展，初步形成了包括新闻出版业、广播影视业、音像业、演出业、娱乐业、艺术培训业、文化旅游业、群众文化业、图书馆业、文物业、博物馆业、会展业、广告业、咨询业、竞技体育业、网络业等在内的综合型的藏文化现代产业体系。如中国移动西藏公司通过中国移动无线音乐俱乐部平台，为西藏广大移动用户提供了包括音乐下载、音乐共享、音乐传播、音乐交流在内的一站式服务。经过对西藏本土音乐的深度挖掘和运营，目前移动的彩铃业务深受西藏各族人民的喜爱，其中本土音乐类产品的销量名列前茅。截至2012年11月，中国移动西藏公司彩铃有效用户已突破100万。[①] 西藏的文化元素和现代技术密切结合，使西藏文化资源得到有力的开发。再如西藏文艺院团尝试将藏文化传统剧目进行现代演绎，并在国家大剧院等内地有影响的大剧院进行演出，甚至还进行全球巡演，获得轰动性效应。2012年，西藏新闻出版工作取得新突破，全年出版各类藏汉文图书931种1583万册、报纸7082万份、期刊170万册，藏文类出版物占全年出版总量的70%以上。西藏新闻出版业总产出预计达到7.77亿元，同比增长12%；实现增加值预计达到2.75亿元，同比增长5%。[②] 2012年5月28日，西藏首个文化传媒集团——西藏传媒集团有限公司在拉萨举行揭牌仪式，标志着西藏文化体制改革迈出了实质性的步伐。这是西藏文化体制改革成立的第一个传媒集团，因此也肩负着为西藏文化体制改革探路的任务。这里重点介绍一下这个具有标志性意义的西藏第一个现代文化传媒集团的情况。

作为西藏第一家国有文化产业发展试点集团，西藏传媒集团正按照文化产业规模化、集约化、专业化的发展要求，充分发挥西藏文化体制改革和文化产业发展的政策、制度和资源优势，不断提升公司治理水平和运营实力，以推进西藏文化产业链整合提升为己任，努力建设西藏文化领域的大型平台服务型公司。该集团充分看到了西藏这一新兴文化旅游市场潜力，众多文化创意企业、旅游服务企业、高原生态资源开发企业普遍存在传播品牌提升、渠道和平台聚合的需求，同时意识到该集团的优势是必须发挥集团优势打造文化产业链生态，把自己定位在西藏文化产业开发的资源聚合者、品牌打造者、渠道和平台建设者以及战略投资者，联手西藏本地和外地专业创意和经营管理力量，联合资本市场力量，从产业链整合的角度，深度打造西藏文化产业的平台服务型公司。据了解，西藏传媒集团在其项目布局中，第一板块是打造以新媒体为核心的商业媒体群，建立现代传播格局。目前，西藏传媒集团建设的西藏区域商业门户网站，已完成战略定型和内部评估，并与西藏大型旅游集

① 一直以来，中国移动西藏公司以客户体验和需求为中心，不断优化音乐产品，致力打造当地老百姓喜爱的歌手与歌曲，不断提升客户活跃度，无线音乐内容营销得到新的提升。公司主推的特色铃音包“传唱雪域”与“通俗藏歌”，创造了本土音乐下载量的神话。

② 王菲：《2012年西藏新闻出版总产出达7.77亿元》，《西藏日报》2013年2月22日。

团洽谈合资建立基于西藏文化旅游服务的垂直网站，以此打通文化旅游产业链信息服务。同时，布局移动平板电脑和智能手机客户终端，实现三屏合一的传播架构。第二板块将以建立西藏文化旅游以及资源产品的实体品牌推广平台和渠道为重点，兼顾创意服务和节庆会展等项目。第三板块将紧跟自治区文化产业节奏，联合外部资源，积极跟进文化创意园区等文化地产开发。① 目前，以该集团发展的态势来看，在西藏非常具有生命力。随着市场经济的效应，像这样的文化企业机构在西藏将产生重要的示范作用，将推动西藏现代文化创意产业的发展，成为西藏文化产业的新动力。

2011 年 11 月 11 日，西藏第一家“国家文化产业示范基地”——拉萨岗地经贸有限公司董事长年叙・多吉顿珠荣获 2011 年第六届中国创意产业领军人物奖。该奖项是国内创意产业领域最具权威性和影响力的公益性奖项，年叙・多吉顿珠是获此殊荣的第一位藏族企业家。而作为拉萨市“十二五”发展规划重点项目，该基地将下属的吞米岭・藏艺文博园打造成一座“以集中展示西藏非物质文化遗产，促进西藏非物质文化遗产的保护、传承与发展”为核心理念的大型综合性文化旅游产业项目。到 2014 年，该园将建成为国家 5A 级旅游景区、西藏具有示范带动作用的文化产业基地和拉萨市文化遗产旅游的必游景点，预计年接待游客将达到 380 万人次，年旅游收入达到 2 亿元以上，相关产业产值达到 3.8 亿元，提供就业岗位 1000 个。②

《西藏自治区国民经济和社会发展第十二个五年规划纲要》中也提到，“十二五”期间，西藏还将加快文化产业的发展，推进文化体制的改革和艺术人才及群众文化人才的培养，挖掘传统和民间文化资源，发展文化旅游、文化创意、影视动漫制作、演艺娱乐、出版发行、民族手工艺品制作、高原极限运动等特色文化产业，打造西藏文化品牌，并加快培育拥有自主知识产权、文化创新能力和较强核心竞争力的文化产业集团，组建现代传媒集团等。预计到 2020 年，西藏公共文化服务能力将接近全国平均水平，文化产业将成为支柱产业。这些都充分显示了西藏现代文化产业的发展空间和力量。

---

① 晓勇、刘文军：《西藏传媒集团“铸造”文化产业链》，《西藏日报》2012 年 12 月 24 日。

② 晓勇：《西藏自治区文化产业领域开拓出全新事业》，《西藏商报》2012 年 7 月 18 日。

二　西藏文化产业界定的依据

藏族文化凸显了宗教文化在藏民族性形成与发展中的内核作用，是其与其他民族文化相区别的关键标志，并且藏民族由于身处青藏高原，特殊的地理条件注定要对藏民族的生产生活方式、社会组织结构、表层意识形态及潜层心理因素产生深刻影响，从而彰显了文化资源重要的历史传承价值和经济价值。保护藏族文化、文物就是保护中华民族的文化遗产，也是继承、发扬中华民族优秀文化的重要内容。

（一）藏族文化具有重要的历史传承价值

藏族文明同中原文明、古埃及文明、古印度文明、古巴比伦文明、古希腊文明等一样，都是人类文明的起源。西藏文明自古以来就沿着宗教和世俗两条路径发展演进。传统西藏基本上是单一民族藏族的聚集区，相对封闭的社会环境致使外来文化难以进入，民族文化保存得较为完整，世俗文化与宗教文化、贵族文化与民间文化并存。虽然藏传佛教支配着社会和人心，宗教“精英文化”成为主流，世俗文化只是配角，但是传统的世俗文化在民间影响深远，具有旺盛的生命力。传统的世俗文化主要由贵族文化和民间文化构成，贵族文化以藏族文化为根基，融合了印度文化和西方文化的成分，成为全民信教的西藏的一个独特的文化景观，但是在传统西藏，贵族为数不多，贵族文化的影响十分有限。民间文化又可以分为精英文化和大众文化。精英文化主要是藏医药、天文历算和艺术等。作为藏族传统文化重要组成部分的藏医药具有独特的疗效，一些中医和西医束手无策的疑难病症可以在藏医药中找到诊治的良方。大众文化主要表现为民间说唱《格萨尔》，旋子、锅庄、民歌等歌舞，藏民族的衣、食、住、行等风俗习惯和节日文化。在藏北牧区高寒的环境，牧民穿皮袍；山南农区暖和，农民穿氆氇；拉萨市民夏穿绸缎，冬着皮袍。糌粑、酥油茶、青稞酒、牛羊肉，不仅是纯天然的绿色食品，而且还是保健佳品。牧民住牛皮帐篷，市民住碉楼，山民住竹楼和木屋。苍凉雄奇的古堡，灿若繁星的帐篷，风格独具的民居，形成西藏高原独特的民居格局和建筑艺术风格。丝绸之路、麝香之路、茶马古道，成为古代西藏连接外部、对外交流的纽带，西藏的道路、驿道、索桥、铁桥、牛皮船，则是传承西藏文明和藏民族生活方式的重要载体。传统节日文化与婚俗、葬俗、礼俗和禁忌等风俗习惯，是西藏民间文化和世俗文化的重要标志。世俗文化中的神话成分，将西藏的自然、社会和人以神话的形式表现出来，从而也就使西藏成了神话。①

藏族文化是藏族历史的积淀，具有明显的历史传承价值。西藏是我国非物质文化遗产较多、较丰富的地区之一，凡是到过西藏的人，都会被藏民族独特而丰富的文化遗产散发的神奇魅力所吸引。“传统是社会的一种自然机制，借助它各代人互相联系起来，并将前代人的经验传递给后代人。后来人类发展取得的成就，在颇大程度上取决于这种自然机制所起的能动作用。通过传统，社会精神成就的物质化才得以实现。”② 藏族作为中华民族大家庭的重要成员，西藏文化更是中华文化宝库中一颗璀璨的明珠。在国家第一批非物质文化遗产名录中，藏戏、藏纸、唐卡绘画、藏医藏药、天文历算、卡垫藏毯织造等都是具有悠久历史的藏传文化瑰宝，承载着藏民族延续千年的文明和智慧。从《格萨尔》到多姿多彩的民间文学，从《四部医典》到神奇的藏医藏药，从《大藏经》到特色鲜明的藏传佛教文化，从古老的藏戏到热情奔放的民间舞蹈……藏族人民在雪域高原上劳动生息的同时，创造了风格独具的文化形态，使“千山之巅、万水之源”的青藏高原焕发出令世人惊叹的魅力。唐卡是松赞干布时期兴起的一种新颖的绘画艺术。它是由彩缎装裱而成的卷轴画，题材内容涉及藏族的历史、政治、文化和社会生活等诸多领域，具有鲜明的民族特点、浓郁的宗教色彩和独特的艺术风格，堪称藏民族的百科全书，历来被藏族人民视为珍宝，2006 年被正式纳入世界非物质文化遗产名录。“非物质文化遗产的保护和继承，是当今全世界所有国家、地区和民族面临的新课题。我国在这方面积累的经验还不多，探索出一条适合我国国情并行之有效的方式与方法是我们未来努力的方向。西藏的经验告诉我们，要让全社会所有成员形成自觉保护文化遗产的意识，使各类遗产在社会中得到确认、尊重和

① 杜永彬：《向往西藏》，西藏文化网，2005 年 9 月 5 日。

② 桂立：《论传统文化在建设社会主义核心价值体系中的地位与作用》，《民族艺术研究》2008 年第 5 期。转引自〔苏联〕波波夫、休休卡洛夫《社会认识与管理》，莫斯科思想出版社，1983。

弘扬，必须还要加大宣传力度，让更多的人知道它的意义。同时，还要立法，从上至下，健全机构和各项制度，使保护工作做到科学化、规范化、法制化。”①

弘扬传统文化，民间艺术团功不可没。2004 年，自治区批准成立了首批 18 个县级“民间艺术团”，将其正式纳入西藏基层公共文化队伍体系。2013 年，西藏新批准成立了 16 个县民间艺术团。截至 2013 年，西藏县民间艺术团数量达到 51 个，实现了全区 70% 以上的县有民间艺术团的目标，全区民间艺术团演职人员近 1200 人。② 这些演出团体常年活跃在农牧区，不定期地举办群众会演，深受群众喜爱。不少节目在全国性和全自治区文艺会演中获得奖项。历史上许多延续下来的优秀传统剧目、戏曲，就是在广大群众喜闻乐见、自娱自乐的文化活动中得到保留、传承和发扬。

而每逢藏族的传统文化节日到来时，西藏各地都要举行藏戏、歌舞演出，开展丰富多彩的群众性文化娱乐活动。如一年一度的山南雅砻艺术节、昌都康巴艺术节、那曲恰青赛马节、拉萨雪顿节、阿里象雄节、江孜达玛节等，也都已成为全西藏的节日品牌，不仅保留了原有的传统内容，还充实了不少适合青年人和市场需要的现代内容。

一些具有传统文化艺术和技艺的乡镇，也被国家和西藏自治区命名为“中国民间艺术之乡和特色艺术之乡”。如拉萨市尼木县以生产藏纸、藏香、陶器、雕版等传统手工艺产品驰名，成了全区的特色艺术之乡。山南地区洛扎、贡嘎县的藏戏、民间舞蹈，那曲地区比如县的“热巴”，在全区非常有名。拉萨市江孜县的藏毯卡垫编织技术最有名，成了全区的民间艺术之乡。这些具有鲜明民族和地域特点的民间艺术和手工技艺被纳入国家和自治区的保护范围后，得到了很好的保护、传承和发展。以藏纸为例，公元 8 世纪以来，为译佛经的需要，藏族人民不断学习、借鉴周边民族先进的造纸技艺，就地取材，生产出了独具地方特色的藏纸。2006 年，藏族造纸技艺被列入国家级非物质文化遗产名录。尼木藏纸是西藏传统的三大藏纸之一，生产历史悠久。尼木藏纸的主要原料是狼毒草的根，颜色米黄，有光泽，稍厚，在阳光下隐约可见草根纹路，

① 索文清：《藏族非物质文化遗产的抢救、继承和发展》，华夏经纬网，2006 年 10 月 11 日。
② 刘文军：《西藏新批准成立了 16 支县民间艺术团》，《西藏日报》2013 年 2 月 20 日。

强度高，天然防蛀，防腐，不变色，不易撕破。西藏有很多用尼木纸印制的文史经典，至今已保存千余年仍完好无损。[①] 但是，藏纸、陶器等一些传统手工业产品，随着现代化工业的发展，市场需求越来越萎缩，直接威胁着技艺匠人的生计和生产积极性，技术工艺也几近失传。西藏有关部门了解情况后，便帮助搞市场调查，拓展产品更新和销路，将商业产品开发与遗产保护有机结合起来。经过近 20 年的探索，现在藏纸方面已研制出适合市场需求的兽皮纸、彩绸纸、印花纸等十几种藏纸新品种，并根据各种纸的性能制作出壁画、雨伞、灯笼、贺卡、日历等深受广大消费者欢迎的工艺品。

总之，藏族文化遗产作为历史的产物，是对历史上不同时代生产力发展状况、科学技术发展程度、创造能力和认识水平的原生态的保存和反映，具有重要的历史价值。文化遗产需要传承，民间有很多是通过口耳相传的，因而传承人便显得很重要了，可以视作承载文化传统的活化石。一般而言，能够完整掌握某种非物质文化遗产技艺的人便可以视作传承人，当然传承人既有“承”的方面，也应该带有“传”的责任。2011 年 2 月 25 日，第十一届全国人民代表大会常务委员会第十九次会议通过的《非物质文化遗产法》第 29 条规定了代表性传承人的资格认定，第 30 条规定了对代表性传承人的资助措施，第 31 条规定了代表性传承人的义务。国务院公布了三批国家级非物质文化遗产传承人，西藏地区有 62 人。[②]

（二）藏族文化资源具有重要的经济开发价值

文化遗产是一个国家、一个民族长期积累形成的物质文明和精神文明，是属于整个国家乃至整个世界的共同财富。藏族文化资源体现出的经济价值是在市场经济和消费社会条件下，藏族文化遗产的一种重要的价值形态，是藏民族文化价值体系的价值利用。换句话说，只有将藏民族文化遗产中有条件的文化资源转化为文化生产力，带来经济效益，才能有更多的资金反过来用于民族文化的保护和发展。因此，对藏族文化遗产，既要

① 《国家级非物质文化遗产：藏族造纸技艺》，http：//www. tibet. cn/holiday/xxzx/201106/t20110624_ 109334. htm，最后访问日期：2011 年 6 月 24 日。

② 《西藏自治区国家级非物质文化遗产系列：传承人名录》，http：//www. tibet. cn/holiday/yscl/201210/t20121011_ 1789278. htm，最后访问日期：2012 年 10 月 14 日。

保护又要发展，以保护带动利用，以利用促进保护。藏族文化资源的经济利用价值主要表现在如下方面。

第一，经济利用可以促进藏族文化遗产的发展。财政收入增加后，这些地区就有条件对藏族文化遗产保护进行资金的投入，扩大宣传力度，特别是给非物质文化的传承人提供更好的传承、保护、创新条件，提供更好的生活条件，使之更加安心地从事非物质文化遗产的保护、传承工作。一些发达国家已经认识到“无论是有形文化遗产，还是无形文化遗产，都应该在确保文化遗产不被破坏的前提下，尽可能进入市场，并通过切实可行的市场运作，完成对文化遗产的保护及其潜能的开发”，并实现文化保护和经济利用的良性循环互动。[①] 例如，日本、韩国积极发掘本国民俗文化资源，保护、恢复传统礼仪节庆仪式，吸引了大批国内外游客，创造了可观的经济收入。瑞士、芬兰、英国极为重视保护本国的少数民族文化，给予其极好的保护，创造了传承的条件，除了从维护文化生态、保护文化多样性的角度考虑外，也看到了在这些独具风情的民族地区发展文化旅游能够创造巨额经济收入。

第二，丰富的藏族文化遗产、传统文化资源，使藏族文化资源成为藏族文化产业的优势所在。如藏民族日常生活的衣、食、住、行均体现了藏民族对青藏高原这个特殊自然地理环境的适应和创造，展现了具有浓郁民族特色的文化特征。就食而言，酥油、糌粑、茶叶、牛羊肉，被称为藏族饮食文化的“四宝”。藏民族不管在任何一个地方，饮食内容及特征几乎一致。著名藏餐馆——玛吉阿米对藏餐文化进行了非常有价值的开发和利用。就穿而言，农区农民穿氆氇长袍，脚穿长筒皮靴，藏北牧区牧民穿的五彩镶边的藏袍及长衫更是风韵独特，并且各藏族聚居区在穿着服饰上有很大的不同，各具特色，藏族服饰越来越成为吸引游客的一道亮丽风景线。就住而言，碉房、草原牧帐、森林木屋、园林别墅、寺庙建筑等藏式建筑别具风格，民族风情浓郁，也是如今吸引海内外游客的一个重要文化资源。就行而言，铁索桥、藤桥、木桥、溜索、牛皮船、马匹乃至被誉为“高原之舟”的牦牛都是西藏地区常见的交通工具。更为重要的是，历史上的茶马

① 河淑花、杨志刚：《韩国文化遗产法制建设的历史考察》，《文化遗产研究》第 2 期，上海古籍出版社，2001。

古道、唐蕃古道，今天已变成富有现代气息的川藏公路、滇藏公路、青藏公路、新藏公路，这些传统与现代相结合的交通文化，体现了藏民族和藏区经济的发展与变迁。除此之外，藏民族特有的宗教信仰及藏医药、藏族传统工艺、歌舞、戏剧等文化资源，都别开生面，展示着这个民族特有的精神风貌和民族特征，凝结着藏族人民的勤劳和智慧，是藏文化的物态表现。这些藏民族文化中最优秀的文化，既体现着藏民族的特性，又属于藏民族文化的精粹。

本课题组认为，藏族文化产业所具有的文化特征，与目前国内外多数地区将文化产业主要定位于文化创意产业，并且多与现代传媒、影视、舞蹈、音乐产业相关是很不一样的。虽然现代文化产业也逐渐成为西藏地区的新兴产业，正以雨后春笋之势在西藏地区蓬勃兴起。但我们要说明的是，在西藏应重点围绕“将西藏建设成为中国特色文化保护地”的精神，大力挖掘一切与藏民族文化内涵相关的所有文化产业，绝不能盲目照搬照套国内外的一些现有模式，要更加注重传统文化及其产业的传承、保护与开发，特别要注重传统文化的现代转换，将文化资源优势转变为经济优势，努力使其成为西藏经济发展中的新增长因素。目前，自治区藏药厂和江孜地毯厂已经被批准成为西藏首批国家级生产性保护示范基地。成立基地的好处有三个：可以大规模地将生产技艺保护下来，可以解决当地就业问题，可以促进当地经济发展、宣传当地的传统文化。为此，本课题组将藏族文化产业划分为传统文化产业和现代文化产业①，并对此进行研究和探讨。

（三）西藏文化产业界定基于系统论思想

系统论是注重整体及各要素的关联性，把研究对象作为一个有机整体来加以考察，以寻求解决整体与部分之间相互关系的模式、原则和方法。本课题组认为，西藏文化产业的发展应该作为一个整体来考虑，凡是在第一、第二、第三产业中涉及“藏”文化元素的产业，都可被认为是藏族文化产业。这种整体性的把握与认识主要是基于中央第五次西藏工作座谈会提出的“使西藏成为中华民族特色文化保护地”的宗旨，并发挥“藏”文化软实力，将文化资源优势转变为西藏地区的经济发展优势，同时产生应

① 罗莉：《藏族文化产业的定位与发展》，《西南民族大学学报》2005 年第 6 期。

有的社会效益。

藏族文化产业事实上包括西藏传统意义上的文化产业与现代意义上的文化产业，这个概念应该从西藏地区整体性考虑，需要关注西藏所有第一、第二、第三产业中凸显藏文化元素的产业，如藏药、唐卡、藏毯、藏餐、藏香、藏纸、藏戏、藏族建筑、藏族服饰以及藏族歌舞、影视、动漫、网络等产业在内的宽泛的产业领域，各类文化产业在传承与发展创新中，既能实现传统和现代的并存发展，又能成为西藏发展的一张亮丽的“名片”。

以下从系统论角度对要素与要素、要素与系统、系统与环境三方面关系进行简要说明：

1. 从系统与环境的角度看西藏文化产业与西藏区情

西藏地处“世界第三极”，严酷的自然条件和险峻的地形地貌，使西藏与外界之间有一道无形的屏障。因此，传统西藏基本上是单一民族藏族的聚集区，相对封闭的社会环境使外来文化难以进入，形成了一种相对完整而颇具特色的文化。总体上，西藏发展第一、第二产业不占优势，而发展文化产业比较有优势。从生态安全及产业布局综合来看，西藏地区发展文化产业、积极建设中华民族特色文化保护地，是适合西藏区情的发展之路。

2. 从要素与系统角度看西藏文化产业

西藏文化产业作为一个整体，其系统内部包括音乐舞蹈、传统手工艺、宗教信仰、医药、教育、饮食等民族特色产业。具体而言，本课题从藏药业、唐卡业、藏毯业、藏餐业、藏香业、藏纸业、藏戏产业等产业的发展现状、相关模式分析、传承与发展措施等角度进行研究探索，认为各产业均为西藏文化产业的有机组成部分，是西藏文化产业这个系统的组成要素，而且各要素，即各产业均以藏元素为纽带，将分布在第一、第二、第三产业凸显藏文化的产业关联起来，形成一个有机的西藏文化产业整体，发挥西藏文化产业的整体功能。

3. 从动态观点看西藏传统文化产业的发展传承

系统论认为事物不是一成不变的，系统是动态变化的。西藏传统产业不是停留在对传统工艺的保护和对传承人的保护，而是提倡系统内各要素在发展中传承与弘扬，实现在传统中创新、在创新中传承的发展之路，实现传统与现代文化产业的和谐发展。

三　西藏文化产业类型划分

西藏文化产业从无到有，目前已形成一定的产业结构体系，包括民族传统手工业、绘画艺术业、藏毯、藏药生产加工业、影视传媒业、文化旅游业、建筑业（包括文物保护和维修业）、艺术表演业、会展业、广播电视业、餐饮业等。

根据我国出台的《文化及相关产业分类》标准和国家统计局对文化产业层级的划分，结合西藏文化产业发展的实际情况对其进行划分和归类，西藏文化产业大致有以下几类。

一是民族手工工艺品。包括唐卡、雕塑、壁画、藏毯、服饰、藏纸、藏式木雕家具、面具以及青铜铸造等，这些手工艺品与佛教息息相关，同时与藏族人民的生活也密切相关，是传统民族手工业的重要组成部分，加上藏族传统文化的内涵，它们是藏族典型的传统文化产业。氆氇、藏毯、卡垫等手工艺品独具藏民族特色，至今在国内外享有盛誉，是一代代的手工匠艺人传承下来的符合高原特色的独特工艺；而茶壶、祭器、法器、银碗等日用品，不仅具有实用性，而且具有很强的纪念意义，同样是藏族工艺品中的瑰宝。此外，人们经常提到的拉孜和南木林的藏刀，是藏族人民经过千百年来的实践和经验积累，在刀的打制工艺上形成的一整套独特的定式。刀鞘上面镂刻的一些吉祥图案，具有浓厚的藏族文化气息。又如藏纸的制作工艺，在西藏已有1300多年的历史。藏纸的主要原料是一种叫狼毒草的有毒野草，也正是因为有毒，藏纸不怕虫咬，具有不腐烂、不变色、不易撕破的特点，用藏纸印制的经典古籍，保存千年仍完好无损。[①]这许许多多独特的工艺产品，越来越受到人们的喜爱，入藏旅游者一般都要购置一些作为赠送亲友的礼物或自己珍藏，藏族工艺品也拥有越来越大的市场。

二是藏医药业。它是西藏首批国家级非物质文化遗产之一。藏族的医学有着很久远的历史，同中医一样有着很深厚的文化积淀，具有2000多年

---

① 罗莉：《藏族特色文化产业发展探析》，刘永佶主编《民族经济》，中国经济出版社，2012，第32页。

历史。藏族人在长期与大自然的碰撞斗争中，形成了特殊的医药治病疗法体系，是藏族的一大法宝。藏医讲究望、闻、问、切，兼有针砭、按摩及外科手术。藏药原材料博采动物、植物、矿物之精华，讲求炮制技术，藏药生产过程中有藏传佛教中的宗教仪轨。目前藏药业正将传统优势与现代科技和现代生产工艺相结合，焕发出旺盛的生命力。据统计，目前西藏已有 24 家藏药厂，甘肃、青海、四川等地也有藏药企业 10 多个，我国也首次颁布了藏药的有关标准，有 41 种藏药材、97 种藏成药达到国家标准，200 多种藏药进入国家药典，14 个药品被列为国家传统医药保护品种，有 25 种藏药被列入国家医疗保险用药目录。① 以奇正药业为首的藏医药业，慢慢将高新科学技术融入藏药产业化开发中。随着藏医药向内地乃至全世界的传播，越来越多的人开始笃信藏药的神奇疗效。

三是文化旅游业。主要依托藏传佛教圣地的神秘性而形成和发展的。旅游资源往往都是由得天独厚的自然景观和具有悠久历史的人文景观构成，青藏高原因为其特殊的地理位置和人文历史，具有发展高原旅游业的优势资源和条件。在藏族文化产业中，高原人文旅游业也是重中之重。不论是一探民俗风情的文化古迹游，还是饱览大好河山的自然风景游，西藏都有相当丰厚的资源，随之而来的以旅游与餐饮服务业为内容的“珠峰经济”，作为一个产业链开始呈现，有力地促进了西藏旅游业的发展，也推动了珠峰区域经济的发展。另外还有以“格萨尔故里”为文化品牌的产品营销，都很好地推动了当地经济的发展。

四是歌舞影视业。藏民族是一个能歌善舞的民族，具有十分深厚的民间文化艺术底蕴，藏族人民也把他们热情奔放的性格特点融入舞蹈、戏剧中。《幸福在路上》作为一场大型的舞台剧，每天都要吸引成百上千的游客前来欣赏，它将藏戏、舞台艺术巧妙地结合到一起，将藏族文化传播到祖国的大江南北，赢得了无数的赞誉。藏戏作为我国民间戏剧艺术宝库中灿烂的一支，在每年的雪顿节上都有大规模的演出，吸引了无数中外游客前来观赏。雪巴拉姆、娘热藏戏团、西藏自治区藏戏团等藏戏团体甚至受邀将藏戏带到了 2008 年北京奥运会开幕式的舞台上，让全世界的人们也都能领略到藏族独特的文化艺术内涵。近年来，藏族文化

① 罗莉：《简析西藏特色资源与绿色产品》，《西藏民族学院学报》2004 年 5 月第 3 期。

产品的数字化、网络化、高科技化已经成为现代藏族影视网络文化产业生产、流通、传播的重要形式。随着经济发展进入网络时代，以文字、音像来表现的文化产品，具有信息化、数字化的特征，容易进行网络传播。藏族影视网络文化产品通过互联网进行传播和消费的数量将会越来越大，影响也会越来越深，这也加强了西藏与世界各国的沟通与了解。

五是出版发行业。藏文各种古典文献卷帙浩繁，举世瞩目。这些资源为藏族出版、印刷业的发展提供了较好的资源。西藏自治区目前已初步形成了一个遍布西藏的新闻出版发行体系，仅西藏一地就先后建立了四家出版社，发行图书几千种，与和平解放前的状况形成了鲜明的对比。另外藏汉文的报纸、杂志也慢慢在藏族人民中间传播与普及，《中国西藏》等杂志也越来越为人所熟知，人们开始通过报纸、书刊、杂志等文化出版物去了解今天的西藏。

六是民族餐饮业。西藏民族餐饮对传统的烹饪方式或原料进行改良、制作。如玛吉阿米餐馆集藏式建筑风格、藏族传统饮食和藏族歌舞弹唱为一体，成为藏族餐饮业的“领头羊”。到了拉萨，人们总会在闲暇之余去领略当地的特色美食，而遍布满街的甜茶店正可以满足人们的这一要求。藏面和甜茶的完美组合成就了民间藏餐的典范。高海拔地区才有的食材使藏餐显得更加独特，如收视、口碑双丰收的纪录片《舌尖上的中国》就在第一集开篇的时候介绍了一种只能在高海拔、无污染的环境下才可以生长的珍贵食材——松茸，这也可以看出高原地区的食材在地大物博的整个中国都占有很重要的地位。2010 年的上海世博会上展出的大量藏族餐饮文化，更是吸引了很多外国客人，藏鸡蛋、酥油、糌粑等充满藏族风情的藏族美食，为在场的游客带去了一次美的饕餮盛宴。

七是节庆会展业，如雪顿节、藏历新年、雅砻文化节等节庆活动和唐卡展等会展。

以上划分的这七类文化产业，基本上涵盖了目前以藏族文化资源为载体所形成的所有特色产业，其中不乏许多新型的产业模式，它们对于推进藏族文化产业的形成和发展起到了至关重要的作用，其中的一些代表企业和特色产业在全国范围内也取得了一定成绩。

世世代代生活在青藏高原上的藏族人民，拥有独具特色的历史和文化，它既是植根于藏族社会的民族文化，同时也是具有高原特色的地域文化。作为地域文化，它产生于青藏高原，既是这块土地上藏族人民智慧的结晶，也是这块土地上生活的其他各民族人民精神创造的成果。[①] 但是这个地域民族的经济却是落后的，历史悠久的文化并没有带来更多的物质财富，出现这种“富饶的贫困”现象的原因是多方面的。现在摆在这个古老民族面前的问题就是，如何将深厚的文化内涵与高速发展的市场经济结合起来，通过文化发展藏族地区的经济。经过长时间的摸索，我们终于找到了一条切实可行的发展之路，即开发藏族特色文化产业。以西藏为首的青藏高原特色产业、特色经济文化的形成首先取决于对特色产业的选择。藏族特色文化产业包含了藏族服饰文化产业、藏餐业、建筑业、藏医药业、藏传佛教文化产业、藏族工艺产业、藏族歌舞戏剧文化产业、藏族影视网络文化产业、藏族文字文化出版业、文化旅游产业。这样的划分基本上说明了目前西藏以藏族文化资源为载体所形成的特色产业。以藏族特色文化资源为基础的文化产业已逐渐成为现今西藏一个新的经济增长点。[②]

---

① 廉湘民：《充满活力的藏族文化》，《人民论坛》2001 年第 8 期。

② 罗莉：《文化产业：藏区经济的增长点》，《中国社会科学报》2010 年 9 月 21 日，第 16 版。

第三章　藏族文化产业是时代发展的必然产物

进入 21 世纪，文化产业巨大的经济潜力已经为众多国家所认同，作为一种新的经济形态，其崛起势头异常强劲。文化、娱乐正在替代那些看上去更实在的传统制造业、金融服务业，文化产业正在迅速成为全球经济增长的驱动轮。而在西藏，文化产业也装上了传统与现代双重驱动轮，显现出兴旺发展之态势，成为一种经济增长的新动力，一种经济发展不可或缺的主要产业。

一　人类进入文化经济一体化时代

文化产业是通过人们创造性的劳动，把知识、信息和意象等文化资源转化为具有交换价值的文化娱乐产品和服务的产业。[①] 一些发达国家认为，从欧洲工业革命以来，单纯通过制造业带动国家和城市发展的路径已经走到尽头；在新的时代背景下，现代服务业成为国家和城市发展的主要动力。文化产业既是现代服务的核心内容之一，也为现代服务业发展提供动力。西方一些学者甚至认为，通过发展文化和文化产业来振兴城市，其重要性与欧洲文艺复兴具有同等重要的意义。

产业结构演进是分工深化的结果。世界社会分工在经历了自然分工、工场手工业分工、机器大工业分工、区域分工和国际分工等以技术为逻辑的演变，到 20 世纪后期进入文化经济一体时代。我国在 20 世纪 90 年代以后开始逐渐注意文化经济的发展，而藏族传统文化产业的发展是西藏从未间断过的民族产业，今天直接参与了文化经济时代的文化市场竞争，成为

---

① 祁述裕主编《中国文化产业发展战略研究》（序言），社会科学文献出版社，2008。

国内外文化产业的一朵奇葩。从国内外包括西藏经济发展历程来看，文化经济一体化时代的特点包括以下几点。

一是文化成为经济增长的新动力。20世纪后期，许多发达国家开始进入以文化为中心的时代。经济文化含量越来越高，文化也越来越多地参与经济发展，并获得了产业化形式。经济文化化和文化经济化相互交融，形成了文化经济一体化浪潮。文化在综合国力中的作用越来越显著，正在与“硬力量”并列成为综合国力的另一个重要组成部分——“软力量”，文化正在成为企业、地区和国家竞争力的核心要素之一，成为20世纪后期以来经济增长的全新力量。文化传播获得了产业力量和手段，产业发展获得了文化支撑，文化产业借势兴起，甚至成为一些发达国家的支柱产业。不仅如此，文化产业的波及效应和产业关联效应日益凸显，直接带动了发展，并借助文化的力量开始解构传统产业，促进产业结构调整，开始演绎产业结构调整的文化逻辑。① 文化成为经济增长新动力在西藏也得到较为明显的体现。

二是文化需求成为主导需求。一方面，随着物质生产力的发展，人类得到全面解放，可供支配的闲暇时间越来越长。闲暇时间的增加，为人们进行文化消费提供了时间保障。另一方面，发展经济学的研究发现：当人均GDP达到1000美元时，文化消费支出占居民消费总支出的比重将达到18%；人均GDP达到3000美元时，居民文化消费占总支出的比重将达到23%。资料统计表明，近年来，美国和西欧一些国家的文化消费占家庭消费的30%左右。② 休闲时间的保障和经济收入的提高为文化需求的实现提供了物质条件，文化需求开始替代物质需求成为社会的主导性需求。而西藏民族文化犹如一个巨大的艺术宝库，成为吸引国内外文化市场需求的重要元素。一方织锦，一款民族服饰，一件手工器皿，一个古老传说，一处原始自然古朴的美丽风光，民族传统文化及手工艺品一旦通过物质包装、信息化处理或媒体宣传进入市场，以书籍、电影、电视、画报、录音、录像、时装、玩具、模型、歌舞、戏剧、展

① 焦斌龙等：《发展文化产业，促进产业结构调整》，《中国文化产业评论》第8卷，上海人民出版社，2008，第77页。

② 汤莉萍等编著《世界文化产业案例选析》（第二版），四川大学出版社，2009，第1页。

览、服装、服饰、工艺品为载体，制成各种文化商品或文化服务，其市场价值之大是难以估量的。[①] 西藏文化需求成为国际文化需求的重要吸引力之一。

三是产品的文化含量越来越高。技术成为文化价值实现的手段，带动了工业内部的产业结构调整。在经济一体化浪潮和强劲的文化需求带动下，消费者对物质产品的文化含量要求越来越高，消费的“脱物化”趋势日渐明显，文化对产品价值形成的贡献越来越大。这种趋势，不仅引发了相应的技术革新和发展，改变了相关行业的价值链，带动了生活资料领域的产业结构调整，而且推动了生产资料的产业结构调整。技术开发也越来越集中于如何推动抽象文化在具体产品中的实现以及如何才能实现文化价值。技术成为实现文化价值的手段，文化成为技术开发的核心，文化取代技术成为工业结构调整的主导力量。[②] 比如，日本动漫业的发展，就是循着人们喜好漫画，进而经过商家挑选，选择出经过时间检验确实是人们普遍接受的作品，然后再通过动画技术进行处理，使之实现动画效果，使本来并不生动的画面变得生动起来，成为国内外文化消费者的新宠。这样的文化产业发展轨迹使动漫业如今成为日本现今最重要的支柱产业，并且几乎垄断了整个世界的动漫市场。

值得注意的是，西藏文化也在大发展，短短几十年实现了跨越千百年的人间奇迹，唐卡、佛经、藏药、藏毯、藏香、藏纸、雕刻、藏饰、建筑、藏戏、歌舞、影视、出版等富有浓郁传统文化色彩的文化产品通过现代理念、现代技术的融合，得到了前所未有的传承和发展，令世人瞩目和惊叹，凡是带“藏”字的文化产品几乎都风靡全球，藏文化越来越成为不同种族、不同国家、不同民族都喜爱、都享用、都欣赏和研究的“热门共享”文化，西藏成为国内外探索神秘雪域高原的旅游胜地。如拉萨藏毯厂生产的藏毯就是作为民族文化艺术的标志之一，被装饰于北京人民大会堂西藏厅，还作为纪念品赠送给香港特区政府。

四是第三产业由服务于物质生产转向以文化为中心。工业经济时代的

---

① 耿香玲、刘士岭：《西藏地区发展文化产业的比较优势探析》，《西藏大学学报》2004 年第 6 期。

② 焦斌龙、王建功：《发展文化产业，促进产业结构调整》，《中国文化产业评论》第 8 卷，上海人民出版社，2008，第 78 页。

第三产业主要是围绕工业化而发展的，主要服务于工业化的需要，所以当时的第三产业以金融保险业、交通运输业、通信业、商业等为主。随着文化经济一体化浪潮的推进，文化开始主导经济，从而带动了第三产业结构的调整。第三产业开始由服务于物质产品转变为服务于文化，第三产业内部结构随之发生了变化：一方面，一大批原来在第三产业中比重较小的娱乐业、文化设计业、传媒产业、广播影视业等迅速崛起，超过社会服务业成为第三产业的"领头羊"；另一方面，崛起了一批全新的、服务于文化的第三产业，如网络文化业、信息文化产业等。不仅如此，文化还渗透到传统的第三产业，如餐饮业、商业、通信业中，提升了这些产业的文化层次，衍生出商业文化、网络文化、饮食文化等新的文化形态，推动了这些行业的文化转型。① 西藏作为我国以藏民族为主的少数民族聚居区，由于其特殊的自然地理环境，注重第三产业是符合西藏经济发展的必由之路，并在国内也是比较早地开始注意第三产业发展的省份。著名学者孙勇在著作《西藏：非典型二元结构下的发展改革》中就提出，"在西藏社会由非典型二元经济结构向农业、农村非农业和城市产业这种多元结构的跨渡的过程中，商业可以作为战略产业之一，通过其稳定发展，既保证区内人民生活和生产的基本需求，又引导和促进其他产业的扩大再生产，使西藏的区域优势得以发挥"②。而近年来，西藏的第三产业也开始逐渐由服务于物质生产转向以文化为中心，如文化旅游的崛起，影视、音乐、餐饮等文化产业应运而生。与国内外产业发展不同的是，西藏第三产业的发展不是由第一产业和第二产业的循序发展而生的产物，而是西藏经济自身发展的必然结果。

文化经济一体化时代到来，直接推动文化产业成为一个国家或地区的支柱产业和强势产业，使人类从以前的以政治、经济为中心的时代，开始进入以文化为中心的时代。西方一些学者甚至认为，通过发展文化和文化产业来振兴城市，这与欧洲文艺复兴具有同等重要的意义。③ 从世界范围来观察，美国文化产业的视听产品出口额仅次于航空

① 焦斌龙、王建功：《发展文化产业，促进产业结构调整》，《中国文化产业评论》第 8 卷，上海人民出版社，2008，第 78 页。

② 孙勇主编《西藏：非典型二元结构下的发展改革》，中国藏学出版社，1991，第 218 页。

③ 祁述裕：《中国文化产业发展战略研究》，社会科学文献出版社，2008，第 1 页。

业和食品业，英国的文化产业年产值只排在汽车工业之后，日本的文化产业更是超过汽车工业占据首位。各国文化产业的发展推动了全球经济结构的大调整，文化产业的异军突起，将为世界带来全新的面貌和体验。文化在经济的舞台上已不只是配角，更要担当日趋活跃的一个主角，未来生产必然开始向着品质化、趣味化、环保化、精神化、经验化等方面发展，文化成为一个最强大的产业形态。文化产业作为潜力巨大、发展速度较快的优质产业，有望成为未来国家经济发展的主导角色。

在我国，产业结构调整是我国当前面临的艰巨任务，在我们高度关注技术变革对产业结构影响的同时，以文化产业迅猛崛起为代表的文化经济一体化时代的到来，为我国进行产业结构调整提供了一个全新的思路。在新形势下，我国开始重视文化产业的发展，2000 年 10 月，中共十五届五中全会第一次提出“完善文化产业政府，加强文化市场建设和管理，推动文化产业发展”。2001 年 3 月，文化产业发展正式被纳入全国“十五”规划纲要。2002 年 11 月，党的十六大报告明确提出积极发展文化事业和文化产业，深化文化体制改革，要求“完善文化产业政策，支持文化产业发展”，增强我国文化产业的整体实力和竞争力。文化产业在中国特色社会主义建设中的战略地位得到充分肯定。因此，可以说我国的文化产业是在世界战略格局向全球化、信息化、市场化发展的宏观环境中起步的。由于历史原因，我国文化产业发展水平总体上低于国际上先进国家，与欧美等发达国家相比有明显的差距。文化产业落后于国家经济的发展和人民群众对社会文化的需求，文化发展在体制上和动作能力上都有很大改进和提高的空间。“他山之石，可以攻玉”，学习和借鉴先进国家文化产业发展的经验，对于发展我国文化产业的意义毋庸置疑。西藏文化产业发展离不开国内外文化产业发展的大背景。

二　文化经济一体化下藏族文化产业的机遇

“在当代社会，人类文明和文化的发展与传播，已经到了不能脱离文化产业这样具体的文化存在去抽象地谈论文化的繁荣与发展的历史新阶段。在今天，一切优秀的人类文明成果，都只有获得它的当代形态，通过并借助于文化媒介系统才能实现它的价值存在和有效传播。”① 文化产业发展已是全球化进程中最重大的事件之一。随着知识经济在全球的兴起和物质经济向非物质经济的全球战略转变，以及人类社会正在遭遇到的资源和环境发展危机，都成为国际社会广泛的战略选择和国际战略竞争的新形态。为此，在人类进入文化经济一体化时代的不可逆转的大趋势下，西藏文化产业也获得了千载难逢的机遇。

首先，各级政府对西藏文化事业的高度重视。一是国家对西藏的高度重视。自改革开放以来，作为发展相对落后的西部少数民族地区，中央在政策上给予了特别的关爱和重点倾斜。尤其是作为藏族文化的发源地，西藏成为政府关注的焦点。党的十七大和2009年的全国两会都明确提出新时期文化建设的战略地位，确立文化体制改革的目标任务和政策措施，也为西藏发展文化产业指明了发展方向。中央第五次西藏工作座谈会更是把将西藏建设成为“重要的中华民族特色文化保护地”“重要的世界旅游目的地”确定为西藏未来发展的目标。中央提出的“重要的中华民族特色文化保护地”不仅仅是一种口号，更是对藏族地区全新的保护发展模式的推进。“民族特色文化保护地”这一神圣的名称不是所有地区都能担当的，西藏文化积淀深厚，文化资源丰富，人文精神等文化要素都是其他任何地区无法模仿和复制的。使西藏成为特色文化保护地的决定也体现了中央乃至全国人民对西藏文化的重视和保护。二是西藏自治区政府自十七届六中全会以来，就开始倡导文化产业大发展，坚持“政府扶持，市场运作”的模式，使得藏族的文化产业发展有了宏观上的调控与保障。2002年出台了《西藏自治区关于加快发展我区文化产业的若干意见》。西藏地方党委、政府主要领导多次强调要大力发展文化产业，各级领导对文化产业的认识明显提高，特别是近年来，西藏地方各级政府高度重视文化体制改革和文化事业、文化产业的发展工作，积极探索有中国特色、西藏特点的文化发展路子，为在新的起点上推进文化发展奠定了良好的基础。2010年12月西藏自治区研究制定了《中共西藏自治区委员会西藏自治区人民政府关于推动文化大发展大繁荣的决定》，同时决定在“十二五”及今后一段时期内，

---

① 胡惠林主编《我国文化产业发展战略理念文献研究综述》，上海人民出版社，2010，导论。

西藏将着力发展特色文化产业，重点发展文化创意、文化旅游、影视制作、演艺娱乐、出版发行、民族手工艺、高原极限运动等特色文化产业。为推进西藏由文化资源大区向文化发展强区的战略转型，不断壮大文化产业的整体实力，西藏将大力推进文化大发展大繁荣，编制《西藏自治区文化产业发展规划（2011～2020年）》。西藏自治区政府决定多方扶持一批具有核心技术和自主知识产权的知名文化品牌，定期开展“西藏文化艺术发展”“西藏唐卡艺术展”“西藏出版物展销会”“西藏珠穆朗玛摄影大赛”等对外文化交流活动。这些政策有利于文化产业的发展。

其次，文化经济时代给西藏创造了许多可供运用和借用的技术、理念和模式。今天，世界文化正在经历一场以数字化、信息化为内容的深刻革命。文化产业数字化、信息化和全球化趋势将给整个世界文化发展带来革命性变化，传统意义上的文化形态、文化生态和文化存在方式都将在这个过程中转型，人类社会关于世界的价值观念及价值系统，都将以全新的生态形态在这个过程中完成它应历史要求所进行的全面革命。许多发达国家都将文化发展置于国家发展战略的高度，并取得了显著成果。可以这样说，整个20世纪留给人类社会的一笔最伟大的遗产就是文化战略和国家文化战略在维护国家安全、推进国家进步、保障人类和平方面的伟大作用。[①] 而这些成果都是人类智慧的结晶，是今天西藏发展文化产业可以借鉴的宝贵财富。发达国家政府和学术界所论及的文化和文化产业，其核心理论是创新（创造性），并多以国家和城市振兴为目标，在创新这种核心理念的统领下，激发个人创造，发展新型服务业（主要指文化与科技融合的服务业），提供完善的服务，提升城市品质，增强吸引力和集聚能力，等等。在实践层面，主要沿着两条线索展开：其一，围绕城市振兴实施的一系列文化和文化产业活动，包括重视公共文化设施和商业性娱乐设施建设，重视节庆活动和会展业的价值，鼓励通过艺术对老城区进行创造性改造，鼓励创意和设计，重视塑造城市品牌和形象，等等。其二，促进文化与科技的融合，大力发展新媒体产业，以推动产业升级。网络技术、通信技术和数字技术的不断进步，打破各种文化行业之间的界限，图像、文字、影像、声乐被整合，文化艺术的表现内容和表现形式得到极大的丰富，新兴

① 胡惠林：《关于我国文化产业发展研究的思考》，《东岳论丛》2009年第2期。

文化行业层出不穷，新媒体产业显现出令人鼓舞的发展前景，成为经济和社会发展的强大动力。这些文化产业发展上的各种创新以及先进技术、手段和理念，今天在许多方面已经潜移默化地融入西藏文化产业的发展中，成效显著。

再次，最为难能可贵的是，文化经济时代唤醒了藏族人自身发展文化产业的主动性和积极性。企业界关注传统民族文化产业的人士辈出，如对唐卡、藏药、藏毯、藏纸、藏香等产业和行业，企业家们主动关注自己传统文化产业，为不使传统文化产业濒临灭绝，不辞辛劳，积极开动脑筋，出主意、想办法，甚至“走出去，引进来”，他们不愧是这个时代民族文化传播的使者，他们主动承担了传统文化产业的拓展与开发，使许多优秀民族传统文化得到进一步的传承和保护。这里最让我们感动的是强巴遵珠——这位已过花甲之年，土生土长的高原铁汉，用自己大半生的光阴去抢救和保护濒临失传的极富特色的藏纸传统生产工艺。他走遍西藏各个角落，搜寻民间制作藏纸的传承者和相关资料，还特地去印度和尼泊尔“取经”，经过反复试验，不断总结经验教训，终于在 1993 年成功制造出传统的藏纸。2006 年，藏纸生产工艺被列入第一批国家级非物质文化遗产名录，强巴遵珠也当之无愧地成为西藏自治区级非物质文化遗产传承人，而更为可贵的是在他的不懈坚持和努力，推动了藏纸故乡尼木藏纸业的青春焕发，成为西藏重要的传统文化产业的藏纸基地。又如龙日江措，是有三百多年传统的优·敏芭藏香的第九代传承人。优·敏芭藏香出自安多藏区阿哇的优格仓家族，龙日江措就是这个藏医家族的后代。由于“文革”十年荒芜，优格仓家族的造香业一度中断。21 世纪之初，第九代传人优格仓·龙日江措怀着对传统民族文化产业的深厚感情着手复兴家族传承已久的造香技能，从最初仅有 3 人的家庭作坊，发展成占地 60 多亩、二三期正在建设中并拥有 60 多名制香工人的“优·敏芭香业基地”。历经 300 余年，优·敏芭作为母品牌，现已发展出了包括“优·敏芭”“美智敏芭”“尼木芒氏”“优格仓”“噶旦”等知名子品牌，占有西藏近八成、国内近九成的藏香市场，并远销至我国台湾、港澳地区以及东南亚、日本、韩国、美国等地。今天，还有许多奋斗在各行各业的热爱本民族文化产业的杰出人士，他们都在为自己民族文化事业的发展贡献自己的光和热。

三　传统工艺的保护与开发推动藏族文化产业发展

从传统工艺包含的范围来讲，可从多种角度对其进行研究。“传统工艺”就是从“传统”这一范畴进行的研究，因此，传统工艺是属于较为原始的制作工艺，有着悠久历史和文化积淀，并不断传承的工艺技术，是民族传统文化的重要构成。

保护传统文化已成为国际社会的共同目标。1950 年日本就制定和颁布了《文化保护法》，在世界上率先提出“可保护传统文化”的理念。此后，国际上对传统工艺的保护逐渐提高，各个国家根据实际情况纷纷保护传统文化。1982 年，联合国教科文组织设立非物质文化遗产管理部门，成为实现非物质文化遗产保护法的重要一步。2003 年正式通过的《保护非物质文化遗产国际公约》，成为各个国家保护地方传统文化的重要依据。对传统文化的保护成为许多国家的一项长期国策。

（一）传统工艺是藏族非物质文化遗产的重要组成部分

自 2003 年 10 月 17 日联合国教科文组织发布的《保护非物质文化遗产公约》以来，“非物质文化遗产”的保护行动在全世界范围内展开。世界上需要传承和保护的传统文化将以法律的形式固定下来，为濒临灭绝的传统文化创造了挽救和发展的空间。按照教科文组织的规定，非物质文化遗产分为口头传统和表述、表演艺术、社会风俗、礼仪、节庆、有关自然界和宇宙的知识和实践，以及传统的手工艺技能。

我国非物质文化遗产的保护工作最早是在 1997 年《传统工艺美术保护条例》中提出，此后，相关法规不断完善。2003 年提出《民族民间传统文化保护法》草案；2004 年 2 月，文化部、建设部、文物局等部门提出《关于加强我国世界文化遗产保护管理工作的意见》；2004 年 8 月，全国人大常委会批准《保护非物质文化遗产公约》；2005 年《国务院关于加强文化遗产保护的通知》；2006 年 5 月，国务院公布第一批国家级非物质文化遗产名录，共 518 项；2006 年 11 月，中华人民共和国文化部令第 39 号《国家级非物质文化遗产保护与管理暂行办法》；2008 年 6 月，国务院公布第二批国家级非物质文化遗产名录和第一批国家级非物质文化遗产扩展项目名录，共510项；2011年2月，《中华人民共和国非物质文化遗产法》由中华人民共和国第十一届全国人民代表大会常务委员会第十九次会议通过，于2011年6月1日正式实施。[①] 2011年6月10日，是我国第一个文化遗产日，并规定每年6月的第2个星期六为非物质文化遗产日。

藏族文化资源丰富，非物质文化遗产保护工作的落实也极为紧迫。藏族地区也相继展开非物质文化遗产保护工作，自1998年以来，政府对西藏的山南地区进行传统文化的挽救和保护工作，这成了藏族非物质文化遗产保护的先例。藏族非物质文化遗产是全国非物质文化遗产的重要内容，藏族传统工艺是藏族非物质文化遗产的重要组成部分。因此，对藏族传统工艺的研究也至关重要。非物质文化遗产确立的最初目的是为了抢救濒临灭绝的传统文化，藏族非物质文化遗产同样如此。因此，在被法律的形式固定下来的同时，更加重要的任务将是对其传统工艺的继承和发展。"非遗"不仅要成为一种范式，更需要活态的方式继承，继承的不仅仅是表面上的技术，而是藏文化的精髓。

"十一五"以来，西藏坚持"保护为主、抢救第一、合理利用、传承发展"的方针，全面启动了非物质文化遗产普查保护工作，一批非物质文化遗产项目代表性传承人得到扶持和培养，一大批珍贵的非物质文化遗产获得有效保护。近年来，随着西藏经济社会不断壮大与发展，人们更加重视对传统文化的保护和传承。最新资料显示，西藏已有联合国人类非物质文化遗产2项；文化部先后布了三批国家级非物质文化遗产项目代表性传承人名录，西藏就占有62席；西藏有国家级非物质文化遗产76项，自治区级非物质文化遗产222项，134人入选自治区级非物质文化遗产代表性传承人名录，735项入选县级非物质文化遗产名录。这62名国家级非物质文化遗产代表性传承人，传承着包括佛教音乐、传统音乐、舞蹈、藏戏，以及藏族邦典、卡垫织造、藏族造纸、传统医药等各项传统技艺（参见表3－1，表3－2，表3－3）。

---

① 中国非物质文化遗产网，http：//www. ihchina. cn。

表 3-1　国务院公布第一批国家级非物质文化遗产"传统技艺"名录（藏族）

序号	项目编号	项目名称	申报单位
313	Ⅶ-14	藏族唐卡（勉唐画派、钦泽画派、噶玛嘎孜画派）	西藏自治区 四川省甘孜藏族自治州
338	Ⅶ-39	藏族格萨尔彩绘石刻	四川省色达县
347	Ⅶ-48	塔尔寺酥油花	青海省湟中县
371	Ⅷ-21	藏族邦典、卡垫织造技艺	西藏自治区山南地区、日喀则地区
372	Ⅷ-22	加牙藏族织毯技艺	青海省湟中县
397	Ⅷ-47	拉萨甲米水磨坊制作技艺	西藏自治区
419	Ⅷ-69	藏族造纸技艺	西藏自治区
430	Ⅷ-80	德格印经院藏族雕版印刷技艺	四川省德格县市
448	Ⅸ-9	藏医药（拉萨北派藏医水银洗炼法、藏药仁青常觉配伍技艺、甘孜州南派藏医药）	西藏自治区 四川省甘孜藏族自治州

表 3-2　国务院公布第二批国家级非物质文化遗产"传统技艺"名录（藏族）

序号	编号	项目名称	申报单位
881	Ⅷ-98	藏族黑陶烧制技艺	云南省迪庆藏族自治州
884	Ⅷ-101	藏族牛羊毛编织技艺	四川省色达县
903	Ⅷ-120	藏族金属锻造技艺（藏族锻铜技艺、藏刀锻制技艺）	西藏自治区南木林县、四川省白玉县、西藏自治区拉孜县青海省玉树藏族自治州
924	Ⅷ-141	藏香制作技艺	西藏自治区尼木县、墨竹工卡县
936	Ⅷ-153	井盐晒制技艺	西藏自治区芒康县
1020	Ⅹ-113	藏族服饰	西藏自治区措美县、林芝地区、普兰县、安多县、申扎县，青海省玉树藏族自治州、门源回族自治县

表 3-3　国务院公布第三批国家级非物质文化遗产"传统技艺"名录（藏族）

序号	项目编号	项目名称	申报单位
1179	Ⅷ-199	藏族矿植物颜料制作技艺	西藏自治区拉萨市
1163	Ⅶ-106	藏族编织、挑花刺绣工艺	四川省阿坝藏族羌族自治州
1176	Ⅷ-196	银铜器制作及鎏金技艺	青海省湟中县

注：以上信息均来自中国非物质文化遗产网。

西藏自2005年全区非物质文化遗产保护工程启动以来，通过对西藏民间艺术的挖掘和保护，国家和自治区先后投入4000余万元，大力实施国家级和自治区级名录项目的抢救和保护工作，有效开展了非物质文化遗产的传承、建设、学术研究以及宣传展示等工作，为实现“使西藏成为重要的中华民族特色文化保护地”的战略目标奠定了坚实的基础。[①] 西藏非物质文化遗产的继承和弘扬工作取得了显著成效，西藏优秀民族文化得到了有效传承和发展，西藏对传统文化和文物的保护意识和关注度也越来越高。如藏香、藏毯、藏纸等的生产、制作工艺在西藏大都存在了千年甚至更长的时间，在历史上主要作为民族传统手工业存在于藏民族的生产生活中。但是在今天世界经济文化一体化的时代中，这些文化形态如藏香文化、藏毯文化、藏纸文化、藏餐文化，由于市场经济“物以稀为贵”的特征活跃在国内外的民族文化舞台上，成为特具藏民族特色的文化产业，受到国内外的关注。如藏香一直畅销国际市场，藏毯在国际地毯市场中是世界三大名毯之一，藏纸是藏族重要的非物质文化遗产之一，而藏餐在日益火爆的西藏旅游中更是扮演着重要角色。据了解，“十二五”期间，西藏将以加强非物质文化工程为依托，精心打造特色文化品牌，力争到“十二五”末，国家级项目达100项，自治区级项目达300项。[②]

（二）藏族文化产业可以在保留完整的传统文化基础上发展

文化产业是一个历史范畴，它是人类文明发展到一定历史阶段的产物，并随着社会经济的发展而逐渐形成，不断壮大。每一个民族的文化形成都离不开特定的自然环境条件和物质条件，这种文化被视为民族的根和魂。在经济高速发展的今天，人们越来越重视传统文化的内涵。在国外，文化产业的发展不仅成为转变发展的一个趋势，也成为保护民族文化的重要途径，也是各国家、民族间文化交流的载体。因此，文化产业作为新兴的朝阳产业成为未来的主流。2002年以来，中国经济的转型变化较大，消费作为拉动经济的“三驾马车”之一，在经济发展中的作用日益凸显。文化产业范围广泛，涵盖新闻出版、广播电影、娱乐、旅游、工艺等。我们

---

① 《西藏：保护弘扬传统文化 民族精神薪火相传》，中国西藏网，2010年11月11日。

② 晓勇：《西藏文化保护与发展成效斐然》，《西部时报》2011年2月15日。

应在文化产业的基础上不断提出文化创意产业，在原有的传统文化的基础上进行资源整合，创造出符合现代的文化精品。

藏族文化产业是在保留完整的传统文化的基础上发展而来的。藏族的文化具有悠久的历史和特殊的高原民族性特点。不仅有具有地域特色的高原物质文化，还具有传统的特色浓郁的藏民族传统文化。藏族的历史就是传统文化发展的历史，传统文化用不同的形式表现着藏族的发展状况。藏族的传统文化主要有藏族建筑、藏族传说、藏族文学、藏族艺术、藏族宗教、藏族天文、藏医药、藏族服饰、藏族民间工艺、藏族雕塑、藏族旅游等不同行业、不同种类的传统文化。传统工艺是藏族民间工艺的重要组成部分，是传统文化的重要内容，通过手工艺者的精致雕琢，各种藏式工艺品用不同的形式表现着文化内涵。传统工艺贯穿于整个生产领域和思想领域，并植根于藏族人民的内心，表现在生活的方方面面。传统工艺存在于日常生活中，应该说藏族人民的生活离不开传统工艺。保护传统工艺就是保护传统文化，二者是集为一体的。

以江孜卡垫为例，江孜卡垫已有600多年的历史，以色泽鲜艳、毯面柔软细腻和风格浓烈而著称。江孜的卡垫不仅毛线均匀、质地优良，染色工艺也别具一格。它除了用红、黑两种颜色的染料外，其他颜色的染料都是从当地的树叶、草根和矿物中提炼出来的。这种自制的染料色泽鲜艳，经久不变，具有浓厚的高原情趣和独特的民族风格。近年来，江孜卡垫不仅全国闻名，而且远销印度、尼泊尔、不丹等国。江孜卡垫反映了藏族织造技艺发展的悠久历史，其图案、纺线、染色、织造、剪毯等方面都非常出色，具有织造技艺独特、色泽鲜艳和谐、毯面柔软的特点，艺术价值极高。[①] 2006年，“藏族邦典、卡垫织造技艺”被列入第一批国家级非物质文化遗产名录。

拉萨市尼木县塔荣镇的雪拉村是有名的藏纸村，次仁多杰和他的两个儿子是村里至今仍在制作藏纸的人。2004年，次仁多杰自创了嵌入花瓣、草叶、牛毛等物品的艺术藏纸，用这些藏纸制作的灯笼、本子等工艺品销量不俗。2006年，藏纸生产工艺被列入第一批国家级非物质文化遗产名

① 《藏族邦典、卡垫织造技艺详细介绍》，中国非物质文化遗产名录数据库系统，http：//fy.folkw.com/view.asp？id=865。

录。作为一种民族工艺，藏纸在党和政府的重视下，在次仁多杰这样的民间艺人的传承、再创造下，正焕发出新的生命力。现在拉萨市除了尼木藏纸外，尼木吞巴藏香、墨竹直贡刺绣唐卡、曲水郭孜、堆龙觉木隆藏戏等非物质文化遗产也享誉区内外。西藏自治区政府曾经多次举办了西藏自治区国家级非物质文化遗产的巡展，向世人展示西藏独特的魅力和风采，展示出藏文化博大精深的内涵。而确认非物质文化遗产传承人不仅是对文化的尊重，更重要的是在保护的基础上，让这些弥足珍贵的非物质文化遗产后继有人，代代相传。

因此，藏族文化产业的发展需要以传统和现代并重的方式来进行开发。藏族文化资源丰富，国家发展战略的倾斜决定了藏族文化产业有巨大的发展空间。人文旅游业、现代出版业、传统手工加工工业都是文化产业发展的基础资源。通过开发传统文化资源进行现代技术的整合形成文化创意产业，将成为藏族地区发展经济、宣传传统文化魅力、发展和保护传统文化的重要途径。传统工艺作为传统文化的重要组成部分，也是现代文化产业的主要内容。藏族文化产业的发展离不开传统工艺的参与，对传统文化的传承不是静态的，而是不断变迁的，藏族创意产业是对传统工艺保护和开发的落脚点，在知识信息时代，传承文化的精髓、创新文化的表现形式、与现代文化相结合才是真正的传承。藏药产业化发展的模式，玛吉阿米的现代与传统的完美结合，唐卡的传统魅力，传统手工制造的巅峰之作邦锦镁朵的发展，都充分展示了传统工艺的特色。

（三）藏族传统工艺促进传统产业转变为支柱型产业

传统工艺是劳动者在日常劳动过程中，结合当地的资源和文化特色逐渐形成的技能，长期发展成为一种稳定的常态的民族文化，代表传统性、民族性、地域性。延伸到其他领域，文化不仅仅表现出传承与发扬，传统文化的强大力量将会推动文化产业、创业产业、经济发展、社会效益等其他产业的发展，其影响甚大。

由于藏族地区的地理环境、历史根源决定了传统的农业、畜牧业以及手工业成为其三大产业。在民主改革以前，西藏地区的手工业主要是以个体家庭经营为主，除了自给自足之外，还发展了少数的加工行业。这种行业给当时以封建农奴制度为结构的劳动人民解决了生产、生活上的问题，同时也占据着一定的社会地位。西藏地区在保持传统农耕生产方式之外，早在4200多年前就有陶器等出现，藏族祖先游牧、农耕的传统方式逐渐发生变化。工艺水平的提高使藏族传统手工业渐渐成为独立产业。在吐蕃王朝兴起以后，藏族的农业、畜牧业、手工业都有了较大的发展。相传，吐蕃止贡赞普时期，手工业和冶金技术水平有了很大的提高，手工业者也得到了重视。公元7世纪，吐蕃王朝与周边各民族在文化和经济方面的交流变得频繁，藏族手工艺发展迅速。公元17世纪，五世达赖统治西藏时期，西藏地方政府开始派官员管理手工业，建立官营性质的行会组织体系，并从尼泊尔邀请了一批铸制金匠、银匠、铜匠、铁匠来铸制佛像。[①] 五世达赖组织手工业者扩建布达拉宫，全西藏的珍宝都集中在这里，兴建了全西藏最大的博物馆，也成为最大的藏族手工业艺术宝库。这一时期，西藏建立了第一个手工行业协会，同时，逐渐从综合的行业协会发展成为泥木石行业协会、金银铜铁（五金）行业协会、鞋业行业协会、裁缝行业协会和绘画雕塑行业协会等5个独立的行业协会。由于拉萨是西藏政治、经济、文化的中心，行业协会大部分都集中在拉萨。据1559年拉萨市城关区的统计显示，在拉萨从事手工业的人员共有2564人，总产值相当于253万元人民币。同时政府有严格的管理体系来管辖手工行业，客观上推动了传统工艺的发展，也创造了一些就业机会。纵观历史，传统工艺在藏族地区的发展中占据重要的地位。

民主改革后，尤其是20世纪90年代以后，西藏地区的民族手工业在自治区乃至全国范围内，用它特有的魅力创造的文化和经济价值，也有较强的市场潜力，为藏族地区的经济社会发展起到了重要的推动作用。因为，藏族传统工艺是三大基础产业之一，跟中原其他地区相比较，传统工艺产业带来的贡献更加突出。就西藏自治区而言，在做产业统计资料时，把传统民族工艺直接纳入工业产值分类。1998年的统计资料显示，“西藏民族手工艺总产值为3亿多元，约占整个工业总产值的25%；而广大农牧区以民族手工艺为主的农村家庭副业在整个大农业中的比重仅次于牧业和

---

① 扎嘎：《西藏传统手工业五金工匠的历史、行会组织及其社会地位》，《中国藏学》1992年特刊。

种植业，约占农业总产值的13%”①。显然，西藏地区的经济发展离不开民族传统工艺的支撑，而民族工艺不仅是西藏传统民族产业，也必将成为传统文化产业。2010年以来，民族工艺产业成为西藏五大支柱产业之一，也成为重要的经济增长点。民族工艺是西藏目前传统民族产业向传统文化产业过渡的最具渗透、转换与提升作用的文化因素，必将越来越有力地推动传统文化产业向支柱产业发展，如藏药业现在已经成为西藏支柱产业之一。

四　文化产业是西藏三次产业结构调整的最佳选择

长期以来，文化与经济的关系在西藏没有得到应有的重视，西藏文化建设一直沿袭计划经济体制下的发展模式，文化事业被视为纯粹的社会公益性事业，完全依赖国家的投资与扶持。直到2000年，西藏全区GDP达到117.46亿元，第一产业在GDP中的比重才从50年前的99%下降到30.9%，第二产业、第三产业的比重才分别上升到32.2%和45.9%。第三产业成为西藏第一大产业，增加值达到53.93亿元，在西藏区内的GDP构成中居于首位。2003年，西藏三大产业结构首次实现了由“三一二”到“三二一”的重大转变，现代文化产业开始起步。2011年底，西藏第二、第三产业已经占到GDP总额的87.7%。其时，文化产业的一些行业产值已经在第三产业中占有相当比例。可以说，第三产业的崛起给作为朝阳产业的文化产业提供了广阔的发展空间和舞台。②

（一）文化产业是西藏产业发展轨迹的必然结果

这里简要回顾一下西藏经济结构的演变。千百年来，西藏经济都是以农牧业为主，自给自足的自然经济占绝对优势。至西藏和平解放前，基本

① 《西藏自治区统计年鉴》（1998）。
② 黄建国：《雄鹰在新世纪的风云中翱翔——西藏文化产业发展论》，《西藏文学》2002年3月。

上还停留在封建农奴制初期的劳役地租阶段，生产工具、耕作技术都非常落后，除了极少数地区用铁铧耕地外，大部分地区还停留在几千年前的木犁、木锄耕地时代，甚至有的地方还保留着刀耕火种的耕种方式。畜牧业生产也仍然采取原始的自然游牧方式，逐水草而居，几百年来对草场的建设和利用、畜种的改良、疫病防治以及畜产品的加工等生产技术一直未得到改进，这种局面一直保持到西藏和平解放前。西藏和平解放后，中国共产党和中央人民政府依据马克思列宁主义关于落后民族在一定条件下可能“超越”资本主义过渡到社会主义的理论，结合我国和西藏地区的具体社会历史条件，成功地在西藏确立了社会主义经济制度和经济体制。这个曾经被封建农奴制度残酷统治数百年的旧西藏进入了历史的新纪元，这是对人类社会的一大贡献。

西藏和平解放后，尤其是 1959 年民主改革后，在全国计划经济“一盘棋”的统一安排下，西藏逐渐形成了社会主义计划经济体制。在当时的历史条件下，计划经济体制是西藏的唯一选择，也是最好的选择。[①] 计划经济体制对于改变西藏贫穷落后的面貌，提高人民的物质和文化生活水平，都发挥了巨大的作用。尤其是在西藏社会主义经济发展起步阶段，集中人力、财力和物力有计划、按比例地进行经济建设意义重大，西藏从此有序地建立了社会主义经济体系，巩固了人民政权和社会主义制度，其历史功绩应予以充分肯定。

但是，必须承认和面对的是，西藏在建立社会主义制度之初，是没有完全适合西藏特点的模式可循的，西藏不可避免地被划入全国大一统的计划经济体制“一盘棋”之中，采用了今天看来并不完全适合西藏的经济发展模式——计划经济体制。计划经济体制为西藏建立了必要的经济基础，特别是现代工业的起步和发展，为后来西藏经济的跨越式发展奠定了重要的基础。但以中央支付为主的供给型财政体制，也使西藏形成了完全靠

① 因为当时新中国成立不久，在半封建半殖民地基础上建立起来的新中国，经济基础十分薄弱，必须集中力量进行发展。另外，进入社会主义时代的新中国的经济建设除了苏联计划经济体制可供参考外，并没有其他可借鉴的经济模式。因此，中国在当时选择建立社会主义计划经济体制有其必然性。这种体制导致后来经济发展出现了一些不可避免的问题。我们必须结合当时的历史现实和实际情况一分为二地来看待这个问题，而不可一味地进行否定。

“输血”才能维持的经济发展模式。特别是西藏现代工业的建立，主要是在“一五”时期，国家按照总体规划和全国“一盘棋”的布局安排投资，注重形式上的发展，追求指标上的速度，利用行政手段而不顾客观经济规律来推动产业结构的转化。因此，在工业结构上当时西藏也只重视了重工业的发展而忽视轻工业的发展，只重视现代化技术的引进而轻视了传统技术的改造，导致西藏工业与主体产业——农牧业之间缺乏必要的联系，被喻为“镶嵌式”的产业。而高度集中的计划管理，政企不分，经营上统收统支，企业无生产经营自主权；劳动制度的“铁饭碗”，分配制度的平均主义，同样造成了西藏“镶嵌式”的企业吃国家的“大锅饭”，职工吃企业的“大锅饭”。而西藏完全对商品经济、价值规律的否定，更是逆经济规律而行，必然使经济扭曲发展。这种严重地脱离西藏极为落后的生产力状况——自然经济占绝对统治地位、商品经济不发达、劳动者文化技术素质低、交通不便、信息闭塞、地广人稀的计划经济体制，在西藏造成的恶劣影响比内地更为严重。

改革开放以后，中央专门为西藏召开了五次工作座谈会，其宗旨都强调，要从西藏实际出发，内地各省市对口支援西藏，探索适合西藏特点的发展之路。西藏的经济结构不断得到调整，并越来越接近西藏的实际情况。首先是重工业的比重越来越下降，西藏开始注重符合实际的轻工业发展，特别是逐步形成了高原特色工业体系，矿业、建筑建材、药业等支柱产业、优势产业得到了较快发展，培育了奇正藏药、拉萨啤酒等一批有较强竞争力和知名度的高原特色工业产品。在 20 世纪 90 年代中期，西藏基本形成了红景天、藏药珍珠七十、矿泉水、啤酒、地毯等“拳头”产品，在全国市场形成了一定的“雪域高原品牌”，并成功完成了“西藏明珠”“西藏圣地”“西藏旅游”等企业的上市。其次是对所有制的调整，国家在农村强调休养生息的特殊优惠政策，即“土地归户使用，自主经营，长期不变”，“牲畜归户，私有私养，自主经营，长期不变”的“两个长期不变”政策。这两项政策深受广大农牧民群众的欢迎，农村中的专业户、重点户较快地发展起来，特别是从事工商业的人数迅速增加，这为后来西藏农村基层从事藏族传统文化产业打下了重要基础。截至目前，西藏县民间艺术团数量达到 51 支，实现了西藏 70% 以上的县有民间艺术团的目标，西藏民间艺术团演职人员近

1200人。①

20世纪80年代以来，藏族传统手工业的发展得到政府和市场的有力支持，一些传统产地再度焕发出活力。随着社会需求的增加和一些地区自然条件的优势，根据资源分布的特点，一些较有名气的手工业产品基地得到保护和发展并形成规模生产，如江孜的卡垫、扎囊县和江孜紫金村的氆氇、贡嘎杰德秀的围裙、拉孜的藏刀、拉萨的金花帽、加查的木碗、昌都的铜铁铸造、墨脱的石锅、墨竹工卡的陶器、日喀则和拉萨的金银制品等，满足了不同群体的需求。藏族传统手工业不仅使农牧民发家致富，如昌都县嘎玛乡这个昔日的匠人之乡，正在藏族手工业的发展中重新崛起；而更为重要的是，昔日的匠人之乡，如今许多都被认定为非物质遗产的传人和产业，得到国家和自治区的高度重视，他们为西藏今天传统文化产业的振兴和发展创造了重要的条件。如山南贡嘎县杰德秀镇是闻名遐迩的“围裙之乡”。2006年，杰德秀镇的邦典织造技艺被列为国家级非物质文化遗产。

西藏提出“文化产业”发展或西藏文化产业正式起步和发展应该是在“十一五”时期。在区党委、政府的领导下，西藏文化建设的自觉性不断增强，发展力度不断增大，基层文化建设大力推进，优秀传统文化得到传承和弘扬，物质和非物质文化遗产得到有效保护，公共服务体系不断完善，对内对外文化交流不断加强，文化精品不断涌现，精神文明建设深入开展，舆论引导和传播能力显著提升，文化产业则是方兴未艾。

对于区域产业结构调整而言，文化产业可以发挥极其重要的作用。文化产业推动产业结构调整的主要机制有三：一是渗透机制，指文化产业的发展促进文化理念渗透到传统产业的设计、生产、营销、品牌和经营管理等环节，从而改变传统产业的价值创造链条，使传统产业提供的产品更加富有文化含量、文化品位。二是转换机制，随着文化产业的发展，使传统产业流入文化产业，并由此加剧传统产业之间的竞争，使传统产业融入更多文化元素，从而促进传统产业的结构调整。三是提升机制，即文化产业通过提升工业、服务业的文化含量与经济价值，提升整个社会经济的质量，进而促进经济增长方式的转变。提升机制是建立在渗透机制和转换机

① 《西藏新批准成立了16支县民间艺术团》，《西藏日报》2013年2月20日。

制之上的，它带来产业结构质的飞跃。在这一机制作用下，产业对文化的需求从简单的吸收、组合过渡为文化幸免于难的挖掘与创造，文化成为传统产业动态比较优势、竞争优势的核心要素。[①] 从西藏经济发展趋势和产业结构的调整来看，西藏最终将最佳产业定位于文化产业是大势所趋，并具有良好的基础。西藏的文化产业既可以利用现代技术来发展现代文化创意产业，又可以在具有千年传承历史的基础上走可持续发展之路。藏纸、藏香、藏毯、藏餐等传统文化产业在西藏具有明显的渗透、转换和提升机制的作用，同时还可以促使传统文化产业、现代文化产业与旅游业结合起来，共同推进和拓展。

（二）文化产业实现了对传统民族产业的文化渗透

大力发展西藏文化产业将是今后发展的主要方向之一，体现了西藏和国内许多地方经济发展的不同。从西藏已有的文化产业以及未来发展的趋势来看，注重藏民族传统文化元素、发展传统文化产业和现代文化产业是西藏文化产业的必由之路。藏民族传统文化的传承与开发，是西藏文化产业发展最大的优势。把文化理念渗透到传统民族产业的设计、生产、营销、市场、品牌、经营管理等环节，从而改变传统民族产业的价值创造链条，对传统民族产业的价值创造将起到画龙点睛的作用。“在大众文化的全面复兴潮流下，在文化需求引导下，文化产业将文化渗透到传统产业中，要求传统产业提供的产品必须注重产品的文化含量、文化品位，必须在产品设计之初就注入更多的文化元素，在经营过程中注入更多文化内涵，在品牌塑造中注重品牌文化的打造等等。文化在传统产业的渗透中逐步改变了传统产业的价值链，传统产业由原来的以技术创新为中心逐步转变为以文化为中心，技术开发开始服务于文化传播。继技术和市场之后，文化逐步成为产业间的又一联系纽带。”[②]

如藏香，源于藏族先民的原始祭祀活动，成形于佛教进入西藏时期，它的鼎盛期伴随藏传佛教的发展全程，是西藏文化的一部分。2008

---

① 焦斌龙：《文化产业如何推动产业结构调整》，《人民日报》2007 年 12 月 14 日。

② 焦斌龙、王建功：《发展文化产业，促进产业结构调整》，《中国文化产业评论》第 8 卷，上海人民出版社，2008，第 79 页。

年被列入国家级非物质文化遗产名录后，这项传承了1300多年的古老技艺展现出新的魅力。前文提到的优·敏芭藏香创始于1678年，秉承“佛成其缘、天成其味”的理念，逐步成长，现被誉为“西藏三大名香”之一。

优格仓企业就是西藏对传统民族产业进行文化渗透，并走向成功的典型。优格仓企业成立于21世纪初，公司以弘扬藏地优秀文化、努力发展地方经济为目标，本着尽善尽美、追求实效的管理理念，以健康民众生活为核心宗旨，奉质量为企业信仰，主要经营高级工艺品、西藏名优土特产、传统名贵藏香、藏纸及矿物原料古艺开发和各类绿色环保产品等的生产和销售，并在国家许可区域内拥有土地资源多处。优·敏芭香业还发展了连锁经营。这一切都显示了优格仓企业的美好前景。据企业网站提供的信息，2005年，西藏自治区成立40周年之际，优·敏芭藏香被指定为庆典专用名优香品。2005年，在上海浦东正大百货举办的西藏文化展销中，销售评估名列各类产品前茅。2006年，公司被中国食品土畜进出口商会吸纳。2007年，优·敏芭品牌系列作为长期合作伙伴被收录进国内外多家香业展会。2007年，进入西藏自治区特色产品精品总汇。2008年，优格仓企业被西藏自治区政府评为“民族特色产品优秀企业”。2009年，荣获发展民族企业“先进企业奖”。2011年，优·敏芭古藏香和优格仓古藏香荣获“西藏著名商标”荣誉称号。2011年，荣获“民族文化特色产品奖”。2011年，荣获拉萨市“龙头企业”称号。2012年，优·敏芭古藏香技艺纳入西藏自治区非物质文化遗产名录。

目前，优·敏芭藏香在全球20多个城市设立了专卖店，成为人们了解西藏香品及藏民族特色产品的窗口。[①] 数年来，60多家媒体对优·敏芭藏香品牌及子品牌进行了专题报道，如中央电视台、新华社、《人民日报》、《中国西藏》、国务院中国西藏信息中心、《都市快报》、《西藏人文地理》、《中国旅游报》、《中国青年报》、《香港中国旅游画报》、《新华航空》、《时尚》、《西藏日报》、西藏电视台、四川电视台、拉萨电视台、《西藏商报》、《拉萨晚报》等。

---

① 《藏香袅袅传承千年文化》，新华网西藏频道，2012年9月7日。

五 出于生态安全和文化安全的考虑

文化属于国家的一项重要资源与利益，文化安全涉及文化主权，从某种意义上讲，维护文化安全就是维护文化主权、国家利益；发展文化就是发展国家综合国力，文化发展成为国家安全的一个重要指标。

首先，青藏高原素有“世界屋脊”和“地球第三极”之称，西藏海拔4000米以上的土地占全区面积的92%，是亚洲乃至北半球气候变化的“感应器”和“敏感区”，在外界干扰下，生态环境极易破坏且难以恢复。以西藏为主体的青藏高原，在影响地理环境格局、稳定气候系统、保障水资源安全、保护生物多样性等方面都有重要作用。文化产业作为文化与经济相互交融的集中体现，科技含量高，资源消耗低，环境污染少，发展潜力大。在提倡绿色GDP时期，文化产业是典型的绿色经济、低碳产业，发展文化产业能保护生态环境，易于实现人与自然的和谐发展。西藏文化产业的特殊性在于，它源于也是适应于具有“世界屋脊”之称的青藏高原，青藏高原在远古时代与世隔绝、自然环境恶劣，这样的生存环境首先造就了藏民族坚忍不拔、热情豪爽的性格特点和强健的体质，也产生了适应于青藏高原的物质文明和精神文明。

藏民族是藏族文化创造的主体，他们凭借自身能力和毅力在雪域高原繁衍生息、代代相传，创造了世界上具有独特性和神秘性的藏族文化及产业体系。作为一个民族长期的精神积淀和物质创造，文化是民族的灵魂和血脉，它可以依附语言和环境等其他载体，形成一种地域文化和社会文化环境，并形成人与自然相协调和人与人相协调的各种行为主客体机制，最终形成和强化为一个民族或地区的向心力和凝聚力。从这个意义上讲，西藏文化是凝聚青藏高原社会的黏合剂，是凝聚藏民族的精神纽带。正是因为文化具有整合社会各行为主体的功能，因而一个国家或一个民族的文化传统，能给这一国家或民族的人民带来归属感、安全感和自豪感。在西藏，具有藏民族特色的文化体系既继承了藏民族文化的传统，又深深植根于中国特色社会主义的实践中，是凝聚和激励全国各族人民的重要因素，是保障各民族生生不息、国家兴旺发达的巨大力量。[①] 因此，发展这些带有原生性、地域性的西藏传统民族文化产业，既繁衍生息了藏民族的子子孙孙，也较好地守护了具有地球“第三极”之称的青藏高原。勤劳、智慧、勇敢的藏族人民，不仅为青藏高原的生态安全做出了杰出贡献，也对中国乃至世界的生态安全的保障做出了应有的贡献。

其次，在综合国力的国际竞争中，文化体现为一种“软实力”，表现在四个方面：第一，文化的社会整合功能是保障国家凝聚力的必备要件；第二，文化的调控导向功能是永葆国家生命力的重要因素；第三，文化的教育塑造功能是国家创新力的重要保证；第四，文化的传播辐射功能强化和延伸了国家的政治、经济以及军事的力量。为此，党的十六大报告指出：“当今世界，文化与经济和政治相互交融，在综合国力竞争中的地位和作用越来越突出。文化的力量，深深熔铸在民族的生命力、创造力和凝聚力之中。”党的十六届四中全会明确提出要“解放和发展文化生产力”。正确认识文化的力量，科学分析文化在综合国力中的地位和作用，对于培育和提升国家的文化竞争力以及确立文化的战略地位具有十分重要的意义。作为国家文化遗产和文化资源的代表地区之一，西藏在全国有着非常重要和独特的地位。西藏是人类多元文化的宝库，是我国原生态的非物质文化遗产富集地。西藏的文化安全甚至影响到我国整个国家的文化安全。西藏文化产业的发展是对国际上的“藏独势力”所谓“西藏文化灭绝论”的有力驳斥。

今天，包括藏传佛教在内的藏族传统文化为中国各地民众所了解和喜爱，已成为中华文化不可或缺的一部分。中国很多年轻人都喜爱戴藏族的传统饰物，希望借此避邪驱灾。在北京、上海、广州等许多城市，都不难找到正宗、地道的藏餐馆。中国歌坛也不乏藏族的著名歌手，他们所演唱的具有鲜明西藏特色的歌曲红遍中国。到西藏旅游是中国最热的旅游线路之一，藏药、藏香、唐卡等西藏特产更是畅销中国各地……[②]但是，随着全球化趋势的增强，经济和社会的急剧变迁，西藏文化资源特别是非物质

---

① 魏明：《文化：综合国力中的“软实力”》，《湖北大学学报》（哲学社会科学版）2007 年第 3 期。

② 《驻英大使在英媒发表文章：西藏旧貌换新颜》，http：//world.people.com.cn/n/2012/0731/c1002_ 18635895.htm，最后访问日期：2012 年 7 月 31 日。

文化遗产的生存、保护和发展遇到很多新的情况和问题，面临着严峻形势。受许多条件、因素的影响，西藏原本丰富而特有的人类文明正以超乎常人想象的速度消退、流失，现代文明的入侵也给西藏古老的民族文化带来新的威胁，西藏非物质文化遗产正在遭受着前所未有的冲击。[①] 因此，政府部门要联合社会各界不断扩大宣传保护力度，对西藏文化遗产和文化资源进行保护强调在保护非物质文化遗产原生态价值的前提下，广泛依靠大众传媒和影像化传播的力量，把西藏丰富的非物质文化遗产通过广播、电视、网络等媒体，以喜闻乐见的形式让受众了解并接受，调动各方力量自觉形成全社会合力保护的氛围。对西藏文化遗产要进行全面具体的普查，摸清西藏文化遗产的现状，真实、系统、全面地建立档案和数据库，成立文化遗产保护中心，真正做到“保护为主、抢救第一、合理利用、传承发展”。[②] 今天，西藏的许多传统文化产业如唐卡、藏药、藏毯、藏香、藏纸、藏餐、歌舞及藏戏等在新时期都得到了很好的保护和传承，许多企业在取得较好经济效益的同时，也很好地实现了社会效益，如岗地、甘露牌藏药，优·敏芭藏香，帮锦镁朵藏毯等都已成为正面宣传西藏文化及产业的重要力量。在全球一体化背景下和世界经济危机形势下，随着社会特殊需求的增加、新兴技术的推动、政府政策的主导、市场规律的遵循、产业结构的调整、海外市场的拓展等，不仅给整个中华民族文化产业发展带来生机和转机，也将积极促进西藏文化产业的开拓与发展。在积极引导社会需求的基础上，政府应采取主动的多元化产业政策，在文化资源开发中促进西藏文化不断更新，将人力、物力、财力集中于具有旺盛生命力的新兴文化产业，培育新的文化消费习惯和消费群体，扩大国际市场的文化认同，在危机中捕捉生机、把握转机，进而提升西藏全区乃至国家国民经济实力和文化竞争力。[③] 由于具有知识密集、创意驱动和高附加值等产业特征，西藏文化产业的发展与其他产业部门的发展，可以不完全同步，有时甚至可以是逆向的。

---

① 常凌翀：《全球化视域下西藏文化产业的现实境遇与发展路径》，《西藏大学学报》（社会科学版）2009 年第 12 期。

② 常凌翀：《全球化视域下西藏文化产业的现实境遇与发展路径》，《西藏大学学报》（社会科学版）2009 年第 2 期。

③ 熊澄宇：《经济危机中文化产业的生机与转机》，《求是》2009 年第 8 期。

第四章　西藏传统文化的现代转换

纵观当今国内外，文化交流日趋频繁，传统文化的多样性和现代社会的交汇融合已成大势所趋。2010 年 9 月“世博会西藏活动周”展现了一个延续传统文化精髓的现代西藏形象。印度《瞭望》杂志外事副主编普拉内·沙玛在踏足西藏土地后，感慨“充满活力的拉萨市，传统与现代和谐共存”。曾在西藏生活工作了 26 年的作家刘伟在自己的著作中写道：西藏，现代化与古老传统共存；西藏，神话与现实共存。传统文化的现代转换以及传统文化产业和现代文化产业的并存发展在西藏都体现了藏族群众与时俱进的步履。

一　西藏：传统文化尽显魅力

西藏传统文化不仅是中华民族多元化的重要组成部分，也是世界文化的瑰宝。从气势恢宏的庙宇到金碧辉煌的殿堂，从浩如烟海的经书到神秘复杂的宗教仪轨，从美妙精美的唐卡到馥郁悠长的藏香，无不体现雪域传统文化特有的神韵与魅力。

（一）藏族传统文化的体现

文化资源是人类社会文化、经济、政治活动的基本精神要素和文明动力资源。文化产业可持续发展的提出，是因为现代文化资源在传统文化发展模式下产生了资源难以为继的结果。联合国教科文组织在《保护世界文化和自然遗产公约》中最早提出了对文化资源的保护，防止文化资源在社会和经济发展背景下受到损害和破坏，指出了各国政府是保护传统文化与民间创作的首要责任人，认为："本国领土内的文化和自然遗产的确定、保护、保存、展出和遗传后代，主要是国家的责任。"2001年联合国教科文组织第31届会议发表了《世界文化多样性宣言》，该宣言首先提出，对于自然界而言，文化多样性与生物多样性一样重要。该宣言从文化多元化、人权保障、创新能力培养及国际社会的团结与和谐等几个方面论述了文化多样性的重要性，并提出了落实文化多样性目标的行动方案。宣言指出："每项创作都来源于有关的文化传统，但也在同其他文化传统的交流中得到充分的发展。"因此，各种形式的文化遗产都应当作为人类的经历和期望的见证得到保护、开发利用和代代相传，以支持各种创作和建立各种文化之间的真正对话。

传统文化是指不同民族在不同的历史阶段和生存环境中形成的各具风格与特色的生产与生活方式，从而积淀为富有民族特色的文化类型，其主体部分经过时代的洗礼，生生不息地延续传递至今，形成民族的传统文化。而所谓传统，则是指历史上形成的、具有稳定的组织结构和思想要素、前后相继，至今仍然影响着人们的特定思维方式、价值观念、道德风貌、社会习俗等深层文化方面的行为习惯和社会心理。① 而对某一个民族来说，受到特定文化类型价值系统的制约，经过长期历史积淀而形成的，为全民族大多数人所认同的思想和行为方式上的习惯，也被叫作文化传统，它往往表现为"文化无意识"，是一种潜移默化的精神力量。藏族的传统文化极为丰富，内容包括科技、哲学、宗教、医药、历算、建筑、绘画、诗歌、戏剧、音乐、舞蹈、雕刻等，其中包含有不少科学、合理的成分，至今仍为社会和人民服务。如，藏族大小五明文化是藏族传统文化的重要组成部分，内明即佛学，因明即佛家逻辑，声明即藏族语言学，医方明即藏医藏药学，工巧明即藏族工艺技术及诗词学、韵律学、辞藻学、历算学、戏剧学等十个方面。大小五明学是随着佛教传入藏族地区而传播和发展起来的。五明学原本是印度文化，流传到西藏后，和藏族的土著文化以及传入西藏的汉族文化及其他民族的文化交流涵化后，逐渐形成了具有藏族特色、风格、品味、气派的大小五明文化，从而扩充、丰富、完善、深化了藏族传统文化的内涵和外延，使藏族具有了全面而深入、完整而系

---

① 李宗桂：《思想家与文化传统》，《哲学研究》1993年第8期。

统的文化价值体系。

藏族文化是极具民族特征的文化形态。在长期的历史发展进程中，藏民族逐渐形成了自己独特的精神和文化价值观：重情淡财、知足常乐、施舍济贫，反对损人利己、弱肉强食、贫富悬殊、斤斤计较；强调人与人之间建立一种关爱、仁慈、信任、宽容、谦让的情感关系，反对人与人之间形成憎恨、无情、猜疑、刻薄、争斗、贪欲的利益关系。这些也就是藏族文化的基本精神，是藏民族特定价值系统、思维方式、社会心理、伦理观念、审美情趣等精神特质的基本风貌的反映。国学大师张岱年先生说："文化的基本精神就是文化发展过程中的精神的内在动力，也就是指导民族文化不断前进的基本精神。"文化传统是民族精神的集中体现。文化精神也是该民族的本质、核心、价值体系和心理的呈现。千百年来，在雪域高原的孕育下，藏族人民勤劳勇敢、乐于奉献，环境适应能力和心理承受能力较强，这些都是西藏现代化建设的重要人力资源财富。

藏民族完整的藏文文字体系，丰富了中华民族的语言和文字。以藏文书写并积存的文献数量仅次于汉文文献。其中吐蕃时期的金石铭刻、写本手卷和竹木简牍等堪称世界古代典籍中的珍品。在藏族的格言、史诗、民歌、谚语、民间故事和佛教经典中，劝人精进向上、修身养性的理论更是十分丰富，劝人从善戒恶、歌颂英雄、团结互助等伦理道德的篇章比比皆是，为人传诵，具有长久的魅力。再如藏族医学就在三个方面对祖国医学做出了很大贡献。如《四部医典》创立的胚胎学和医学挂图，在医学理论研究和传播方面有重大建树，对疑难杂症的治疗有独到之处，极大地丰富和发展了我国乃至世界的药物资源。藏族传统天文历算学则历史悠久、内容丰富，在对宇宙的认识、季节的划分等方面，与现代天文学、气候学等多有吻合之处，有的甚至完全一致。藏族传统文化中的文学、艺术、建筑、雕塑、绘画等，至今仍在丰富人民生活、陶冶群众情操、提高民众公德、美化生活环境等方面发挥着积极的作用。多形式、多渠道、源源不断的文化交流历史，使藏族文化古老深邃的形式和内涵融合了诸多民族的文化成分，从而呈现出多元性特征。这一切不仅是藏民族精神财富的重要组成部分，而且是人类文化遗产的重要财富。

西藏和平解放以来，国家遵循文化发展的规律，尊重藏民族的历史创造活动，出台了不少法规和规定，对藏族优秀的传统文化进行大力保护，使其重放光彩。在现代化大潮的冲击下，人们也越来越感受到藏族传统文化的重要性。藏族文化传统源于历史又超越历史，具有现实的精神生命和文化范式，富有时代意义和现代价值。

（二）藏族传统工艺是一朵文化奇葩

藏族的传统工艺是藏族传统文化的重要组成部分，也是中华民族工艺品的瑰宝。藏族创造了悠久的历史和辉煌的文化，并与周边的国家有着密切的交往，发展成为丰富多彩的传统文化。按照国家颁布的传统工艺的分类法，一般把传统工艺分为雕塑工艺、陶瓷制作工艺、纺染工艺、传统建筑营造工艺、金属器械制作工艺、文房四宝制作工艺、印刷术工艺、刻绘工艺、髹漆工艺、家具制作工艺、编织扎制工艺、特种工艺及其他，并且每个种类下面都有具体的明细划分。藏族传统工艺丰富多彩，工艺品将近 2000 种。依据藏传统文化的特点，我们可以分别从生产方式、思想感情类和宗教等三大领域对西藏传统工艺进行划分，展现藏族传统文化特色。

1. 反映藏民族生产方式的传统工艺

生产方式决定生活方式。藏族在历史发展过程中形成了特有的生产生活工具，如纺织类的氆氇、藏被、邦典、卡垫、地毯、藏服、藏靴等；五金工艺、木石行业类的酥油壶、酥油碗、火炉、水壶、水缸、腰刀、头饰、首饰、铜灯、铜壶、铜锁、铜盆、镰刀、犁、钉耙、铁锹、剪子、锁、铁锅、铁盆、菜刀、剥皮刀、藏桌、凳子、木箱、藏式家具、藏式木柜、藏式货架等。具有较大规模的行业还有藏香、藏药、藏纸、藏餐等。下面重点介绍氆氇、藏毯、藏刀、金银器、藏纸等具有代表性的日常用品。

（1）氆氇

氆氇是藏族人民普遍使用的手工艺品。手工织成的毛呢，是做服装和鞋帽的主要材料。藏族地区不生产棉花，但生产羊毛，因此，用羊毛制作的氆氇就成为人民日常生活的重要物品。氆氇历史悠久，已经有 2000 多年的历史，做工精致，具有保暖功能，能够抵御严寒。汉藏史料记载，在 13 世纪的明代，民间就把它当贡品馈赠。氆氇的生产普遍，以扎朗、浪卡子、江子、芒康、贡嘎等地区的最为著名。氆氇的品种很多，质量各异。

编织氆氇的宽度均为25厘米，按照长度的不同，分为不同的规格。长约4米，适宜做男装；长约2.8米的适宜做女装；长约3.3米的男女服装均可。氆氇的主要品种可分为谢玛、布珠、噶夏、泰尔玛、格毡、朱祝、漆孜等。

（2）藏毯

地毯是西藏传统工艺品种具有特色的产品之一。具有各种色彩和图案的藏毯，统称为“卡垫”，备受藏族人民的喜爱。主要用于家庭和寺庙的铺垫。我们从史料中了解到，西藏卡垫在元朝时期就有了发展。藏文文献《年曲琼》记载，元初，萨迦法王八思巴担任大元帝师，结束了西藏封建割据的混乱局面，西藏的经济由此得到了发展。当时最著名的“卡垫之乡”是江孜。地毯行业以其传统的制作方法和特有的民族风格吸引着国内外的消费者，已成为藏族地区经济发展和传播藏族文化的重要传统工艺。

（3）藏刀

藏刀不仅闻名西藏，还驰名全国。藏刀主要用来生产、生活、自卫，还是很好的装饰品和纪念品。藏刀制作工艺独到，做工精致，刀刃锋利，外形具有民族特色。藏刀的刀把以牛角或木料制成，并缠有银丝、铜丝、铁丝等，有的还镶有银饰，刀鞘均包铜、包银，并刻有花卉和动物，如龙、虎、狮等，有的镶嵌珠宝、彩石等，精致美观。藏刀分为长刀、短刀和小刀三种。长刀最长的有1米多，短刀有40厘米左右，小刀有10厘米。藏刀的实用性和艺术性、民族性使其深受人们的喜爱。

（4）金银铜器

金银铜器是西藏传统手工艺之一，也是藏族具有特色的工艺品之一。金银器在吐蕃时期就开始应用，流传至今，主要服务于寺庙，也出现在武器、刑具和日常生活中。用于寺庙宗教的有镀金聚宝瓶、金制法轮、法幢、金鹿、金马浮雕等。生活上的金银器主要是金盘、金碗、银碗等。除此之外，黄金也可运用在藏医药制作工艺上，对藏医药的发展起到了一定的作用。

（5）藏纸

藏纸的原料是西藏高原上的一种有毒的野草，叫狼毒草，藏语叫“日加”。将狼毒草的根部剥去新鲜的外皮后捣烂，在锅中煮熟，再次捣烂，直到成蓉，导入纸浆池搅拌后成为纸浆。藏纸的制作工具简陋，完全靠手工打造，每一道工序都具有完整的传统工艺流程。制作出来的纸张防虫、防腐，具有较高的利用价值和欣赏价值。布达拉宫印经院、甘南拉卜楞寺印经院、四川德格印经院三大经院制作的传统藏纸和尼木县制作的藏纸都具有较高的艺术价值。

2. 反映藏民族思想情感、精神文化生活的传统工艺

反映藏民族的思想情感和精神文化生活的传统工艺比比皆是，富于藏族特色。藏族壁画、唐卡、藏族雕刻、藏文书法、美术字体中八思巴体、十相自在图、藏族乐器、藏族面具、酥油花等。下面重点介绍唐卡、面具、酥油花等工艺品。

（1）唐卡

唐卡，又称卷轴画，是藏族精神文化的精髓，亦是藏族宗教文化的代表，被誉为藏族的“百科全书”，具有鲜明的藏族风格、浓厚的宗教色彩和独特的艺术风格，是藏族手工艺的一朵奇葩。唐卡中最常见和最常用的是宗教画，就是佛像，这类唐卡的中心位置要描画主要的人物，周围绘制其他人物，并描述故事情节，直到一个完整的故事结束，因此，完整的唐卡几乎是满满的画像。例如，布达拉宫、哲蚌寺中有《释迦牟尼佛传》《佛本生图》等巨幅唐卡，十分壮观。现在的唐卡，不仅成为民间的工艺品，还成为具有较高艺术和文化价值的珍藏品，影响深远。

（2）面具

藏面具作为一个特殊的民族符号，具有社会性、艺术性和宗教性，主要有普通面具、悬挂面具和藏戏类面具三种。藏式面具多用于宗教活动和藏戏的表演，代表各种护法神、鬼怪等人物形象，如各种灵魂、魔鬼，或者是阻碍佛教发展的女魔等负面人物，带有神秘色彩。

（3）酥油花

酥油花是藏族最常见、不可或缺的供奉品，它以白酥油以及染色酥油堆塑制成。先用白酥油在板架上塑底，然后层层粘贴塑件，形成各不相同的花色。酥油润软易化，经不起揉搓，所以要用低温的水操作才可以，酥油花只有在高寒的青藏高原才能“盛开”。位于青海西宁的塔尔寺，是藏传佛教格鲁派（黄教）创始人宗喀巴大师的诞生地。塔尔寺的“艺术三绝”就是壁画、堆绣和酥油花。其中，美妙绝伦的酥油花与传统藏戏及青海热贡艺术结合，经过几百年的创新与发展，成为独具魅力的艺术奇葩。

3. 反映藏民族宗教信仰的传统工艺

宗教文化是藏族文化的重要组成部分，西藏的传统工艺产品中的诸多工艺品都带有浓厚的宗教性、民族性，与藏族人民的宗教文化生活息息相关。宗教用品需要绘图的主要有佛塔、剑锋轮、神灯、曼扎和宝瓶等。其中佛塔所用的图案主要有：巴扎、妙莲、雄狮、四大天王、三转法轮、梵文、伞盖、二殊胜、交杵金刚等。剑锋轮图案主要有：梵文、吉祥八宝、轮王七宝、八锋法轮、妙莲、交杵金刚等。神灯图案主要有：吉祥八宝、妙莲、八大宝塔、贡神女、王妙玉等。曼扎图案主要有：月亮、太阳、伞盖、庄稼、胜利幢、四大洲、八中洲、须弥山、如意藤、轮王七宝等。宝瓶的主要图案有：吉祥八宝、佛教五佛、妙莲。除此之外，还有镀金聚宝盆、金制法轮、法幢、金鹿、金马浮雕等，用于装饰寺庙。金石像为赤松德赞八次涂金于石像所成。

五金工艺的发展给宗教文化带来不少贡献。寺院的金属工艺品主要有：寺顶上的饰物，如宝瓶、金鹿、金幢；佛像，如大小铜、金、银佛像等；佛堂供器，如酥油灯、清水碗、圣瓶、熏炉、八宝饰件、香插、曼扎等；其他，如法器、乐器、铃、金刚杵、钵、鼓、螺号、唢呐、骨号、钹等。藏传佛教对藏族文化的影响甚大，大部分工艺都与佛教文化密切相关。祭品、贡品等的制作工艺与藏族宗教文化更是联系紧密。

总之，藏族传统工艺在藏族历史上发挥了重要的作用，是藏族传统文化在现代化发展中不可或缺的重要元素。到 2013 年 1 月，西藏共评出了 62 名国家级非物质文化遗产代表性传承人，他们传承着佛教音乐、传统音乐、舞蹈、藏戏，以及藏族邦典、卡垫织造，藏纸制作、传统医药等各项传统技艺。

（三）传统文化产业流光溢彩

在历史上，受西藏封建农奴制社会的制约，西藏的经济主要以农牧业为主体，传统文化产业主要以藏族手工业的形式而存在，产业规模小，基础薄弱，并作为以农牧业为主体的自然经济的补充形式而存在，大多与藏传佛教有密切联系，直接服务于封建农奴主。

西藏和平解放后，西藏的民族特色建筑、藏族服饰、特色工艺、特色饮食、特色医药、特色歌舞、特色绘画等文化产业得到进一步发展和开拓，特别是近年来，伴随着西藏旅游热和西藏文化热，传统文化产业大放光彩，藏香、唐卡、藏刀……这些曾经“养在深闺”的西藏传统民族手工艺品，如今被慢慢地揭开了神秘面纱。随着旅游业的快速发展，西藏民族手工业和传统文化产业焕发出了蓬勃生机，谱写着新时代的篇章。

“无论是文化保守传统、文化变革传统，还是文化批判传统、服务政治的传统，从类别上划分都属于文化大传统。这种文化大传统，气势恢宏，结构稳定，内容丰富，思想成熟，代表了民族文化成熟的状况；它代代传承，滋润人心，使受其濡染的人具有根深蒂固的传统性；它有助于人们价值意识的理性提升，使人们的文化意识有心理的归属感，促进共同文化的价值观念的凝聚，增强了民族文化价值认同的自觉性，它促进文化模式的成熟和巩固，使文化的传播变得更加现实，更加直接；它不仅使整合于文化模式中的各种文化要素获得了传统上的前后承续，而且使由该文化模式决定的新文化体系获得了成熟感和后继可能；它对价值系统起着强化作用，从而使该文化的类型特征更为突出。”①

二 西藏：现代化是必然的趋势

（一）关于现代化

“现代化”（modernization）一词来源于西方，要讨论它，必须先理解“现代性”（modernity）这个概念。“现代性”不完全是一个时间概念，并不是离当下越近的事物就越具有现代性。根据西方学者吉登斯等人的总结，所谓现代性，是指最近几个世纪以来主要在欧洲形成的一种社会形态和生活方式，它的基础则是一整套价值理念，集中体现在人性的解放和科学技术的运用上。现代性在不同国家、不同民族的不同阶段，以及不同的文化生态环境里具有非常不同的内容、特点和表现形式，因而具有明显的民族性。但现代性作为现代文明的一种表征，自有它的基本内涵与规定，任何国家、民族都不能例外，现代性毫无疑问地具有某些普世性。像现代

① 李宗桂：《传统与现代之间——中国文化现代化的哲学省思》，北京师范大学出版社，2010，第46页。

社会所倡导和弘扬的科学、理性精神，民主、自由、平等、人权、法治的精神，追求个性解放和人的自由发展的精神等，都是现代性的基本特征或共性。

现代化是现代性的实现，就是上述关于人在世界中的中心地位、理性精神、自由平等，以及对进步和发展的信念等这些精神价值的实现过程。17 世纪以后，随着现代性的不断展开和实现，它所包含的精神价值给西方乃至整个世界带来了翻天覆地的变化。虽然世界各国在现代化过程中经历的道路并不完全相同，但以发达国家的普遍状况来衡量，一个现代化的社会应该具备以下几个基本表征：在政治上，建立政教分离的世俗民主政府，社会以个人（而不是家庭或其他集体）为核心单元，并严格保护个人权利；在经济上，实行自由竞争的市场经济，并摆脱原始自然经济，实现工业化；在文化上，推行多元价值并存，保证思想文化免受外力干涉。从这个意义上说，现代化是一项包含着丰富深刻内涵的综合的社会运动。只有当现代性的内在精神价值深入人心，基于这些价值之上的制度成功建立起来，一个社会才能够被认为是“实现了”现代化。

社会的现代化归根结底是人的现代化，是人的综合素质提高的一个过程。生活在现代社会的人，应该具有现代化的社会理想和现代的知识修养，也就是说需要较高文化素质和文化品格全面发展的人。在经济发展迅速的当代中国，如何建构一种具有强大生命力的先进文化，已是每一个中国人必须思考的事情。今天，我们处在气象万千、变化万千的改革开放的时代，明辨文化传统的基本精神和主体内容，对于我们建设现代新型文化有着重要的理论价值和实践意义。

（二）西藏现代化的起步与进步

首先，和平解放开启了西藏迈向现代化的大门。1949 年，中华人民共和国成立。根据西藏的历史与现实，中央对其采取了和平解放的方针。众所周知，旧西藏“政教合一”的封建农奴制是西藏现代化的最大障碍。不废除这个障碍，现代化在西藏的发展与实现就是一句空话。因为直到 20 世纪中叶，西藏社会仍然处于极度封闭落后的状态，现代工商业和现代科技、教育、文化、卫生事业几乎没有，农业生产长期采用原始的耕作方式，牧业生产基本采取自然游牧方式，农牧品种单一退化，劳动工具得不到改进，粮食产量只有种子的4～10倍，生产力水平和整个社会的发展水平极其低下。广大农奴饥寒交迫，生存艰难，因饥寒贫病而死者不计其数。而现代化问题是近代以来西藏社会发展的根本问题。在西藏延续了几百年的政教合一的封建农奴制度，到近代已经成为与世界进步潮流背道而驰的极端腐朽没落的社会制度，它扼杀西藏社会生产力的发展，严重阻碍社会进步，使西藏陷入极度贫穷落后和封闭萎缩的状态，濒临全面崩溃的边缘。西藏的和平解放，是中国共产党领导的中国人民解放事业的重要组成部分，彻底驱逐了帝国主义在西藏的残余势力，实现了祖国大陆的完全解放和统一，打破了西藏社会长期停滞落后的局面，在西藏各族人民心中播下了光明和希望的种子，也开启了西藏迈向现代化的大门①。以西藏和平解放为起点，经过民主改革，废除了封建农奴制度，拨正了西藏的航向，改变了西藏各族人民的命运，彻底摧毁了比欧洲中世纪还要黑暗、残酷、野蛮、落后的封建农奴制度，把现代文明的火种撒遍青藏高原，为人类社会的进步做出了巨大贡献。西藏的和平解放也为西藏实行民主改革、建立社会主义制度、进行现代化建设奠定了根本基础。由于实行了民族区域自治制度，西藏实现了社会制度的历史性跨越；经过社会主义建设和改革开放，西藏实现了现代化建设事业的快速发展，走上了与全国同步发展的轨道。

其次，民主改革奠定了西藏的现代化基础。西藏的现代化是在民主改革基础上奠定的。西藏经过民主改革，废除了腐朽、黑暗的封建农奴制度，百万农奴和奴隶翻身得到解放，不再被作为农奴主的个人财产买卖、转让、交换、抵债，不再被农奴主强迫劳动，获得了人身自由等一系列人权。这是划时代的伟大变革，西藏从此开始了从黑暗走向光明、从落后走向进步、从贫穷走向富裕、从专制走向民主、从封闭走向开放的光辉历程。“民主改革废除了封建农奴主土地所有制及农奴和奴隶对封建农奴主的人身依附关系，废止了旧西藏法典及其野蛮刑罚，废除了‘政教合一’制度和寺庙的封建特权，使百万农奴和奴隶在政治、经济和精神上得到了翻身解放，成为土地和其他生产资料的主人，获得了人身自由和宗教信仰的自由，实现了做人的权利，极大地解放了社会生产力，也为西藏的现代

---

①　国务院新闻办公室发布《西藏的现代化发展》，2001年11月8日。

化发展开辟了道路。”民主改革以后，西藏人民与全国各族人民一样，享有了宪法和法律规定的一切政治权利。特别是西藏自治区的建立和民族区域自治制度的实行，从制度上确保了各民族平等、团结、互助和共同繁荣政策在西藏的实现，保障了西藏人民平等参与管理国家事务以及自主管理本地区和本民族事务的权利，从而为西藏在国家的特殊支持和帮助下根据本地民族特色实现与全国共同发展提供了制度保证。在民主改革奠定的现代社会制度基础上，西藏逐步迈上了现代化之路。

再次，改革开放为西藏现代化注入了强大动力。20 世纪 80 年代以来，西藏和全国一样掀起改革开放和现代化建设热潮。中央政府关心西藏、全国各地支援西藏的战略决策使西藏的现代化建设进入了快速发展的新阶段。西藏和平解放的发展史，是由黑暗走向光明、由落后走向进步、由贫穷走向富裕、由封闭走向开放的历史，是西藏在祖国大家庭中不断走向现代化的历史。

自 1980 年至 2010 年，中央已召开五次西藏工作座谈会，每一次会议都围绕如何使西藏走向现代、走向富强而展开。2001 年 6 月，中央召开第四次西藏工作座谈会，为西藏在 21 世纪全面实现现代化规划了宏伟的蓝图，并决定采取更加有力的政策措施，进一步加大对西藏现代化发展的支持力度。中央政府关心、全国各地支援和西藏各族人民的努力，使西藏经济实现了加快发展，人民生活水平得到了普遍提高，现代化发展呈现出前所未有的勃勃生机。在经济制度、经济结构上，西藏社会发生了巨大变化，彻底告别了封闭的庄园制自然经济，正在向现代市场经济迈进，生产力水平和生产效益大幅度提高，农牧业生产方式也发生根本转变，现代工业从无到有，能源、交通等基础产业蓬勃兴起，特别是以现代商业、旅游、邮电、饮食服务、文化娱乐、IT 等在旧西藏闻所未闻的新兴产业迅猛发展。与此同时，西藏传统优秀文化得到发掘、保护和发展。国家投入巨资和大量的黄金、白银，用于西藏重点文物单位的维修和保护工作，布达拉宫、大昭寺已被联合国教科文组织列为世界文化遗产。民间流行的歌谣、舞蹈、戏曲、故事等艺术表现形式，通过整理和创新，以更高的表现手段登上了大雅之堂。国家投资建成了西藏博物馆、图书馆、展览馆、电影院等一大批功能齐全、设备先进的文化娱乐设施，结束了旧西藏基本没有文化娱乐设施的历史。西藏目前的人均居住面积处于全国首位，广播、电视、通信、互联网等现代信息传递手段，与全国乃至世界同步发展，已经深入到人民群众的日常生活。2001 年 11 月 8 日，中国国务院新闻办公室发表题为《西藏的现代化发展》的白皮书，揭示西藏现代化发展的历史必然性，指出西藏走向现代化，符合世界历史潮流和人类社会发展规律，体现了西藏社会发展的内在要求和西藏人民的根本利益与愿望。今天，在西藏这片充满神秘色彩的土地上，现代化的浪潮已无处不在，并且这种交融的姿态体现在人们的生产、生活和意识中，现代化已成为潮流。

（三）西藏现代化的特点：走自己的路

和平解放后，西藏从封建农奴制社会直接过渡到社会主义社会，但人们的意识观念并未获得同步发展，现代文化与传统文化形成很大反差。经济社会要实现社会主义现代化，传统文化也要向社会主义现代化变革。因此，构建藏民族的现代文化是一项十分艰巨的工程。“从广泛的意义而论，社会的变迁乃是一种文化的嬗变过程，社会的现代化乃是文化的现代化。”① 而“文化的现代化从根本上说是人的现代化，是人的素质、能力、知识的现代化，是人的思维方式、价值观念、情感类型和行为模式的现代化”②。“西藏的现代化是在西藏特殊地域展开的，必须从西藏实际出发，走有西藏地方特色的发展道路。”③

实现现代化是近代以来世界发展的大趋势。能否根据世界现代化发展不同阶段的趋势和特点，适时地提出并推动自己的国家和地区走上符合现代化发展规律和时代特征的发展道路，则是摆在任何一个国家和地区面前的重大课题。十三届四中全会以来，西藏的现代化发展进入了从加快发展走向跨越式发展、从基本稳定走向长治久安的历史轨道。但由于特殊的地理环境和历史原因，西藏目前仍属欠发达地区，与全国现代化发展的平均水平有较大差距；另一方面，进入 21 世纪以后，世界现代化的发展又出现了全球化、信息化、创新化和追求可持续发展的新趋势。在这种形势下，能否提出并推动西藏走出一条符合西藏实际、具有区域

① 刘旺洪：《结构再造：中国传统文化现代化之路——读〈中国传统文化和高科技时代〉》，《南京社会科学》1994 年第 8 期。

② 郭灿鹏：《文化现代化建设方法论的反思》，《理论与改革》1995 年第 1 期。

③ 国务院新闻办公室发布《西藏的现代化发展》，2001 年 11 月 8 日。

特色的发展道路，成为西藏新世纪、新阶段的一个重大课题。在2010年召开的第五次西藏工作座谈会上，中央提出：要在西藏建设有中国特色、西藏特点的现代化。

什么才是“西藏特点”的现代化？传统现代化理论认为，欠发达国家和地区发展的唯一途径，是通过工业化摆脱贫困落后。西藏和平解放以来的发展思路，也主要是通过工业化谋求经济社会发展，实现现代化。20世纪50年代，中央向西藏注入了大量资金，尽快结束了西藏没有现代工业的落后局面。但由于自然地理以及“镶嵌性”等因素致使企业亏损补贴过多，地方财政收入在20多年里都是负数。研究表明，在西藏，中央财政补贴每增加1万元，西藏的农业总产值可增加1.3万元，但工业总产值只增加0.36万元。从20世纪50年代至今，西藏的工业产值每增加1万元，工业企业财政亏损高达1051元；工业产值每增加1个单位，中央财政补贴需增长2.89倍。显然，工业化发展战略的选择，是西藏财政持续亏损、陷入财政依赖的一个重要原因。①

开掘“西藏特点”。中国藏学研究中心副总干事格勒博士认为：“现代化自17世纪开始就成为全世界不可阻挡的潮流，各个民族没有退路，只有向前走。西藏可以作为人类社会的试验田，为全球的现代化道路探索一种新的可能性，既实现物质富裕的基础又获得精神上的满足。”格勒还认为：“如果将1959年民主改革视作西藏现代化的开始，这一进程要比欧洲晚300年之久。这意味着西藏现代化要在未来不长的时间内赶上甚至超过内地兄弟省区，就必须选择跨越式的发展道路，但这种跨越不应该简单地追求速度。”格勒最后总结出，所谓“中国特色、西藏特点”就是要充分利用中国社会主义制度的优越性探索一条有别于内地工业化的道路。②

“西藏特点”的现代化之路到底应该是一条什么样的路？这一问题为许多人关注。我们认为，有西藏特色的现代化有很多内容可探讨，西藏经济要发展，就要打出“特色”牌，充分发掘特色资源优势，本课题主要探

---

① 《聚焦西藏60年巨变：由野蛮落后到开放新社会》，中国网，2011年5月23日。

② 程云杰：《藏族人类学者眼中的“西藏特色”现代化》，http：tibet. news. cn/gdbb/2009－07/31/content_ 17269438. thm，最后访问日期：2009年7月31日。

讨其中“特色”牌之一的藏族特色文化产业的发展。西藏有着无与伦比的丰富的文化资源优势，也是其经济发展和向现代化迈进的比较优势，正因为如此，在中央的第五次西藏工作座谈会上，“使西藏成为中国特色文化保护地”被提到很高的地位。西藏独特的传统文化资源与当地独一无二的人文、自然景观完美地结合在一起，构成了独具魅力的文化资本。实现西藏特色的现代化，是否有可能依靠独有的文化资本，发展文化产业以及以旅游业的发展来带动第三产业发展？这是值得继续思考与探索的问题。西藏地处青藏高原，在地理环境、自然条件、历史发展、民族成分、宗教信仰、文化传统和生活习俗等各方面都具有较大的特殊性。西藏的现代化发展必须从西藏的客观实际出发，充分考虑历史和现实的特殊性，以有利于西藏生产力发展和社会进步、有利于西藏人民的发展和幸福为出发点。①

三　藏族文化产业：传统与现代二重奏

现代化大潮的冲击，让人们越来越感受到传统文化的重要性，尤其是对于西藏这样传统文化丰富的地区，传统文化在现代社会中的转换显得更加重要。就现代化的演进过程来看，“现代化”有相对的意义和绝对的意义之分。“绝对意义”是指基于现代与过去、现代与传统的对立，而对传统采取一种反抗和否定，是与传统决裂而重新确立一种新的世界观和价值观。“相对意义”是指现代化与传统并不是对立的，而是对传统的延续和发展，是改革、扬弃过去，却又包容过去，是迈向未来的现代。

（一）西藏的现代化是对传统的延续和发展

回顾西藏和平解放后几十年的产业发展史，可以清晰地看到一幅从发掘优秀民族传统文化开始，多方协作、齐心合力，传承与保护并重、创新与完善并举的发展宏图。在这幅图画中，不仅有党和政府年复一年宣传政策、投入资金留下的浓墨重彩，同样有凝聚着西藏各族群众挥洒汗水、勤奋创作、悉心保护绘就的点线之美。今天，西藏三大传统产业——农业、

① 2001年11月8日，中国国务院新闻办公室发表题为《西藏的现代化发展》的白皮书。

牧业和民族手工业，都是对传统的延续和发展，并取得了较大的进步和发展。如藏药、藏香、藏毯业、藏族歌舞业的发展都足以说明这一点，其中以藏毯业最为典型。

就现阶段而言，以唐卡、藏餐、藏戏、藏药、藏文、藏刀、雕版、藏族服饰、藏式家具、歌舞音乐为主的非物质文化遗产项目，具有很强的民族代表性和独特性，与藏族人的生活息息相关，也与休闲旅游活动、与现代生活需要有很好的结合点，合理的开发与重点传承，能够充分发挥其经济价值与文化效应的双重优势。

丰富多样的非物质文化遗产，承载了西藏及藏族上千年的文明与智慧。目前，西藏有76个国家级非遗项目、222个自治区级非遗项目。在国家级非物质文化遗产的构成上，有民间文学：《格萨尔》；民间音乐和舞蹈：佛教音乐、日喀则扎什伦布寺羌姆、昌都锅庄舞、山南昌果卓舞、芒康弦子舞、丁青热巴舞、那曲比如丁嘎热巴舞、古格宣舞、普堆巴宣舞、拉萨囊玛、拉孜堆谐、拉萨纳如谐钦、南木林土布加谐钦、达布阿谐、嘎尔、芒康三弦舞、定日洛谐、旦嘎甲谐和廓孜；传统戏剧：拉萨觉木隆、日喀则迥巴、南木林湘巴、仁布江嘎尔、山南雅隆扎西雪巴、山南琼结卡卓扎西宾顿、山南门巴戏；杂技与竞技：赛马会；民间美术：藏族唐卡、拉萨风筝；传统手工技艺：藏族邦典和卡垫造织技艺、藏族造纸技艺、藏族锻铜技艺、藏刀锻制技艺、藏香制作技艺、晒盐技艺；传统医药：藏医药；民俗：雪顿节、江孜达玛节、珞巴族服饰、藏族天文历算。而仅拉萨，就有非物质文化遗产128个，其中国家级非物质文化遗产20个、自治区级44个、市级64个。其中，尼木藏纸、吞巴藏香、墨竹直贡刺绣唐卡、曲水郭孜、堆龙觉木隆藏戏等非物质文化遗产项目享誉海内外。在传承人方面，目前，全西藏有62位国家级非遗传承人，拉萨也已培养出专职非遗技艺艺人340人。非物质文化遗产的传承人，在藏族文化科学合理的产业化过程中，对于提升文化产品的精神内涵和艺术品质方面，发挥着十分重要的作用。

西藏和平解放以来，西藏的藏族和其他少数民族仍保持着本民族的服饰、饮食、住房等传统风格，每年如期举行各种传统节庆活动。与此同时，一些与封建农奴制相伴随的腐朽、落后、蔑视劳动群众的旧习俗，随着社会的进步与发展而被群众所摒弃，代之以现代、文明、健康的新风尚。西藏每年举行的各种节庆集会，既有大量传统节日和宗教节日如藏历新年、沐浴节、望果节、酥油灯节、达玛节、煨桑节、噶尔恰钦节、赛马会等，又有国庆节、国际劳动妇女节、五一国际劳动节等全国性和世界性的节庆活动，还创立了山南雅砻艺术节、昌都的康巴艺术节、日喀则的珠峰艺术节、林芝的杜鹃花节等现代民族节日。藏族传统的优秀文化与现代文明的新思想、新文化相结合，为西藏民俗文化增添了新的风采。① 也因现代社会发展所带来的机遇，西藏传统文化产业焕发了新的生命力。走进世博会“西藏活动周”的唐卡、藏戏、卓舞等无不受益于飞速发展的西藏旅游业及其所带动的相关产业。藏族传统文化中具有生命力的诸要素不仅能适应和承载现代自然科学和社会科学的内容和要素，还可通过创新和改造接纳现代科技文明的新内涵，而这又会促进藏族传统文化的现代转换和新的发展。从这个角度看，现代科技为藏族传统文化的继承和发展开辟了广阔的前景。② 唐卡、藏香、藏戏等传统文化也因为现代社会发展所带来的机遇，焕发了新的生命力。

通常而言，一般的文化产业发展依赖科技水平的支撑，而对于藏族特色的文化产业来说，传统工艺技艺的运用仍十分关键。如藏药、藏香等藏族特色文化产品的生产制作，不仅有必要借助现代化机械设备提高生产效率，形成深度化、规模化的生产经营，而且也需要传统技艺在其中起到基础性的指导作用。外在的手工技艺只是其中的必要组成部分，而以民间文学、歌舞、传统医药、手工技艺为代表的非物质文化遗产作为藏文化核心价值的体现，也是藏族文化产业发展的内在动力与源泉。

（二）传统文化的现代价值

只有活生生的传统才具有现代价值。藏族传统文化的主体是藏传佛教文化，它的现代价值，首先表现在它对其他文化的开放性上。这是西藏传统文化能够发展到今天并在现代社会发生作用的一个基本的前提。西藏和平解放以来，政府遵循文化发展的规律，尊重藏民族的历史创造活动，出

---

① 国务院新闻办公室发布《西藏文化的保护与发展》，2008 年 9 月 30 日。

② 班班多杰：《试论藏族传统文化的现代转换》，《西北民族大学学报》（哲学社会科学版），2009 年第 3 期。

台了不少法规和规定，对藏族优秀的传统文化进行大力保护，使其重放光彩。今天，藏族文化的发展打破了封闭、停滞状态，形成了面向现代化、面向世界的开放发展态势。

同时西藏文化的内涵发生了深刻的变化，一些与封建农奴制相伴随的腐朽、落后的东西随着社会的进步与发展而被逐步抛弃，藏族信教群众的宗教信仰得到充分尊重和保护，藏族传统优秀文化得到妥善保护和继承，并被赋予反映人民群众新生活和社会发展新需要的时代内容，在内容和形式上都得到了不断弘扬和发展。

在经济全球化时代，每个民族都应该更加尊重自己的传统文化，合理开发和利用传统文化这个重要资源，以应对全球化的挑战。在全球化过程中，保持一个民族文化的独立性、确认传统文化的民族身份显得尤为重要。“在西藏，现代化与传统文化可以很好地共生、交融。”在有“东方小瑞士”之称的林芝县鲁朗镇，镇长杨绍新正着手大力推进当地的民俗旅游。他认为随着现代化的推进、市场经济的发展，西藏一些传统文化不但不会衰落，反而会有所复兴。在鲁朗镇，随着旅游热的兴起，一些藏族群众开设了“藏家乐”，把记忆中的藏族传统又拿出来，比如绘画、服饰、民间歌舞、传统骑射等，以吸引更多游客。在保护西藏传统文化与发展现代经济的征途中，政府的努力是巨大而有成效的。一方面，政府投入巨额资金保护西藏的寺庙，启动非物质文化遗产普查保护工作，让传统文化得到继承和发扬；另一方面，政府投入空前规模的人力、物力发展经济，让传统西藏走向现代化。

2008 年，藏香制作技艺被列入国家级非物质文化遗产名录。[①] 13 岁就开始跟随父亲学习藏香制作技艺的次仁多吉，如今已成为这门技艺的国家级代表性传承人。次仁多吉出生在拉萨市尼木县吞巴乡，家中世代都会制作藏香。走进次仁多吉的家中，院子里摆放着正在晾晒的藏香和香砖，空气中弥漫着藏香的淡淡清香。次仁多吉一家六口人，父亲、弟弟、妻子和两个儿女，他们同住在一套 200 平方米的两层小楼，楼上、楼下共有 10 间房。这套房子是 2006 年次仁多吉新盖的，盖房子花了 13 万多元。而这些

① 尼木藏香以独特的制作工艺和纯天然、无污染的配方闻名遐迩，它不仅可用于佛事活动，而且还具有杀灭细菌、驱除污浊之气、预防疾病、促进睡眠等独特的医疗功效。

钱都来自销售藏香的收入。再如，吞巴乡生产的藏香还申请了商标，设计了产品包装，着力打造“吞弥圣香”品牌。“政府十分重视保护尼木藏香制作的传统技艺，作为掌握这门技艺的传承人，感到很安慰。我希望以后制作的藏香能够打出自己的品牌，将生意越做越大”，次仁多吉说。随着交通的便利和旅游业的发展，2009 年他家的藏香销售收入达 4 万元左右。像次仁多吉一样，如今，吞巴乡许多生产藏香的人家都富了起来。目前，吞巴乡有生产藏香专业户 230 多户，居民的主要经济收入来源于藏香。2010 年，吞巴乡藏香销售收入达 1100 多万元。①

在当今世界上，只有各民族文化都有积极健康的发展，世界文化才有活泼的生命和发展的基础；而世界文化整体的健康发展，则有助于特定民族的文化的健康发展。任何民族文化无论其构成及特质如何，都是一个不断地由低向高、由浅入深、由野蛮向文明逐步进化的不可逆转的过程。今天，由于科学技术的进步、人类文化交流的日益扩大，不同民族文化之间的联系越来越普遍、越来越紧密，通过发展科学技术，提高人的素质，建设现代文化已经成为世界发展的共同道路。②

（三）西藏传统文化的现代转换

现代性在不同国家、不同民族的不同发展阶段，以及不同文化生态环境里具有不同的内容、特点和表现形式，因而具有明显的民族性。每个具有悠久文化传统的民族都存在传统文化的现代转换问题，这也一直是国内外学者极其关注的重要研究课题。改革开放以来，中国传统的现代转换研究大体上经历了一个从偏激到理性、从批判性到建设性的过程，大致可分三个阶段：第一阶段是 20 世纪 70 年代末到 90 年代初，改革开放和现代化建设高潮引发了学者们对文化问题的关注和讨论，在这一过程中，一些学者表现出了较为激烈的反传统倾向。第二阶段是 20 世纪 80 年代中后期到 20 世纪末，更多的学者开始从积极的方面反思中国文化，对于传统文化现代化建设的研究渐成主流；不少学者开始关注全球化与中国文化变革间的

---

① 德吉、石新荣：《藏香飘来藏家“香”——次仁多吉的藏香传承之路》，http://news.xinhuanet.com/politics/2011-07/20/c_121695634.htm，最后访问日期：2011 年 7 月 20 日。

② 李宗桂：《传统与现代之间——中国文化现代化的哲学省思》，北京师范大学出版社，2010，第 53 页。

关系，同时受80年代现代化研究热的影响，他们非常重视传统文化研究中的现代化视角。20世纪90年代中后期，由于改革开放向纵深推进，以及中国新一轮社会发展的强劲态势，一些学者对80年代的激进主义思潮进行了深刻反思，对启蒙与文化现代化的关系、传统文化的当代价值以及传统文化的继承、创新与超越等问题倾注了较大的热情。第三阶段，进入21世纪后，探讨文化现代化的含义与特征，宏观地反思百余年来中国文化现代化的历程，寻找传统文化转换与现代文化建设的契合点，构筑中国特色社会主义文化成为中国传统文化研究的主旋律。①

20世纪90年代初，学者们开始反思20世纪80年代的文化激进主义，表现为对传统的认知方面更加理性、客观，更具建设性，形成了广泛的共识：第一，文化的发展是内生的生长过程，传统文化是现代文化的起点与基础。现代文化与传统文化之间有一条割不断的潜在纽带，现代文化总是以传统为基础和生长点，没有一种文化能凭空地产生出来。第二，现代文化是传统文化的延伸与超越。传统文化之所以是历史的，就在于它是不断发展和变化的，作为起点，它存在的意义就是要被超越。第三，传统文化是动态的，是不断变化、发展的范畴。如何看待和运用历史传统，关键在于把传统文化看成是生长发展的开放系统，还是将其视为永恒不变的特定本质。② 西藏传统文化的现代转换问题，大致是与这种讨论相呼应的。传统文化怎么转换、转换成什么，必须以社会实践为立足点，应该以能够回答和解决当代社会的现实问题作为现代转换的重要尺度和标准。一般来说，传统文化、现代文化、后现代文化分别对应农业社会、工业社会和信息社会，这三种社会的主导产业分别是农业、工业和信息业。传统文化、现代文化、后现代文化是农业、工业、信息业与三个实体行业相适应的社会组织、运作机制和思想文化的结合，其间构成物质文明—体制文明—精神文明的三重互动关系。而西藏与此大为不同的是传统文化的继承和发展正越过物质文明和体制文明，直接成为精神文明的主要内容。

为推进西藏经济结构向更高层级演进，许多学者认为西藏必须积极

① 孙熙国等：《全球化与中国传统文化的现代转换》，山东大学出版社，2009，第8页。
② 孙熙国等：《全球化与中国传统文化的现代转换》，山东大学出版社，2009，第8页。

培育内生变量，文化产业是当之无愧的最佳选择。“2007 中国西部文化产业发展高峰论坛”在呼和浩特举行，西藏自治区副主席尼玛次仁在论坛上做了题为《抓住历史机遇，推进文化产业加快发展》的发言。尼玛次仁在发言中说，文化产业的发展在西藏主要体现为五重历史使命：一是文化产业作为现代第三产业的主力军，通过文化旅游等服务业的发展，改变着西藏经济增长方式，加快国民经济结构的战略性调整，推动西藏经济更好更快地发展；二是通过文化产业发展推动文化体制改革和机制创新，使西藏社会主义市场经济体制更加完善，使西藏文化能适应市场经济体制的要求，得到更快的发展；三是使西藏文化资源按照市场要求，得到有效整合及合理配置，使文化资源优势得到充分发挥；四是促进西藏传统文化的结构和运营方式的改变，使西藏文化适应青藏铁路通车后旅游业迅速发展的需要，不断加大西藏旅游的文化含金量，满足游客对藏民族文化的需要，推进旅游业快速发展；五是促进健康有益文化进入市场。[①] 西藏文化部门乃至整个西藏文化产业都将面对新形势、新机遇、新挑战，必须以科学发展观为指导，充分发挥政府职能部门在发展文化产业中的作用，制订科学合理、切实可行的文化产业发展规划，明确行业发展的方向与重点，制定并不断完善文化产业法规政策体系。同时，要以市场为导向，以改革创新为突破口，以吸引社会资本进入为基础，以有利的法规政策为保障，加强对文化市场的监管，营造公平、透明、健康、有序的文化经营环境，并加快文化体制改革和机制创新步伐，通过发挥自身的优势，形成自己的特色，实施旅游业带动战略、“走出去”战略和保护性开发战略等，努力探索出一条适应西藏实际的文化产业发展新路子。

随着社会的发展和时代的变迁，藏族传统文化中，无论是最先从寺院走向社会、为广大群众所接受的藏语文，还是藏医藏药、藏族戏剧、藏族天文历法、藏族工艺等都正在经历着温和的现代转换。西藏在民主改革以前，是一个全民信教、政教合一的封建农奴制社会。在这样的社会制度下，藏传佛教思想是主流意识形态和核心价值理念，藏传佛教成了包罗万

---

① 《抓住历史机遇，推进文化产业加快发展》，西藏自治区副主席尼玛次仁在呼和浩特举行的“2007 中国西部文化产业发展高峰论坛”上的发言。

象的知识体系，大小五明学基本上囊括在藏传佛教框架的语境中，并在很大程度上反映和体现着佛教的信仰理念和思想教义。随着新中国的成立，西藏的和平解放和民主改革，推翻了封建农奴制，开始建立起社会主义的经济基础和上层建筑。藏族社会这一根本性的转化，使得作为上层建筑的藏传佛教及其文化也发生了巨大的变迁，其明显的标志是：在党和政府、寺院僧人及世俗贤达的共同努力下，藏族大小五明文化的一部分内容逐渐从寺院走向了世俗社会，走进了人民大众，成为为他们服务的理性工具，从而为社会和劳动大众所受用。特别是改革开放建立社会主义市场经济体制以来，藏族文化不但从神圣走向了现实，而且还从现实走向了现代，与日新月异、突飞猛进的现代社会相适应、相衔接。所谓藏族文化现代转换的含义，就是指半个多世纪以来藏族文化首先突破藏传佛教体系架构，从神圣走向现实。自改革开放以来，藏族文化适应国内市场经济和国际科技人文大潮，走向现代的过程和内容。从半个多世纪的发展历程看，藏族传统文化中最先从寺院走向社会、为广大群众所接受的是藏语文，其次是藏医藏药，还有藏族戏剧、藏族天文历法、藏族工艺技术等，从而实现了并继续实现着温和的转换。①

中国传统文化的现代转换问题至今仍是学术界讨论的热门话题，其热烈程度有增无减，但讨论者大多停留在一些理论问题上，或者是抽象的泛泛而谈，没有落实到具体的操作层面。藏族传统文化的现代转换事实上已在实践层面中发挥出较大的作用。“回顾新中国成立以来藏传佛教与藏族文化的发展历程，就可清晰地看到，藏族传统文化的现代转换自解放以来就开始了，一直到今天尚未停止。看不到这点，我们就不是一个历史唯物主义者。在转换的过程中尽管遭遇了很多的坎坷和曲折，但这个转换的过程始终没有中断，一直在往前推进，并且收到了很大的成效。前面提到的藏医藏药、藏语文，还有藏戏等，都是转换的典型例证。假如这些都不算转换的话，还有什么能算是转换呢？有些人也许以为，藏族的传统文化一直停留在宗教框架的语境中，没有任何变动，现在应是从零起点上进行转换。殊不知，转换在半个多世纪以前就已经开始了，并且还在继续进行。

① 班班多杰：《试论藏族传统文化的现代转换》，《西北民族大学学报》（哲学社会科学版），2009 年第 3 期。

这不是臆造，而是客观存在的历史事实。”[①] 一些专家学者认为，西藏起步虽晚，但在保护传统文化方面，比内地一些省市做得还好，西藏的后发也正是其优势与潜力之所在，这种传统文化与现代化相互交融的“西藏经验”，颇有时代价值。[②] 如藏毯、藏香、藏纸、藏餐、唐卡等传统手工艺产品，在社会主义市场经济条件下，开始走向现代化。

① 班班多杰：《试论藏族传统文化的现代转换》，《西北民族大学学报》（哲学社会科学版），2009 年第 3 期。

② 《传统与现代化交融的“西藏经验”》，《解放军报》2011 年 7 月 11 日。

第五章　西藏文化产业的政府扶持与市场运作

历史上，西藏有少量文化产品受到噶厦政府的关注和扶持，目的也只是为占人口比重仅有5%的三大领主服务，谈不上文化产业的发展。西藏和平解放后，在党和政府的亲切关怀下，文化产业逐步发展，特别是在改革开放后的21世纪，在社会主义市场经济体制下，文化产业迅猛发展，成为西藏第三产业的重要部分和西藏经济发展的新的增长点。

一　西藏文化产业发展的历史沿革

根据我国文化产业发展的历史阶段结合西藏实际情况，初步将西藏文化产业的发展过程分为三个阶段。

（一）和平解放后至改革开放前西藏文化产业的萌芽阶段

西藏和平解放以前，除了原西藏地方政府供养的“噶巴”（艺童）歌舞队、民间“热巴”队以及拉萨“朗玛基都”（协会）的民间组织之外，别无专业的音乐舞蹈表演团队，各种歌舞艺术缺乏联系和交流，长期处于自我封闭状态。和平解放后，中央政府扶持西藏文化事业，兴建文化基础设施，不断提高对西藏文物的修复和保护力度，同时支持出版社、歌舞团的建立，促进了西藏文化事业的发展。

西藏传统文化产业的初始发展得益于其具有悠久历史和古老文化的民族手工业。民族手工业就是早期西藏文化企业的形式之一，其产品是西藏文化产业发展的一种载体。可以说，西藏文化产业的起步，最早是从民族手工艺品生产开始的。西藏的民族手工艺品主要有藏毯、唐卡、邦典、卡垫、藏纸、藏刀、木碗、陶器、铜铸器、民族鞋帽、金银首饰、宗教用品等。藏毯在西藏有着悠久的历史，西藏卡若遗址出土的纺轮、古针等器物说明当时人们已经开始利用野生纤维或兽毛纺织织物，发展到17世纪中期，藏毯手工织作已完全成熟。邦典（即围裙）是藏族妇女普遍喜欢的服饰。山南地区贡嘎县杰德秀镇是闻名遐迩的“邦典之乡”。早在五世达赖时期，这里的群众就一边务农一边织邦典，并世代相传。氆氇盛产于拉萨、日喀则、山南等地，历史上曾作为贡品进贡朝廷。唐朝时期，由于汉藏两地经济文化的广泛交流，民族手工业发展较快，可见，西藏发展文化产业具有一定的社会基础。

西藏和平解放前，民族手工业基本上属于家庭副业，设备简陋、生产规模小、生产力水平低，主要依靠家庭作坊式生产，其生产是为了满足生活需要，自给自足的生产方式导致西藏民族手工业发展缓慢。

西藏和平解放后，在中央政府和自治区政府的共同扶持下，民族手工业得到保护性发展。仅1951～1956年，政府共发放无息和低息手工业贷款136.6万元，使长期处于极端困境中的民族手工业有了转机；1950～1958年，民族手工业有了发展，从业人数增加，拉萨从业人数最多时达2500多人。① 1953年在中央政府帮助下，由现任全国政协副主席阿沛·阿旺晋美先生亲自组建了拉萨地毯厂（今称为拉萨地毯有限责任公司）。为提高织毯技术，1954年北京地毯厂派织毯技术员、图案设计员、燃线技术员对该厂进行技术指导，提高了藏毯生产技术。

1959年西藏民主改革后，民族手工业发展进入新时期。为了恢复和发展“卡垫之乡”的民族手工艺，相关部门组织具有织毯、染色技艺的老艺人和当地600多名个体小生产者，于1972年成立江孜县城关区卡垫生产合作社（今称江孜县地毯厂）。西藏民族手工业产品种类繁多，1959～1965年，在中央的扶持下，西藏民族手工业发展到33个行业，从业人员达6670人，总产值由124万元增加到890万元，年平均递增32%，为产业中增长最快的一个门类。② 政府及相关单位针对手工业原材料采集和产品销售困难的问题，提出“就地取材、自力更生、因陋就简、自产自销”的方

① 多杰才旦、江村罗布主编《西藏经济简史》，中国藏学出版社，1995，第332页。
② 《西藏自治区概况》编写组：《西藏自治区概况》，民族出版社，2009，第659页。

针，不断改进生产工艺、生产新产品、提高产品质量，使西藏民族手工业得到了快速发展。

（二）改革开放后西藏文化产业的雏形摸索阶段（1978 年到 20 世纪末）

1992 年，我国社会主义市场经济体制的正式确立和党的十四大报告“文化经济”概念的提出，标志着我国文化产业由自发开始走向自觉。文化产业从国家宏观层面上开始了与文化事业在政策和制度上的分离过程。1998 年中国文化部文化产业司的成立，标志着国家文化主管部门对文化产业的证实与认可。自 20 世纪 90 年代以来，文化产业在促进社会经济发展中的战略性作用受到高度重视。我国经济结构调整和产业结构转型及对外开放程度的加深是形成这种转变的根本原因。① 1978 年到 20 世纪末是我国文化产业发展的自发阶段，西藏逐步开放经营性文化市场，允许多种所有制形式的文化企业公平竞争，人们的经营理念有所开放，文化产业初具雏形。

一是文化市场不断繁荣。改革开放后，随着我国经济体制的改革，政府加强对文化市场的管理，1988 年，国家及相关部门联合发布了《关于加强文化市场管理工作的通知》，对文化市场范围、管理原则和任务等做了界定。为了满足人民群众日益增长的精神文化需求，文化领域逐步打破计划经济时期由政府包办文化的管理模式，允许文化产品生产中社会力量的进入。20 世纪 80 年代以后，社会力量逐步进入广告业、图书、音像产品、影视、演艺产品的生产和销售领域。1981 年，拉萨市电影公司试行事业单位企业化管理后，加强基础设施建设，扩大公司规模，调动了公司职员的积极性。1985 年在自治区政府的扶持下，拉萨市电影公司与自治区群艺馆通力合作，收集、整理并排练出大型民族舞蹈，完成第一批老民间艺人的个人简介和服装、道具、乐器的复制工作，还录制、整理出一批资料。② 20 世纪 90 年代，随着我国经济体制改革的不断深入，西藏文化市场逐渐繁荣。

二是民族手工业快速发展。1978 年改革开放后，西藏民族手工业逐步

---

① 祁述裕：《中国文化产业发展战略研究》，社会科学文献出版社，2008，第 4 页。

② 傅崇兰：《拉萨史》，中国社会科学出版社，1994，第 306 ~ 307 页。

得到恢复，产业规模不断扩大，文化产品种类增加，其中，民族手工艺品是西藏众多文化产品中的一大类。

从发展规模来看，这一时期，中央政府加大对西藏民族手工业的扶持力度，民族手工业扩大生产规模、增加产品种类，产值大幅增加。在政府扶持下，西藏成立了拉萨古艺建筑美术公司、拉萨藏毯厂、彩泉福利学校藏纸厂等一批文化企业。截至 1993 年底，西藏民族手工业产品品种规格由 1978 年的 800 多种发展到 1600 多种，产值由 1978 年的 2000 多万元增加到 8057 万元，利润由 1978 年的约 200 万元增加到 819 万元。①

从发展特点来看，民族文化产业经营主体多样，国有企业、集体企业和个体工商户兼备。除了国有企业，集体企业和个体工商户在西藏文化产业的发展中也发挥着重要作用。针对民族手工业企业的性质，采取自选厂长、自招职工、自定工资、自负盈亏的发展方式，实行各种形式的承包经营责任制和多种分配方法，促进了企业的自我发展。同时，加强经济文化交流，提高技术水平。手工业企业组织人员在本地及内地考察学习，相互交流经营管理经验、产品应用技能经验，积极引进先进设备和技术，进行新产品设计和开发。民族手工业还逐步开放，走向市场。在市场经济条件下，民族手工业在发展过程中积极吸纳内地先进经营理念，对企业逐步进行改革，实行新型运行机制，转换国有企业经营机制，由市场来逐步调节供求，手工业间的市场竞争加大。

三是发展了文化旅游业。西藏具有独特的自然景观和人文景观，这为旅游业的发展提供了资源优势。1984 年西藏自治区旅游总公司成立，它是独立核算、自负盈亏的经济实体。旅游业为西藏带来了高经济效益，自治区政府提出“大力发展旅游业”的方针，1987 年把旅游业纳入西藏经济和社会发展计划。这一时期，中央政府和九省援建的 43 项工程完工并投入运营，拉萨饭店、西藏宾馆和日喀则饭店等的运营解决了来西藏旅游的国内外游客的食宿问题，旅游业的硬件大大改善，为今后的发展打下坚实的基础。

1986 年西藏自治区旅游局成立，完善了政府管理旅游事业的职能机构，拓宽了行业管理的途径。在中央的大力支持下，寺庙建筑景观得到修复，人文资源和自然资源得到挖掘和开发，发展旅游业的基础条件得到改

① 多杰才旦、江村罗布主编《西藏经济简史》，中国藏学出版社，1995，第 333 页。

善。1987年，自治区政府将旅游业纳入地区经济和社会发展计划，确定了旅游业在西藏国民经济中的产业地位。1991年接待国外旅游者16755人次，旅游部门直接营业收入7848.2万元，旅游外汇收入924万美元，实现利润1507万元，分别比上年增长51.75%、30.1%、34.96%和120.94%。[1] 旅游业不仅实现了数量型增长，而且还实现了效益型转变。

随着旅游业的发展，国营、集体性质的饭店、旅馆、旅行社增多，旅游业配套设施不断增加，接待能力提高，旅游线路增加，企业经营管理水平明显提高，西藏文化旅游业进入快速发展阶段。这一时期，西藏虽然还没有发展文化产业的概念，但西藏文化产业的雏形已显现，政府高度重视西藏文化文物的保护、民族手工艺的传承和旅游业等的发展，丰富了西藏文化产业的结构。

（三）21世纪后西藏文化产业的初步发展阶段

2002年党的十六大的召开标志着我国文化产业进入全面启动、快速发展的阶段。国内文化管理部门加大改革力度，加强对文化事业的宏观管理，不断深化文化单位内部改革，建立健全不同的竞争激励机制，促进文化市场健康有序发展，完善文化产业发展政策，为文化产业发展提供保障机制。这一阶段，西藏经济总量大幅上升，产业结构发生变化，由农牧业为主向多元化方向发展。文化事业不断繁荣、新型产业逐渐兴起，文化产业化趋势加强，文化市场渐趋活跃，出现了文化生产、服务、经营和消费场所，各类民族手工艺公司、演艺公司、旅游公司等快速发展，促进了西藏文化市场的繁荣，西藏文化产业进入初步发展阶段。

一是文化产业渐具规模。近年来，在政府的大力扶持和文化企业的自主经营下，西藏文化产业进入快速发展阶段。文化产业经营种类和经营单位数量不断增加，涉及文化旅游、文化演艺、民族手工艺、新闻出版、影视制作、藏医藏药等领域。文化产业规模不断扩大，产业结构逐渐升级，国内外市场占有率大幅度提升，文化产业经济效益逐步显现。截至2010年，西藏共有各类文化经营场所1709家，文化演出机构29家，文化市场从业人员7398人；拥有文化企业和单位近3000家，从业人员2万余人，

---

① 多杰才旦、江村罗布主编《西藏经济简史》，中国藏学出版社，1995，第53页。

门类20余种，国家级文化产业示范基地2个，自治区级示范基地8个。①西藏传统文化产业，如藏毯、唐卡、藏药和金属铸造业等在西藏整个文化产业产值中所占的比重较大，而新兴文化产业特别是创意文化产业刚刚起步，市场发展潜力巨大。

二是文化市场体系逐步完善。西藏已初步形成多门类、多层次的文化市场发展格局。随着文化产业的加快发展，西藏涌现出岗地经贸有限公司、古艺建筑美术公司、优格仓工贸有限公司、帮锦镁朵工贸有限公司、拉萨娘热民俗风情园等一批龙头文化企业和文化产业先进集体。目前，西藏形成以文化旅游业和民族手工业为龙头，带动影视传媒业、文化出版业、餐饮业、创意产业等初步发展的产业格局，文化市场体系得到不断完善。

二　西藏文化产业中的政府扶持

（一）政府角色的转变：由“包文化向管文化”转变

计划经济时期，我国实行的是政府办文化的“统包统管”的文化管理体制，也被叫作“包文化”。这是一种由政府主办的带有垄断性质的“事业单位体制”，文化单位由国家包办、统管，财政资金由政府部门完全供给，政府是文化事业单位的所有者、管理者和经营者。受计划经济体制的影响和经济发展水平的制约，西藏文化单位也实行完全由政府统包统筹的管理模式。在计划经济时期，西藏政府充分利用其行政手段发挥政府职能，实行与计划经济体制相适应的文化企事业体制和运行机制。一方面加大文化基础设施建设和文化事业经费投入力度；另一方面，政府为文化单位制定行业发展规划和法律法规，政府统管统分资源。这一时期，西藏文化产业处于萌芽阶段，个别行业虽开始产业性质的探索，如民族手工业、藏药业等，整体还是以文化事业为主，文化企业多为国营模式。在政府的主导下，文化单位运作效率较低，不利于文化产品和服务质量的提高。

在计划经济体制下，受传统文化体制的制约，政府将文化事业和文化

---

① 《西藏文化建设进入历史最好时期面临五大挑战》，http：//xz. people. com. cn/GB/n/2012/0829/c138901 - 17415005. htm/，最后访问日期：2012年8月29日。

产业合二为一，对文化企事业单位统筹管理和分配资源，忽视了文化产业的经济属性，抹杀了文化企业单位的生产和服务积极性。文化市场的资源配置功能没有得到充分发挥，缺乏对市场竞争和激励机制的培育，不利于西藏文化事业的繁荣和文化产业的发展。

一是资源配置效率低。传统计划经济体制下政府的行政干预排斥了市场的自由配置，政府代替市场承担了资源配置的责任，造成资源配置的不合理和低效率。首先，中央政府和自治区政府的直接调控占主导地位，民族手工业和其他产业对政府部门的依赖性强，缺乏市场经营意识。政府的高度集中管理使西藏民族手工业企业缺乏自主决策权和发展活力。同时上级部门间条块分割、职能交叉，对文化企业的实际发展情况考虑少，办事效率不高。其次，金融资源配置效率低，西藏的金融资本基本流向文化事业单位，文化企业很难从银行贷款或从资本市场直接融资，金融资本的这种单一流向限制了文化企业的融资途径，民族手工业企业生产规模小，手工艺品层次较低，民族手工业发展缓慢，制约了西藏文化企业的整体发展。至今一些文化企业的发展还受着传统体制的影响。

二是行政壁垒程度高。计划经济体制下，政府所属文化单位和相关部门条块分割，各自为政，行政性壁垒林立，不利于形成公平竞争的市场体系。在审批制度上，上级部门审批事项繁多且程序复杂，部门收费高，负面影响较多，对外资吸引力低。文化部门审批决策者与项目管理者没有风险责任约束，不能保证投资的效率与效益，缺乏改革审批制度的主动性。政府部门烦琐的审批制度，使民族手工业市场主体活力不强，市场环境差，在经济体制和经济增长方式的转型过程中，政府对民族手工业的影响力大，西藏地方性法律法规政策体系建设落后，民族手工业公平、公正、公开的市场环境尚未建立。

计划经济体制下，政府部门对文化企事业单位“管办不分”的管理方式阻碍了文化产业的良性发展。随着改革开放政策的实行，人们的生活水平提高，对文化的需求日益提升，因此，政府文化管理体制改革成为新时期文化体制改革的重要内容。在社会主义市场经济体制下，政府角色也开始由“包文化”向“管文化”转变，并取得了实质性的成效。

伴随着文化管理体制的逐步改革，1978 年后我国开始出现了零散的带有经营性质的文化行业，1988 年首次提出“文化市场”一词，文化市场的地位正式确立。1992 年确立了社会主义市场经济体制和“文化经济”的含义，文化产业在政策和制度上开始与文化事业相分离。党的十六大提出文化事业和文化产业“两分法”的指导思想。强调“发展文化产业是市场经济条件下繁荣社会主义文化、满足人民群众精神文化需求的重要途径”，提出要“完善文化产业政策，支持文化产业发展，增强我国文化产业的整体实力和竞争力”。[①] 然而我国对文化产业和文化事业的分类只是相对的，不是绝对和一成不变的，二者的管理方式和运作方式相互影响、相互渗透。随着我国文化体制改革的不断深化，政府统管文化单位的局面逐渐被打破，文化产业发展进入一个新的市场环境。

西藏文化企事业单位发展中产生的弊端表明，繁荣文化事业和发展文化产业必须进一步解放思想、转变观念。西藏底子薄、基础差，实施与全国同步的改革会面临许多难以克服的困难，特别是在西藏建立社会主义市场经济体制，与全国“框架一致，体制衔接”，离不开中央的帮助和扶持。1994 年中央召开第三次西藏工作座谈会，要求中央各部委和兄弟省市加大对西藏的支援力度，西藏向社会主义市场经济体制转轨的速度明显加快。西藏不断完善商品市场体系，调整经济结构，发展特色产业，对文化体制进行初步改革。内地经济基础较雄厚，为经营性文化事业单位转企改制提供了良好的社会条件，而西藏经济基础薄弱，文化事业和文化产业发展规模小，所以没有立即完全实行文化体制改革，而是实行渐进式文化体制改革。政府从包办文化单位的角色逐渐转向管理和监督的角色。西藏政府对文化事业单位和文化企业的监督管理主要体现在以下几个方面。

第一，西藏文化事业单位和文化企业改革逐渐推进，对公益性文化事业单位内部机制进行改革，构建全面的公共文化服务体系，突出经营性文化事业单位转企改制和骨干文化企业扶持培育，着力发展多元投资主体的文化产业。政府研究配套政策，制定和贯彻落实文化产业发展政策，营造文化改革发展的良好政策环境；突出政府职能转变，处理好文化产业的社会效益与经济效益、发展与稳定的关系。如藏香文化是西藏传统文化产业之一，随着政府加大对传统技艺的支持力度，2010 年，优格仓企业作为典型的有前景的藏族文化企业，被政府请进拉萨市达孜县工业园。优·敏芭

① 叶取源、王永章：《中国文化产业评论》（第二卷），上海人民出版社，2004，第 24 页。

藏香品牌家族产品和西藏古香水，根据不同古藏医秘方、优氏家传私方与药材本草科学配制，并以西藏各大神湖之圣水和拌，使其更具护持之力，得到知名藏医、生物学家及僧俗两界的一致认可，远销至中国台湾、港澳地区及东南亚、日本、韩国、美国等国家。优·敏芭系列产品使优格仓企业具备了产业基础和品牌知名度，随着公司的日益扩大和为满足市场需要，公司已在拉萨达孜工业园开发区内建成了“优·敏芭香业基地”，着手将藏族各类香品及藏民族特色产品推向更为广阔的市场，让人类共享藏文明的无私厚赐与藏传佛香文化的博大精深。公司还挖掘并发扬光大西藏近三百年知名老品牌“优·敏芭”“美智敏芭”“优格仓”藏香，这些现已成为藏地香业中的奇葩，被僧俗行家誉为“西藏三大纯正名香”，除此之外，公司还收购有丹地区知名古香“噶丹宝香”、尼木地区古香“芒氏绝品香”等古老品牌。

第二，积极稳妥地推进文化体制改革，大力发展文化产业。西藏各部门宣传和扶持民族文化，制定文化事业改革发展规划和文化产业发展政策措施，以推动社会主义文化繁荣和满足人民群众的精神文化需求。西藏政府坚持一手抓公益性文化事业、一手抓经营性文化产业，积极稳妥地推进文化体制改革，努力探索有西藏特色的文化改革发展之路。

西藏文化体制的逐步改革，利于文化资源的合理配置，提高文化产品和服务的质量，丰富文化产品和服务的种类，保证产品的供应。总之，在市场经济条件下，西藏文化产业在政府部门的大力扶持和市场运作下得到良性发展，消费者的精神文化需求不断得到满足，经济发展速度也大幅提高。

（二）政府在西藏文化产业发展中的作为

西藏和平解放初期，由于独特的地理环境和脆弱的生态环境，第一产业投资回报率低，工业产值比重小，政府财政税收少，第三产业发展水平几乎为零，经济发展水平较低。鉴于此，西藏和平解放后，尤其是民主改革后，中央政府对西藏进行了特殊扶持，从 1985 年开始实施全国对口支援西藏，即全国大部分发达省市加入了援藏行列，这为西藏发展文化产业奠定了经济基础。

1. 中央政府在西藏文化产业发展中的特殊作为

本课题提出中央对西藏的“特殊作为”，是指其在全国各省级行政区中，西藏自和平解放后到现在所得到的独一无二的优惠资助。中央政府对西藏文化产业的特殊作用体现在为文化产业的发展提供经济基础、对文化事业的扶持和基础设施的投资建设、对文物古迹的保护和对文化产业的政策扶持上。

历史上，中央政府对西藏地方的扶持可以追溯到13世纪。元明时期西藏得到中央政府多方面的直接和间接扶持，如修建道路、减免赋税、开展民间贸易“茶马互市”及贡赐中的赐物资助等。1951年，中央政府与西藏地方政府签订《中央人民政府和西藏地方政府关于和平解放西藏办法的协议》（也称《十七条协议》），标志着西藏社会发展进入了一个新的历史时期。西藏和平解放后，中央加强对西藏经济建设的特殊扶持，尤其是对西藏文化产业保护与发展的扶持，主要包括基础设施建设、文化事业扶持、文物古迹的保护等方面。具体体现在：

其一是建设基础设施。中央对西藏从农业、牧业、工业、医疗、交通等领域进行了扶持。据统计，中央在国家财政极度困难的情况下，1952～1979年的28年间，支持西藏财政达464374万元，占西藏全部财政收入的87%。[①]中央对西藏的财政扶持，减轻了农牧业和商业的负担，完善了西藏的基础设施建设，初步形成了工业发展体系，促进了西藏经济的发展。

其二是支持文化事业。西藏和平解放后，从封建农奴制社会跨入社会主义社会，由于西藏的社会生产力水平较低，中央对西藏进行了特殊扶持。民主改革后，西藏先后建立了拉萨市电影队、东方红影剧院、胜利电影院等。1956年建立了西藏第一个新华书店。西藏群艺馆出版了《西藏民间故事》《西藏民歌》《西藏谚语》等6本藏汉文书籍。同时西藏建立了拉萨有线广播站，成立了西藏人民广播电台等。

其三是扶持民族手工业。西藏民族手工业产品种类繁多，主要有地毯、邦典、氆氇、藏被、木碗、藏刀、金银器具等。20世纪50年代初，西藏建立了拉萨地毯厂。1959～1965年，在中央的扶持下，西藏民族手工业发展到33个行业，从业人员达6670人，总产值由124万元增加到890万元，年平均递增32%，为工业总类中增长最快的一个门类。[②]

其四是培养民族人才。中央政府对西藏人才的培养也极其重视。如

① 潘久艳：《全国援藏的经济学分析》，四川大学出版社，2009，第77页。

② 《西藏自治区概况》编写组：《西藏自治区概况》，民族出版社，2009，第659页。

1960～1961 年，中央民族学院（现中央民族大学）开办两期藏文研究班，培养藏学研究人才。中央政府多次从全国各地调集各方面专家，在西藏政府领导下展开民族文化遗产的发掘、整理工作，在培养专业人才的同时积累了大量科研资料，为藏族文化的研究和发展奠定了基础。

其五是对文物古迹的保护。西藏文物保护工作始终得到中央的高度重视和大力支持，先后为西藏文物保护工作投入了巨额资金。1961 年，布达拉宫、大昭寺等 9 处文物古迹被列为第一批全国重点文物保护单位。1972 年，国家拨出专款 100 万元对大昭寺进行了维修。可见，中央政府对西藏文物古迹的保护力度之大。

而从改革开放到现在，中央政府对西藏的特殊支持更是巨大。1980 年中央政府提出“援藏”政策，具体内容是“中央关心西藏，全国支援西藏”，从“帮助西藏地方进行建设”变为“加快西藏经济发展”。从改革开放后到目前，中央政府分别召开过 5 次西藏工作座谈会，持续加大对西藏文化事业及产业的扶持，针对某一特定地区多次专门召开工作座谈会，除了西藏，在中国发展史上没有先例，可见，中央政府对提高西藏经济文化水平的重视程度。这一时期，中央政府针对西藏实际情况，对繁荣和发展文化产业制定了一系列优惠举措。

一是加大了基础设施建设力度。自改革开放到现在中央政府共召开过 5 次西藏工作座谈会。1984 年第二次西藏工作座谈会确定 43 项援助重点工程，1984～1994 年，国家投资、全国九省市援建西藏“43 项工程”，总投资达 4.8 亿元。1994 年第三次西藏工作座谈会确定全国对西藏支援 62 项工程，1994～2001 年，国家直接投资和动员全国 29 个省区市支援兴建，总投资达 48.6 亿元。2001 年中央第四次西藏工作座谈会决定进一步加大对西藏发展的扶持力度，在国家第 10 个五年计划期间由中央政府投资 312 亿元，建设 117 个项目，并给予财政补助 379 亿元。全国各地支援西藏建设项目 71 个，资金投入 10.62 亿元。① 这些措施形成了国家直接投资西藏建设项目、中央政府实行财政补贴、全国进行对口支援的全方位支持西藏现代化建设的格局，有力地推动了西藏的经济发展和社会进步。

① 《西藏的民族区域自治》白皮书，http://www.mzb.com.cn/html/home/repont/220033-2.htm，最后访问日期：2011 年 7 月 10 日。

二是力推援建文化项目。1965～2006年，国家共投入近8.7亿元，积极复兴西藏优秀传统民族文化艺术，使西藏丰富而独具特色的文化遗产得到全面继承和发展。中央政府确定大批援建项目，制定相关经济政策扶持西藏文化事业和文化产业的发展（见表5－1）。

第一次西藏工作座谈会（1980）：对民族手工业贷款3年内实行免息，同时对民族手工业实行5年内免征免派购，取消一切形式的摊派。

第二次西藏工作座谈会（1984）：进一步放宽政策，促进民族手工业发展，繁荣文化艺术。从1984年起，对手工业、建筑业以及城镇民族手工业贷款免征利息税。

第三次西藏工作座谈会（1994）：确定“62项”工程。

第四次西藏工作座谈会（2001）：提出“117项”工程。

第五次西藏工作座谈会（2010）：提出“使西藏成为中华民族特色文化保护地”。

表5－1　改革开放以来中央对西藏文化的援建项目

援建工程	援建文化项目	项目总数
“43项”工程	那曲群艺馆、自治区群艺馆、昌都群艺馆、泽当群艺馆、日喀则群艺馆、阿里群艺馆、拉萨少年活动中心	7项
“62项”工程	西藏博物馆、拉萨市新华书店、乡级太阳能广播电视接收站、自治区藏药厂改扩建、那曲羊绒分梳厂	5项
“117项”工程	文化事业：布达拉宫、罗布林卡、萨迦寺改造维修工程，西藏重点文物“一宫三寺”改造工程 广电事业：广播覆盖工程、广播影视译制工程 旅游事业：错高湖旅游综合开发	8项
“71项”工程	拉萨民族文化艺术宫、昌都地区图书馆、日喀则地区拉孜文化广场、日喀则地区扎什伦布寺文化广场、日喀则地区白朗县文化中心、阿里地区广电中心、林芝地区旅游开发项目、日喀则地区亚东康布温泉、日喀则地区定日珠峰观景台、日喀则地区江孜宗山公园、日喀则地区聂拉木县藏药厂改扩建	11项
“24项”工程	“村村通”广播电视工程、西藏电视台藏语节目译制中心、西藏自治区藏剧团排练演出厅	3项

资料来源：根据靳薇主编《西藏援助与发展》，西藏人民出版社，2010，第307～323页整理。

以藏毯业为例，在中央第五次西藏工作座谈会后，西藏藏毯业的资金投入明显加强。2010年以来，通过国家和自治区中小企业发展专项资金，共扶持藏毯生产企业技术改造项目 22 个，安排补助资金近 3000 万元；自治区产业和企业改革发展资金也重点支持多家藏毯企业，实现融资 4500 万元，使藏企业的技术装备水平有了明显提高，推动了产业优化升级。[①]

三是对文物古迹的扶持资金增多。改革开放后，国家先后投资 3 亿多元人民币，对托林寺、大昭寺和扎什伦布寺等 1400 多处文物保护单位进行维修保护，完善文物古迹的基础设施建设。1989 ~ 1994 年，国家拨款 5500 万元以及大量黄金、白银等贵重物资用于布达拉宫一期维修工程。1994 ~ 1997 年，中央人民政府投资近 1 亿元人民币援建了西藏自治区博物馆；2001 ~ 2005 年，中央人民政府投资 5.7 亿元修复文物古迹。[②] 中央政府累计投资 7.3 亿多元人民币和大量黄金、白银等帮助西藏修复开放了 1400 多座寺庙，其中重点是维修了布达拉宫、罗布林卡和萨迦寺并建造了博物馆。

四是对文化产业的优惠扶持政策。自 1980 年以来，西藏对农牧民从事民族手工业、建筑业、服务业等一律免征工商税，对民族手工业贷款 3 年内实行免息。1984 年，西藏对农牧集体和农牧民从事商业、手工业、建筑业贷款实行免息，并实行行业、项目优惠，优先支持旅游业等政策。1994 年，西藏在金银配售指标上实行倾斜，确保对少数民族用品、藏药、寺庙维修等所需黄金、白银的供应。对符合规定的旅游业、药业，政府分别给予免征企业所得税 7 年、6 年的优惠，对国家、自治区认定为高新技术产业的高科技产品企业，自经营之日起，分别免征企业所得税 10 年、8 年。

2. 地方政府对西藏文化产业的主要作为

一是大力发展文化事业。1985 年后，西藏政府将文化工作的中心逐步转移到群众，采取多种形式，大力进行群众文化队伍建设，制定出一系列群众文化活动的政策措施，坚持“自愿、业余小型、多样、节约、因地制宜、讲求时效”的原则，促进了群众文化事业的发展。截至 1993 年全区有近 200 个业余文艺演出队，县级有文化馆、图书馆。各地举办了音乐茶座、棋牌比赛、图书租赁、音乐舞蹈培训、讲座、音响播放等文化活动。[③] 人民群众丰富的文化活动带动了文化市场的繁荣和发展，满足了群众的精神文化需求。

---

① 常川：《在挑战与机遇的交错中编织梦想》，http：//district. cn/newarea/roll/201308/13/t20130813_ 24657785. shtml/，最后访问日期：2013 年 8 月 13 日。

② 《西藏自治区概况》编写组：《西藏自治区概况》，民族出版社，2009，第 508 页。

③ 黄玉生等编著《西藏地方与中央政府关系史》，西藏人民出版社，1995，第 681 页。

“十二五”时期文化建设项目全部落实，涉及6个项目近600个子项目，总投资达13亿多元。公共文化运行保障机制初步建立，全面启动了图书馆、群艺馆、县综合文化中心、乡镇文化站免费开放工作，争取和落实免费开放经费3000余万元。在西藏政府的扶持下，新闻出版业和广播影视业规模不断扩大，人均文化事业费逐年增加（见表5－2），促进了文化产业的发展。

表5－2　西藏地区人均文化事业费

单位：元

年份 地区	1990	1995	2000	2005	2009	2010
全国	1.33	2.75	4.99	10.23	21.9	24.11
西藏	4.4	3.22	16.27	28.99	44.69	70.12

资料来源：根据文化部财政司编《中国文化文物统计年鉴（2011）》，国家图书馆出版社，2011，第14页，按年份各地区人均文化事业费及位次整理。

二是扶持了民族文化艺术。西藏政府注重对文化产业基础设施的建设，这为推动和普及民族文化艺术起到了极大作用。十一届三中全会后，西藏各级政府以复兴民族歌舞作为繁荣民族文化的重要组成部分，积极加以引导。鼓励文艺工作者深入农牧区和寺庙，学习民族民间歌舞和传统手工艺、开展演出活动，加强了西藏和全国及国际的艺术交流。

20世纪80年代初，西藏政府组织成立了抢救民族民间文化遗产领导小组，对民族民间文化进行大范围挖掘和系统整理，全面抢救和有效保护了许多濒临灭绝的民族民间文化，完成了中国歌谣、谚语、故事、舞蹈、曲艺、器乐等《十大集成志·西藏卷》的编撰。据不完全统计，至2005年，全区共收集整理各种民间音乐、歌曲、曲艺10000多首，文字资料约1000万字，出版民族文化研究专著30多部，民间文化有《格萨尔王传》。①

三是加强了文物法制建设。20世纪50年代以来，在中央政府的支持下，西藏广泛开展了维修和征集各种古迹、文物及考古活动。为使文物古迹保护和管理事业有序进行，20世纪80年代以来颁布《西藏自治区文物保护条例》《西藏自治区人民政府关于加强文物保护的公告》《西藏自治区流散文物管理暂行规定》《西藏自治区文物保护管理条例》《关于进一步加

① 《西藏自治区概况》编写组：《西藏自治区概况》，民族出版社，2009，第498页。

强文物管理工作的决定》《关于加强西藏文物工作的通知》《进一步做好文物利用及涉外管理工作意见》《西藏自治区文物单位消防安全管理办法》《布达拉宫保护管理办法》《关于加强西藏革命文物工作的意见》等一系列文物保护法规、规定和意见。1984 年起进行的文物普查工作，基本掌握了西藏现存的文物古迹和遗址分布、数量及保存状况。到 2006 年，全区有各级文物保护管理机构 17 个，从事文物保护的工作人员 265 人。截至 2011 年底，西藏共有不可移动文物 4277 处，其中包括古遗址类 1355 处，古墓葬类 514 处，古建筑类 1559 处，石窟寺及石刻类 583 处，近现代重要史迹及代表性建筑类 244 处，其他类 28 处。①

四是积极申报了非物质文化遗产。自 1994 年布达拉宫被列入世界文化遗产后，西藏全面启动非物质文化遗产保护工程，先后投入 4000 多万元专项资金保护西藏非遗代表作。从佛教音乐、传统音乐、舞蹈、藏戏等文艺项目，到藏族邦典、藏刀技艺、卡垫织造、藏族造纸、传统医药等技艺项目，都得到了有效保护和传承，各类传承人队伍已发展到 2 万多人。② 2006 ~2009 年，西藏共发掘 14 大类 406 个非物质文化遗产项目和 83 个传统戏剧演出机构，同时发现传承人 1177 名，先后向国家申报 156 项非物质文化遗产代表作和 90 名代表性传承人，命名了三批自治区级名录和首批代表性传承人名录。③ 目前，西藏已基本形成了国家、自治区、市、县四级非物质文化遗产名录体系。截至 2013 年 2 月底，西藏拥有的非物质文化遗产项目和传承人情况如表 5 –3 所示。

表 5 –3　西藏非物质文化遗产和传承人统计

非遗级别	项目(个)	传承人(人)
世界级	2	—
国家级	76	62
自治区级	323	221

资料来源：根据近年来西藏非物质文化情况资料整理所得。

① 《西藏自治区“十二五”时期文物事业发展规划》，西藏自治区文物局，2012 年 2 月。

② 《“把这门手艺发扬好”——访直孔刺绣唐卡传承人米玛次仁》，http://news.xinhuanet.com/local/2011 –06/30/c_ 121604868.htm，最后访问日期：2011 年 6 月。

③ 《西藏非物质文化遗产获得有效保护》，http://culture.people.com.cn./GB/87423/13405485.htm，2010 年 12 月。

五是对民族手工业的税收优惠政策（见表5－4）。从1984年开始，自治区政府出台一系列关于加快和促进发展民族手工业的政策，提出要因地因时制宜，发挥优势，广开生产门路，调动各方面的积极性，大力发展集体和个体手工业，恢复和重点发展具有西藏特色的手工业和手工艺品、名牌产品；同时，积极开发新产品，特别是适应旅游事业发展需要的各种民族手工业产品。在生产资料供应、税收、工资待遇、人事管理、户籍管理、经营管理等方面制定了较为优惠的政策，极大地促进了全区民族手工业的快速发展。

表5－4　改革开放以来西藏政府对民族手工业的税收优惠政策

政策名称	起止年(份)
对城镇民族手工业、饮食、旅店等行业免征工商税	1983～1990
对集体建筑业免征所得税	1984～1990
对手工制作的民族产品及生产与农牧民群众生产、生活有直接关系的其他产品，可暂免征收企业所得税	1996年至今
除增值税外，免征民族特需产品的其他税收	1996年至今

资料来源：潘久艳：《全国援藏的经济学分析》，四川大学出版社，2009，第134页。

党和政府为满足少数民族特殊需要，帮助改善边远民族地区农牧区群众的生产生活而制定的民族贸易政策，是通过扶持民贸民品企业的经营活动，通过企业为群众提供有效服务来表现和落实的。

六是加大了招商引资力度。自治区政府为大力发展西藏文化产业，拓宽投融资渠道，加大招商引资力度。据统计，2000～2007年，西藏自治区引进项目约1230个，其中涉及旅游星级饭店建设领域，这为文化旅游业的发展提供了前提条件。2008年，西藏自治区共落实招商引资项目356个，签订协议资金280亿元，实际到位资金48亿元。2009年西藏招商引资目标任务是实际到位资金50亿元，力争完成60亿元。招商引资项目涉及旅游开发、藏医藏药、建筑等领域。[①] 可见，西藏文化产业，特别是特色文化产业的融资额度逐年增加。

① 潘久艳：《全国援藏的经济学分析》，四川大学出版社，2009，第135页。

（三）政府在西藏文化产业发展中的主要作用

在西藏文化产业发展过程中，中央政府和西藏地方政府从资金、人才、基础设施建设和法规政策等方面都进行了大力扶持，引导西藏文化产业的良性发展。

1. 为文化产业的发展提供了制度保障

改革开放后，自治区政府为促进民族手工业的发展制定了一系列政策，主要有《中共西藏自治区委员会关于手工业的几项规定（1980）》《关于民族手工艺若干政策的暂行规定》。1988年，自治区首次对西藏民族手工业艺人进行职称评聘工作，共评定了具有工艺美术专业职称资格79人。1980年后，西藏实行休养生息方针，对民族手工业的集体企业和个体专业户免征工商税、所得税。

西藏政府为振兴文化产业发展，规范文化市场，制定了一系列法律规范。近年来，先后下发的重要文件有《中共西藏自治区委员会关于贯彻落实〈中共中央关于深化文化体制改革推动社会主义文化大发展大繁荣若干重大问题的决定〉的实施意见》《西藏自治区文化产业发展专项资金管理暂行办法》《西藏自治区文化创作扶持与奖励办法》《关于贯彻落实推动文化大发展大繁荣有关税收优惠的通知》《关于金融支持文化产业振兴和发展繁荣的意见》等条例和办法。[①] 这些条例和办法从财政、税收、金融等方面加大对文化产业的支持力度，涉及面较广。

2. 为文化产业的发展营造投资环境

投资环境是文化产业发展的首要条件，只有良好的投资环境才能吸引企业投资文化产业，培育文化企业，最终促进文化产业的发展。

其一是完善文化产业基础设施建设。完善的文化基础设施体系是文化产业发展的一个重要条件，它可以营造浓厚的文化氛围，提高公民的文化意识，全面提升地区文化形象，为文化产业发展提供一个良好的软环境。文化设施也是文化产品生产与文化服务的重要基础条件，部分文化设施还可以作为经营性文化项目直接产生利润。“十一五”期间，西藏新建文化活动中心、乡镇综合文化站，总投资13亿余元的“十二五”文化建设项

① 《中国西藏文化旅游创意园区助推拉萨跨越式发展》，中国西藏网，2012年7月。

目得到有效落实，初步形成自治区、地市、县、乡四级公共文化设施网络。2011年西藏各地共组织2338次大型文化活动，推出近1000个新作品，38万人参加活动人员，观众达145万人，同年，西藏全面推进公共文化设施建设。截至2011年，西藏共建成5451个农家书屋，1700多个寺庙书屋，中央和地方财政累计下达农家书屋工程建设资金1.0906亿元，寺庙书屋工程建设资金3752万元。[①] 政府对文化基础设施的建设为西藏文化产业提供了发展环境。

其二是有效保护和弘扬民族优秀传统文化，提升文化软环境。为了加强非物质文化遗产保护，中央和自治区政府加大对西藏优秀传统文化的投入力度，于2010年成立西藏非物质文化遗产保护中心，出版《青藏高原藏戏研究与保护》和《拉萨朗玛》等系列丛书和光盘。西藏累计安排5500余万元资金对险情突出的文物实施抢救维修，安排2700余万元资金对“红色遗迹”进行保护。[②] 同时，在政府的引导下，西藏定期开展“西藏文化艺术展”“西藏唐卡艺术展”“西藏珠穆朗玛摄影大赛”“西藏出版物展销会”等对外文化交流活动。文化企业通过参加国内外各类文化展览会，加强了与国内外文化的交流，提高了文化企业的声誉和西藏文化产业在全国甚至在全球的知名度。

3. 为文化产业的发展提供政策环境

知识经济时代，文化产业越来越受到各地政府的重视。一个好的政策对于文化产业的发展至关重要。西藏政府针对本地文化产业发展的特点，通过经济、法律和行政手段制定了一系列优惠政策。

首先，体现在财政政策上。

一是设立文化产业发展专项资金。①2011年设立文化产业发展专项资金，支持文化创意、网络动漫、影视制作、出版发行、公益性大型原创精品演艺、地方特色文化产品研发、具有自主知识产权的大宗文化产品和文化服务出口、经营性文化单位转企改制及兼并重组、中介费用支出、文化产业示范基地、园区公共服务平台建设等10余项文化产业发展项目。专项

① 《党的十七大以来我区文化发展成就综述》，西藏新闻网，2012年8月。

② 《西藏自治区“十二五”时期文物事业发展规划》，西藏自治区文物局，2012年2月。

资金由中央财政和自治区财政安排，有股权投资和无偿使用两类。[①] 西藏政府推进“藏毯产业科技工程”，安排自治区特色农业发展扶持资金和产业与企业改革发展资金，扶持西藏藏毯产业化发展。②从城市住房开发投资中提取1%用于社区公共文化设施建设，对文化产业采取贷款贴息、项目补助、补充国家资本金等方式给予重点支持。③继续扩大西藏文化产业发展专项资金，至2015年达到5000万元以上，逐步完善各地专项资金管理办法。④设立西藏文化产业投资引导基金。西藏自治区政府明确表示要通过财政注资设立西藏文化产业投资引导基金，前期资金不少于2000万元，鼓励和引导社会资金参与文化建设。

二是设立文化产业投资机构。设立西藏文化产业投资机构、吸收国有骨干文化企业、大型国有企业和金融机构资金，实行市场化运作，通过股权投资等方式，促进文化建设战略目标的实现。继续加大援藏资金对文化事业和文化产业的投入，鼓励和引导社会资金参与文化建设。

三是对民族特需文化行业、协会、科技型企业等的资金扶持。据了解，政府为了保护和传承民族文化，对民族传统手工艺品提供资金扶持，特别对非物质文化遗产提供发展资金，每年对非物质文化遗产的资金补助有10万左右。同时，政府还支持其他民族手工艺品及民间文化企业中介组织，提供一定资金予以扶持。同时政府还提供科技型企业和农牧产业发展资金。

其次，体现在金融政策上。

中央和西藏金融管理机构为振兴藏族文化产业，搭建文化产业投融资服务平台。①对文化企业信用评级标准、贷款期限、优惠贷款利率、信贷管理办法和单独的业务考评体系等政策的完善。②合理扩大贷款授信、审批、权限，优化审批流程，提高贷款审批效率，引进信贷产品，支持文化企业上市融资等。③支持风险投资和担保公司、鼓励和吸引社会力量参与文化产业发展和文化设施建设等项目开发经营。同时，金融机构对中小企业提供流动资金，利息按银行利息的50%收取。2011年对民族用品定点生产企业贴息，贴息率低于银行规定的标准。目前，西藏发展文化产业的金融政策比较完善。

---

① 刘庆顺：《西藏成立专项资金支持10项文化产业发展》，《西藏日报》2011年12月8日。

再次，体现在税收政策上。

一是免税政策。政府针对不同的行业分别实施了不同的优惠政策：对政府鼓励开办的文化企业，免征 3 年企业所得税；对兴办各类学校、文化培训班以及文艺团体演出、体育比赛、展览馆、博物馆等的收入，免征企业所得税；对在境外提供文化劳务取得的境外收入不征所得税，免征企业所得税；对国家、自治区级高新技术文化企业，分别免征 10 年、8 年企业所得税。“十二五”期间，对藏药改良、开发、生产和从事藏药材种植、养殖、经营的企业，免征企业所得税 6 年。[①] 同时，对部分民族手工业免税。可见，西藏政府对藏文化产业的发展提供了优惠的税收政策。

二是低税率政策。国外投资者和港、澳、台投资者直接在西藏投资兴办企业按 10% 的税率征收企业所得税；另外，外省市区投资者在西藏开办的企业，从事鼓励投资的产业或项目，统一执行 15% 的企业所得税税率。

三　西藏文化产业的市场运作

文化产业的运作需要遵循市场经济规律，依据经济规律对社会资源进行配置。文化产业的发展需关注文化市场中文化产品的产销和供求状况。文化产业的市场运作状况主要包括文化产业中各行业的市场供求状况、市场运作的方式及特点。

（一）西藏文化产品市场的形成与发展

西藏文化产品市场的形成最初源于民族手工业，民族手工业在西藏历史悠久，可以追溯到新石器时代。到吐蕃王朝时期，西藏民族手工业已具有相当规模。这一时期的手工业产品有斧、刀、盘、毛毡、帐篷等。吐蕃在唐朝和尼泊尔联姻，从外地引进许多手工艺人，极大地促进了西藏金属制造、制陶、纺织业等方面的发展。到元、明、清时期，西藏手工业得到

① 董昌俊：《“十二五”西藏自治区将出台优惠政策扶持藏医药事业》，《西藏商报》2010 年 11 月。

大发展，特别是纺织业。卡垫销售商给农牧民预付资金，农牧民用资金购买羊毛以织卡垫，销售商低价收购卡垫。销售商将卡垫销往印度、尼泊尔、不丹等国，这种商业行为极大地促进了江孜卡垫业的发展。藏文文献《年初琼》记载：元初，萨迦法王八思巴，担任了大元帝师，结束了吐蕃割据的混乱局面，经济也得到了恢复和发展。当时的江孜家家有织机，处处闻织声，商铺林立，卡垫业兴旺，生产蒸蒸日上。[①] 山南杰德秀除了满足当地妇女的需求，一部分销售到周边地区。金属铸造业也得到发展，生产技术水平不断提高，手工业产品日益多样化。五世达赖喇嘛时期，西藏地方政府专门成立“行会组织”来管理民族手工业。由于受封建农奴制度的约束，手工业生产规模小，技术设备落后，家庭小作坊下的民族手工艺产品市场发展缓慢。

西藏和平解放后，中央政府扶持建厂，建立了藏毯、藏医药厂，民族手工业逐渐恢复。同时，政府对西藏文物古迹拨款进行修复。改革开放后，在政府的引导下，西藏手工业得到大发展，文化旅游业和出版业得到政府的重视起步发展。到 20 世纪末，随着政府对文化单位转企改制要求的提出，西藏政府根据国家政策规定，结合实际对文化单位逐步进行改革。政府扶持、市场运作，西藏文化产品市场日益繁荣，文化产品得到社会认可，直销店、分店林立，产品销往国内外市场。目前，西藏文化产品市场中以民族传统手工艺产品居多，其中，唐卡、藏毯、藏香、藏医药等产品已形成一定的产业规模，在国内外市场占有一定的份额。可见，西藏文化产品的市场体系比较完整，文化产业的经济效益和社会效益逐步显现。

（二）西藏文化产品市场——连接文化产业和文化消费的桥梁

文化产品市场是否繁荣取决于文化企业的供给情况和消费者对文化产品的需求情况。西藏文化产业粗具规模，随着人们生活水平的提高，文化产品市场的供给和消费日益增加。

1. 从西藏文化产品的供给市场看

（1）民族传统手工艺品

① 罗莉：《藏族经济》，巴蜀书社，2003，第 55 页。

西藏民族手工艺品独具民族风格和地方特色，集使用价值和艺术价值为一体。现主要有邦典、藏靴、民族帽、唐卡、地毯、马垫（套）、银包木碗、绣花帐篷、金银首饰、民族家具、铁器、藏刀、土陶制品、工艺美术以及旅游纪念品等，花色品种达2000多种。民族手工艺品是西藏文化产品市场的组成部分，目前西藏有日喀则地区后藏民族手工艺制品有限公司、西藏卓玛民族手工艺品有限公司、卓番林手工艺有限公司等一批民族手工艺品企业。

唐卡——唐卡是西藏文化产业的一朵奇葩。西藏唐卡生产商规模不一，大到国家级文化产业示范基地，小到工作室、家庭小作坊等，生产的唐卡质量参差不齐，价格也不一。其中，规模比较大的唐卡生产企业有岗地经贸有限公司、古艺建筑美术公司等。小规模生产商如八廓街边的唐卡工作室，最小的是家庭小作坊，像直孔唐卡传承人家中几代人自己作画。

藏毯——2010年拉萨市有藏毯生产企业5家，从业人员1091人，实现产值7643万元。生产规模较大的企业有拉萨地毯有限责任公司、帮锦镁朵工贸有限公司、城关区地毯厂等。其中，拉萨地毯有限公司最具生产规模，年藏毯产量超过10万平方米；帮锦镁朵工贸有限公司年藏毯生产规模超过3万平方米，2010年总产值1175万元。

青铜铸造——西藏罗占民族手工艺发展有限公司是一家专业化青铜铸造公司，它属于农牧民创业性质的公司，公司注册资金210万元，固定资产1500万元，员工55人。该公司生产系列锻铜佛像、青铜铸造、雕刻、石雕、唐卡、木雕等，主打产品是青铜铸造佛像。其中，白纳锻铜技艺被列为自治区级非物质文化遗产。

藏香——西藏藏香生产商众多，但西藏优格仓工贸有限公司是家族式企业，总经理是第九代传承人，该公司生产的藏香在西藏具有一定影响力。2011年，该企业的总产值达6000多万元人民币，成为西藏最大的藏香制造专业企业。

邦典——藏族妇女常用的毛织围裙在藏语中称为“邦典”，产于西藏山南地区贡嘎县杰德秀镇，历史上，该镇几乎家家户户都拥有织机。2010年，镇上约有780户2200人生产毛织围裙，产品在国内外享有盛名。

（2）藏医药

藏药文化是西藏文化中的一颗璀璨明珠，藏药产业是藏族文化产业的一个重要组成部分。藏药企业主要有西藏奇正藏药股份有限公司、西藏自治区藏药厂、西藏诺迪康药业股份有限公司和金哈达药业有限公司等众多企业，其中年工业总产值超过亿元的藏药生产企业仅有西藏诺迪康药业有限公司和西藏奇正藏药股份有限公司 2 家。目前，西藏藏药生产企业已发展到 18 家，均通过了国家 GMP 认证，能够生产 1000 多个藏药品种，其中获得国药准字号的有 298 个品种。截至 2010 年底，拉萨市有藏药生产企业 8 家，从业人员 428 人，实现年产值近 2 亿元。[①] 其中，金哈达药业有限公司打造“以传统为基础，以市场为导向，以科技为手段，以疗效为特色”的藏药产品，以满足消费者需求。

（3）文化旅游产品

文化旅游是文化与经济实现外部结合的典型代表，它包括以文化为主要资源的旅游市场，以文化为主要目的的旅游市场和在旅游景点的各类商业性演出及出售的旅游纪念品等。西藏旅游资源丰富，文化旅游业规模不断扩大，逐步实现多元化经营。西藏旅游经济直接从业人员达到 4.38 万人，间接从业人员达到 18.8 万人，每年提供就业岗位 3000 多个。全行业固定资产在“十五”计划末 50 多亿元的基础上，新增 76.8 亿元，达到 126.38 亿元。[②] 西藏圣地股份有限公司是西藏文化旅游企业的领头羊，它以旅游业和文化传媒产业相结合发展，形成以景区业务为核心，吃、住、行、游、购、娱为一体的文化旅游产业链。岗地经贸有限公司将文化旅游与体验、文化消费与休闲娱乐、观光度假有机结合，建设展示、体验藏文化的大型综合性文化旅游产业项目。2013 年西藏旅游全年总收入达 132 亿元，文化旅游业的蓬勃发展带动了旅游投资热，标志着西藏旅游业已初步形成规模经济。

（4）歌舞影视产品

近几年来，西藏政府及相关部门为影视业投入人力、物力和财力，创作出一批富含民族特色的佳作，如大型民族歌舞《幸福在路上》《珠峰

---

① 《西藏将大力扶持藏医药产业》，新闻中心中国网，2011 年 5 月。

② 《西藏年鉴》编委会编《西藏年鉴（2011）》，西藏人民出版社，第 124 页。

彩虹》《喜马拉雅》等，满足了群众对精神文化产品的多样化需求。西藏圣地股份有限公司将旅游业和文化传媒业相结合打造雪巴拉姆藏戏团的高端市场。西藏岗地有限公司唐古拉风演艺中心先后推出570多种民族音像制品，培养了500多名优秀藏族歌舞艺人，在外地设有多家分中心。该演艺中心可同时容纳1500余人观看节目，娘热乡民间艺术团年均演出近千场，观众近百万人次，2010年营业额达100多万元。[①] 目前国内市场有31部涉藏电影，国外有27部，歌舞影视业的繁荣促进了西藏社会文化的发展。

(5) 民族餐饮

西藏以畜牧业为主，藏族传统饮食以肉类、奶制品为主食，这样的饮食结构适应了当地海拔高、氧气稀薄的生存环境。目前藏族餐饮“藏家宴”、“玛吉阿米”西藏风情餐饮连锁藏餐等都经过改良，加入一定的创意文化因子，以满足人们不同的精神文化需求。其中，玛吉阿米共有四家店，在北京和云南两地共开设了三个分店，除了提供传统藏餐、新派藏餐，还提供西餐、印度餐和尼泊尔餐。为了规范藏族餐饮业，2010年西藏成立烹饪餐饮饭店业协会，该协会涉及领域广，包括行业组织、行业自律、资源整合、企业维权、商业协调、国际交流、人才培训等方面，现已拥有藏菜研究会、营养美食保健专业委员会等13个分支机构。

(6) 新闻出版物

2010年西藏新闻出版业总产值5.2亿元，占全区GDP的1.2%，连续保持了12%以上的发展速度，全区新闻出版领域各类从业人员达8800人。全区国有、集体、民营发行单位272家，发行图书23.3万种，同比增长12.8%，发行量5100多万册、同比增长26%，实现图书销售码洋突破1亿元，达到1.12亿元。[②]

“十一五”期间，西藏共出版各类藏汉文图书4200种1.2亿册，报纸从18种增加到23种，期刊从21种增加到35种。目前，以图书、报纸、期刊、音像、电子、网络、手机等媒体出版和印刷、复制、发行为主的新

① 《西藏文化踏上产业发展之路》，中国西藏新闻网，2011年11月。

② 《西藏年鉴》编委会：《西藏年鉴（2011）》，西藏人民出版社，2012，第154页。

闻出版产业体系已逐步形成。[1] 西藏人民出版社自成立以来，共出版图书6600余种，发行7890余万册，其中藏文图书占80%左右，2011年为2000家农家书屋提供图书，同时在美国、法国、瑞士、印度、尼泊尔、中国香港、中国澳门等国家和地区举办书展、参加书市和博览会等，社会效益显著。西藏文化出版业蒸蒸日上，在拉萨建立了西藏出版文化产业园，该园区涵盖图书、报刊、动漫、音像电子出版、发行、数字出版、广告、影视传媒、绿色印刷、设计创意、演出、西藏传统文化、工艺美术等文化领域。

2. 从文化产品的需求市场看

文化产品和服务的消费市场是影响文化产品类型、规模、销售的重要基础，同时也是文化产业的有机组成部分。民族文化的消费从宏观层面看，由本土文化消费和外来文化消费构成。就带动民族文化产业而言，外来文化消费的带动作用明显。[2] 任何一个产业的发展都是基于一定的市场需求，文化产业的发展也不例外，藏族文化产业蓬勃兴起，在于它在国内外拥有一定的市场。

首先，从国内外市场看，民族手工艺品在藏族文化产业的需求中所占份额较大：

唐卡业——2010年，西藏唐卡市场销售额达2亿元。岗地经贸有限公司主营唐卡，2011年实现销售收入1亿元。

藏香业——优格仓企业主要销售藏香、藏香水等产品。藏香产品远销美国、澳大利亚、荷兰、尼泊尔、印度等国家和地区。在西班牙有加盟店。

藏毯产业——2010年实现销售收入3449万元，上缴税金89.5万元，实现利润497万元。其中，邦锦镁朵工贸有限公司2011年销售收入达到近3000万元，实现利税120万元。

西藏手工艺品每年在北京的销售额高达2760万元，接纳就业人员450多人。

青铜铸造——青铜器产品在国内主要销往四川、山西、陕西等地区，

① 《藏族儿女守望民族文化保护地》，《文化中国发展报告 · 西藏篇》，青海新闻网，2011年11月。

② 施惟达：《民族文化与产业化发展》，云南大学出版社，2011，第66页。

产品通过订购来制作，处于供不应求的状态。从2010年到2012年分别实现销售收入200多万元、400多万元、800多万元。

其次，藏药市场的成绩也非常显著。2010年实现销售收入3.2亿元，上缴税金5761万元，实现利润1.45亿元。其中，奇正藏药股份有限公司占藏药业近40%的销售份额，以奇正消痛贴膏最为有名，近2亿人次使用了奇正产品，公司销售面广，覆盖全国30个省市。[①]

再次，文化旅游需求旺盛。在自治区政府及相关单位的大力支持下，文化旅游业成为西藏特色文化产业中的支柱产业。2010年西藏共接待国内外游客685万人次，比2009年同期增长22.1%，其中接待国内游客662万人次，同比增长21.8%；实现旅游总收入71.4亿元，增长27.6%，相当于全区生产总值的14%。2011年西藏全年接待国内外游客850万人次，比2010年同期增长26.9%，旅游总收入95亿元人民币。[②] 可见，文化旅游业作为西藏文化产业的一个重要组成部分，在西藏地区生产总值中占有较大比重，旅游收入呈逐年上升趋势，文化旅游业的崛起带动了西藏其他关联文化产业的快速发展。

最后，展会市场是西藏文化产业市场的重要组成部分。2009年西藏国际博览会，西藏对外推介项目67个，投资总额98亿元，共签订合作项目意向协议12个，协议金额为7.56亿元人民币，签订销售意向协议1个，协议金额400万元人民币。同时，尼木县招商引资3000万元开发吞巴旅游景区。[③] 珠峰文化旅游节实现了265.362万元的销售额。在第四届北京国际文化创意产业博览会上，西藏共推介24个重点文化产业项目，签订产品订单18个，现场签约5个项目，签约总额达7.45亿元。[④] 以深圳文博会为例（见表5－5），从2010年到2012年，西藏参加深圳文博会的规模不断扩大，交易额呈逐年增加的趋势。其中，2012年不论是参会单位数还是交易额、协议资金额均创历年之最。

---

① 《西藏奇正藏药股份有限公司第一届董事会第十八次会议决议公告》，《证券时报》2010年6月。

② 《西藏年鉴》编委会编《西藏年鉴（2011）》，西藏人民出版社，2012，第124页。

③ 《中国西部国际博览会举行给予西藏高度评价》，中国西藏新闻网，2009年10月。

④ 《2009年西藏文化事业发展回顾及2010年展望》，西藏社会科学院编《中国西藏发展报告（2010）》，西藏藏文古籍出版社，2010，第278页。

表 5－5　2008～2012 年深圳文博会西藏市场交易额

年份	参会单位(个)	现场交易额(万元)	现场签约项目(个)	协议资金(万元)
2010	14	—	11	66640
2011	18	110	—	83000
2012	19	678	9	87800

资料来源：据 2008～2012 年西藏文博会交易情况资料整理。

（三）西藏文化市场体现了产品创新与竞争

对产品进行创新是企业持久发展的生命力，对文化产品进行改良是为了更好地满足消费者需求，以扩大企业生产规模，而竞争是企业对产品进行创新的不竭动力。

首先是西藏文化产品市场中的创新。西藏传统文化产品多是为了适应和满足当地群众的生活需要而制作的，具有实用价值。而随着人们生活水平的提高，对精神文化的需求日益增加，为了美观且实用、满足文化产品市场不同消费群体的需求，西藏文化企业对产品从设计、制作工艺、材质等方面进行了创新。如西藏卓番林手工业有限公司最大的特色是将传统手工艺和现代生活需要结合，对传统文化产品进行从图案、花色、造型等的创意设计，将藏文化元素和现代生活理念融入产品。这些产品既有实用价值，又有艺术价值。藏药薰香炉也是藏族传统生活用品和现代设计理念的结合。这一产品是通过在传统藏香炉即土陶基础上加入通电设备，只需插电藏香炉就能运作，既节省时间又美观，适应了现代人的生活需求。藏纸生产也进行创新，开发衍生品，如用藏纸生产的笔记本、风筝、灯笼、礼盒等产品。金哈达药业有限公司提出“以传统为基础，以市场为导向；以科技为手段，以疗效为特色”的经营理念，旨在适应市场经济发展的需求，通过传统药物与现代需求的结合，生产出满足消费者需求的产品，如通过改变藏药剂型、制作方法等研发新产品。

其次是西藏文化产品市场中的竞争。民族手工业是民族文化的沉淀，具有非常独特的工艺、样式及款式。伴随着经济全球化的加剧，文化产品应该具有较高的差异性。西藏文化产品市场的竞争性主要体现在外来文化产品对本地市场的冲击方面。一是价格竞争。外地批量工艺品充斥西藏文化产品市场，对本地纯手工艺品市场构成威胁，如西藏八廓街周边的旅游纪念品经销店和小摊小贩售卖的藏饰，如手镯、项链等大都在内地生产，更多是从尼泊尔销到西藏市场的。这些通过批量生产的产品，质量较差，价格低廉，而西藏本地手工艺品系纯粹手工制作，劳动成本高，产品价格高，在价格方面处于劣势。二是对文化产品保护意识低导致的竞争。西藏文化企业忽视申请专利、注册商标的保护意识。西藏一些文化产品由于技术含量不高、工艺简单，不存在行业壁垒和技术壁垒的限制，非常容易模仿，产量高、销路难，导致文化产品市场上供大于求的局面。如西藏拉孜藏刀具有悠久的历史，由于地方政府对文化传承的忽略，致使西藏市场上大量充斥着云南藏刀。据了解，西藏市场上 70% 的藏刀都来自云南等地，对拉孜藏刀的传承和发展构成了不良影响。

伴随着全球化程度的加剧和各个国家、地区在经济、文化、政治等方面的联系日益密切，西藏文化产品市场从无到有，文化实力从薄弱到逐渐强大，其原因在于西藏文化产品不仅在国内市场占有一席之地，在国内外市场也具有较大的影响力，尤其是在欧美国家和南亚国家，文化产品的市场需求量较大，西藏文化产品深受国外消费者的青睐。从国外市场层面看，藏族文化产业的国外市场占有率不断提升，民族手工艺品主要通过订购、实体店销售的形式，销到欧美发达国家和印度、尼泊尔等地。藏族文化产业中的唐卡、藏毯、藏医药、藏香等产品热销海外，在国外消费市场所占份额越来越高。

以藏毯市场为例。藏毯以其纯手工编织而深受国外消费者青睐。2008 年出口量不到 3 万平方米，2009 年、2010 年每年都超过了 10 万平方米，占全区产量的 80% 以上。[①] 如邦锦镁朵工贸有限公司生产的高端藏毯，其产品以订单形式远销美国、德国、英国、日本、土耳其、法国、意大利等，2011 年实现销售收入近 3000 万元，争取近五年实现出口创汇年产 1 亿元以上。从全球市场需求看，藏毯处于供不应求的状态，藏毯业存在巨大发展空间。

2011 年，西藏自治区公布了《中共西藏自治区委员会西藏自治区人民政府关于推动文化大发展大繁荣的决定》，提出到 2015 年，西藏要建立健

① 《拉萨市藏药藏毯产业发展工作设想》，拉萨市工业与信息局，2011 年 2 月。

全区、地、县、乡、村五级公共文化服务体系，广播电视综合覆盖率达到95%以上，人均图书报刊拥有量达到全国平均水平，公共文化服务能力显著提高，文化产业在全区生产总值中的比例力争达到3%以上等总体目标。“十二五”期间，西藏将大力扶持唐卡、藏香等文化产业的发展，加快促进文化资源优势转化为经济优势，文化产业发展专项资金规模2015年达到5000万元以上。到2020年，西藏全区公共文化服务能力接近全国平均水平，文化产业将成为西藏支柱产业。这些目标将有力促进西藏政府对文化产业的合理扶持，也促使西藏文化市场发挥出其资源配置的基础性作用。

第六章　唐卡：藏族百科全书

谈到唐卡，有人说它是藏族文化中符号化的佛经，视觉化的哲学；有人说它是藏族文化的奇葩。唐卡是藏族文化中一种独具特色的绘画艺术形式，内容涉及藏族的历史、政治、文化和社会生活等诸多领域，堪称藏民族的百科全书。在西藏，画唐卡的人不仅有非遗传人，大量民间画师的实践也让唐卡绽放出多彩的魅力。走在八廓街上，你会发现大街小巷挤满了各种派别的唐卡艺术店。

一　唐卡的历史沿革

“唐卡”（Thang-ga，也称“唐嘎”“唐喀”，人们习惯称之为“唐卡”）一词系藏语，《藏汉大词典》中解释为：卷轴画，画有图像的布或纸，可用轴卷成一束者。从藏文字面上可以理解为平面的画，一般专指有佛教内容的相当规范的画像。[①] 唐卡是在松赞干布时期藏民族中兴起的一种新颖的绘画艺术，即用彩缎装裱而成的卷轴画，具有鲜明的民族特点、浓郁的宗教色彩和独特的艺术风格，历来被藏族人民视为珍宝。唐卡是千百年之中发展起来的帛画，是西藏特有的艺术品，唐卡艺术是中华民族民间艺术中弥足珍贵的非物质文化遗产。

（一）唐卡流派形成

唐卡属便携式解读教义的图录和供奉物，从公元 9 世纪开始以印度、

---

① 唐卡为制轴帛画，画幅天头、地脚均附有多为圆木根的画轴。敛卷时双轴护画，展舒时平直垂幅。

尼泊尔绘画风格为主导的唐卡流传青藏高原。唐卡在漫长的历史长河中经历了盛衰、融合、传承后，在地域上形成了三大主流画派，即：卫藏地区（西藏自治区）的勉唐画派，后来又演绎出勉萨派（也叫新勉唐画派）；康巴地区（包括四川甘孜藏族自治州、青海玉树藏族自治州、西藏自治区昌都地区、云南迪庆藏族自治州）的噶玛噶孜画派（简称噶孜派）；安多地区（青海地区）的钦泽画派。目前，勉唐派、噶玛嘎孜派、钦泽派、勉萨派四种画派都已经入选国家级非物质文化遗产名录。

勉唐画派又译称“门赤画派”或“门唐画派”，是西藏近代影响最大的绘画流派，以拉萨为活动中心形成了它的文化圈，主要流行于卫藏（今西藏自治区）地区。该画派的创始人是勉拉·顿珠嘉措，他出生于洛扎勉唐（今山南地区），勉唐画派由此而得名。勉唐画派艺术产生并形成于赞普时代，兴盛于帕竹时代中期至甘丹颇章时代。勉拉·顿珠嘉措曾拜萨迦一带的画师多巴扎西为师，苦心钻研，成就卓然，并形成《造像度量如意宝》的门派理论。该门派造像多注重绘画线条的运用，工整流畅，法度精严而变化丰富，色调亦活泼鲜亮。旧勉唐画派的画风承袭了印度—尼泊尔绘画样式，但在背景处理上加入了带有地方特色的风景和花卉纹饰，线条匀称精到，浅淡施色加金线勾勒，富丽多姿。到公元 17 世纪上、中叶时，勉唐画派发展出了一支新的画派，叫勉萨画派，也叫“新勉唐画派”。由当时最著名的画师秋英加措创立。秋英加错曾经做过四世班禅的专职画师，扎什伦布寺中的壁画大都是他的作品。秋英加措继承旧勉唐画派精华、吸收汉地绘画的某些因素的基础上，开一代新风，为勉唐画派的发展做出了重要贡献。五世达赖喇嘛在重建布达拉宫时，还专程请秋英加措绘制布达拉宫白宫的壁画。公元 17 世纪末至 18 世纪初，勉唐画派进入鼎盛时期，优秀画师层出不穷。现在遗存在布达拉宫、罗布林卡、拉萨哲蚌寺、色拉寺、甘丹寺的壁画、唐卡多为勉唐画派画师所绘。

噶玛嘎孜画派属于藏族唐卡的三大流派之一，流行于东部藏族聚居区，以四川省甘孜德格和西藏昌都为中心，相传在公元 16 世纪由南喀扎西活佛创建，以噶玛巴大法会而得名，又译“噶玛嘎孜画派”，亦简称“噶孜派”。噶玛嘎孜画派的风格来源较为复杂，其创派人物南喀扎西活佛以南亚梵式铜佛像为范，深受勉唐派绘画大帅嘎丹夏觉巴·页觉彭德的影响，经与南喀扎西同时期的八世噶玛巴活佛米久多吉总结先师及自己的经验，撰成《线准太阳明镜》，从而奠定了噶孜画派的理论基础。噶孜画派最显著的特点是施色浓重，对比强烈，画面富丽堂皇，故在数百年中逐渐形成一套颜料制作与使用的特殊技法。创作中以白、红、黄、蓝、绿为母色，能调出 9 大支 32 中支进而变化出 158 小支诸种色相。黄金的运用是藏传佛教绘画的一大特色，因使用金色被视为对神佛最神圣的供养。噶孜画派有一套研制金汁及涂金、磨金、勾金线、刻金、染金的绝技，可将金色分成多种冷暖变化，可在黑底上用金线勾画十几种不同的层次效果，还可在大片涂金的地方用九眼石制成的笔摁出各种线条。①

钦泽画派（因其创始人贡嘎岗堆·钦泽钦莫而得名）则形成于公元 15 世纪中叶以后，主要流行于后藏和山南地区。钦泽钦莫自幼酷爱美术，幼年时即能准确地描绘山川日月和飞禽走兽，成年后醉心于佛画，师而能化，风格自成一体。该派在构图上秉执印度尼泊尔宗教画风中主尊正大，周围小像整齐排布的特征。肖形严谨多威神，着色跳跃饱满，画面繁密华丽，密宗美术气氛浓郁。所成作品孔武而稳健，阳刚之气溢于画面。该画派艺术风格直接承袭 14 世纪流行于后藏地区的绘画样式并有创新。钦泽画派在构图上保持了尼泊尔绘画中主尊较大的特点，但在风景表现上开始吸收汉地的绘画风格。这个画派尤其擅长表现具有阳刚之美的愤怒像，还善于绘制坛城，样式独特，刻画精致绝伦，纹样繁密华丽，令人叹为观止。钦泽派绘风与中世纪在后藏相当流行的密宗美术有着密切的联系。

钦泽画派与勉唐画派的出现为公元 14 世纪至 15 世纪上半叶流行于卫藏地区的印度—尼泊尔绘画样式画上了句号，为中世纪后期本土藏族绘画样式的形成、发展做出了重要贡献，画坛将这两个画派合称为“勉钦两画派”。

（二）唐卡的形制特点

根据制作唐卡所用材料，可以将唐卡分为两大类：一类用丝绢制成的唐卡叫作“葵唐”，另一种用颜料绘制的唐卡叫“止唐”。葵唐的制作有六式：绣像、拼缝、缂丝、手织、堆绣、串珠。葵唐是用丝绢绸缎等材料以手工绣制、拼贴后缝合、编织或套版印刷等方式制作而成。缂丝唐卡是用

① 《唐卡创作的主要艺术流派》，http：//www.tibet.cn/holiday/yscl/201108/t20110804_1114219.htm，最后访问日期：2011 年 10 月 30 日。

“通经断纬”的方法，用各色纬线仅于图案花纹需要处与经丝交织。缂丝唐卡是中国特有的将绘画移植于丝织品上的特种工艺品。西藏的织物唐卡多是内地特制的，其中尤以明代永乐、成化年间传到西藏为多，后来西藏本地也生产刺绣和贴花一类的织物唐卡。葵唐中尺度最大者称为葵固，寺庙中于晒佛的大型葵唐，即称“葵固”。其中最著名的是布达拉宫的无量寿佛葵固唐卡，高约55.8米，宽46.81米，为五世达赖喇嘛圆寂后由摄政桑结嘉措主持制作。止唐则是将颜料绘制在画布上的作品。画幅表面通常罩有一层锦缎。止唐依据绘画所用颜料的不同色彩而分，如金唐、黑唐等。最大的止唐长3米，宽2米；最小的止唐长30厘米，宽20厘米。① 唐卡绘制虽然是师徒代代相传，但是最根本的还是来自于生活实践和自然界。藏族画师把自身的实践和前人的经验相结合，看重写生，通过对生活原型的观察再默写，强调在观察默写的过程中完成审美主体对审美客体的艺术提炼和升华。

从总体上说，唐卡类似于汉族地区的卷轴画，多画于布或纸上，然后用绸缎缝制装裱，上端横轴有细绳，便于悬挂，下轴两端饰有精美轴头。画面上覆有薄丝绢及双条彩带。涉及佛教的唐卡装裱后，一般还要请喇嘛念经加持，并在背面盖上喇嘛的金汁或朱砂手印。也有极少量的缂丝、刺绣和珍珠唐卡。唐卡的绘制极为复杂，用料极其考究，颜料全为天然矿植物原料，色泽艳丽，经久不褪，具有浓郁的雪域风格。

藏族唐卡艺术是藏民族一手营造的艺术，也是在藏民族长期的生活实践中形成的一颗明珠，体现藏民族鲜明的民族性格和博大精深的文化内涵。唐卡艺术存身于宽泛的藏文化圈里，其文化内涵在本质上构成了藏文化的艺术体式，同时还向藏族文化以外的范围辐射，形成一个具有民族特性、地域特性和世界性的艺术门类。在唐卡艺术的发展过程当中，也不乏艺术的创作活力，唐卡艺术并没有因时代的进步而被摒弃，而是与时俱进，不断创新。

（三）唐卡的特有功能

唐卡在藏民族实践生活、不断社会化的过程中，起着不可忽视的能动

---

① 张世文：《拉萨历史文化之旅》，西藏人民出版社，2007，第13页。

作用。藏族唐卡已深深地融入了藏民的生活里，影响着藏族人民的生活，带给他们安宁和喜悦。

首先，唐卡具有重要的教化功能。藏族唐卡艺术在长期的历史发展中受到藏传佛教的影响，顺应宣扬、信仰佛教的需要，在强大的佛教文化体系中建立起了唐卡艺术自身的体式、特质和精神。因此，唐卡既是藏民族传经布道的工具，也能体现藏民族对审美的需求。唐卡体现了藏族人民对生活的感受，同时又体现了“布道教化”的感召作用。在西藏，没有宗教信仰是不可思议的，宗教通过各种渠道，以各种手段浸透到西藏的每一寸土地，同时，宗教也影响藏族人民的心灵，所以藏族人民的生活、生产、精神都带有浓郁的宗教色彩，唐卡便是宗教传播的工具之一。不论在寺院还是民舍，唐卡不仅是宗教生活的有益补充，还是整个宗教活动的十分重要的有机部分。如果在一座寺院、一个教民家中没有宗教造像，是不可能开展宗教佛事的，而唐卡便是最便于携带、最适应牧民生活的佛教造像形式。唐卡将佛教中严格的经文、教义以形象的方式深入每一个藏民的心灵。因此，唐卡在藏民族中起到传经布道、宣传教理教义的作用。

其次，唐卡也非常注重社会功能，具有一定教育意义。唐卡常将佛理教义形象化地融入真、善、美的事物中，通过绘画的审美感召、教化民众，这也是唐卡在超越纯粹审美本意之上的功用之一。如在唐卡绘画《和睦四瑞》中，就是通过象、猴、兔、鸟相依相助关系中，指出人与人、个人与社会的共存关系，将这种和睦的关系准确地用画面中的动物关系来表达，起到潜移默化的教育作用。也有唐卡其主题的重大意义远远胜过其题材表现的优美，如《六道轮回图》，就是直接借形象讲解佛教的人生道理。又如在《布达拉宫修建图》中，一些暴露现实阴暗面的悲惨情节，更不是为了审美，而是为了在审美之外的情感表达。又如一尊佛像有猛像和慈像两种或多种变像，这也是对不同情感的寄托。

最后，唐卡还具有调心功能。唐卡的绘制过程，不是一种劳作式的行为，而是一个调心养性的过程。在绘制佛像时，画师都要默默地把自己的身影印在画面上，面朝东方，调息平心，使自己的心境纯化、净化。画师在绘制曼罗陀的过程中，既是在感受宇宙观念，也是在体验宇宙状态。在绘制猛像时，画师以异常平和的心境着手，形成与作品内容和作品形貌的尖锐对比。又如在面对大威德金刚这样的猛像时，往往带着观慈像的心态，心境同样能得到净化，不会因为看到的是猛像而心生恐惧，而是获得静观体验。这种高度净化的审美功能，不是简单的膜拜，而是通过观佛礼佛这一特有的方式，去认识自我、调整自我，从而使佛性、人格与艺术实现审美的统一。

唐卡历来被藏族人民视为珍宝，是西藏文化的突出代表，千余年来影响深远。2006 年，唐卡被国务院、文化部批准列入第一批国家级非物质文化遗产名录。今天，唐卡在开发成商品之后，其自身功能和影响范围有所扩大，对国内兄弟民族和外国人产生一定的影响，一些原始的宗教性的注重生态平衡、环境保护的观点等积极因素也正在发挥着作用。

二　西藏唐卡的发展现状

1959 年西藏实行民主改革，推翻了政教合一的封建农奴制度，西藏人民从此获得了新生，西藏文化也进入了一个崭新的发展阶段。特别是改革开放以来，广大唐卡绘制艺术家的思想得到了解放，艺术手法开始多样化，表现题材也不断拓展，唐卡艺术的发展呈现出美好的前景。如今，西藏唐卡画以很强的民族特色及独特的艺术风格屹立在世界艺术之林，同时也凭借其独特的艺术价值，实现其经济效益。2006 年 6 月，唐卡艺术被列入国家级非物质文化遗产名录。据不完全统计，目前，西藏自治区共有唐卡绘画技师 400 余名，每年绘制出精品唐卡百幅以上。据调查，仅拉萨市的唐卡从业人员就有一万人以上。

民主改革前的几百年，西藏传统唐卡画的题材基本上是以宗教题材为主，唐卡除作为信徒弘法传道、装点佛堂之用外，几乎没有人从纯粹艺术欣赏与愉悦和美化居室的角度去考虑绘制唐卡。西藏目前仍有很大一部分画家怀着对传统唐卡的表现内容与手法特有的感情和兴趣，继续传承着各类传统画派风格。但同时也有越来越多的唐卡画师，立足本土，掌握国情，展望世界，吸收国内外各种信息，大胆探索新的表现手法，不断赋予唐卡这类传统艺术以新的理念和价值，充分挖掘其潜在价值与功能。

第一，唐卡作品的题材。唐卡画师从传统的宗教题材转向了表现现实生活、重大历史事件、民俗民风、风光景物，充分表现画家对社会现实的理解和对美好生活的向往，其内容涉及政治、经济、历史、宗教、文艺、社会生活各个方面，名副其实地成为了解西藏的百科全书。如笔者走访的位于八廓东街的古街唐卡，这里的工作室的画师边巴老师就对唐卡的题材进行了调整，不同于其他传统唐卡的题材，他所绘制的唐卡都是反映当前的社会现实，源自生活的，经过自己的思考创意，运用唐卡的艺术表现手法表现出来，代表性的作品有“环保系列”《小黄帽》《和谐之音》等作品，他的《新农村》曾入选2010年民族百花奖中国各民族美术作品展。

第二，唐卡绘画技法。藏族唐卡的绘画极大地吸收东方绘画精华的同时，还借鉴西方油画的技巧，不断丰富和完善艺术表现手法。在格局上形成了正统派画家群、学院派画家群、传统美术画家群、多样风格画家群等，呈现出百花齐放的景象。

第三，表现形式。几乎囊括写实、表现、抽象、行为、象征、符号等所有种类。可以说，如今，唐卡艺术在得到充分保护的基础上，更取得了长足的发展与进步，真正成为祖国绘画艺术中的一朵奇葩。西藏历代贤人所著的专著中不乏工艺学方面的论述，可是他们论述的目的不在于艺术，而主要是为了宣扬宗教理论、教规教法等。美术创作者与研究者互不相干，谁都不受谁的影响，论述美术理论不是为了美术本身，传统造型艺术的理论除在各种佛教经书中章节性地出现外，很少有系统的美术理论专著，而西藏美术史类专著更是完全空白的现象①。如今唐卡艺术家的创作思想得到极大的解放，专门研究与创作的机构、各艺术家协会和团体组织日趋完善，为新的美术理论的产生拓展了广阔的领域，研究专著层出不穷。近年来，相继出版了丹巴绕旦著、阿旺晋美翻译的《西藏绘画》，益西喜饶的《藏族传统绘画理论与技法》，康·格桑益西的《藏族美术史》，丹巴绕旦与阿旺晋美合著的《西藏美术史略》，格桑次旦的《藏传实用美术》，阿旺晋美的《西藏宗教绘画》等上百种传统美术专著及画册。②

西藏和平解放特别是改革开放以后，西藏的美术创作和美术理论建设

① 巴桑次仁：《唐卡：藏文化的一株奇葩》，《西藏日报》2010年2月1日。

② 巴桑次仁：《唐卡：藏文化的一株奇葩》，《西藏日报》2010年2月1日。

发生了巨大的变化并取得了丰硕的成果，进入了一个崭新的发展阶段。西藏的艺术家不仅把目光放在本民族艺术上，更放眼世界，吸收其他民族和国家的艺术养分，采取多视角、比较学、兼容并蓄的先进方法来进行研究和探讨，初步解决了西藏美术创作和美术理论与时代发展不相适应的问题，走上了按美术事业自身规律正常发展的道路。“如今，在美术理论研究领域形成了三足鼎立的格局——西藏本地研究队伍及机构，西藏周边的青海、四川、云南、甘肃等地藏族聚居区和内地的研究队伍及机构，世界各地的研究人士及相关机构，为新的藏族传统美术理论的产生拓展了广阔的领域。藏族传统美术的春天已经来到，藏族美术实践与理论事业同步繁荣昌盛的状态已经形成。”①

“西藏和平解放前的几百年间，以传统唐卡绘画为主的美术人才培养完全处于家教式的，父传子、子传孙和师傅带徒弟式小范围和封闭性的模式。这种培养模式使学员中形成了工匠化地复制、临摹的学习风气，学员的艺术视野与思想受到严重制约，很大程度上处于一种单一的、封闭的、保守的、僵化的教育形态与培养模式的状态。”② 现如今，唐卡艺术的传承教育与培养人才的模式，已从过去的仅仅局限于寺院教育与少部分私塾教育的状态，转变为建立多层面、正规化、系统化、规范化的现代艺术教育体系。已入选第一批国家级非物质文化遗产代表性传承人的唐卡绘画大师丹巴绕旦和格桑次旦，都在自家开设“传习所”进行传统唐卡绘画的师徒教授。与之前不同的是，他们同时还在西藏大学开设的唐卡班任教，通过现代学院式教学传承民族文化。这种转变得益于国家对非物质文化遗产的保护政策。非物质文化遗产政策的贯彻大大提高了老艺人、老手艺人们的“传帮”热情，这点从到目前为止四批传承人的申报情况中可以看出。之前几批申报的人少，项目的发掘非常困难。现在很多人积极申报，他们都希望能得到国家的帮助，尽自己的能力，将手中的民族文化传承下去。据西藏自治区非物质文化遗产保护中心统计，截至 2011 年，西藏共有包括民间文学、传统音乐、传统舞蹈、传统戏剧、民间美术等在内的 10 种非物质文化遗产种类。国家、自治区、市、县四级非物质文化遗产名录体系已基

① 巴桑次仁：《唐卡：藏文化的一株奇葩》，《西藏日报》2010 年 2 月 1 日。

② 巴桑次仁：《唐卡：藏文化的一株奇葩》，《西藏日报》2010 年 2 月 1 日。

本形成。目前，格萨尔说唱艺人次仁占堆等62名传承人，入选国家级非物质文化遗产项目代表性传承人，227名传承人入选自治区级代表性传承人。此外，西藏自治区非物质文化遗产保护中心还计划通过组织传承人培训，与邻近省会城市交流等方式，使传承人把吸收和学习到的更多有效方法，应用在各自领域的文化传承上。[①]

如今，随着“西藏热”的持续升温，唐卡正逐渐被世人所知，迅速成为代表西藏的旅游纪念品，古老璀璨的唐卡文化艺术逐渐踏上产业之路。作为藏民族文化的符号，唐卡获得了广泛的社会知名度，在艺术品市场上开始走俏。

近年来，西藏采取命名、提供平台、引导和扶持等措施，积极鼓励项目保护单位开展生产性保护工作，取得了初步成效。藏药、唐卡、藏香等国家级项目保护单位在保持传统工艺原真性的基础上，积极适应市场需要，不断提升文化内涵和艺术价值，取得了显著的经济效益。近两年，西藏连续举办两届唐卡艺术博览会，并组织保护单位参与北京、深圳文化产业博览会，促进了西藏唐卡艺术的产业化发展。如今，在西藏800多个非物质文化遗产项目中，勉萨派唐卡等传统美术项目共15个。目前，国家累计投入近4100万元保护经费，用于西藏国家级项目的保护和传承，为西藏开展国家级名录的资料收集整理、宣传交流培训、传承艺人保护、传承活动开展、保护场所建设等提供了重要的物质基础，使西藏亟待抢救的非物质文化遗产项目得到了有效的保护和传承。[②]

“西藏文化正在摸索中寻求更好的出路。”自治区文化厅厅长尼玛次仁如是说。[③] 近年来，西藏文化产业加快发展，文化对经济的贡献率不断提升。西藏的文化产业从无到有、由小到大，逐步发展繁荣，呈现出多渠道与多元化投资、多种所有制齐头并进的发展态势，初步形成了多门类、多体系、多层次的发展格局。

“十二五”期间，西藏文化产业发展将通过大力实施现代文化市场体系建设、特色文化产业群培育、特色文化产业项目服务等一批文化产业重

---

① 《非遗传承人任教西藏大学唐卡班传授民族文化》，中国新闻网，2011年10月29日。

② 晓勇：《西藏自治区文化产业领域开拓出全新事业》，《西藏商报》2012年7月18日。

③ 晓勇：《西藏自治区文化产业领域开拓出全新事业》，《西藏商报》2012年7月18日。

点工程，进一步助推文化产业发展，增强文化产业对经济的贡献率，实现文化资源优势向文化产业优势的转变。[①] 唐卡业是西藏传统文化产业中最具特色和潜力的产业之一。

三　西藏唐卡的发展模式

近年来，随着西藏旅游等各项事业的发展，唐卡为越来越多的人所认识，也吸引了越来越多的中外人士，唐卡的艺术价值和经济价值凸显。作为唐卡绘制技艺的传人，在创造经济利益的同时，如何不受商品的诱惑，恪守艺术的真实，致力于把“唐卡”这门藏族传统手工艺发扬光大，是西藏传统文化百科全书——唐卡传承人值得深思的问题。

（一）唐卡迈出市场化关键一步

唐卡走向市场化道路必须要提一个人——边巴，他是第一个吃螃蟹的人。边巴，西藏美术家协会理事，拉萨市美术家协会民间绘画师，高级唐卡画师，勉唐画派传人，通晓藏语、汉语，从事唐卡绘制30多年，作品近千幅，多次参展并获奖，其作品在国内外享有盛誉。多年来，边巴屡次从事布达拉宫、罗布林卡、桑耶寺等壁画、唐卡的修缮工作，并于20世纪90年代初期创办自己的店铺。他目前还是中国工艺美术协会常务理事，西藏工艺美术协会常务副会长，西藏拉萨市美术家协会副主席以及西藏自治区美术家协会理事。

边巴是西藏拉萨人，出生于20世纪60年代，13岁开始学习绘制唐卡，19岁拜西藏勉唐派著名画师贡桑朗杰为师，跟随师傅贡桑朗杰学习唐卡绘画工艺，从此走上了唐卡艺术之路。那时候，唐卡艺术正处在低谷，但他并没放弃。边巴先后参与了长达10年的布达拉宫维修，以及此后的百余座寺庙、古建筑的壁画的修复。30余年的艺术创作经历，使边巴成为一名颇有名气的画师。在西藏，人们请唐卡画师绘制唐卡完全是出自信仰，还没有经济概念。画师收入较少并且不固定，有人给画师几十块、几百块钱把唐卡请回家，也有的不花钱，背来一袋糌粑作为对画师的答谢。

① 晓勇：《西藏自治区文化产业领域开拓出全新事业》，《西藏商报》2012年7月18日。

从业初期，边巴和师兄弟们一起，跟随师傅在布达拉宫修复被破坏和由于年代久远而褪色的壁画和唐卡作品，闲时就在家里慢慢地搞唐卡创作。十年如一日，在唐卡艺术的殿堂里，日子过得简单而真实。在这段时间里，边巴跟随老师系统学习了从研磨颜料到构图设计，上色、描金及开眼的所有工序，由于注重基本功的训练，他的绘画技能也达到了炉火纯青的地步。

边巴认为，“传统唐卡绘画除了可以对花草等点缀发挥创意外，画师能够创新、发挥想象力的部分不超过50%”。20世纪90年代，边巴促使西藏唐卡迈出了市场化的关键一步。

藏族人的家里为了祈福一般都会设佛堂，佛堂里面都要供奉至少一幅唐卡，另外，家里有人去世时还会去请一幅唐卡，因此，藏族对唐卡有实际的需求。1985年以前，传统的唐卡流通方式有两种：一些唐卡画师，在自己的画室作画，然后各大寺庙会联系画师让他们将画好的唐卡送到寺庙，寺庙会给画师一些费用进行答谢，寺庙将这些唐卡进行宗教“开光”仪式，赋予它无可计量的附加值，藏民们在寺庙看到自己喜欢的唐卡就会联系寺庙将唐卡请回家，同时会拿出一部分费用来答谢寺庙。另一种方式就是有些藏民与唐卡画师交好，从画师那里直接请回唐卡，同时回礼作为答谢，有些农牧民会用牦牛、酥油这样的物品进行答谢，然后再将请到的唐卡拿到寺庙进行宗教“开光”仪式。

但是唐卡在流通过程中出现了供需不平衡的矛盾，当时唐卡的画师并不多，只有五家像样的画室，画师作画的产量有限，所以请一幅唐卡很困难。特别是对于牧民，他们远离城市、寺庙，交通不方便，加上唐卡的绘画周期长，牧民需要花很长时间才能求得一幅。边巴发现了唐卡这种供需不均衡的状态，感到唐卡走向市场化的要求迫切，因此他做出了大胆的决定：出售唐卡。1985年在西藏民族友谊商店，边巴卖出了第一幅唐卡，定价根据绘画唐卡所需要耗费的时间来确定。边巴把唐卡开发成了一种文化产品，提供商品，供广大藏民消费。藏民可以直接从画师的手里买唐卡，然后再自行做宗教仪式，这就解决了藏民唐卡难求的问题。

但是在藏族传统的观念里，出售唐卡是不被允许的，唐卡怎么可以买卖呢？当时对于边巴的做法反对的声音很多也很强烈，但是边巴还是坚持自己的看法：唐卡这种艺术品终究是要走向市场化的。在这里需要说明的是，唐卡与唐卡画的区别。唐卡的功能之一是传经布道的宗教功能，但是随着时代的发展，唐卡还有很多类似审美、艺术品欣赏方面的功能。所以引用一位多年从事唐卡研究的西藏自治区文化厅人员的话说，唐卡必须经过画师各道工序的严密绘画，并且经过寺庙严格的宗教仪式之后才能称之为唐卡，否则只是唐卡画，是一种艺术品，仅此而已（在本书中所有涉及买卖唐卡的部分都是指唐卡画，按照约定俗成的说法还称之为“唐卡”）。有了这样的界定，边巴出售唐卡的行为就不难理解了，他出售的实际上是唐卡画。出售唐卡给画师带来了经济收入，据边巴回忆，那时候每天的收入能到 150 元，而当时每天的消费只需要 10 元。[①] 所以渐渐地很多画师也开始出售唐卡。1994 年，边巴在八廓街经营起自己的第一间唐卡店铺，随后各类唐卡店铺纷纷在八廓街建立起来。经过 20 多年的发展，仅八廓街上的唐卡店铺就有几十家。

随着西藏旅游业的升温，许多来藏旅游的游客也非常喜欢藏族的唐卡，唐卡的消费人群也就不再是单一的藏民，还有内地的游客和海外的游客。2007 年以前，几乎都是外国游客购买唐卡，近 5 年来，内地游客开始超过国外游客成为购买主体。现在购买唐卡的消费者，有 70% 都是来藏旅游的游客。边巴的工作室坐落在拉萨市八廓东街，目前工作室里有 4 个人，现场作画，边作画边经销，有顾客的时候，边巴老师就会放下笔给顾客介绍店内的唐卡，还有 16 位画师，在别处作画。店铺的唐卡月销量能达到 70 幅左右，大小不一，其中大幅唐卡能销售 10 幅左右，小唐卡能销售 40 幅左右，尺寸中等的唐卡能销售 20 幅左右，其中较大幅的唐卡售价约在几万元，小幅唐卡约几千元一幅。小幅的唐卡大概需要一个画师花 5 天的时间去完成，尺寸中等的唐卡大概需要一个画师花 50 天的时间完成，大幅的唐卡则要花去画师一年左右的时间，有些时候大幅唐卡要几个画师共同去完成。

笔者到八廓街走访时正值 8 月，是西藏旅游的旺季，因此走进店里参观或者想购买唐卡的游客非常多。唐卡的消费受旅游季节性特征的影响，因为西藏旅游有明显的季节性，唐卡的销售也就存在着淡旺季，“六个月

① 本章中与边巴唐卡业务有关的数据均来自笔者对边巴的采访。

开店，五个月画画，一个月耍”，风趣的边巴总结出整个唐卡行业的经营模式，那就是一年当中约有6个月也就是4月~9月这段时间开店经营，剩下的时间处于旅游淡季，也就是唐卡销售的淡季，画师们就在各自家里画画。以边巴的店铺为例，他们冬季就有20位画师在家里作画，然后在旺季销售。目前边巴及其学徒作的画的销售渠道主要是通过实体店，还有就是通过各种参展，在北京798艺术区也有展出和销售点。边巴的作品经常会被拿去展览，他总是嘱托主办方不要将自己的唐卡价格定得太高。边巴是一个非常讲究诚信的人，他说要实事求是，该是多少就是多少，绝不向顾客漫天要价。目前边巴的店铺经营得非常好，占整个八廓街唐卡市场份额的三成。之所以销售得这么好，是因为边巴强调唐卡作品的质量，不许造假，并且诚信经营，在他的店里只能卖好的唐卡，也就是质量过关的唐卡，对于那些质量差的唐卡，边巴都会将它烧掉。正是保质保量的作品和诚信经营的理念，让古街唐卡店在边巴老师的经营下生意红火。

（二）唐卡走向专业化、规模化之路——岗地拉姆拉措唐卡艺苑

市场化也对西藏传统手工艺的发展提出了新的要求。为了批量生产，唐卡技艺已经逐渐走出家族传承的狭窄路子，探索出了一条通过统一教授技艺、统一培训而达到对唐卡质和量的保证的道路。“藏香和唐卡是目前市场认可度最高、销量最好的两种西藏文化产品。”拉萨岗地经贸有限公司创始人多吉顿珠表示：“我们的特色是将藏香和唐卡的整个制作流程都展示出来，并且全部采用纯手工制作，保持原汁原味和古香古色。”

拉萨藏岗地经贸有限公司总部位于拉萨市堆龙德庆县乃琼镇拉萨经济技术开发区B区，占地20亩。岗地公司成立于2000年，在历届拉萨市党委、政府和各级领导的高度关心和扶持下，由初创时期注册资金30万元的一家民营小企业发展为目前注册资金1150万元，总资产近8000万元，土地资源600亩，下属4家子公司，有300多名员工的公司。岗地公司以开发唐卡、藏香、刺绣、服装、民族歌舞表演等藏民族传统手工艺和文化旅游为主营业务。近几年，岗地公司以“抢救民间文化遗产，保护民族传统手工艺，培养民族传统工艺人才，发展民族文化产业”为宗旨，开发出了参观唐卡、藏香制作流程和唐古拉风演艺中心等特色文化旅游服务，先后

培养了500多名当地农牧民青年传承艺人，年接待中外游客50万人次，在西藏旅游接待单位中排名第一。2006年，公司被拉萨市人民政府评为“拉萨市农业产业化龙头企业”；同年6月，被拉萨市文化局和旅游局评为“拉萨首家文化旅游红旗单位”；2008年底，被国家文化部评为西藏唯一一家“国家文化产业示范基地”；2009年，被自治区文化厅评为“自治区文化产业示范基地”。①

拉姆拉措唐卡艺苑是现在达孜工业园区拉萨岗地经贸有限公司的下属单位。拉姆拉措唐卡艺苑是大型的西藏传统手工制作和培训中心，是专门从事西藏传统珍品唐卡制作与销售的专业画院。拉姆拉措唐卡艺苑的特点是依托岗地公司雄厚的经济实力，对唐卡开展专业化、规模化经营，由画院院长多吉顿珠和丁嘎等唐卡绘画大师亲自教授学徒，培养大量青年画师。拉姆拉措唐卡艺苑的学徒们来自西藏及四川、甘肃等，并且要求他们在一年半的学习之后掌握基本技法。2009年，岗地公司唐卡绘制团队由70余名画师组成。更与众不同的是，艺苑的唐卡绘画室就是一个大的展厅，第一厅以唐卡的起源、多派唐卡的创立和特点等一一展出，第二厅是画师们平时作画的画室，分成左右两侧，一侧是供各位画师作画的隔间，每个隔间可以容纳两位画师，唐卡画师或屈腿或盘坐在画布前，虔诚恭敬地画着唐卡。每一笔都是敬畏，每一笔都是修行。按照规矩，画唐卡的时候，不可食肉、不可抽烟、不可近女色。这是一种古老的行为。整个绘画的过程都回归到自然，回归到手工，回归到内心。另一侧是唐卡的原始原料的展览，包括画笔等绘制唐卡的使用工具的展示。2012年8月，我们采访的第三个大厅展出的是一巨幅唐卡，据介绍，这是一幅正在创作中的宗喀巴题材的巨幅唐卡。“完成这幅200米长的唐卡，需要至少一年半时间。”这幅作品是青海一家寺院委托创作的巨作，全长1700米，拉姆拉措唐卡艺苑承接其中的200米。绘制巨幅唐卡时，画师会根据各自的特长进行分工，比如擅长线描的专门线描，擅长填色的专门填色。材质和技艺都是传统的，而呈现出来的图像却有了现代审美的趣味，去掉了繁复的背景，利用简略的构图和大量的空间留白，形成了典雅高洁的风格。在展厅的尽头，展示的是已经绘制好的唐卡作品。拉姆拉措艺苑的整个展厅就类似工厂的

① 数据根据实地采访获得。

生产车间，完成一幅唐卡成品需要很多道工序，艺苑分工更加明细，使整个过程更加专业化。同时唐卡艺苑还聘请了高僧大德、藏学专家及艺术家长期担任顾问进行艺术指导和质量监督，挖掘出西藏前弘期和后弘期唐卡艺术的经典——“早期噶当唐卡画派”“新噶玛嘎孜画派”，聘请了著名画家安多强巴等十多个专家为顾问，保证艺苑画师所绘唐卡具有的宗教、收藏、鉴赏文化艺术及供奉价值。

拉姆拉措唐卡艺苑的销售大多是与旅游结合到一起的，因为整个拉姆拉措艺苑的画室就是一个展厅，将唐卡的流派、发展，唐卡的原料及具体制作都无保留地展示在游客面前，让游客了解文化内涵和制作工艺，让游客在自己观赏鉴定的过程中购买唐卡，增加了西藏文化旅游的内涵，更大地提升了销量，广泛地传播了藏文化。

艺苑多年来在传承、保护、发扬西藏唐卡艺术的同时，先后培养了百余名当地贫困农牧民青年，学习西藏噶玛嘎孜画派唐卡技术和西藏多派新唐卡技术，其中大多数学员现在能独立完成唐卡（绘画、装裱等）的制作工艺。这就使得艺苑能够保证唐卡的产量，承接很多订单，包括巨幅唐卡的制作。艺苑唐卡的批量生产也是通过大量的画师保有量实现的，使唐卡生产、销售都形成一定的规模，取得了很好的社会地位和经济效益。

（三）唐卡发展模式探讨：能否产业化？

随着唐卡销售市场的火爆，越来越多的人提出唐卡产业化的问题，此次调研走访，笔者有幸采访到西藏自治区非物质文化遗产勉萨派唐卡传承人罗布斯达。罗布斯达 1967 年出生于西藏日喀则，其外曾祖父图多是远近闻名的绘画大师。作为勉萨派的家族成员，他 12 岁开始跟随外祖父达瓦顿珠潜心学习了 7 年唐卡绘画。1987 年，年轻的罗布斯达跟随外祖父参与了扎什伦布寺壁画的绘制，并拜十世班禅大师的专职画师噶钦·洛桑平措为师。从 2005 年开始，罗布斯达独立承担起了世界文化遗产布达拉宫坛城殿壁画的修复与临摹工作。2008 年，罗布斯达被选定为西藏非物质文化遗产唐卡绘画勉萨派传承人。罗布斯达坚决反对唐卡走产业化的道路。他的观点是：“艺术品何来批发店？”他认为使用机器或者部分使用机器统一生产的唐卡，已经失去了唐卡原有的价值，没有价值的商品，就不会有长期的市场，没有市场唐卡这种商品怎么办？只会导致最后无出路、无销路，最终被市场淘汰。从经济角度来看，唐卡没有了销路，整个行业的经济收入减少，画师乃至整个产业链上下游的人员就会失业，但是更让人担忧的是文化上的损失。如果传承了上千年的唐卡技术，走向市场之后就在大机器大批量生产取得微薄利润叠加的驱使下变成了没有任何艺术价值和文化内涵的印刷品，是完全不可取的，这种模式只会导致刚刚走向商品化、市场化的唐卡最终被市场淘汰。在市场经济环境下被市场淘汰，这对于唐卡的保护与传承都是致命的打击。因此，罗布斯达倡导的唐卡产业发展模式是走精品路线，以订代销的高端模式。

罗布斯达的唐卡称得上是唐卡中的“奢侈品”了，但是整个“传习所”的产量并不多，他以及整个学校二三十人都加起来，一年也只能画完十多幅。近年来，罗布斯达的唐卡店接待了来自世界各地的顾客。他绘制的唐卡颇具影响，为全国各地的信徒以及新加坡、美国、蒙古、泰国、法国、瑞士、德国、朝鲜等国外信徒收藏。想要买一幅罗布斯达所绘的唐卡需要提前预订。罗布斯达的唐卡，如今已是千金难求，直接到画室来买唐卡的顾客往往都空手而归。一幅中等大小的唐卡，售价在几万元不等，具体视唐卡的绘画难度和内容而定。在拉萨的普通唐卡画室，如果顾客愿意，可能坐等几个小时就能拿到一幅新鲜出炉的唐卡作品。但在罗布斯达这里，即便是很普通的一幅唐卡，往往也需要花费几个月的时间，他认为画得再快那就不是唐卡了。唐卡中每一个佛像的身体比例及规格尺寸，在《度量经》中都有严格规定。唐卡自1300多年前的松赞干布时期兴起，尽管画法在不断更新，但佛像的尺寸比例却从未变过。绘制唐卡必须按照《度量经》的规定去画，唐卡的绘制过程也并非人们所想象的那么简单、容易，它分为画布制作、打线素描、制作胶泥凸纹、上色、染色、彩笔勾描、描金、铺金、磨色和开眼等许多复杂的工序和步骤。选择颜料是绘制唐卡非常重要的一个环节。在罗布斯达的画室里，摆满了其绘制唐卡时使用的颜料。他对绘制唐卡所采用的颜料十分考究：“不能有半点的马虎，因为颜料的选择直接关系到唐卡的色泽。我们的颜料全部来源于自然形成的矿物质，源自西藏境内，如尼木县、芒康县、墨竹工卡县等地。这些天然原料保证了所绘制的唐卡色泽鲜艳、璀璨夺目，加之西藏高原气候干燥，即使过上数百年之久，色泽依旧鲜艳，犹如新绘制的艺术佳品，这是现代化学颜料所无法比拟的。”每年都有很多朋友打电话给罗布斯达求画，有些甚至开出很高的价格，但没有就是没有，罗布斯达绝对不会为了应付赶制出来一幅。罗布斯达这种不妥协式的传承保护唐卡技艺的方式，使唐卡产业逐渐开辟出一条高端定制的道路。他对于唐卡技艺的热爱和敬畏的心，形成了一种理性的约束，面对经济利润的诱惑，丝毫不放松对于唐卡质量的要求，在原料的选取、技法的精准、内容的选取方面，都经过仔细考究，这样的唐卡才是艺术品，极具欣赏和收藏价值。

同时，罗布斯达自己成立的唐卡学校“勉萨派唐卡传习所”，免费提供食宿招收牧区或家庭贫困的学生。办学15年以来，他始终要求学唐卡必须学《度量经》，以及大量藏文记载的佛教典籍、唐卡理论，学生六年或七年毕业学成，学成的学徒可以在他的画院一起作画，获得经济收入，也可以自己出去就业，这就解决了很多贫困家庭收入来源问题，增加了就业。

四　唐卡业存在的问题与未来趋势

（一）唐卡业存在的主要问题

首先，唐卡质量参差不齐，传统技艺面临失传。目前唐卡市场存在着各种问题，最突出的就是唐卡质量良莠不齐，鱼龙混杂，在西藏唐卡市场上充斥着各类唐卡作品，有的甚至只能称之为印刷品，或者是半印刷品，缺乏一个统一规范的行业定价和产品质量评定标准。总之，就是存在着从生产到销售各个方面不规范的问题，内地或者国外的游客想在西藏请一幅唐卡，不知道如何去鉴别，也不知道购买到的唐卡是否物有所值，不了解情况的游客能求得一幅物美价廉的唐卡完全靠碰运气。

近年来，受商业利益的驱使，很多民间画师以价格低廉的现代合成颜料替代传统矿物颜料，对传统的唐卡造成巨大冲击。现在传统天然矿物颜料的制作方法和使用技法都面临着失传的危险。

其次，唐卡企业规模小、创新少。多派唐卡创始人多吉顿珠曾表示：虽然目前西藏唐卡市场年销售额有2亿元，可是其中尼泊尔唐卡占70%的市场份额。这个现实触痛了很多唐卡画师的神经，是唐卡画师非常想改变的一个现实状况，因为西藏唐卡无论是从绘制技艺还是艺术价值上都优于尼泊尔唐卡。但我们也应该明白是什么导致了这样的状况，尼泊尔光唐卡学校就有十来家，制作、营销形成了“一条龙”；西藏唐卡企业规模小、创新少，目前在拉萨市比较大型的真正上规模的唐卡企业只是凤毛麟角，大部分唐卡画室还停留在自产自销这个阶段，无法产生规模效应，题材也大多停留在传统的宗教题材方面，并没有太大的创新。因此，西藏唐卡不能因循守旧，仅仅停留于传统的技艺，而应该兼收并蓄，博采众长，增加唐卡产品的艺术性，提升其价值。西藏自治区相关部门应该出台更好的唐卡发展政策和建立唐卡产业基金，企业与政府共同创办唐卡学校，制定唐卡产业行业标准，将唐卡产业链向上下游延伸，建立唐卡艺术品拍卖市场，扶持西藏唐卡产业快速可持续发展。①

再次，人才的缺失。西藏唐卡业目前发展的瓶颈是缺乏绘制唐卡时能够赋予唐卡文化内涵的人才。据西藏自治区文化厅负责人介绍，培养一个技艺精湛、成熟的唐卡画师至少要 7 ~ 10 年的时间，平均每天需要花 8 小时，现在西藏唐卡画师普遍存在的一个问题就是文化程度低，只懂得手工技法，并未掌握藏族的历史文化、宗教内容等方面的知识，这就是唐卡艺术创作的瓶颈，单纯的勾勒和模仿的作品没有灵魂，只有深刻理解与领悟藏族文化，对美好事物有渴望，能准确将其表达出来的人才，才能够绘制出具有灵魂的唐卡，这样的唐卡作品才更有生命力。

（二）唐卡业发展的未来趋势

1. 突破传统，添加创意，与时俱进

2006 年，边巴在经营销售传统唐卡时，提出一个大胆的想法，就是改变唐卡的题材。也就是从那时起，边巴便开始思考，对唐卡的题材进行改良——融入现代元素的“新唐卡抽象画”。边巴的灵感主要来自现代生活和社会现实。在边巴那里，将传统的度母形象改为普通藏族少女形象，原来度母手中的佛教法器也变成了横笛、鼓，甚至小提琴、吉他和贝斯，不仅如此，他还计划在人物背景中画上飞机、火车、游客等元素。“这幅唐

① 米玛、晓勇、多吉顿珠：《唐卡产业化发展的先行者》，中国西藏新闻网，2010 年 9 月 2 日。

卡所要表现的是西藏交通的发展，以及欢迎八方来客的主题”，边巴非常坚持自己的看法，认为对唐卡题材的改良是未来唐卡艺术发展的必由之路，可是如果这幅唐卡被师兄弟们看到，又要说他像疯子一样在乱画了。边巴在自己的创意世界天马行空、自由自在，正是“乱画”把边巴带入了唐卡艺术的殿堂。目前改良型的唐卡价格高，销售情况也很好，这就证明了边巴对唐卡未来发展的探索是有益的。2004 年，边巴应邀绘制作品百余幅，刊登于西藏人民出版社出版发行的《西藏唐卡大全》。该书共收入西藏具有代表性的唐卡 289 幅，其中约百幅为边巴的作品。2006 年以后除了绘制传统题材的唐卡外，边巴还大量绘制有自己独特创意的唐卡，还有讽刺类型的唐卡，他所绘制的改良型唐卡在数量上已经超过了传统题材的唐卡。2007 年，边巴创作的奥运主题唐卡作品应西藏文联邀请，在西藏博物馆展出，获得较高评价并深得观众喜爱。同年，在第四届中国（长春）民间艺术博览会上，作品《千手观音》获优秀精品奖，“西藏民间唐卡”获绝活表演优秀奖。

边巴对唐卡题材进行改良并不是想和保留唐卡传统绘画艺术的传承人唱反调，相反，正是他赋予了唐卡新的生命力，使唐卡技艺更好地传承下去和发扬光大。边巴认为，由于佛教主题鲜明，传统唐卡走出西藏、走向世界的时候难免与其他宗教信仰的收藏家、购买者产生“文化冲突”，而且现代思想性的不足，也限制了唐卡的发展和传播。“当代绘画艺术作品所体现的思想性，也是唐卡绘画艺术创新所急需的。”强调创新的同时，边巴认为，唐卡传统绘画技法是根本，如果丢掉传统技法，画出的作品就像“断了线的风筝”。在边巴工作室里摆放的几幅成品，就体现了边巴老师的这一创新思路。一幅幅使用传统矿物颜料绘制，色彩鲜丽、饱含藏地绘画技法风格的作品，完全没有了释迦牟尼、度母、护法神等宗教形象。

藏族文化当中对于生态平衡、环境保护、人与自然和谐相处和人人平等的传统观念契合当下热门的环境保护话题、世界和平等思想。这些思想观念用传统唐卡绘画的形式表现出来，会被更多更广泛的人所接受，进而使藏文化在更广的范围内传播，更好地保护和传承藏文化。

边巴把这些用唐卡传统技法绘制的现代题材的作品叫作新型的唐卡抽象画。目前，西藏唐卡画界能够接受这种创新的画家并不多，边巴在师兄弟的眼中绝对是一个另类，还被戏称为“疯子”。面对众多同行的批评和非议，边巴说，传统唐卡绘画的坚守和创新同等重要。他计划再创作一系列这样的唐卡，然后办一个现当代唐卡艺术展。“既美又有思想”，是边巴为自己作品制定的目标。看着自己创作的那幅内容为飞出坛城、穿过祥云的火箭的画作，边巴希望，作为中华民族文化组成部分的藏族优秀文化，能够像火箭一样腾飞。[①]

“在藏族传统文化中，佛教文化影响力最大，但是传统的佛教美术对于非佛法信众来说并不容易被认知和接受，我画一尊佛像，告诉别人这是保佑长寿的白度母，这难免有说教的成分，如果有贴近生活的当代艺术作品让人先感知藏文化的元素和符号，产生兴趣再探索这些表象的源头，他的心里就比较容易认同，就少了说教的成分，他有自己的兴致去探究。”[②]我们从边巴的当代艺术作品中能找到传统与时尚的结合点，比如那幅《藏家姑娘》既带有浓郁的藏地传统风情，又颇具当代气息，它的形式美很引人关注，而其内涵又值得揣摩。如今，随着西藏旅游等各项事业的发展，唐卡为越来越多的人所认识，也吸引了越来越多的中外人士，边巴也已经是桃李满天下。近年来，唐卡的艺术价值和经济价值凸显，作为唐卡绘制技艺的传人，边巴曾多次参加各地的唐卡展，在创造经济效益的同时，更致力于把“唐卡”这门藏族传统手工艺发扬光大。作为一名优秀的唐卡画师，边巴守护着历史悠久的艺术传承，他用手中画笔描绘着当代世界，他是西藏当代艺术界的新生力量。

2. 传统与现代的结合——多派唐卡

面对全球化和世俗化的双重压力，当代唐卡画师既甜蜜又苦涩。甜蜜的是，“西藏热”带动了唐卡市场的繁荣，唐卡画师获得了财富和创作动力；而苦涩的是，市场化带来的异化，使唐卡画师在价值观方面普遍受到了冲击。在这样的语境下，以多派唐卡创始人多吉顿珠、中国工艺美术大师邓都、青海热贡画院院长娘本为代表的当代唐卡大师，分别从不同角度向传统突围，或整合唐卡的艺术价值，或寻找唐卡的当代表达方式，产生

---

① 白少波：《另类唐卡画师偏爱“新唐卡抽象画”》，中国西藏网，2012 年 2 月 14 日。

② 史雁超：《八廓街上的唐卡画师——边巴》，西藏新闻网，2012 年 8 月 14 日。

了积极影响。①

被誉为新一代唐卡艺术代表性传承人的年叙·多吉顿珠，出身于康巴地区著名的年叙家族。年叙家族是木雅地区藏族传统世家，出过众多的高僧大德和知名学者。多吉顿珠在家族浓郁的学术和艺术氛围中长大，13岁出家入寺，跟随勉唐派唐卡大师年叙·拉旺盛布学习唐卡艺术、藏文文法、书法、诗学、医学、历算、藏传佛教经典和仪轨。23岁还俗后，任教于四川省藏文学校，并先后参加了德格印经院藏文木刻版《大藏经·甘珠尔》《大藏经·丹珠尔》的校勘工作，1995年为中国藏学研究中心出版的藏文《大藏经》绘制唐卡插图。除了勉唐画派唐卡技艺的童子功，多年来，多吉顿珠又先后学习嘎止派和青孜派画风，并接受西方素描技法的训练，广泛接触当代中国各种流派的绘画艺术，形成开阔的美术视野。1996年，他与人合作在康巴地区创立多康唐卡画院，开始探讨传统唐卡如何适应现代社会的需要。1998年，他把画院迁至西藏文化艺术的中心——拉萨，更名为拉姆拉措唐卡艺苑，得到噶玛嘎孜唐卡画派第29代传人、西藏一级唐卡画师丁嘎等唐卡大师的有力加盟；2002年，多派唐卡经典作品《绿度母》《六长寿》《哈香》等在多吉顿珠与丁嘎的合作下诞生，引起画界高度关注。② 2006年，多吉顿珠和他的团队正式打出博采众家之长的“多派”唐卡旗号。在顾问的指点和多吉顿珠的精心策划下，经过十多年的摸索，艺苑创立了独具特色的多派唐卡绘画风格，其主要特点是：①佛的造像度量在早期印度（波罗类型）风格的基础上进行再创作。②材料采用传统的纯矿物质颜料色彩（纯金等）进行绘制。③在染色手法上吸取了“新嘎赤派”大师们的用色点染法，大量留出画面空间，构图简略，形成空旷、寂静、清雅、高洁的风格特色。背光如幻如纱，透出背光后面的景色。④自然风景吸收了中国工笔画重彩的造型特征和渲染手法。⑤总体色调采用西藏传统的方法突出主题。

“多派”之“多”，既是多吉顿珠之“多”，也是博采唐卡发展史上多家之长之“多”。西藏自治区文物保护所副所长、唐卡艺术研究学者和靖对多吉顿珠及其团队的成就不吝赞美之词：“自清末唐卡形成‘标准样式’

① 叶红梅：《多派唐卡：带着千年传统突围》，《深圳特区报》2012年5月17日。

② 叶红梅：《多派唐卡：带着千年传统突围》，《深圳特区报》2012年5月17日。

以后，在传统基础上变化，当代成就最高、面目最新、影响最大的当属多派唐卡。”“其实，唐卡的历史流变，就是一个不断创新的过程。”唐卡在明清两代逐渐形成了勉唐、嘎止、青孜三大绘画流派。多吉顿珠认为，多派唐卡只是在沿续前辈唐卡画师一以贯之的创新追求，“唐卡在西藏兴起的早期，受尼泊尔绘画的影响，人物身体裸露较多，因为尼泊尔气候炎热。本土化后，人物穿的衣服就多了，因为藏地气候较冷，要适应当地的审美。到了明永乐年间，受汉地山水画的影响，唐卡风格又是一变”。多派唐卡则是在复古中追求时尚。它将题材向世俗转变，审美向现代转变，技法从图像制作向艺术创作转变。在其代表作中，不仅可看到师承传统唐卡各派的血缘关系，亦可窥见汉地画风以至西方现代艺术的影响。

多派唐卡自创立以来，发展状况良好，准确把握了市场需求，能够打入市场，被国家权威机构和广大消费者所接受并认可。2011 年 11 月 11 日，多吉顿珠荣获第六届中国创意产业领军人物奖，以表彰他为唐卡艺术新发展做出的重要贡献；2012 年 3 月 18 日，由多吉顿珠和丁嘎创作的《五方度母》长幅唐卡以 168 万元的高价成交，创下西藏新唐卡售价最高纪录；同年 4 月底，《西藏多派唐卡经典鉴赏》画册由中国民族摄影艺术出版社首发，知名艺术评论家、作家、诗人、学者等 50 多人聚集拉萨，品鉴多派唐卡作品，并就传承经典与艺术创新等话题展开研讨。有论者认为，多派唐卡的兴起，是西藏文艺复兴的重要事件。它推动了唐卡艺术的对外流传，以更积极的姿态与其他文化对话交融。但唐卡创新，既要保护唐卡艺术的典雅品质，又要让藏文化为更多的人群所认识。对于仅有十多年历史的多派唐卡而言，未来之路，还任重道远。①

3. 整合所有画派——确定统一标准

未来唐卡业势必向广度和深度方面发展，最终走向整合，确定统一共同遵循的行业标准。目前西藏唐卡业内，就拉萨市范围来讲，各个画派之间互不交流，互不沟通，没有统一的唐卡协会或者机构来召集各个画派的传承代表人物进行交流、切磋，长期下去不利于唐卡技艺的丰富性、完整

① 叶红梅：《拉姆拉绰唐卡画院院长年叙 · 多吉顿珠：多派唐卡带着千年传统突围》，《深圳特区报》2012 年 5 月 17 日。

性。面对这样的问题，2012 年 1 月 6 日，由西藏自治区民政厅、西藏自治区文化厅主管的“西藏唐卡画院”正式成立。它是一个民办非营利性艺术组织机构，由西藏著名唐卡绘画大师、西藏唐卡勉萨派传承人罗布斯达出资创立，由西藏顶尖的唐卡艺术家、艺术史学者和各阶层知识分子等成员组成。成立画院的目的之一就在于更好地响应党和国家对各民族优秀传统文化的保护、继承、发展的号召，更好地顺应时代潮流，发展极具西藏地方特色的唐卡绘画艺术。目的之二是为了培养更多优秀的唐卡绘画艺术家；诚邀唐卡绘画艺术家与艺术史家，不定期举行专题讲座，提高西藏唐卡绘画艺术水平与学术素养。目的之三，是征集各画派唐卡大师的各类作品，展示传统绘画工具、各种颜料，创建陈列室并举办相关展览。目的之四，是组织艺术家，在国内和国际上举办不同规模的唐卡作品展，向世界宣传藏族唐卡绘画艺术。目的之五，是研究和组织鉴定新、旧唐卡绘画艺术作品，为唐卡绘画艺术市场的规范化做出应有的努力，并为藏族古代壁画的修缮保护及创作新壁画提供尽可能的实践经验与现场指导。目的之六，是出版各类新旧传统艺术史、《量度经》及与图像有关的研究成果、极具代表性唐卡和壁画作品的书籍与图录等，为传统唐卡绘画乃至西藏艺术文化的永驻，为丰富人类物质与精神文明生活的内容做出应有的贡献。① 西藏唐卡画院的院长罗布斯达最大的愿望就是希望将来能通过西藏唐卡画院这个平台聚集各个唐卡画派的传承人、精英来互相沟通、切磋技法，也包括对颜料采集、制作的交流，传统工具的挖掘与创新，共同促进唐卡技艺的进步与保护，相互借鉴科学可行的经营方式，制定行业规范。唐卡的各个画派都有所长，一脉相承的唐卡技艺因派别不同而长期分离、隔绝的状态必将结束，各画派、各个独立画院共同交流、取长补短、共同发展、共同繁荣的局面必将到来。

唐卡这种艺术品从历史、笔法、题材都蕴含着无法比拟的艺术价值和很高的经济价值，经过 1300 多年的传承，仍然保持着她的独特魅力，引来无数消费者购买、收藏。唐卡被开发成为一种文化产品，走向市场是一种历史的必然，在开发的过程中逐渐通过画师之间的分工与合作实现专业化，通过大量培养和增加画师扩大规模、加快发展。但是唐卡艺术的传承

① 据西藏唐卡画院提供资料整理。

人，一直保持着唐卡严谨的、神圣的、高贵的品质，唐卡产业的发展绝不能走上使用机器印刷或者任何其他破坏它本身价值的产业化道路。失去了唐卡原有价值的产业化之路必是一条不归路，唐卡产业未来的发展趋势，是在坚守传统艺术精华的前提下，突破创新，加入现代创意，进行科学的改良，最终通过各个画派的交流、切磋，最终走向行业整合。

第七章　藏药：西藏甘露

藏药业是西藏五明文化之一的优秀传统文化，已被国家认定为西藏的非物质文化遗产。藏药业是藏民族历代祖先自古以来在青藏高原的特殊环境中，为民族的健康生存和族群繁衍，同各种疾病斗争的经验总结。藏药业在漫长的历史发展中吸收其他区域和民族的医学精华，不断补充、提高、发明和创新，形成了具有藏民族特色的科学完整的产业体系，其丰富的药用资源、博大精深的民族文化、精湛的医学技术，蕴含了藏民族健康智慧的结晶，成为祖国民族医药中的一颗璀璨的明珠，也是世界传统药业宝库中的瑰宝。

一　藏医理论孕生藏药产业的历史与文化轨迹

辉煌的医史，像剖现的药师佛脏腑那样清澈剔透。纯真的妙悟，像涂有蓝琉璃的黄金那样光彩闪耀，历代医圣的如意容貌，真实再现于这面明镜之中，他们施舍的活命甘露，使世人青春常在、欢乐无际。[①] “济世术医”，松赞干布颁布的这道谕书，不仅造成了千百年来藏族敬仰医生文化习俗的既定历史结果，而且昭示藏医药基础理论广泛吸纳印度吠陀医学、欧洲传统医学和汉地中医学精华的丰厚历史源头。

藏医药作为藏民族文化精髓之一，既是祖国传统文化的重要组成部分，同时也书写了医学史上灿烂夺目的篇章。藏医药文化以“三因学说”“五源学说”“医算结合学说”等基础理论知识体系为核心，又与藏传佛教、哲学、天文、物候、民俗等文化门类互相联系。因此，藏医药虽属于医学体系，但透过它的发展过程和文化内涵来看，它更是藏族人民文化的结晶。[②] 换言之，藏族文化中有五大学科：佛学、文学、哲学、医药学、

① 王镭：《西藏医学史》，译林出版社，1991，第 7 页。

② 邓春生、张宏伟：《论藏医药文化的传承与发展》，《云南民族大学学报》2010 年第 2 期。

工艺学。而藏医药学汇集了五大学科的要素，不仅历史悠久，而且一直传承不绝。[①] 医与药是治病救人不可分割的两个向度；藏药学的发展与藏医术的发展并行不悖，二者共同承载着悠远博大的藏族医药文化。但是，从本课题概念论证的严谨性和研究对象的准确性要求出发，本书审慎地采用“藏药产业”这一明确概念展开讨论，主要基于以下四点理论考虑：一是医学典籍虽然同药学典籍同样承载着藏族文化，但是医学的公共性较为显著，将其强行纳入产业化的理论研究框架容易引发公共性价值与经济性价值的理论悖论与理念冲突；二是藏医学与藏药学在历史上传承方式相异，前者注重师承播化，后者注重秘方代传，在社会主义市场经济条件下，后者更易转化为专利技术加以推广应用，从而凸显其商品交换价值；三是藏医是属于服务全人类的医学事业，藏药是属于全人类的特种稀缺商品，倘若因其共有的藏族文化载体特征而擅自将二者混为一谈，必然引起理论和实践的矛盾自设与困境自造；四是在全球经济一体化和工业化纵深发展的当今时代，通过技术产业化的路径选择，借助藏族文化产业大发展的历史契机，一举完成传统藏药产业发展方式与产业形态的创造性转化，使得藏药产业最终走上既保留藏族传统文化精髓，又克服其不适应于藏药产业化、现代化和国际化发展技术弊端的发展新路，必将由此孕育出有益于全人类健康福祉的藏医学事业创新发展之光明图景。

藏药学与藏医学从诞生那一天起，就是跨文化交流的产物，其生成发展的全过程都带有明显的国际化特征。择要展述，藏医学是目前全世界仍在使用的为数不多的几个传统医学体系之一，与印度吠陀医学、西方传统医学、中医学并称为世界四大传统医学。据考证，四五千年前的史前时期，青藏高原已经出现了卫生保健措施和医学观念，如青藏高原先民在距今4000年前流行过用于医疗目的的“穿颅术”。文献记载，5世纪时藏医就在进行精细的眼科手术。七八世纪，藏医在长期积累的医疗经验的基础上，汲取印度吠陀医学、西方传统医学和中医学的精华，逐渐形成了较为完善的理论和实践体系。[②] 藏医学传统的传播范围就是藏传佛教传播到的

---

① 熊裕华：《古老医术焕发勃勃生机》，《西藏日报》2011年10月17日。

② 霍文琦：《古老藏医贯通中西——访藏医学者端智、次旦久美》，《中国社会科学报》2012年11月2日。

区域。13 世纪之前，藏医学主要在青藏高原地区传播。13 世纪以后，特别是 17 世纪，随着蒙古各部逐渐接受藏传佛教，藏医学也传播到了整个蒙古地区。目前，藏医学的传播区域除中国的藏族地区外，还包括印度北部的拉达克、锡金地区，尼泊尔的西部和北部以及不丹全境。我国的内蒙古、新疆及东北各蒙古族聚居区历史上受藏医学影响巨大。蒙古国及俄罗斯联邦的布里亚特、图瓦以及位于伏尔加河流域的卡尔梅克共和国的传统医学也主要是藏医学。藏医学很早就传播到欧美。18 世纪，到达西藏的传教士在游记中对藏医有详细的介绍，1789 年英国外科医生罗伯特·松德尔（Robert Saunder）曾发表文章介绍藏药的炮制过程。19 世纪 50 年代，俄国首都圣彼得堡开设有藏医门诊和专门的藏医学校；1898 年藏医学巨著《四部医典》的部分内容被翻译成俄文，沙皇的御医当中还配备有藏医。著名作家阿·托尔斯泰、高尔基等都曾接受过藏医治疗。波兰在 20 世纪 20 年代就有藏医活动，两任总统斯坦斯拉夫·沃其楚弗斯基、伊格纳斯·莫斯斯基都接受过藏医治疗。1969 年，在瑞士苏黎世成立了西方第一个专业生产和销售藏药的公司——白玛公司。目前欧洲有几百家藏医诊所及众多藏医协会，并已举办了数次国际藏医学术会议。美国从 19 世纪末就开始研究藏药，现在很多美国著名大学都有专门研究藏医学的机构。[①] 藏医学的国际化传播为藏药学的商品化、制式化与品牌化提供了得天独厚的初始条件。但是，由于藏医学和藏药学在早期生成发展过程中先后同图腾崇拜、象雄文化、本教和藏传佛教文化相结合，其在历史上多为封建贵族和社会上层人士服务，藏药在新中国成立前严格意义上不能算作一个独立的产业，而只是从属于藏医学的具有较高技术附加值的一种非工业化秘制医疗产品。

藏医学和藏药学事业的改革始于 20 世纪初，成于西藏民主改革。1916 年，依照十三世达赖喇嘛的意愿，创办了西藏拉萨藏医历算利众院，明确以藏医理论、医疗技术、医药制剂、天文历算、语言文化为主要教学内容。在课程设置、教学计划、实践教学、考试制度、毕业分配、药物采撷、加工炮制、毕业证颁发等方面进行了改革。1925 年，十三世达赖下

---

① 霍文琦：《古老藏医贯通中西——访藏医学者端智、次旦久美》，《中国社会科学报》2012 年 11 月 2 日。

令，确立了藏医药教育与临床医疗各自经营医药教育和医疗工作的职能划分，初步形成了西藏噶厦旧政府藏医药教育与医疗分设的格局，藏医药逐步走向规范，获得到了较大发展。但藏医药知识和技术主要掌握在喇嘛和极少数藏医学家手中，并未走向民间，藏医药文化的传承受到限制，不利于藏医药学的发扬光大。[①] 事实上，直到中华人民共和国成立以后，藏医药学才因藏医院、藏医药研究所、藏医学院和众多国营藏药厂的建立，得以普惠大众，并逐渐成为增进全人类健康福祉的一枝奇葩。西藏和平解放后，特别是民主改革后，藏医药事业才得到了迅速发展。1959 年 9 月，人民政府将“门孜康”和“药王山利众医学院”合并，接受了当时仅有的 80 名医生和学徒，并在此基础上建立了拉萨市藏医院。1961 年 9 月，在拉萨地区藏医代表大会上，钦绕罗布被任命为拉萨市藏医院院长，任其门弟子强巴赤列被任命为该院副院长。1980 年 9 月 1 日，西藏自治区将拉萨市藏医院扩建成为自治区藏医院，为藏医药事业的蓬勃发展奠定了坚实的基础。[②] 另外，距今已有 6000 多年历史的藏医药学以源远流长的历史、博大精深的浩瀚典籍、系统完整的理论体系、得天独厚的药物资源、科学合理的炮制工艺、堪称瑰宝的天然药品为世界医学界所瞩目，是藏民族贡献给世界的伟大遗产。但是，这一伟大遗产在和平解放前大都被深锁在寺庙深院，难以发扬光大。和平解放后，藏医院的组建成立，使藏族的医疗服务由传统的寺院“曼巴扎仓”走向了规范化的藏医临床医疗。[③] 自此，藏医学与藏药学获得了相对独立而又相得益彰的发展机遇。

藏医学和藏药学是科学与艺术完美结合的文化瑰宝，是宗教祈福与精神治疗同舟共济的光辉典范。在藏医药学文化资源吐故纳新的历史进程中，以本教和藏传佛教为代表的宗教文化对藏医药理论体系累进发展的作用功不可没。根植于浓郁宗教文化氛围中的藏药，从藏药的用药思想，到藏药理论体系的形成，再到具体的临床实践过程，无处不显现着藏族宗教文化的影子。[④] 具体来说，本教是藏族地区固有的一种原始宗教，产生于

---

① 邓春生、张宏伟：《论藏医药文化的传承与发展》，《云南民族大学学报》2010 年第 2 期。

② 德吉：《藏医药的起源与发展》，《中国民族医药杂志》2001 年第 4 期。

③ 赵婧：《以传承藏医药文化为使命》，《光明日报》2006 年 10 月 18 日。

④ 李玉娟、罗艳秋、杨梅：《宗教文化对藏药的影响》，《云南中医学院学报》2007 年第 3 期。

原始社会时期，具有原始宗教的某些特点，信仰万物有灵，崇拜自然诸神。本教的所有仪式都要宰杀牲畜，取其血、肉、肚、肠、头、蹄、肝、肾分别祭供，牺牲多为牛、羊、马、猪、狗等。藏药多用动物入药，除与高原的地域特点有关外，或多或少地受到了本教祭祀的影响。在本教的祭祀过程中，人们一方面表达对动物崇拜的愿望，同时也认为食用祭祀过的动物能消除人体的疾病。此外，还用其他有毒的植物作为祭物，用于驱除各种邪气（包括导致人体疾病的邪气、周围环境的邪气等），如草乌、三分三、玛桑果、白泡树花等，取其“以毒攻毒”之意。这种“以毒攻毒”的思想潜移默化地根植于藏药的用药中，至今在藏族民间还流传着“有毒就有药”“有药便治病”的说法，这也是藏药用药规律的理论根据之一。如草乌类，今藏医称之为“榜玛”，性凉，能治疗肉食中毒、乌头中毒等，正是取其“以毒攻毒”之意。如今，藏族地区医院的医生在配制复方时，用到许多种类的有毒植物，如马钱子，有大毒，能消肿、止痛等；千斤坠，能止痛、解毒等。从本教的祭祀仪式可以看出，本教驱除人体疾病之邪气，是通过药物之间以及药物与人体之间的“相克”关系来化解的。这种思想也说明，原始宗教——本教已从对大自然的“顶礼膜拜”“崇而敬之”的阶段逐渐过渡到“驱而除之”的阶段，已具有通过自己的力量去战胜自然、战胜疾病的意识，这在当时也是一大历史进步。[①] 随着社会文明的进步、佛教的传入及其藏传佛教的形成，藏族的宗教也发生了很大的变化，在与佛教相互融合的过程中，本教祭祀中带有的野蛮行为逐渐向文明过渡。藏传佛教的形成和发展深刻影响到了藏族社会的政治、经济和文化生活，同时也深深影响了藏族医药学的发展。如，佛教教义告知世人，人体是个小天地、小宇宙，宇宙间的一切都会在人体上反映出来，其任何变化都会影响人体；人的一举一动一言一行，也影响和作用于环境。正是在这样的“天人合一”哲学思想背景下，藏医才把“龙”“赤巴”“培根”称为构成人体的三大基本元素。最早的《佛医经》强调医生“四知”：诊断、病因、制药和治疗，而且认为“疾病与生俱在”。同时，在佛学哲理中，将自然界的五种元素称为“五大种”，所谓“大种”，原指土、水、

① 李玉娟、罗艳秋、杨梅：《宗教文化对藏药的影响》，《云南中医学院学报》2007 年第 3 期。

火、风等四大元素，其基本含义是，从这 4 种元素形成一切色法，演化形成千千万万的物种，故名为“种”；其体广大为一切色法所依附处，其极微尘普遍存在于一切色法聚合体中，故名为“大”，故合称为“大种”。既然是“物”，就应有存在、发育长大的“空”，四大种遂成为“五大种”了。佛学哲理以此解释万物的形成和发展，藏药的理论体系也在这一思想影响下应运而生，这就是五源学说构建的藏药理论体系。因此，藏药学非常重视药物与自然环境的统一关系。藏医古籍里说“雪山药有日月之力”正是这一思想的体现。[①] 藏药炮制是藏医根据临床治疗、配制药剂的需求，对药物进行各种加工处理的过程，其中隐含着藏传佛教思想的渗透，使得藏药的炮制独具特色。比如，藏药“佐塔”的炮制过程相当复杂，首先医生将所有药物原材料都制备完毕，然后请喇嘛颂 3 天的《药师经》，才可以正式开始加工。藏医用的大多名贵藏药都离不开药引子——佐塔，它被称为藏药中的“宝中宝”。不仅如此，藏医对其他贵重药物的炮制之前，也都要先请喇嘛在佛堂念经，然后再进行相关炮制程序。其蕴含的意义是，单一的药物不能很好地祛除病邪，将佛力加持到药物中，能增强药力，充分发挥药效，更有效地祛除病邪。[②] 由此观见，藏药学和藏医学有着相通而且深厚的藏族文化底蕴，十明文化之“大五明”中的工艺学、医学、正理学和内明学，以及“小五明”中的星象学均是藏医药理论体系建构发展的“源头活水”。藏药学和藏医学的多元文化特质在 21 世纪正日益显化为具有可开发利用价值的文化资源，成为藏药产业异军突起的内生动力与发展元气。

更进一层，藏医药古籍文本是藏药产业文化取之不竭的思想宝库。史料表明，藏医药典籍原来有 3000 多部，但散失极其严重。西藏藏医学院投入了大量人力和物力进行藏医药文献整理，同时组织开展编写工作，现已有馆藏典籍 5000 多卷，并按照现代分类法，将分散在各类典籍中的有关医药学知识进行分类，初步形成了《甘珠尔》、《丹珠尔》、名著文集、专集类、藏医藏药天文星算、综合类等六大部分。于 2008 年出版发行了《西藏藏医学院馆藏典籍目录》，该目录是目前我国为数不多的、比较规范的

---

① 李玉娟、罗艳秋、杨梅：《宗教文化对藏药的影响》，《云南中医学院学报》2007 年第 3 期。

② 李玉娟、罗艳秋、杨梅：《宗教文化对藏药的影响》，《云南中医学院学报》2007 年第 3 期。

藏文典籍书本式的目录，为从事藏医药学、社会科学、教育科学等研究单位和个人提供了了解、研究藏医学的便利。[①] 与此同时，西藏自治区有藏医医疗机构 18 所，在 50 多所县医院设有藏医科，地市级以上藏医医疗机构病床达到 829 张，从事藏医药的技术人员有 1536 人。到目前为止，西藏自治区先后抢救整理并出版了《四部医典》《月王药诊》《八支集要》《医著十八支集》《医典注疏祖先明训》《金巴注疏》《蓝琉璃》《晶珠本草》等上百部藏医药重要古籍孤本资料，新编出版了《中国医学百科全书·藏医分卷》《四部医典系列挂图全集》《四部医典大详解》《藏医词典玉妥意饰》《藏医历代名医略传》等传统医学知识研究著作，结合现代药物化学等手段，研究出版了《藏药志》、《卫生部颁藏药标准》（已于 2009 年组织修订）、《中华本草·藏药卷》、《青藏高原科技文献目录大全》等多部藏医药现代化研究成果。此外，还结合藏医药高等教学发展需求，先后立项编著了《全国藏医专业本科教学大纲》《21 世纪藏医专业本科教育规划教材》《21 世纪藏药专业本科教育规划教材》等，成为全国通用的藏医药教学重要资料。[②] 另外，藏医名老专家医技医术数据库信息系统、藏医古籍文献整理与信息化平台、中国藏医药文化博物馆和西藏藏医学院藏医药天文星算博物馆的建立，使得藏药产业的文化之根日渐牢固，藏药产业借助文化创意产业发展的历史机遇实现其自身现代化的愿景已经指日可待。

二　藏药产业可持续发展贵在文化与科技联姻

人类产业发展史告诉我们，产业的发展过程中既有历史的轨道依赖，又有现实的创新跨越；产业发展的阶段性与阶段发展过程中的飞跃，总是纠缠在一起；我们既需要系统的考量，又需要突出重点形成主导产业、优势产业、有竞争力的产业，从而带动全局发展。进一步说，产业的发展还联系着资源禀赋、组织体制、市场机制以及政府政策、金融资本、人力资本等多种多样的因素，甚至也联系着社会精神、社会文化等因素。在产业实践和产业发展中，目的性必然受到规律性的制约，社会建构性也只能是

---

① 邓春生、张宏伟：《论藏医药文化的传承与发展》，《云南民族大学学报》2010 年第 2 期。

② 熊裕华：《古老医术焕发勃勃生机》，《西藏日报》2011 年 10 月 17 日。

嵌在自然历史性之中，归根结底，它们都要由产业实践和产业发展来检验。尽管产业作为处理人与自然、人与社会、人与人之间关系的重要体现，与满足人们的需要相联系，从而也与主体的选择相联系："离开主体产业是不存在的，离开主体的选择产业也是不存在的。"但是，就人们的主观愿望而言，目的不可能在目的自身之中得到解决，人们的主观愿望必须与客观实际相适应。规律不是人们主观地创造出来的，但是人们可以能动地加入到规律的生成及对规律的利用之中。① 从产业哲学的高度审视藏药产业，不难发现，藏药区别于其他民族药最为显著的优势，就是其内含的以藏族民族性为基底的文化价值。这种内蕴的文化价值，不仅承载着藏族劳动者累积千年的医学知识与宗教智慧，而且承载着独特精湛的藏药技术与工艺；藏药内蕴的藏族文化价值最终以藏药的形式外化为经济价值，成为掘之不尽的经济资源。创新是藏药产业乃至藏医药文化存续光大的根本动力，可以说藏药产业是藏族文化产业中特色鲜明、技术保密的创意产业。

将藏药产业规定为文化创意产业，具有重要的理论与实践先导意义。首先，人类正处于第四次工业革命（绿色革命）的发动期②，前三次工业革命

---

① 曾国屏：《唯物史观视野中的产业哲学》，《哲学研究》2006 年第 8 期。

② 关于"第四次工业革命"，本书采用胡鞍钢新近有关文章中的提法，突出以生物技术和太空开发为重点的广义生态经济形态对藏药产业长远发展的战略意义。根据胡鞍钢的研究，18 世纪中叶以来，人类历史上先后发生了三次工业革命，发源于西方国家及衍生国家，并由他们所创新所主导。第一次工业革命所开创的"蒸汽时代"（1760～1840），标志着农耕文明向工业文明的过渡，是人类发展史上的一个伟大奇迹；第二次工业革命进入了"电气时代"（1840～1950），使得电力、钢铁、铁路、化工、汽车等重工业兴起，石油成为新能源，并促使交通业迅速发展，世界各国的交流更为频繁，逐渐形成一个全球化的国际政治、经济体系；两次世界大战之后开始的第三次工业革命，开创了"信息时代"（1950～1979），全球信息和资源交流变得更为迅速，大多数国家和地区都被卷入到全球化进程之中，世界政治经济格局进一步确立，人类文明的发达程度也达到空前的高度。另有学者研究认为，当前世界处于"信息革命"时期，以智能化、数字化、信息化技术的发展为基础，以现代基础制造技术对大规模流水线和柔性制造系统的改造为主要内容，以基于可重构生产系统的个性化制造和快速市场反应为特点的"信息革命"，是一场嵌入在技术、管理和制度系统中的技术经济范式的深刻变革。随着这场工业革命的不断深化，制造和制造业的经济功能可能被重新定义，国家和企业竞争力所依赖的资源基础和要素结构乃至全球产业竞争格局可能被重构，过去刻画价值链经济特征的"微笑曲线"可能变成"沉默曲线"甚至"悲伤曲线"，传统"雁阵理论"所预言的后发国家产业赶超路径可能被封堵，不利于发展中国家的"中心—外围"世界分工体系可能被进一步固化，国家间产业竞争范式将由企业间竞争和供应链间竞争转向产业生态系统间的竞争，系统的适应性和动态能力成为一国获得产业长期竞争力的关键。

在大大改善人类生存境遇的同时，其巨大的能源资源消耗、生态环境破坏和资本至上的单一发展理念已经给人类带来了许多全球性经济—社会发展难题；进而言之，前三次工业革命的负效应由人祸导致天灾，已经危及人类系统性的生存与发展，资本主义经济理性正在走向尽头，并在经验世界里日益被全新的社会主义生态理性所取代。就藏药产业形态而言，资本主义经济理性主导下的现代化藏药产业破坏性地开采珍贵的青藏高原动物、植物、矿物资源。由于无序采挖，目前藏药材中有一些大宗、常用品种（如嶂牙菜、花锚、独一味、雪莲、虫草等）已处于濒危状况，减少了藏药材资源的后续供给，直接影响本来就已十分脆弱的自然生态环境。有些名贵药材由于私人无证收购与倒卖，使国家蒙受了巨大的损失，同时也使药材资源受到严重破坏。由于藏药的开发利用目前尚未形成有效的监督管理机制，药材产区都是只管采挖，不去保护，有多少挖多少，哪里方便哪里挖，尤其对野生药用动物的乱捕乱杀，这种竭泽而渔的方式，大大削弱了药材资源的休养生息和再生能力，致使不少品种面临资源枯竭，个别品种濒临灭绝。另外在藏药材的开发上，只抓重点品种，使这些重点品种资源遭到严重破坏，85%以上药材品种由于没有得到合理的开发利用，任其自生自灭，造成浪费。[①] 显然，原材料自然采挖的不可持续性是藏药产业规模化、规范化、现代化和国际化的首要桎梏。在第四次工业革命浪潮面前，对于藏药产业来说，传统的工业化模式无疑是死路一条，必须充分利用第四次工业革命的历史机遇，一举改变藏药生产原料供给的“自然状态”，努力研究名贵动、植、矿物藏药材的精确有效成分，最终用人工合成萃取与人工栽培养殖的办法取代现有的藏药生产原料主要取之于自然的传统方式。其中，无论是对已有藏药成分及其配伍功能的精确研究，还是对新型藏药的开发试制，都蕴含着全新的医学、药学、化学、生物学、材料学、天文学、气候学等学科群绿色环保技术，因此藏药产业充满创意。藏药生产方式的改造与创新还要牢牢把握藏医药学原理这个根，一方面需要抢救性挖掘、整理、保护、研究藏医药典籍；另一方面要深入研究天文星算、自然物候、宗教仪轨等对藏药生产的独特作用，其本身就是对藏族文化的传承与弘扬，因此藏药产业具有坚实的文化支撑。

---

① 占堆：《西藏藏药产业发展的对策研究》，天津大学硕士学位论文，2004，第17页。

其次，藏药产业是精准化的高附加值制造业，将其定义为文化创意产业，凸显了该产业的高新技术密集特征。青藏高原具有生物多样性的特点，药用生物资源极为丰富，分布着大量独特的动物、植物和微生物种群，是弥足珍贵的巨大基因库，完全有可能建立起独具地缘优势的实验室、试验场和某些生物产品的生产基地。在这种情况下，发展藏医药应切实做好如下环节的科技攻关：①药材的选种、育种及人工栽培，②藏药开发，③藏医系列保健品开发。通过这些环节，可以改变过去的经验式标准及手工作坊式的药品生产方式，提高注入科技含量，推进资源转化，建立符合国内外医药市场需求的创新机制，极大地提高产品附加值，增大藏药产品的竞争优势。[①] 与此同时，藏药要走出国门，应研制和开发适应国际市场需求的新剂型，如胶囊、片剂、口服液等。在对传统剂型进行改造和创新的同时，应注意保留药材的质、气、味，以满足藏医辨症施治、随症加减的需要；努力提高药品质量标准，采用现代化检测方法；尽量做到体积小、重量轻、剂量准确、易于服用、包装精美、标签详尽、说明准确等。[②] 藏药产业只有走高技术路线，才能确保其藏族文化特质的核心内涵不变质，才能在社会主义市场经济和 WTO 框架下实现可持续的高附加值。另外，许多文献将藏药生产的初始形态形容为脏乱差的家庭作坊式生产形态，经过实地调研与文献学习，笔者不能同意这种说法。藏药生产初始形态的核心技术属于秘方，生产场所本在寺院，生产原料纯天然无污染，生产理念、方式与工艺独特，手工制造藏药并不等于落后，技术含量的高低也不能仅仅依据是否采用现代生产流水线来衡量。笔者认为，藏药的初始生产形态类似于当前流行的高端手工定制生产方式，是一种精细化的高附加值生产模式，反倒是其在引进第三次工业革命的成果——GMP 之后，降低了自身的独特性和产品附加值。然而，在第四次工业革命主导的生态文明新时代，高技术集成度是高附加值的必要前提，藏药产业必须深入研究发掘藏医药理论原理，必须全面革新自身的原料、工艺和剂型技术体系，必须充分吸收藏族文化伦理和藏传佛教宗教伦理中的生态环境保护价值观，才能走上高附加值的可持续发展道路。

---

① 黄福开：《藏医药产业化与西部大开发》，《中国藏学》2000 年第 2 期。

② 裘丽岚：《藏药的国际化探析》，《中国藏学》2007 年第 3 期。

再次，藏药产业是藏族文化精髓现代活化的经济载体，将其定义为文化创意产业，从根本上保证了藏药研发的文化之根与创新之源，避免其因铺天盖地的单向度现代化浪潮丧失藏药的独特性，走上不可持续的制式化工业老路。藏药从诞生那一天起，就是中西方、国内外精湛医术药理兼容并蓄的璀璨成果。在全球经济一体化的时代，一方面要特别注意保护和研发藏药专利技术；另一方面更要博采众长，广泛吸收全世界药品研发与生产的先进经验，万万不可故步自封，仅仅打出一张藏族文化的虚牌，而忽略饱含藏族文化的藏药产业之生命力——吐故纳新。择要展述，人利用其独有的得之于自然的能力，把自然世界的物质作为原料，加以改造，塑成为足以满足他们生活上一切需要的那个人文世界，即所谓“文化”。[①] 文化属性很难脱离总的工商环境和社会体制的影响。在一个社会中，人们行动的方式，与该社会经济制度所给予的信号和诱因，有很大关系。[②] 2011 年 10 月 18 日，中国共产党第十七届中央委员会第六次全体会议通过的《中共中央关于深化文化体制改革、推动社会主义文化大发展大繁荣若干重大问题的决定》将加快发展文化产业、推动文化产业作为国民经济支柱性产业提上了议事日程。随后，以人的创造性为核心要素的战略新兴产业——文化创意产业纳入全球各国政府的战略性产业振兴规划。这是藏药产业通过文化创意路径实现可持续发展的指南针，也是传承藏医药文化精髓的必由之路。特别是在第四次工业革命的初始阶段，中国藏药产业和全世界其他产业站在同一起跑线上，我们必须充分认识青藏高原不可再生性生态资本的宝贵价值，摒弃生态赤字化的发展老路，以文化创意的全新维度调整藏药产业发展的战略方向，在实现生态盈余的同时突破藏药产业发展的内在桎梏。

择要综论，文化产业意义上的创意，是指以文化生产和服务为对象的思维和观念的活动，包括文化项目的策划、文化产品和服务的设计、文化内容的研发、文化活动的构思以及文化生产经营理念和创意的宗旨。创意在文化产业中犹如“孵化器”。文化资源优势并不能天然地转化为产业发展的优势，要变资源优势为产业优势，关键是创意。[③] 创意产业作为一个

---

① 费孝通：《费孝通论文化与文化自觉》，群言出版社，2007，第 153 页。

② 〔美〕塞缪尔·亨廷顿、劳伦斯·哈里森主编《文化的重要作用——价值观如何影响人类进步》，新华出版社，2002，第 55 页。

③ 范建华：《文化与文化产业发展新论》，人民出版社，2011，第 57 页。

新兴的产业，创意劳动的原创性、创意手段的数字化、创意组织的网络化和创意产品的智能化以及创意、文化、高科技的交融成为创意产业与其他产业相区别的基本特征和总体特征。[①] 2000 年在拉萨成功召开了国际藏医药学术会议，研讨藏药业发展的现状和前景；2003 年 12 月，中科院下属的西北高原所、昆明动植物所、上海药物所等九个局所与西藏自治区有关部门的专家在成都召开了院区合作推进藏药现代化论证会预备会；2004 年 5 月，六个项目在北京召开的推进藏药现代化项目论证会上通过了以五位院士为主的同行专家论证。除此之外，企业自发组织的有关藏医药学领域的各种类型的学术活动，每年在全国各地举办多次，已展现出“百家争鸣”的态势，有力地推动了藏药产业的发展。[②] 2005 年，罗莉教授《藏族文化产业的定位与发展》[③] 一文首次将藏药产业明确纳入文化产业的范畴来研究。从技术到产业是一种飞跃，产业的要素并非只是技术。但是，技术是产业的最重要因素，离开技术就没有产业。[④] 藏药产业的可持续发展程度取决于藏族文化与制药技术的耦合度；换言之，藏药产业是极具文化与创意的战略新兴产业。藏药产业的规模化、规范化、现代化和国际化需要整个社会生产观念与生产方式的革新，而这又恰恰符合第四次绿色工业革命的内在要求；因此，21 世纪的藏药产业是一个创新集成面宽、科技含量高、文化意蕴深、经济价值大的朝阳创意产业。

三　拉萨市藏药产业的主要形态及其发展趋势

在最具代表性的藏族文化圣地——拉萨市发展藏药产业具有得天独厚的人文与经济地理优势。前已述及，拉萨市甚至整个西藏自治区真正意义上的藏药产业起步于 1959 年西藏民主改革之后，其主要标志是 1964 年拉萨市藏医院藏药厂成立。此后，古老的藏药制造业在拉萨走上了产业化的

---

① 李念之：《创意产业哲学研究》，中共中央党校博士学位论文，2007，第 34 页。

② 房灵敏：《西藏藏药业的科技创新、产业创新与制度创新及其实证研究》，西南交通大学博士学位论文，2010，第 39 页。

③ 罗莉：《藏族文化产业的定位与发展》，《西南民族大学学报》2005 年第 6 期。

④ 王耀德：《技术进化论史观与产业哲学若干问题探讨》，《中国人民大学学报》2008 年第 6 期。

道路，并于1996年底因国家援藏项目而拥有了自治区第一家现代剂型藏药企业；1999年，西藏诺迪康药业股份有限公司成为西藏自治区诞生的第一家高新技术制药上市企业；2006年，西藏自治区首家藏药集团在拉萨成立，标志着藏药产业建立了成熟的现代企业制度。2010年以后，藏药产业链现代化趋势更为明显，并因第四次工业革命的到来，突破原材料自然采挖与简单种植、养殖的既有传统产业链条，走上绿色技术战略新兴文化创意产业发展新路。

调查发现，拉萨藏药产业的实存形态主要有以下三种：一是各级藏医院附属藏药厂的产业形态，二是国有控股藏药集团化的产业形态，三是私有藏药公司制的产业形态。在详述这三种产业形态之前，有必要先来研究一下藏药产业的原初形态——寺院附属藏药坊的产业形态。这种产业形态虽然在拉萨市几近绝迹，但是在甘青藏族聚居区的藏传佛教寺院依旧存在，并在这些藏族聚居区同上述三种藏药产业形态发生着重要联系。就寺院附属藏药坊这种产业形态而言，在藏族传统社会，藏医藏药作坊主要设在寺庙。一般规模较大的寺院都设有诸多学院，藏医学院是其中的一大学院，它是融修学藏医、采制藏药、行医治病为一体的医学机构。可见，藏医藏药在藏传佛教的体系架构中占有重要的位置。新中国成立以来，在党和政府的正确领导下，通过寺院藏医药人员及社会诸多贤达的努力，藏医藏药也逐渐从寺院走向社会、走进民间，成为广大农牧民群众所受用的现代大众医学。[①]“曼巴扎仓”集医药学传统教育、研究、临床和制药实践于一体，培养的人才素质技能全面，医药兼通；特别是“曼巴扎仓”内嵌于藏传佛教寺院之中师承传递的独特方式行之久远。藏药作为藏传佛教寺院经济的生产成品，在历史上，其经济价值主要是通过信众向寺院捐献进而以转移支付的方式来间接实现的，其服务的对象主要是封建贵族和宗教上层人士。在现实中，政教分离以后的“曼巴扎仓”已经同社会主义市场经济体制相适应。笔者认为，“曼巴扎仓”生产的藏药因惠及普通信众，理应强调其鲜明的公共产品性质，这样才是符合藏传佛教核心价值观念的发展进路。时至21世纪初，甘青藏族聚居区各著名寺院“曼巴扎仓”依旧生产藏药，但却因市场经济模式的影响偏离其公益性的实情值得重视。虽

① 班班多杰：《试论藏族传统文化的现代转换》，《西北民族大学学报》2009年第3期。

然这种方式并不是藏药产业化的主要路径，其生产工艺也较为传统，生产效率亦不高，但是这种方式恰恰是藏药文化性和藏传佛教寺院经济的特殊体现，具有鲜明的藏族文化资源属性。就寺院经济的公共性视角来看，这种藏药生产与提供方式可以有效弥补公共医疗卫生体系的不足，是藏传佛教寺院经济体制内核的合理面，理应传承光大并将其内在的求善精神贯注于产业化的藏药研发与生产全过程，确保整个藏药文化创意产业的高诚信度，而不应将寺院附属藏药坊产业形态过度商业化。

各级藏医院附属藏药厂的产业形态，是寺院附属藏药坊产业形态剥离宗教外壳后的一种形式。该产业形态生产的藏药剂型与种类相较于规模化、制式化的藏药生产厂商更多，但是市场化程度却不高。拉萨市各级藏医院的附属藏药厂直接服务于临床，医药关系紧密，因故产品研发和剂型较为灵活多样；缺点是一些剂型缺乏定型审批依据，停留在临床应用和研发定形的初始阶段，不能直接在市场上销售，因而无法实现大规模产业化（并入西藏藏药集团的自治区藏医院附属藏药厂除外）。加强各级藏医院附属藏药厂产品研发与市场化力度，是拉萨市藏药技术与产品创新的重要源泉。另外，由于各级、各类藏医院擅长医治的病症方向不同，造成各级、各类藏医院附属藏药厂优势产品各异，这是有利于藏药文化创意产业整体实施差异化战略的重要微观基础。

就国有控股藏药集团化的产业形态而论，这是藏药产业化的主力军。其代表性企业西藏藏药股份集团有限公司是西藏自治区第一家通过国家GMP认证的藏药企业，西藏第一家通过国家“原产地标记”认证企业，西藏自治区高新技术企业和国家农业产业化重点龙头企业。西藏藏药股份集团有限公司传承利众院藏医学的精髓，集藏药研发、生产、销售和藏药材种植、贸易、藏药饮片加工贸易为一体，弘扬“开发藏药精品，济世利众，服务人类健康”的精神，正逐步发展成为国内独具规模的藏药集团企业。公司现拥有治疗呼吸系统、消化系统、心血管系统及肝胆系统等多种系统疾病的药物和一批即将上市的藏药精品。主打产品“十味龙胆花颗粒（胶囊）”和“六味能消胶囊”均为全国独家产品，属国家中药保护品种。自1996年进入内地市场以来，因疗效确切受到广大医疗单位和患者的欢迎，取得了良好的社会和经济效益。“大花红景天口服液”为全国唯一的国药准字大花红景天制剂。而大花红景天是唯一入选2005年中国药典抗高原反应的药材，更具有补充身体氧分、消除疲劳、抗辐射、强身壮体之功效，具有广阔的市场前景。公司目前的技术力量比较雄厚，现代化生产设备和检验仪器齐全。该企业现有员工近400人，大中专以上学历的技术人员占32%以上，具备现代化的设备设施，如净化空调机组、燃油连续式快装锅炉、螺杆式空气压缩机、多功能提取罐、高效浓缩器、喷雾干燥机、高效湿法制粒机、全自动胶囊充填机、颗粒包装机等，质量部共有主要仪器设备15台，包括精度和规格齐全的电子天平、崩解仪、旋光仪、分光光度计、高效液相色谱仪、照度计、钠离子浓度计、尘埃粒子计数仪、电子微风仪等。[①] 我们在实地调研中发现，西藏藏药股份集团有限公司在生产流程的有关环节，保留了藏传佛教甘露法会等有关特能加持的宗教仪式。总之，这类企业是拉萨市藏药阔步迈向文化创意产业的排头兵，国际化的品牌建设与高精尖的藏药机理研究是确保其未来发展立于不败之地的重中之重。

私有藏药公司是藏药产业化的生力军，其代表性企业有西藏金哈达药业有限公司。该公司地处拉萨市曲水新城开发区，总占地面积72亩，建筑面积16200平方米，其中生产厂房建筑面积约7000平方米，洁净厂房2200平方米；总资产达5000万元，拥有各类专业技术人才21人，中高级职称技术人员3人；公司配备了KF－412自动水分滴定仪、TSPUV－7500型紫外分光度计、岛津LG－10AD型高效液相色谱仪等精密检验仪器，有专门的制剂研究中心，是一家传统藏医药理论与现代高科技相融合的制药企业，荣获“西藏自治区科技型中小企业”称号。公司具有丸剂、散剂、片剂、胶囊剂等生产流水线，专科性技术研发机制完善，研发实力较强，生产与质量管理机构健全，重视产品质量保证体系建设。当前，该企业以治疗肝病的藏药为技术攻关对象，在对现有方剂进行二次研发的同时，积极展开藏药新产品的科技攻关与临床试验。这种专业化和市场化为导向的藏药企业运作模式如果同前述各级各类专科性的藏医院所属藏药厂进行优势互补与联合科研攻关，必将更加有利于藏药产业化进程总体发展的合理布局，并大幅提高藏药产品的差异化

① 房灵敏：《西藏藏药业的科技创新、产业创新与制度创新及其实证研究》，西南交通大学博士学位论文，2010，第34页。

市场竞争力。

就藏药产业创新主体的创新能力来看，拉萨市藏药产业创新主体之间严重缺乏互动合作，产业研发投入主要是靠企业自身的研发投入，政府对研发方面的投入几乎没有，校企合作几乎没有，整个产业产学研方面做得不是很好，相对做得较好的只有西藏藏医学院藏药厂。即使是藏医学院藏药厂，从事技术活动的人员也仅占职工总数的30%。另外，2003年西藏自治区研发机构科技活动课题数只有70个，课题投入人员为703人，创新成果转化能力低下，这就严重制约了藏药产业的发展。① 这一情况虽然在2010年后有所好转，特别是私有藏药公司制产业形态所属企业意识到研发对产品生命周期的约束，纷纷建立自己的研发机构或借助公共科研平台申请课题立项，但是总体上藏药产业的发展瓶颈还是研发不足。换言之，良好农业规范（GAP）、良好作业规范（GMP）和其他规范化生产工艺的采用并不能代表藏药产业核心竞争力的崛起，藏药产业核心竞争力的高低取决于技术密集度和文化集成度。相比之下，创意产业的社会功能主要表现为四个层面：第一个层面是创造社会财富的经济功能，第二个层面是促进主体观念更新的社会功能，第三个层面是实现技术突破的创新功能，第四个层面是加快制度革新的革命功能。② 鉴于此，文化创意发展战略引领藏药产业转型升级势在必行。

从藏药产业化发展的政策环境来看，为贯彻落实中央第五次西藏工作座谈会精神和《关于扶持和促进中医药事业发展的若干意见》及国家中医药管理局等十一部委《关于切实加强民族医药事业发展的指导意见》要求，西藏自治区人民政府近日结合西藏实际出台《关于进一步扶持和促进藏医药事业发展的意见》，强调扶持和促进藏医药事业发展的重要性和必要性，明确发展藏医药事业的指导思想和基本原则，建立健全藏医药服务体系，提高藏医药队伍人员素质，推动藏医药继承创新，做大做强藏医药特色产业，并提出五项政策措施。一是加大对藏医药事业的投入。“十二五”期间，自治区各级政府要继续加大藏医药发展投入，支持开展藏医药

① 房灵敏：《西藏藏药业的科技创新、产业创新与制度创新及其实证研究》，西南交通大学博士学位论文，2010，第83页。

② 李念之：《创意产业哲学研究》，中共中央党校博士学位论文，2007，第48页。

特色服务，公立藏医医疗机构基础设施、基础研究、重点学科和重点专科建设及藏医药人才培养和队伍建设。二是自治区产业发展资金向藏药产业发展倾斜，加大藏药产业扶持力度，支持藏药企业通过资本市场筹集资金，鼓励区内企业与国内外大型制药企业建立多种合作关系，做大做强。三是规范藏医服务项目收费和藏药制剂品种价格，规范藏医传统特色诊疗服务项目目录，适当提高藏医传统诊疗技术劳务项目的收费标准。四是落实促进藏医药事业发展的税收优惠政策。五是继续实施特殊优惠的信贷政策。[①] 藏药产业是西藏自治区的支柱产业之一，这些政策措施的出台，有利于藏药产业夯实产业基础、建立产业体系、推进产业创新，取得经济和社会效益双丰收的良好局面。

然而，面对全球第四次工业革命浪潮，这样的政策导向并不能充分凸显藏药产业的绿色工业革命性优势和文化创意战略性优势，不足以支撑藏药产业走上可持续发展的道路。藏药产业化发展战略如不实现符合生态文明要求的文化创意化转型升级，那么，藏药产业化既不可能实现生产规模的全球性扩张，也不可能实现其产业自身的可持续发展。长期以来，我们都不假思索地认为青藏高原拥有丰富的自然资源，据多年调查采集的标本和搜集的资料统计，已入藏药的植物计有 191 科 682 属 2085 种。其中，菌类植物 5 科 5 属 50 种，地衣类 4 科 46 种，苔藓类 5 科 5 属 5 种，蕨类 30 科 5 属 5 种，裸子植物 52 属 47 种 3 变种，被子植物 131 科 581 属 1895 种 141 变种。此外，还有动物药 57 科 111 属 159 种，矿物药 50 余种。在藏医药所收载的近 3000 种药物中，有 1000 余种药物至今在中西药典中尚无记载。青藏高原的藏药材，由于生长在海拔 3500 ~ 5000 米的地方，高寒缺氧、日夜温差大、强阳光、强紫外线的特殊生态环境，造就了其高活性、高含量、低污染、药力充沛的特性。[②] 面对藏药的产业化发展，青藏高原的藏药材资源储量异常稀缺而非富集充裕；更重要的是，名贵藏药材的滥采乱挖已经破坏了不可再生的青藏高原藏药资源生态环境，有些原材料的自然繁生已濒临绝境，人工繁育的动物取材和人工种植的藏药材品质和药性又不如野生抓捕或采集的藏药原材料，人类应该在现有技术条件下，严

① 巴桑：《建立健全藏医药服务体系》，《中国中医药报》2010 年 10 月 27 日。

② 洛桑多吉：《甘露藏药使用指南》，西藏人民出版社，2010，第 99 页。

肃、诚实、深入地面对这个问题。基因技术的延伸利用和太空资源的未来开发是从根本上高质精准化破解藏药产业原料可持续难题的必然出路。因此，藏药产业走文化与科技并重、创意与创造引领的新路才能实现真正的绿色可持续发展。

四　拉萨市藏药产业转型发展战略的路径选择

上师宗喀巴有言："金刚乘比佛更稀有珍贵。"智慧正见是藏传佛教的灵魂，也是藏药产业文化创意与科技创新的灵魂。理念的革新与道路的选择是智慧正见的显示，实践富有正见的先锋理念，选择集聚智慧的先进道路，才能振兴一个产业，为第四次工业革命和人类产业组织形态的变革做出贡献。生态经济触发的第四次工业革命，带来新的产业模式：从集中解决到分散处理，大时空输送到资源小循环、生态大循环、能源新结构、环保新模式。[①] 这场绿色工业革命，不仅汲取了前三次工业革命的教训，更是人类生态理性的集中展现。"更多不一定更好"，这是人类在 21 世纪发出的经济发展最强音，单纯追求 GDP 增长的发展观念被人类扬弃。人们日益担心自己的饮食饮水安全、居住环境安全和公共卫生安全。养鸡场的"化学鸡"、奶粉厂的"毒奶粉"、浑浊的"雾霾空气"和重金属超标的"自来水"……这一切都是资本逐利导向的发展模式忽视经济伦理和生态伦理所造成的社会怪象。当前，中国已经基本解决了温饱问题，正同美欧诸国一起站在第四次工业革命的起跑线上。我们必须抓住难得的同步发展历史机遇，让中国藏药产业挺起胸膛、走向世界。

诚信是经济之本。特别是饱含藏族文化元气的藏药产业，倘若不能深入研究青藏高原野生动植物原料及复方配伍的药理作用，倘若没有藏药学家日积月累的智慧注入，藏药与其他中药产品的异质性将会大大减弱，藏药原本神奇的疗效将会黯然失色，藏族医药文化的传承亦将无从谈起。特别值得注意的是，藏药经过 2000 余年的演变发展，始终没有解决一个致命的问题，那就是对原料的自然性依赖，即藏药材的自然限制性与藏药产业发展目的性的矛盾始终存在。进入 21 世纪，已经按照第三次工业革命催生

---

① 姜鹏明：《自觉生态文明与生态经济》，《中关村》2013 年第 1 期。

的技术集群产业化的藏药企业，其原材料的品质却因人工种植与养殖而下降，其剂型也越来越雷同于技术成熟的中药生产。这种倾向不仅不符合藏医药学“行善世间”的内在精神，也不符合藏传佛教“智慧正见”的核心理念，单纯依靠国内外现成药品开发生产线与技术体系的老路只能让藏药产业从现代化的初始阶段开始就滞后于人，这种老路显然无法彰显藏药产业的经济价值和文化价值。

有鉴于此，藏药产业发展迫切需要战略转型，走创新集成面宽、科技含量高、文化意蕴深、经济价值大、精神疗效好的生态文明发展之路，成为第四次工业革命的弄潮儿。展开来说，第一，拉萨市藏药产业需要建立全新的原材料技术创新体系，一举改变存续数千年的传统原材料供给方式，运用生物技术和信息技术，深入研究青藏高原藏药材的有效成分，特别是运用基因和生物多样性等新技术优先突破如下两个问题：①为什么野生的药材药效比人工种植或养殖的好？②为什么青藏高原的药材药效比其他地域的好？这两个问题的突破性研究成果将从根本上解决人类为了一时的经济效益用人工种植或养殖的办法来简单取代野生采集或抓捕的问题，进而实现藏药材中精确有效物质的实验室基因化高仿真生产和仿野生环境高水平人工化生产。对于不可再生的矿物质藏药材，可以采取精准人工合成或太空开采，将太空经济引入藏药产业，确保藏药材原材料的高质量和藏药产业的高精尖性。[①] 这一举措还将大大拓展藏药产业链条，促使藏药产业结构的高度化。总之，藏药产业只有与尖端科技密切结合，才能保证其旺盛的产业生命活力和长效的产品生命周期。

第二，拉萨市藏药产业需要建立全新的文化创意研发体系，弘扬藏医药理论诞生时期兼容并蓄的开放特性；建立藏药文化创意产业集聚区，强化藏药产业的文化创意引领作用。创意产业被赋予了更多的内在价值与文化内涵，因而成为21世纪以来世界各国极力扶持的战略性支柱产业，发达国家和地区纷纷通过建立创意产业集聚区来扶持创意产业集聚化发展。

---

① 有人担心矿物质太空开采的成本过高，笔者认为，随着第四次工业革命的全面推进和中国空间军事技术的迅猛发展，尖端航空技术的民用化进程将大大加快，太空资源开采在地球不可再生资源日益枯竭的情况下，必将迅速降低成本，实现普及化。此外，矿物质太空开采是独具藏药文化特质的生产方式，藏传佛教所运用的空间概念，绝非仅限地球之内。

“集聚化”是指某个特定产业中相互关联的若干企业和机构在地理位置上的集合。产业集聚具有很强的群体竞争优势与集聚发展的规模效应，因而成为区域经济发展的战略选择。研究表明，创意产业呈现出以城市为中心的集聚化发展趋势，城市创意产业集聚能有效提升创意产业的促进效应和品牌效应。① 建立拉萨市藏药文化创意产业集聚区，可以将文化创意研发、品牌研发、产品研发、核心技术研发、工艺流程研发、宣传渠道研发、销售模式研发、政策支持研发、藏医药文化资源保护、藏医药理论研究和藏医药文化知识普及等集合起来，彰显人的素质、技能的集群优势，进而凸显藏药产业的文化创造性。

第三，着力开拓藏医药心理学新领域，运用身心医学研究成果，实现精神疗法、信念疗法、音乐疗法、艺术疗法、心理疗法、认知疗法、运动疗法、按摩疗法、针灸疗法、放血疗法、火罐疗法、干蒸疗法、湿蒸疗法、香薰疗法、精油疗法、药浴疗法、穴贴疗法、气功疗法、禅境疗法、梦境疗法、体验疗法等同藏传佛教传统宗教祈愿加持疗法以及藏族传统体育康复疗法的创新结合，走藏药产业向保健品产业和健康服务业延伸的发展道路。美国耶鲁大学教授席格博士研究认为，患者深信自己是什么样的人时，他的精神系统会传达一个不容置疑的指令。《心理神经免疫学》(*Psycho Neuro Immunology*，PNI)② 一书是研究人类身心互动关系的专著，该书已经研究证实，信念对于治病的功效扮演着极为重要的角色，甚至比药物治疗更为重要。无独有偶，西藏传统医学的身心医学由于它以养生保寿为目标，有其独特的理论、方法和运动方式。由于对自然和自我的认识均来自于内省、内观、内悟过程，西藏传统医学的身心医学理论与实践均建立于整体认识的思维模式之上。它反映在两个方面：把世界的两大基本要素，即人与自然看作是一个整体，强调“天人合一”；把生命的两

① 付永萍、曹如中：《城市创意产业集聚化发展研究》，《科技进步与对策》2013 年第 1 期。

② 心理神经免疫学（*Psycho Neuro Immunology*，PNI），是研究心理、神经、免疫系统之间的联系的学科，1981 年由美国心理学家罗伯特·艾德博士（Dr. Robert Ader）所命名。这门学科主要是在研究免疫系统如何和大脑交互作用以影响健康。科研人员通过对神经递质（化学信使，例如多巴胺、去甲肾上腺素）的研究表明：在大脑和免疫系统活动最广泛的神经递质，在调节情绪的神经区域分布也最为密集，由此可以推断出情绪通过一条直接的物理通道影响免疫系统（艾德的研究伙伴 David Felten 发现了极为有力的证据，证实此项推论成立）。

个主要标志，即神（精神）与形（躯体）视作一个整体，强调“形神合一”。这种整体的自然观与生命观在保健性、康复性体育活动中表现得尤为明显。① 通过文化创意与集成研发将国外身心医学研究成果同拉萨市藏医药身心医学文化资源相结合，以藏药产业形态的保健化路径延展藏药产业链条，是藏药产业发展的全新向度。更进一步，无论是藏药香薰美体按摩技术的研发，藏药加持音乐康复体验疗法的创制，还是基于藏药原理系列品牌保健品的开发，都是藏药文化创意产业发展的必要内涵。美国安利集团和台湾克丽缇娜集团的研发、服务与营销模式是藏药原理系列品牌保健品、美容美体产品以及健康服务产品开发可资借鉴的成功范例。

第四，建立基于物联网技术的拉萨市藏药文化创意产业集成创新信息系统与创客空间②，完善“产—学—研—金—官”五为一体的产业服务体系，变革“产—学—研—金—官”互动优势的转化方式，提高藏药文化创意成果与科技创新成果的系统集成度及转化效率。数字革命正在改变世界。随着诸如开源设计和3D打印等模式和技术的发明、推广，制造实体产品的过程越来越像制造数字产品，人们可以使用数字桌面工具设计新产品并制作模型样品，在开源社区中开展合作、分享设计成果，通过网络筛选商业制造服务商，以任何数量规模制造所设计的产品，甚至可以使用桌面工具自行制造，在网络上进行产品销售。这样的过程大大缩短了创意到产品的距离，使需要巨额先期投资的产品制造在“创客空间”这样的社区环境就可以完成，而成本的降低也使得产品制造者无须关心是否拥有数百万销售者，仅仅数千人的小众市场也可以让创意产品收益颇丰。鉴于“创客运动”的巨大前景，奥巴马政府在2012年初开展了一个新项目，将于未来4年内在1000所美国学校引入“创客空间”，配备3D打印机和激光

① 丁玲辉：《用现代医学模式探西藏传统医学的身心医学与心理学》，《西藏民族学院学报》2003年第3期。

② “创客”一词来源于英文单词“Hacker”，它并非指电脑领域的黑客，而是指不以营利为目标，努力把各种创意转变为现实的人。创新者还有另一种解释——Ideask（创意客），主要是指从事创意设计工作的人员。“创客空间”是兴趣相投的创客们的聚集平台，是创客们最基本的组织单位，由创客们志愿发起组建。从发展趋势看，创客空间必将成为技术创新活动开展和交流的场所，也是技术积累的场所，必将成为创意产生和实现以及交易的场所，从而成为创业集散地。

切割机等数字制造工具。这不再是培训技能型蓝领工人的课程，而是由政府资助的高端制造业项目，旨在培养新一代的系统设计师和生产创新者。[①]中国的“创客运动”基本上与美国同步，“创客运动”中的重大机遇就在于保持小型化与全球化并存的能力：既有手工匠人的原始，又具创新性，实现低成本的高技术。小处开始，大处成长。众所周知，人的素质技能是创新的核心要素。在全世界“创客运动”面前，藏药文化创意产业千万不能落后。藏药文化创客空间的建立，将使全世界有智慧的人们便捷参与到藏药文化创意与科技创新的行列中来，这是取之不尽的人才宝库。此外，拉萨市藏药产业走文化创意战略新路毫无疑问地需要人才培养、管理体制、运行机制、金融支持与政策扶持等方面的综合配套改革。

宏阔要论，藏药的新型产业化之路，就是文化创意与高精尖技术的产业化应用之路。近代产业革命表明，只有通过产业化，科学技术才能真正大规模地作用于社会，实现科学技术与社会的现实结合，成为社会文明发展的强大动力。通过产业化，个别的、偶然的灵感、创意、发明、发现、人工物实现了社会化的传播，天然的自然演化成为社会的自然。[②] 藏药产业文化创意化的超前发展理念一举超越了美欧对文化创意产业的传统理解。通过文化与科技的联手创意，不仅能够充分展现出藏药产业的原生性、民族性、宗教性和开放性特征，使其成为中华民族经济结构转型升级历史进程中代表文化创意优势品牌先锋梯队的一面旗帜，而且必将使藏药产业内蕴的巨大经济价值和文化价值得以外化实现，藏药产业创新的医疗产品与独特的健康服务产品也必将造福全人类。拉萨市藏药产业走文化创意化的先锋道路，彻底改变原材料来源的自然状态和简单人工化状态，从矿物质原材料的外太空资源利用、动物藏药原材料的实验室精准克隆到植物藏药材有效成分的基因层面研究，从散状低水平同质化的产业竞争状态到高水准藏药文化创意产业集聚区的打造，从藏药单一发展思路到基于藏药原理的养生保健系列产品与服务产品的全面研发，从信息技术的零散应用到物联网技术的领先应用，再到藏药文化创意产业创客空间的率先建立……这一切变革都是 21 世纪第四次工业革命的要求与呼唤，也只有尽快

① 薇言：《新工业革命》，《中华读书报》2013 年 1 月 16 日第 17 版。

② 曾国屏：《产业 · 时代 · 哲学》，《晋阳学刊》2005 年第 6 期。

完成这一切从理念世界到经验世界的历史性转变，我们才能理直气壮地明确回答长期困扰民族经济学理论研究者的重大理论迷雾——民族性是否等于落后性？面对基于全新生产方式与新锐发展理念的高技术藏药文化创意产业，这个问题的答案不言自明以藏药产业为代表的中华民族之文化元气，必将在波澜壮阔的第四次工业革命中乘风破浪、厚积薄发。同现代农牧业经济、基因经济、太空经济、信息经济和创意经济相互耦合的藏药文化创意产业，只要坚定地走理念领先化、品牌创意化、服务定制化、产品异质化、原料特效化、生产国际化、工艺生态化和技术尖端化的发展道路，必将在第四次工业革命大潮中成功崛起，成为西藏自治区乃至中国的战略性特色支柱产业，以深厚的文化、精湛的技术、独特的服务和高额的附加值在国际市场上占有一席之地，成为21世纪的药中之王。

第八章　藏毯：手工编织的艺术奇葩

藏毯是中国手工栽绒地毯的一个大类，由于藏毯织法独特，纹样富有浓郁民族特色，可与当今波斯毯、东方毯并称为世界三大名毯。1973 年，西藏地毯以“中国西藏地毯”的牌号进入国际市场，赢得了盛誉。藏毯是凝聚藏民族优秀文化艺术的经典工艺品，是实用和审美相结合的工艺品、美术品，它具有两重性，既是艺术品，又是工业产品、商品、消费品，具有悠久的历史和文化，以其浓郁的民族特色、稀有的原材料、独特的纺织工艺、无污染的植物染色享誉世界，远销北美、西欧、南亚等的 10 多个国家和地区。藏毯业作为民族特色文化产业，承担了我国藏族聚居区产业结构优化调整的功能，同时作为劳动密集型产业也是解决藏族聚居区劳动就业的重要途径之一。

一　藏毯：藏族传统工艺的瑰宝

藏毯是藏族传统手工艺品，有着悠久的发展历史，其融合了藏民族历史悠久的传统图案，呈现出独具一格的民族风格。西藏藏毯织法独特，色泽鲜艳、和谐，毯面柔软、细腻，洗涤不褪色、不掉毛，经久耐用，加之浓厚民族色彩的图案花纹，使其具有很高的欣赏价值，工艺精湛，美观大方。在西藏藏毯中以江孜地毯最负盛名。另外，拉萨、贡噶、浪卡子、朗县、丁青、察雅等地出产的地毯，也都受到用户的好评。手工编织出来的藏毯犹如浮雕，在当今国际高端市场广受欢迎。因此，有 2000 多年历史的藏毯不只是一种物件，或仅仅是一般的商品，它凝聚着藏民族的历史与文化，是藏民族智慧的结晶。

（一）手工奇葩，显赫历史

精美质朴、做工精细的藏族民间藏毯编织工艺是藏民族在游牧、农耕生活中所创造的优秀而古老的文化传统艺术，浸透着藏民族纯净、多彩的民族文化。尽管今天藏毯的发源地——西藏还不是藏毯的主要供给者，但毫无疑问，藏毯之“魂”仍在西藏，并且“魂”牵整个青藏高原，它不仅影响着中国境内的整个藏毯业，还影响着邻国如印度、尼泊尔、巴基斯坦等国的藏毯生产艺术，甚至影响着那些热爱并欣赏藏毯的世界各民族。

史料《南诏德化石碑》记载，吐蕃时期出现了毛毯、棉袍、金帐等纺织品。历史上松赞干布与唐朝、泥婆罗（今尼泊尔）的联姻政策在很大程度上也促进了中外手工业技术的交流和发展，其中纺织工艺就借鉴了泥婆罗、波斯等地的技法。公元 923 年，吐蕃赞普朗达玛的重孙赤·扎西赞巴时期，今西藏自治区定日、萨嘎一带的群众织“溜”（“溜”是藏语，是一种毛毯）的手艺已很普遍了，“溜”即西藏地毯编制技术的雏形。至公元 11 世纪初，后藏的中娘地区（即现在的西藏自治区白朗县汪丹区）已经生产用于交换的藏毯了。在后来相当长一段历史时期内，这个地方一直是生产藏毯的中心，这里生产的藏毯被称为“汪丹藏毯”；至元初的萨迦时期，西藏的编织工艺已有了相当高的声誉。藏文文献《年曲琼》（年楚河流域宗教源流）记载，元初，萨迦法王八思巴担任大元国师、帝师，结束了西藏封建割据的混乱局面，西藏经济得到了恢复和发展。公元 15 世纪中叶，即一世达赖喇嘛根敦朱巴统治时期，西藏纺织业得到了前所未有的发展，出现了两件大事：第一是江孜诞生了卡垫，相传江孜冈巴（今冈巴乡）地方的纺织艺人在一种名叫“缠巴”的毛毡基础上，生产了卡垫。就在这个时期，山南的杰德秀兴起了邦典的纺织。[①]这一时期，江孜卡垫因其制作工艺先进、图案色彩丰富，备受群众喜爱。江孜卡垫生产已经初具规模，仅江孜镇专门从事卡垫生产的人就达数千人，江孜成为藏地生产卡垫的中心，并且藏毯原料加工、编织、销售已经进入比较成熟的阶段。当时的江孜，家家有织机，处处闻织声，商铺

---

① 张明、扎嘎：《西藏的手工业和工艺品》，中国藏学出版社，1996，第 6 页。

昌盛，一时间，在江孜形成了“家家有机梁，人人会织毯”的兴旺景象，“江孜地毯”也逐渐成了藏毯的代名词。历史上江孜就有楚西贵族、朵西贵族雇用卡垫生产者生产以自己家族的名字命名的卡垫“楚西壁沙”“朵西壁沙”。卡垫还作为贡品进入宫廷而名声大噪，贵族、寺院纷纷定购。萨迦法王八思巴去京都朝见忽必烈，所赠贡品中即有江孜卡垫，江孜卡垫在京都颇受欢迎，并博得了“蕃人精品”的美誉。[①] 原西藏地方政府还在江孜设立了生产卡垫的作坊，建立卡垫行会组织——“吉社”，并派遣一名五品官员来管理江孜卡垫的生产，其产品除本地自给外，还远销印度、尼泊尔、不丹、锡金等，有少量的藏毯经南亚进入欧洲。藏毯之所以名贵，主要在于其体现出的丰富文化内涵。藏毯自诞生起就不仅是一种生活必需品，更重要的是一种几千年来藏民族文化积淀而成的艺术品。

在拉萨及山南的实地调查中，有这样一个广为流传的传说，罗桑嘉措统治期间，在拉萨召开过一次“全藏区手工业产品展评会”。被评为当时藏地优质产品的有江孜的卡垫、贡嘎杰德秀的围裙、郎杰秀的氆氇、墨竹工卡塔巴的陶器、拉萨的缝纫制品、昌都的唐卡、卫藏地区的金银铜铁器等。这次展评结果和今天西藏优质产品的生产格局基本相符。[②] 在此期间，建立了由政府一手控制的手工艺人“行会组织”，以便进行有组织的专业化生产。

藏毯在明清时期有了进一步的发展，史料记述，在清同治十年(1871)，当时有一行西藏喇嘛到北京观光，而后就留驻北京彰仪门大街报国寺内，并广招贫家子弟传艺，开办了京津第一个民间地毯生产场——“地毯传习所”。[③]

到了20世纪50年代后期，一部分藏族同胞在尼泊尔定居，以织毯为生，藏毯制作工艺传入尼泊尔。1953年，国营拉萨地毯厂建成，它既是西藏第一个现代意义的工业企业，也是传统的家庭手工业实现规模化生产的开始。但是由于种种历史原因，藏毯虽源于青藏高原，却没有得到很大发

---

① 康·格桑益希：《藏族民间编织工艺》，《西北民族大学学报》2004年第5期。

② 张明、扎嘎：《西藏的手工业和工艺品》，中国藏学出版社，1996年，第10页。

③ 中国建筑装饰材料网：http：//www.cbh－jj.com/cfz/cfz64.html。

展。相反，尼泊尔、印度、巴基斯坦等国家在得到藏毯的制造技术后，把藏毯作为支柱产业发展起来了。

（二）千年工艺，价值永恒

藏毯有显赫的历史，是因为藏毯这一凝结着藏族悠久历史和民族特色的手工艺术，融会着雪域高原千年文化的积淀，其独特的魅力在世界民族工艺美术宝库中也是一朵“奇葩”。藏毯一般用牦牛绒毛线和羊毛线合织而成，搭配出色彩鲜艳的花纹。手工藏毯有八大生产工艺：纺纱、染色、图案、设计、织毯、洗毯、剪花及整理，科学水洗处理后，藏毯会有似锦缎一般的光泽和质感，并且能够有效预防虫蛀。剪花工艺使地毯纹样轮廓鲜明、清晰，加之地毯色彩斑斓，产生近似浮雕的艺术效果，别具一格。[①]今天西藏的藏毯生产仍然延续着完全手工编织的传统生产方式，即先要通过手工绘制图案纹饰，再经过梳、纺、染色、倒线等程序，最后运用藏式穿杆结扣法编织而成，工艺十分复杂。

作为传统手工工艺品，藏毯在图案设计和用色的美感上充分体现了藏民族建筑的一些装饰风格，富有浓厚的藏传佛教和热贡艺术、唐卡艺术色彩。

藏毯的制作工艺层次分明。先后经过选毛（藏毯的原材料是羊毛，羊毛的品质是保证藏毯质量的前提。西藏阿里和那曲的羊毛品质是世界上最好的，用其编织的藏毯弹性最好），人工将原毛的黑、白、灰杂毛分色选出，以便纺纱、染色之用；洗毛，洗去毛中的油脂和杂质，洗出来的洁净毛绒，就有了光泽；纺纱，这一步分为手纺纱和机纺纱。手纺纱粗细不匀，单根纱自然独立，是制作仿古藏毯的最佳原料；机纺纱可根据不同藏毯品种的要求，按不同的毛绒配比纺出不同的纱质，比如配以牛绒、驼绒、羊绒等。关于编织，藏毯为手工编织，织法是重叠连环扣，俗称“手捧缠”，实际操作就是把纱线环绕在绕线杆上，待织完一行时，将纱线扣全部踩实，用刀具将杆上的绕纱割开，也可采用“挽头儿割绒”，即将绒纱同时缠绕在经线和编织杆上，连续操作，挽到一定长度才割绒一次，割绒同时抽出编织杆，比传统的“8”字扣（藏毯的一种织法）的每头儿必

① 李妍：《藏毯业步出阵通天地宽》，《国际商报》2009 年 7 月 8 日。

砍，明显减少了劳动强度，提高了劳动效率。地毯的厚度由铁杆的直径决定，因此工人对毯子厚薄控制自如。用藏毯打结法织出的地毯，毯面出现的效果是层层纱的断面、毯面形成自然横向条纹，看上去重重叠叠，层次分明。经过粗剪、精剪多次加工使图案突出、线条清晰，增强了毛绒的厚实感。① 藏毯的编织工艺在现代传承中已有所创新和发展，以传统工艺为主，保持凝重浓烈、清逸深沉的基本色彩风貌，也丰富了藏毯的色彩。

传统藏毯的图案带有浓厚的宗教色彩，装饰图案纹样也十分丰富，主要有龙、凤、仙鹤以及其他象征吉祥的动物、植物和山水等；组合纹样有吉祥雍宗图符、“鼎”纹、寿字纹装饰、日月宝贝、吉祥八宝、国王七宝（属印度佛教文化，即方胜、连环线、犀角、令牌、象牙、珊瑚、珠宝）、二龙戏珠、凤凰牡丹、龙凤呈祥、万字永结等，此外还有属于汉地佛教文化的各种纹样。如过去江孜地毯就多以古老的寺庙壁画为主，主要有二龙戏珠、花草鸟兽、山水古画等。现在，江孜地毯在花色品种方面，有了很大的进步，能织大型的布达拉宫和珠穆朗玛峰等图案。

藏毯图案按构图的特点，大致分为五大类，即江垫式、龙凤式、满地铺式、城郭式和嘎雪巴式。②

江垫式：把取自锦缎上的缠枝西番莲式的波状图案织在卡垫上的统称为“江垫”。实际上卡垫图案来自锦缎的不单这一种，其他也有多种图案来自锦缎，但这一类形式比较明确、单一、特别，也比较集中，是群众在长期的生产实践中约定俗成的。

龙凤式：龙凤式是所有龙凤图案卡垫的总称，它是按图案内容区分的，如二龙戏珠、龙凤呈祥、穿云龙、蛟龙闹海、二龙逐凤、凤凰戏牡丹等。在长期流传中，有了固定格式，都离不了龙、凤、云、花、水，且多是反转对称或相向对称。龙凤式纹样多半也是来源于锦绣服料。

满地铺式：这一类图案的纹样来源极为广泛，内容也很丰富，有取自藏靴上绣花纹样的，有取自古代中原的绣花衣料上的，有来源于藏族建筑装饰上的，也有从印度丝绸和织锦上搬来的，等等。内容和风格差异虽大，但在章法形式上却有着很多相近的地方，同样都是纹样布满全毯，且

① 格桑梅朵：《精美质朴的藏毯》，《西藏人文地理》2008 年第 1 期。

② 格桑梅朵：《精美质朴的藏毯》，《西藏人文地理》2008 年第 1 期。

分布均匀，通常无边。整个图案往往形成两个或三个较为明显的节次，两端总是以向心的趋势集中。

城郭式：藏语中把锁口“丁”字纹的叫“加架”，意即汉地城墙。其特点之一是有边框纹样，而且多带“丁字纹”小边，形如城郭，我们借助这层意思把凡有完整边框纹样的图案称作“城郭式”。最常见的大边形式有以下几种：一是锦纹盒子边（盒子里的纹样多为暗八仙、佛八仙、国王七宝或三者杂而用之），二是水纹边，三是花草边。

嘎雪巴式：以人名称谓。嘎雪巴·曲杰尼玛是江孜贵族，曾任西藏地方政府的噶伦。他对卡垫图案尤有兴趣，通过对内地近代丝绸刺绣的研究，吸收了刺绣被面和刺绣衣料上的大花大叶以及整枝花的形式，并结合卡垫的生产工艺特点，创造出一种类似内地“彩花式”的新图案，为藏族群众所喜爱，人称“嘎雪巴白萨”。“嘎雪巴式”的特点是章法自由流畅，形象色彩突出，有些像内地早期的“彩花式”图案，花纹比较均匀地分散在所有的空地里，其典型格式是四角有四块水纹。分类者把后来的一切大朵大枝、三点交错或两点对称排列的花卉图案，全部归入这个类型。

藏毯纱线染色的用料主要是依照传统的工艺，采取植物染料经加工染制而成。以此染色的纱线，编出的藏毯色泽柔润自然，而且比天然色丰富多彩，且不脱色，纯植物提取也很绿色环保。土产颜料的基本颜色有蓝、绿、黄、红、紫红、金黄、白、棕、黑等。下面以蓝、黄、绿为例来说明一下。

蓝色：仁布县出产的一种叫“挺”的蓝色矿石，经过粉碎、研磨后就可使用。使用时要加入适量的“究鲁”，“究鲁”是仁布县出产的一种灰黑色的泥土，其自然状态很像炉焦子，遇水溶解，两种染料备齐加工后，投入染池，搅拌均匀，再将毛纱放入染池，浸染一天以上即可得蓝色，浸染的时间越长，所得的蓝色越深。还有一种染料叫作“惹木”，是印度进口的，质硬如石。用时先用清水泡，等吃透水以后再将其研细呈糊状，加入50℃左右的温水，搅拌均匀后随即把毛纱投入浸染，五分钟后可以得到月蓝色，十分钟就能得到二蓝色，半小时即可染成深蓝。用“惹木”时同样要加入适量的“究鲁”作为助剂。

黄色：黄檗、梓子、大黄都是植物，均可染得黄色，其中大黄用得最多。大黄藏语叫作“秋落”，它的叶可以染出浅黄色，根可以染出深黄色，另有一种发红的大黄根还可以染出锈红色。

绿色：用大黄叶罩染深浅不同的蓝色纱即可得到不同的绿色，但染得的绿色近似于干菜绿，色头不甚鲜艳，如果用深黄罩染不同深浅的蓝色纱，就会得到不同色泽的秋香绿。此外还有“斯秋”“玛秋”“白土”“纳翠”等矿物染料和“达巴”等植物染料。橡壳染后为驼色，大黄、槐米为黄色，大黄叶为浅黄，大黄根为深黄，板蓝根为蓝色，茜草根为朱红色，等等。

天然颜料着色后稳定性强、持久，能就地取材，成本低廉，由于是传统工艺，操作熟练，质量可靠。但采集、加工这些染料所用时间长、工序繁杂，如今大多数人都使用化学颜料，虽然成本高，但简便快捷。①

（三）手工藏毯在国内外地毯中的地位

藏毯具有极高的使用价值和文化收藏价值，藏毯作为生活必需品在西藏几乎家家户户可见，并在收藏品市场、礼品市场、环境饰品市场、纪念品市场，宗教用品市场五大工艺品市场均有良好的发展前景。随着游客和外界对于藏毯的认同度越来越高，藏毯市场也越来越大，逐渐成为我国青海、西藏省区重要的出口商品，远销北美、西欧、南亚等十多个国家和地区，产品供不应求，尤其是手工编织产品，在世界藏毯市场上属于高端产品，价格不菲。

伊朗作为世界顶级手工地毯的生产国，地毯不仅代表着伊朗悠久浑厚的文化，也是波斯文明的象征。作为世界手工地毯主要生产国之一的伊朗，地毯产业遍及了大部分的省份，伊朗主要生产的是与手工编织藏毯齐名的——波斯毯，在打造精细产品方面，生产者所投入的心血是其他地毯生产地区无法比拟的。他们在 1 平方厘米面积的地毯上能打 200 多个结口，将人类手工操作发挥到了极致，然而价值也是极其昂贵的，成为世界地毯市场上的高端产品。许多年来，波斯毯备受欢迎，被称作“软黄金”是一点儿也不夸张的。在中国青海举办的 8 次藏毯国际展览会，伊朗每次都组织 10 多家企业前来参展，并带来精美产品，一块块精美地毯摆满了伊朗的展位，让参观的客商们目不暇接。② 据说在伊朗，人们把地毯视为传家宝，

① 多加：《藏刀 · 金银器 · 藏毯——特色浓郁的民族手工艺品》，《中国西藏》（中文版）2003 年第 5 期。

② 罗连军：《世界手工地毯生产国瞄准夏都》，《青海日报》2011 年 6 月 21 日。

名贵的地毯比黄金、钻石还要珍贵，很多有钱人还将地毯和名画、古董一样作为保值品。

然而手工藏毯的地位并不亚于波斯毯，在国际地毯市场上的声誉及口碑也极好。手工藏毯因为注重保持传统的手工技艺和富有浓厚民族艺术风格的图案，发扬羊毛、蚕丝等天然原料和手工制作的优势，趋向小批量、多品种的生产，成为高档的室内装饰工艺品。比如，在2012年的藏毯展览会上，以羊毛、羊绒、丝、牛绒、驼绒为主要原材料的高道数手工块毯、高档次手工艺术挂毯大受欢迎。

多年来，由于种种历史原因，藏毯虽源于青藏高原，却没有得到很好的发展。相反，尼泊尔、印度、巴基斯坦等国家在得到藏毯的制造技术后，把藏毯作为支柱产业发展起来了。印度现在是世界手工地毯最大的生产国之一，最大特点是吸收了波斯、土耳其、高加索、土库曼、法国奥泊桑及中国的各类图案设计，生产的手工编织地毯、手工簇绒地毯、长毛烟丝地毯、人造丝地毯、绣花地毯等在世界地毯市场中极具竞争力。20世纪50年代，尼泊尔从西藏的藏族那里承接了手工藏毯技术的秘诀，并将这个技术运用和发挥到淋漓尽致的地步，使尼泊尔手工藏毯的声誉提高，也成为世界著名地毯生产国。相反，今天西藏的许多藏毯企业都以求得尼泊尔藏毯技师的指导为荣。在2012年的青海藏毯国际展览会上，尼泊尔作为世界著名地毯生产国，尼泊尔展位的产品吸引了许多客商。一块块选用新西兰优质羊毛，富有弹性、立体感强、光泽度好的地毯记录了尼泊尔民族文化的魅力。

源于青藏高原的民族工艺奇葩——藏毯，在历经了千年的文化传承和发展后，正散发出更加迷人的光彩，已成为国内外民族手工产品的佼佼者。因此，西藏大力发展藏毯业有着重要意义。一是有利于藏文化的传承、保护和发展。藏毯源于西藏，是藏民族文化、宗教和工艺的结晶。由于历史原因，西藏藏毯业发展远远落后于印度、尼泊尔，甚至落后于青海等国内地区。大力发展藏毯业，不仅有利于传承、弘扬藏民族文化，而且对挖掘和继承民间工艺、保护民族品牌具有重要的意义。二是有利于发挥比较优势。西藏拥有生产藏毯的悠久历史和丰富的生产原材料，大力发展藏毯业具有生产成本低、产地正宗、文化价值高等综合优势，极容易形成后发优势，创造品牌，赢得市场认可。三是有利于扩大农牧民就业增收。

广大的农牧民本身就是民族手工艺者，大力发展藏毯业可以提高农牧民的就业率，提高他们的收入水平，丰富他们的精神生活，对维护地区社会稳定具有重要意义。四是有利于形成特色产业。藏毯业是劳动密集型和技术密集型产业，大力发展藏毯业有利于推进西藏藏毯产业化进程，有利于环境保护，对加快西藏经济增长方式转变，尽快形成区域特色经济具有重要意义。

在2012年第9届青海国际藏毯展览会开幕当天下午举行的巴基斯坦国别日活动开幕式上，世界手工地毯协会主席库克决定要为所有人献上一部倾注了自己心血的影片——《经线纬线》。他说，这应该是一部纪录片，展示巴基斯坦的地毯编织以及后续工作是如何完成的。他拍摄这部纪录片也只是想向大家展示手工地毯是如何通过很多人的通力合作变成一件完美的工艺品的，并且告诉人们，要得到美好的事物，就要自己动手，通过辛勤的劳动。希望人们看完纪录片以后，能感悟出编织手工地毯并不仅仅是在传承一种文化，更多的是在延续一门由众多艺术家共同参与的传统手工艺产业，延续民族文化的深厚情结……①

二 西藏藏毯业的发展历程与模式建立

藏毯是青藏高原传统手工艺品，自古以来就享有盛名，在世界手工艺地毯中最具地域文化特色，其编织工艺和图案配色，都明显有别于其他类型的地毯，堪称中华民族艺术瑰宝。藏毯产业作为藏民族三大传统产业，历史悠久，并与藏族人民的日常生活息息相关，历来是藏民族最重要的生活必需品之一。具有千年工艺的藏毯业，历经风霜，是藏民族最具特色和代表性的传统文化产业之一，而今，西藏藏毯业也是与时俱进，不断开拓创新，从传统走向现代……

（一）藏毯业：兴起与发展

藏毯不仅是藏族百姓家中的“常客”，也是世界各地人们家里的“座上宾”。藏毯是最具西藏特色的手工艺品（既是一种舒服的卧具，又是一种赏心悦目的装饰品），是藏民族生活中不可缺少的必需品（白天可以当

① 晓姝：《手工地毯：不仅仅传承一种文化》，《青海日报》2012年6月23日。

坐垫，晚上可以当床垫），有着悠久的历史，是藏民族的优秀文化遗产之一。

藏毯业作为与藏民族生活密切相关的产业，起源应该是在唐代，据说与文成公主进藏有着非常紧密的关系。文成公主是公元641年到西藏的，带来了这种纺织技术。江孜是西藏藏毯发展最早的地区之一，据说最早可以追溯到公元11世纪，当时在年楚河中游地区（即今白朗县一带）就有一种名为“旺丹仲丝”（即“卡垫”）的手工技艺品，深受藏族人民的喜爱。后来，这一地区就成为西藏地毯的传统产区，织造技艺也因此得到较大发展，再加上当时宗教与生活的需要，卡垫的制作方法及产品图案也渐渐系统化，并形成了系列图案。之后，江孜地区的卡垫手工艺者在传统卡垫手工技艺的基础上不断改进和创新，经过长时间的发展，最终形成了独具特色的江孜地毯。

元朝萨迦法王治理西藏时，纺织业在这一时期得到了前所未有的发展，后藏江孜甚至出现了专做卡垫生意的商人，商人们先为织卡垫的人家提供资金，用以买羊毛、织卡垫，然后低价收购，抵还借出的资金。商人们将卡垫通过亚东出境，向印度、尼泊尔、锡金、不丹等国出售，这种商业性活动大大刺激了江孜卡垫的生产。《萨迦世系史》记载，公元1251年，八思巴去京都朝见忽必烈，送到京都的大批贡品中就有江孜卡垫。江孜卡垫在京都颇受欢迎，博得了“蕃人精品”的美誉。相传最早的江孜卡垫并没有图案，也没有色彩，后来出现的图案及色彩有的源自内地绸缎非常悦目的图案花纹，有的源自当时藏族文化特别是藏传佛教寺庙中的壁画、唐卡等艺术品，卡垫生产者把它们描摹下来，织进卡垫，江孜卡垫由此变得色泽鲜艳，光彩夺目，受到更加广泛的欢迎。

公元15世纪中叶，西藏藏毯原料加工、编织、销售已经进入比较成熟的时期。当时江孜地毯因其制作工艺先进，图案色彩丰富，备受群众喜爱。随后，“卡垫”作为贡品进入宫廷而名声大噪，贵族、寺院纷纷定购。一时间，“江孜地毯”也逐渐成了藏毯的代名词。后来，通过口岸，有少量的藏毯经南亚进入欧洲。民国时期，英国商人来到江孜，发现这里的卡垫极具商业价值，便在江孜开设了小型工厂和技艺学校，生产的各式卡垫产品远销欧洲。由于江孜卡垫高超的制造工艺与精美的产品特征，最终与土耳其地毯、波斯地毯并称为世界三大名毯。1953年，国营拉萨地毯厂建成，它是西藏第一家现代意义的工业企业，使传统的家庭手工业开始实现规模化生产。

改革开放30多年来，作为西藏重点特色产业的藏毯，经历了从传统到创新，目前西藏藏毯业已步入了产业化发展之路。随着西藏各族人民收入水平的不断提高，群众对“卡垫”的需求越来越大，同时，手工藏毯也逐渐成为西藏重要的出口商品。在这种形势下，国家和自治区政府也加大了对轻纺手工业的投入和扶持力度，拉萨城关区地毯厂、山南乃东地毯厂、那曲地毯厂等一批藏毯生产企业纷纷投产，成为西藏重要的传统藏毯生产企业。2006年以来，西藏自治区政府把拉萨市地毯有限公司、西藏江孜地毯厂、日喀则刚坚地毯厂等企业作为重点培育对象，并为部分传统企业提供了各200万元的资金支持。①

2006年，江孜卡垫织造技艺入选第一批国家级非物质文化遗产名录，目前担任江孜地毯厂厂长的边多，被批准为江孜卡垫织造技艺国家级非物质文化遗产项目代表性传承人。2011年，西藏自治区江孜地毯厂被文化部命名为“第一批国家级非物质文化遗产生产性保护示范基地”。这对于西藏藏毯业来说是非常重要的事情。边多出生于1950年，正好见证了西藏进入社会主义社会后60多年的发展和变迁，也见证了江孜地毯在新旧西藏的发展对比。从小就热爱藏式地毯编织技术的边多，兢兢业业地传承着这门卡垫织造技艺。出于对卡垫的热爱，他在江孜地毯厂先后担任了车间技术主任、绘图策划员等职务。其间，在传承传统技艺的基础上，不断进行技术创新，使这项技艺在原来的基础上紧随时代潮流，不断推陈出新，使江孜卡垫成为名满天下的优秀产品。江孜地毯反映了藏族织造技艺发展的历史，它的图案、织造、染色、剪毯等方面都有自己的特色，具有织造技艺独特、色泽鲜艳、毯面柔软的特点。如今，江孜卡垫已成为西藏地区的特色旅游产品。在织造传承方面，江孜卡垫也在坚持传承传统织造技艺的基础上，充分结合市场，顺应时代发展，创新出结合时代特色的卡垫，无论是艺术价值还是生活价值，都得到了发展与加强。今天的江孜，几乎家家户户都可以手工织毯，织毯已成为当地居民致富的重要手段。

据了解，为了保护这项织造技艺，江孜地毯厂采取了很多措施：一是

① 次旦卓嘎：《绽放一地彩虹的颜色》，《西藏日报》2008年2月4日。

追溯源头，证实历史，为江孜卡垫的历史文化捋顺关系；二是挖掘、保护织造技艺传承人，发挥他们“传、帮、带”的作用，并着力培养下一代传承人；三是加强卡垫技艺的理论研究；四是注重宣传，打出自己的品牌；五是创新思想，在不破坏传统技艺的前提下，顺应时代发展，以现代化的生产工艺来将卡垫的织造打造成一个体系。[①] 通过这一系列的保护措施，江孜的卡垫织造技艺不仅没有因为时代的发展而渐渐消失，反而随着西藏社会的不断发展而呈现出勃勃的生机，产品早已走出国门，远销海内外。

目前，藏毯业也是西藏出口创汇、扩大就业、增加农牧民收入的拳头产业。早在2005年，西藏自治区政府就开始加大藏毯产业的培育工作力度，使之成为西藏特色产业发展新的增长点，并在培育藏毯产业方面加强中小藏毯企业与龙头企业的合作、支持藏毯企业技术改造等多方面做了大量工作。此后历年继续加强协调，有效利用了各项支持资金、整合资源，加快探索了手纺纱加工供应渠道，实现了手纺纱加工供应本地化，为农牧民增收开辟了新的途径；同时加快建设步伐，形成完整的产业链，实现产品增值，加强品牌建设，使“藏之梦”牌藏毯逐渐成为有国际影响力的知名品牌。目前，西藏的藏毯生产企业基本上都拥有各自的品牌，江孜地毯厂的“宗山牌”藏毯还被国家有关部门评选为“中国著名商标”。

截至2013年，西藏已有重点藏毯生产企业14家，集中在拉萨、日喀则、山南、那曲等地。2012年，全区藏毯行业实现工业总产值2.12亿元。[②] 根据相关资料显示，拉萨全市重点藏毯生产企业有5家，藏毯产量约10万平方米，销售收入近5000万元；预计“十二五”末，产量将超过100万平方米，销售收入在10亿元以上。[③] 尽管如此，西藏全区藏毯产值与邻省青海省尚有较大差距。如今，包括拉萨地毯有限公司在内的西藏多家藏毯企业生产的藏毯已远销美国、德国、加拿大等欧美国家及东南亚和国内市场，产品供不应求。在产品营销方面，各个企业不仅加强原有的展会营销，还通过订单销售的方式宣传企业的藏毯，同时也开始了网络营销。

西藏藏毯业未来的目标是继续加大藏毯企业的品牌建设和国际市场开

① 慕云歌：《江孜卡垫用手编织出的世界名毯》，中国西藏新闻网，2012年7月3日。

② 常川：《在挑战与机遇的交错中纺织梦想》，中国西藏新闻网，2013年8月13日，转引自中国经济网，http：//district. ce. cn。

③ 六道不回：《西藏拉萨市拟组建藏毯产业集团》，中国家纺网，2011年2月18日。

发力度，培育具有一定国际竞争力的外向型龙头企业，让西藏更多具有特色、品质优良的藏毯产品走出区门、国门，走向世界。

（二）“公司＋基地＋农户”——藏毯业的模式的探索

历史上，藏毯业的生产设备落后，与近代先进的生产技术和设备无缘，产品的产量和品种都极为有限。进入新中国，党和政府大力扶持民族手工业，广大手工艺人走上了社会主义道路。各级政府帮助手工业者解决原材料采购和产品销售问题，改进生产工艺，提高产品质量，试制新产品，使藏毯业得到了迅速的恢复和发展。但是，在长期的计划经济体制下，藏毯业主要还是保持着传统的生产方式，生产、管理等环节科技含量较低。十一届三中全会后，自治区党委和人民政府制定了一系列发展民族手工业的政策，为恢复和发展民族手工业生产、调动手工业者的积极性创造了良好的条件。国家还拨了大量扶持资金支持民族手工业。一些传统藏毯产地再度焕发出发展活力。随着社会需求的增加和一些地区自然条件的优势，如江孜的卡垫、扎囊县的氆氇、贡嘎杰德秀的围裙等手工产品基地也得到保护和发展并形成规模。如江孜地毯厂，创建于1972年，改革开放后，从恢复和发展“卡垫之乡”的民族工艺珍品的目的出发，江孜县组织了一批织毯、染色技艺较高的老艺人，吸收社会上600多名个体小生产者组建了江孜城关卡垫合作社，后改名江孜地毯厂。

但是，西藏的藏毯产业由于固守传统体制，藏毯业的生产、技术及品种等科技含量仍然较低，同时规模化、商品化、市场化的程度也不高，企业生产和发展一度遇到瓶颈。特别是来自国外的所谓“藏毯”通过各种途径不断冲击国内市场的状况下，突破保守发展模式的禁锢势在必行。为此，自治区政府先后聘请多名专家对西藏藏毯企业进行了剪毯、洗毯、质量控制等多方面的培训。同时，组织企业参加国内外的藏毯展览会，帮助企业开阔视野、更新技术，所有的这些工作都取得了实效。目前，大部分藏毯生产企业在保持传统的基础上，引进了新工艺、新技术，产品的科技含量不断提高，竞争力日益增强。①

从2005年开始，西藏国有藏毯企业用了3年左右的时间完成了改革改

① 次旦卓嘎：《绽放一地彩虹的颜色》，《西藏日报》2008年2月4日。

制任务，建立起现代企业制度。藏毯企业遵循以科学发展为主题，以转变发展方式为主线，以加快培育具有特色的“四优四强”龙头企业为目标，以改善民生为出发点和落脚点，不断推动技术创新和产业升级，淘汰落后产能。[①] 与此同时，西藏自治区政府在山南、日喀则、那曲和拉萨四地市，建立起数十个藏毯编织试点车间。先后对技术、管理人员和藏毯编织工人进行了技能培训，使劳动者素质和生产生活水平有了一定程度的提高，企业发展的活力和动力也不断增强，企业发展的质量和效益显著提升。同时，西藏也鼓励和扶持国内外藏毯企业在西藏投资建厂。目前，已经在拉萨、日喀则等地新建了西藏藏之梦地毯有限公司、帮锦镁朵地毯厂、卓玛地毯厂等多家具有较强设计生产能力的新企业。英、美、法等国家的商家也有在西藏合资、独资建厂的意向。[②]

以拉萨地毯有限责任公司为代表的藏毯生产企业，充分利用公司的资金、品牌、管理等优势，大力发展农户加工和与中小地毯厂联营的经营模式，如今，西藏藏毯业已基本形成了“公司+基地+农户”模式，并且向产业化、国际化方向发展。

以拉萨为例，目前，拉萨藏毯业主要以手工生产藏毯为主，基本形成了拉萨地毯有限责任公司、西藏帮锦镁朵工贸有限公司、西藏毯华编织有限公司、拉萨城关区地毯厂等一批骨干企业，一批中小藏毯企业也茁壮成长，基本形成了产业集聚、企业集聚的格局。在政府的大力度扶持下，西藏藏毯产业孕育着无限的生机和发展潜力（参见表8-1）。

表8-1　2010年拉萨市藏毯生产企业经济指标情况表

单位：万元

序号	企业名称	性质	总产值	增加值	销售产值	利润	税金	从业人员(人)
1	西藏拉萨地毯有限责任公司	民营	2832	945	650	130	41	585
2	西藏帮锦镁朵工贸有限公司	民营	1175	380	973	210	5.5	140

① 何静：《以改革促发展　谋转型增效益》，《西藏日报》2008年2月4日。

② 次旦卓嘎：《绽放一地彩虹的颜色》，《西藏日报》2008年2月4日。

续表

序号	企业名称	性质	总产值	增加值	销售产值	利润	税金	从业人员(人)
3	西藏毯华编织有限公司	民营	906	300	706	140	9	70
4	拉萨市八宝藏毯厂	民营	130	61.8	100	25	5	32
5	拉萨市城关区地毯厂	民营	2700	936.88	1020.8	123	29	164
合计	—	—	7743	2623.7	3449.8	628	89.5	991

数据来源：拉萨市工业与信息化局网站。

（三）“公司+基地+农户”模式的运用——以拉萨地毯有限公司为例

近年来，拉萨市藏毯业发展迅速，规模不断扩大，但这个产业发展比较分散，存在规模小、集约化程度低、专业化生产滞后、产品档次低、生产装备落后、专业技术人才匮乏、企业融资困难、品牌战略意识薄弱等问题。为此，西藏自治区政府对藏毯产业发展高度重视，专门成立了藏毯产业发展协调领导小组，通过采取财政扶持、政策引导等多种措施，并投入大量资金，加快传统企业升级、扩大生产规模等工作，对提高藏毯产业发展水平进行了有益的探索，积累了宝贵的经验，为西藏藏毯产业的长远发展奠定了基础。①

拉萨藏毯有限责任公司的“公司+基地+农户”模式形成背景：首先是因为近年来西藏区内从事藏毯加工的企业较多，民间作坊也遍布各地，这些企业和作坊，因其规模小、产能低，生存环境不佳，加剧了羊毛等原材料的争夺。该公司发现一些从事羊毛收购的商人，直接从民间低价收购，转手又将大批的原材料运往国外牟取利益，而真正受损的是西藏自身的利益。其次，国外大量廉价的所谓“藏毯”（有些藏毯原料的产地甚至就是西藏）通过合法的途径进入西藏，以低价冲击市场，使处于微利的藏毯企业如履薄冰，面临生存危机。面对不利的因素，作为西藏藏毯龙头企业的拉萨地毯有限责任公司，义不容辞地担当“旗手”，率先走出了“公

① 巴桑次仁：《我区完成藏毯产业管理职能移交》，《西藏日报》2010年9月16日。

司 + 基地 + 农户”的模式。事实证明，这个模式是一条适合西藏藏毯业发展的有效途径。

拉萨地毯有限责任公司（前身为拉萨地毯厂）是西藏最重要的国有企业，也是最早涉及国有企业改革改制的企业之一。建于1953年，是西藏第一个民族手工业企业，建厂初期曾由全国政协原副主席阿沛·阿旺晋美亲自出任第一任荣誉厂长。公司在2005年成立以前就已通过ISO9001质量管理体系认证，成为全国少数民族用品定点生产企业、西藏自治区技术质量“AAA”级企业、拉萨市农牧业产业化龙头企业、西藏旅游局旅游纪念品定点生产企业。2005年，拉萨地毯厂改制成为拉萨地毯有限责任公司，注册资金1115万元，现已发展到累计资产达2亿元人民币，拥有员工196人，其中管理人员6人，特级织毯师25人，一级织毯师30余人。经过改制后的公司各类织毯设备齐全，技术力量雄厚，品种繁多，质量过硬，成为自治区最大的民族手工业龙头企业。下设加盟企业16家，已建设成为松散型企业集团。该公司主导产品为地毯、卡垫、挂毯、坐垫及旅游纪念品，共200多种规格，近千个花色品种。

该公司的生产技术过硬，编织工艺精湛，其生产的藏毯曾多次被西藏自治区政府作为重大献礼活动的礼品。特别值得一提的是1954年拉萨地毯厂生产的挂毯还曾作为西藏珍贵礼品献给毛泽东主席；1977年又为毛主席纪念堂西藏厅编织了具有浓郁民族特色的地毯；1997年编织的“高山水长”挂毯曾作为西藏自治区赠给香港特别行政区政府的礼品。拉萨地毯厂还多次荣获国家级和自治区级各种大奖，如1991年荣获西藏自治区轻纺民族手工业优质产品奖，2003年其生产的扎西德勒挂毯和大昭寺挂毯分别荣获第二届全国民族手工、旅游纪念品、工艺品设计大赛银奖和优秀作品奖，为西藏藏毯赢得了众多的荣誉。1999年被西藏自治区人民政府授予“特色产品”称号。

目前，该公司已经很好地起到了西藏藏毯企业的领头羊作用，由其牵头并领军建设的西藏藏毯大厦是目前西藏民族手工业产品集中展示和集中销售的平台。该大厦集藏毯展示中心、整体销售中心、藏毯研发中心、藏毯培训中心、藏毯博物馆和藏毯协会活动中心为一体，在展现西藏藏毯特色的综合功能上发挥出了重要作用。同时，该大厦还将成为西藏藏毯生产的人文旅游景点和民族手工艺品宣传窗口，成为客商和游客的旅游购物中心和民族手工企业的优质的销售平台。

"公司+基地+农户"模式也体现了拉萨地毯有限责任公司向现代企业转换的经营特点。首先,"公司"主要是指拉萨地毯有限责任公司,是西藏国有企业改制的产物。西藏国有企业改制形式主要为股份制、租赁经营、承包经营、合资经营、拍卖、出售、兼并、破产等,其中,实行股份制改革、推行投资主体多元化是西藏国有企业改制的主要形式。按照规划,西藏已在2010年前,分期、分批将行业主管部门管理的国有企业陆续划转由各级国资监管机构管理,以出资人代表形式,统一行使国有资产出资人职责。拉萨地毯有限责任公司(下面以该公司为例说明西藏国有藏毯企业的改制及发展模式)在对国有企业进行清产核资、资产评估和产权界定的基础上,吸收法人及社会自然人参股、职工入股,形成多元投资主体,按《公司法》改制成了有限责任公司,促进了企业资产结构、组织结构的合理化。公司化企业指按《公司法》建立和经营的具有法人资格的厂商组织,是一种重要的现代企业组织形式。公司由股东所有,公司的控制权在董事监督下的总经理手中。目前西藏藏毯企业主要以有限责任公司形式存在。有限责任公司又称"有限公司",是指符合法律规定的股东出资组建,依法或按约定享有参加公司经营管理以及分配股利的权利;与此同时,当公司经营出现负债、亏损、破产等情况时,股东仅以其出资额为限对公司承担有限的风险责任,即所谓股东有限责任,公司以其全部资产对其债务承担责任。与股份有限公司不同的是有限责任公司不能发行股票,公司规模也是不能与上市公司相比拟的。改制后的企业走向民营化。

其次,在政府的鼎力支持及有关方面的帮助下,"基地+农户"的发展模式开始于2007年。该公司依靠人才、资金、管理、技术、品牌和销售等方面的优势,以本公司为核心,以日喀则市地毯厂、日喀则金色莲花地毯厂、山南雍错地毯厂、山南浪卡子地毯厂、山南贡嘎县杰德秀地毯厂、山南扎囊县扎其乡地毯厂、山南隆子县职业教育中心、拉萨色拉地毯厂、布达拉地毯厂以及达孜、墨竹工卡、林周、尼木等的16家小型地毯厂为基地,吸收农村家庭作坊为辅的"公司+基地+农户"式松散型企业集团。松散型集团按照"坚持做传统产业、不做传统企业"的理念,建立了协作生产基地,采取统一研发产品、统一提供原辅材料、统一发放订单、统一质量标准、统一后期整理、统一劳动报酬、统一价格收购产品的运作模式，通过组织管理的创新、生产运作的创新，不仅提高了拉萨地毯在国内外藏毯市场的占有率和竞争力，还通过了ISO9000标准管理体系认证，企业经济效益明显提升，直接或间接带动了群众收入的增加。

（四）帮锦镁朵——手工编织的典范

西藏帮锦镁朵工贸有限公司于2004年7月正式挂牌成立，是一家民营企业，属拉萨市政府重点招商引资项目，也是具有西藏独特民族手工藏毯编织、染印、清洗等特色的龙头企业。公司位于拉萨市曲水县聂当乡工业开发区，注册资金2000万元，目前企业拥有总资产8200多万元，现有土地338亩，从业人员128人，设备齐全，技术雄厚，产业化基础良好。为了加快发展，公司健全了各项管理制度，制定和完善了各项规章制度和岗位责任制度，公司设有总经理、副总经理等职位，下辖七个部门、16名管理人员、200余名员工（其中技术人员25名）。

在拉萨藏毯企业中，帮锦镁朵工贸有限公司，以复兴西藏传统手工艺术为理想与责任，在坚持尊重传统织造技术的同时融入现代理念，时尚中孕育古朴，雕琢中烘托自然及庄严凝重，雍容华贵，优雅醇厚。公司产品以藏式纯手工羊毛地毯为主，原材料主要是羊毛、羊绒、牦牛绒、牦牛毛等。产品以传统手工精心纺织而成，使用尼泊尔进口的染料，古朴结实、美观大方、经久耐用、富有弹性、不易褪色，具有很高的使用价值艺术收藏价值，深受国内外广大用户的青睐，在国内外藏毯市场上享有很高的声誉。

公司的经营模式主要是通过参加全国各种产品展览会，依托境外提供的工艺和设计，以订单销售为主，开创性地打开了藏毯产业的发展之路。帮锦镁朵工贸有限公司的负责人介绍，帮锦镁朵生产的藏毯主要以公司订单为主，一般都是房地产商购买，用于样品房或别墅中，其他就是个人、寺庙和政府的订单了。该公司也采用“公司+基地+农户”的发展模式，且各项基础设施、生产车间、管理制度等方面在发展过程中也不断进行补充和完善，通过引进先进的生产设备和技术，对传统藏毯的生产进行创新和改造。该公司目前正在使用的生产流水线包括藏毯的粗加工车间、洗涤车间、染坊车间、编制车间以及原材料仓库等。现在公司仍属于全手工生产，并不断改造升级，力争只保留编织这一手工生产工序，其他工序都改成机械化生产，这样可以促进藏毯的产业化发展。公司在保持传统订单营销发展模式的基础上，还设立了实体展示店铺，采用现代化市场经营的发展模式，集展览、观光、销售为一体。经过多年的经营，公司的产业链已经形成，并有效地带动了相关产业的蓬勃发展。公司也积极拓展生产基地，吸引当地的一些小作坊成为公司下设的基地，同时，也在争取吸收工厂附近的一些农户，形成完整的产业链条。由于“公司 + 基地 + 农户”模式的运作，公司的藏毯生产也带动了畜牧业的发展。随着公司对原材料需求的加大，公司开始和当地农牧民进行专项谈判，有望在藏北草原设立原材料专供基地，完善“产—供—销”的产业链，目标是成为拉萨市藏毯产业的龙头企业。

该公司自成立之初就注重藏毯文化的传承、保护和发展，在发展中保护传统手工艺文化，同时致力于公司的品牌建设。该公司在继承西藏原有地毯传统精湛工艺的基础上，迎合消费需求，引进高新技术，赋予传统工艺美术品以现代和高科技理念，使“帮锦镁朵”手工地毯具有植物染色、绿色环保、不沾污等显著特点，提升了藏毯作为文化遗产的现代技术含量，也为产品增添了知名度和影响力。

截至 2012 年，帮锦镁朵工贸有限公司经过近 8 年的发展（参见表 8 - 2，图 8 - 1，表 8 - 3，图 8 - 2），之所以能够在国际市场立足，最重要的就是藏毯独特的文化内涵和粗犷、古朴、天然、原汁原味的风格。从行业经验来看，手工地毯属于艺术品，具有五重价值：财富价值、收藏价值、文化价值、使用价值和欣赏价值。而在这一点上，帮锦镁朵与国际手工地毯的生产是相吻合的。帮锦镁朵的藏毯蕴含着藏民族古老文化的手工艺，又富有很强的时代气息，是西藏文化产业发展的范例之一。截至 2012 年底，西藏帮锦镁朵工贸有限公司年生产规模超过 3 万平方米，已成为专业化生产藏毯企业；销售收入突破了 5600 万元，实现了固定资产 8630 余万元；每年带动农牧民增收 2500 余万元；季节性带动周边农牧民就业 15000 人次；年培训藏毯编织人员 200 余人，且新增工厂哈达厂培训人员达 70 人，基本实现了公司的近期发展目标。[①]

---

① 资料由帮锦镁朵公司提供。

表 8－2　西藏帮锦镁朵工贸有限公司 2010～2012 年的资产情况

单位：万元

时　间	资产总额	固定资产净值	净资产总额
2010	5766	1450	5505
2011	7275	1316	6914
2012	8635	2223	6036

资料来源：西藏帮锦镁朵工贸有限公司提供。

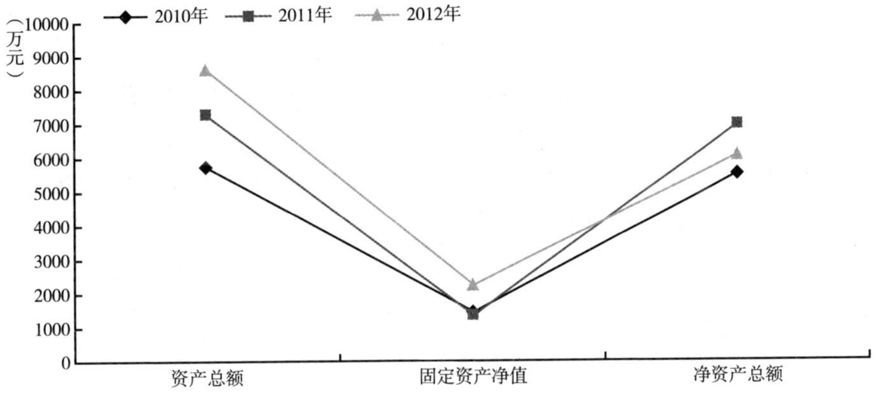

图 8－1　西藏帮锦镁朵工贸有限公司 2010～2012 年资产情况图

表 8－3　西藏帮锦镁朵工贸有限公司 2010～2012 年的经营情况

单位：万元

时　间	营收总额	利润总额	税后净利润
2010	2135	117	826
2011	3963	531	510
2012	5600	751	877

资料来源：西藏帮锦镁朵工贸有限公司提供。

目前，帮锦镁朵公司的主导产品有民族礼仪用品哈达及地毯、卡垫、挂毯、坐垫及旅游纪念品，共 200 多种规格，近千个花色品种，年生产规模超过 9 万平方米，成为专业化藏毯生产企业、西藏最大的民族手工业生产厂家、藏毯产业核心企业。2008 年、2009 年西藏自治区乡镇企业管理局授予其“发展民族手工业先进企业”称号；2008 年公司获得拉萨市人民政

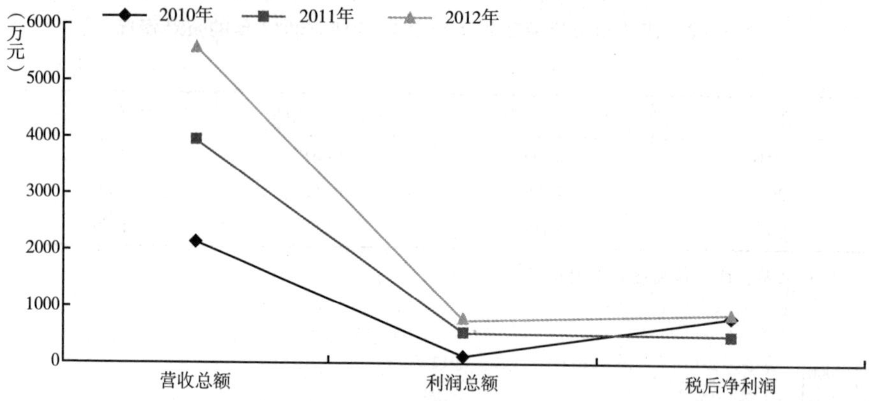

图 8-2　西藏帮锦镁朵工贸有限公司 2010~2012 年利税情况图

府授予的"拉萨市农牧业产业化龙头企业"称号；2011 年获得拉萨市人民政府授予的"拉萨市农牧业产业化经营龙头企业"称号；2012 年获得自治区农牧厅授予的"农牧业产业化经营龙头企业先进单位"称号；2013 年获得拉萨市"四业工程"办授予的"先进集体单位"称号；2013 年 5 月在第九届深圳文博会上，该公司编织的"龙凤莲花挂毯"荣获"中国工艺美术文化创意"金奖。

三　新世纪西藏藏毯业的发展空间与制约因素

藏毯作为西藏民族手工艺业中独具特色的产品，因其自然、古朴、粗犷的藏民族风格，迎合了现代人崇尚自然、返璞归真的心理要求，很受国内外市场特别是国际市场的欢迎，一直处于供不应求的状态。面对国内外市场的广阔需求，西藏藏毯业极具潜力和开发价值有着诸多的发展空间，但也存在种种制约因素。

（一）新世纪西藏藏毯业的发展空间和有利条件

藏毯浓郁的文化特色、手工编织的特点，进入 21 世纪以来，在世界地毯产业中展露出强劲的发展势头。德国商人卡尔·高曼说："在我们国家，没有人从事手工地毯的编织工作，我们只有机器制造出来的地毯。德国还有欧洲其他国家的人们很青睐传统手工制作的藏毯。我们尊重这种传统工艺和那些编制工，这是一种珍贵的艺术。"[①] 这番话代表了欧美市场对藏毯的认可。由于藏毯业巨大的商机，河北、山东等中国其他地区的地毯企业也投入到藏毯研发、生产中，出于满足市场需求和寻求利润，机织藏毯也已问世。从青海省连续举办的9次国际藏毯展销会看，西藏藏毯业的发展具有广阔的发展空间。

首先是巨大的市场空间。藏毯是青藏高原千年传承的民族工艺珍品，是国际地毯业的一枝奇葩。近年来藏毯出口量呈急剧增长趋势，特别是美国、德国等国家需求量很大。据统计，我国地毯出口量占全球地毯出口量的9%，居世界第四。目前，世界地毯产业市值约为90亿美元左右，而中国的市场份额仅为4亿美元左右。国际上，人均地毯消费为3平方米，而消费市场潜力巨大的中国人均地毯消费则不足0.1平方米。[②] 另外，近年来，随着西藏全面建成小康社会步伐明显加快，各族群众收入大幅增加，城乡居民消费结构加快升级，特别是农牧民生活质量不断改善，为安居新房购置两三套美观大方的藏毯已很平常。加之西藏旅游连年火爆，民族手工艺商品、纪念品市场需求不断扩大，包括藏毯在内的西藏民族手工业迎来了难得的发展机遇。

其次是产业发展空间。从2012年青海国际藏毯展销会看，参展藏毯品种齐全，精品化特色也非常突出，涵盖了国内外手工羊毛地毯、羊毛机织地毯，特别是以羊毛、羊绒、丝、牛绒、驼绒为主要原材料的高道数手工块毯、高档次手工艺术挂毯大幅增加，而且创新类产品不断涌现，如数码喷墨印花地毯、天然材料竹麻地毯。这表明，只要藏毯产业不断健康开拓、发展，将具有丰富市场前景。[③] 光纤纤维导电加热地毯等新产品也体现了当今世界地毯的流行趋势。目前，世界传统手工栽绒地毯和大工业生产的机制地毯相互发展，并行不悖。机制地毯采用先进的科学技术，力求高效率、大批量地生产和销售，成为普及的室内装饰材料。手工地毯则更

---

① 马勇、王大千：《中国藏毯在全球地毯业寻求“新地位”》，新华网，http://news.xinhuanet.com/fortune/2011-06/22/C_121570629_2.htm，最后访问日期：2011年6月22日。

② 陈晓鸣：《藏毯老产业上演今世传奇》，《中国国门时报》2013年6月14日。

③ 马勇、王大千：《中国藏毯在全球地毯业寻求“新地位”》，新华网，http://news.xinhuanet.com/fortune/2011-06/22/C_121570629_2.htm，最后访问日期：2011年6月22日。

注重保持传统的手工技艺和富有浓厚民族艺术风格的图案，发扬羊毛、蚕丝等天然原料和手工制作的优势，趋向小批量、多品种的生产，成为高档的室内装饰工艺品。在2012年的藏毯展会上，以羊毛、羊绒、丝、牛绒、驼绒为主要原材料的高道数手工块毯、高档次手工艺术挂毯大幅增加，这都是发展手工地毯的不竭动力。[①]

截至2012年，青海藏毯产业是青海省着力打造的十大特色优势产业之一，虽然占全国藏毯生产量91%，但仅占全国地毯生产量的4%，如果数据可靠的话，可以推算出西藏自治区全区的藏毯生产量占全国藏毯生产量的不到10%，而在西藏的藏毯生产中，拉萨藏毯产量约占整个西藏产量的80%左右，产品包括挂毯、长垫、手工编织品等。事实上，作为手工地毯的一个大类，西藏手工藏毯在世界手工地毯大家族中一枝独秀。目前多家藏毯生产企业入驻拉萨，一批藏毯骨干企业陆续在拉萨崛起，有效带动拉萨藏毯产业的发展。例如西藏帮锦镁朵有限公司就是从尼泊尔转入拉萨的藏毯生产企业。达孜卓玛地毯公司也从四川转向拉萨投资办厂。拉萨凭借原料、劳动力、发源地、民族文化、区位等综合优势，成为承接国内外藏毯业资本和技术转移的首选之地，也必将成为世界藏毯研发、生产、展示中心。[②] 这也说明西藏藏毯业拥有巨大的发展空间。同时，藏毯业的发展也带动了自治区旅游产业的发展。丰富多样的藏毯产品丰富了旅游产品市场，促进了自治区旅游业的蓬勃发展。

第三，文化底蕴的拓展空间。文化遗产是一个国家、一个民族长期积累形成的物质文明和精神文明，是属于整个国家乃至整个世界的共同财富。藏民族文化资源体现的经济价值是在市场经济和消费社会条件下藏族文化遗产的一种重要的价值形态，是藏民族文化体系的价值体现。在发展藏毯产业的过程中，如果只是一味地以产业来做产业，而不是从文化的角度出发，将产业转化为文化生产力，那就很难将藏毯产业的文化价值转化成经济价值。藏毯具有深厚的民族文化底蕴，深入挖掘藏毯的文化内涵是藏毯最大的竞争优势。但是文化也需要与时俱进，藏民族文化具有很强的

---

① 晓姝：《手工地毯：不仅仅传承一种文化》，《青海日报》2012年6月23日。

② 子宜：《青海藏毯产业发展：思维与谋略》，中国西藏网，2010年6月23日，http://www.tibet.cn/news/xzxw/kjtw/201102/t20110218_928520。

兼容性，可以吸收世界上所有优秀的文化，将其融入藏毯设计之中，让藏毯文化走向世界。西藏藏毯业还要加大产品的科技含量，在保持民族手工艺特色的基础上，大胆进行技术创新，在色彩、图案的精致程度方面有所突破，提高藏毯的附加值和美誉度，提高产品档次和竞争力。

传统的藏毯编织技术发源于西藏，独特的藏民族文化为发展藏毯产业提供了深厚的文化背景。藏毯在藏民族的生产生活中早已成为不可或缺的必需品。在长时间的发展中，藏毯的编织技术、编织工具、染色技术、图案设计等都不仅仅是一项生产工艺，更多的是藏民族在生产发展中的对藏毯编织技艺的传承，其中蕴含的编织文化和图案文化，对于藏毯的继续发展和文化的传承有着重要的作用。藏毯现在也成为可供收藏鉴赏的艺术品。同时，藏毯的编织技术和编织图案也在日益改进。从更高的意义上，可以说发展藏毯文化就是向世界各地展示有着如此深厚历史痕迹、鲜明民族特色的藏族文化，同时也在丰富着中华文化宝库。

藏毯业这样一个最富有民族特色的文化产业，在整个西藏的经济发展中的作用是举足轻重的，面对新时期的各种机遇与挑战，其自身发展也是具有一些有利条件的。

一是有最好的原料。西藏是我国五大牧区之一，用来编织藏毯的“两绒一毛”资源非常丰富。编织藏毯的原料是采用海拔 3000 米以上高寒地区、青藏高原特有的“藏细绵羊”的羊毛，因其纤维粗长，富有弹性，光泽度高，耐酸性好，被业界公认为织藏毯的最佳原料。目前，西藏藏系羊毛年产量 8000 吨左右，主要产自阿里和那曲两地。然而令人费解的是，西藏所产的珍贵羊毛却大多用于出口，如帮锦镁朵公司每年收购的羊毛为 3000～5000 吨，公司大约自用 1/5，出口到印度和尼泊尔约占 4/5。笔者认为其原因主要是当地企业的产能不足，不能更多消化自身的原材料，只好将原材料进行出口，从经济学的角度来说，这对于西藏地区经济发展来说无疑是极其不利的，好似“端着金饭碗要饭”。这是西藏自治区政府在制定政策及推动产业发展时应该引起高度重视的一个问题。

二是有丰富的劳动力保障。传统藏毯的生产属于劳动密集型产业，传统的纯手工编织技术对藏毯编织工人文化程度的要求不高。当前世界范围内，藏毯的生产主要集中在中国、印度、尼泊尔和巴基斯坦等国，而这些国家都普遍属于不发达国家，劳动密集型经济在这些国家中占有主要地位，这也正是成为以上各国发展藏毯的优势条件。在企业订单量较大的情况下，对工人的数量就有了较高的要求，说明藏毯产业的劳动力需求是巨大的。由于藏毯产业属劳动密集型产业，据测算，藏毯产业出口额每增加1万美元，就可创造出16个用工岗位。作为目前国内最大的藏毯生产企业的青海藏羊集团已经为青海农牧区创造出了16000个就业岗位。[①] 西藏藏毯企业中的编织工人一般来自西藏的农牧区，在生产过程中他们只要掌握某一具体工序的技术就可以有效的参与生产，这样的低门槛也使得藏毯产业成为吸收西藏农牧区剩余劳动力的重要渠道。而恰逢近几年西藏自治区陆续推行“退牧还草”“休牧育草”“禁牧搬迁”“安居工程”等项目，农牧民不再从事畜牧业，急需寻找新的生产方式。这正好可以发挥藏毯业服务于民、服务于社会的作用。据藏毯产业内部人员推算，藏毯的出口创汇每增加100万美元，需要从业人员1600人（含织毯、整理、管理、购销人员）。换句话说，藏毯产业带动就业的社会效应十分明显。帮锦镁朵公司从成本统计，每平方米产品主原料为1200元，按公司年产量3万~5万平方米产品核算，每年将带动自治区农牧民增收近4500万元。同时，公司与曲水县及附近的农牧民合作，为农牧民提供就业岗位。

三是有政府的高度重视。进入21世纪，中央政府和西藏自治区政府都十分重视发展西藏传统文化产业。2010年中央召开的第五次西藏工作会议提出要把西藏建设成为“重要的中华民族特色文化保护地”“重要的世界旅游目的地”，同时，确定了推动西藏发展稳定前所未有的新举措，提出要“从西藏资源条件、产业基础和国家战略需要出发，统筹规划，科学布局，着重培育具有特色和比较优势的战略支撑产业”。在这样的背景下，加快西藏文化产业发展，带动农牧民生活质量的提升，势必要求将藏民族文化中的优秀部分转化成文化产业，挖掘其蕴含的经济价值，提高其承带的文化附加值。西藏藏毯产业必将迎来新的重要发展机遇，西藏藏毯的保护和发展也越来越得到自治区政府的高度重视。“十五”期间，西藏把以藏毯产业为重点的民族手工业定为五大支柱产业之一；“十一五”期间又列为自治区六大特色优势产业之一；“十二五”规划实施前，西藏自治区还专题研究制定《西藏自治区民族手工业“十二五”时期发展规划》，对

① 马勇、王大千：《中国藏毯在全球地毯业寻求“新地位”》，新华网，2011年6月22日。

以藏毯产业为代表的民族手工业产业布局、发展环境、产业规模、质量标准体系建设、市场开拓、品牌建设等方面都进行了较为详细的规划。这些规划都将有力促进西藏藏毯业的发展。

（二）西藏藏毯产业存在的问题与制约因素

西藏藏毯产业经过多年发展，在政府大力支持下，部分藏毯企业经过改制，提高了企业的竞争度，取得了较高的经济社会效益，但仍然存在着许多待发展、改进的地方。特别是国内外藏毯企业的相互竞争日益加剧，一些企业采用纯机械化的生产方式，以低廉的价格、参差不齐的质量，冲击着传统手工藏毯的发展和市场份额。近年来，以拉萨为例，拉萨市藏毯业发展迅速，规模不断扩大，但发展都比较分散，存在规模小、集约化程度低、专业化生产滞后、产品档次低、生产设备落后、专业技术人才匮乏、企业融资困难、品牌战略意识薄弱等问题。下面着重分析一下几个明显的问题：

第一，藏毯生产的手工与机械化问题。以拉萨藏毯业为例，一些企业的生产仍然延续着2000多年前完全手工编织的传统生产方式：选用藏北阿里、那曲优质的羊毛，手工纺织毛线，经过梳、纺、染色、倒线、手工纺织、平剪和洗涤等一系列工序，最后运用藏式穿杆结扣法编织而成。手工编织耗时很长，一名熟练的工人，编一块0.5平方米的藏毯，需要一个月的时间，这也就导致许多企业不能应对量大并且要求较高的大订单，从而丧失产业发展的机会。据拉萨一位地毯厂负责人介绍，从市场价格方面看，手工藏毯每平方米比机织藏毯高出5～10倍。在市场经济下，机械化生产可以缩短生产时间、带来丰厚的利润，满足市场的大量需求，但这又威胁着凝聚藏民族传统文化的工艺产品的传承，使之失去原有的文化意义。据悉，2010年全球地毯市场产值达90亿美元，中国的地毯产值超过4亿美元，其中大部分市场为青海、天津等地厂商的机械化产品所占据。但在国际市场上，更多的还是青睐传统手工制作的藏毯。在坚持传统与顺应市场，一直是一个两难的问题，困扰着一些努力想坚持传统手工制作的藏毯企业，虽然最终这些企业还是坚持传统的全手工制作工艺，但如何处理好产品效益及产业链发展，甚至规模效益等方面的问题还没有得到很好的解决。

第二，藏毯市场边缘化问题。藏毯作为藏民族传统手工艺中的一项宝贵资源，发源于西藏，现在广泛遍布于中国各藏族聚居区。近年来，青海省依靠藏毯国际展览会，全力打造“藏毯之都”的称号，其市场份额也逐渐扩大，加上国外藏毯产品的进入，西藏的藏毯产品市场有被边缘化的趋势，与国际市场和青海省藏毯业的差距有明显拉大的趋势。在2012年的第9届青海国际藏毯展销会上，精美的波斯地毯成为聚焦人们视线的商品。据世界手工地毯协会主席库克介绍，仅伊朗一个国家就来了52家企业，而且都是经过报名遴选出来的佼佼者。伊朗手工地毯——波斯地毯作为伊朗著名的手工业产品之一，历来以优良的质地、古朴雅致的图案和精美的工艺受到人们喜爱，其编织和生产的历史至少已经有2500年。伊朗作为世界顶级手工地毯的生产国，在打造精细产品方面所投入的心血和用心程度，也是其他地毯生产地区无法比拟的。他们制作的一块地毯就可以当作一件作品，在1平方厘米面积的地毯上能打200多个结口，将人类手工操作能力发挥到了极致。尽管近年来，西藏自治区政府十分重视推动藏毯业的发展，但与国际市场和青海省的藏毯业相比，西藏藏毯业无论在品牌、专业化生产程度、规模化以及市场开拓方面都还不成熟，甚至处于被边缘化的境地。在激烈的市场竞争中，西藏自治区藏毯产业的市场份额越来越小，在国内青海藏毯、国外尼泊尔藏毯等的冲击下，作为藏毯发源地的西藏生产的藏毯有被忽视的倾向。

第三，政策支持力度问题。藏毯编织作为西藏传统手工艺，早在2009年就已申报了文化产业项目，但长期以来，政府在资金、政策上的支持力度还没有得到体现。在国家大力发展文化产业政策支持下，包括“十二五”规划、“文化产业倍增计划”等一系列国家层面的政策都把发展文化产业作为主要的支柱产业看待。当前拉萨多数藏毯企业也是借着文化产业的发展大潮，正积极加速扩张，加强产品研发、技术革新，这也导致了企业发展中资金缺口的拉大。虽然目前成立了拉萨市信用担保有限公司，但远远解决不了众多企业融资难的问题。另外，至今西藏自治区对藏毯业的发展还没有制定出推动力度很大的政策体系。前面提到的波斯地毯发展或许可以给西藏在制定政策措施方面带来些启示。西藏的手工藏毯要走高端市场，就要不断改进工艺，持续开拓自主创新产品，政府各部门要给予长期、持续的扶持，只有多部门联合，并把西藏藏毯做精、做专、做强才可以应对竞争激烈的国内外市场。虽然近几年西藏自治区政府已经高度重视推动藏毯业的发展，但力度深度还可进一步加大。

第四，价格竞争问题。不少业界人士认为，受原材料价格上涨影响，藏毯的成本也明显增加，与占据国际地毯高端市场的土耳其、比利时等国产品相比，藏毯的价格优势逐渐在丧失。一是随着需求的增加，羊毛的收购价格也开始上涨，由原来每吨3000元上涨至每吨12000元。原料成本就占总成本的20%，染料成本约占20%，原料价格上涨势必影响藏毯产业发展的规模。二是产品质量的问题。由于受诸多因素的制约，西藏藏毯业的精品意识还没有完全树立起来，致使很难在价格方面形成优势，取得应有的效益。西藏传统藏毯虽然历史悠久、经典耐用，但花色、品种还是显得单调。值得借鉴的是伊朗阿巴斯·尼夏泊瑞公司，该企业在2012年青海国际藏毯展销会上参展的每一件产品几乎都是艺术品。就该家企业来说，他们家族从事这门手艺已经是第六代，有快300年的历史。从最初家族里一个或两个人从事这个行业开始，慢慢向整个家族扩充，再影响到周边的亲友、邻居，再后来成立了专门生产精致波斯地毯的公司。而地毯的内容也从最初的花花草草、人物形象、静态风景等向高层次的细密画方向发展。绘制的图案主要关于波斯王国或者向伊朗近代的一些生活内容靠近，比如夜莺玫瑰、伊朗常见的风景、花卉、动物，还有一些宗教历史人物等。波斯地毯主要的原料是丝、棉和毛料，一般作品色彩对比强烈，要用上100多种颜色。波斯地毯的染色都是选用自然染色剂，配上已经有颜色的织物，所以颜色容易长时间保留。除了原料，编织工艺也很有讲究，比如每平方厘米的结数，一般70道已经是很好的了，超过100道自然是大师之作。精湛的手艺背后当然是不菲的价格，手工编织、构图复杂、颜色绚丽的波斯毯每平方米的价格都在2万元以上，尽管如此，这家挂毯企业还是在中国寻找到了不少收藏这种艺术品的人士。①

第五，工艺人才断层化问题。在整个西藏藏毯业的发展中，教育滞后是普遍的问题。企业中的管理人员、织毯技师、图案设计人员、新产品研发人员等科技人才严重不足，进而导致藏毯产品少、花色图案单一、产品

① 晓姝：《特写手工地毯：让传统艺术延续生命》，http：//www.qhnews.com/newscenter/system/2012/06/24/010807710.shtml，最后访问日期：2012年6月24日。

质量和品质得不到提升，在市场竞争中处于不利地位。在帮锦镁朵工贸有限公司现在的生产中，藏毯的设计、染色等技术都要依托尼泊尔方面的支持，而且每年还会聘请一些专业人员来厂里进行培训。所以，在大力发展文化产业同时，我们不仅要给予资金、政策上的支持，更多要从具体生产的技术人员开始，加强他们对相关知识的学习、教育，给予这些工艺人才必要的激励措施和展示才艺的平台，组织他们与国内、国际交流，参加各类学术、专业展览，通过园区网络推介、媒介宣传，扩大他们的影响力、知名度。另一方面，可以有重点、有选择地面向国内外吸引相关领域的优秀人才，只有这样才能更好传承文化产业。一位曾参加2011年青海藏毯博览会的美国客商保罗·施普尔这样说："我认为，中国藏毯产业目前面临的最大的问题是劳动力短缺。市场需要更多真正的手工藏毯，能够有更多的人从事这种传统工艺才能使藏毯在世界市场上处于优势。"①

四　促进西藏藏毯业发展的对策建议

正是在国内外藏毯生产企业的竞争下，西藏藏毯产业坚持传统手工编织，市场份额略低于其他省份，企业发展出现危机。为此，西藏藏毯产业必须借助文化产业发展的契机，打造青藏高原独有、传统、纯净的藏毯文化产业，以占领市场、增强竞争力。

随着我国经济的快速发展和西部大开发的建设，以及东部地区的对口支援，西藏的经济也快步发展起来，特别是在青藏铁路建成后，西藏自治区旅游业的兴起进一步促进了西藏经济社会的发展，带动了相关产业的升级，有越来越多来自国内外的游客进入西藏、了解西藏文化，也带动了相关旅游纪念品产业的发展。在这样的背景下，藏毯开始走出西藏，得到国内外市场的青睐。

但是当前藏毯在世界市场上的形势并不容乐观。根据天津地毯情报研究所提供的调查显示：每年国际地毯市场上藏毯成交额约为3亿美元，实际91.44%以上都是打着"藏毯"旗号在国际市场上销售的尼泊尔、印度的仿制品。这不仅挤占了西藏藏毯在国际市场上的份额，同时也破坏了传

① 马勇、王大千：《中国藏毯在全球地毯业寻求"新地位"》，新华网，2011年6月22日。

统藏毯的文化和形象。在世界地毯纺织领域，美国、意大利、荷兰等国生产的机织地毯闻名世界，但在崇尚自然、回归自然、追求环保的潮流前，国际市场还是更加青睐传统手工编织的地毯，这为藏毯的发展提供了良好的世界市场环境。

（一）关注藏毯产业发展的竞争比较

首先，要重视藏毯的品牌化经营。拉萨藏毯生产企业长期以来以手工作坊式加工为主，布局分散，集约化程度很低，很难形成规模经济。在这样的小作坊式生产加工下，企业的品牌意识也较弱。在国有化经营后，由于政府的主导作用，藏毯企业逐渐由原来的小作坊发展成为现今的大企业。特别是进入到市场经济发展时期，企业的品牌意识增强，发展成长起来一批优秀的品牌，如拉萨地毯有限责任公司的“雪域圣毯”，城关区地毯厂的“雪毯花”，“帮锦镁朵”等知名品牌，正逐步走进国际市场。

一些藏毯企业的生产专利得不到有效的保护，皆因没有建立原产地或地方标志。早在 2008 年，国家质检总局就组织了对藏毯地理标志产品保护申请的审查，经审查批准自 2008 年 5 月 13 日起对藏毯实施了地理标志产品保护，并颁布了《关于批准对藏毯实施地理标志产品保护的公告》。该公告确定保护范围以西藏自治区人民政府、青海省人民政府提出的范围为准。西藏藏毯产品原生产地标识认证工作已经着手，这对于藏毯企业生产专利的保护无疑得到了政策上的保证。但从总体上看，西藏藏毯的国际化品牌创建之路仍很漫长。

其次，要加强藏毯的规模化生产。西藏藏毯业内一直有企业家呼吁组建藏毯产业集团。在当前的经济发展趋势和自治区政府的经济发展战略下，组建藏毯产业集团，加强藏毯生产企业的整合，对于藏毯企业抵御市场风险、突破资金限制、形成完整的产业链、扩大企业的发展空间将起到积极的促进作用。藏毯产业只有经过规模化生产才会逐渐形成集约化的生产方式，发展形成龙头企业，以合理配置藏毯生产的原料资源，这样才能更好地在国内外市场上参与竞争，打造西藏自治区的藏毯品牌。

为打造现代化的藏毯加工产业集群，拉萨地毯有限责任公司计划投资 1460 万元，在拉萨经济技术开发区建设藏毯产业园，为藏毯产业化发展提供先进的生产设施、统一的原料和高质量、高科技的现代化技术。西藏自治区力争把拉萨打造成为全国第一藏毯强市。同时，政府将逐步推进“藏毯产业科技工程”，安排自治区特色农业发展扶持资金和产业与企业改革发展资金，扶持藏毯产业发展。通过一系列政策支持和企业自主发展，藏毯产业的规模化生产会逐步形成，对于整合全区的藏毯生产企业、集中产能、打造西藏自有品牌等方面都将起到巨大的推动作用。

再次，要规范藏毯的市场化销售。任何行业的发展、产品的开发，都有着特定的市场需求。有需求才有市场，立足于市场的需求，以市场需求为导向，开发适应不同消费群体的新产品，这样才能提高企业的竞争力，增强企业的活力。面对日益增长的市场需求，藏毯产业的发展应树立正确的市场观念，不能盲目追求数量而忽视质量要求。在发展藏毯文化产业的同时，要从消费者的角度出发展开藏毯消费市场的调查，了解不同的需要，关注行业的最新动态，做到始终与市场保持一致，与消费者保持一致，这样才能在激烈的市场竞争中立于不败之地。

藏毯营销的传统手段主要是藏毯企业通过参加各种展览会来接受订单，以订单销售的模式为主。藏毯国际展览会是藏毯展销最重要的方式，但西藏自治区限于场地的原因，将国际展览会交给青海省承办，从而也对自治区藏毯产业的发展造成一些不利的影响。帮锦镁朵工贸有限公司是以生产展会订单为主的典型企业，该公司常年在全国各地参展，以此来吸引订单。再如唐古拉文化传播公司，以独特的销售方式，致力于将藏族工艺产品文化推向世界。

最后，要参与藏毯国际化竞争。在世界市场范围内，藏毯生产大国主要是中国、印度、尼泊尔、巴基斯坦等国。西藏自治区藏毯出口的份额很小，当前西藏除了扶持和培育本土藏毯企业，还应鼓励和扶持国内外藏毯企业在西藏投资建厂，加大招商引资力度，将引进有实力的战略投资企业，促进西藏藏毯产业尽快形成规模化。目前英、美、法等国家的商家已有在西藏合资、独资建厂的意向。

针对打着“藏毯”旗号在市场上销售的国外品牌，西藏自治区将加强对尼泊尔等国外产品倾销的行业检查力度，保护自治区内藏毯产业的发展。与此同时，政府在税收方面对藏毯及其相关产品的出口退税率给予补贴。

（二）完善藏毯产业发展的外部环境

民族手工艺是全球性的文化意识形态和实用审美产品。在我国，民族手工业是中华民族悠久文化的物质载体，是现代化浪潮中充满生机与活力的经济产业和文化产业，藏毯作为藏民族传统手工艺中的优秀代表，在弘扬民族优秀文化、发展地方循环经济、拉动扩大内需、增加劳动就业、促进旅游事业和文化繁荣、增进国际交流等方面都发挥着重要的作用。在国家和拉萨市的“十二五”规划中都相应的提出打造传统手工业文化产业的目标，这就需要得到政府在政策、财税、法律等多方面的支持。

首先，要加强政府的政策支持。在我国体制转轨过程中，政府仍然是主体，主导和控制着企业市场化的方向、途径和方式。对于西藏自治区而言，民族手工业又承载着工业化、增加农牧民收入和产业集聚的功能，以此来缓解“三农问题”和“城乡二元”结构等多层次社会经济问题。自治区政府应落实和制定有关民族手工业财政、融资等各项优惠政策，解决好政府职能缺位问题，建立促进产业联动协调机制，强化政府引导、扶持、保护和市场监管职能等。

西藏自治区政府于 1996 年出台《关于加快西藏民族手工业发展的决定》，在资金、物资、税收、人才、外经贸等方面制定了较为优惠的政策，其中藏毯作为一项重要的民族手工艺也包括在对象内，这些优惠政策的出台都带动了相关产业的较快发展。从 2006 年以来，拉萨市政府就明确表示，“将进一步积极培育藏毯产业，使之成为农牧民群众增收的一个有效途径”。为实现这一目标和任务，拉萨市制定了藏毯产业扶持政策，从税收、财政及技改等方面予以扶持；在达孜县建设民族手工业园，加快藏毯业向园区集中的步伐，引导藏毯企业走集聚化、园区化、集约化发展模式；积极探索筹建拉萨市藏毯博物馆和国际藏毯展览会，加强市级藏毯研发、生产、销售中心建设，营造良好的藏文化投资发展环境。①

政府作为市场的主导力量，应加强对当前民族企业观念的转变，逐步改变传统的“输血型”发展方式，鼓励、引导企业参与更广阔的市场竞争，培育成为内生性、“造血型”的企业发展。

---

① 卢颖等：《尼籍藏胞次旦和他的地毯厂》，《中国西藏》2012 年第 3 期。

当前具体的政策措施包括：国务院颁布的《传统工艺美术保护条例》，尤其是国务院赋予全国民族用品定点生产企业的优惠政策和《西藏自治区人民政府关于加快发展民族手工业的决定》，以及中央、自治区为西部大开发制定的一系列优惠政策。此外，还有非物质文化遗产保护政策、中小企业发展扶持政策、文化企业优惠待遇政策、科技开发扶持奖励政策、自主知识产权保护政策、人才和技艺传承鼓励政策、公益类项目财政投入政策（手工业园为生产性服务业）和出口退税、出口奖励、低利率贷款、长期贷款、农牧产业发展资金等方面政策。同时对市场前景好、品牌效益和社会效益高的重点民族手工业产品的生产和经营，给予适当的财政补贴。

其次，要完善行业的法律保障。藏毯生产企业作为市场中的主要参与者，不仅需要政府在政策上的支持和扶持，同样还需要法律层面的保障，有效化解各类风险。

对于市场上充斥的低廉、品质较差的产品，政府应加大对这类仿冒“藏毯”的产品予以法律上的处罚，同时加强对西藏自治区内相关藏毯生产企业的原产地保护，提高原产地产品的知名度与竞争力，促进原产地产品实现产业化发展。

各个藏毯企业应加强品牌意识和专利意识，研发的各类新技术、新工艺应及时申报专利、注册商标，对藏毯图案等设计也要加强保护意识。必要时可以聘请专家作为法律顾问，以法律为依据，保护好藏毯企业的知识产权，维护企业的合法权益。

最后，要规范相关部门的监管。规范藏毯产业的行业规范，必须以西藏自治区政府相关部门为主。具体而言，以自治区工信厅为主，同时与文化、人事劳保、财政、教育、科技、税务、价格、公安、工商、质监、国土资源、林业、外事、旅游、知识产权、建设和规划等部门协调、建立相应的组织监管制度，制定一系列发展措施。再者，可以由政府牵头与其他省份达成一致，开展相关的协作和交流，以便为西藏藏毯企业创造更好更适宜的市场环境。

光有政府的监管，还不足以全面、细致的规范好藏毯行业。为此，还需要借助民间的行业组织，如中国工艺美术协会、西藏自治区工艺美术协会，充分利用这些组织机构在企业之间、在市场中的行业指导作用，规范现行的不合理的规章制度，统一组织、统一规范，制定统一的协会工作章程和行业自律规范。

西藏现有的藏毯生产企业均为民营企业，政府不能过多地实施行政干预，为了不影响企业发展的积极性，更多的时候还是需要藏毯行业的自律组织。通过藏毯骨干企业发展大企业集团，充分发挥企业的集聚效应和示范效应，以及对相关产业的带动作用，促进藏毯文化产业在长时期内实现全面性、协调性、可持续性发展和提升，进而推动拉萨市经济社会全面发展。

第九章 藏餐——中华餐饮之新宠

藏餐是藏族人民在高原特定环境下，经过千余年的发展而形成的独特饮食文化。藏餐具有很多优秀的传统特色，比如主要原料大都来自无污染的高原地区，是真正的绿色食品，具有丰富的营养价值和可观的保健效果。近年来餐饮业成为西藏发展速度最快的行业之一，在打造藏族饮食文化品牌，传承和创新藏族餐饮文化的过程中，彰显民族特色和地域文化，走出了一条独具特色的餐饮企业文化道路，是今天多元化藏族文化产业化的一个亮点。如今，古老的藏餐正在经历多元化、现代化和国际化的发展趋势，是中华民族整个风味体系中独具特色的一支。

一 藏餐的起源与概述

藏餐是对西藏及广大藏族聚居区菜点的统称，具体地说就是以拉萨藏餐为代表的藏族餐饮。在这里指包括青藏高原动植物为原料的藏式菜品，藏式烹饪方法、藏式餐饮器具乃至藏族饮食礼仪，即具有藏族文化内涵的藏族餐饮。藏餐和中餐、西餐等不同，主要区别有两个方面：其一，它是以手、刀、勺为主要用餐工具的藏式用餐方式；其二，它是用高原地区原产动植物等为原料的菜肴和饮料。

（一）藏式烹饪的起源与发展

早在4000～5000年前，藏民族的祖先就生活在雪域大地。当时人们的生活十分简陋，寒则息于洞里，热则巢于树上，过着生吞活剥、茹毛饮血、挂树叶、披毛皮的原始生活。在开发青藏高原的艰苦劳动过程中，藏族的先民偶尔发现了自然火的作用，便开始保留火种，继而又发现了取火方法。从此，由生食向熟食转化，完成了烹饪的第一次进化。经过旧石器时代和新石器时代，又开始用泥土制造器具，随之陶器也被发明。随着陶器的生产，祖先们开始采集自然盐，进而开发了其他一些调味品。随着火的运用、陶器的发明、青铜的生产以及调味品的出现，经历了火烹、陶烹、铜烹、铁烹等各个历史过程，藏族人民的祖先告别了原始的饮食生活，进入了文明的烹饪时代。当我们巡视藏民族饮食文化的发展历程时，就会发现西藏历史上的每一次社会变革都标志着藏式烹饪的新阶段的到来。

据相关史料证明，公元6世纪是西藏饮食烹调技术第一次发生较大变化的时期。其原因主要有：当时吐蕃通过商贸交易与亚洲各国开展了广泛的经济文化交流，丝绸之路的开通极大地丰富了西藏烹饪文化的内容，使烹饪技术得到了进一步的发展，尤其是文成公主入藏，开辟了藏汉民族饮食文化交融的先河。这时人们开始注重博食与养食，烹饪用的原料品种繁多，遍及粮食、畜乳、蔬菜等门类；“医食同源”“药膳同功”等理论充分说明当时的西藏医药及饮食文化有了长足的发展。公元8世纪，以宇妥·云登贡布为代表的藏族医学家们，在长期的医学实践中，全面总结前人经验，继承藏医的优良传统，积极吸收和借鉴中原、印度、尼泊尔、大食以及周边部族邦国的医学精华，编写出举世闻名的藏医经典巨著《四部医典》。它的问世，标志着藏民族饮食文化进入了一个新的发展阶段。《四部医典》全面揭示了人与自然之间和谐而有机的联系，此书也为西藏饮食烹饪理论奠定了坚实的基础。令人称奇的是此书向人们展示了西藏烹饪原料资源的丰富，并从医学理论上阐述与饮食有关的上千种本土植物、动物、矿物细化药理功效。另外，西方及其他饮食文化的多方面介入，也使西藏药膳制作渐渐走向兴盛。

第二次藏式烹饪发展阶段是在18世纪。这一时期是清朝光绪统治时期，此时期是清代筵席登峰造极的时期，种类之多，规模之大，菜肴之丰盛，烹饪之精无以形容，这时出现了筵席之最——满汉全席。随着经济文化交流越来越频繁，内地饮食文化开始大规模传入西藏。当时藏族人称“满汉全席”为“嘉赛柳觉杰”，意思是“汉食十八道”。在拉萨、江孜、日喀则等西藏重镇，街面上各种蔬菜、瓜果、厨具、器具开始多了起来，一些比较简单的烹饪技术也推动了西藏烹饪技术的全面发展。[①] 进入近代，根据各自的口味合理的选料、调和，以健身，融食、娱、游、乐于一体的文化现象开始进入了贵族阶层。但是由于特定的政治、经济、文化、地理、交通以及信息等诸多原因，不论是中原的美食佳肴还是从西方传到南亚的西方饮食文化的享用范围极其有限。而西藏广大农牧区的百姓仍靠原始而简单的烹饪土法度过漫漫岁月，这种状况一直延续到 20 世纪 50 年代。

第三次藏式烹饪发展阶段是 20 世纪 80 年代。在改革开放政策的推动下，西藏旅游事业的发展，促进了西藏饮食烹饪事业的空前大发展。在吃什么，怎么吃，怎么做的基本问题上朝着由简到繁，由粗到精，由低级到高级的方向发展，正在形成完整而又有所改进的藏族饮食文化、饮食科学、饮食艺术、饮食礼教等。

（二）藏族饮食理论、烹饪理论方面的著作及影响

今日可以看到的有宇妥·云登贡布的《四部医典》、帝玛尔·旦增彭措编著的《晶珠本草》、本仲巴的《茶酒仙女》、次仁群培所著的《藏餐菜谱》、青海人民出版社的《藏族常用饮食辞典》，以上著作都是藏文版，其中前两部著作主要是在医药理论基础上，用较大篇幅阐述饮食理论的著作。第三部是以幽默、浪漫的故事形式评说青稞酒的由来及西藏茶文化的缘由，以及这两种饮食文化所起的作用等。第四部著作是西藏厨师次仁群培所著的《拉萨地区藏餐菜谱》，此书是西藏第一部专门全面讲述烹饪知识的藏文版专著。

西藏的传统餐饮，在尼泊尔、不丹、缅甸、印度、巴基斯坦诸国以及中国内地的青海、甘肃、四川、云南等省份流行较广，影响较大。

经过笔者调研，西藏人的早餐是传统的，主要有糌粑、奶茶、酥油茶等，拉萨藏民有 80% ~90% 早晨要去茶馆喝酥油茶、吃藏面，一些转经人，转经结束后就会到茶馆喝甜茶或者酥油茶，很多上班族在吃过早饭之后也要到茶馆喝茶，拉萨市大大小小的茶馆有近百家，比较著名的是革命茶馆和鲁固茶馆。藏族人对午餐、晚餐较重视，特别是晚餐菜肴质量高，

---

① 旺堆：《藏历新年话藏餐》，《日喀则报》2007 年 1 月 19 日。

用餐时间长。除青稞酒作为西藏原始饮料外，油茶、奶茶、清茶、酥油茶等被当作进餐时不可缺少的佐餐饮料。随着社会生产力的发展，新原料不断补充，厨师地位不断提高，烹饪技术的广泛交流，烹饪理论的进一步发展，内地烹饪学院的大量增加等，都为西藏烹饪的全面发展奠定了基础，西藏这一“绿色饮食王国”将会谱写出新的篇章。

（三）藏餐常用原料的药性功能

藏餐所用原料中，很多常用原料都具有相当高的药性功能，其作用对人体大有益处，下面所介绍的原料便是其中的一小部分。

奈（青）：《晶珠本草》中将“奈”分为7类药，其性味功能均有些不同。第一类察玛，性凉、轻、糙，功效开胃；第二类那沙朵，甜味、性糙、凉、重，食后开通下气、壮阳，治尿中下脂病、培根病、赤巴病、感冒、祛痰、顺气；第三类奈完，治小儿肺热闭塞症、肠绞痛；第四类奈那，治疮、黄水疮；第五类其他青稞，性重、凉、润、味甘，生机增力；第六类木美奈折，性糙而热；第七类奈果，功效比其他种次，为下品。藏医均用乔本科青稞的不同农家品种入药，而青稞在植物分类学上仅是变种等级，而种以下类群不再细分。

亚牦牛：《晶珠草本》记载，“亚卡”是野牦牛驯服而来，是同类型动物，产于青藏高原，为青藏高原所特有，是一种典型的高寒动物，性极耐寒，终年以游荡的方式栖息于人迹罕至的高山大岭、山间盆地、高原草原、高寒荒漠草原等环境中。虽说已被人驯服，但生活环境、所觅食物与野牦牛完全相同，药力仅次于野牦牛。亚牦牛身体各部位的药性功能主要为，骨：祛寒、增热量、生胃火；骨髓：治疮疖、皮下虫病、牧畜抵伤；舌：健胃、祛寒；喉头：治甲状腺肿大；心：治心悸、心绞痛、神经衰弱、昏厥癫狂；血：治疮疖、慢性肠胃炎、久泻、酒癖；睾丸：滋补、壮阳、治腰痛；肉：治肝腹水、祛风。所以牦牛被世人称为高原之宝。

青稞：藏医典籍《晶珠本草》将其作为一种重要的药物，可以治疗多种疾病。据权威机构统计，在西藏广大农牧区痛风病和糖尿病的发病率为0.01%，这与长期食用用青稞制成的糌粑有关。藏族人把青稞称为“养育众生之母后”，经加工后的糌粑被视为她的“无价长子”，把青稞酒称为滋补身心的“甘露妹子”。①

玛尔（酥油）：是一种从牛羊奶中提炼出来的油脂，被称为“生命油”“油脂精华”，是高原人每日要食用的东西。《四部医典》记载，“玛尔”性纯细软和湿润，新鲜酥油凉而强精，能生泽力又除赤巴热，冻酥油使疯、忘、昏迷愈消融酥油增热力，千般效用延年称上品。桶制酥油能治培根风，又生火热；牦牛绵羊酥油可祛风寒；犏牛酥油进食可使身体平调；黄牛、山羊酥油可凉息风热。

日估（野蒜）：《晶珠草本》记载，“日估”类药性重，促进食欲，开郁豁闷，治胃病及培根寒热病等。日估分为七类，即日估、扎估、曾那、加估、隆估、秋估、如估。日估味甘，微苦，治妇女病、虫病；扎估祛寒、杀虫、治寒性虫病；曾那味辛，治头虫；加估味辛，祛寒气、治寒性龙病，胃、肝、肾之寒性病和虫病，排内腔脓水、干黄水；隆估，消肿，干黄水，治疗疮、皮肤疽、疖痛；秋估味辛辣，有杀虫，生胃温作用；如估治赤巴病，生胃温治寒泻。日估在藏餐中是不可缺少的天然调味品，其药效比长在田间白蒜大得多。

榆保（榆树）：《晶珠草本》记载，“榆保”治疮、消炎、清热。嫩皮如桂皮，但含在口中无味而有黏液，藏民用此搅拌藏面，爽口而喷香，是蛋清的代用料，也用于洗衣和制作氆氇时作为浆液用品。

（四）藏式烹饪的特点

根据藏族学者旺堆在《藏餐的源流及发展》中的叙述②，藏式烹饪有以下五个特点：

第一，原料广博，选料严格。西藏独特的地理条件被世人称为植物王国、动物乐园、万山之主、江河之源。如此丰富多样的资源，给藏式烹饪的用料提供了广阔的天地，因此在烹调的选料上十分精细，如把耐寒而粗饲、抗寒抗病能力强、繁殖能力快，身高体重，肉、皮、毛、尾有多种用途的牦牛作为藏族人赖以生存的最基本生活资料和生产资料。牦牛肉作为藏族人首选的原料，从肉质上讲并不次于世界上著名的肉用品种“海福

① 旺堆：《藏餐的源流及发展》，《中国西藏》（中文版），2004 年 4 月 15 日。

② 旺堆：《藏餐的源流及发展》，《中国西藏》（中文版），2004 年 4 月 15 日。

特”“短角牛”。从主食原料上讲，藏族人所选择的第一位栽培作物是青稞，事实证明，藏族人对食物原料的选择具有独到之处。

第二，精于刀工，讲究配料。藏式烹饪中的刀工十分讲究，刀法多样，刀技精巧，有切、斩、剁、砍、排、削、拍、控、敲等，仅切就有直切、斜切、推切、锯切、拉切、铡切、滚切等。唯一的区别是藏餐厨师虽没有西餐、中餐中所用的名目繁多的各种刀具，但一把菜刀当十把使用，以达到最佳水平。加工后的原料有块、丁、片、条、段、球、丝、米、粒、末、泥、茸等数种，但在生活中常见的有整块、片、段、泥、茸等数种。在配料上讲究质、味、量的配合。“质”上一般主张软配软、脆配脆；“味”上除保持原料原味、固有香味外，不足的辅以其他香料来增补共香；“量”上要求主料突出，配料补充等。

第三，善于调味，注重火候。“善于调味”体现在可以利用的调味品丰富，调制后的味型众多，调制方法简单而细腻。注重燃料和工具，运用不同的火候，采用不同的传热介质。

第四，技法多样，朴实无华。藏餐烹调的技法很多，有热菜技法 30 种，冷菜常用技法 5 种。器皿方面不仅各具特色，而且工艺精良的盛器繁多。另外，藏餐极其讲究朴实无华，追求天然意趣。

第五，菜品精道，风格各异。西藏藏餐大致分为四大风味，即以阿里、那曲、昌都东部为代表的姜（羌）食；以拉萨、日喀则、山南为代表的卫藏菜，也叫拉萨菜；以林芝、墨脱、樟木为代表的荣菜；还有宫廷菜。藏菜共有 200 多种。①

藏式宴席的烹饪、调味以及一天内的配菜都很有讲究，藏餐的口味讲究清淡、平和，体现了饮食文化返朴归真的时代潮流，而且对饮食卫生的要求也很严格。

（五）藏餐四大风味

同样，根据旺堆在文章《藏餐的源流及发展》叙述，藏餐没有明确的菜系流派，大致可分为四大风味。

---

① 开宇的 BLOG：关于藏餐的合作开发意见，http：//blog. sina. com. cn/hyp19441113，最后访问日期：2007 年 12 月 20 日。

姜（羌）食——指高寒牧区食用的饮食。高原牧区风味，特色是注重原汁原味，取料单一，重在咸、淡、鲜、酸、香，具有适应高山寒凉气候之功效，以牛羊肉、奶酪、牛蹄、酸奶、酥油等为主。

卫藏菜——指拉萨、山南、日喀则等地区食用的饮食。农区或半农半牧区风味，其特色是：注重原汁原味，取料广泛，荤素配合得当，工于火候，调味以鲜咸、淡爽、突出原汁原味为主，制法以煮、炒、烧、焖、炸为主，如萝卜炖牛肉、秋瑞、生牛肉酱等。

宫廷菜——指在原有的宫廷藏餐基础上，博采他人之长而形成的菜肴，宫廷菜取料于本土，选料严谨、制作精细、技法全面、色泽美观、滋味清鲜，讲究原汁原味，东西南北中各地的人都能接受，取各地之长为其所用，煎、炒、烧、煸、熘、焖、炖、烹、烤、蒸、烩，制法齐全。

荣菜——指低海拔的藏东南地区食用的饮食。取材于高山森林，以菌类、野生药材为主，选材严谨、制作原始、风味清鲜、咸中带甜、浓而不腻、淡而不薄，尤以烤制香猪见长。制法有烤、煮、烧、爆等。

以上四大风味中，尤以卫藏菜系影响最广。各地的地方菜如那曲的退、普兰的尼雾汁、山南的鸡蛋、亚东的鱼、拉萨的糌粑、林芝的藏鸡烧香菇、昌都的蜂乳酱菜等都非常有名，这些菜构成了藏式烹调菜品繁多，地方色彩浓郁的丰富内涵。①

除此之外，藏餐中还有不少特色各异的面食，其中较为著名的有：巴差玛尔库（酥油浇面疙瘩）、秋尔退（奶酪糕）、卓退（人参果糕）、玛尔森（酥油面糕）、扎卡森（藏式薄饼）、米聂菠萝（奶酪包子）、夏八差（肉炒面疙瘩）、加热（酒饼）、夏馍（肉包子）、夏巴列（扁心肉饼）、比西（汤心面）、肚热、馍东（藏式窝头）、听吐（拉面）、蕃吐（藏面）、列吐（扁面）、巴吐（面疙瘩汤）、败塔、塔尔细、卓吐（砸乳面）、耐吐（青稞砸乳面）、仲吐、莎吐（荨麻糊）、岗木吐（青豆糊）、糌吐（糌粑糊）、秋瑞奶酪糊、观胆（青稞肉汤）等。

总之，现代藏餐以传统原料为主，融入了内地菜系的经典，正以浓郁的地方文化和鲜明的时代特色吸引着世人的目光。

① 旺堆：《藏餐的源流及发展》，《中国西藏》（中文版），2004 年 4 月 15 日。

（六）藏式烹饪的选料

藏族人用餐讲究菜肴的质量而非数量及装饰，讲究原汁原味，重天然，轻人工，在藏餐中几乎不用酱、醋等经过人工调理的香料。西藏大多数地方四季分明，形成了西藏烹饪原料季节性强的鲜明特色，除把牦牛肉作为首选原料外，还有如“春有鲢鱼，夏有奶酪，秋有肥牛，冬有绵羊”等选料说法。从对人体的作用看，不同的季节原料的性质也不一样，如“三月的曲瑞赛虫草”（奶酪腐）。[①] 许多原料过了季节价值就降低或失去了，甚至还会产生毒性，如土豆过时抽牙、茭白过时黑心、萝卜过时空心等。

西藏不仅有丰富的常用原料、特色原料、时令原料，而且还有珍贵的稀有原料。稀有原料在数量、质量及对人体的滋补作用上无不显其珍贵。如那曲的冬虫夏草、阿里的藏红花、浪卡子县雅卓嘎玛的风干羊肉、工布江达县措高乡的香猪、昌都的熊掌、亚东的鱼等。用这些原料制成的菜肴，不仅是西藏传统高档筵席上的珍贵佳肴，也是国内外友人闻之垂涎的食物精品。同一原料，由于品种的不同，其性质也各异，所以藏菜在选择原料时非常讲究。“牛排”应选如妥的牛肉，因其肉质细嫩；吊汤则选白定藏鸡，因其汤浓味鲜。还有的原料由于品种的原因，有的无毒，有的有毒。不同的产地，原料的性质也不一样，如日喀则白那的鸡蛋就以松、沙、细、油、嫩著称。还要注意上市时间的选择，如吃野菜，必选是第一声雷声响前的野菜；吃鱼要吃藏历二至三月间上市的鱼，是因为此阶段高原的鱼类膘肥润香。更要注意原料自身的质量选择，任何原料都具有固有的品质。一般情况下，原料都以新鲜为佳，如鸡、鱼要鲜活，肉要新鲜的，糌粑要当月磨出的最香。无论什么情况下，带病菌、已污染或变质的原料是不能使用的。藏式烹饪别具一格的分餐形式，科学的营养卫生观，合理的选料方法，避免了进餐中的交叉污染，从卫生角度看是很先进的，也和全人类用餐发展的大方向相一致[②]，因而特别受到欧、美、日、韩、南亚客人的欢迎。

---

① 旺堆：《藏历新年话藏餐》，《日喀则报》2007 年 1 月 19 日。

② 旺堆：《藏历新年话藏餐》，《日喀则报》2007 年 1 月 19 日。

总而言之，藏式烹饪作为一种独特的饮食文化，已经引起了国内外各界人士的重视。在改革开放的发展进程中，藏餐文化因风借力，有了极大的发展空间和极快的发展速度，藏餐作为一个地方菜系日渐成熟，它的价值也为越来越多的人士所认识和接受，其在西藏广大百姓生活及旅游业中的重要角色是不言而喻的。①

二　藏餐业的发展及模式探讨

藏菜具有很多优秀的传统特色，比如藏菜的主要原料大都来自无污染的高原地区，是真正的绿色食品，具有丰富的营养价值和可观的保健效果，这些传统特色应该得到传承和发扬。

（一）藏餐业的发展现状

随着西藏经济社会的快速发展，藏餐已在我国各地甚至在国外生根发芽。走在拉萨街头，随处可见各种特色的藏餐馆。藏餐馆无论从名字还是从装饰布置上都具有浓郁的藏族风情，如团结新村东区的藏家宴、太阳部落藏餐厅、雪神宫藏餐厅、冈拉梅朵藏餐厅。在一些小巷深处，藏餐馆居然也非常火爆，位于纳金路居民巷道的拉木藏餐馆不仅提供美味，还为当地游客表演原生态的日喀则定日县民间歌舞。拉萨以她特有的气质，吸引着各类的文化人、艺术家或者登山家，他们由于热爱拉萨，很多都决定扎根在拉萨，也有些人自己在这里开了餐吧或酒吧，将外地的文化带入拉萨。这些特色的餐吧或酒吧各有情调，如想感受慢节奏的拉萨，想感受被文化艺术包围的氛围，就请住在拉萨市北京中路的矮房子里，或坐在潮湿的桥上。

西藏藏餐具有1400多年历史。如今以酥油、糌粑和牛羊肉为主的传统藏餐在创新中加入了更多新元素，藏式火锅、青稞比萨、康巴牛排等现代藏餐已成为藏族百姓和来藏游客的新宠，出现了玛吉阿米这样标杆式的有藏族文化内涵的藏餐连锁店，并打入内地市场，得到了广泛好评，逐渐被

① 《概说藏餐》，http：//www.ce.cn/cysc/sp/newbig - news/200702/08/t20070208_10364508.shtml，最后访问日期：2007年2月8日。

内地消费者所接受和喜爱。2010 年，藏餐还亮相在上海世博会上。代表西藏饮食文化的藏餐及土特产 5 月 1 日登陆上海世博会，让中外游客们大饱口福。此次在世博会上展现的藏族土特产有藏鸡蛋、土豆、林芝藏香猪、亚东木耳、那曲牦牛肉、酥油、糌粑等。从 4 月 20 日试运营开始，充满西藏风情的藏餐在中华美食街深受游客喜爱。新元素藏餐位于世博园中华美食街 2 层，开业当天，西藏原生态、纯天然的饮食就吸引了众多游客品尝。藏餐餐饮业参展代表最大的心愿就是希望能借世博会，传播藏餐文化，让藏餐走出西藏，走向全世界。希望世博会结束后藏餐能作为西藏饮食文化的代表，继续留在上海。

然而，在西藏和平解放前，美味可口的藏餐只有贵族才能享受，百万饥寒交迫的农奴是不可能品尝到的。西藏和平解放后，特别是 20 世纪 80 年代以来，在改革开放政策的推动下，尤其是青藏铁路通车后，随着西藏旅游业的迅猛发展，西藏的餐饮业进入了黄金发展阶段。今天的西藏，藏餐新原料不断补充，烹调技术在不断交流中提高，甚至还出现了专门的藏餐烹调专著。西藏拉萨饭店厨师次仁群培所著的《拉萨地区藏餐菜谱》、《藏餐菜谱》和青海出版的《藏族常用饮食辞典》等，谱写了藏餐发展的新篇章。“制作色香味俱全的藏餐，并让它成为八大菜系外的独特菜系，是我毕生追求的梦想。”西藏宾馆厨师拉巴次仁说。有 22 年餐饮从业经历的拉巴次仁专攻藏式菜肴的创新设计。他阅读并收集整理了大量藏餐制作书籍与民间资料，在吸取传统文化精华的基础上不断创新，形成了独具特色的宾馆藏餐系列，多次在区内外烹饪大赛中获奖。[①]

西藏目前还有“藏村印象风情餐吧”这种形式，不仅可以为游客提供“酥油茶 + 糌粑”这样传统的藏式快餐，而且还能提供雪莲花、手掌参、虫草等花样众多的大型藏式盛宴。消费者可根据自己的消费需求和消费能力，选择不同消费档次的藏式餐饮。而在拉萨市金珠西路格桑林卡小区内，一家名为“阿克丁藏式面包坊”，闹中取静，别具一格，深受游客和当地藏族青年的喜爱。主要经营各类面包、甜点、比萨、饮料，如黑青稞“牛粪”面包、康巴比萨、青稞比萨等一系列藏餐和西餐结合的糕点和比

---

① 《西藏藏餐正朝着多元化趋势发展》，中国吃网，http：//www.6eat.com/Info/2011/05/24/250703.htm。

萨。“我们选用西藏本土的食材加上西式做法，给客人提供一种绿色健康的藏式糕点新品种。”藏餐研究会副主任、阿克丁藏式面包坊总经理巴桑次仁告诉记者，“牛粪是我们藏族人的宝贝，而我们的藏式面包又是最低碳最绿色的食品，所以取名黑青稞‘牛粪’面包。”巴桑次仁说，“近年来人们讲究绿色饮食和健康饮食，拉萨也有不少糖尿病患者，而这种无糖的面包非常适合他们”。① 如今，这个面包坊推出了10种新研发的藏式糕点和食品。

现在，除了传统的藏餐外，一些趋向内地菜系和西餐的改良藏餐新品种正在不断出现。川藏线、青藏线的开通带动了西藏旅游、餐饮、酒店等服务行业的发展。在拉萨市林廓东路就有一个名叫“太阳部落”的藏餐厅，餐厅规模很大，2010年开始建成营业，餐厅位于临街二层，店内有精美的藏式家具，雕工精细，图案花纹，色彩搭配都非常得体。太阳部落藏餐厅室内摆放藏族家居器皿、民间手工艺品作为展示，展示藏族文化的独特魅力，内设佛堂，座位上都铺垫藏毯，服务员都着藏装，说藏语，能说简单的汉语，看得出都是拉萨本地的藏民。坐在窗边能够欣赏八廓东街人群熙攘的景象，餐厅可容纳100多人同时用餐，菜色包括卫藏菜、多康菜还有特色菜，所谓“特色菜”都是一些经过改良的藏餐，熟悉拉萨餐饮业的朋友常常有这样的感慨：“要在拉萨找最传统的藏餐不容易，但改良过的藏餐到处都能吃到。”太阳部落也属于改良式藏餐。传统的雪域牛舌，在摆盘时放上了琼脂雕刻的布达拉宫，蘸牛舌的辣椒碟子有两个，一碟是川味的朝天椒，一碟是用传统藏式香料调制而成的，两种吃法任选；卫藏美食蛋包肉，在加工肉馅时放入了更多调料，裹肉的时候也格外仔细，美观的卖相让土生土长的拉萨人央金都没有认出来；藏历年早餐的主角人参果摇身一变，混合了沙司酱，变成一道爽口的西餐开胃菜；而土豆泥与酸奶的结合更让人惊叹，柔滑的口感中带着一丝清爽的酸奶味道，令在座的“美食家”们食之难忘；还有干锅牦牛茶树菇、串烧牦牛肉……在太阳部落的新派藏餐中，牦牛肉、酸奶、人参果等西藏美食仍是主角，但烹调手法变化多端，西餐、川菜、湘菜、京式、粤式……大厨的“拿来主义”让

① 《西藏藏餐正朝着多元化趋势发展》，中国吃网，http：//www.6eat.com/Info/2011/05/24/250703.htm。

改良过的藏餐确实有了让人惊喜的变化。太阳部落的藏餐和各大菜系结合的这种方式，让内地或者国外来的游客，既可以体验一下传统的藏餐，又不必担心在口味和饮食习惯上不合的问题，拥有了更加广阔的市场空间。过去，藏餐主要停留在自给自足状态，也就是藏族群众自己做自己消费，几乎没有形成藏餐产业，随着西藏经济社会的快速发展，特别是对外交流的发展，西藏的藏餐业正面临巨大的发展潜力和商机。据西藏烹饪餐饮饭店业协会提供的数据显示，近年来餐饮业是西藏发展速度最快的行业之一，2012 年西藏全区餐饮业收入达到 37.27 亿元，同比增长 21.93%。[①] 目前，西藏自治区烹饪餐饮饭店协会与人力资源和社会保障部正在制定藏餐烹调岗位技能国家标准和编写培训教材，主要是为了帮助西藏农牧区富余劳动力、城镇失业人员、高校毕业生实现就业和自主创业，同时也是继承和弘扬藏民族传统文化的需要。[②]

（二）文化藏餐的标杆——玛吉阿米藏餐连锁

现代藏餐的成功发展模式，以玛吉阿米藏餐连锁公司为代表，玛吉阿米的运营基本上保持了藏餐制作工艺和藏文化，在用餐的过程中也赋予了强烈的藏文化，主要面向中高端消费者，无论是餐厅布置、菜品种类，还是文艺表演和手工艺品展卖都将藏文化展现得淋漓尽致，玛吉阿米已经成为藏族餐饮业最著名的品牌；也是率先进入内地市场的藏餐连锁企业，从某种意义上说她已经成为藏餐文化的象征和表率。这样的成绩不仅来源于玛吉阿米餐饮本身的魅力，更多的来源于融于其中的文化魅力。作为发展比较成功和趋于成熟的藏餐业代表，下面就来探寻一下玛吉阿米的发展历程和成功所在。

藏餐龙头企业——玛吉阿米（Makye Ame），总部设在西藏自治区拉萨市八廓街的东南角，是以尼泊尔、印度、中国西藏风味为主的餐厅。1997 年创立，公司性质为藏餐连锁企业，分别在北京和昆明设有分店。总部餐厅有着浓郁的西藏风情，茶几上有很多留言本，写满世界各地旅游者的感

---

① 兰亚妮、王昀加：《藏餐在秉承传统与积极创新中走向世界》，新华社，2013 年 3 月 23 日。

② 《西藏藏餐正朝着多元化趋势发展》，中国吃网，http：//www.6eat.com/Info/2011/05/24/250703.htm。

受，有些游客甚至在留言本用完后，将向情人的告白写在餐巾纸上夹于其中，餐厅还曾将留言结集出版。

首先，独特的品牌文化价值。“玛吉阿米”品牌的创始人泽郎王清先生出生于安多藏族聚居区，祖籍为康巴藏族聚居区。1997 年，他从家乡来到圣地拉萨寻找他的创业梦想。在古老的八廓街东南角看中了一座有几百年历史的黄房子，并被这个普通的二层建筑背后动人的故事所吸引。据说当年仓央嘉措与那位月亮少女相遇的那座藏式酒馆，如今仍旧坐落在拉萨八郭街的东南角上。这就是玛吉阿米拉萨店今天所在的地方，也是玛吉阿米这个文化品牌的历史渊源。[①] 于是泽郎王清萌发了用一首情歌和一段与情歌紧密相连的动人故事打造一家藏餐品牌。虽然关于那段故事的真实性直到今天还是学术界考证的问题之一，因为，据学术界研究，仓央嘉措情歌里的玛吉阿米可能是一位纯洁的少女，也可能是一位慈祥圣洁的母亲，还可能是作者对其宗教信仰的一种美好寄托，正是因为这个故事留下了无限的悬念，可以给人较大的想象空间，玛吉阿米藏餐馆连锁企业成为西藏藏餐业的明星和品牌，推动了西藏传统文化——餐饮文化产业的发展，并成为西藏、北京、云南的一种热门的藏族餐饮文化现象。

玛吉阿米餐饮连锁企业在精心制作的《玛吉阿米的故事》中这样写道：仓央嘉措诗中的藏文“玛吉阿米”的意思，“玛吉”为未生或未染，可解读为圣洁、无暇、纯真；“阿米”是“阿妈”的介词形式，原意为母亲。在藏族人的审美观中，母亲是女性美的化身，母亲身上浓缩了女人内外在所有的美。因此“玛吉阿米”的全意是圣洁的母亲、纯洁的少女、未嫁的姑娘或可引申为美丽的梦想。这种解释紧紧扣住了情歌本身的主题，也凝聚了仓央嘉措情歌的主题思想。不仅如此，这段情歌还引出一个更为重要的地方——八廓街上的黄房子。

泽郎王清自己亲自设计了店里的所有装饰，使其按照他的意愿成为古朴、温馨而又充满藏族文化氛围的地方。玛吉阿米拉萨店在这个基础上考虑到其客源的多元性，融入了现代的经营理念以及在藏餐的基础上加强了饮食结构的多元化，形成了既有藏族特色又不乏多元饮食特色的餐饮业模式，再加上拉萨八廓街独特的地理位置以及玛吉阿米本身浓郁的文化特

---

① 罗松战德：《藏族文化产业初探》，中央民族大学硕士论文，2009。

色，很快吸引了来自世界各地的游客。随着一批又一批国内外游客的频繁往来，“玛吉阿米”这个名字也随之游走各方。

今天玛吉阿米已经成为藏族餐饮业最著名的品牌，也是率先进入内地市场的藏餐连锁企业，某种意义上玛吉阿米已经成为藏餐文化的象征和表率。这样的成绩不仅来源于玛吉阿米餐饮本身的魅力，更多的来源于融于其中的藏族文化的魅力。

其次，玛吉阿米的发展历程。从拉萨总店发展来看，现在玛吉阿米以拉萨市八廓街上玛吉阿米店为核心，又分别在北京和昆明开设分店。坐落在拉萨市八廓街的玛吉阿米总店总面积有 180 平方米（一层是厨房、卫生间，二层是正餐厅，三层是帐篷式楼顶平台），可容纳八九十人同时就餐，全天滚动式服务。这座黄房子是具有 300 多年历史的古建筑，位于拉萨古城八廓街，风格古朴、厚重、自然，既有八廓街里藏族居民家庭居家的温馨感觉和历史气息，同时又具有现代文化餐吧的时尚氛围，将古典与现代、传统与时尚融合得非常巧妙。经营范围除提供传统藏餐及新派藏菜之外，还提供西餐、印度和尼泊尔餐以及各种藏式、西式酒水，在用餐的同时可以翻阅或购买有关藏文化内容的各类书籍，坐在黄房子二层弧形窗边可以观赏八廓街街景，这里是沿八廓街转经或购物途中休息放松的最好栖息地。拉萨店的三层平台上还可以呼吸拉萨的新鲜空气，沐浴雪域高原的温暖阳光，可观日出赏日落，是拉萨少有的观景点；玛吉阿米总店的黄房子在八廓街上非常醒目，招牌上的少女总是能吸引许多游客驻足拍照，到玛吉阿米用餐的游客络绎不绝。

从北京玛吉阿米分店的发展来看，玛吉阿米拉萨店的成功对于泽郎王清来说只是他创业历程的第一步。随着经营理念的慢慢成熟，他开始注意到北京这个历史文化名城的市场前景。2001 年春天，泽郎王清在北京朝阳区建国门外的秀水南街找到了满意的地点。作为藏族，他凭自己对本民族文化的深刻理解又一次设计和指导了玛吉阿米北京分店的室内外的装饰，融入了藏族的建筑艺术、雕刻艺术以及传统的绘画艺术、色彩文化等诸多文化元素，中外顾客赞不绝口。

另外，北京的玛吉阿米在饭菜的口味上体现了藏餐的特色，同时也考虑到内地人的饮食习惯和饮食结构。泽郎王清同厨师们一起考察并收集了藏族聚居区各地的美味佳肴，并在保持藏族传统食品的基础上推出了适合当地人口味的色、香、味俱全的新派藏餐。为了让身处藏族聚居区之外的人们深深体会原汁原味的藏族歌舞艺术，玛吉阿米北京分店还从西藏等地请来了民间文艺人才，组建了以藏族民间传统乐器为主的“玛吉阿米乐队”，以藏族民歌、民间小调及各种曲艺表演形式，把藏族原生态的表演艺术展现给世界各地的顾客。北京，中国的首都，承载了藏族文化的传播与推广。

北京玛吉阿米藏餐店的成功经营离不开北京良好的文化氛围和发达的媒体网络。在玛吉阿米北京分店开业一周年之际，人们开始注意到玛吉阿米北京分店更像一个传播藏族文化的窗口在北京乃至在国外有了一定的影响。这种潜在的品牌价值被云南迪庆藏族自治州领导的慧眼识得，他们邀请泽郎王清前往昆明商议，在昆明开办了玛吉阿米・香格里拉藏族风情宫。迪庆州领导试图通过玛吉阿米这个特殊的文化品牌向外界展示香格里拉神奇的自然景观和民族风情，以此促进迪庆州的旅游业发展。这一举动在某种程度上预示着玛吉阿米未来的发展空间将更为广阔，同时也预示着玛吉阿米这个品牌的无限可能。

目前，玛吉阿米在北京有两家分店，建国门店总面积近300平方米，可容纳100人用餐。团结湖店总面积达900余平方米（一个动态区、一个静态区、两个包房，其中豪华包房为极精致的藏式手工木雕装修，属于高档的藏式宫殿风格，普通包房为温馨的藏式家庭风格），可容纳260人同时用餐，其中动态区可容纳150人同时观看演出，静态区可容纳90人，豪华包房可容纳10~15人、普通包房可容纳15~20人同时用餐。这里提供藏族三大聚居区域（卫藏、康巴、安多）的经典传统藏餐、新派藏餐、自创特色菜，以及各种藏聚居区生产、自家独酿的藏式饮品。消费者在用餐的同时可以欣赏来自各大藏区的精彩传统民族民间歌舞表演和具有民族现代演奏演唱风格的乐队演出；可以购买店内展示的各类藏式工艺品、玛吉阿米公司自己设计生产的纪念品、装饰品、天然原料制精品藏香等；也可翻阅或选购有关西藏的各类书籍读物和音像制品；或者观瞻藏家灶文化展台，领略独具特色的藏族生活起居……

从昆明分店的发展来看，昆明店总面积有1200平方米（二层为正餐厅和四个包房，其中“扎西德勒”包房拥有最豪华的藏式装修，“香格里拉”包房以迪庆中甸藏家的老房子搬移装修，大厅楼顶藏式茶庄极具特色)，可容纳300人同时就餐，大厅可容纳200人，大豪华包房可容纳18～20人，其余3个包房可容纳50余人；经营范围除了北京店可提供的种类外，楼顶茶室还可细品酥油茶等多种藏式茶水，同时也能品尝到普洱茶等具有云南特色的各种素茶，这说明玛吉阿米也引入了当地一些标志性的饮品，更好地和当地融合。昆明店在保持玛吉阿米基调（藏式的、古朴的、温馨的、艺术的）基础上，进行了大手笔的装修，营造出藏式宫廷风格的华贵、典雅、庄重和大气的氛围，而且采用藏式手工木雕、铜雕和手绘壁画等精雕细刻的装潢，使玛吉阿米的规模、档次、品位、品质、气势和民族文化内涵得到进一步挖掘与展示。最独特的是楼顶约120平方米的茶室，可算在云南乃至全国少有的、浓缩了香格里拉地道藏族文化风情的最佳去处，在这里可叙述往事，休闲阅览，棋牌娱乐，商谈业务，在不大的空间里还能充分享受春城昆明的鸟语花香。[①]

从企业发展趋势来看，玛吉阿米西藏风情餐饮连锁企业屡次获奖：2006年3月，玛吉阿米创始人泽郎王清荣获中国饭店协会授予的“全国饭店业优秀企业家”称号；2006年，昆明玛吉阿米餐饮有限公司获得“昆明最佳餐厅”称号；2007年初，玛吉阿米拉萨店荣获西藏自治区商务厅颁发的“2006年度优秀流通企业奖”；2007年4月，玛吉阿米西藏风情餐饮连锁企业荣获中国餐饮业最高权威机构——中国烹饪协会颁发的“全国餐饮业优秀企业奖”（是国内唯一一家获奖的藏餐企业）；2008年1月，昆明玛吉阿米餐饮有限公司荣获“云南省少数民族十大特色餐饮企业”奖项；2008年12月，“玛吉阿米”商标被西藏自治区著名商标认定委员会正式认定为“西藏自治区著名商标”；2009年1月11日，在人民大会堂召开的由人民日报社等单位联合主办的“第五届中国品牌影响力高峰论坛年会”上，“玛吉阿米”品牌荣获了“2008年度中国餐饮连锁行业十大影响力品牌”。

玛吉阿米藏餐连锁店经营成功原因分析。

第一，该店彰显了民族传统饮食文化的特点。任何地区的经济发展都不能脱离自身的文化传统和积淀，任何发展都是身处本身的语境中。在民族饮食文化资源的开发和利用中强调本土文化特色才能突出地方特点。自

---

① 玛吉阿米官方网站。

然环境对于一个民族饮食习惯的形成是决定性的，独特的自然环境造就了民族饮食独特的内涵和鲜明的个性，所以差异和多元构成了民族传统饮食的一大特点和优势，也即民族特色。保持传统民族饮食的风格是少数民族企业立足城市的根本，例如特色藏菜的原料牛肉必须是来自西藏的牦牛肉，因为牦牛是按照传统的饲养办法放养于海拔较高的地区，还有食品的配料和调味品也是来源于西藏等藏族聚居区，都是为了保证菜品的原汁原味。除了对于食品本身的选择之外，还包括了进食的各种仪式，而这些仪式充分地反映了人们之间的各种社会关系，形成了进餐或设宴时的风俗和习惯。

第二，空间文化的差异性是藏餐消费指向发生变化的强大助推力。空间差异性除了有地理区域的差异，还存在区域文化的差异。这种差异的存在造成人们了解不同民族文化的需求。玛吉阿米以神秘古老的藏族文化为企业品牌内核，打文化牌，唤起消费者对于藏族文化的好奇和猎奇的心理。神秘的藏族文化的魅力，让消费者走进玛吉阿米餐厅；底蕴深厚，源源不尽的藏文化，使意犹未尽的消费者再次走进玛吉阿米。很多内地消费者都是去过拉萨八廓街的玛吉阿米，回到内地又到内地店去继续体验藏式风情。文化差异不仅仅体现在旅游资源上，还体现在许许多多的民族文化产品上。玛吉阿米正是在发展民族文化资源上充分重视了都市群众物质和精神需求，不管是远离藏族聚居区生活在城市中的藏族群体由于对本民族文化趋同的心理，还是非藏族对藏民族文化的好奇心理，玛吉阿米根据不同人群的心理特征提供了一个可以互相了解和寻求认同的场所，这可以说是它的创新之处。

第三，重视民族文化品牌建设。品牌餐饮是成功餐饮经营的体现，是餐饮追求的至高境界，唯有具有特色和风格的品牌餐饮才能充满活力，拥有稳固和长久的市场。因为品牌是民族文化的象征，它凝聚着本民族深刻而丰富的文化内涵，企业树立品牌时必须广泛吸收各种文化要素，最重要的方面是民族优秀文化传统在企业中的弘扬和企业自身的文化特征，注重设计的文化内涵和企业形象的艺术化等。玛吉阿米在品牌的应用方面应该说是成功的，它应用了藏族文学史上最著名、在藏族百姓中流传最广泛的仓央嘉措情歌中独特又能体现整个作品主题语言符号“玛吉阿米”，以及其背后一段动人的故事。玛吉阿米的创始人泽郎王清将这一传世之作与其作者第六世达赖喇嘛仓央嘉措本人的传奇故事作为企业文化的背景，打造了“玛吉阿米”这一古典和现代相结合的文化品牌，为这一古老的文学词汇融入了新时代的文化价值和商业价值，使这个品牌既有历史和文化的内涵，又有时代的气息和时尚的味道，开创了藏族文化品牌的先河。因此，重视文化品牌的打造是一个民族文化产业化的显著特点。

第四，培养企业员工对本民族文化的认同感。在现代企业管理中，产品和服务是要靠员工的工作来实现的，尤其是在民族餐饮企业中的员工对本民族文化以及企业文化的认同尤其重要。因为人是民族文化的载体，民族文化的内涵和精华是通过人来传递和表达的。让员工理解、认同本民族文化，进而通过自己的服务传递给消费者。玛吉阿米的员工就是以藏文化为傲，以宣传和发扬自己的文化为己任，在举手投足之间传播着文化。在玛吉阿米经常见到员工向客人热情地介绍着店内精美壁画背后的神秘含义、转经筒传达的符号以及某尊佛像代表的意义等，他们的行为向顾客表现出一个热情好客的民族和充满“为他之爱”的民族独有的服务个性，也让所有顾客在玛吉阿米感受与众不同的亲切和温馨。热爱本民族文化的员工是玛吉阿米运转的核心，他们构成了藏餐厅的藏文化主体，使藏族文化内容得以有了灵魂。

第五，传统与现代结合的一种方式。在今天的全球化浪潮中，为了使自己的传统文化得以延续与演进，保护和开发传统文化资源成为少数民族的必然选择。玛吉阿米模式正是在传统文化与现代化之间寻找到了平衡点和契合点，将两者进行有机地整合，将具有活力的民族文化融入现代化与城市化的过程中，利用藏族传统文化对城市消费者的吸引力，积极寻找适应现代社会变迁的途径，使民族传统文化能够很好地传承和弘扬下去。因此，玛吉阿米模式在保护、传承和弘扬少数民族传统文化上积极适应社会及都市人类的需求，更具生命力，更富灵活性。这离不开玛吉阿米创立者泽郎王清自身的文化背景和企业家才能，将传统与现代结合，既保留了传统中优秀的民族文化，又运用现代企业的运行方式，将传统的饮食文化打造成具有消费市场和消费前景的新式藏餐店。因此，在发展与保护之间，我们应该走一条文化多样性的整合发展之路，走一条建立在文化自觉基础上的各民族文化共存、互补、互动的发展和保护之路。

可见，玛吉阿米藏餐连锁经营挖掘民族文化资源，打造民族文化产品已经开创了一种文化内核、餐饮外拓的一种藏族餐饮文化发展模式。拉萨市八廓街的总店每日慕名而来的游客证明了玛吉阿米在国内外消费者心中的地位。到达八廓街的游客总是要被这个黄色的房子吸引，走进它，去了解玛吉阿米的含义，听听那古老的故事，感受仓央嘉措那晚的心情，在那里欣赏着八廓街的人来人往，既是一次精神之旅，又能体会正宗藏餐的美味。玛吉阿米运用现代经营方式，企业化连锁经营，保证了餐饮的品质。

（三）后起之秀——落脚点藏餐

在拉萨市德吉北路上有一家藏餐厅，名叫“落脚点挚友家宴”，这个藏餐厅是集休闲娱乐餐饮于一体的一种运营方式，目前餐饮区一层是藏餐厅的主体部分，与二层的 KTV 是合作运营的关系，藏餐厅的布局设计非常巧妙，进门左手边是用藏式家具和布帘一个一个隔断开的传统用餐区，正对的是最大的包间，可供 15～20 人用餐，包间金碧辉煌，体现浓郁的藏式风情。藏餐厅的特别之处是在餐厅内有一个不起眼的门通向一个主题式大厅，大厅一层和二层打通，整个布局就像是藏族人们过林卡似的，有小桥流水、转经筒、假山、草坪，在草坪上有供顾客娱乐的色子，可玩藏族传统游戏掷色子，还设有麻将桌。在这里用餐的顾客就可以体会到藏族人过林卡时的欢乐景象。

落脚点挚友家宴成立于 2012 年 6 月，笔者调研走访时才刚刚开业一个多月。餐厅的经营状况良好，关键还是在菜品好，那就离不开一个精干的厨师团队。这里的主厨叫扎西达瓦，非常年轻，30 多岁，1995 年开始学习烹饪技术，1998 年学成至今一直担任主厨，曾在拉萨饭店、雅鲁藏布大酒店等七家不同类型的酒店担任主厨，2003 年参加全区藏餐大赛，获得金奖。

扎西达瓦是一个有着非常开阔的视野和活跃的头脑的藏族厨师，他的理念和一些藏族老师傅有所不同：“有些老师傅比较保守，不愿意把一些藏餐的传统烹饪技术传授给别人或者年轻人，我认为这样不好，不利于藏餐技艺和文化的传承。”扎西达瓦说：“我喜欢和各位老师傅交流，现在的厨师团队有七个人，大家经常聚在一起互相学习、探讨、研究技艺。”扎西达瓦学习了很多藏餐的做法，掌握了目前藏餐业基本的菜式做法，并在学习及工作中创新，经常和同事研发新菜品，也好符合来西藏旅游人员的口味，先后创下新型菜式50多道，为本土风格的餐饮业贡献力量。扎西达瓦主厨最核心的理念便是创新与传承，他坦言，不怕别人把他的技艺学走，也不怕别人将他自己独创的一些菜式学走，这是传播藏餐、传承藏餐饮食文化的一种方式。据他介绍，藏餐历史悠久，极具特色，制作藏餐的大部分原料是藏族聚居区自产的，花色品种丰富，味道各异。藏式宴席上食品的烹制及摆席方式很多，最古老的方法是根据客人社会地位的高低来决定采用诸如盘中敬餐、手递敬餐、餐巾敬餐等用膳形式，还有素宴、荤宴之分。在家庭和集体的庆宴上，一般也像汉室餐宴，以热菜、冷菜、汤、主食及零食的形式设宴。①

每隔一段时间，扎西达瓦还要亲自深入牧区。他去过昌都、日喀则等地区，在当地农牧民家里“蹭饭”，寻找农牧民家里现今保留而现代菜品中已经消失的菜品。虽然农牧民家里的饭菜相对粗糙，色香味也不会那么讲究，他就回来研究，既保留藏族传统的制作方式、原材料，又经过反复试验调整适合游客的口味，这样他的菜品就一直保持着更新，又是在有历史和风俗的基础上创新的，他的创新灵感就来自于农牧民在与恶劣的自然环境相处的过程中千百年传承下来的饮食习惯和饮食文化。他的创新还包括对已经逐渐淡出饭桌的原材料的追溯，并且会给这样的菜品拟一个很有文化特色的名字，如，有一道菜叫作“拉萨往事”，“拉萨往事”曾是反响很好的一部电视剧的名字，非常形象，盘内摆放一只黑色的牛角，是由黑豆和酥油混合在一起的，小小的黑豆是扎西达瓦这代人的童年记忆，小时候他们经常拿着黑豆玩，后来生活条件好了黑豆不被作为原材料加工，也吃不到，渐渐地就消失了，这个情景也正符合“拉萨往事”的主题。扎西对于藏式菜品的创新还表现在借鉴内地演绎法，他开创一种类似“工夫茶”的做法，是由厨师在顾客面前边介绍边演绎的方式展示的。藏式牛鞭工夫茶是由牛鞭和牦牛大骨汤精心熬制的，其味香浓、可口，具有补肾壮阳，益精填髓之功。据说，牛鞭的特点是富含胶原蛋白，含量高达98%，所以也是女士美容驻颜的首选佳品。

扎西达瓦团队对于原材料的采集非常精心，有些原材料具有非常高的营养价值，也在藏族餐饮历史上发挥了重要作用，但是由于不便采集，成

① 贾立君：《中国菜系一枝奇葩》，《山西经济日报》2004年12月28日。

本高，所以不被广大藏餐馆所采用，扎西达瓦表示家宴的老板和他有同样的理念，非常支持他保持和传承创新藏餐的观点，有些原材料特地派人去很远的地方采集回来，将原汁原味的藏餐展示给来藏旅游的游客和广大消费者，这在一定程度上也是对藏族饮食文化的保护。

（四）藏餐业未来发展趋势

1. 藏餐的多元化发展

现代的藏餐呈多元化趋势发展，新原料不断补充，一些趋向内地菜系和西餐的改良藏餐新品种也正在不断出现。“知道四川火锅，没想到西藏也有火锅。”来自内地的游客陈晶一边品尝着美味的藏式火锅，一边惊讶地说。藏式火锅主材选用西藏当地的牦牛肉、松茸、虫草等，而做法上有点像四川火锅。据西藏自治区烹饪餐饮饭店协会介绍，2010 年西藏住宿餐饮业实现零售额 14.5 亿元，比上年增长 25%，占全区社会消费品零售总额的 17%，其中富有西藏特色的餐饮越来越受到旅游者的好评。①

现在，藏餐带给人们的不仅仅是味觉上的享受，还有雪域高原独特的饮食文化，深受中外游客喜爱。目前，仅拉萨市就有上百家藏餐馆，藏餐文化也在不断变化中得到继承和发展。“如今，西藏藏餐正从宫廷藏餐走向现代藏餐，呈现出多元化的新趋势。”宋海峰说，随着西藏经济社会和文化的发展，以及与外界饮食文化的交流，西藏藏餐早已打破了传统的材料构成，发展成为讲究营养、口味、色泽和品位的绿色餐饮文化；同时，越来越多的中餐和西餐元素融入藏餐，成为现代藏餐的一大亮点。②

未来藏餐的发展趋势还会呈现现代健康营养化，包括使用工具的现代化，制作工艺的现代化，经营理念的现代化。经过工业化、城市化的发展，工业技术科技进步给人们带来好处的同时，也不可避免地污染了支撑人类生存的各种农作物、原材料。健康饮食，消费绿色无污染的蔬菜、谷物，均衡膳食营养被大众所重视。现今国际上倡导健康饮食的理念，恰恰

① 《西藏藏餐正朝着多元化趋势发展》，中国吃网，http：//www.6eat.com/Info/2011/05/24/250703.htm。

② 《西藏藏餐正朝着多元化趋势发展》，中国吃网，http：//www.6eat.com/Info/2011/05/24/250703.htm。

与藏餐本身注重营养均衡，原材料无污染（西藏乃至高原地区的很多植物都是按季节生长，或者只在高原地区生长的，并且没有受到工业的污染），原材料本身营养价值高、具有药理作用这些特点不谋而合。因此，藏餐的发展趋势必然和国际接轨，藏餐与藏医学及雪域高原的珍稀原材料相结合，讲究搭配和膳食营养，符合国际国内健康膳食，均衡营养的新要求，这一发展趋势必然推导出未来藏餐市场广阔，前景光明。

未来藏餐的发展趋势是要将传统与现代相结合，有保留，有追溯，有创新，有发展。“保留”是保留它原有的技艺、方法、器皿、原材料；“追溯”是追溯那些随着工业化，生活水平的提高，已经逐渐淡出人们视野的在藏族饮食历史上发挥过重大作用的那些原材料，烹饪方法；“有创新”是通过一些与内地菜品的结合、碰撞，加入了一些现代理念，对一些菜品重新配搭以及制作方式上借鉴内地菜品的做法，将藏式菜品与藏族文化的结合，用一种演绎的手法，结合藏族民间故事、藏族文化内涵，生发了藏式餐饮的生命力，传承了藏族文化；“有发展”是对于原有菜品口味的微调，对先进工艺和工具的运用，进一步地让藏餐与内地与国际接轨。

2. 名人效应

近年来，越来越多的藏餐吧如雨后春笋般地出现在了都市中，这种“藏餐潮”现象在眼下正火热的“西藏潮”中扮演着传播藏族文化的使者角色。西藏潮让人们对西藏文化产生了浓厚的兴趣，而藏餐吧等有着浓厚民族氛围的地方则是身处在都市中的人们接触藏文化的第一站，作为传承藏文化的一种方式，在很大程度上营造并还原了藏文化氛围。

在这股藏餐热潮之中，藏族艺人经营的藏餐馆也成了一道独特的风景。自曾经在四川人民广播电台担任过主持人的泽郎王清创办“玛吉阿米”藏餐吧以来，歌手韩红在北京也创办过“央金玛”藏餐吧，词作家二毛在拉萨也创办过藏餐吧。《寻找智美更登》男主角宗智在香格里拉有一家西藏唯一的电影餐吧，而歌手才吉和曲尔甲、青海藏语电视台主持人拉姆和歌手阿日都分别在西宁创办有自己的藏族餐饮会所。旺秀才丹教授介绍，此前在成都有歌手德白创办的藏餐吧，还有来自甘孜的作家阿文创办的“康定老家”酒吧。而金珠卓玛的“特瓦阁”茶餐吧，又为藏族文艺人竞相开办茶餐吧这道风景增添了靓丽的景色。

2012年，藏族歌手金珠卓玛经过了三个多月的准备，精心打造的藏西式相结合的休闲茶艺馆——“特瓦阁”在成都开业。金珠卓玛出道多年，在继续自己歌唱事业的同时，开始投资、打造藏族饮食文化品牌，在传承和创新藏族餐饮文化的过程中彰显民族特色和地域文化，走出了一条独具特色的餐饮企业文化道路。而早在2007年，金珠卓玛在甘南迭部县就投资百万打造了迭部县首家集藏餐、休闲娱乐为一体的“扎尕那藏餐宫”，考虑到了迭部县的地域文化特色和旅游资源开发双重优势，这家藏餐宫和以美籍奥地利学者约瑟夫·洛克笔下的“东方伊甸”、美国人类学家罗伯特·彼埃克瓦尔在《西藏的地平线》一书中被称为“石头盒子”的“扎尕那”（Brag Sgam Nang）作为藏餐宫的名称和品牌。2012年，金珠卓玛注意到成都藏族餐饮市场的潜力，在成都市最具藏族文化特色的武侯祠社区投资打造藏、西式结合的休闲茶餐厅——特瓦阁，以藏式特色茶品如青稞虫草茶、藏红花茶、松赞马茶，以藏地天然食材为基础原料的精品藏餐如藏香猪肉、原始牛排炖虫草、拉萨炒饭、青稞油酥饼等甚至多种西式饮品为特色，以藏、西结合的室内环境为依托，将特瓦阁打造成了休闲餐饮的新空间和藏族名人在成都的新据点，以个性餐饮和极强的人气为武侯祠社区增添了新的风景。

餐吧“特瓦阁”的名字取自米拉日巴的俗名，特瓦阁的品牌理念是以米拉日巴尊者的品格，让所有前来光顾的顾客朋友们“闻喜即来，闻香即留”，品味西藏，并以此文化符号为传承藏文化的“点”，进而推广到更广阔的“面”，让人们了解到更广阔更深远的藏文化。

事实上，不管是开藏餐吧还是经营其他的与藏文化相关的生意，文化的传承都是第一位的，而作为传承藏文化的一扇窗口，餐吧在传承藏族美食的同时应该更注重传承藏族文化，在传承文化与商业经营的道路上越走越好。

3. 行走行业高端，打造高档品质

目前藏餐业的这种高端模式借鉴了高档西餐厅的模式，成立协会、制定评级，打造正宗高端藏餐，提供以往只有亲自到西藏才能品尝得到的美味。我们有以下两点思考。

一是，打造精品藏餐的可行性。目前在西藏这样的具有世界影响力的餐厅还没有，但是笔者认为藏餐由于它自身深厚的历史积淀，稀缺、营养价值高的原材料，博大精深的藏医学，藏族历史上贵族的奢侈生活，在西藏打造高档藏餐厅是可行的，有印度、尼泊尔以及其他国外市场的高端消费需求，有国家打造文化产业大繁荣、大发展的契机。作为世界第三极的西藏，她在世界上的独一无二性，西藏在国际上越来越高的知名度，西藏旅游的全面发展，加上拉萨交通的逐步发达，西藏文化产业的蓄势待发，这些都说明着力打造一个具有世界影响力的藏餐是有需求、有市场潜力的。

二是，如何打造精品藏餐。高档藏餐厅可以借鉴法国高档餐厅的模式，包括主厨、餐厅选址、内部布置、服务、配套等全部打造成藏餐一流品质，笔者认为，藏餐很适合打造成高端消费品，藏族文化本身包含着很深厚的贵族文化，藏族贵族的饮食、服饰、起居等方面的特权，恰巧迎合了现代奢侈品消费、特别订制享受的消费需求，虽然能够负担此类消费的属于少数人群，但是利润可观，并且连带着很多品牌附加值，近来对奢侈品的追捧也说明人们对高端消费的痴迷，在西藏走向世界的过程中，藏餐打造出类似高端的品牌也必将受到国内外少数消费者的追捧，高端藏餐厅可以全面的保证藏餐整套的制作工艺、原料都是一流的，保证藏餐的品质，尽情地展现藏餐中蕴含的藏文化的神秘魅力。

首先，高档藏餐厅要吸收具有一流技艺的主厨，借鉴法国白房子餐厅打造明星厨师，甚至打造全明星厨师团队，提升知名度，成为其他餐厅不可企及的一项标准。由厨师为餐厅选取原材料，材料保持天然的同时还要在众多原料中选择最优产地、最优质量的。可以设藏餐制作过程参观环节，让更多的人了解藏餐的制作过程，也可以给消费者提供制作酥油茶的体验，真实地走进藏族生活，让消费者喝上自己酿制的酥油茶。

其次，餐厅的整体环境、藏餐厅的布局摆设也应凸显藏族的建筑风格。手工雕琢的藏式家具，自然磨制的颜料上色、制作精美的代表藏文化的有巨大商业价值的工艺品，特制的用餐工具，都可以参照当年西藏贵族的使用器具进行打造，让高端消费者体验西藏贵族式的待遇。藏餐厅可量身打造出世上独一无二的牦牛宴，设藏文化礼仪讲解员，引导消费者用餐时按照藏族的礼仪，身着精美的藏族服饰全方位的体验藏族贵族的奢华生活。当然，用餐时可配有藏族的歌舞表演，使顾客可以更立体地了解藏族深厚的文化。

最后，就是需要政府建立高档藏餐厅品牌价值、餐厅各类服务品质和菜品的认证工作。如法国和日本纷纷为餐饮“申遗”，抛开切实的对餐饮文化的保护，恐怕背后也都瞄准了“申遗”成功之后给餐饮业带来的经济价值。那么有着独特性质的藏餐，拥有神秘的药用价值和原始古老的制作工艺及藏文化深刻的内涵，政府应该筹备策划申请“世界非物质文化遗产”，将藏餐推到世界非物质文化遗产的层面，让世界了解藏餐，了解藏餐所代表的藏文化，继而创造藏餐“申遗”成功的经济价值。藏餐产业的发展离不开国家、自治区各个层面的支持，包括资金、政策等，打造藏餐产业，既创造了经济价值，使餐饮业成为西藏经济新的经济增长点，又为藏民创造就业岗位、增加经济收入，也保护和传扬了藏族文化，正是一举多得的好事！

总之，藏餐在最初保留藏餐文化特色的基础上，不断与内地菜品结合，开拓创新，成为藏餐打开内地和世界大门的敲门砖；中端层面创造像玛吉阿米藏餐连锁店这类的打文化品牌的餐厅，将藏族餐饮文化和藏文化乃至藏族建筑风格、歌舞等较全面地展示给消费者，达到传播藏文化和获得经济效益双赢的局面；高端层面，打造核心品牌价值，制造精品，可以向高端定制的方向发展，甚至打造成奢侈品消费，以神秘古老而又深厚的藏文化为依托，在雪域高原走在世界的高端，必将受到全球消费者的青睐，使藏餐和蕴藏其中的藏文化大放异彩！

第十章　藏香——来自雪域的芬芳

在西藏，不论是在寺庙，还是在寻常百姓家，只要有人居住的地方，就有一种神奇的味道，它夹杂着草原的草香和酥油香，夹杂着藏地植物独特的草本芳香，混杂在空气中，和整个西藏的宗教气氛一样，遍布每一个角落，刺激着我们的每一根神经。这种味道，就是被称为西藏三大传统手工艺品之一的藏香所散发出的。[①] 藏香，作为藏传佛教的重要载体之一，已经成为西域文化和高原文化的重要组成部分。

一　关于藏香

藏香是将多种珍贵植物和香料按一定比例磨碎成粉，加入雪域净水搅拌成泥，并经过晾晒等工序制作成的各种形状的藏族不可缺少的日用品。人们每天将其点燃，青烟直上，连接着雪域与天堂。一方面人们用它朝圣拜佛，驱鬼避邪，另一方面燃点由药材和香料制成的藏香，可以让空气清洁，心情舒畅，并且有治病的效果。藏香的生产已经有一千多年的历史，它无时无刻不伴随着藏族人民的生活，它的味道也成为西藏味道的代名词。

（一）藏香的起源、发展

藏香具体的起源时间无从考证，自一千多年前《香的配方》一书由梵文译成藏文流传到西藏各地以来，藏香就成了信教群众所必需的祭祀祖先

---

① 严小青、张涛：《话说藏香》，《中国民族》2009 年第 7 期。

或敬神的供品。因此，藏香的起源与发展与佛教传入西藏有着直接的关系。在松赞干布时代，中原文化和印度文化在雪域高原非常盛行，两大文明的交汇最终以佛教的形式在西藏扎下了根基，影响着西藏政治、经济及社会生活的发展。相传，真正的藏香是由吐蕃七贤之一的吞弥·桑布扎于公元7世纪前后，从佛教发源地印度引入熏香技术，并融入西藏本地特色，距今已有1300多年的历史。资料记载，在吐蕃时期，藏王松赞干布为了更好地学习印度文化，曾派出16名青年才俊到印度学习佛法、取经，在印度学习过程中，有15人先后客死他乡，只有吞弥·桑布扎学成归来。回到西藏后，吞弥·桑布扎以梵文字母为基础，结合藏语的特点，发明了藏文，随后又把在印度所学到的熏香技术，通过自己的调试，又根据西藏的地域特点，发明了藏香。传说吞弥·桑布扎在游学回乡之后便开始传授当地人藏香制作的工艺技术，他利用吞巴村水利资源丰富这一特点，发明了一种木制的水车来磨制制香的原料柏木。但是，他又担心水车运行可能伤及河中的生灵，于是，就在河水汇入雅鲁藏布江处立下一块石碑，用藏文写着："江中鱼不得入此河。"此后的1300多年，河中便再也没有见到生物，只是石碑早已被河水冲走。由于尼木县吞巴村是吞弥·桑布扎的故乡，又具有丰富的水力资源和柏木资源，因此，尼木县吞巴村也成为藏香的发源地和西藏最大的手工藏香生产地，其藏香生产的历史最为悠久。

继吞弥·桑布扎之后，藏医圣人宇妥·云丹贡布、第玛·格西丹增平措、莲花生大师、雅龙格巴大师等也从不同程度完善和发展了藏香，使藏香从原料、配方、制作工艺、品种和效用等方面更加多样。其后，在历代僧俗大众的努力推广下，藏香的生产和发展逐步走向成熟，各种流派与各类制作方法竞相媲美，各类香品也一应俱全，藏香逐渐成为西藏僧俗皆广泛使用的供物和日常保健用品。

在藏民族生产社会实践和藏传佛教的发展过程中，产生了自己独特的医药技术——藏医药学。在藏医药学领域，也不乏研究和记载藏香的著作，藏香在藏医药方面的功用被进一步挖掘并受到重视，藏医药学也将一些技术和工艺列入到了藏香制作中，从药用方面不断完善着藏香，促进了藏香质和量的发展。公元708年出生的宇妥·云丹贡布是一位伟大的藏医药学家，他利用前人研究的成果，通过自己的实践，同时吸收了印度、尼泊尔及祖国中医药学的奇妙功效，在其有生之年撰著了藏医药学巨著《四部医典》，共分四部，包括《总则本》、《论述本》、《秘诀本》和《后序本》。除了详细记述了医疗、药物、配方等，还记载了有关藏香的配制、原料、加工工艺及其功效。藏香从此成为西藏地方古老宗教文化孕育出的瑰宝。[①]《四部医典》中对无名浊热、毒热，易疲劳、气血淤滞，抑郁烦躁等症状提出了多种预防、调养的方法，尤其是以具有香气的各种药物和植物等烟熏和外敷的方法，藏香的药用功效已在《四部医典》中被挖掘。第玛·格西丹增平措著述了著名的药物学经典论著《晶珠本草》等60多部著作，其中《晶珠本草》有关于藏香的配方、制作方法的详细记载，后来的藏香大多依此制造。制作藏香的矿物、植物原料，经医药学定性定位，确保了藏香的质量，并伴随着医药学的进步，出现了具有一定预防和辅助治疗性的药用藏香，这种药用藏香被纳入了藏药之中。此外，在工艺上，将原材料经晾晒、石磨、发酵等工序综合成泥状，用牦牛角冲压成条线状，形成新型方便性藏香，即线香，保证了藏香的生产量以及使用中的方便性。

佛学大师莲花生于公元8世纪中叶来到西藏传经授教，足迹遍布山南、日喀则、阿里、拉萨等地。相传，莲花生大师看到西藏当地的僧侣和百姓们喜欢焚香，就利用自身知识及在域外所见技术，结合当地民间的寺庙制香技艺，为寺庙配制了多种藏香，如敏珠林寺、桑耶寺、哲蚌寺和布达拉宫等所贡佛香和寺庙生活用香。这些经典的藏香配方虽历经沧桑，但其中的一些品种仍流传至今，并得到后来学者的继承和发扬，如目前的环宇香、八宝香、敏珠林香、康珠藏香等。[②]

出生于西藏山南洛扎地区的大掘藏师雅龙格大师，相传为洛扎民间广有声誉且十分传奇的慈善人物，他坚持修行，并为当地百姓造福无数。据说，在1678年，山南洛扎遭受病疫之灾，雅龙格大师为了帮助当地百姓祛病渡恶，与弟子优格仓喇嘛共同创制了优·敏芭古藏香。优·敏芭古藏香在继承了多家前贤藏香的经验和优点的基础上，搜集研发古谱秘方，在为民强身、祛病保健等功用上彰显独特性。之后，雅龙格大师与弟子优格仓喇嘛合著《雪域优格仓氏造香秘技秘方密续香典》，该香典至今都被优格

① 《藏地芬芳》，优格仓企业资料，第8页。
② 《雪域高原上的奇葩——藏香》，拉萨市科技局网站 www. lskjj. gov. cn。

仓家族视为家传秘籍，香法传承至今，优·敏芭古藏香逐渐成为西藏僧侣和大众喜欢的名香，目前也引领着拉萨藏香市场的发展。

藏香除了上述有确切记载和传说的起源和发展外，它的出现也和雪域高原藏民族的日常生活和宗教生活有着密切的联系。早在藏香出现之前，藏族人民就有焚烧松枝来供奉神灵的习俗即煨桑。随着西藏人民生产活动和宗教活动的发展，居住在高原上的人们，习惯在星光灿灿的月夜把衣服、被褥等用品放在室外晾挂，起到消毒、消灾的作用，白天则习惯用具有芬芳、辛味或刺激性气味的植物或矿物质点燃烟熏居处、房屋或空间较密集的居室，以起到消毒、除异味、驱蚊虫的作用，达到消灾免难避邪的效果。前一种晾挂习俗叫“夜星露”，后者即药物的焚烧、熏蒸，为藏香的雏形。①

在西藏，寺庙作为宗教仪式祭典等活动最为集中、频繁的地方，经常聚集着万千佛教信众，人流量很大。而寺庙的庙宇虽大，房间却很多，面积较小，楼阁紧密，加上雪域高原含氧量先天不足，庙宇环境易使人感到闭塞、气阻、空气不畅，易生恶气、邪气。随着西藏内外宗教文化的交流，久居寺庙的僧侣们发现焚烧香料特别是一些名贵的药材，可明显改善居室的空气，让人心旷神怡，减轻疲乏、头晕、缺氧等症状。于是，在寺庙内、僧侣间渐渐形成了点燃以各种香料植物、矿物混合而成的粉末状物即香粉的习惯，后来逐渐应用到了民间。现在人们普遍使用的藏香粉，就是沿袭了古代寺庙香粉的制作方法并经改造而成的。

（二）藏香的功效及在藏族生活中的意义

藏香是藏族民间不可或缺的日用品，在寺庙、藏族人家中，几乎每天都能看到它燃起的青烟，闻到它散发的清香，藏香已经贯穿在藏族人民的宗教和日常生活中。一方面人们用它朝圣拜佛，驱鬼避邪，另一方面燃点由药材和香料制成的藏香，可以使空气清洁，使人心情舒畅，并且具有祛病保健的作用。

其一，藏香的功效。由于藏香的成分包含多种既是香料又是药材的原料，而且古方中亦已顾及使用者的健康，藏香对使用者的身心同时具有安

① 《雪域高原上的奇葩——藏香》，拉萨市科技局网站 www.lskjj.gov.cn。

神益智、预防流感、定惊、令心绪安宁及消毒等妙效，具有极大的保健功效。藏香一般由藏红花、藏寇、丁香、檀香木、冰片、当归、黑香、雪莲花、沉香、甘松等几十种名贵藏药及香草制成，而且加工过程都是纯手工制作，充分地保留了药物的天然药性，这也使藏香的药用价值发挥到了极致。藏香的配料之一藏红花是护肝的良药，有排毒养颜之功效；其中的藏寇分肉豆蔻、草豆蔻，前者是调治心脏的良药，而后者则是保护肾脏的良药；常说丁香一样的姑娘，其实丁香也是藏药之一，用于配制藏香，有利于命脉；而麝香、檀香木、冰片、当归、黑香则是脾喜爱的宝贝；另外像雪莲花，虫草等亦是我们众所周知的医学上的宝贝。藏香根据配料的药理性合理组合，造就了它神奇的功效，对人体重要的几大器官都有着养护的作用，从而有效的调节了我们的内分泌系统、心血管系统、神经系统、免疫系统，使我们的机体能迅速地调整人体脏腑气血和免疫功能，预防和治疗疾病，改善生理功能，促进新陈代谢，使人神清气爽，同时大大改善了睡眠质量。

从配制藏香的香药性质来看，我们就能很容易理解藏香的药用功效。例如沉香降气温中、暖肾纳气；排草（香）祛风活血；甘松（香）祛风、燥湿、排脓、拔毒、生肌、止痛；母丁香温中、散寒；乳香调气活血、定痛、追毒；肉豆蔻温中、下气、消食、固肠；白豆蔻行气、暖胃、消食、宽中；冰片（龙脑香）通诸窍、散郁火、去翳明目、消肿止痛；黄檀香理气、和胃；紫檀香消肿、止血、定痛；广木香行气、解毒、消肿；细辛祛风、散寒、行水、开窍。可以看出，藏香是藏医的重要组成部分。

这些芳香药物难以用四气五味理论解释药性、说明作用机理，因而另有芳香药性之说，概括起来有 11 类：芳香入脾、芳香开胃、芳香透心、芳香透骨、芳香入络、芳香开窍、芳香燥湿、芳香辟秽、芳香散邪、芳香上行，芳香和五脏。藏香不同于其他熏香料的最明显特点就是具有药用功效。雪域高原氧气稀薄，常年积雪，寒湿较重，藏香所具备的燥湿、通窍、行气、明目、辟秽等功效给藏民带来了福祉，被藏民视为神圣之物用于拜佛和养生。①

公元 857 年，赞普赤松德赞邀请印度的莲花生来藏讲经时，莲花生对

---

① 严小青、张涛：《话说藏香》，《中国民族》2009 年第 7 期。

藏香的配方进行了研究，提出使用各种天然原料配制的藏香具有治疗精神病、提神补脑、减轻剧痛、抗传染病等效用。目前西藏能造出的上等藏香叫“那拉”香，是以穿山甲和麝香为主要原料配制的，可提神醒脑，各大寺庙和有条件的家庭都在早晨使用；中等藏香叫“那古”香，是以穿山甲和黑安息为主要原料，这种藏香味浓，有益于修习佛法，讲究在中午使用；其次为“赞古”香，是由檀香和黑安息香等原料配制的，能消除劳累，讲究在晚上使用。

其二，藏香在藏民族宗教生活中的意义。生活在雪域高原的藏族人民有着悠久灿烂的香文化，早在远古时期，由于祭祀天地神灵的需要，高原先民创造了煨桑习俗。藏传佛教中最著名的祭祀文献，宁玛派的《献供焚香祭》（莲花生大师著）称煨桑“源自于天”，事实上可以追溯到佛教传入之前的时代。“煨桑”是高原先民同高高在上的神灵间沟通的方式，他们认为袅袅而起的香烟直达天之极深处，飘至神灵居住的地方，可以将人间的美味传递其所在。这种焚香祭祀活动在长期的演变中显得日益丰富和相对规范，并与后来的佛教仪轨相融合，形成了完整而独具藏地色彩的体系。

“桑”在藏语中意味着净化，同时“桑”也有祭祀献供之意，甚至在藏语中“煨桑”成了祭祀神灵的代名词。而今，藏族民间的煨桑习俗虽然已是佛教之味却依然长盛不衰，几乎家家每天早上都要举行“煨桑”活动。就藏族人来说，神被基本认为是闻香即可，而非像人一样必须用食物来充饥。

煨桑与佛教融合后，就把它净化环境、消除邪气与秽气、净化心灵等功能发挥得更加完整，更加丰富。用袅袅香烟送去人们对神佛的祭品早就成了藏族百姓每日的功课，煨桑即是祭神供佛，这种思想自古延续至今。佛香在西藏的传入，有记载的历史大多都认为是公元7世纪松赞干布时期，据说在桑耶寺的修建过程中，由于遭到吐蕃鬼神的破坏，白天修建的石墙之类到了夜间就被破坏等等，更为严重的是各种疾病开始到处流行，于是君臣商议后，请来了密宗大师莲花生大师来镇伏鬼神。莲花生在桑耶地方建金刚撅坛城，并用燃香烧桑等活动和仪轨制造神秘而特殊的环境氛围，降伏了吐蕃一切鬼神，向佛、法、僧三宝献了包括香供在内的供养，这才得以全面完成桑耶寺的修建工程。后来还演变出了藏历五月十五的世界焚香节。①

燃香作为佛教仪式重要的一部分，佛教信众常常用燃香来表达对众神和佛祖的虔诚信仰。藏香点燃后，既可以杀灭空气中飘浮的致病细菌，使空气净化，也可以使人的身心得到净化，其燃起的袅袅烟雾也是信徒们向天地诸神祈福的一种形式。熏藏香行为在佛教中有很多有利的功效，其深远直契法界，其广大具足万行。在供奉藏香时，可使信佛者清净身心，通过有相妙香与无相心香供养佛教中的“三宝”即佛、法、僧及“三根本”即上师、本尊、空行护法，希望诸神会降福于敬奉它的人们。因此，供香是信教群众与三宝（佛、法、僧）和三根本（上师、本尊、空行护法）之间联系的纽带和桥梁，是藏族民众日常的宗教仪式。

（三）藏香的原料及制作工序

其一，制作藏香的原料。藏香采用佛经中记载的古方，一般是以高山柏树树干为主料，再以藏红花、麝香、白檀香、红檀香、紫檀香、沉香、丁香、豆蔻、穿山甲、甘菘、冰片、安息、乳香、朱砂、排草、没药等几十种香料按适当比例配合主料搓揉而成。在古时，为了表示尊贵，有的藏香还会加入天珠、琥珀、金粉和宝石粉末等。在现代，某些珍贵的藏香中也会加入珊瑚、珍珠、琥珀、金粉和银粉等原材料。不同作用和不同种类的藏香，其选取原料的类别和各种原料配伍的用量也不同，藏香不含任何化学香料，而且各成分之比例及处理方法均有严格规定。

制作藏香的一部分原料可以从西藏本地获得，但大部分原料都产自于我国各地，有的原料需要从国外进口。沉香、白檀香、红檀香、紫檀香只有中国岭南地区或越南、柬埔寨出产；排草（香）、三奈出产于广东、广西、海南和湖南部分地区；甘菘出产于中国东北地区；玫瑰以河南、河北等中原地区产为最好；豆蔻一般指白豆蔻、肉豆蔻和草豆蔻，白豆蔻盛产于印尼爪哇，肉豆蔻盛产于海南，草豆蔻盛产于云南；黄檀香只有印度盛产；冰片即龙脑香，盛产于马来西亚或印度尼西亚；伽楠香即质量最上乘的沉香，只有越南出产；苏合油即苏合香油，出产于地中海地区；没药出

① 《西藏焚香源流，关于“煨桑”的起源》，http：//www. foyuan. net/article - 783648 - 1. html，最后访问日期：2012 年 12 月 3 日。

产于索马里；乳香盛产于中东地区；丁香从香料群岛——摩鹿加传入。[①]从藏香配方的选料来看，一部分是西藏本地特产，一部分是汉民族和我国其他少数民族的特产，还有一部分是域外香料，说明西藏自古就不是一个封闭的地方，藏香是藏族文化与汉文化、其他少数民族文化以及域外文化交流的结晶。

其二，藏香制作工序。藏香工艺原理出自藏医的熏疗法，而配方则来自诸佛菩萨续宝典。据说，在藏香的发源地尼木县吞巴村中原有一位老人手中有祖传的“香经”，记载着吞巴藏香的180多种配方与工艺，但随着老人故去，该经下落不明。藏香有数种配料，这一行当没有家传秘方，村民之间互学，手艺就是以这种粗略的方式传承下来的。[②]

藏香的制作过程复杂而漫长，有一定的技术含量，要经过原材料的筛选、晒干、砸碎磨粉、搅拌、原料搭配、调合成泥、搓揉成形和晾晒等许多道工序。因为藏香主要用在宗教礼仪上，所以藏香制作过程要求以圣洁为主，否则会被认为是对神灵的不敬。

制作藏香的第一道工序是将柏树树干锯成若干小段，去皮。在去皮的柏树段中间打孔，再用一个木楔子紧紧地插上，然后把柏树段挂在水车的摇臂上，在水车的带动下，这些木段昼夜不停地在铺着石板的槽中摩擦，直到全部磨成木泥。在这个过程中，要不时地往槽里加水，不让已经磨成粉末状的柏树末随风吹散。[③]而水量的多少也要靠经验来掌握，水分过少，风会把柏树末吹跑，水分过多，在后期要花很多时间去晾晒，而晾晒时间过久就会丧失部分柏树原有的香气，所以这个工序一般由专门的人员负责。

制作藏香的第二道工序是把已经磨好的柏树末和各种香料一起揉搓。藏香是佛前供奉之物，所以在揉搓之前一定要清洁双手并洗净器具，以延续最初的圣洁与虔诚。这样做一方面是为了保证藏香的质量，更深层的含义则是洗去内心的杂念，保证香品的洁净。香料通常是以各种藏药合制而成，不同的香料有不同的味道和颜色。将各种香料揉搓均匀后，把混合着

① 严小青、张涛：《话说藏香》，《中国民族》2009年第7期。

② 王郢：《藏香，藏纸，藏文雕版——尼木三绝》，《旅游》2009年第9期。

③ 《尼木藏香》，百度百科：http://baike.baidu.com/view/6584862.htm。

多种香料的木泥放入牛角，使劲挤压出来。这是制作藏香的一道关键程序，不仅因为用牛角挤压木泥需要很大的力道，而且这力道还要轻重适宜，掌握得当，只有这样成型的藏香才能形成笔直、均匀的线条状。在这道工序中，藏香笔直的程度，考验着制作者的坚毅与耐性。

制作的第三道工序是晾晒。晾晒过程也很重要，晾晒的时间要得当，不能长时间暴晒，只能在阳光充足但温度不高的地方摆放。这是因为在藏香原料的配制过程中，水在其中所占比例较少，这样可以使香料所占比重更大，香味更纯正。藏香经过最后两到三天的晾晒程序便可以包装出售。

二　西藏藏香业的发展历史及其现状

（一）西藏藏香业形成与发展历史

历史上的西藏，除了农耕和游牧外，其余的生产活动几乎都集中于手工业领域。民族手工业与农业和畜牧业并列为西藏历史上的三大传统产业，具有悠久的历史，在西藏的国民经济中占有重要地位。西藏民族手工业的分类繁多，民族手工艺产品的种类多样，主要有五金工艺（金、银、铜、铁等金属加工制造工艺）、藏香、藏毯、藏纸、唐卡、氆氇、邦典、服饰、制陶、雕刻、乐器等。这些民族手工艺产品既具有独特的工艺特点，充满了浓郁的民族风格和地方特色，又反映了藏民族共同的宗教信仰、特殊的审美情趣和价值取向，并在衣食住行及文化生活等方面表现出藏民族的生产方式和风俗习惯。藏香产业作为西藏民族手工业中的一员，是在西藏民族手工业积累和发展的过程中孕育产生的，它的成长与发展与整个西藏民族手工业的发展历程息息相关，相辅相成。本章节以西藏民族手工业的发展历程为依据，将西藏藏香业的形成与发展划分为以下几个时期。

第一，萌芽时期。在吐蕃王朝建立以前，青藏高原地区的各个民族和部落邦国已经有了出色的手工业成就。到了吐蕃时期，由于西藏社会的稳定，政治、经济的发展，藏族与其他民族交往的日益频繁，使西藏民族手工业在花样品种，生产规模等方面都有了长足的发展。这一时期手工业获得的巨大发展与接受外来影响有关，其中以尼泊尔赤尊公主和唐朝文成公主进藏所带来的先进工艺和技术为主。公元 631 年，尼泊尔赤尊公主与藏王松赞干布成亲远嫁吐蕃。赤尊公主进藏时，除了带有释迦牟尼8岁等身像等珍贵佛像外，还随身带上了百名尼泊尔的能工巧匠。她们不仅带来了尼泊尔的工艺和技术，而且把古印度文明带到了吐蕃，对当时和后来的藏族工艺美术、建筑雕刻、医药、历算和宗教文化等方面产生了巨大的影响。[①] 公元643年，文成公主出嫁吐蕃，带去了大批工匠和有关工艺技术的专门书籍，这些工匠到吐蕃后，积极参与当地手工业技术的改进与发展，发挥了良好的作用。唐蕃联姻后，吐蕃不断从唐引进有手工技术的人才，内地茶叶、治瓷技术、造纸技术、先进武器等相继传入吐蕃。[②]

自公元7世纪起，吞弥·桑布扎从印度游学归乡，把在印度所学到的熏香技术通过自己的演变，结合西藏特色，发明了藏香，开始了在他的家乡尼木县（隶属拉萨市）吞巴村传授当地人藏香制作的配方及工艺技术。从那个时候开始，藏香便出现在了西藏，尼木县吞巴村也成为藏香的发源地和藏香的生产地。

第二，雏形时期。公元8世纪，佛教开始在西藏地区兴盛，宗教用品的需求量越来越多，极大地刺激了手工业生产的发展，使佛像、唐卡、佛教建筑、藏香等手工业产品的生产规模逐步扩大。藏香业在此期间也得到了发展，除了尼木县，西藏的一些寺庙也开始自己制作藏香，其中以山南敏珠林寺和拉萨桑耶寺最具代表性。

明朝时，西藏向明朝政府进贡的物品主要是牧畜、皮毛、藏绒、药材、藏香、铜佛等土特产品和手工业品，明朝政府回赐茶叶、丝帛、金银和日用品等。从进贡的物品和数量，可以窥见明代以拉萨为中心的西藏手工业的发展。《明实录》记载：洪武六年（1373）、七年（1374）、二十三年（1390）、二十七年（1394）、三十年（1397），先后有乌思藏帕木竹巴灌顶国师和都指挥使司灌顶国师等遣使进贡方物，方物中有“甲宵缨”等几类手工业品。[③] 到了永乐年间，西藏所贡物品的种类和数量大增，明政府回赐白银、锦绮、彩绢、钞币等数量比洪武年间成十倍、几十倍地增长。西藏频繁地向明政府朝贡物品，既反映了明代西藏地方与祖国经济关

① 得荣·泽仁邓珠：《藏族通史·吉祥宝瓶》，西藏人民出版社，2001年8月，第97页。

② 陈崇凯：《西藏地方经济史》，甘肃人民出版社，2008，第123页。

③ 陈崇凯：《西藏地方经济史》，甘肃人民出版社，2008，第286页。

系的发展，也反映了西藏土特产品的丰富、手工业产品生产能力的提高，藏香业及其所属的民族手工业在明代有了长足的发展。

清代西藏民族手工业的发展受藏传佛教的影响很大，造纸业、印刷业、藏香制造业非常发达。因为僧人需要读写佛经，必须有纸张供应，还得印刷雕刻成书，所以造纸业、印刷业空前发展。而藏香制造业的发展同样得益于藏传佛教的需要。寺院、僧人、朝佛者都需要焚香供奉，因此藏香需求量大增。清代藏香以后藏人贡者为上品，有红、黄二色，用檀香、麝香、桧粉、藏红花等制成，香甜触鼻，妙不可言。[①]

民国时期，西藏的手工业者分非职业性和职业性两种。前者以农（牧）民为主，兼搞手工业，而后者完全以手工业生产为谋生手段，这种人一般要加入行业会组织。西藏手工业者的一个显著特点是同领主保有人身隶属关系，从一定意义上说，他们是从事手工业生产的农奴，而绝非自由劳动者。藏族的手工业在向宗教化发展的同时，生产生活方面的手工业技术也形成了一定的规模，如藏香产业在尼木、拉萨、热振和林芝等地形成了一定规模。过去西藏藏香业的生产一直保持着原始落后的生产方式和工艺，以户为单位自产自销，因此没有批量产品。民国时，藏香业的产品除供应拉萨外，还销至西藏各地及云南、四川藏族聚居区，甚至不丹、锡金等地。做藏香的主要原料小柏树叶主要来自山南等地，每驮价约 150 两藏银，另添加其他辅料约银 100 两，可做藏香 625 把，每把售价 12 两藏银。

第三，曲折发展时期。1959 年民主改革以前，西藏的民族手工业长时间徘徊在较低的水平上，除少数为贵族、官僚服务的小作坊组织制作外，其他都是家庭副业产品。旧西藏地方政府对手工业者的原材料供应、资金、技术和产品销售等问题并不重视，加之赋税过重，使得西藏民族手工业长期处于设施极其简陋、生产规模不大、生产方式落后、生产力低下的状况。广大手工业者辛苦劳动一年，除支差和纳税外，所剩无几，有的甚至连糊口都困难。[②] 1959 年，全西藏民族手工业产值仅 124 万元，占当时西藏工业总产值的 2.3% 。

1959 年，西藏民主改革后，中共西藏工委要求各地本着就地取材、自

① 陈崇凯：《西藏地方经济史》，甘肃人民出版社，2008，第 369 页。

② 张赟：《西藏的民族手工业》，五洲传播出版社，1999，第 6 页。

力更生、因陋就简、自产自销的原则，积极发展为农牧业服务和人民生活所需要的民族手工业品。各级人民政府帮助手工业者解决原材料采购和产品销售问题，改进生产技术，提高产品质量，试制新产品，在短短的几年内手工业得到迅速恢复和发展。1959～1965年，西藏全区手工业发展到33个行业，近100个企业，230多个手工业互助组，共6670人，年总产值由民主改革前的124万元增加到890万元，年均递增32%。①

“文化大革命”期间，在盲目发展现代工业的同时，西藏部分民族手工业遭到了破坏，一些老艺人受到冲击，致使西藏民族手工业损失严重。1978年，中共第十一届三中全会全面纠正十年“文化大革命”中的“左”倾错误，中央人民政府十分重视西藏民族手工业的恢复和发展，除从政策上给予照顾以外，还在资金上给予大力支持。随着西藏改革开放的不断深入，自治区对民族手工业采取一系列放宽调整改革措施，实行自产自销、自购原料、自定价格、自负盈亏的“四自”方针，推行厂长负责制和承包经营责任制，并进行内部劳动分配等制度的配套改革，推动民族手工业产品产量和产值的不断提高。藏香业的产量和产值也在此期间大幅提高。以尼木县吞巴乡为例，吞巴乡“文革”前只有吞达村的几户家庭会制作藏香，到1995年，全乡的三个村庄70%的家庭都能制作藏香，全乡每年仅制香收入就达44万元，占家庭收入的90%以上。现在，吞巴乡吞巴村是藏香的发源地，又是目前西藏最大的藏香生产基地。藏香产业已占到吞巴村所有经济收入的80%。吞巴乡依靠制作藏香为主要经济来源的农牧民有400多户，生产藏香的人家人均年收入在2万元以上，其中收入最好的16户人家，人均年收入达到了5万元以上。吞达村制作藏香的手工艺传统千百年来从未改变过。

（二）西藏藏香业的基本特征

目前，西藏市场上的藏香品牌很多，比较有代表性的是尼木县的尼木藏香、山南敏竹林寺的敏竹林藏香、优格仓企业的优·敏芭藏香、岗地企业的吞柏古藏香，以及珠穆拉瑞藏香、桑宇拓藏香、色旺康藏香和西藏藏医学院的藏药香等品牌。由于在传统手工制作藏香的历史中，尼木县吞巴

① 张赟：《西藏的民族手工业》，五洲传播出版社，1999，第8页。

村、拉萨堆龙德庆县、山南敏珠林寺被称为三大传统藏香生产地，因此，它们在西藏藏香产业化的过程中发挥了重要的作用。但近几年出现的优·敏芭藏香，却也以现代企业的经营理念，在一定意义上代表了藏香业的发展方向。西藏藏香业在其发展中呈现出以下特征。

1. 生产方式的多层次性

由于制作藏香工艺的特殊性，西藏的藏香业生产比较分散，大部分都以个体家庭作坊式生产为主，只有少数的藏香生产者具备一定的现代企业经营理念，以现代公司的形式生产经营，有的乡镇藏香企业则以集体制的形式存在。因此，西藏藏香业呈现出了三种层次并存的生产方式，分别是：个体家庭作坊式、集体经济形式和现代公司企业。

所谓个体家庭作坊式，其主要产生在藏香发源地的尼木县，由于具备制作藏香的丰富柏木资源和水利资源，成了拉萨市重要的藏香和藏香原料生产地。尼木县所制作的柏木泥块，主要供给拉萨市的藏香生产厂商，而所制作的手工藏香则主要为了满足拉萨本地居民的日常需求。这样的需求定位，对藏香产品的外包装及规格的要求不高，因此，尼木县的藏香生产长期停留在个体家庭作坊式的生产方式上。每个家庭作坊都以家庭为单位从事简单生产加工，其工作场所就是各家各户的住宅，员工一般以家庭内部成员为主，有的会招聘少数打工人员，生产、加工、经营、贮存都在同一建筑内进行。除了尼木县的藏香生产外，家庭作坊式生产是西藏同类型藏香生产者最广泛、最常见的生产组织形式。尼木藏香远近闻名，有五百多个家庭作坊在做藏香，以一家一户为单位，平时种地，闲时做香。

所谓集体经济形式，是指生产资料归一部分劳动者共同所有的一种公有制经济。近年来，随着拉萨市城市化脚步的加快及东延西扩规划的进行，市郊很多农民的土地被征用，为了帮助这些农民增收、解决部分农民的就业，集体经济形式成为这些失地村庄常见的一种经济形式。在西藏藏香生产企业中，也不乏集体经济形式的身影，如拉萨市城关区纳金乡塔玛村的色旺康藏香合作社和尼木县政府投资兴建的尼木县藏香厂就是其典型。塔玛村的色旺康藏香合作社成立于 2011 年，其创办人格桑罗布 1998 年从藏医学院毕业不久后便开始制作藏香，并将其作为他谋生糊口的职业。由于格桑罗布具有一定的藏医学知识，并且对藏香很感兴趣，格桑罗布所制藏香的配方都是他自己研制的，制作过程也以手工为主。从 1998 年到2006年，格桑罗布生产藏香的初期阶段基本上是小型的家庭藏香作坊，工人只有家人和两三个本村村民。后来，格桑罗布从尼木县请来了在藏香制作方面颇有造诣的工匠，这些工匠熟练的技艺使格桑罗布藏香厂的产量逐渐提高。随着藏香生产和销售的需要，2009年，格桑罗布正式注册藏香商标“色旺康”。2011年，在塔玛村村委会的支持下，格桑罗布和其他几位同行出资成立了“色旺康藏香协会”，成为塔玛村经济的一部分。

藏香业所产生的现代企业理念的公司，指一般以营利为目的，从事商业经营活动或某些目的而成立的组织，通常又称为企业或实业。根据现行公司法，其主要形式为有限责任公司和股份有限公司。公司具有产权明晰、权责分明、管理科学等特征，具有完整的企业架构，分工明确的岗位配置，完备的财务制度和现代的经营管理理念，这不仅能使企业有效提高生产效率，而且在现代竞争激烈的市场中能不断革新，长远发展。目前，在西藏藏香生产者中，能达到现代公司标准的企业很少，但是这些企业却在藏香产业的发展中发挥着极其重要的作用，其中包括生产“优·敏芭”藏香的优格仓工贸有限公司、生产珠“穆拉瑞”藏香的珠穆拉瑞商贸发展有限公司、生产“吞柏”古藏香的岗地经贸有限公司等。这些公司从藏香产品的设计、开发、包装、营销以及文化宣传都有一整套严格的流程和自己的团队，并对藏香的工艺及生产过程严格把关，不仅提高了藏香产品的质量，而且提升了藏香的档次和文化内涵，使其更具有藏族文化特色。

2. 市场定位和产品定位的差异性

西藏藏香产品种类繁多，近年来，由于各藏香厂家对藏香的开发使藏香产品的种类更加丰富。就不同场合的需要而言，有专供寺庙贡奉用的佛香，有供普通藏族家庭日常燃点用的居家型藏香。就形态而言，藏香有末香、线香、瓣香、盘香、锥香等多种形状。西藏藏香产品生产商，在其市场定位和产品定位中存在明显的差异化特征。目标市场定位是指企业对目标消费者或目标消费者市场的选择，而产品定位是指企业对用什么样的产品来满足目标消费者或目标消费市场的需求。从理论上讲，应该先进行市场定位，然后进行产品定位。[①]

---

① 《产品定位》，百度百科，http：//baike. baidu. com/view/281861. htm。

就市场定位而言，针对不同消费群体的消费需求，藏香企业的市场定位存在明显的差异性。如尼木藏香、色旺康藏香主要为了满足西藏本地居民对藏香的日常需要，优·敏芭、珠穆拉瑞和吞柏古藏香主要消费群体为游客及政府部门，敏珠林寺的藏香和噶丹地区的噶丹熏香则因制法严明主要为寺庙提供佛香。

从产品定位的角度，由于尼木藏香和色旺康藏香以满足当地居民日常用香为主，因此包装多简易，注重实效和实惠。优·敏芭藏香为了满足不同消费的需求，将藏香按照香型、功效、外形分为五个系列几十种产品，针对内地不习惯于藏香香味的旅游者，还特开发檀香香型藏香。由于贡奉神灵的神圣性，敏珠林寺的藏香在其制作过程中不仅要遵从严格的配方和制作工艺，并且一些宗教仪式也穿插其中。

总之，不论何种形式的藏香生产企业，也不论在生产的过程中是否加入了机械化操作，传统手工艺制作仍是西藏藏香生产企业的一致特征，也是藏香业得以传承和发展的关键。虽然一些藏香生产商用机器代替了人工挤压藏香的生产环节，但在藏香的其他制作工序中传统手工的作用仍无可替代。这一方面是因为西藏的经济、科学和技术与内地存在一定的差距，另一方面也是因为传统手工制作藏香所蕴藏的深厚的文化价值和人文韵味才是藏香真正的价值所在。

三　西藏藏香业的典型模式分析

“模式”是人们在生产生活实践当中通过积累而得到的经验的抽象和升华，是一种认识论意义上的确定思维方式。简单地说，就是从不断重复出现的事件中发现和抽象出的规律，是解决问题形成经验的高度归纳总结。只要是一再重复出现的事物，就可能存在某种模式。[①]“模式”一词的指涉范围很广，它标志了物件之间隐藏的规律关系。由于西藏文化产业处于产业发展的雏形阶段，隶属于它范畴之内的藏香产业正在逐步成长中，藏香企业也在探索其未来可行的生产及经营方式。因此，西藏藏香业在现阶段并不存在真正可以遵循的模式，对模式的总结还需要经过时间和实践

① 《模式》，互动百科，http：//www. hudong. com/wiki/%E6%A8%A1%E5%BC%8F。

的考验。在此部分的讨论中，为了清晰地分析西藏藏香业目前存在的典型形式，暂将其称之为模式，以示它们的启示及示范意义。

（一）尼木模式

首先，来看尼木县吞巴村藏香业发展概况。尼木县吞巴村地处西藏中南部、雅鲁藏布江中游北岸，位于拉萨市西南 140 公里。尼木，在藏语中意为“麦穗”，“吞巴”系藏语译音，意为“民族”。吞巴村历史悠久，是西藏著名的“藏文鼻祖之乡”“藏香之源”，是藏文创始人吞弥·桑布扎的故乡，村内到现在仍保留着最传统的藏香手工制作工艺，其生产藏香的历史最为悠久，也是藏族聚居区最大的藏香和藏香原料生产基地。尼木藏香作为藏医药学的一个分支，其独特的医疗功效早已被藏族人民所熟悉和深知，是雪域高原屹然绽放的深含藏民族文化底蕴的奇葩。尼木藏香的制作工艺是尼木藏香区别于其他藏香的重要环节，这种制作技艺不仅具有悠久的历史，而且反映了藏民族文化的深厚底蕴，是一笔不可再生的财富。2008 年 6 月，尼木藏香制作技艺被列入国家级非物质文化遗产名录。作为吞巴村的支柱产业，藏香产业的收入已占到吞巴村所有经济收入的 80%。根据调研组的调查资料显示，吞巴村目前是尼木县最富裕村之一，2012 年，该村人均收入 6952.28 元。藏香生产已是村民获取收入的重要渠道，2012 年该村村民通过藏香生产的收入达 251.3 万元，占经济收入 32.8%。全村制香农户达 260 户，有 260 座藏香水磨，有 600 人从事藏香制作，占该村总人数 1086 人的 55%。①

虽然尼木县吞巴村生产的藏香在西藏内外都享有很高的知名度，但该村的藏香生产在之前一直停留在一种原始的手工家庭作坊式的手工业初级形态上。吞巴村有很多个生产藏香的家庭，但每个生产藏香的家庭都有其独特的香料配方，都有一到两个掌握其核心技术和配方的传承人，因此，每个藏香生产家庭作坊都与其他作坊相独立，其产品的种类和功效也各不相同。这些家庭所出品的藏香虽然都叫“尼木藏香”，但是没有统一的管理、统一的品牌、统一的质量标准、统一的包装，致使供应到西藏市场上的尼木藏香种类繁多，包装各异，没有突出的竞争优势。

为了提高生产效率，吞巴村很多生产藏香的家庭开始改用机器制作藏

---

① 资料来源：本课题调研组 2013 年实地调查获得。

香，传统的藏香制作技艺受到了严峻的挑战。2000 年，尼木县人民政府投资兴建了尼木县藏香厂，采取“公司 + 农户”的运作模式。2009 年，尼木县藏香厂在吞巴乡附近的 318 国道边修建了新厂房，设立了展览馆和展销点，以方便游客了解、购买藏香。尼木县藏香厂已开发出藏香、香包等多个品种，其中颜色鲜艳、香味浓郁的香包很有特色，香包袋子用丝绸做成，里面装有 30 多种藏药，是很受游客欢迎的特色产品。

2011 年，吞巴村利用该村藏香的品牌效应，一方面着力从商标注册等知识产权保护方面规范藏香生产，维护藏香生产者的正当权益；另一方面通过打造藏香产品包装、联系经销商等方式，进一步扩大了藏香销售渠道，提升了品牌效应。为深化拓展该村历史文化底蕴，西藏政府相关部门还邀请专家帮助该村制订了总体发展规划和历史文化名村保护规划，将该村的发展定位为“藏文鼻祖之乡，水磨藏香之源，幸福和谐之村”。村庄规划建设充分突出吞巴村以吞弥·桑布扎为代表的藏文与藏文化特色，传承弘扬以手工藏香制作工艺为代表的非物质文化遗产，将农业生产与农村生活、历史保护与旅游开发、工艺传承与经济发展有机融合，建设特色鲜明、幸福和谐、宜居乐业的西藏农区村庄。吞巴村规划打造 5 个旅游景区，其中，水磨长廊景区将是整个村落的核心景区。该景区以非物质文化遗产“手工藏香制作工艺”的展示为主，充分利用原有设施进行旅游接待，同时对环境进行改造提升，结合水磨位置、地形等条件选取合适的路段铺设旅游路，使之成为游客体验和接触藏香生产的场所。

其次，尼木藏香的模式转变。作为藏香创始人吞弥·桑布扎的故乡，具有悠久历史的尼木藏香在其漫长的历史发展过程中跟随社会发展的脚步也发生着生产方式和模式的转变。生产方式在从简单再生产的个体家庭手工作坊式向半机械化的现代公司制转变，模式中也加入了新的元素，“公司 + 农户”的运作模式和非物质文化遗产的保护性旅游开发模式。

1. “公司 + 农户”的经营模式。“公司 + 农户”的经营模式即贸工农一体化经营，作为一种新的农业产业化模式，具有很高的创新性和极大的潜在力。近年来，随着社会主义市场经济的发展和农村改革的深化，以贸工农一体化为基本特征的“公司 + 农户”产业组织形式，在我国农村迅速发展。“公司 + 农户”有五种基本形式：一是流通企业加农户。这种形式以流通型企业为“龙头”，由“龙头”企业负责购销，农户负责生产，“龙头”企业与农户之间有比较稳定的买卖合同关系。二是加工企业加农户。这是一种以农副产品加工企业为“龙头”，同农户形成的经济共同体。三是专业协会加农户。专业协会大多以乡村经济、技术服务实体为依托，以农村专业技术人员、能工巧匠、专家为骨干，与从事某一专业生产的农户自愿联合起来组成的经济技术协作团体。四是专业合作社加农户。专业合作社一般是社区性合作经济组织或以供销社为依托形成的合作经济组织，也有一些是农户自愿联合组成的股份合作经济组织。五是专业大户加农户。即农村中的专业大户（包括一些经纪人），为了扩大自身的经营规模，往往以自身产销为基础，同时与当地群众结合起来从事某种农副产品生产、加工、经营活动。

尼木县的“公司 + 农户”模式主要表现为前两种基本形式，即流通企业加农户和加工企业加农户。模式中的“龙头”即流通企业和加工企业与农户以合同契约方式结成紧密的贸工农一体化生产体系，“龙头”企业为农户提供全程服务，有的还实行优惠价格并保证优先收购，农户按合同规定，定时、定量向企业交售优质产品，由“龙头”企业加工、出售制成品。在尼木县的藏香业中，“公司 + 农户”模式则表现为以较大的藏香加工厂和出售藏香的工贸公司为龙头，通过与生产藏香的农户制定合同契约，规定藏香的规格、数量及交货时间，带动农户从事专业生产，并以优惠价格统一收购农户所生产的藏香，将其统一包装并贯以统一品牌而进行销售的将生产、加工、销售有机结合的一体化经营模式。龙头企业与签约农户之间利益关系一般包括：资金支持、无偿或低偿服务、低价供应或赊销生产资料、保护价格制度等。

“公司 + 农户”模式显示出了一些与市场经济相适应的共同特征：一是经营一体化，二是产销集约化，三是生产基地化，四是服务系列化。该模式对于农村经济的发展及西藏文化产业的发展都有着巨大的推动作用，既提高了农户的积极性，拓宽了农民致富的途径，又弥补了农户分散不集中的现状。“公司 + 农户”这一产业组织形式的创新，有利于提高农民的组织程度，沟通农户与市场之间的联系；有利于尽快培育支柱产业，促进农村产业结构的优化；有利于促进农村社会化服务体系建设，加快科技进入农业经济的步伐；有利于促进基层农业经济技术部门职能的转变，加速其转轨变型；有利于促进农业生产要素的合理流动和组合，加快城乡一体化的进程。因而，“公司 + 农户”是农业中较为先进的现代农业产业组织形式。[①]

2. 非物质文化遗产的保护性旅游开发模式。根据联合国教科文组织的定义，非物质文化遗产是指“来自某一文化社区的全部创作，这些创作以传统为根据，由某一群体或一些个体所表达，并被认为是符合社区期望的作为其文化和社会特性的表达形式，其准则和价值通过模仿或其他方式口头相传”。非物质文化遗产是各族人民世代相承、与群众生活密切相关的各种传统文化表现形式和文化空间。非物质文化遗产既是历史发展的见证，又是珍贵的、具有重要价值的文化资源。我国各族人民在长期生产生活中创造的丰富多彩的非物质文化遗产，是中华民族智慧与文明的结晶，是联结民族情感的纽带和维系国家统一的基础。[②] 保护和利用好我国的非物质文化遗产，特别是各民族的非物质文化遗产对我国的可持续发展及文化产业的发展具有重要的意义。

非物质文化遗产保护的是活生生的文化创造者和传承者。事实证明，无论是传统的艺术形式还是某个文化族群的生活方式、行为方式，都不可能孤立地传习和“冻结式”保护。因为任何一种传统文化不仅处在一种历时性的“传统”中，而且处在一种共时性的“生境”中。[③] 因此，对于非物质文化遗产的传承和保护应该在保护为主的前提下动态地进行，保护性的旅游开发是当前比较好的一种形式。

近年来，国内关于文化遗产的旅游开发形成了原生地静态开发、原生地活态开发、原生地综合开发和异地集锦式开发四种模式。尼木县吞巴村目前为原生地活态开发模式，规划未来将在吞巴村原址建立文化生态保护村，以更好地保护其“活态文化”。千百年来，吞巴的百姓福祉于雪山水之洁、阳光之净、温度湿度之宜、松木之醇、虔诚之红（布绳）、水车之韵、秘制配方之奇、手工制作工艺之精，成就了“吞巴藏香”的持久之香、圣洁之美，闻名遐迩，被誉为“藏香制作第一乡”。迄今，这里仍传

---

① 李功勋、高子云等：《农业走向市场的成功之路——河南省“公司 + 农户”情况调查》，《中国农村经济》1994 年第 7 期。

② 陈炜、陈能幸：《论少数民族非物质文化遗产保护性旅游开发——以壮族嘹歌为例》，《改革与战略》2008 年第 3 期。

③ 罗茜：《非物质文化遗产保护性旅游开发问题研究》，《管理观察》2009 年第 4 期。

承着吞弥创制的制香技术。2008 年，这一技艺被列入国务院公布的第二批国家级非物质文化遗产名录。

吞巴文化遗产具有诸多重要价值。首先是历史价值。手工制作藏香是吞巴 1300 多年历史发展的见证，从中我们不仅可以获得诸多有关该聚落形成与发展的相关历史信息，还可以从中窥见和揭示关于吐蕃时代、吞弥与藏文字及藏文明的形成发展、物质生产技能与民众生活、民族与自然和谐共处关系，以及其地域文化的特征等。其次是文化价值。手工制作的藏香既有实用性，又有艺术性，是生产与艺术相统一、物质和精神相结合的产品。它所展示的手工技艺和风格，凝聚了天人合一、美善合一、神人合一的思想观念、审美情趣和生活态度，表现出浓郁的藏族文化气息和淳厚、祥和的民族感情。再次，科技价值。手工制作藏香的工具、配方、工艺流程及其对水系水流的巧妙合理利用，包含了丰富的科学知识和科技方法，不仅折射出了藏族人民的智慧，而且能给予现代人以科学的启示和借鉴。最后是经济价值。手工制作藏香不仅是吞巴大多数当地群众主要的生产方式和经济收入来源，具有直接经济效益，而且还具有为休闲旅游服务所提供的价值，获得间接收益。[①]

鉴于吞巴文化遗产的构成、特性和现状分布，结合当地农牧民参与旅游的需求，《吞巴——藏香原产地古村落旅游区控制性详细规划》从三个层面对其文化遗产的保护和旅游开发进行了规划，其中和藏香相关的有如下内容。

其一，核心文化遗产保护规划中的手工藏香工艺与文化保护。该项重点是按照国家级非物质文化遗产保护的相关要求，对手工藏香传承人、藏香的秘方及其配制和藏香水磨长廊进行保护。保护的要点主要有：对传承人的保护，应逐步建立传承人传习机制，建立并通过圣洁藏香善款基金，对传承人的传习技艺进行重点资助；逐步建立藏香秘方的知识产权保护机制；保护藏香水磨文化长廊，禁止破坏或损毁水磨及其与村落的现有空间分布关系。

其二，空间规划。在综合考虑藏香历史村落的保护与旅游发展基础上，将吞巴旅游发展的空间结构规划为：一廊（藏香水磨长廊）、二区（村落发展与商业服务区、藏香历史文化体验区）、三节点（吞弥密咒石

① 宋志伟等：《民族文化保护旅游开发探讨——以藏香原产地西藏尼木县吞巴香为例》，《中央民族大学学报》（哲学社会科学版），2011 年第 1 期。

印、吞弥庄园和吞弥旧居)。

其三，主要旅游产品与项目策划。一是吞弥庄园保护性修复。组织专业研究机构，重新对吞弥庄园的格局、历史价值、重要历史建筑等进行研究，收集整理相关的文献、图片或记录等资料；对相关建筑进行抢救性修复工作；建设吞弥纪念馆、吞弥庄园陈列馆、藏香文化馆等项目；恢复吞弥庄园林卡的历史格局；建设沿林卡周围的环形游步道；配套建设吞弥庄园景区入口区及配套服务设施等。二是申报中国历史文化名村及国家级文化生态保护区项目。在原有藏香国家级非物质文化遗产申报工作组的基础上组建项目申报工作组，负责将吞巴申报为中国历史文化名村和国家级文化生态保护区项目；建立健全藏香手工艺传承人机制，并给予适当的资金援助和支持等。三是藏香文化馆。该馆将利用当地藏民传统建筑搬迁后改造而成，主要介绍藏香的起源与创制、吞弥与吞巴藏香、藏香的秘方及不同功效、藏香的工艺流程、藏香形制与器具、藏香与藏传佛教、不同历史时期的藏香工艺品、藏香与藏药、关于藏香的书籍或文献等。其展陈形式包括图片、文物、影像、音像、实物与多媒体资料等。四是尼木·中国藏香文化节。该文化节以在每年的 6 ~7 月份举办较为适宜，主题定位为“感受藏香文化，亲近雪域圣地”，主要内容有：开幕式、藏香创始人纪念活动、圣洁藏香祈福活动等；经贸交易与交流、参与和游客体验活动等。①

拟通过上述具体的规划设计，最终将吞巴建设成为一个村落保护、集镇发展和环境保护等有机结合体；环境优美、生态和谐、文化鲜明的特色村落型小康集镇；融旅游服务、餐饮、游览、商业零售、住宿和深度体验于一体的复合型藏文化遗产旅游目的地。

（二）优·敏芭模式

从优·敏芭的发展概况来看，优·敏芭藏香是西藏较为出名的藏香品牌。优·敏芭藏香的历史，可追溯到 15 世纪中叶。1646 年，优·敏芭藏香祖师——大崛藏师雅龙格巴（雅龙格巴大师为洛扎民间广有声誉且十分传奇的慈善人物，据说修为神妙无比，为百姓造福无数）诞生于西藏雅砻

① 宋志伟、徐永志、李霞：《民族文化遗产保护性旅游开发探讨——以藏香原产地西藏尼木县吞巴乡为例》，《中央民族大学学报》（哲学社会科学版）2011 年第 1 期。

地区。1678～1727年，大崛藏师雅龙格巴与优·敏芭第一代传人优格仓喇嘛师徒首创优·敏芭古藏香。1728～1899年，是最早几代优格仓家族优·敏芭古香传承人努力精进、建立生产体系、发明特殊工具与制作方法、完善古法古技、独创绝艺的阶段。此一时期优·敏芭古香已从洛扎地区开始向蒙藏地区流布，而且影响延及僧俗两界，已成为雪域百姓的日常朝佛及保健防疫与养生用香。1900～1968年，是优·敏芭古香的高峰期，第七代传承人著名藏医学家优格仓·洛尔甲将优·敏芭古香的作坊生产提升到一个新的高度，香的品种与质量有个更进一步的提高，使该香在除卫藏地区生产之外并延及安多地区。在经历了10年的中断之后，进入20世纪80年代中后期，第九代传承人优格仓·龙日江措着手复兴家族传承已久的造香技能。他在秉承传统基础上，强化了“以香养技、以技养香、香福百姓、香心向善”的理念，在配方比例、配方成分、采用原料、手工程序等方面进行了全面原真的复兴，300余年来的优·敏芭古香绝技得以留传。[①] 如今，已经形成了以“优·敏芭”为主品牌，“美智敏芭”“优格仓”等为子品牌的优格仓藏香品牌体系。其品牌影响力已遍及西藏内外，并在港澳台、东南亚及日本等地区和国家影响深厚。

生产优·敏芭藏香的西藏优格仓工贸有限公司（又称优格仓企业），由优格仓·龙日江措于2005年注册成立。优格仓企业是一家致力于研究与开发西藏传统藏香及香品文化，依托现代科技成果，整合藏民族传统手工艺，实现价值最大化、最优化的一家民营企业。该企业截至2013年9月，资产9868万元，其中固定资产7570万元，年产值达5000万元。有固定员工96人，临时工100余人，其中90%以上员工为当地农牧民。[②] 优格仓企业自成立之初，就以开发西藏传统民族手工艺资源、打造民族品牌、引领民族文化为主导，开发和研制了极具西藏地方特色的、有着300多年历史的“优·敏芭”古藏香系列产品，成为藏地香业中的一枝奇葩，被僧俗行家誉称为“西藏三大名香”之一。该公司目前是西藏最大的藏香制造专业企业。[③]

从优·敏芭的模式特征来看，第一，优·敏芭市场定位的高端化。

---

① 根据优格仓企业资料《藏地芬芳》整理。

② 根据优格仓企业提供资料整理。

③ 《西藏香水“香飘海外”：藏医后代至今仍旧坚持古法制作》，中国西藏新闻网，2012年6月21日。

优·敏芭与其他藏香品牌最大的不同之处，便是市场的中高端定位，具体表现为：

1. 受众。仅从藏香的用途而言，一般就包括宗教用品、家庭用品和旅游纪念品。从优·敏芭的销售对象上看，大部分的藏香产品以面向赴藏的游客及外地的消费者为主。消费对象的身份特征，决定了优·敏芭的产品应当走更偏向市场化的发展道路，并以旅游市场的需求为主要导向。

2. 高档化的定价。如前所述，以旅游者为主的消费群体，在一定程度上扩展了产品价格制定的空间。加之藏香制作的成本及工艺的特殊考虑，优·敏芭在其产品的定价上偏向中高档的价位，从最普通的售价几十元的“旅行锥香”，到上千元的“吉祥八宝”。相对于同类藏香产品，在价格制定方面都偏高。这种定价方式，既克服了产量的限制带来的弊端，又能够保证充足的利润来源。

3. 多样化的品种。现阶段，优·敏芭的品牌产品已形成系列，包括优·敏芭古檀香系列、美智敏芭藏香系列、尼木芒氏古方绝品香系列、优格仓私家秘制纯香系列、噶旦宝香法味系列。每个系列又包括十几种的小型藏香，每个类型的藏香又有线香、盘香、锥香等多种形状，有安神、静心、净化空气等多重功效。多样化的品种加之多档次的定价，基本上满足了消费者多样化的需求。

4. 精美化的包装。目前市场上的藏香产品，存在产品形象力不足的问题，即包装及外观设计上共性太多而个性不足，大多数产品包装给人过于俗套的印象，投放市场后对消费者的吸引力较弱。简而言之，产品的“视觉营销”理念未受到重视。在这方面，优·敏芭在行业中则处于领先的地位。在产品的外观包装上，优·敏芭聘请专业的设计团队，注重通过精美的包装来体现藏香产品的品质，并将藏文化元素及藏香的文化内涵充分地融入产品的外观中。例如，在产品介绍中采用艺术化的汉文、藏文及英文说明；并将“YOUMENBA”“藏地芬芳”“佛成其缘、天成其味”的个性化图案；采用柱状、方盒、木盒等多样化的包装外形等。总之，无论是从包装材料应用、商标图案的搭配、文字故事的选择上，优·敏芭都充分的凸显出其高品质的产品特征。

第二，产品营销的品牌化。优·敏芭倡导“唯人唯善、唯信唯诚、唯品唯质”的品牌价值观。优·敏芭品牌化的产品营销，主要通过多元化的品牌推广与专卖形式的产品销售两大途径完成。

一方面，自优格仓企业成立之初，就将优·敏芭藏香作为企业的主打品牌加以推广。借助西藏重大节庆、内地文化展会、政府扶持项目、各类媒体宣传等多样化的渠道加以营销。从企业历年所获荣誉即可说明。如2005年，西藏自治区成立40周年之际，优·敏芭藏香被指定为庆典专用名优特色香品；2005年，在上海浦东正大百货举办的西藏文化展销中，优·敏芭古藏香在销售评估与特色评比中名列前茅；2006年，优格仓企业被中国食品土畜进出口商会吸纳；2007年，优·敏芭古藏香作为长期合作伙伴被收录进国内外多家香业展会；2007年，优·敏芭藏香进入西藏自治区政府特色产品精品总汇；2008年，优格仓企业被西藏自治区政府评为“民族特色产品优秀企业”；2009年，优格仓企业因优·敏芭古藏香被国家民委认定为民族特色手工艺产品生产定点企业；2011年优格仓成功将优·敏芭古藏香产品工艺流程技术申报加入西藏自治区非物质文化遗产名录；同时，“优·敏芭古藏香”与“优格仓”古藏香商标被评为“西藏自治区著名商标”，为企业奠定了牢固的产业基础和品牌知名度。2012年企业被自治区政府评为“自治区级文化产业示范基础”。值得一提的是董事长龙日江措于2011年被拉萨市人民政府评为“首届拉萨市优秀社会主义事业建设者”荣誉称号。2013年，该企业员工达瓦获“2013年全国五一劳动奖章”的荣誉称号。

近年来，多家媒体对优·敏芭古檀香水和优·敏芭古藏香进行了专题报道，如中央电视台、新华社、国务院中国西藏信息中心、《都市快报》、《中国西藏》、《西藏人文地理》、《中国旅游报》、《中国青年报》、《西藏日报社》、西藏电视台、四川电视台、拉萨电视台、《西藏商报》和《拉萨晚报》等。特别是2011年7月，正值建党90周年和西藏和平解放60周年之际，公司产品及企业文化在中央电视台新闻频道和西藏卫视多次播出，获得了各界的一致好评。

随着公司不断发展壮大，产品销售市场也随之扩大，目前，在西藏拉萨、北京、上海、广东、江苏、云南、四川、福建以及台北等地共开设代理专卖店30余家，年销量达到4300余万元。① 现公司经营状况良好，管

① 资料由优格仓企业提供。

理水平明显提高，特别是优·敏芭古藏香和优·敏芭古檀香水及吉木东藏纸等新老产品的成功推出与日渐兴盛，以及优格仓企业核心文化的优越竞争力，都彰显出优格仓企业的美好前景。

这些企业发展的成绩对于“优·敏芭”品牌知名度的提升，产生积极而广泛的影响。公司挖掘并发扬光大的西藏近三百年知名老品牌“优·敏芭”“美智敏芭”“优格仓”藏香享誉西藏区内外，已成为藏地香业中的奇葩，被僧俗行家誉称为“西藏三大纯正名香”，除此之外，公司还收购有丹地区知名古香“噶丹宝香”、尼木地区古香“芒氏绝品香”等古老品牌。①

另一方面，在藏香产品销售上不同于其他企业之处在于，优·敏芭藏香只采用专卖的形式对产品进行销售。目前，优·敏芭共有十余家特许专营店，以拉萨的四家为主，成都、昆明、厦门、台北、珠海分别设有分店，同时，在日本及西班牙都有销售点。专营分店多采取加盟的形式，加盟的标准通常较高，加盟费 10 万元起，并根据实际的情况，设定每年的销量指标。只有能够完成约定的任务的商家，才能具有加盟的条件。据介绍，作为仍以手工制作为基础的优·敏芭藏香，并不适宜规模化批量化的生产，因而产品的供给能力也有限制。以专营加盟的产品营销方式，既适应实际生产状况的需要，也能够保证藏香产品总体的质量，在品牌化的逐步塑造过程中，具有一定的可控性。

此外，企业价值的长远化首要的是立足于核心的制香技艺。藏香业发展的好坏，关键在于藏香品质的优劣，而藏香品质的核心又在于其制香配方、技艺理念。藏香制作一方面依赖原料和工序，但更核心的是制香配方，它决定了藏香的品质和档次。据优·敏芭藏香的资料介绍，优格仓·龙日江措在藏香的配方比例、配方成分、采用原料、手工程序等方面做出了很大努力，“优·敏芭古藏香水磨手挤古法秘制技艺”得到完全复活。然而，通常制香配方都是保密的，因而只能从制香技艺理念窥探端倪。优·敏芭一直倡导“以香养技、以技养香、香福百姓、香心向善”的制香技艺理念，尤其是在近些年的产品开发中，优·敏芭做到了不影响产品本质特征的适度丰富，并彰显优·敏芭古藏香“家传古谱 + 秘方 + 秘技 + 特

---

① 西藏优格仓企业 - 藏香网 http：//www. yougecang. com/

殊古工具＋佛力加持＋保健养生＋防疫性＋无任何化学成分”的独到之处，通过强调其制香配方、技艺理念的方式，达到突显优·敏芭特殊品位以及内涵价值的经济文化的双重效益。反之又促进了对制香技艺的传承与保护。

优格仓企业的发展体现出的意义：一是有利于带动和促进西藏传统手工业的弘扬和进一步发展，保护藏族民间优秀文化与古老高超技艺的不断传承。不仅可以推动西藏民族工业的发展，有利于无污染生态产业发展，也符合西藏经济发展和生态产业的战略要求。二是具有西藏地方文化特殊价值和鲜明的民族、地方特色产品，对促进民族文化认同、增强民族交流，共同和谐发展具有较强的现实意义。三是因优·敏芭藏香采用纯天然无污染的青藏高原特有的近百种藏本草的独特配料、精心手工古法制作完成，其藏医学功效十分特殊。同时，产品在内地、台湾及海外的多个国家与地区中产生广泛影响，具有广阔的规模化发展空间，发挥其文化影响力具有十分积极的意义。①

四　西藏藏香业发展模式的路径选择

藏香作为西藏文化的一部分，在2008年被列入国家级非物质文化遗产名录后，藏香制作这项传承了1300多年的古老技艺正在展现新的魅力。随着“使西藏成为中华民族特色文化保护地”的提出，以及西藏自治区政府加大对传统技艺的支持力度，藏香业的发展面临良好的发展机遇。2010年，优·敏芭的作坊被政府请进拉萨市达孜县工业园。目前，优·敏芭藏香在全球20多个城市设立了专卖店，成为人们了解西藏香品及藏民族特色产品的窗口。这充分说明，西藏藏香业有着良好的发展前景。

（一）以注入藏香产品的藏族文化内涵为基础

史料考证，公元7世纪以来，藏香作为宗教礼器和家庭必需品就已出现在了西藏地区。随着藏民族历史的发展，藏香逐步成为藏文化不可或缺的载体，袅袅青烟不断延续，承载着藏民族对于过去的继承和对于未来的

① 根据优格仓企业介绍资料整理。

美好祝福。今天我们在西藏的任何地方都能看到这样绵延的烟云，都能闻到高原的芬芳，听到藏香向我们诉说的悠久故事。而藏香的发展也与藏文化的发展有着密切的联系，两者相辅相成，互不可缺。作为藏香产生的基础，藏文化创造并推动了藏香的产生和发展，而作为藏文化物质载体的藏香，也丰富着藏文化的内涵。据考证，优·敏芭藏香创始于1678年，秉承“佛成其缘、天成其味”的理念，被誉为“西藏三大名香”之一。因此，作为藏族传统手工艺品和文化产品的藏香，要想提升其产品价值及产品附加值，使其向规模化、产业化方向发展，就必须深入挖掘藏族文化和藏香文化的价值，给藏香产品注入丰富的、厚重的文化内涵，而非单一的产品本身。在产品的包装设计和品牌的打造、宣传上，应突出藏族历史的厚重感和藏族文化的独特性，重视对于历史故事、传说的挖掘。一方面让西藏人民对于藏香品牌具有亲近感，另一方面满足远道而来的游客对于文化的猎奇心理。在产品的生产方面，应以尊重和最大限度的继承古方作法为基础，对生产的各个环节严格控制，并在某些方面进行革新，突出藏香特有的药用价值、宗教意义和净化心灵的作用。在销售渠道上，主要采取以西藏为主辐射全国的形式，在用料、配方上坚持藏香的传统模式，用文化的魅力牢牢占领西藏并打开全国乃至世界各地的市场。

（二）以产品的创新和企业理念的革新为核心竞争力

自古以来，藏族先民就充满了创新的智慧，自从传说中的莲花生大师看到高原的先民们焚烧松枝以祭天发明了藏香开始，一代一代勤劳、智慧的藏族手工艺人们不断用自己对藏文化的理解和认知创新着藏香的制作工艺，延续着藏民族对于宗教文化的崇拜和创新。对于藏香的创新在吞弥·桑布扎时代达到了一个高峰，他利用自己在印度留学期间学到的知识改良了藏香的制作方法，大致形成了藏香制作的蓝本，今后的藏香制作和发展都是在这个蓝本基础上进行的改良。

到了近代，创新早已成为企业的核心竞争力。1912年，德国著名经济学家熊彼特指出，现代经济发展的根本动力不是资本和劳动力，而是创新，而创新的关键就是信息的产生、传播和使用。在西藏藏香生产企业中，也不乏创新的能手，如拉萨市城关区纳金乡塔玛村的色旺康藏香合作社，其藏香产品问世初期在市场上就与其他藏香品牌分庭抗礼，占到了一定的市场份额。

时代在变化和发展，当今的中国随着改革开放春风吹遍全国30多年，为了适应这样一个大的经济背景，中国的所有产业、产品都面临着全国竞争、甚至是全世界竞争。藏香产业也不例外，藏香作为一种文化产品其意义早已超出了宗教礼器的作用，蓬勃发展的西藏旅游也已经能够让藏香这一承载着藏族文化的藏民族物质遗产传播到中国乃至世界的每一个角落。如何能够在继承藏香传统手工艺基础上发展创新，让藏香产品受到来自国内外的人士认可，成为藏香产品能否打开国内外市场的关键，也成为弘扬伟大的藏文化的关键，其中革新产品工艺和理念又成为让国内外人士接受这一产品的关键和核心。

（三）促进产品多元化的发展

在西班牙旅游胜地伊比萨岛上，有一间极具藏式风格的店铺，店内装饰着传统藏式彩帘和吉祥八宝图案，木质格子架上码放着一瓶瓶绘有西藏“神山”冈仁波齐图案的藏香水，并散发着白檀幽香。这是西藏民族藏香企业优格仓在海外的一家分店所经营的自己企业的香水产品。作为有着300多年历史的藏医世家，优格仓家族的第九代传承人龙日江措正努力让中国民族产品“香飘海外”。

龙日江措17岁就离家在尼泊尔、印度、阿联酋等国经商，多年海外打拼的经历让他熟谙国际贸易的运作理念。1992年，他来到沙特阿拉伯，阿拉伯人素以擅长种植、制作和使用香料著称，菜肴中也会加入各种香料。龙日江措深受启发：青藏高原有丰富的珍稀植物，制出的香品一定颇具特色。

在藏医传统中，有一种“水香”疗法，旧时西藏贵族喜欢把藏药提炼出的精油和香水喷洒在屋内，有预防和治疗多种疾病的功效，但如今这种制法已经失传。

2000年，通过对家族制香遗存的整理和对尼木等地制香世家的考察，龙日江措开办了优格仓企业，生产源自纯天然藏药的藏香产品。据介绍，藏香水的制造借鉴了传统藏医学中采集精油的工序，仅生产香水的原料就要泡一年多。西藏不具备生产香水的设备，龙日江措便将原材料运往深圳一家大型香水生产厂，用私家配方做试验，终于在2005年生产出第一瓶香水。古法制作出的藏香水具有藏香功效，香味可持续5~6天。但由于原材料有限，藏香水的年产量只有2000多瓶，总计20万毫升。一条现代化的生产线已于2012年在龙日江措的企业投入运行，使藏香水生产几乎完全实现本地化。一开始只有3人的小作坊，如今发展为落户达孜县的工业园区的百人大厂。[①]

尽管现代工业技术将大大提升藏香水的产量，龙日江措仍坚持制香过程中的传统：制作藏香产品前要念药师佛心咒，制作时要把从玛旁雍错、纳木错等圣湖带回的圣水放入其中，最后还要在大昭寺诵经开光。

2009年，两名西班牙游客来拉萨旅游时发现了令其称奇的藏香水，并尝试购买了一些产品带回西班牙去卖，结果大受欢迎。于是，一纸加盟合约，便将蕴含着浓浓藏文化的店铺带到了大洋彼岸。而在西藏拉萨优·敏芭的专卖店里，除了各种品牌的藏香外，还有制作精美、古色古香的焚香香器、藏香水、藏纸等产品。现在在优·敏芭旗下已经形成四大品牌：优格仓古藏香系列、尼木芒氏古方绝品香系列、美智敏芭藏药灵香系列和噶丹宝香系列。

优格仓龙日江措先生发善愿要将世界四大名香之一的藏香，西藏三大名香之一的优敏·芭藏香推向世界各地，让藏族人民的优秀文化成果为天下众生信仰及健康之需尽力发散美妙之香意。

---

① 《西藏香水“香飘海外”：藏医后代至今仍旧坚持古法制作》，中国西藏新闻网，2012年6月21日。

第十一章　藏纸——养在深闺人未知

藏纸是一种可以传承千年，西藏独具特色的传统艺术品，是中华民族文化在青藏高原上的一朵奇葩。众所周知，纸是由植物纤维制成，已有数千年的历史，它忠实地记录着历史，见证着人类文明的进程。但纸易腐烂、容易破损，不易保存。藏纸则克服了纸的这些缺点，它由西藏产的狼毒草、麻等4种草药的纤维经数十道工序制成。这四种原料大多数是制作藏香的原料和药材，因而成本较高，而数十道工序不能有一道出错，否则整个产品就全部作废，因此称它为艺术品并不为过。西藏的历史是记载在藏纸上的。布达拉宫和一些寺庙的经卷很多采用的就是尼木藏纸。2006年，藏纸生产工艺被列为第一批国家级非物质文化遗产名录。

一　藏纸的历史渊源

从藏纸的产生来看，藏纸是藏族人民利用本民族独特的生产工艺所生产的纸的一种统称，藏纸历史悠久，以西藏尼木县出产的最为有名。远古时期，西藏还没有纸张时，藏族先民用羊胛骨、树皮、石片、羊皮、木板等作为记录媒介。

（一）藏纸的产生与发展

1. 纸的起源与传播

什么是纸？《辞海》中写道：“纸是我国古代四大发明之一，用以书写、印刷、绘画或包装等的片状纤维制品。一般由经过纸浆处理的植物纤维的水悬浮液，在网上交错组合，初步脱水，再经压榨、烘干而成。”① 纸是传播文化的重要载体，它作为中国古代科学技术的四大发明之一，历史久远。纸作为文化传播的一种媒介，它的出现为我国文化传播和文化繁荣发挥了巨大的作用。在纸未发明前，中国古代所用书写记事材料有甲骨、金石、缣帛和简牍。古代的历史和文化遗产有赖这些材料而保存下来。② 公元105年，蔡伦发明了植物纤维造纸术。到了唐朝，中国的造纸术处于鼎盛时期，特别是唐太宗时期，经济景气，文化兴旺，大大推动了造纸术的发展，当时的造纸术几乎传遍了中国各地。

2. 藏纸的产生与发展

关于藏纸制造工艺何时产生众说纷纭，一般来说有两种说法。一些学者认为，藏纸产生于松赞干布时期。吐蕃松赞干布为迎娶尼泊尔赤尊公主和大唐的文成公主先后敬献了书信。学者次旺仁钦在《藏纸考略》一文中认为，吐蕃时期虽有书信，但由于这时中原造纸术还没有传入吐蕃，吐蕃也不具备造纸的条件，所以这一时期的书信纸张还不是藏纸。持该观点的学者认为，藏纸最早产生于公元641年，唐太宗将文成公主远嫁吐蕃松赞干布，曾命江夏王李道宗护送文成公主入藏。汉文典籍《旧唐书·吐蕃传》中记载：“高宗嗣位……因请蚕种及造酒、碾、硙、纸、墨之匠，并许焉。”③ 在文成公主的影响下，松赞干布对中原文化产生兴趣，他曾派人到唐朝要蚕种，要求唐王派造酒、纸墨工匠到西藏。唐王派造纸工匠来到西藏，开始在西藏造纸。公元710年，唐王又把金城公主嫁给吐蕃的弃隶普赞，随从金城公主入藏的人中也有造纸工匠，为西藏造纸技术的发展带来了机遇。④ 经过汉藏两族工匠多年的探索和实践，逐步研发出了藏纸独特的生产工艺。在《中华造纸2000年》一书中也提到：“吐蕃650年开始生产纸张。”⑤

另一些学者认为，藏纸产生于松赞干布之前。根据上文中提到的松赞干布为迎娶文成公主，让他的使者带去了用蓝褐藏纸书写的书信。《浅谈

① 林志文、周银钗：《泽雅造纸》，中国戏剧出版社，2010，第67页。
② 潘吉星：《中国的造纸术》，中国国际广播出版社，2010，第2页。
③ 孙丽芹、桑旦扎西：《藏纸文化初探》，《西藏科技》2009年第2期。
④ 张银汉、张俊波：《纸的秘密》，吉林人民出版社，2010，第143页。
⑤ 次旺仁钦：《藏纸考略》，《西藏研究》2002年第1期。

藏纸产生和其特点》一文提出，吐蕃第二代赞普穆赤赞布时期，从象雄把辛南卡囊瓦多尖为主的128位学者邀请到吐蕃，建立了45个学术中心，并翻译了显密等大量的本教经典。如果没有能够书写经文的纸张，就无法记录繁多的本教经文的翻译和书写，因此，他们认为当时就已经有藏纸生产工艺。学者强巴遵珠在《藏纸生产工艺》一书中指出，如果断定在松赞干布之前西藏没有造纸技术，那么藏王为什么会做蓝褐藏纸。蓝褐藏纸的制造技术来源于普通纸技术，但比普通纸的制造工艺复杂，它是一种特殊的藏纸。因此，持该观点的学者认为，文成公主进藏前就已经产生藏纸生产工艺。

两种不同观点的持有者都有其理论研究支撑，但一般来说持第一种观点的学者较多，依据《旧唐书》的记载，初步判断藏纸产生于公元7世纪中叶松赞干布时期，即文成公主进藏后产生的。

从藏族造纸技术的传播与发展来看，公元7世纪末到8世纪，造纸在吐蕃得到普及。造纸术因印度高僧参加译经和吐蕃取经求法等途径逐渐传入印度。造纸术传入印度的线路有三条：一是途经中亚的陆路，东西方的僧人和商人往来较多；二是从喜马拉雅山到尼泊尔的高原之路，尼泊尔造纸术来自西藏，后又传入印度；三是海上丝绸之路，在喜马拉雅山南麓，据说至今还保留着唐朝的造纸工艺。[①] 这一时期，由于逻些（今称拉萨）已成为吐蕃的政治、经济和文化中心，所以对纸张的需求增加，纸张在本地的生产显得极为重要。随着藏纸的大量生产，藏纸制造术逐渐从拉萨推广到西藏乃至邻国尼泊尔、印度等地。

3. 藏纸生产规模的扩大

13世纪，中原木刻印刷术传入西藏，印刷术的兴起促进了书籍的大量生产。帕木竹巴执政者札巴坚赞在位时，西藏经济景气，文化繁荣。加之西藏木材资源丰富，雕刻技术精湛，木刻印刷发展较快。15世纪，手抄佛经的传统方法逐渐淘汰，在西藏先后建立了许多印经点和印经院，用于大规模佛教学者的著作。这一时期，藏纸生产规模不断扩大，产量增加。其中，较大的藏纸产区有拉萨、门隅、塔布、工布、尼木、桑昂曲宗、错那、后藏、康区、不丹和洛门塘等地。木刻印刷业的发展和印经数量的增

① 次旺仁钦：《藏纸考略》，《西藏研究》2002年第1期。

长，为藏纸业开辟了广阔的市场，西藏各地也出现了许多造纸作坊生产藏纸，满足了社会需求。这种需求必然促进了藏纸生产的发展，推动了藏族文化的传播和文化的繁荣。

（二）藏纸的濒临消失和复苏

藏纸经历了一个从无到有，从研发到生产的过程，但由于受当时社会条件和生产力水平的限制，藏纸制造工艺工序烦琐复杂，劳动强度大，劳作辛苦，生产周期长，经济效益低等原因，几千年来藏纸的生产技术几乎没有得到发展，停留在较低的水平。20 世纪 40 年代后期，随着现代市场的发展和机械化生产的大力推广，机制纸由于生产成本低、市场需求大，机制纸开始大规模生产，而藏纸由于传统生产技术落后、生产成本高、需求量小而面临危机。同时，随着经济的发展，年轻人纷纷外出打工，无人愿意继承藏纸生产。藏纸业经受着现代市场的冲击和传承后继无人的威胁，藏纸生产在西藏逐渐萎缩，藏纸制作工艺濒临失传，市场上的藏纸几近消失。

改革开放后，随着经济的快速发展和生产力水平的大幅提高，政府对民族手工艺的传承与发展日益重视。尤其是 20 世纪 90 年代以来，政府加大对传统民族手工业的扶持力度，藏纸传统手工艺在这一时期得到传承与发展。藏纸生产工艺之所以能够延续到今天，除了政府对民族传统手工业的高度重视和扶持，还有两方面的原因：一是随着国家信仰自由政策的落实和社会经济的发展，民间宗教信仰对民俗用纸的需求上升，有些民俗用纸的质量要求，无法用机械化生产的纸张所取代，需要手工纸。二是西藏本地热心人士出于对本民族文化的热爱，尤其是对濒临失传的民族文化遗产的保护，他们肩负起了抢救本民族文化遗产的重任，其中最鲜明的例子是以拉萨市彩泉福利民族手工艺研发中心的负责人强巴遵珠为首的一批领头人对藏纸手工艺进行了重点抢救，以使藏纸手工艺能够传承下来。2006 年，藏族造纸技艺被列入国家级非物质文化遗产名录，这为藏族造纸技艺的传承和发展提供了契机。

这里重点介绍一下强巴遵珠对藏纸产业复苏所起的重要作用。藏纸是中华民族文化在青藏高原上的一朵奇葩。藏纸的品种大概有五六种，最有名的是“塔效”（塔布藏纸），尤以山南地区朗县出产的“金效”（金东藏纸）为甚。藏纸是藏族人克服青藏高原恶劣的气候条件和特产资源相对匮乏的不利因素，用自己的智慧和毅力所创造的文化遗产之一。但是曾有一段时期，藏纸在西藏已无人生产，市场上偶有出现的藏纸也是从印度、尼泊尔等国家进口的产品。[①] 看到西藏藏纸的传统生产工艺濒临失传，怀着对藏纸的一种痴迷且执着的热爱，强巴遵珠痛心疾首，他心中就一个念头，就是一定要保护和挖掘这门独特技艺。于是，他走遍西藏各个角落，搜寻民间制作藏纸的传承者和相关资料，经过反复的实验，不断总结经验教训，还特地去印度和尼泊尔学习藏纸制造技术，终于在1993年成功制造出传统的藏纸。2006年6月，藏纸生产工艺被列入第一批国家级非物质文化遗产名录，他也成为自治区级非物质文化遗产传承人。在技术日渐成熟的基础上，拉萨市彩泉福利民族手工艺研发中心还逐渐研发出新的藏纸产品，结束了藏纸从印度和尼泊尔进口的历史。

二　藏纸的生产工艺和特点

藏纸的生产工艺在西藏已有1300多年的历史。藏纸因为原料采用狼毒草，不怕鼠咬、虫蛀，不腐烂，不变色，所以历史上被广泛应用于宗教典籍、官方文件及契约的书写和印刷领域。今天，藏纸因生产工艺独特，有防腐、防虫、防鼠和易保存等特点，被广泛应用于文书档案、佛教经文、绘画、工艺制品、包装等。

（一）藏纸的生产原料

藏纸的生产原料是生长在青藏高原上的植物，主要有白芷叶、沉香皮、瑞香狼毒、萨玛树、大麻和托木草的草根等。其中，白芷叶是造纸的最佳材料，沉香皮为造纸的次品材料，作厚纸经卷应选此原料，而造纸的下品原料是瑞香狼毒，因有毒不易被虫蛀，能长久保存。[②]

目前，在西藏造纸的主要原料是狼毒草。狼毒草是一种生长在高原的具有很大毒性的多年生草本植物，其分布广泛，根系发达。狼毒草一般生长在海拔3500米左右的草原和山坡上，在藏东一带的山上有成片的狼毒草，它的茎和根都含有可用的纤维，但通常使用它的根部。

---

① 央扎西·王雯雯：《强巴遵珠藏纸传人，慈祥“阿爸”》，《中国民族》2013年2月6日。

② 强巴遵珠：《藏纸生产工艺的抢救与发展过程》，民族出版社，2010，第32页。

（二）藏纸的原料和生产工艺

西藏的造纸方法和中原有很大差别，这与当时的交通条件有关。中原地区生产的竹帘、杨桃藤等原料无法运到西藏，造纸工匠们因地制宜选择适合当地的原料和造纸术。

古时在中国存在着两种不同的造纸技术：抄纸法和浇纸法。中国内地常用抄纸法，而西藏采用浇纸法生产藏纸，浇纸法一般保留在受佛教文化影响很深的地区。浇纸法是使用杵臼和木棒敲击舂捣打浆，或用石头砸、脚踩直到适合抄纸。加入纸浆的药物不是杨桃藤汁而是大米汁或仙人掌汁。抄纸时不用竹帘捞纸，而用浇纸法。即在木框上绷一块纱布做成纸模框，纸模框漂在水面上，将纸浆浇入框内，用木棒轻敲纸模框使浆料分布均匀，然后提起纸模框滤去水形成纸页，将纸模框立起在阳光下晒干成纸，这时纸面不够平滑，若用来写字还需作研光处理。

藏纸原料来自喜马拉雅山脉6500米以上生长的一种叫“瑞香狼毒”的灌木树皮，对昆虫有微毒，瑞香科植物，为多年生草本，高20～50厘米，茎丛生，叶互生，披针形至椭圆状披针形。最初，西藏也是用麻类作为造纸原料（这种技术是由中原内地传入。中国汉代时期造纸所用原料是麻类、破布和树皮，晋代以后所用原料为藤皮、稻草、麦秸、桑皮、褚皮等。唐宋时期，造纸原料达到近10种），但由于原料供给不足，西藏根据资源禀赋，就地取材，主要用狼毒草生产藏纸。狼毒草在高原分布广泛，丰富的原料为藏纸业的发展提供了前提条件，以廉价的原料加工出了具有民族特色的藏纸品种。①

古代藏纸的制作工序较繁杂，有十一道步骤。第一道工序是采剥树皮；第二道工序是晒干；第三道是磨平，用小刀把粗皮剥平；第四道是水煮；第五道是放在石头上用木槌敲打到泛白为止；第六道是再次水煮；第七道是加淀粉使之催熟；第八道是用纱布过滤使之平整；第九道是整平后晒干；第十道是对纸张打磨，处理纸张的薄厚、柔软度和光泽度；第十一道是用加了小麦粉的水煮纸张蒸干。② 这样，整个造纸工序才完成。

用金、银等珍宝书写的经卷所用的蓝褐纸的制作方法为：将黑矾冷却

---

① 索朗仁青、齐美多吉：《浅析传统藏纸生产工艺及开发前景》，《西藏大学学报》1996年第3期。

② 强巴遵珠：《藏纸生产工艺的抢救与发展过程》，民族出版社，2010，第32页。

后，除去杂质，将未出蒸汽的泽漆与硼砂混合后用纱布过滤，用过量的酸麦酒和少量的硼、黑矾混煮后，涂在纸上测试，倘若纸变黑则表明煮熟，从锅中取出冷却，然后将藏青果捣碎水煮并用纱布过滤，在液体中浸泡，烘干而成。蓝褐纸不止这一种制作方法，它还有很多方法可以制作。①

狼毒纸的生产工艺。狼毒藏纸的生产工具主要有布纸帘、捣浆用木棒、陶罐、木桶、水池和石头等，它的生产步骤主要有以下几步：采挖—泡洗—砸根—煮料—捶打—捣浆—浇纸—揭纸。② 本文以较具典型的尼木藏纸为例进行说明。尼木藏纸的生产原料都是狼毒草，具体的制作工艺流程如下：

第一，采挖。一般在5月至6月间采挖狼毒草，这时狼毒草根须粗壮，质量佳。

第二，泡洗。先将采来的狼毒草根放在水中泡大约3天，以除去外层褐皮和泥土。在将洗好的狼毒草根拿到太阳下晒干，以防韧皮腐烂。

第三，砸根。首先狼毒草根放到盘状石头上，用铁锤砸打，以外层的褐皮打烂为度；其次，用手除去外皮和内芯，只留下韧皮；最后，沿纤维撕细，同时用手除去碴子和其他杂物。

第四，煮料。把纸料放到盆中，加入水和苏打粉进行蒸煮，一边煮一边搅拌，直到纸料变软变黄为止。用大火需要2个多小时，小火则需要4个小时。

第五，捶打。把料放到一个盘状石头上，用圆饼状石头捶打纸浆，将料打成薄饼形的浆状，捶打上百次，然后把纸料拿到造纸的现场。这是一道十分费力的工序。

第六，捣浆。在陶罐中加上水，把料倒入其中，双手飞快地搓动一个带叶轮的圆饼状木棒，使纸浆悬浮均匀。

第七，浇纸。把木框布纸帘放到水池中，从陶罐中舀出纸浆，均匀地浇在布帘上，然后用手端平布帘，极缓慢地从水池中抬起，使水慢慢从帘中渗下。

第八，揭纸。把布帘拿到阳光下一帘一模地晒，纸晒到一定程度，掉

---

① 强巴遵珠：《藏纸生产工艺的抢救与发展过程》，民族出版社，2010，第33页。

② 李晓岑：《四川德格县和西藏尼木县藏族手工造纸调查》，《中国科技史杂志》2007年第2期。

一下头。约1个小时，纸就可晒干，呈白色。此时即可从布帘的边角开始，慢慢插入手掌，把纸从帘上揭下并叠好。

尼木藏纸主要生产工具是：布纸帘、木棒、陶罐、水池、大石头、小石头。

藏族人民在长期的生产实践和藏汉文化交流中，吸纳中原先进的造纸工艺，如晒白、捶掏、捞纸、晒纸等许多中原纸的手工艺，形成了藏族独有的纸张生产工艺。其中，浇纸环节为整个藏纸生产过程的关键过程，这一工序直接关系到纸的质量，这也是藏纸与中原纸抄纸法的最大区别，为藏纸生产所特有的环节。

（三）藏纸的特点

由于原料和工艺的限制，西藏境内藏纸的产量极低，年产量约1万张以下。其具有强度高、天然防蛀、防腐、不变色等特点。

藏纸一般都比较厚实，其中供上层人物和寺院喇嘛用的精致狼毒纸，质量相当好，表面看这些浅黄色纸有些粗糙，但是很结实。清代人查礼（1716~1793）在他写的《藏纸诗》中对狼毒纸这种纸给予很高的评价："题句意固适，作画兴当畅，裁之可弥窗，缀之堪为帐。何异高丽木，洋笺亦复让。"① 这首诗说明狼毒纸既可以用来作画，也可以用作窗纸和纸帐，它和很有名气的高丽纸不相上下，质量甚至比洋纸还好。可见，藏纸在古代就为人们所青睐。藏纸质量可嘉，具有以下几个特点。

第一，具有防蛀、防腐功能，易长久保存。古纸为了预防虫蛀，南宋时有用三椒液，即胡椒、花椒和辣椒浸纸的方法。以瑞香狼毒草的根为原料生产的藏纸，由于自身含有毒素，不用添加其他有毒原料，节约资源。藏纸由于有毒，所以存放时间长，不被虫蛀，老鼠也会避而远之，具有防蛀、防止被鼠咬的功能，由狼毒纸书写的佛教经文和文件可以长期保存，西藏用这种纸书写的档案文献至今仍保存完好，在寺院经历数百年的藏经文也完好无损，不因时间长久而损坏，字迹也不模糊，证明藏纸确有这一特殊的功效，这是藏纸的一大特色。

第二，纸质轻柔，纤维细长。藏纸由于质地柔软，所以吸墨性强，字迹永不褪色。

---

① 张银汉、张俊波：《纸的秘密》，吉林人民出版社，2010，第143页。

第三，对眼睛伤害小。藏纸为低白度，略略泛黄，书时不刺眼，不伤眼睛，长时间阅读对眼睛的副作用较小。

第四，不干裂，抗压耐折，坚韧厚实、耐拉，容易搬运，可藏至内阁。藏纸重量轻，大约只有相同体积宣纸的一半。

第五，可循环利用，可再生。生产藏纸时的废纸也可以再利用成工艺制品，如肖丝和热丝。据当地的群众介绍，肖丝和热丝是藏族跳神时所用面具的主要原料。据了解，由于藏纸具有诸多的特点，受到国外消费者的青睐，他们用藏纸作窗纸，因为藏纸坚韧、耐用，防浊气、防尘埃，夏天还能防害虫等。由此可知，藏纸在国外有一定的市场需求。

第六，变废为宝，环保，不污染环境。生产藏纸所用原料是狼毒草，狼毒草是有剧毒的植物，不能用于饲养牛羊，不能用于高原畜牧业的发展，而用来生产藏纸，变废为宝，一举两得。同时，生产藏纸所用染料都是矿物颜料，对环境无污染，有利于生态环境的保护。

（四）藏纸的产地和用途

古代所产藏纸主要用于刊印书籍，尤其是寺庙经书。这些书籍涉及宗教、医学、天文历算、诗歌、文法等方面，如今已成为古籍，是藏族先民智慧的结晶，也是藏族人民文化传承的瑰宝。古代藏纸还用于印发纸币。据考证，西藏纸币最初印于 1912 至 1913 年，1922 年在拉萨北郊成立了“夺底”造币厂。藏纸还用于生产西藏邮票和风筝等，可见，这些用途为传统藏纸的生产拓宽了领域，推动了西藏传统造纸业的发展，对提高藏纸的质量起了非常大的促进作用。

藏纸的种类较多且用途广泛。按地区可分为晋东、达布、加优、后藏、措那、贡布和尼木等藏纸。其中，上等晋东藏纸专用于印钞，其余的晋东藏纸分为不同的长度，有三度、二度、一度。长的用于印公文，稍短的用于布告和诉讼判决书等。达布藏纸主要用于加盖公章、单位章的布告和重要诉讼判决书以及各种计划的公文。达布纸主要用于印刷《甘珠尔》《丹珠尔》等主要经书。加优纸主要用于需要加盖官印的呈文、批文等各种文稿、各种长文命令以及其他文件。后藏纸即日喀则纸，分粗、细两种，淡红色的细纸主要用于扎什伦布寺的文书，粗纸主要用于萨迦寺的各种经书的抄录和文献记载。措那纸主要用于公文令和单位间短信来往以及日记等。贡布纸主要用于一般的文件。尼木纸由于稍有墨沁缺陷，因此在重要文书上用的相对较少。① 可见，藏纸具有很多种类，并且不同类型的藏纸具有不同的用途。表 11－1 为藏纸的产地分布和主要品种。

表 11－1 主要传统藏纸简表

品种	原料	产地	特性	用途
晋东纸	木材	达布晋东(朗县境内)	质轻,抗折耐拉,富有弹性,两面光滑,质地厚薄均有,算为上品	造藏币和书写原西藏地方政府的重要公文以及向达赖呈禀赏单等
达布纸也叫“似晋东纸”	木材	达布	质地厚而耐拉、抗折	书写原地方政府的重要公文,一般摄政和噶伦使用,此外还印刷经卷
堆纸	—	吉隆县(原属阿里范围)	质地较差,正面光滑,反面较粗	地方县郡用纸,印刷一些经书
贡布纸	木材	八一镇现农牧学院所在地,原叫“雪叉邦康”	—	地方县郡用纸,印刷一些经书
珞渝纸也称门纸	—	错那县境内	纸较小,两面均可写字,不吸墨,有竹纹	用于噶厦颁布短饬令,使用颇为广泛,印经、写字、包药等
聂拉木纸	木材	聂拉木	微红色,纸张宽度较小,不易吸墨,有时墨中加少许胶水写字	包药、练字、书写等,使用广泛
尼木纸也称毒纸	狼毒	尼木县雪拉乡	纸较粗糙、晦暗,但厚而耐揉,防蛀、防鼠,耐腐保存期长	印刷经卷,是印刷馆藏文献的佳品
达秀	废纸	各地均生产	一般	使用比较普遍
德格纸	瑞香狼毒	德格	与尼木藏纸相同,但毒性较大	印刷经卷
丁秀(石青纸)	上品纸盒石青(矿物颜料)	拉萨	质地较厚、纸色呈青蓝色,上等纸	是用金、银、珍珠、玉、珊瑚等的粉末蘸汁书写重要书籍和汇编文件的特用纸,十分珍贵。

资料来源：索朗仁青、齐美多吉《浅析传统藏纸生产工艺及开发前景》，《西藏大学学报》1996 年第 3 期。

① 强巴遵珠：《藏纸生产工艺的抢救与发展过程》，民族出版社，2010，第 31 页。

由于瑞香狼毒草是草原上的一种有毒植物，对畜牧业危害严重。因此，用狼毒草生产藏纸，对草原有毒植物主动地规模化利用，充分利用资源的同时去除了草原有毒植物，优于被动地防除，在西藏是一举两得的事情，有利于形成具有我国特色的草原有毒植物治理模式，变害为利，变废为宝。[①] 因此，藏纸的生产不仅有利于民族传统手工艺的发展和传承，还有利于草原有毒植物治理和畜牧业发展，同时推动了民族文化产业和畜牧业经济的大力发展，保护了生态环境，实现了经济和生态效益的双赢。

三　藏纸业的传承与发展现状

改革开放前，藏纸由于缺乏技术提升、规模化生产、经营和管理，在市场上处于被动地位，造纸技术和藏纸质量停留在较低水平，交通信息闭塞的尼木地区至今仍保留着最传统的藏纸手工艺。

改革开放后，党中央和国务院对民族手工艺的保护与传承引起高度重视，号召当代人要肩负起抢救民族文化遗产的重任，西藏政府也开始对民族手工艺进行抢救保护。20 世纪 90 年代，随着经济的快速发展和国家对少数民族地区传统民族文化的高度重视，藏纸作为青藏高原藏族人民传承文化的重要载体和民族手工艺品，以其独特的性能引起了人们的关注。强巴遵珠于 1993 年成立拉萨彩泉福利特殊学校（即彩泉福利民族手工艺研发中心），1998 年恢复德格手工藏纸生产。近年来，在西藏自治区相关部门的资金扶持和政策支持下，拉萨市城关区和尼木县组织一些有造纸经验的艺人、工匠重操旧业，使传统的民族手工业——藏纸制作业又得到恢复并呈现出新的生命力。[②] 尼木县、拉萨市彩泉福利学校的造纸工匠在长期的造纸过程中形成了一套完整的工艺流程，为现代造纸术提供了源远流长的历史，丰富了中国造纸术的内涵。尼木县和拉萨彩泉福利学校是藏纸生产的代表与缩影，藏纸制造工艺的研发意在提高生产效率，降低生产成本，提高藏纸质量、丰富藏纸品种和扩大生产规模。以使传承民族手工技

① 李海朝、孙慧珍：《狼毒藏纸与草原有毒植物资源化》，《西藏大学学报》（自然科学版）2009 年 6 月。

② 次旺仁钦：《藏纸考略》，《西藏研究》2002 年第 1 期。

艺和弘扬藏文化。

目前藏纸的生产方式是家庭小作坊和民营企业。其中，家庭小作坊寥寥无几，尼木县仅剩两三家，而民营企业也只有几家，且生产规模较小。

（一）家庭小作坊

家庭手工作坊是藏纸现状的见证，造纸作坊由布纸帘、捣浆用木棒、陶罐、水池、大石头、小石头等生产工具构成，小规模造纸所需要的地形和环境条件不一样大，大多数分开单独建造，散落在村庄的各个地方。

西藏尼木县和山南朗县一带都生产藏纸，其中，尼木县生产的狼毒纸具有悠久的历史，根据对尼木藏纸制造工艺的考察，尼木县塔荣乡雪列村的藏纸制造历史悠久，西藏和平解放前就有 17 户农民以造纸为生，他们每年要向西藏地方政府支付藏纸的差税。和平解放后，由于受现代机制纸的冲击，藏纸生产工艺濒临灭绝。据西藏非物质文化遗产保护中心负责人阿旺介绍，该县以前还有六七户人家生产藏纸，现在只剩两三户。[①] 该县生产藏纸的家庭小作坊生产规模小，藏纸生产也只是他们的副业，销售额不多，其主要收入来源是农牧业。因为普通机制纸张价格便宜，能满足人们的普遍需求，而藏纸生产成本高，所以对藏纸的需求越来越少。家庭小作坊生产的藏纸部分销往拉萨、山南档案馆，部分卖给游客，按张卖，一张 5 块钱。据了解，家庭小作坊生产藏纸的年销售收入只有三四千元。由于狼毒草有一定的毒性，不但牲畜不能吃，而且在生产藏纸的过程中，工人会有一段不适应的过程，脸上会出现脱皮、轻微浮肿的现象。由于做藏纸对身体有害，销售收入低，所以年轻人都不愿继承这一门手艺。同时，藏族老年人思想较落后，观念比较保守，“传男不传女，传女不传外”的思想根深蒂固，这是传承藏纸业的一个无形障碍，所以尼木县的家庭小作坊生产藏纸遇到了后继无人的困境。出于经济效益低和生产工艺烦琐的原因，年轻一代不愿从事藏纸的生产。此外，即便他们能继承本民族的手工艺，但出于资金短缺的原因，不能扩大生产规模，不能形成规模经济，他们还是不愿从事藏纸生产。由此可

---

① 根据 2011 年本课题组与西藏非物质文化遗产中心负责人阿旺的访谈资料整理。

见，以家庭小作坊的生产模式做好藏纸的传承与保护这一工作还是比较困难的。

（二）民营企业

在西藏藏纸生产中比较有规模的企业较少，在仅有的几家藏纸生产企业中，只有拉萨市彩泉福利学校的藏纸生产规模较大。本文以拉萨市城关区彩泉福利民族手工业有限公司（也称“拉萨市彩泉福利特殊学校”，以下简称“彩泉福利公司”）为例说明民营企业的藏纸生产现状。彩泉福利公司是一家以藏纸生产为主，其他藏族手工艺品的生产为辅的产供销一体化性质的企业，同时也是一个民族手工业研究中心。该企业的特殊性在于它还是一所收留孤残儿童，不仅提供学习机会还提供就业平台的福利学校。所以，该公司不仅传承发展了民族文化，还为构建和谐社会做出了贡献。

其一，从彩泉福利公司发展历程来看。彩泉福利公司的董事长是强巴遵珠，他热爱本民族文化，从小就对藏纸怀有浓厚的兴趣，但受当时社会条件和资金限制，他无法实现自己的梦想。随着经济的发展和人们生活水平的提高，强巴遵珠手头资金比较宽裕。1990 年，他决定利用手头资金，不惜一切代价抢救那些濒临失传的民间手工艺。他将藏纸制作工艺列为他抢救工作的第一项内容。随后，强巴遵珠开始带人到塔布、罗扎、阿里、尼木等藏纸生产地进行寻访，甚至还到印度、尼泊尔等地进行考察，记录了藏纸的口传技艺。但因藏纸生产几乎绝迹，他没亲眼看到藏纸的生产过程，仅凭口授，记录了五个县生产藏纸的方法。藏纸生产进入试验期，不幸的是这次藏纸的试制没有成功，这让强巴遵珠有点失望，但他没有放弃生产藏纸的希望。这期间，生产藏纸的老艺人陆续去世，藏纸生产技术的挽救和挖掘已经刻不容缓。1993 年，强巴遵珠将尊布扎旺、果果拉等数名老艺人接到拉萨一起切磋交流，终于整理出藏纸完整的工艺流程，生产出第一批藏纸。同年，强巴遵珠成立拉萨彩泉福利学校。据强巴遵珠介绍，该学校的前身是拉萨城关区政协下属的一个鞋厂，政府对该校进行资金扶持，使他更加坚定了做好民族手工艺传承与发展工作的信念。之后城关区人民政府对该校发展民族手工业这一工作给予认可，2005 年让他们挑起了城关区民族手工业研发中心的担子，为民族手工业添砖加瓦，发挥力量。[①] 目前，彩泉福利公司被批准为“全国民族用品生产定点企业”，获得了国家多部门颁发的设计金奖、银奖，并获得了“中国诚信示范单位”的荣誉称号，这为藏族手工艺的传承和发展带来了机遇。

其二，从公司生产规模来看。拉萨市城关区彩泉福利学校 1993 年成立初期有 3 名教师、35 名学生，现有教师 19 名、学生 148 名，大部分学生是孤儿。近 20 年来，先后共收养了 286 名来自西藏七地区和青海玉树等藏族聚居区的孤儿、残疾儿童和家庭困难的儿童。可见，彩泉福利学校是一家福利性质的民营企业，建校近 20 年来，学校规模不断扩大。建立的初衷首先是为了让社会上的孤儿、残疾儿童和部分家庭特别困难的儿童，能和同龄儿童一样有着上学受教育的机会；其次是为了给这些儿童培训技能，尤其是民族手工艺技艺，让他们有一技之长，能够自食其力；再次是为西藏的民族教育事业尽一份力，为西藏培养更多的民族人才；最后是为了把这些无家可归、生活困难的儿童培养成人，送他们到各大高校继续受教育，为家乡未来的建设做贡献。现在，拉萨市彩泉福利学校成为一所集学习、培训，产、供、销为一体的福利组织。从建校到现在，该校一方面着手办好学校，从一个技术传承培训班到发展成一个正规的可以同其他公立学校一样的民办公助小学，学生可以参加统考，学校提供给他们上学的机会，让他们接受正规的学习课程。另一方面，学校下设民族手工业工厂，主要生产藏纸、藏香、民族服饰、旅游纪念品等 40 多个品种的综合性手工艺品。学校的目的是让这些不能升学的孩子学习民族手工艺，如藏纸、藏香、民族服饰等的制作工艺，通过学习技术不但能传承民族文化而且还能产生一定的经济效益，为学校的运转筹集资金，所以该学校主要的运作模式是以厂养校，服务学校，对藏纸手工艺实行生产性保护，以传承和弘扬民族文化。

强巴遵珠告诉我们，公司理念是“纯手工操作，不迎合市场，不以牟利为目标，带着藏传佛教信仰定价出售藏纸，希望更多的人研发藏纸”。很朴素的一句话，却道出了他对本民族文化的热爱之情。他生产藏纸的初衷是抢救和保护民间手工艺，传承和弘扬藏族优秀民族文化。销售藏纸以

---

① 根据 2011 年 8 月本课题组与强巴尊珠的访谈资料整理。

民族信仰来定价产品，不以营利为主要目标，只是为了让濒临失传的藏纸制造工艺传承下来，让更多的人了解藏纸，让那些无劳动能力或上不起学的孩子有一技之长，能保障自己未来的生活。藏纸于2006年列入国家级非物质文化遗产，强巴遵珠作为国家级非物质文化遗产藏纸的传承人，是一位名副其实的民族企业家，他的公司更多地带有福利性质。他为了让更多的人学会藏纸制作工艺以扩大藏纸生产规模，让更多的人了解藏纸和藏文化，他自己通过在民间收集资料，专门撰写了《藏纸生产工艺的抢救与发展过程》，于2010年在民族出版社出版。他告诉我们，公司现有11名工人，藏纸原材料是自采或从农牧民家收购，每斤20元左右。藏纸生产由彩泉福利学校具有生产技能的员工生产。员工包吃、包住，每月发放700元工资，每年员工的工资近10万元。彩泉福利公司主要生产藏纸，为了保护民族手工艺和丰富文化产品种类，该公司还手工制作生产民族鞋——藏靴。该公司主营藏纸，兼营藏靴、藏族服饰等产品。藏纸的销售模式是以销定产，其中墙纸和包装纸订购较多，其次是用于绘画和送礼的藏纸。一般批量生产藏纸的公司建立之初不赢利，处于亏损状态，近三年（2009～2011年）开始赢利，每年销售额10万元左右。可见，彩泉福利公司收支基本相抵，盈利微弱。

其三，藏纸业的市场运作模式。彩泉福利公司是一家产供销为一体的小型企业，政府为了传承民族手工艺和弘扬民族文化，对该企业进行政策支持和资金扶持：一是藏纸作为国家级非物质文化遗产，每年的资金扶持额为五六万元；二是政府规定对民族手工业免税，该公司作为民族用品定点企业也享受免税的优惠政策；三是将孤残学生纳入低保户，减少公司培养学生的负担，相对来说，增加了公司资金，以扩大藏纸生产规模，形成规模经济。目前，藏纸生产基本上处于自力更生和扶持性保护的状态，其生产量的多少取决于订购量和销售量。

由于藏纸具有防虫蛀、防鼠咬，久藏不坏，质地坚韧，耐折叠、耐磨损等特点，这是它使用价值的体现；作为一种民族手工艺品，藏纸具有独特的艺术价值，代表和象征着西藏传统的民族文化，它是独一无二的。为了增加藏纸销量，扩大生产规模，彩泉福利公司对藏纸产品进行了创新，在藏纸传统生产工艺的基础上，融合现代技术，研制出了适合市场发展趋势的新工艺品40多种。公司生产的产品设计独特，样式新颖，做工精致，如藏纸记事本、仿犀牛皮画纸、笔筒、灯罩、首饰盒和藏香盒、藏纸经幡等。还有一些新产品印有八瑞吉祥图案、慧眼、祥云图案、菩提树叶、佛像、六道四轮图案，这种以纸为载体的产品已成为一种文化。彩泉福利公司鉴于藏纸的诸多优点，还生产了高档文献记录用纸、生活用纸和其他特种纸制品，如高档服装包装盒、食品储存袋、家具装饰贴面纸、绘画、月历、面具、雨伞等。不断加入藏文化元素的藏纸手工艺品是一种创意文化产品，使藏纸工艺作为一种独特的民族手工艺，不断得到传承和弘扬。

彩泉福利公司生产的藏纸主要销往拉萨、山南等地的档案局，这些地方订购藏纸作为文献用纸，体现了藏纸的使用价值；少量藏纸作为旅游纪念品卖给游客，作为礼品，体现了藏纸艺术价值。该公司依托具有深厚底蕴的藏文化，将藏纸制作成别具藏文化特色的旅游产品，如绘画、灯罩、月历、面具、雨伞、首饰盒、藏香盒等产品，这些产品不但精巧别致，而且充分体现了藏民族文化的精华，深受当地人和中外旅游者的青睐。近几年来，该企业年利润保持在 10 万元以上，其中，2010 年该企业的年利润为 30 万元。藏纸质地优良、种类繁多以及藏纸手工艺品的丰富多样，满足了不同层次消费者的不同需求。由于藏纸是纯手工产品，生产成本高，而尼泊尔纸和国内机制纸生产成本低，这对藏纸产品的销售带来冲击，所以藏纸销量不是很高。同时，与过去相比，藏纸在民间的使用领域也大为减小。“愈是民族的，愈是世界的”，由于藏纸具有民族性、文化性、艺术性、独特性和实用性等特征，具有较高的使用价值和艺术价值，加上政府对民族手工艺传承的重视、生产商对产品的创新和人们生活水平的逐步提高，相信藏纸的需求必定会扩大。

四　抢救藏纸业的必要性与艰巨性

所谓“存在即合理”，藏纸工艺作为一个民族工艺，作为一个民族传统文化的经典，在历史长河中存在、发展，如今却出现危机。“民族的就是世界的”，藏纸文化是与藏民族文化一体的，无法分割的，藏纸所表现出来的文化内涵是属于世界的，是世界宝贵的文化遗产，必须要强力保护。

在突出藏族文化的重要性，保护藏纸工艺的同时，我们也面临着残酷的现实考验。藏纸工艺的抢救与保护工作是一个长期的工程，一个艰难的选择。

（一）抢救与保护藏纸工艺是时代赋予的必然选择

1. 从藏族造纸工艺的价值来看

一是藏族传统造纸技艺有着历史价值。藏纸作为西藏文明的载体，记录着古老西藏的文明历程。在造纸术还没有传入吐蕃之前，藏族曾经使用树皮、石片、羊脚骨头、木板、竹片、羊皮等作为书写载体。[①] 7 世纪上半叶，赞普松赞干布统一青藏高原各氏族部落，建立了强大的吐蕃王朝，此时已经有了相当发达的农业、畜牧业和手工业，同时与唐朝在政治、经济、文化等方面建立了密切关系，为造纸术的引进和藏纸技术的创造奠定了基础。[②] 由于西藏特殊的地理环境造成无法大量引进成品纸张，于是通过中原地区的造纸技术与当地实际存在的现有原料进行巧妙结合，造出了藏纸。藏纸的出现解决了当时拉萨地区寺庙对纸张的需求。藏族造纸技术既充实了藏文化内涵，也传入国内其他地区和周边的尼泊尔、印度等地，为传播与交流民族文化起到了重要的作用。藏纸技艺在现代的时代背景下濒临灭绝的危机，但它在漫长的一千多年的历史长河中依然保存到现在，表现出极强的生命力与发展潜力。

二是藏族传统造纸工艺体现着科学的价值。记录着藏族文明印记的藏纸，经历了一千多年的风雨保存至今，本身就是民族文化的精髓。藏纸的原料是草原上的一种有毒植物，虽危害严重，而其根可以用于生产藏纸。原料的特殊性决定了藏纸具有防蛀、抗菌等多种优良性质。并且这种就地取材、非木材纤维选材有利于形成具有我国特色的草原有毒植物治理模式，变害为利，变废为宝。从技术的角度出发，藏族造纸技艺的工艺有着完整的六道制作工艺流程，每一道工序必须在严格的标准化操作下方可完成，中间如有一道工序出错整个流程便前功尽弃。藏纸的工艺流程需要长时间的实践操作，掌握娴熟的技巧。

三是藏族造纸技艺具有艺术价值。藏纸这一传统工艺品是藏族人民的

---

① 刘昫等撰《旧唐书》第 16 册，中华书局，1975，第 5222 页。

② 次旺仁钦：《藏纸考略》，《西藏研究》2002 年第 2 期。

艺术瑰宝。在20世纪50年代以前，藏纸适用于各大寺院，大量用于抄写经书。其实藏纸不仅是单一颜色的普通抄写用纸，也可以用适宜的染色剂对纸料进行染色，分为红、黄、蓝、黑、紫、绿等颜色，还可以进行图画装饰，并可做成灯笼、面具等丰富多样的日用品和装饰品，体现着古朴的民族风韵。艺术来源于生活，艺术回归于生活，藏纸就是身边不可或缺的、带给人神秘感的藏族风味的艺术气息的艺术品。

四是藏族造纸技术具有旅游价值。虽然现代的宣传方式颇多，但旅游是传递不同地方的文化的载体，通过旅游可以了解不同地区、不同民族的风俗、习惯与文化。藏纸发源于青藏高原，在一段时期，藏纸进入低谷停滞状态，甚至已经离开人们的视线。要想宣传藏纸，最直接方式是通过旅游文化的宣传。一件工艺品对旅游者来说就是一种文化的浓缩体现，一种文化的发展本身需要物质表现力，只有某种工艺品用独特的气息吸引人们的视线方才有市场。藏纸本身就是神秘的藏文化的体现，它散发的古朴、特别的艺术品质表现出十足的旅游价值。

2. 独特的工艺技术提倡绿色生态生产方式

从藏纸的取材、制作工艺流程来看，完全是绿色环保的制作过程。原材料是非木材纤维的高原狼毒草，能节省木材的消耗量。制作流程是传统工具、传统的手工艺作坊，没有任何化学制剂的加入，完全是绿色的、原生态生产方式。这也给其他污染严重的加工行业树立一个榜样。不过这种作用也是微乎其微的，毕竟传统的手工式生产方式才导致藏族造纸技术与现代机械生产相脱节，导致藏纸面临现代危机的压力。

3. 藏纸是藏族传统工艺的组成部分，并成为非物质文化遗产保护对象

藏族传统工艺种类繁多，体系齐全，主要分为家用摆设、衣饰、宗教用品等几大类。藏纸原是为寺庙经书所用，属于宗教用品类。藏族传统工艺不仅具有较强民族特需性，同时具有一定的高原特色与浓厚的藏民族文化底蕴。藏纸是藏族工艺品中不可或缺的一部分，并且也是非物质文化遗产。非物质文化遗产作为国家为抢救民族文化所实施的法律保护体系。2006年，藏族造纸技艺被列入西藏自治区国家第一批非物质文化遗产名录，得到国家法律保护。

4. 抢救藏族造纸技术弘扬藏文化

从工艺角度而言，藏纸属于藏民族独特的传统工艺品。从广义的文化体系来讲，藏纸文化是藏族人民不断在实践中创造出来的智慧的结晶，是传统藏族文化的一部分，是藏族文化的活化石。博大精深的藏族文化的传承与保护必须通过对具体工艺的保护来体现，藏纸技术的抢救就是保护藏文化，二者相辅相成。藏纸是藏族人民劳动的结果，因此保护藏纸是弘扬藏族文化最好的表现。

5. 发展藏族文化产业后备力量

文化产业作为一个新兴的朝阳产业，得到世界各个国家、民族、地区的重视。文化产业的发展适用于经济实力雄厚的发达地区进行资金转移与衍生发展的需求，当然也适用于欠发达地区专注特色优势产业进行地区经济转型的需求，更适合于有着独特民族地区产业发展的需求。2009 年 7 月 22 日，国务院通过《文化产业振兴规划》以来，西藏自治区政府重视西藏文化体制改革和文化产业发展，西藏文化产业发展规划的编制，文化产业项目库的建立、文化产业专项资金的设立与优惠政策的制定等工作推进文化产业的发展，因此，诸多藏族传统工艺将为文化产业的发展起到推动的作用。就“产业”这一概念来讲，是指对能够带来增加值（附加值）的社会经济的总称，是国民经济的载体。产业化，即指如何将一种理念、想法、需求、价值、观念转化为一种产品，然后进入市场，进入营销体系，实现利润的过程。产业化是一个动态的过程，简单而言就是全面的市场化，它主要包括以下几个方面：市场化经济的运作形式，达到一定的规模程度，与资金有密切关系，以营利为目的。如提到文化产业，不再是指阅读小说、欣赏影视作品等文化形式本身的内容，而是指通过小说、电影的市场运作来实现利润的过程。①

就产业化的概念来看，目前藏纸的发展现状不容乐观，只有小型的作坊运作形式与零散的消费形式存在于市场，并且藏纸的制作流程完全是手工操作过程，而实现产业化必须通过机器生产、机械化操作形成规模生产、规模化效益，才能形成产业化趋势。并且从原料的取材上来讲也不可能产业化，目前的抢救只能停留在避免藏纸技术失传，把传统的技术完整的保持下来，具体要实现推广进入市场只能设计适合藏纸的特色路径模式，这是一个长期摸索的过程，因此，藏纸暂且不能进行大量生产、大量

---

① 钱陈翔：《非物质文化遗产的产业化研究》，《商业时代》2010 年第 33 期。

消费，不能形成规模的市场供求关系，不能形成营利性的产品，只能将其视为后备产业力量。

（二）抢救藏纸业的艰巨性

首先从客观规律上，时代的发展会阻碍传统工艺生存（这是普遍规律，藏纸也不例外）。时代的变迁、社会的进步促使人们生产方式、生活方式的改变，传统的文化会受到现代文化的冲击，这是必然的规律。藏族造纸技艺与一般的存在物一样要面临客观的、动态性的变化，虽然本身包含着诸多特色，但在时代大潮流下必然会被其他的技艺所取代，依然要渐渐地退出历史舞台，逐渐失去生存空间。接受现实，转变思路寻找新的出路才是关键。

其次从主观因素上，工艺的原材料取材与手工制作存在局限性。所谓“一方水土养一方人”，地理自然环境因素决定人们的生产生活方式、风俗习惯、文化特征。只有尊重客观地理环境才能适应环境，才能生存、发展。这不是地理环境决定性论的说法，而是肯定地理环境能在一定程度上产生重大影响。藏纸技术发端于高原，发展于高原，是高原的特殊地理环境决定了其必然要出现。相反，由于地理环境的特殊也必然阻碍其发展。藏纸的特殊原料产于高原地区，在原材料的取材方面有着很大的局限性。由于原料是有毒植物资源，因此存在着取材与生态控制之间的矛盾。另外，由于藏纸技术是纯手工技艺，从取材到制作的整个流程几乎没有机器的运用，这就是阻碍藏纸业发展的最重要的原因，也是现阶段抢救藏纸技术的障碍。

（三）抢救与保护藏纸业的措施与意义

抢救藏纸业是一项长期的工程，抢救与保护的方式、方法上存在着与其他传统工艺相同的静态式保护与动态式保护的路径选择。采取大众化的抢救保护措施是必要的，要想藏纸业更好地保存、可持续地发展更要采取必要的符合藏纸业发展的途径，也就是解决一般性与特殊性的辩证关系、宏观与微观的关系，不断探索藏纸业振兴之路。

1. 要从政府层面重视抢救与保护藏纸业

对于非物质文化遗产的保护，我国目前主要有两种保护方式，分为施与式保护与开发式保护。所谓施与式保护，即由政府投入资金，以保护文物的方式保持非物质文化遗产在当代的存在形式。这种保护方式的优点是见效快，作用显著，能用最短的时间保留住非物质文化遗产。而开发式保护，即由政府引导，将非物质文化遗产引入市场，参与市场竞争，以竞争的压力激发非物质文化遗产的生存活力，通过市场推广扩大非物质文化遗产的生存空间。这种保护方式的优点是非物质文化遗产作为商品在市场上流通，有效地解决了非物质文化遗产的消亡困境。[①] 王宁则把“保存”与“保护”的概念分开，认为“施与式保护”实质上是博物馆式的保存，他所认为的“保护”是指延长文化遗产的寿命，让其价值很高的精品继续存在于现实社会中，而且在艺术生活中发展。保护和保存是两种性质不同的问题，不论在理论上还是在实践上，都不应当混淆这两种性质不同的问题。[②]

任何工艺都有特殊的需求，没有利用、没有广大的市场需求就会渐渐消亡，也就是说动态的保护方式才是永久性的具有活力的方式，因此，现阶段也提出非物质文化遗产产业化的呼声。在法律的保护下，合理保持原生态、特色元素的同时适当地打开市场，才能有传承、生存的空间，只有这种动态的发展方式才能抢救传统文化。抢救藏族造纸技艺也是如此。为此，需要政府在合理保护的情况下，提供资金的充分支持，对传承人进行保护的同时激励现代年轻人走进藏纸行业，根据藏纸本身的特殊情况具体调整路径方案。

2. 促进文化企业成为发展藏纸业载体

根据国家统计局印发的《文化及相关产业分类》（国统字〔2004〕24号），我国的“文化产业”被界定为：为社会公众提供文化、娱乐产品和服务的活动，以及与这些活动有关联的活动的集合体。文化产业的统计对象是上述集合体内的法人单位、产业活动单位（仅指非文化法人所属）和个体经营户。随着西藏文化旅游创意园区、拉萨市民族手工业园、藏艺文博园等建设，西藏地区文化产业逐渐发展、繁荣。自治区九届人大五次会议上也确定西藏今年将大力建设文化发展强区，促进文化大发展大繁荣，

---

① 李琦：《非物质文化遗产保护及其产业化经营探索》，《商业时代》2008 年 6 月刊。

② 王宁：《非物质遗产的界定及其价值》，《学术界》2003 年第 8 期。

推动文化资源大区向文化发展强区转变，对文化企业实施定期免税等优惠政策，鼓励各种文化企业的兴办。文化企业将成为发展工艺事业的落脚点。藏纸通过企业的兴办可以使原有的手工技术得以传承，并且加入现代创新意识，使传统工艺与文化企业相互促进相互发展。

3. 促进藏纸技术的现代转型

社会在前进，新技术新设备不断出现，通过运用先进的技术和相应的工具代替传统的手工艺，使传统技术与现代技术相结合，充分考虑资源消耗的问题和环保问题，同时保留制作的特殊性，既发扬手工艺的传统魅力，又不丧失现代社会的现代技术的创新意识。目前内地的手工纸生产工艺经过长期的改进、提高，形成了从备料、制浆到造纸的一整套成熟的技艺，采用了诸如发酵制浆和分级蒸煮、日光漂白、高浓打浆、流渡法捞纸等工艺技术，内地的手工纸制造工艺已处于成熟阶段，而藏纸生产却仍处于低级的生产工艺水平，加之一些技艺的传统，严重阻碍了藏纸的恢复生产。因此可借鉴现代先进的机械造纸工艺技术，选择引进种类繁多的造纸、制浆机械设备，以及利用先进的纸浆化学处理手段，使藏纸生产工艺这一藏民族宝贵的科学文化遗产得以发扬光大，并且通过与各种现代造纸工艺的有机结合，使传统藏纸不断得到开发利用，发挥出它所独有的社会效益和经济效益。①

4. 保持藏纸原生态，注入创新元素，弘扬藏文化

由于现代造纸术大量用于印刷业，而藏纸不夸张地说很多人甚至都不知道它的存在，藏纸虽有特色，但也不可能替代现代纸张而大量占有市场，不能走进人们的日常生活。随着社会的发展和人们生活水平的提高，消费结构加快升级，旅游纪念品、家庭装饰和陈设品、礼品等逐渐成为新的消费热点、新的消费理念。藏纸的生产设计应该注入新的元素，利用现代市场的多样性消费契机，创造新的产品，从颜色和产品设计理念入手，最佳的途径便是通过文化企业的力量打造藏纸的独特中高端品牌，通过开发旅游工艺品产业，可以给民间工艺品注入新的生机，带动藏纸的良性发展，从而使藏纸技术工艺得到良好的保护与传承，弘扬藏文化。

理论来源于实践，服务于实践。追溯藏纸工艺技术的历史源流、制作

① 索朗仁青等：《浅析传统藏纸生产工艺及开发前景》，《西藏大学学报》1996 年第 3 期。

工艺流程与特点、现代社会中藏纸的生存状态是为藏纸未来在实践中发展服务的。只有充分调查与研究现有的状况方能制定和实施符合藏纸业发展具体、科学、合理的战略目标。从现实中发现，传承人的个人力量极其有限，政府力量是关键，但是毕竟政府的调控是宏观的调控，是以静态式的保护模式为主，很难形成利润机制。市场决定存亡，只有占领市场才能持续发展，藏纸业现阶段最缺的就是市场。

因此，在实践中不断摸索企业如何进行开发式保护，企业与市场紧密联系，只要能围绕一定程度的市场化，保证正确的政治方向、完美的艺术形式和较高的经济效益，藏纸业会慢慢地进入人们的视野。这里最重要的前提就是，创造利润驱动机制，吸引更多的企业参与藏纸业的开发，才能达到可持续发展。

第十二章　藏族建筑：历史之活化石

中国是一个由56个民族组成的大家庭，自古以来，居住在中华大地上的各族人民缔造了丰富多彩的民族文化，包括服饰、饮食、建筑等共同构成了我国多元的文化。建筑是一个民族智慧的结晶，它是历史的活化石。建筑不仅体现了一个民族的生活空间，而且表现了一种生活方式。藏族是我国56个民族中的重要一员，居住在青藏高原的藏族人民为了适应特定的生存环境，创造了藏族建筑（本章所指藏族建筑主要以西藏建筑为主，兼顾其他藏族聚居区的建筑）。藏族建筑是藏族文化的一个重要组成部分，藏族建筑文化植根于藏民族特定的历史环境和地理条件，它的产生和发展离不开当时特定的政治、经济和文化等方面的因素。

一　藏族建筑的历史演变与传播

藏族建筑是藏族人民智慧的结晶，金碧辉煌的宫殿、宏伟壮观的寺院、具有民族特色的城堡，都集中体现了藏族独一无二的建筑风格。这不仅丰富了藏族文化，而且给人们带来了美的享受。关于藏族建筑的发展过程，大致可以划分为原始时期、萌芽时期、形成时期和发展时期四个阶段。

（一）藏族建筑的历史演变过程

1. 原始时期

关于早期藏族先民的居所，有学者考证，“自青藏高原有远古人类生存以来之旧石器时代，其居住建筑基本仰仗于自然的赐予，或居于天然洞穴，或以树枝、树皮、兽皮作简单的掩体的藏族远古人类的生存形式”①。可见，当时的藏族先民生活中还不存在建筑，居所都是自然的简单洞穴。

2. 萌芽时期

这一时期藏族建筑有了初步的形成，主要体现在西藏昌都卡若文化遗址、四川丹巴县的中路文化遗址，以及青海、甘肃等黄河中游地区的卡若文化遗址中。考古材料表明，“在西藏共发现旧石器地点五处，细石器地点二十余处，吐蕃时期墓葬二十余处近两千座。众多的考古发现说明，藏族的祖先就繁衍生息在这片神奇的土地上”②。新石器时代的文化是卡若遗址，该遗址出土了房屋、石器、陶器、骨器及动物骨骼、谷灰等。其中，有 27 座房屋遗址，有半地穴和地上房屋，地上房屋为平顶，这说明建筑形制初步形成。

“卡约文化遗址是青海地区的一种土著文化，其分布包括东起甘青交界处的黄河沿岸，至刚察、湟中、海晏等县，西至海南藏族自治州西部地区，如共和、贵南等县，南达黄南藏族自治州，北入海北藏族自治州。其编年史时间距今约三千年，大致相当于辛店文化，但其延续时间较长。青海地区与古代羌人居住的地方，有许多建筑和古城堡都与藏族建筑相似，且有着密切的渊源关系。”③

通过对卡若遗址的测定，藏族建筑的演变为“早期：半地穴，窝棚式；下部空间挖土，上部空间构筑而成，单室建筑，木构架，坡屋顶。中期：半地穴，棚窝式；居住面逐渐上升到地面，建筑空间增加，个别出现隔墙‘隐奥’，包括单室、双室建筑。梁、柱木构架，木骨泥墙为主，坡屋顶。晚期：地面建筑为主，出现干栏式楼居，建筑平面和居住空间逐渐扩大，有分室的现象，包括单室、双室建筑，石墙为主，梁（柱）强承重，平屋顶”。④ 从半地穴到楼居建筑，藏族建筑结构和类型发生了巨大的变化。

3. 形成时期

从玛桑九族时期开始至雅砻王统时期是藏族建筑的形成期。大约在公

---

① 孙明媚：《评〈西藏建筑的历史文化〉》，《中国藏学》2008 年第 3 期。

② 陈耀东：《中国藏族建筑》，中国建筑工业出版社，2006，第 10 页。

③ 江道元：《西藏卡若文化的居住建筑初探》，《西藏研究》1982 年第 10 期。

④ 江道元：《西藏卡若文化的居住建筑初探》，《西藏研究》1982 年第 10 期。

元前两三百年，吐蕃第一代赞普聂赤领导的雅隆悉补野部落在雅砻河流域（今山南地区）征服附近部落形成一个部落联盟。聂赤赞普在雅砻河上游东岸（今乃东县）一座小山顶上建造了吐蕃第一座城堡式的宫殿建筑——雍布拉康，这是王权至高无上的体现。汉文史书《旧唐书·吐蕃》的记载是："其人或随畜牧而不厥居，然颇有城廓。其国度号为逻些城。屋皆平头，高者至数十尺。贵人居大毡帐，名为拂庐。"可见，当时藏族还保留游牧习俗，人们居住在帐篷里。

总的来说，这一时期的建筑业有了一定的发展，出现堡寨、城堡和专供首领居住的王宫。第一，随着生产工具的出现和生产力水平的逐渐提高，人们对碉式建筑的结构和技术有了一定了解和把握。第二，这时的藏族建筑还没有艺术意识，只是在大石建筑中有一些雕刻。第三，藏族建筑是本地"土生土长"的建筑，还没有受到外来文化的影响，本土文化特色鲜明。可见，这时的藏族建筑有了基本的形制。

4. 发展时期

公元7世纪初，朗日轮赞遇害，其子松赞干布继位后，将首都从山南迁至逻些（今拉萨），使拉萨成为吐蕃时期的政治、经济和文化中心，藏族社会进入了一个繁荣发展的阶段。这一时期，松赞干布分别与尼泊尔赤尊公主和大唐文成公主联姻。佛教从汉地和尼泊尔同时传入吐蕃，松赞干布开始在各地建造供王室所有的佛堂。建筑形式采用吐蕃传统的藏式平顶，内部装饰采用外来形式，石窟有鲜明的印度风格，形成具有外来和地方色彩兼容的建筑风格。

佛教传入吐蕃后，松赞干布之后的赞普兴建神殿，建立了如今规模宏大的布达拉宫、大昭寺等建筑风格独特、民族特色浓郁的建筑。公元761年修建的桑耶寺，是吐蕃传统的藏式平顶，主殿三层，其他为两层或平房。按宗教需要在殿外设有转经道，殿内有佛像、壁画，这些都是外来布局。可见，这时佛教在吐蕃迅速普及和发展，藏式建筑在吐蕃传统建筑的基础上吸收外来文化，逐渐形成独特的藏族建筑格局。吐蕃王朝灭亡以后，西藏进入分裂格局的时代。这一时期最大的特点是宗教势力和地方势力紧密结合，藏族逐渐进入政教合一的封建农奴制社会，并受藏传佛教的影响，兴建寺庙。

公元13世纪，元朝忽必烈统一中国，西藏划入祖国版图。帕竹地方政权在卫藏地区修建了 13 个宗（地方行政管理单位）。宗的政权中心多拥山而建，在山顶上修建宗本办公和居住的建筑，居高临下的城堡，具有防御功能。在各要道依山所建碉堡，并派军驻守。宗作为地方行政管理机构，在西藏和平解放前有 147 个，从而形成百十个大小不等的城镇。这些城镇位于交通要道，多半依山傍水。其布局特点是把政府管理部门修建在山顶地势比较险要的地方，采用易守难攻的堡垒形式，即宗山建筑。寺院建在堡内或半山，居民区建在山前平地上，藏语称为“雪”，即宗山下面的居住区。① 民居区内除了居民，还有庄园、林卡等。

（二）藏族建筑文化的传播与发展

1. 外来建筑文化对藏族建筑的影响

一个地区在自身的发展过程中，总会或多或少地吸纳外来文化，或受到外来文化的渗透，与外来文化相融合并形成新的地域文化。藏族建筑是藏族文化的一个重要组成部分，藏族建筑文化是藏族先民物质文明和精神文明结合的结晶。藏族建筑在发展过程中，善于吸收其他民族的先进经验。它不仅吸收了国内建筑文化，还吸纳了国外建筑文化，同时也向外传播了自有建筑文化。

首先是国内文化对藏族建筑的影响。对国内汉文化的引进始于公元 7 世纪松赞干布建立吐蕃王朝时期。公元 641 年，松赞干布与唐朝文成公主联姻，文成公主入藏时带了工匠、谷物和牲畜等。同期，中原的农具制造、纺织、建筑、造纸、酿酒、制陶和冶金等技术也传入吐蕃，丰富了吐蕃的物质文化和精神文化。文成公主的入藏对藏族建筑的影响极大。在关于大昭寺的记载中，记述了在大昭寺选址过程中，文成公主利用汉历进行测算选址，建筑物的结构部分如梁架、斗拱和藻井的运用等也都体现出唐朝的建筑样式。小昭寺更是直接体现了浓郁的汉式建筑风格，是汉藏文化相融合的典型代表。从元朝开始，西藏正式纳入祖国版图，内地建筑文化对藏族建筑文化的影响更加明显。公元 1268 年，八思巴“授意萨迦本钦释迦桑布征集卫藏十三万户的大量人力物力，在汉族工匠的帮助下兴建萨

---

① 陈耀东：《中国藏族建筑》，中国建筑工业出版社，2006，第 59 页。

迦南寺"。[①] 日喀则地区现存的夏鲁寺修建所需金银由当时中央政府提供，其建筑结构如琉璃瓦顶、木构架梁、斗拱和布瓦顶等都与内地建筑有共性。气势恢宏的布达拉宫也借鉴了内地歇山式屋顶的运用。罗布林卡集藏族造园、建筑、绘画、雕刻等优势，运用内地装修手法建造而成，是藏族园林建筑的杰出代表。13 世纪达赖喇嘛派工匠到北京学习装修技术和格局布置，藏族建筑的内部装饰受内地影响较大。

除了西藏，在其他藏族聚居区也存在吸收内地建筑样式的例子。如青海省湟中县的塔尔寺、乐都县的瞿昙寺都较多地吸收了汉地和其他少数民族的建筑样式、艺术风格和技法。其中，塔尔寺的歇山式屋顶采纳了汉式建筑艺术风格；门饰是汉式和当地风格相融合；砖雕是塔尔寺的一大建筑艺术特色，采用了甘肃省河州砖雕的艺术成就。瞿昙寺的隆国殿与北京故宫的建筑式样极为相近。同时，在甘肃、四川、云南藏族聚居区的藏族长期与其他少数民族杂居，还吸纳了这些民族的建筑风格。可见，藏族建筑在发展过程中吸收了很多的外来因素，完善和充实了藏族独具特色的建筑样式。

其次是国外文化对藏族建筑的影响。外国文化对藏族建筑的影响主要来自尼泊尔和印度等国，对国外文化的引进也始于公元 7 世纪。松赞干布迁都拉萨建立吐蕃王朝后，随着吐蕃生产力水平的提高，与外界的联系日益增多。由于尼泊尔和印度都信仰佛教，佛教开始传入吐蕃，佛教对吐蕃的宗教文化影响大，宗教文化的变化又影响了藏族建筑，特别是佛教建筑。拉萨大昭寺是受国外文化影响最显著的例子，大昭寺主要是由尼泊尔工匠建造的，其平面布置是按照佛教坛城的理念来设计的，从建造结构到格局在很大程度上是移植，还不存在与传统建筑的融合。

藏族建筑对国外文化的吸收主要体现在公元 7 ~ 14 世纪。藏族建筑吸收了国外的佛教建筑和建筑艺术，将其融入本土建筑文化中。随着藏族建筑的发展及藏传佛教在世界佛教中的地位逐渐显现，尼泊尔和印度等地的文化反而受到西藏及藏传佛教的影响，故西藏文化对外传播较吸收更多。

2. 藏族建筑文化的传播

自元朝统一西藏后，中央政府加大对西藏的扶持力度，西藏与内地在政治、经济和文化上的交流日益频繁，藏族聚居区的佛教文化开始向外传

---

① 杨嘉铭、赵心愚等：《西藏建筑的历史文化》，青海人民出版社，2003，第 208 页。

播和延伸，随之藏族建筑文化尤其是藏传佛教寺庙建筑文化也传播到全国各地，如北京、山西五台山、河北承德、辽宁沈阳和云南纳西族自治州、内蒙古自治区等，这不仅体现了藏族和汉族及其他少数民族文化的交流，也体现了各民族的友好交往。

如内蒙古包头的藏传佛教寺庙五当召，从总体布局到单栋建筑的形制及梁柱做法、柱式都采用藏式。云南纳西族自治州的永宁扎美戈寺汉藏结合，在藏式平顶的基础上再建汉式大屋顶。云南丽江藏传佛教寺庙，从总体布局到单体形制采用当地传统做法，而平面布局、门口、彩绘等都带有明显的藏族建筑特色。山西五台山是我国四大佛山之一，山上寺庙林立，汉式和藏式佛教寺庙共存。北京的雍和宫也是藏族建筑文化对外传播的一个典范。可见，藏族建筑文化在外界传播广泛、影响较大。

藏族建筑在发展过程中，既注意吸收国内外及其他民族的建筑工艺和技术，提高了藏族建筑的技术水平，又保持了本民族传统的建筑特色和风格，向外界传播了藏族建筑文化，从而推动了本民族建筑事业的发展。

（三）藏族传统建筑的类型

藏族建筑受地理条件和自然环境的影响，因地制宜，创造出了具有藏文化特色的建筑风格，其建筑形制多样，如城镇建筑、宗山、宫殿、民居、寺院和林卡等，这些建筑体现了藏族建筑丰富的文化内涵和特点。

1. 城镇建筑

拉萨古称“逻些”，是吐蕃王朝的政治、经济和文化中心，后几经兴衰，随着西藏的地方政治中心的迁回，拉萨成为一座以大昭寺为中心的城市。拉萨作为一座历史文化名城，能充分体现藏族城镇建筑的风格和特色，是藏族城镇建筑的典型代表和历史缩影。

松赞干布迁都拉萨建立吐蕃王朝时期，拉萨呈现一片繁荣景象，之后分别修建了布达拉宫、大昭寺和小昭寺。吐蕃王朝覆亡后，西藏的地方政治中心又迁到乃东、日喀则，都城拉萨逐渐荒凉。明初宗喀巴创立格鲁派时，拉萨开始繁荣起来。宗喀巴在大昭寺创立“祈愿法会”，召集上万僧徒传法，在不到十年的时间里，拉萨地区兴建了黄教寺庙哲蚌寺、色拉寺和甘丹寺，同时还建立了其他一些寺庙，一举使拉萨成为西藏的宗教中心。清初，五世达赖喇嘛建立噶丹颇章政权以后，西藏地方政治中心从日喀则移到拉萨。五世达赖掌管西藏地方政权以后，按照宗教要求规划发展将地方政府设在大昭寺内，以文成公主带进大昭寺的释迦牟尼为中心，形成政教合一的拉萨城市格局。

从城市功能的角度看，拉萨河北岸东部地势比较平坦，设以寺院为中心的居民生活区；在西面突起的山顶上建立布达拉宫，作为达赖喇嘛的宫室，象征着政教权力；西南的罗布林卡是达赖喇嘛的夏宫；拉萨市的东、北、西北是大寺院，城市结构合理、使用功能明确。西藏和平解放初期，拉萨只是一个小城镇，面积仅 3 平方公里，居民 1 万多人。经过 60 余年的发展，拉萨城区面积扩大，范围扩张，人口规模增大，如今已成为一座富含民族特色的现代化城市。

2. 宗山与宫殿

公元 14 世纪中叶，帕竹建立地方政权宗驻地，宗山建筑从这时开始发展起来。宗山建筑大约有三种布局方式：一是占据独立山头，如布达拉宫、江孜等宗山；二是依山傍水，掌控山脚的交通要道，如达孜、曲水、贡嘎等宗山；三是设在要道旁，背靠大山，面朝河谷盆地，如日喀则、乃东、琼结等宗山。在宗山的前面或周围设立居民区，根据居民区的大小和地形决定道路设置。在山头上或堡垒内设置宗政府的宗教性建筑，之间有城墙相连。城镇里的寺院或在宗山附近的半山上，或在居民区里，宗山下为居民区，藏语即“雪”。当时比较大的宗的居民区内，一般除了平民住宅，还有林卡、晒场、寺庙、一般政府官员和贵族的住宅，有些街道上还有小商店、甜茶馆等。个别雪的周围还有城墙、壕沟等防御设施。藏族建筑受当时社会状况的影响，特别注重建筑的防御功能。

藏文史籍记载，西藏史上的第一座宫殿是雍布拉康，这是吐蕃最早的宫殿，其后吐蕃王朝在琼结等地修建了一些宫殿，在拉萨建造了布达拉宫，其他地方也有一些宫殿，但由于历史原因，很多建筑都不存在了。根据历史资料分析，宫室是当时最宏伟的建筑，是建筑文化的精华。当时宫室首先是赞普处理政务，召集大臣、所属部落首领们召开会议以及接见外国使节的政治活动中心；其次，宫室为赞普及王室成员生活所用，还没有多少宗教内容。当时的宗教虽被重视和扶持，但仅是被政治利用。[①] 吐蕃

① 陈耀东：《中国藏族建筑》，中国建筑工业出版社，2006，第 146 页。

王朝覆亡以后，各地封建领主各据一方，开始大力利用宗教，进行有宗教内容的活动。这一时期的最大特点是宗教教主和封建领主结合，用教派的主寺作为政教的政治中心，宫室也在寺内，实行政教合一的社会制度。

目前，除了布达拉宫保存较完整外，其他宗山和宫殿都已经衰落。布达拉宫是藏族劳动人民智慧的结晶，集藏族宗山和宫殿建筑为一体，以磅礴的气势和独特的建筑风格被列入世界非物质文化遗产名录，不仅在中国而且在世界建筑史上具有重要的地位。布达拉山高 100 余米，布达拉宫从半山腰开始修建，最高处外观 13 层，建筑高 117 米，连同山坡一共 178 米，宫内有大小房间两千多个，总建筑面积达到 10 万平方米以上，主体部分由宫殿和雪城组成。[①] 宫殿分为白宫和红宫两部分，白宫为达赖喇嘛工作和休息之用，红宫供奉历代达赖喇嘛的灵塔殿和各类佛殿。雪城位于布达拉山南麓，东西长 36 米，南北长 180 米，东、西、南由三面高大的城墙围成，三面城墙均设有宫门。城内有服务性建筑、官员住宅、司令部、行政管理部门、监狱、造币厂、印经院等，还有仓库、马厩、水院等设施及一些贵族住宅、民居区和茶馆等。除了主体建筑部分，布达拉宫周围还有林卡，即龙王潭，供达赖喇嘛游玩和休闲之用。布达拉宫的平面布局随意，不强调中轴对称，追求纵向延伸，使得主殿高于其他建筑；且逐层升高，突出了红宫、白宫等主体建筑的尊贵地位。[②] 布达拉宫集宫殿、寺庙和灵塔殿为一体，整个建筑气势磅礴，采用藏族传统的建造结构和样式，以鲜明的藏族建筑艺术特色体现了藏族先民在建筑、绘画、艺术等方面的重大成就。

3. 民居建筑

藏族民居建筑由于受特定地理条件、历史文化、生产方式、生活方式、生活习惯和外来因素等影响而呈现出多样性。藏族的传统居民建筑可以分为三类：一是牧区帐房和农区土石木混合结构平顶房，二是林区木架构坡顶房即木楼，三是阿里部分地区还存在极少量窑洞。

帐房是早在远古时期藏族先民生活中一种主要的居住方式。帐房即藏式毡房，是用牦牛毛编制而成，多为黑色或深棕色，保温效果好。经济条

① 赵海翔：《少数民族建筑艺术概论》，河北美术出版社，2009，第 50 页。
② 徐宗威：《西藏传统建筑导则》，中国建筑工业出版社，2004，第 17 页。

件好的藏民用羊毛毡搭建帐房。帐房一般搭建在地势高、水草丰盛的地方。由于青藏高原地势复杂，为方便游牧，帐房的搭建一般都比较简单。搭建时，先竖起两根木杆固定框架，再用一根木杆作梁支撑，以牦牛绳连接毛毡，四壁和帐顶缝合，正面和侧面都呈长方形，四周用牦牛绳拉紧，用木橛固定在地上，顶部留有窄长缝用于排烟采光。帐房内部常用草块或土坯垒一圈不到半米高的矮墙，用以堆放青稞、牛粪饼和酥油桶。一般在帐房内供奉佛像，帐房外拉绳挂白色、红色、蓝色经幡，有独特的宗教氛围。

木楼。木楼一般在林芝和四川阿坝松潘等林区常见。这类建筑多采用木架构承重结构系统，内部一层多为方形居室畜圈、库房，二层设有方形居室、敞间、经堂等，空间常用来贮存草料和杂物。这类民居因地制宜、就地取材，适应了当地的地理环境。

碉房即藏式平顶房，是藏族的传统民居，主要标志是平房顶、白色墙、棕红檐和梯形框。碉房是藏族民居的典型代表，充分反映了藏式民居建筑石、土、木结构的特点。一般来讲，碉房大多依山而建，选址讲究高坡，原因是：第一，西藏在历史上战争频繁，人们为了加强防御建在山上；第二，民居建筑的高低能显示一家的身份和地位。封建农奴制社会，藏族贵族阶级和农奴阶级的碉房在规模和高度上有显著差异，另外贵族碉房还有较大的庭院。二者的相同点是都在碉房内的重要位置留一间专门供佛像的经堂。

碉房在藏族聚居区较普遍，在西藏拉萨、日喀则和昌都等地，四川甘孜藏族自治州和阿坝藏族羌族自治州及甘肃甘南藏族自治州大夏河流域等地均有碉房。藏族碉房因地域的不同，建筑风格也不同。以拉萨民居碉房为例，这种碉房多集中在以大昭寺为中心的市区，并向外扩张，民居样式多为外廊式石土木构成的两三层平顶楼房。拉萨民居碉房的特点是居室平面成方形、底层较高、冬暖夏凉，适应高原气候特征。地势平整、宽敞的村落，碉房在朝阳面设置凹进的门廊和阳台，楼前以毛石或土坯墙围合成院，院门密布方形柱、垂花拱柱等，施以彩绘，甚至以带角牛头骨装饰更增添民居的民族特色。[①] 可见藏族民居布局巧妙、装饰独特，极富民族特色。

① 赵海翔：《少数民族建筑艺术概论》，河北美术出版社，2009，第 67 页。

4. 寺院建筑

藏传佛教传入西藏后，与政治结合在一起，其建筑形式的发展与宗教、政治和经济的关系密切。随着佛教的传播，寺院建筑发展迅速，成为藏族建筑的主体。大量的财力、物力和人力都消耗在建筑寺院上，这些建筑体现出藏族建筑业所取得的巨大成就。

在中国，寺院分布广、规模大，尤其在五大藏族聚居区，寺庙林立，而西藏是藏文化的发祥地，僧侣众多、寺庙广布。西藏的寺庙建筑艺术是其他建筑类型所不能比拟的。其寺庙建筑组织结构一般由喇吉、扎仓和康村三级组成。喇吉是藏传佛教寺院组织结构中的最高一级，负责寺院最高教务管理事务。扎仓是学院，位于第二级，完全独立，是僧侣学习和修法的地方。一般来说，较完整的扎仓下设显宗、密宗、医学、法事学院和佛事学院等。康村是寺院最基层的组织，由一般僧人居住，由平房或二层楼构成一个个小院。寺庙建筑由措钦（大殿）和佛塔组成。措钦是藏传佛教寺庙的核心，在扎仓中规模最大，用于供佛和举行寺院大规模的宗教仪式。佛塔在藏族宗教建筑中非常普遍，寺院和村庄一般都有佛塔或塔群，其形状、样式和印度塔相近。

5. 园林建筑

园林建筑，藏语称“林卡”，指在树木花草等植被比较茂盛的地方修建供歇息、修养之用的建筑。园林建筑首先必须具备林木及供林木浇水的水沟或水池，其次园林面积要大，建筑占地面积只占园林面积的 40% 以下。[①] 园林建筑一般为寺庙、贵族阶级度夏专用。在藏族建筑中，园林建筑不是很普遍，在普通百姓的民居建筑中更少见，藏族传统园林建筑基本都由统治阶级修建并享用。藏族历史上的著名林卡有琼结县的德吉林卡，日喀则的扎西根则、甲措根则、嘎玛根则和鲁定根则四大林园，布达拉宫下面的龙王潭和拉萨西郊的罗布林卡。其中最著名的园林建筑是罗布林卡，它是历代达赖喇嘛的夏宫，无论是规模、园林植被面积，还是园林中的土木建筑，在藏族园林建筑中都最具有代表性。

从园林布局看，林卡布局自由，充分利用自然风光和景色，特别注重绿化，罗布林卡的植被覆盖面积占全园总面积的 83%，院内花木种类达

---

① 阿旺罗丹：《西藏藏式建筑总览》，四川美术出版社，2007，第 128 页。

120多种；全园划分为多个景区，且每个景区都是完整独立的，运用建筑、树木和河水组成各种景象。整个建筑形制和布局采用传统的藏式做法，具有明显的民族特点，如柱廊、檐口和门窗等；但又吸纳了汉式建筑法，如建筑物四周围上石栏，并设置带栏杆的踏步，这是汉式建筑法的风格。藏族园林建筑艺术充实了藏族建筑的内涵，使藏族建筑达到一个更加完美的境界。

（四）藏族建筑的特点

藏族建筑因受藏传佛教文化的影响，建筑样式富含宗教元素，宫殿和寺庙及贵族住宅的宗教氛围鲜明，普通民居住宅虽然不及贵族建筑华丽，但是其建筑形式、装饰风格、色彩运用等与藏传佛教有紧密的联系。藏族建筑依藏传佛教文化而发展，藏传佛教文化通过藏族建筑展现出来，二者关系密切，相互促进并发展。

1. 藏族建筑自成体系

在青藏高原，群山高峻、峡谷深邃、湖泊星罗棋布；气候类型复杂、季节区分不明显、海拔高、空气稀薄，紫外线辐射强、气温偏低、温差大。在如此复杂多样的自然环境中，生息于青藏高原的藏族先民，充分利用特殊的自然环境，创造出了自成体系的藏族建筑。第一，青藏高原为藏族建筑提供了丰富的建筑材料；第二，藏族人民在长期的生活实践中为了适应特殊的自然环境，创造了一种与自然相和谐的建筑风格。因此，藏族建筑是本土自成体系的建筑。以西藏建筑为例，其建筑的共同点是平顶，不管是寺院建筑，世俗建筑，农牧区建筑还是城镇建筑都为平顶（除林区外，这是因为林区雨量大，所以有斜顶）。除了平顶特征外，墙体都很厚，房顶土层也很厚，加上房子要求坐北朝南，具备了冬暖夏凉的优点。西藏大多数地方处于高寒地区，这里年降雨量相对小，日光照射强烈，阴阳两面温差大，加上风沙大，针对这些不同的自然条件，形成了藏族传统的建筑风格。

2. 藏族建筑形式多样

藏族建筑内容丰富、形式多样，虽然它的建筑格局和建筑材料等几乎都是相同的，但由于各地区在漫长的历史发展过程中，借鉴、吸纳了其他地区和民族的建筑形制，故其建筑的总体式样不尽相同，富有特色。从空间上划分，有依山建筑、平原建筑和面河建筑等；从结构形式划分，有石土木结构、土木结构和石木结构等；从屋面形式划分，有平顶房屋、坡面房屋等；从建筑类型划分，有一层平房、二三层及多层楼房等；从地域划分，有牧区帐房和平房、林区木房和屋顶坡面的藏式房、农区土木结构的两层楼独院房，城镇为石木结构的二三层楼房，多户住一院。可见藏族建筑形式多样，丰富了藏族建筑文化。

3. 藏族建筑装饰华丽

藏族建筑艺术以宗教、文化和建筑的相融合体现藏族多元文化的内涵。藏式建筑的审美性体现在装饰的平衡、对比、对称和韵律、和谐、统一。藏族建筑技艺的高超，体现在铜雕、泥塑、木雕、绘画、石刻等装饰中。室外屋顶和室内墙壁最能展现藏族建筑的特色。室内柱头多雕刻和彩绘，室外屋顶多挂置经幡、法轮、经幢、宝伞等布块和铜雕。室内墙壁以宗教壁画形式体现，门饰的如意头、角云子、铜门环和松格门框等，窗饰中的窗格、窗套和窗楣等都体现出藏族建筑的装饰艺术。[①] 可见，藏族建筑既精致又华丽，达到了绝美的境界。另外，藏族建筑特别注重色彩的运用，画法大胆细腻，构图以大色块为主，表现明朗。建筑装饰通常用白、黄、红、黑四种单一颜色。其中，藏式建筑外墙的色彩，民居、庄园和宫殿以白色为主，寺院以黄色和红色为主，而民居、庄园、宫殿、寺院的窗户一般都使用黑色窗套。门框、门楣、窗框、窗楣、墙面、屋顶和过梁等，则同时调绘多种色彩，十分细腻和艳丽。[②] 藏族建筑达到了建筑美与艺术美的统一。

4. 藏族建筑的均衡统一

藏族建筑总体没有明显的轴线，随山形、地势成片建设。在一组建筑群中有一座体量较大的主体，其他建筑与主建筑之间运用体形、体量、色彩等的相似、对比、韵律和均衡等，达到统一的效果。由于藏族建筑群的和谐统一，使人感到很有规模和气势。同时，藏族建筑不论是佛殿还是聚会殿，都是由相同的小正立方体组成不同长、宽、高的大立方体，土、石外墙从外观和材质上看都极为稳定。另外藏族建筑巨大的尺度、体量展现

---

① 徐宗威：《西藏传统建筑导则》，中国建筑工业出版社，2004，第 10 页。

② 阿旺罗丹：《西藏藏式建筑总览》，四川美术出版社，2007，第 8 页。

出一种宏伟壮观的感觉，如宗山都建在要道旁的山顶上，由几座大体量的建筑、碉堡和高墙组合在一起，足以显示壮美。

5. 藏族建筑浓郁的宗教氛围

藏族传统建筑的文化性体现在建筑中融合和渗透了藏传佛教文化。随意的建筑布局方向反映出佛陀无处不在；居室中的木柱代表着人们对世界中心的敬仰；屋顶上的经幡代表着对世界万物的崇拜；墙壁上以宗教为体裁的壁画，表达了人们对神灵的崇敬；多层建筑的最高一层和一层多设为经堂，从建筑布局到装饰、色彩搭配都充分体现了宗教文化思想对藏族建筑的巨大影响。①

二　藏族建筑业发展现状

西藏历史悠久，文化积淀深厚，文化遗产资源丰富。以藏族为主的西藏各族人民在历史长河里创造了内涵丰富、形式多样的民族文化。② 建筑文化是藏文化的重要组成部分，也是中国乃至世界文化的一份宝贵财富。藏族建筑以本土建筑为主，通过吸收国内外建筑经验和技术，创造了独具特色的民族建筑。

和平解放后，西藏由于经济欠发达，交通不便，物资紧缺，技术落后，无法进行大规模的城市建设。1959 年民主改革后，中央政府从全国各地抽调了大批工人、干部、知识分子、工程技术人员进行援藏工作，拉萨、日喀则等城市建设发展较快，西藏建筑业进入快速发展的时期，一批具有浓郁民族氛围和地方特色的现代化建筑群展现在世界屋脊上，同时对大量古建筑进行维护和修缮。随着改革开放的深入，西藏建筑业迈入一个新的时期。内地建筑人才和材料涌入西藏建筑业，西藏各地区除了维修古建筑采用木石结构外，其他建筑开始大量采用混合结构。在设计上将现代建筑艺术和当地地方特色相融合，创造出一种既有浓郁民族风格，又有现代气息的新型藏族建筑形式。

---

① 章秀：《西藏传统建筑基本特征》，《中国建筑报》2004 年 10 月 11 日。

② 单霁翔：《在西藏历史文化名城名镇保护工作汇报上的讲话》，《中国文物报》2011 年 8 月 10 日。

“九五”期间，全国展开了对西藏各地区的对口援建帮扶工作，促进了受援地区城镇建设的发展。到2000年底，各地完善城市基础设施建设，结合藏式建筑式样和风格，先后建设了一批标志性建筑，丰富了城镇景观。“十五”“十一五”，如今到了“十二五”时期，从和平解放到现在，经过60多年的发展，如今西藏各地宽阔的马路代替了狭窄小道，高耸的大厦代替了低矮的小屋，休闲广场、雕塑、路灯无不透露出现代化的气息，西藏城市容貌可谓发生了巨大的变化。现代化的城市生活气息与气势磅礴的历史建筑相映衬，展现出西藏传统氛围与现代理念相结合的和谐画面。

（一）西藏建筑业总体概况

关于西藏建筑业的发展，首先，建筑业规模逐渐扩大。建筑业是西藏工业企业中发展较快的一个行业。由表12－1可知，从2000年到2010年的10年间，国有企业数量有减有增，变化幅度不大，集体企业从2000年的87家减少到2009年的20家，减少幅度大，到2010年数量保持不变，但建筑业中的其他经济单位增加快，10年来增加了100多家。总的来看，西藏建筑企业总数在增加，10年间增加了33家。截至2010年底，西藏建筑业从业人员共有118583人，其中国有经济单位3360人，集体经济单位2342人，其他经济单位2067人，城镇私营和个体23105人，乡村从业人数87709人。可见，西藏建筑业从业人员增多，企业数量增加，建筑业规模不断扩大。

表12－1　建筑业规模

年份	企业总数	国有企业	集体企业	其他经济单位
2000	141	39	87	15
2009	166	24	20	122
2010	174	30	20	124

资料来源：据西藏自治区统计局、国家统计局西藏调查总队《西藏统计年鉴》（2011），中国统计出版社，2011，第219、220页整理所得。

其次，建筑业经济效益显著。2000年西藏完成基本建设投资55.87亿元，实现建筑业增加值为15亿元。建筑业拉动国内生产总值增长2.8个百分点。[1] 经过10年的发展，西藏2010年实现建筑业增加值124.19亿元，比上年增长14.4%。2000～2010年，10年间建筑业增加值增长了8倍多，上升幅度大，经济效益显著。从企业财务状况看，2000年、2009年、2010年建筑业财务收入状况分别是67276万元、459602万元、497562万元。其中，2010年的经营收入是2000年的7倍多。[2] 可见，建筑企业营业收入大幅增加，经济效益显著。

再次，对古建筑扶持力度大。近30年来，国家对西藏文化遗产和重要历史、革命文物已累计安排资金14亿元用于维修保护。1989～1994年，国家拨出5500万元人民币和大量黄金、白银等对布达拉宫进行大规模维修。2001～2009年，安排3.8亿元资金实施布达拉宫、萨迦寺、罗布林卡三大文物维修保护工程。[3] 这是迄今国内首屈一指的文物保护工程。2007年，国家安排5.7亿元资金，对哲蚌寺、朗赛林庄园、古格王国遗址等22处重点文物进行保护维修。“十二五”期间，中央财政安排17亿元资金用于西藏文物保护。显而易见，党中央对西藏古文物、古建筑的扶持力度相当大，对藏族历史建筑的保护有着非凡的意义。

最后，古建筑数量多。古建筑是我国重要的文物和珍贵的历史文化遗产，受到国家重点保护。截至2011年底，西藏登记的各类不可移动文物共4283处，其中包括：古遗址类1355处，古墓葬类514处，古建筑类1559处，石窟寺及石刻类583处，近现代重要史迹及代表性建筑类244处，其他类28处；[4] 全国重点文物保护单位35处，自治区级文物保护单位224处，市县级文物保护单位484处；布达拉宫、大昭寺、罗布林卡列入《世界遗产名录》。可见，西藏不仅文化资源丰富，而且拥有大量珍贵的古文物和古遗迹，这些都是藏族人民物质文明和精神文明结合的结晶，需要得到大力的保护。其中，古建筑在不可移动文物中占近40%的比重，显然，建筑业的修复和保护任务繁重。

---

① 《西藏自治区经济概况》，《新浪财经》2004年9月。

② 西藏自治区统计局、国家统计局西藏调查总队编《西藏统计年鉴（2011）》，中国统计出版社，2011，第221页。

③ 《西藏文物保护维修支出十年间逾10亿元》，中国新闻网，2011年11月。

④ 《西藏自治区“十二五”时期文物事业发展规划》，西藏自治区文物局，2012年2月。

（二）古艺——国家文化产业示范基地

藏族建筑在漫长的历史发展过程中，在雪域高原建立了很多举世闻名的建筑物，包括以布达拉宫、大昭寺、罗布林卡、雍布拉康等为典范，以寺院、林卡、碉房、庄园和宗山为类型的大量建筑物。这些规模庞大、气势恢宏的历史建筑为后人所赞叹，其独具特色的建筑风格和多元化的宗教内涵，为后人提供了丰富的建筑经验。如今这些建筑物部分因年代久远或遭到破坏而消失，部分经过修缮得到了比较好的保护。

和平解放后，中央政府加大对西藏的投入力度，特别对西藏文化文物保护高度重视，曾先后拨付大量款项用以维修和保护文物古迹。由于当时在西藏还没有专门从事古建筑修复工作的公司，搞维修的只是当地的一些个体户，三三两两，规模小，效率低，而外地建筑工人又不了解西藏建筑文化，无法从事藏族建筑修复工作，所以修复像布达拉宫这样大宗的世界级非物质文化遗产还存在着一定的困难。于是在西藏自治区政府的正确领导和大力扶持下，专门组建了古艺建筑美术公司，通过组建公司来规模化经营，扩大藏族建筑公司规模，提高公司运作效率，以保护和修缮藏族历史文化建筑，传承和弘扬藏族建筑文化。

近年来，随着党中央和自治区党委和政府对古建筑保护的日益重视，西藏建筑业中涌现出了一批专门建造藏式建筑和修复古建筑的建筑公司，这些公司规模不一，其中规模比较大的有五六家，而最有影响力的算是古艺建筑美术公司。该公司成立 30 多年来，不论从公司规模、人员资质、经营范围等方面都具有优势，而且公司看重建筑质量，在多年的发展过程中打造了建筑文化品牌。目前，公司实行石匠、木匠、泥匠、瓦匠、金银铜铁铸造、泥塑、雕刻、绘画等一条龙综合服务，具有较强的竞争力。因此，本文对建筑公司现状部分的论述主要以西藏拉萨城关区古艺建筑美术公司（以下简称“古艺公司”）为例阐述。

第一，古艺公司概况。西藏拉萨城关区古艺公司组建于 1980 年，经过 30 多年的发展，规模不断扩大、经营项目不断丰富，如今公司注册资金 2000 万元。目前，公司发展成为国家园林古建筑一级、建筑二级、古建筑文物维修二级资质的古建筑修复和维修工程公司。由于藏族建筑涉及内容多，建筑工艺复杂，所以公司实行多元化发展，拥有土建工程部、唐卡绘画部、金属雕刻部、木工雕刻部、古艺建筑研究所等。现有职工 340 人，11 人获得“国家级工艺美术大师”称号，1 人获得“优秀工艺美术专业技术人员”称号，高级绘画人员 12 名，专业能工巧匠（艺人）100 多人。公司员工致力于区内外古建筑及民族手工艺事业，具有丰富的实践经验，并创建出辉煌成就，公司以精湛的建筑工艺打造出绝美的藏族建筑作品。[①]目前，公司主要维修区内外寺庙，现公司修复古建筑物的收入占总经营收入的 80%，其余 20% 来自其他经营项目收入。

第二，古艺公司业绩。目前，古艺建筑美术公司是西藏唯一的集古建筑维修和民族手工艺为一体的企业，公司成立以来圆满完成了很多修复民族古建筑的任务，并取得一定业绩。该公司先后完成了扎什伦布寺强巴佛殿、萨迦寺、夏鲁寺、大昭寺、小昭寺、山南桑耶寺、阿里托林寺等众多名胜古迹的维修和修复工程，以及北京中华民族园的拉萨八廓街和昆明世博会西藏展区的格桑园全部工程。其中，1980～2002 年承接了自治区内外 30 多处古建筑维修和修复工程，承建了拉萨老城区 20 多个院子的危房改造工程。1989～1994 年，公司承接并出色地完成了世界文化遗产布达拉宫第一期维修工程。2003～2005 年承接了西藏三大文物维修保护工程。2006～2008 年先后承接了西藏佛教协会藏式会议室及贵宾接待室藏式装修、甘孜州独格寺、拉萨老城危房改造丹杰林大院、城关区夺底乡农牧民安居工程、昌都察雅县香堆寺维修和那曲巴青县龙嘎寺新建等。

第三，古艺公司荣誉。1990 年江泽民总书记视察布达拉宫维修工程时，对公司的工艺水平给予了高度评价。1994 年国家文物局、国家建设部授予该公司“精神文明先进集体”称号。2007 年铜匠组传统工艺“雪堆白金属加工”被列入西藏自治区非物质文化遗产保护名录。2009 年拉萨泥塑面具技艺、拉萨木雕刻技艺、藏族矿植物颜料制作技艺等 3 项被列入第三批《西藏自治区非物质文化遗产保护名录》。2009 年公司成为“西藏自治区文化产业示范基地”“西藏自治区农牧民工建设职业技能培训先进单位”“西藏自治区总工会就业培训基地”。2010 年成为“国家文化产业示范基地”。可见，古艺建筑美术公司从成立后取得了较大的业绩，为区内

① 根据古艺建筑美术公司提供资料整理。

外古建筑的保护做出了重要贡献。

第四，古艺公司运作模式。在西藏历史的发展长河中，藏民创造了很多优秀的文化，包括藏医药、民族手工艺、藏式建筑等方面，这些优秀文化不仅丰富了藏族文化内涵，而且增添了藏族文化的神秘色彩。藏族建筑是一门集技术和艺术为一体的历史创作，留下了宝贵的文化遗产和丰富的建筑文化思想。历史上，这些古建筑曾遭到破坏，和平解放初期，在中央政府和自治区政府的高度重视和大力扶持下，西藏建筑业进入了大发展、大维修的时期。古艺公司正是在政府的扶持下成立的，建立初衷是为了修复西藏濒临消失和遭到破坏的古建筑。古艺公司作为自治区和国家文化产业示范基地，其示范性体现在它的公司运作模式上。

一是修复业务一条龙服务。古艺公司成立早，公司不断完善建筑经营业务，从颜料研制、生产工具到人员培训，在整个运营过程中投入大量资金。公司不仅完善了生产工具等基本设施，而且大规模培训员工、培养建筑技术人才，木匠、石匠、泥匠、铁匠、金匠、银匠、铜匠应有尽有，公司员工能独立完成大宗历史建筑修缮项目。目前，公司已形成维修、装饰、雕刻、绘画、铜铸等建筑修复一条龙服务的综合产业链，极大地提高了企业工作效率，从而提升了企业竞争力。该公司是西藏迄今为止，成立时间最长、业务范围最广、规模最大、服务最全面的综合性民族建筑修复企业。

二是集培训和研产供销一体化。古艺建筑美术公司为了缓解藏族建筑人才的缺乏，于2011年成立西藏手工艺技能培训学校，由公司大师为农牧民进行免费培训。培训项目包括绘画、维修、装饰、雕刻等，根据培训项目的不同、技术难度的不同，培训时间不一，一般为1~2年或3~4个月。农牧民经过培训后可直接上岗。同时，古艺公司注重科研，2003年在政府相关部门的帮助下，该公司研究所专门组织人员对藏式传统绘画中所用矿、植物颜料进行调研工作，研制出20种矿植物颜料，用于绘制唐卡、壁画等，挽救了濒临失传的天然民族颜料制作工艺。2005年该研究所利用三年时间编撰出版了《西藏藏式建筑总览》一书，该书详细介绍了藏族建筑的历史和特点、建筑类型、结构建造、工匠与材料、装饰工艺、现代藏式建筑装饰、工艺美术大师介绍等。同时公司设有展览室，供外界人士参观，可直接购买或订购手工艺品。

三是一业为主，多种经营。20世纪80年代，公司建立之初其主要业务是维修和修复古建筑，公司承接了大量来自区内外的古建筑修复工作，特别是维修了大量寺庙建筑，为古建筑的保护工作做出了巨大的贡献。经过30多年的发展，公司不断扩大生产规模，目前形成以古建筑维修为主，唐卡制作、壁画彩绘、金雕、银雕、铜雕、各种民用品、寺庙装饰品、石刻、矿植物颜料、泥塑、民族风格的藏式酒店及宾馆的装修等为辅的经营模式，产品种类达500多种。公司多元化经营，改善了员工福利，尤其是离岗老职工的生活状况。公司还拿出55万元资金建立古艺酒店，由于缺乏经营管理人才，只能将酒店承包出去，年租金20多万元。公司坚持以修复业务为主，多种经营联合发展，实现了藏族建筑业的可持续发展。

四是政府扶持，市场运作。由于古艺公司是在党中央和自治区政府的大力扶持下组建的，所以一直以来，政府在人力、物力和财力上都提供了支持，公司成立后承接了以政府为主的对历史性建筑物进行保护的修复工作。目前，政府对公司提供包括财政、金融和税收政策等多方面的帮助，如开办手工艺技能培训学校时拨款24万元，对公司列入非物质文化遗产的项目提供资金帮助，对民族手工艺品的优惠税收政策等。同时，公司遵循市场经济规律，依靠建筑修复业延长产业链，经营手工艺产品的制作和销售，不断扩大企业经营规模，以满足消费者需求。

三　藏族建筑文化业存在的问题与对策建议

随着经济的快速发展，城市化水平的提高，西藏经济发生了巨大的变化，包括基础设施、城市建设。现代化理念逐渐深入人心，城市建筑面貌发生了很大改观，但是随着现代化水平的提高，发展藏族建筑业不仅存在着机遇，也还存在很大的困难。

（一）藏族建筑文化业存在的问题

1. 保护力度不够

随着各地政府对文化产业的日益重视，对文化遗产的保护力度大幅增加。西藏的布达拉宫、大昭寺、罗布林卡等历史建筑被列入世界非物质文化遗产名录，得到了较好的保护和修缮。拉萨市、日喀则地区、江孜县列入历史文化名城，都有较完善的保护规划和保护条例。但藏族历史建筑众多，很多古建筑没有得到有效保护，有些遭到破坏，有些甚至消失。如帮达仓古庄园因一直无人居住和管理，存在多处险情，部分屋面已经垮塌，室内严重受潮，表面彩绘纹饰褪色脱落，亟须保护。西藏地广人稀，还存在很多这样的古建筑，有待去发现和保护。

2. 保护和破坏并存

近年来，西藏被冠以“历史文化名城”的城市渐多，通过开发历史建筑发展文化旅游业虽能获取经济利益，但往往会增加对古建筑的破坏力度。同时，当经济利益达到一定程度时，又常常会忽略对文化遗产的保护工作。这种对历史建筑进行超负荷利用，开发大于保护的行为依然存在，但将历史遗产当作赚钱工具的做法不合理且不可持续。如布达拉宫和大昭寺经过几期维修，现在每天接待大量的游客，而且接待的游客量日益增加，这无疑不利于历史建筑的保护。所以，西藏建筑业在发展过程中还存在着对被保护的古建筑的掠夺式开发，这将影响到古建筑的安全性。

3. 缺乏专业技术人才

目前，西藏对非物质文化遗产的保护投入较多，但专业修复人才却呈现出青黄不接的窘境，既缺乏高级专业修复人才，又缺乏民族传统建筑技艺传承者。这在很大程度上影响着藏族建筑业的正常运行和可持续发展。西藏境内非物质文化遗产众多，对文化遗产的保护需要谨慎对待，因为一旦修复失误，将无法恢复建筑的原样，其损失是无法挽回的。让未受过专业培训的普通农牧民来完成对古建筑的修复工作存在一定的风险，因为他们往往缺乏古建筑保护的一般常识，不了解维修的科学原则，专业修复人才的缺乏无法保证历史建筑工程的质量。另外，藏族建筑业缺乏科研人才，如对古建筑的历史考证，对古建筑的建筑风格、宗教思想的研究，对现代建造技术和建筑材料的创新研究。专业人才短缺是制约西藏建筑业发展的最大瓶颈。

4. 资金缺乏

在西藏第三次全国文物普查工作中，共调查记录不可移动文物点 4283 处，有近 800 处成为各级文物保护单位。自 20 世纪 80 年代至今，国家和自治区已累计投入 10 多亿元保护维修西藏文物。可见，西藏保护历史建筑的任务艰巨。而保护和修复这些古建筑，需要巨额资金作支撑。目前，西藏对古文物包括建筑投入了大量的资金，这从全国范围来看，保护力度较大。但是西藏历史悠久，文化深厚，拥有很多历史建筑，有些已发现，有些还未知，普查和修缮这些古建筑还需要大量的资金。而保护和修复历史建筑的资金只有中央政府和地方政府提供，无其他来源和途径，所以古建筑修复的资金来源渠道太过单一。

5. 缺乏政策保障

目前，国内由于缺乏相关历史建筑保护的法律规范，建筑业在发展过程中存在很多问题。如为追求政绩或商业利益毫无规划地随意拆毁古建筑，使旧城容貌大变；或为突出新区建设，在旧城大量强占地盘，挤占和缩小历史保护区，盲目开发无规划的工程项目，使城市建设不协调等问题。同时，西藏建筑业在发展过程中虽对古建筑保护重视度高，但随着城市化水平的加快，人口基数的增加和外来人员的大量进入，城市空间日益缩小，为扩大城市规模，拆迁旧城，开发新城，特别是对民居建筑的拆迁，导致了城市景观的不和谐，对传统建筑业的发展带来了负面影响。

6. 外来文化对藏式建筑影响较大

全球化视野下，随着科学技术的进步和经济水平的提高，钢筋水泥、混凝土已成为现代建筑的基本元素，以此为基础的欧美近现代建筑风格已经影响到世界各地，建筑物的趋同性现象严重，不同城市的独特性已逐渐消失，而共性是存在着大同小异的水泥幢。西藏位于世界屋脊，民族底蕴深厚，民族氛围浓郁，藏式建筑风格在农牧区保护比较好，不过城市的建筑物受外来因素的影响，虽保留一些民族特色，但大部分已经比较现代化，甚至脱离了最基本的西藏建筑风格。

（二）国内外对历史建筑保护和开发的经验借鉴

借鉴一：注重立法保护。国外对建筑文化遗产的保护起源较早，法国于1840年颁布《历史性建筑法案》，成立了最早的历史建筑管理局；英国在1877年创建了古建筑保护协会，随之颁布《古迹保护法》；在亚洲，日本的古建筑保护意识较强，于1897年制定了《古神社寺庙保存法》。[①] 国内也重视文化遗产保护，于1961年颁布《文物保护管理暂行条例》、2005

① 郭宏伟、阙龙开：《论西藏江孜古街区作为文化遗产的保护价值与保护对策》，《首届中国民族聚居区建筑文化遗产国际研讨会论文集》，2010。

年发布《历史文化名城保护规划规范》、2008年出台《中华人民共和国历史文化名城名镇名村保护条例》。特别提到当前国内建筑文化遗产的保护，明确了历史建筑的重要地位，并提出整体保护的要求。

借鉴二：因地制宜制定策略。目前，世界上有很多国家都形成了不同的、富有特色的古建筑保护策略。如，德国纽伦堡老城区的整体性保护模式、美国的税费减免式保护模式和意大利罗马的真实性保护模式等，都有效地保护了历史建筑遗产。西藏有不少历史悠久的古老城区，在国内外享有盛誉，各地的游客慕名而来，目前来西藏旅游的国内外游客呈直线上升，尤其七八月份更是旅游井喷期。所以，政府要结合当地实际，作好历史建筑的保护和开发工作。

借鉴三：现代理念与传统技术相结合。《北京宪章》中指出，未来世界建筑发展的趋势是现代建筑地域化和地域建筑现代化。现代建筑地域化是指在本土建筑的发展过程中，要充分发掘地方建筑的文化元素，并把它灌输到现代建筑中，建成新型的地方性建筑，让新建筑与地方传统文化产生内在联系，以传承和发展城市建筑文化。而地域建筑现代化是指在经济快速发展的今天，建筑作为人们生存的一个重要部分，其发展也要跟上时代的步伐，将本土建筑融入现代理念、现代建设布局或采用高科技手段发展，以实现本土建筑的现代化建设。1964年《威尼斯宪章》指出，“只有当一个建筑设计能与人民的习惯、风格自然地融合在一起的时候，这个建筑设计才能对文化产生最大的影响”。[①] 所以藏族建筑的发展必须要符合人们的风俗习惯、传统文化、宗教理念等，与传统建筑艺术相统一，只有这样才能实现藏族建筑业的可持续发展。

（三）保护和发展藏族建筑业的对策和措施

西藏的建筑文化与西藏其他文化一样，在我国乃至全世界都处于重要地位，它是唯一的、突出的，具有极高水平和极高价值的世界遗产。西藏的建筑艺术在我国这个多民族国家的建筑体系中具有极其重要的地位，它是最出色、最宝贵的民族建筑遗产之一，它最雄伟、特点最突出、影响力

① 李先逵：《城市建筑创新与文化遗产保护》，《中国名城》2009年第1期。

最大，对我国的建筑文化的交流起到非常重要的作用。[①] 藏族历史建筑，历经百年沧桑，成为藏文化一个不可缺少的组成部分，其独特的建造工艺和浓郁的民族特色为后人留下了宝贵的物质财富和精神财富。所以，发展藏族建筑业，首当其冲的是要保护好传统历史建筑，在保护的基础上对藏族建筑工艺进行改良和创新，以适应现代社会经济发展的水平和人们的需求。

为此，我们认为保护和发展藏族建筑业应该注意以下几个问题：

一是应加大对藏族传统建筑的普查和保护力度。藏族传统建筑文化是青藏高原藏族人民物质文明和精神文明的结晶，它是藏族人民在长期的建筑实践过程中将本土建筑风格与国内外建筑相结合创造的，为我们留下了宝贵的技术和经验财富。因此，第一，相关部门和单位要认真做好藏族历史建筑普查登记工作，对西藏境内的传统建筑进行全面的调查，深入实地进行考察。第二，根据城市建设和工程建设迅速发展的形势，贯彻执行党和国家保护民族优秀文化的方针政策，以切实做好古建筑和历史建筑的保护工作，使民族传统建筑技术得到保护和传承。第三，相关部门实行激励机制，拓宽资金投融资渠道，加大历史建筑保护力度。

二是要对藏族建筑进行原真性保护。微观上，藏族建筑在修复过程中要特别重视对古遗迹、古建筑的原真性保护。按照原始宗教内涵对其进行深入研究和考证，利用传统建筑材料对古建筑进行原真性修复，使其和原来的建筑模样相同。宏观上，应当坚持老城保护与新城开发齐发展的战略目标，遵循全面评估、积极保护的原则，有效缓解老城建设压力，为老城留出一片自有区域，为历史建筑留出足够的空间，保护好古建筑周围环境，使之不受外界的破坏和干扰，不被同化。新城环绕在老城周围，远离老城但不脱离老城，其建筑方式和风格与老城保持协调和一致，以突出藏族建筑的民族风格和地域特色，实现经济发展和民族文化的和谐。

三是要加大人才培养和引进。要充分发挥民间建筑艺人的作用，培训大批当地农牧民学习建筑业相关技术，包括泥匠、瓦匠、木匠、石匠、金匠、银匠、铜匠、铁匠等的技术，从员工数量和规模上保证建筑业修复工作和修建工作的正常进行，将藏族传统建筑风格和技艺得以延续和传承。

① 郭翠潇：《突出民族风格地域特色保护西藏传统建筑文化》，《中国建设报》2004 年 8 月 5 日。

同时尽可能与技校或高等院校合作，建立藏族建筑业文化人才培训基地。若条件许可，开设以藏族建筑文化和技术研究为主要内容的专业，培养一批高层次、复合型专业技术人才。同时要引进建筑业专业技术管理人才，还要充分利用研究所、建设局、旅游局和文化馆等相关部门的专家和技术人才，将理论知识和实践经验转化成建筑文化产品的基本生产要素，如提供建筑业可行性研究报告，调查、研究、考证历史建筑，或发表、出版相关内容的文章和书籍，供业内人士参考和学习等，最终实现藏族建筑业的健康可持续发展。

四是对城市功能准确定位。目前，世界各地都盛行文化大发展，以旅游带动文化的发展战略。而西藏文化资源丰富，特别是旅游文化资源，如自然风景、天然河流湖泊、传统历史建筑等，打造文化旅游业具有巨大的潜力和发展空间。文化旅游业是促进西藏经济发展的一个重要动力，但发展旅游业是一把双刃剑，发展机遇与潜在威胁并存。所以，在旅游业蓬勃发展的西藏，要处理好历史建筑遗产保护与旅游经济发展的关系，将历史遗产建筑的保护与经营有机结合起来，对促进地区经济的健康发展具有重要意义。而处理这一关系，首先要对城市进行正确定位，通过对城市功能、历史地位等的深入研究，确定城市发展目标和发展战略，将历史建筑保护与旅游开发紧密结合、相互协调。

五是力求传统建筑风格和现代理念相结合。首先要全面展现藏族传统建筑形式，在建筑设计中运用藏族传统建筑布局，严格遵循藏族古建筑宗教理念。其次，由于藏族建筑是石土木结构，而木材既不耐火又易腐蚀，所以在新建藏式建筑时，可多使用钢筋、混凝土等建筑材料，通过现代技术手段，使古老的藏族建筑文化再现。再次，要把藏族传统建筑艺术作为符号运用于现代建筑中，以为人们逐渐接受，从而减少藏族传统建筑与现代建筑的矛盾。最后，对藏族传统建筑形式的整体与局部特点进行概括并作适当改造和创新，寻找现代建筑与藏族传统建筑的结合点，使其与现代建筑功能相结合。同时突出藏族建筑在装饰、墙壁、檐口、门窗和着色等方面的特色，以创造出既符合藏族传统建筑风格又适宜居住的传统与现代并举的建筑物。

六是要努力完善政策法规。纵观国内外对历史建筑的保护所采取的措施可发现，国外对历史建筑保护的立法高度重视，曾先后出台了一系列保护措施和条例，以有效保护历史建筑。国内也曾出台了一些法规和条例保护古建筑，产生了积极效应。目前，西藏拥有众多传统历史建筑，但对于历史建筑的保护意识不强，没有相应的法律规范保障，对于破坏古建筑的行为缺乏法律约束机制。所以，从提升对建筑文化遗产价值认识的高度来看，需要在政策法规方面采取有力的措施，制定一系列相配套的法律规范。一要完善关于历史建筑普查和登记方面的法律，采取激励机制培养传承人、引进建筑专业技术人才等；二要围绕古建筑布局、材料、装饰和宗教内涵等方面实施全面具体的保护细则；三要制定关于破坏古建筑被惩罚的法律条例。总而言之，对藏族历史文化建筑保护的法律缺失进行完善，以为藏族历史文化建筑的发展提供法律保障。

第十三章　藏戏：世界之文化遗产

在藏民族诸多的精神文化艺术中，尤以藏戏最具特色且给欣赏之人留下深刻的印象。具有悠久历史的藏戏，是一种以民族歌舞、民间说唱形式来表现故事情节的综合性表演艺术，被誉为“西藏文化活化石”；作为中国少数民族戏曲中历史悠久的剧种之一，藏戏被誉为中华民族的艺术瑰宝。2008 年 4 月 8 日，西藏自治区藏剧团演员排演了藏戏《吉祥奥运》。2006 年，藏戏被列入第一批国家级非物质文化遗产名录。2009 年，藏戏被列入世界非物质文化遗产名录。距今已有 600 多年历史的藏戏，被誉为“西藏文化的名片”。

一　关于藏戏

“藏戏”是汉语中对藏族各种传统戏剧的习惯性统称。作为中国少数民族戏曲中历史悠久的剧种之一，藏戏是一种以民族鼓舞，民间说唱形式来表现故事内容的综合性表演艺术，被誉为中华民族的艺术瑰宝。过去由于种种原因，我国戏剧理论界把“藏戏”只当做是藏族传统戏剧唯一剧种的名称来使用，但是随着对藏戏的深入了解，我们今天所称的“藏戏”实际上是对我国西藏戏剧系统中诸多剧种、流派的统称。藏戏是一个非常庞大的剧种系统，由于青藏高原各地自然条件、生活习俗、文化传统、方言语音不同，它拥有众多的艺术品种和流派。藏戏大约起源于距今 600 多年前，比被誉为国粹的京剧还早 400 多年。藏戏的唱腔高亢雄浑，每句唱腔都有人声帮唱。随着一鼓一钹的伴奏，舞蹈整齐优美，形象地反映了久居青藏高原的藏族人民在生活习俗、文化传统等方面的独特之处。

（一）藏戏的历史渊源

藏戏是目前世界上仅存的几种戴着面具演出的古老剧种之一，被誉为藏文化的“活化石”。正因为它的历史悠久，所以对于藏戏的起源问题，学术界的说法可谓是众说纷纭。

1. 从艺术形式和构成要素谈藏戏起源

藏戏起源之一应该是民间说唱艺术。早在本教时期，就已经出现了专门从事说唱的故事师和歌唱家。当时，民间说唱艺术在西藏已经很发达，例如藏族民间英雄史诗《格萨尔王传》，除独白和对话是适宜歌唱的韵文之外，部分故事情节叙述也改为可歌唱的韵文，而韵文的写法就是民歌体。这样的民间说唱艺术对藏戏起到了潜移默化的作用。藏戏在故事叙述过程中也用民歌形式来增加可唱性，直到今天藏戏表演格式中还明显保留着说唱故事的痕迹。民间藏戏的演出，全场就一个“堆谐巴”（讲解人）专门在幕前幕后道白剧情的发展，介绍到哪里就演到哪里，演出剧目的长短也由其掌握。①

学术界也有认为藏戏源于宗教仪式。中国作为四大文明古国之一，戏剧这一文艺形态的发展演进与其他许多国家曲艺形式的发展有着异曲同工之处。藏戏作为世界古老戏剧之一，自然也不例外。纵观其他文明古国的戏剧起源，公元前 6 世纪的希腊悲剧，源于颂酒神的祭祀活动；公元前 2 世纪的印度梵剧，源于吠陀圣典祭仪中的歌舞。不难看出，宗教的祭祀仪式也是古老戏剧的一个重要源头。所以，中央民族大学的王尧教授等一批学者提出了对于藏戏起源的第二种观点：藏戏主要起源于宗教祭祀仪式。而宗教祭祀中又包括了与羌姆、本教以及藏传佛教的不同渊源。

藏戏与佛教跳神“羌姆”的关系。王尧教授在他与陈庆英共同主编的《西藏历史文化辞典》中对藏戏的起源有十分明确的界定：“藏戏源起于佛教跳神仪式。17 世纪，五世达赖喇嘛阿旺罗桑嘉措将其从宗教跳神仪式中分离开来，成立了职业剧团，表演经过艺术加工的民间故事和佛经故事。”② “羌姆”始于公元 8 世纪莲花生大师在西藏桑耶寺依照“瑜伽部金

① 巴桑次仁：《藏戏又舞动奇迹》，《西藏日报》2010 年 2 月 4 日。

② 王尧、陈庆英主编《西藏历史文化辞典》，西藏人民出版社、浙江人民出版社，1998，第 323 页。

刚舞”所组织的“跳神法会”，又分为本教羌姆、宁玛派羌姆、噶举派羌姆、萨迦派羌姆、格鲁派羌姆等乐舞戏剧形式。著名学者黎蔷在其发表的文章《藏戏溯源》中对于藏戏和羌姆的关系作了最为直接的描述：

> 在一些藏戏剧目中直接穿插着羌姆的拟兽与神舞表演，如《朗萨雯蚌》中庙会上，有机地融入畏怖金刚愤怒尊相神的面具舞；《白玛文巴》中村民“表演了萨迦派羌姆中侍佣静善尊相神‘梗’的面具舞”；《苏吉尼玛》中“穿插表演苯教主要崇奉的骷髅神‘独达’的面具舞”……由此可见，原始戏剧雏形“羌姆”可谓孕育藏戏的文化母体。①

藏戏与藏传佛教祭祀的关系。文献记载，桑耶寺落成时，莲花生大师为调伏恶鬼为所行轨仪中率先应用一种舞蹈，这实际上就是藏传佛教寺院跳神“多吉嘎羌姆”的滥觞。藏戏中平民老头、老太太的面具也与跳神中巴吾、巴嫫的面具基本一致，舞蹈中的许多身段、动作也都与跳神舞蹈相吻合。所以，从上述几点可以看出，藏戏中有十分浓重的藏传佛教跳神的元素。

藏戏与本教祭仪的关系。本教是西藏地区土生土长的原始宗教，而藏传佛教是由佛教吸收本教的一些基本教义后，与西藏本地的原始自然力崇拜、语言占卜等因素结合在一起所创造出来的宗教，所以受藏传佛教影响的藏戏自然也会受到藏传佛教中本教文化的熏陶。例如在本教的万物崇拜中，对山神的崇拜尤为突出，每年农历十一月十三日，都要举行祭祀“年神”的活动，活动期间要表演《木苴》（神牛舞）。在嘉绒地区，由于刀耕火种的生产方式，所以对牛的依赖性很强，因而在祭祀活动中理所当然地要先表演《木苴》。嘉绒地区的《木苴》，其实就是本教早期的傩文化中的一种傩祭、傩舞和傩戏，至今仍然保留在嘉绒藏戏中。②

还有人认为藏戏源于民间歌舞。以西藏自治区文化厅原顾问洛桑多吉为代表的一部分藏族学者认为藏戏是以民间歌舞形式表现故事内容的综合性表演艺术，而且他们普遍认为，藏戏与宗教祭祀并没有任何的关系。“根据史实和记载，白面具藏戏是古代藏族在模仿狩猎时的原始劳动歌舞

① 黎蔷：《藏戏溯源》，《西藏研究》1989 年第 4 期。

② 马成富：《嘉绒藏戏与傩文化研究》，《西藏艺术研究》2003 年第 4 期。

的基础上，编织一些寻猎等民间故事而形成的。"① 这一说法使藏戏的历史最早可以上溯到原始社会时期，与祈祷祭祀联系在一起的以及在狩猎、播种、收割的季节对自然表示敬意的舞蹈，后来在长期的劳作过程中又产生了果谐、堆谐、卓等民间舞蹈。

2. 藏戏历史的形成

对于藏戏的历史，曲六乙先生在《中国少数民族戏剧》中论及藏戏时说道："一般认为产生于14世纪。"文献记载17世纪有藏剧演出，但是具体的时间，藏戏研究者们也是莫衷一是。

第一，始于公元14世纪的噶举派高僧汤东杰布。藏戏在藏语文中又被称为"阿吉拉姆"，"阿吉"是大姐、妻子等含义，而"拉姆"被译为仙女、女神等，所以合起来就是"仙女姐姐"的意思，这也形成了对于藏戏起源的一种说法。西藏学者雪康·索南塔杰曾在他的《西藏各传统藏戏之间的区别和琼结喀绰宾顿扎西雪巴从戏的起源》一文中写到，最初，在阳木鼠年（1444），在丘沃日山前建铁索桥时，为了创造条件，汤东杰布从建桥的民工中挑选了7名聪明又美丽的年轻姑娘，大成就者亲自教导她们举手投足的方法和歌舞，此后，成就者亲自击鼓敲钹，那些姑娘进行表演。广大观众给了她们令人十分满意的钱和物。观众们回去以后，纷纷议论并赞美那些姑娘特别美丽动人，表演的舞姿令人百看不厌，歌声婉转悦耳，手足动作曼妙，如同乾达婆姑娘在舞蹈，真像天女下凡一样奇妙无比！于是就给藏戏取了"阿吉拉姆"的名字。② 汤东杰布为建铁索桥组织七姐妹到各处表演歌舞筹措资金的故事就此流传开来。后来人们为了感激他的功德，在藏族人乔迁新居的时候都会恭迎他的塑像，同时把他尊为藏戏的鼻祖代代相传。不论是任何规模的藏戏演出，都会在场地中央悬挂起他的画像，以示敬仰。③

第二，始于唐代。唐代是藏族文化开始为世人熟知的时代，也是西藏经济达到鼎盛的时期。当时的藏族地区建立起了强大的吐蕃王朝，中原的唐王朝屡屡通过和亲等手段来拉近与这个强大的"邻居"的关系，双方的往来频繁，所以传世的文物众多，从中也让我们可以探寻到藏戏起源的蛛

---

① 边多：《当代西藏乐论》，西藏人民出版社，1993，第22页。

② 雪康·索南塔杰：《西藏各传统藏戏之间的区别和琼结喀绰宾顿扎西雪巴从戏的起源》，何宗英译，《西藏艺术研究》2003年第4期。

③ 陈怡琳：《藏戏近几十年来的变迁》，中央民族大学硕士学位论文，2004年。

丝马迹。《中国戏曲志》中就对藏戏的历史有过这样的记载：桑耶寺主殿不远处，有赤松德赞为给他生了三个王子的后妃次央萨朵珍建造的神殿康松桑岗林，在这座神殿的壁画中，有桑耶寺落成的庆典场面……宗教仪仗队和白面具戏的表演画面。①

众所周知，白面具藏戏是藏戏中历史最悠久的一个派别，所以许多学者据此认为，藏戏起源于公元 7 世纪的唐王朝时期。

第三，始于旧石器时代。随着近些年来对于藏戏的深入研究，慢慢开始有人认为藏戏艺术的源头可以追溯到青藏高原的旧石器时代。不论是带有氏族社会狩猎部落生活特征的演出服装和用具，还是穿插在藏戏间的原始艺术表演和祭祀歌舞，都使我们感受到史前文化的痕迹。

这种百家争鸣的现象是值得肯定的。学术的研究并没有对错之分，虽然每种观点都有它的依据和理由，但不能仅凭此来断定究竟哪家之言是正确的，哪种观点就一定是错误的。其实，任何一种艺术形式都是从无到有、从小到大的一个演进的过程，非要将它单一化地说成是只从某个形式开始形成是很牵强的。藏戏亦是如此。它是博采众长发展而成的，既吸收了藏族地区的民间歌舞、说唱，发展成了今天藏戏的表现形式，又汲取了宗教祭祀仪式中的服装、面具等形成今天藏戏中的服饰。所以说藏戏的起源是多元化的，它作为一门戏剧艺术，是由唱、韵、白、舞技等多方面因素构成的，从藏族发展的几千年中吸取了最精华的部分凝练而成，并不能以偏概全地说它仅仅是从哪一方面发展而来。而藏戏的历史，因为其中两种观点还不是十分的成熟，作为佐证的史料也被指出了许多漏洞，所以学界普遍认可的是藏戏始于 14 世纪，创始人是汤东杰布这一观点。

（二）藏戏的流派及“八大藏戏”

藏戏原系广场剧，只有一鼓一钹伴奏，别无其他乐器。由于青藏高原地域辽阔以及自然条件、生活习俗乃至文化传统和方言的特殊性，造就了藏戏拥有众多的品种和流派。《文成公主》《诺桑王子》《卓瓦桑姆》等八大传统曲目在中国西藏及青海、甘肃、四川等省的藏族聚居区广为流传，是全面反映各个藏族聚居区人民生活的百科全书，对藏族的社会生活产生了深刻影响。

---

① 陈怡琳：《藏戏近几十年来的变迁》，中央民族大学硕士学位论文，2004 年。

藏戏是我国各少数民族戏剧中较大的一个民族戏剧系统。在这个系统下，若按方言区来划分，可分为5个子系统、9个剧种；在这9个剧种中，又分为25个流派，其中，白面具藏戏是历史最为悠久的一个剧种，而蓝面具藏戏则是传统最丰厚、艺术最发达、影响最大的藏戏剧种。除了这两个源于西藏的剧种外，还有少数独创的剧种。整个藏戏体系可谓层次分明，彼此之间有区别却又有着万缕千丝的联系（见表13－1）。

表13－1　藏戏流派

<table>
<tr><th>戏剧系统</th><th>子系统</th><th>剧种</th><th>流派</th></tr>
<tr><td rowspan="25">藏戏系统</td><td rowspan="10">西藏藏戏子系统
（或称卫藏方言系统）</td><td rowspan="3">蓝面具藏戏</td><td>觉木隆派</td></tr>
<tr><td>香巴派</td></tr>
<tr><td>迥巴派</td></tr>
<tr><td rowspan="7">白面具藏戏</td><td>江嘎尔派</td></tr>
<tr><td>朗孜瓦派</td></tr>
<tr><td>塔荣派</td></tr>
<tr><td>扎西巴派</td></tr>
<tr><td>若捏嘎派</td></tr>
<tr><td>宾顿巴派</td></tr>
<tr><td>伦珠岗派</td></tr>
<tr><td rowspan="2">门巴藏戏子系统
（或称门巴族方言系统）</td><td rowspan="2">门巴藏戏</td><td>勒布藏戏</td></tr>
<tr><td>墨脱藏戏</td></tr>
<tr><td rowspan="8">康巴藏戏子系统
（或称康方言系统）</td><td rowspan="5">康巴藏戏</td><td>康定藏戏</td></tr>
<tr><td>甘孜藏戏</td></tr>
<tr><td>巴塘藏戏</td></tr>
<tr><td>道孚藏戏</td></tr>
<tr><td>理塘藏戏</td></tr>
<tr><td>昌都藏戏</td><td>昌都藏戏</td></tr>
<tr><td rowspan="2">德格藏戏</td><td>更庆藏戏</td></tr>
<tr><td>竹庆藏戏</td></tr>
<tr><td rowspan="4">安多藏戏子系统
（或称安多方言系统）</td><td rowspan="3">安多藏戏</td><td>青海黄南藏戏</td></tr>
<tr><td>甘肃甘南藏戏</td></tr>
<tr><td>四川阿坝藏戏</td></tr>
<tr><td>华热藏戏</td><td>四川甘孜色达藏戏</td></tr>
<tr><td>嘉绒藏戏子系统
（或称嘉绒方言系统）</td><td>嘉绒藏戏</td><td>嘉绒藏戏</td></tr>
</table>

资料来源：江村罗布、赵心愚、杨嘉铭：《世界屋脊的面具文化》，四川民族出版社，2008，第137页。

藏戏在其形成和发展的过程中，创作者们根据传说、佛经、历史等因素创作了许多优秀的剧目，但其中最为有名的是《诺桑法王》《卓瓦桑姆》《苏吉尼玛》《白玛文巴》《文成公主》《朗萨雯波》《顿月顿珠》《智美更登》这八部传统剧目。随着时间的流逝，许多能演出这八大藏戏的老艺人都纷纷过世，系统学习过八大藏戏的人越来越少，所以现在能否演出这八大藏戏，也成为衡量一个藏剧团是否足够优秀的标准。通过刘志群所著《藏戏与藏俗》① 一书对藏戏与藏俗的介绍，我们可以对八大藏戏的故事内容有一个初步的了解。

1.《诺桑法王》

《诺桑法王》是西藏戏曲中最古老、传演最广泛的传统剧目之一，为蓝面具戏、白面具戏、门巴戏、德格戏、昌都戏的主要上演剧目。其故事源自释迦牟尼本生事迹的藏译经藏《丹珠尔·百世如意藤》64 品《诺桑名言》。故事主要讲述了信奉本教旧法而逐渐衰落的南国侵略因有诺桑法王而兴盛的北国并引发的一场战争；后来北国取胜以后，王宫内部后妃斗争以及诺桑法王与云卓拉姆之间的天地奇缘、人神恋爱的忠贞爱情故事。通过这部戏不难看出，在当时弥漫着宗教禁欲和封建思想的西藏古代社会里，人们追求自由爱情生活的美好愿望。因此获得了历代人民群众的喜爱，传演不息。

2.《卓瓦桑姆》

《卓瓦桑姆》是蓝面具藏剧觉木隆戏班及其艺术流派的保留剧目，类似《西厢记》。据传为 17 世纪中晚期门巴族高僧梅惹·洛珠嘉措根据门巴族历史传说和藏族民间故事《姐弟俩》创作而成，讲述了国王在娶了仙女卓瓦桑姆后，以佛教振兴了自己的国家。但原来的王后哈江断姆知道后，迫使卓瓦桑姆飞回仙界，国王发疯，卓瓦桑姆的两个孩子多次遭到迫害。两姐弟在经过长时间的流离失所后，终于到了另一个国家，重振佛法，并将哈江断姆镇压在宝塔之下。这个故事渲染了惩恶扬善的积极题旨，同时反映了藏族沉淀深厚、精诚善良的传统心理习俗。

3.《苏吉尼玛》和《白玛文巴》

《苏吉尼玛》、《白玛文巴》与《卓瓦桑姆》一样，据传为 17 世纪中

① 刘志群：《藏戏与藏俗》，河北少儿出版社，2000。

晚期门巴族高僧梅惹·洛珠嘉措所作。《苏吉尼玛》描绘了一个纯洁温婉、智慧内秀的藏族女性形象，而《白玛文巴》则是一出神奇诡谲的藏族童话剧，两剧都勾勒了一个自然、朴实、真诚的人的天性。

4.《文成公主》

《文成公主》原名为《甲莎白莎》，是一部历史传说剧，根据历史资料和大量的民间传说综合编创而成。故事的主要部分是吐蕃使节赴唐聘娶文成公主的始末。民间戏班在编演时主要呈现松赞干布派婚使禄东赞赴长安智娶文成公主的故事。这出戏显然是把历史上的文成公主和经过想象加工作为文学形象的文成公主结合了起来，描绘了一个藏族人民心目中的文成公主的形象。

5.《朗萨雯波》

《朗萨雯波》又名《朗萨姑娘》，传为11世纪藏人定甲永巴所作，也有传是17世纪末至18世纪初后藏宿管定钦云巴·次仁旺堆著，是八大藏戏中唯一一部直接采用西藏社会现实生活中真实事件和与之相关的传说材料编撰而成的剧目。整部剧的前半本充满了批判控诉封建农奴制的积极的思想意义，但故事的结局是主人公朗萨这样一个弱女子，最后以遁入空门或一死为出路，也不失为一种对统治者的消极反抗。

6.《顿月顿珠》

《顿月顿珠》是蓝面具藏剧迥巴戏班拿手的保留剧目，亦为昌都戏常演剧目，系藏族典型的人情世态剧，为18世纪五世班禅大师所作，是一个大故事套小故事的模式。两个故事都表现了抑恶扬善和弘扬佛法的宗教思想，但故事中又充满着世俗的情与爱。大故事通过表现兄弟情谊，大力宣传佛旨教义，而小故事虽充满佛教利他主义，但中心则在于表现顿珠与公主之间的深深爱恋之情。大小两个故事表现着一个主题，相得益彰。

7.《智美更登》

《智美更登》是佛经故事剧，是藏戏中比较古老的、早期创编的剧目。故事来源于藏译经藏《方等部·太子须大拏经》，是根据释迦牟尼为其弟子讲的一个故事改写而成的，真实地反映了古代藏民虔诚地躬行佛教利他主义教义的那种传统意识和社会风俗。

从八大藏戏的内容可以看出，藏戏几乎都起源于宗教。八大藏戏中有许多都是围绕宗教这一主题来感化人，从而深入人心的。为加大文化遗产挖掘、整理和创新力度，大力传承弘扬民族优秀文化，建设民族特色文化保护地，自治区文化厅启动了对传统八大藏戏的改编、提升项目，在“十二五”期间将它们陆续搬上舞台。

（三）西藏藏戏主要流派及传人

西藏藏戏是藏戏的母体，它在产生、发展过程中形成了白面具和蓝面具两大剧种。这两大剧种在传播过程中由于“各戏班所处地区的自然条件、社会习俗、民间艺术传统等不尽相同，各戏班世代相传的戏师均有各自的特长，因此形成了以戏班为中心，不同唱腔和表演风格的艺术流派”①。白面具中的扎西宾顿班、扎西雪巴班和蓝面具中的迥巴、江嘎尔、湘巴和觉木隆戏班分别代表了六个不同的藏戏流派，在藏族聚居区受到广泛的尊重和欢迎。

目前，仅西藏就有拉萨觉木隆、日喀则迥巴、南木林湘巴、仁布江噶尔、山南雅砻扎西雪巴、琼结卡卓扎西宾顿六个流派被列入首批国家级非物质文化遗产保护名录。西藏将借助藏戏申遗成功的契机，制作一部藏戏纪录片，向全球发行，介绍并推动西藏的藏戏保护工作。根据西藏藏戏国家级非物质文化遗产申报材料，藏戏的主要派别有以下几种。

拉萨觉木隆藏戏　觉木隆藏戏是西藏威望最高、传播最广的蓝面具藏戏流派。它成立于19世纪末，也是在所有藏戏剧团和流派中艺术方面发展中最为完备丰富、影响最大、流传也最广的一种。觉木隆藏戏团是旧西藏地方政府唯一的带有专业性的剧团，归西藏地方政府“孜恰列空”和贡德林寺共同管理，但无薪俸。除参加雪顿节会演可得赏银和食物外，其他时间则到西藏各地卖艺乞讨度日。他们唯一的权力是可任意挑选演员。为此，他们持有西藏地方政府发的一纸文书，声明他们所到之处，在业余藏戏团体中如发现优秀的苗子或尖子，可马上挑走，该团体不得阻拦。这个剧团开办之初住在堆龙德庆县觉木隆村的“雄白拉穷”泉水边，故称觉木隆藏戏队。觉木隆藏戏经过唐桑、米玛强村、扎西顿珠等几代艺术家的组织经营、精心创造和改革丰富，逐步兴盛起来，还出了

① 刘志群主编《中国戏曲志·西藏卷》，文化艺术出版社，1993，第57页。

几个著名的演员，如阿妈拉巴、阿妈次仁、阿古登巴、次仁更巴等。觉木隆藏戏分布、影响的地区很广。拉萨、山南地区的藏戏团体，多数是属于觉木隆派的，就连边远的亚东县的四五个藏戏队，也属于觉木隆派。2001 年拉萨市堆龙德庆县乃琼镇的琼达重组觉木隆藏戏队，共有演员 33 人。

日喀则迥巴藏戏　迥巴藏戏团是我国藏民族戏剧中最为古老、最为杰出的代表之一。我国藏戏以蓝面具藏戏为典型代表，而蓝面具藏戏是从迥巴藏戏班而来的。相传藏戏始祖汤东杰布在六百多年前为造福雅鲁藏布江两岸人民，在其家乡日吾齐的江上修建铁索桥，以前藏地区白面具藏戏形式为基础，创建了第一个蓝面具藏戏班为此募捐资财。迥巴藏戏最早是以藏戏《顿月顿珠》而受到第十三世达赖时期的拉萨市民的欢迎。他们演出的传统剧目有《智美更登》《朗萨姑娘》《卓娃桑姆》。担任迥巴藏戏戏师 34 年的额仁巴贡嘎是迥巴藏戏戏师的杰出代表。迥巴藏戏，上承白面具藏戏古老的传统，下启蓝面具藏戏，流传于西藏的昂仁、定日、拉孜和四川的甘孜等县。迥巴藏戏的表演、唱腔艺术在藏族群众中享有崇高的名望，由于它的风格特点鲜明，表演精彩绝伦，既开创了新颖华丽的蓝面具藏戏风格，又保持了藏族最为古老的发声法以及宗教祭祀与古老杂技糅合为一体的表演。因此，它曾被十三世达赖喇嘛授予金耳环和面具上日月金子徽饰，即戏师所戴温巴面具上有用金子制成的日月徽饰，作为特殊标志。该派现有演员 25 人，主要来自昂仁县日吾齐乡。

日喀则南木林湘巴藏戏　蓝面具的湘巴流派成立于 18 世纪末。湘巴藏戏——也称“常・扎西直巴”。五世达赖时一个贵族叫扎西直巴，后来当过嘎伦。他命家乡南木林“多确・常”的人学习江嘎尔藏戏，组织了一个藏剧团，逐渐演唱流行起来。因为都是在南木林山沟中的香河边，就被称为香巴藏戏。八世班禅、九世班禅对湘巴较为重视，扶持了一段时间，逐渐壮大，自成一派。主要流行于南木林县的多确、卡则、琼、山巴等地。西藏和平解放前夕的戏师根角，才艺出众，乐观调皮，谙熟剧本，他是八世班禅选定的戏师，在湘巴藏戏史上影响最大。早先湘巴藏戏不去拉萨支差，有一年迥巴藏剧团去拉萨支差参加雪顿节，过雅鲁藏布江时翻船，死了不少艺人，剩下少数日吾齐艺人，到南木林找了一些湘巴艺人去了拉萨会演，被称作“湘・日吾齐”。此后湘巴影响大起来，规定了《文成公主与尼泊尔公主》和《直美滚顿》轮换去拉萨演出。湘巴藏戏整个风格特点较接近于江嘎尔，现在老艺人多数已经去世，现有演员33人，来源于日喀则地区南木林县多确乡。

日喀则仁布江嘎尔藏戏 江嘎尔藏戏大约于18世纪发源于日喀则地区仁布县江嘎山沟。江嘎尔藏戏演出的剧目有《曲杰诺桑》《阿佳朗萨》《文成公主与尼泊尔公主》，有时也演《热琼娃》。最有影响的是《曲杰诺桑》，据说是戏师那加根据定钦云巴·才仁旺堆写的《诺桑传记》和八世班禅、多仁班智达二人写的一些书之精华，编演成当时的藏戏《曲杰诺桑》，因此也出了名。江嘎尔藏戏的影响仅次于觉木隆，是一个富有代表性的剧团，唱得好是它的特点，类似汉族戏曲中的文戏，为广大群众所称道。江嘎尔藏剧团每年参加拉萨会演后，回日喀则要在扎什伦布寺演出，班禅也来看，藏历八月二日要赶回仁布到强钦寺演出。在夏天，剧团还要分别给“嘎厦托子”（嘎伦过林卡）、“仲果也节”（七品官以上过林卡）、“孜仲也节”（僧官过林卡）演两三天戏。江嘎尔藏戏，在日喀则、江孜、仁布和白朗等地区较为流行，除职业性的剧团外，还有业余团体在活动。现在嘎江尔藏剧团还有一些著名的艺人，如和平解放前最后一个戏师唐曲的儿子拉归，75岁的艺人强巴和年轻艺人丹增等，活跃在江嘎尔藏戏的艺术园地上。该派现有27名演员，主要来自仁布县江噶尔村。

山南雅隆扎西雪巴藏戏 久负盛名的藏戏雅隆扎西雪巴成立于15世纪，是西藏白面具藏戏的杰出代表，也是藏戏中表演艺术发展得较为丰富完美的流派。在哲蚌寺、布达拉宫和罗布林卡表演“谐波”时，扎西雪巴被定为第一个表演的戏班。在五世达赖时期，雅隆扎西雪巴每年必须前往拉萨参加“哲蚌雪顿”的藏戏演出，支藏戏差，这期间还需到拉萨的各寺院和部分西藏地方政府官员府邸进行表演，每年藏历一月四日（藏历年期间）到架桑寺献演。每年雪顿节在罗布林卡藏戏会演的最后一天（藏历七月七日），扎西雪巴主要演出《诺桑法王》（又名《诺桑王子》）的正戏片段和白面具派的开场仪式“甲鲁温巴”及结束仪式“扎西”，表示雪顿节主要活动圆满结束，进行欢庆祝福，祈赐吉祥。该藏戏队有演员22人，主要来源于山南地区乃东县昌珠镇扎西曲登村。①

---

① 李宜：《西藏国家级藏戏流派传承人生存困境及其对策》，《文化遗产》2013年第1期。

山南琼结卡卓扎西宾顿藏戏 山南地区琼结县的白面具藏戏扎西宾顿派大约成立于15世纪，至今已有600多年历史。民间传说扎西宾顿是戏神汤东杰布在山南组织的能歌善舞的“七姐妹”（一说“七兄妹”）为建造铁索桥进行募捐演出而创立的第一个戏班，因此藏戏被称为“阿吉拉姆”（仙女大姐）。“因五世达赖的家乡在琼结，又因为扎西宾顿是最古老的戏班，所以雪顿节藏戏班表演时，他总被排在第一个领头演出《诺桑王子》的开场仪式。”1980年后，扎西宾顿派组建了扎西宾顿藏戏队，现有演员20人，主要来自琼结县宾顿村①。

表13－2 藏戏：西藏第二批国家级非物质文化遗产项目代表性传承人

姓名	性别	年龄	项目名称	项目类别
旦达	男	67	藏戏(拉萨觉木隆)	传统戏剧
大次旦多吉	男	73	藏戏(拉萨觉木隆)	传统戏剧
朗杰次仁	男	62	藏戏(日喀则迥巴)	传统戏剧
次仁多杰	男	62	藏戏(日喀则南木林湘巴)	传统戏剧
拉多	男	83	藏戏(日喀则仁布江嘎尔)	传统戏剧
次仁旺堆	男	36	藏戏(山南雅隆扎西雪巴)	传统戏剧
尼玛次仁	男	38	藏戏(山南雅隆扎西雪巴)	传统戏剧
嘎玛次仁	男	64	藏戏(山南琼结卡卓扎西宾顿)	传统戏剧
白梅	男	44	藏戏(山南琼结卡卓扎西宾顿)	传统戏剧

资料来源：李宜：《西藏国家级藏戏流派传承人生存困境及对策》，《文化遗产》2013年第1期。

藏戏要全面传承下去，必须依靠各流派传承人，“由于人是非物质文化遗产保护的核心载体，所以，任何关于非物质文化遗产的理念和实施手段，如果离开了对人的关注与重视，就是舍本逐末”。②（见表13－2）

（四）藏戏的文化价值与产业价值

藏戏作为青藏高原这片神秘的净土上产生的戏剧形式，在形式和内容上吸收了原始的巫文化、本土的本教文化与外来的佛教文化的熏陶，而从地域范围上，藏族文化本身又受到了有五千年历史的华夏文明、印度文明

① 李宜：《西藏国家级藏戏流派传承人生存困境及其对策》，《文化遗产》2013年第1期。
② 许林田：《传承人：非物质文化遗产保护的核心载体》，《浙江工艺美术》2006年第4期。

甚至是古希腊文明这三大文明的洗礼，所以藏戏的文化底蕴是其他戏剧形式所不能企及的，其文化价值也是不言而喻的。由于藏戏具有缜密的表演程式，在藏族生活中具有无法替代的地位。另外，由于藏族地区相对偏远的交通和闭塞的信息以及受到严格的宗教神规制约，藏戏在发展过程中受汉族文化影响较少，藏戏很好地保留了当地文化的原汁原味，在吸收其他外来艺术形式的同时保留了本民族文化的本真，所以对于藏族优秀文化资源具有很高的传承价值。

如此优秀的文化形式，我们不仅要追求它的文化价值，还应该考虑到它的经济价值。当一种文化形成产业，做大做强后，那么这种文化的传承者势必也会从中得到经济收益，这样可以鼓励从业者的从业积极性。这种经济上的刺激还会吸引更多的人来从事这项事业，这对于文化的传承也是一种良性的循环。藏戏的影响已经远远超过了其他地方戏剧对所在地的影响。每年 8 月的雪顿节又被称为“藏戏节”，数以万计的中外游客都会在这几天感受到来自藏戏的强大震撼。自 2005 年西藏全面启动非物质文化遗产保护工程以来，国家和自治区先后投入 1000 多万元开展藏戏艺术的全面普查、研究、保护和传承工作，恢复了一大批民间藏戏班，巩固和发展了藏戏传承艺人队伍，出版了大量藏戏艺术研究书籍和影像产品，藏戏艺术的研究、保护和传承工作取得显著成果。作为促进旅游业发展的助推力，藏戏对于今天西藏的旅游业起着越来越重要的作用。所以藏戏的产业化已经不只是弘扬藏戏文化这一单一的任务，而且还关系到旅游业等第三产业的发展。近几年来，我国开始关注文化产业对国民生产总值增长的贡献，从政策到法律，各方面的政策出台日渐增多。2009 年 7 月 22 日，《中国文化产业振兴规划》由国务院常务会议审议通过，这是我国第一部文化产业专项规划，意味着文化产业振兴规划正式进入国家产业调整与振兴规划序列，成为国家第 11 个产业振兴与调整规划，充分体现了国家对文化产业的重视。2010 年中央关于制定“十二五”规划的建议提出“推动文化产业成为国民经济支柱性产业”，为文化产业发展确立了目标。这些宏观上良好局面的形成，为藏戏的产业化提供了良好的条件。其实藏戏从表演形式到道具等都可以作为产业来进行开发，这也会带来可观的经济效益。而藏戏的产业化也将使整个西藏能够进一步深化文化产业的体制化改革，推动更加具有中国特色、西藏特点的文化产业的发展。2010 年，西藏的八大藏戏流派中有拉萨堆龙德庆县觉木隆藏戏、日喀则地区南木林县湘巴藏戏、山南地区乃东县雅隆扎西雪巴藏戏、昌都地区察雅县湘堆藏戏等列入西藏自治区首批非物质文化遗产保护重点项目，每个项目获得20多万元的保护经费，用于保护藏戏队伍、培养年轻传承人以及完善现有传习设施等。这些将促进藏戏的产业价值提升。

二　藏戏产业发展现状与模式

（一）发展成就与困难

西藏和平解放以后，在党和国家的高度重视与关怀下，很快就成立了专业的藏戏演出团体，为藏戏的保护与传承做出了巨大的努力。经过了半个多世纪的发展，在藏戏艺人的辛苦努力下，创作出了一批优秀的藏戏作品，受到了广大藏戏爱好者和民族文化研究者的好评。特别是进入21世纪后，在党和国家的大力支持下，藏戏的开发与市场推广取得了长足的发展，不仅为西藏及其他藏族聚居区的群众提供了日益丰盛的文化大餐，而且在国内文化界获得了广泛的赞誉，获奖无数：2001年藏戏综艺晚会《吉祥——阿吉拉姆》在西藏和平解放50周年庆祝大会献礼演出获得成功；同年新编大型历史藏戏《文成公主》参加第二届全国少数民族文艺会演，荣获中宣部精神文明建设“五个一工程奖”；2004年西藏藏剧团参加第七届中国艺术节，改编的大型传统藏戏《卓瓦桑姆》荣获“文华新剧目奖”、“文华导演奖”、“文华音乐创作奖”和“文华演员表演奖”等四项大奖；2005年由西藏藏剧团和中国京剧院联合创演了京剧藏戏《文成公主》，在西藏自治区成立40周年大庆活动中首演，后来又在北京和其他城市演出了十几场，受到了我国戏剧界和广大观众的热烈好评，荣获中宣部“五个一工程奖”，还被文化部确定列入打造“全国十大戏剧精品”行列；同一时期西藏还创演了大型现代藏戏《朵雄的春天》，引起了巨大反响，2007年京剧藏戏《文成公主》和大型现代藏戏《朵雄的春天》获得西藏自治区党委宣传部“五个一工程奖”；2008年西藏选送的《吉祥奥运》成为奥运会开幕式前的表演节目，再一次向全世界展示了藏戏这一古老的剧种的神奇魅力。各个藏戏团多次出访日本、蒙古、葡萄牙、意大利、西班牙等国，将这一古老的文化形式传播到了世界各地，让世界各地的人民都能感受到来自雪域高原的魅力。[①]这一系列的成就表明，今天的藏戏已经发展成为我国戏剧产业的一支不可替代的中坚力量，而且正在向越来越好的方向继续前进。

随着时代的变迁和社会科技的进步与发展，各种文化之间的交流日益加强，多种多样的文化形式不断地涌现，对藏戏也产生了比较大的冲击与挑战，这就使得藏戏和国内其他民族的戏剧一样，面临着诸多的困难。首先是资金匮乏。虽然国家对于西藏的援助与拨款力度很大，但是西藏由于自身的原因，积贫积弱的经济基础使得投入的资金需要解决许多问题，自然不可能只照顾藏戏这一项产业，因此而造成的人才流失、剧本创新乏力等问题严重。其次，人员体制不完善。今天许多民间藏戏队中大多数的演员都身兼多职，不仅要上台唱、跳，有时还要充当台下的乐器演奏者，有些人甚至还要兼顾戏外的团队会计等职责，并不能专心于一项技术。所谓"术业有专攻"，全方位的人才固然可贵，但是很容易造成多而不精的现象，得不偿失，所以藏戏人员的专业化也十分重要。此外，还有观众群缩小等问题，都成为阻碍藏戏产业化发展的不利因素。只有解决了这些问题，才能使藏戏形成一条完整的产业链，从而推动藏戏文化乃至藏族文化的传播与发展。

（二）藏戏发展模式

截至2011年，西藏共有传统戏剧演出机构80多个。本课题的主要调研对象是拉萨市发展有一定特色且有一定群众基础的藏戏团，通过对这些藏戏团的分析，我们了解了目前藏戏的主要发展模式。

在西藏，藏戏的受欢迎程度和受重视程度，都是其他文化产业难以望其项背的。经过数百年的发展经营，藏戏很好的保留着藏文化最原生态的民族文化元素，受到国内外热爱文化事业的人士和有关机构的广泛关注。觉木隆藏戏是在所有藏戏剧团和流派中艺术方面发展最为完备、影响最大、流传也最广的一种。本课题选择了两个以该流派为基础建立的专业藏戏团——西藏藏剧团和民间藏戏团——觉木隆藏戏团为代表进行分析，同时也关注了在拉萨有着代表意义的娘热民间艺术团和雪巴拉姆藏戏团，通过对它们的分析研

---

① 刘志群：《中国藏戏史》，西藏人民出版社，2009，第240～250页。

究，窥见西藏乃至整个藏族聚居区藏戏产业发展的一斑。

1. 专业藏戏团——西藏自治区藏剧团

西藏自治区藏剧团也是西藏唯一一家由西藏自治区政府出资并以原觉木隆藏戏班（西藏民主改革前的拉萨觉木隆藏戏班）为基础成立的西藏自治区区级藏剧团，属于国家专业藏戏团体。

西藏和平解放前，觉木隆藏戏班也和其他戏班一样，演员由农奴组成，演藏戏是给“三大领主”支的一种差（徭役）。觉木隆藏戏班是原西藏地方政府公办的唯一的带有专业性的戏班，归西藏地方政府孜恰列空和贡德林寺共同管理，但无薪俸，除参加雪顿节会演可得赏银和食物外，其他时间靠到西藏各地卖艺乞讨度日。他们唯一的权力就是可任意挑选演员，这也使得后来的藏戏班在人才上得到有力的保证。这个戏班开始住在堆龙德庆觉木隆村雄白拉穷泉水边，以后长期住在拉萨市区。该戏班内觉木隆本地人很少，大部分是从其他地区招进来的。觉木隆藏戏班之所以在藏戏史上能成为影响最大、成就最高的戏班，与觉木隆藏戏班中几个著名的戏师和演员分不开，这些艺人在藏戏历史上有过杰出贡献。据记载，雪顿节期间，觉木隆藏戏班都在罗布林卡演出。那时在罗布林卡里看藏戏的观众特别多，十三世达赖喇嘛也曾是著名藏戏艺人米玛坚参的戏迷，对他推崇备至。九世班禅也曾专门邀请米玛坚参到日喀则唱过半个月的藏戏。①

西藏和平解放、民主改革后，觉木隆藏戏班演出的藏戏作为民族传统文化受到重视，并孕育出现在的西藏自治区藏剧团。1951 年，觉木隆戏师扎西顿珠曾代表觉木隆藏戏队艺人向张经武和谭冠三等领导提出请求，希望建立藏剧团。后来经过多方努力，拉萨成立了市藏剧队，1962 年底改称西藏自治区藏剧团。

大次旦多吉曾是西藏民主改革前拉萨觉木隆藏戏班的艺人，后成为藏剧团的一名藏戏演员。2007 年，73 岁的大次旦多吉得到了国家文化部颁发的“藏戏传承人”证书。据大次旦多吉老人回忆，藏剧团成立后，国家为其充实了一批汉族文艺骨干，帮助挖掘整理了传统的《诺桑法王》《朗萨雯波》等八大藏戏。半个世纪以来，在藏戏剧目内容上剔除了宣传封建迷信的糟粕，在艺术形式上由简陋的广场戏发展成舞台表演艺术，传统的面

① 加拉：《早期觉木隆藏戏团及其著名戏师历史回顾》，《西藏大学学报》2012 年第 2 期。

具也逐渐被化妆艺术和脸部表情所代替，通过取其他剧种之长补己之短，藏戏艺术得到了全面的发展。① 2008年西藏新建了藏戏艺术中心，这座总投资近3000万元、建筑面积上万平方米的艺术中心内，大剧场、多功能厅、练功房、展厅一应俱全，堪称全区最好的演出场所。

西藏自治区对藏戏的保护与传承倾注了大量心力。西藏藏剧团的前五批学员皆是免费培训，后来也接受对下岗职工、贫困家庭和来自农牧区的孩子并免收学费和生活费。自治区除对藏剧团全额拨款、专项资金扶持以外，对该团送戏下乡也一直给予补贴，从2009年起年标准更是提到每场5000元，同时，藏剧团在城市社区演出也能享受每场4000元的补贴。2008年，西藏大学艺术学院还开设了藏戏本科班，真正科班出身的藏戏演员开始投入到藏戏的表演创作中来。截至2009年，西藏藏剧团的学员班共办了6期，培养藏戏人才近两百人。在此期间，剧团还分批将学员送到上海戏剧学院、中央音乐学院等高等学府深造，培养了一大批编剧、导演、舞美、音响、灯光、服装人才。② 近年来，该团每还承担了下基层为民服务的任务，每年下基层演出的场次不少于50～60场。

过去，由于条件所限，传统戏中某些剧情场景只能口述，现在传统藏戏也可以通过舞美、灯光、音乐等形式将其丰富的意韵展现出来。传统藏戏表演是道具式的，经过创新，更强调演员的表演和舞台表现力，从而增强了藏戏的生命力。2005年，京剧藏戏《文成公主》一经推出，即好评如潮，2008年获评“国家舞台艺术精品奖”。这一融合两大剧种的演出形式，创造了藏戏艺术在传承中创新的又一高峰。20世纪90年代以来，藏戏开始走向世界，西藏自治区藏戏团曾多次到欧美、日本等地演出并引起轰动。现在，藏戏的人才队伍、剧目创作、硬件设施等，都处于历史上的最好时期。

2. 民间藏戏团——觉木隆藏戏团和娘热民间艺术团

觉木隆藏戏团是一家完全民营性质的藏戏团，前身是觉木隆藏戏队，最早成立于堆龙德庆县觉木隆村。“觉木隆”是地名，位于西藏自治区拉萨市以西，即现在堆龙德庆县觉木隆甲热村。觉木隆古时佛塔环抱，故传

---

① 曹红涛：《我的藏戏我的团》，《人民日报》（海外版），2009年4月7日。

② 曹红涛：《我的藏戏我的团》，《人民日报》（海外版），2009年4月7日。

名“觉木隆”。据说在觉木隆很早以前曾有一个戏团组织，过去长期处于吃“大锅饭”的状态。20 世纪 90 年代，迫于市场化的需要而改制。2000 年，西藏堆龙德庆县乃琼镇甲热村的琼达和朋友卓玛把藏戏班承包了下来，重新设团演戏。刚开始只有 10 多个演员，一年的收入连发工资都不够，2001 年，她们在觉木隆藏戏班发源地——甲热村组建了村里的觉木隆藏戏团，截至 2013 年，该团已有 36 名团员，由当地农民组成的业余表演团体的形式并没有消失。觉木隆藏戏团继承了传统藏戏班的衣钵，也继承了传统运作模式即所有成员既是演员又是农民，表演既是传承需要也是经济需要。每年演出 200 多场。随着 2002 年甲热村被西藏自治区政府命名为“藏戏民间艺术之乡”和 2006 年觉木隆藏戏被列为国家级非物质文化遗产保护项目，琼达的戏班演出机会增多，并在内地商人资助下成立了公司，新建了排练场地，演员也增至 36 人，每年平均演出 300 多场，收入不菲。现在藏戏团每年演出不少，但是演员工资、服装、道具等开支也大。2010 年，该藏戏团被列入西藏自治区首批非物质文化遗产保护重点项目，获得 20 万元的保护经费，对于藏戏班来说是雪中送炭。[①] 演出淡季之时，演员们还要操起锄头、镰刀到农田干活。为了增加收入，琼达还支持演员们到朗玛厅、剧场和各类文艺演出场所表演民族舞蹈等节目。不管外面的演出多忙，琼达都要求演员们坚持练功，保证传统藏戏基本功不被丢掉。据报道，2013 年 8 月 6 日～10 日拉萨的雪顿节期间，也是觉木隆藏戏团最繁忙的演出季，深受当地藏族人民和来藏旅游人士的欢迎。

通过我们的调查发现，随着物质生活条件的改善，近年来，西藏的民间藏戏队伍如雨后春笋般蓬勃发展，像觉木隆这样各种季节性、业余的民间藏戏团已近 500 支。每年 8 月的望果节后，就进入了长达一个多月的表演旺季。这些队伍经常是自带炊具、被子，走乡镇、串村寨。一些远道的农牧民常常自带糌粑、甜茶，美美地听上一整天，像过节一般快活。一年一度的雪顿节，早已成为拉萨周边民间藏戏队会演的节日。雪顿节期间，从周边县市来拉萨看戏的人络绎不绝。[②]

娘热民间艺术团也是一家在拉萨深受欢迎的藏戏团。娘热民间艺术团

---

① 白少波：《觉木隆藏戏的前世今生》，中国新闻网，2011 年 9 月 3 日。

② 曹红涛：《我的藏戏我的团》，《人民日报》（海外版），2009 年 4 月 7 日。

位于拉萨市北郊吉苏的娘热乡，最初是 1979 年成立于人民公社时期的娘热乡下属的藏戏队，后来由于娘热乡政府无力负担经费，就由对藏戏非常热爱的格龙先生承包了下来，成为一支民间藏戏队。成立之初，从运作资金、服装道具、排练场地都遇到了很多困难，但是这群十分热爱藏戏的人们，通过自己的努力使娘热藏戏团度过了困境，并且一步步发展成为今天颇具规模的民间藏戏团。

1994 年，格龙团长出资 18 万元在乡里盖起了一栋土木结构的平房，还购置了演出服装、道具和乐器，从此队员们有了自己的排练场所。2000 年，他又投资 46 万元，加上乡民间艺术团投资的 25 万元，在原址上翻盖了两层楼房，藏剧团的条件得到了很大的改善。现在的娘热民间艺术团固定资产已经增加到 300 多万元，2009 年时还通过了注册，虽然只需要 3 万元的注册资金，但是许多权益受到了合法的保护，与原来相比已经是天壤之别。队员的工资也从成立之初的每月 380 元升到了 2000 元左右，藏戏团生意最好的时候一年的收入有 150 多万元。但是这个收入数目看似很可观，可维持一个藏戏团一年的运作还是远远不够的，每年藏戏团都处于 10 万～15 万元的亏损或者收支相抵的境地，基本没有盈利。所以现任白玛团长开始经营起其他的副业：在拉萨沙场进行采砂业务；与圣龙有限公司合作旅游项目，主要负责大巴车接送来往乘客；承办庆典仪式。经营得最有声有色的还要数藏族传统婚礼、庆典等仪式的承办，在庆典上还会安排藏戏的表演，这样将两个产业联系起来，互相推动发展。而从其他副业赚到的钱，也会拿来投资藏戏，用于服装的更新、租借场地等。即使是亏损也不会削减这些藏戏艺人对于藏戏的热情，也正是由于他们的这份热爱，才使藏戏产业能够继续发展下去，没有像许多其他民族的艺术形式一样被卷入时代的洪流之中销声匿迹。

与雪巴拉姆隶属于上市集团不同，娘热民间艺术团一直是个体经营，从服装道具到演出场地等都是由藏戏团自己想办法。藏戏团最初只有 18 个人，服装都是去寺庙里借，人均收入也很微薄。后来随着西藏经济的发展和人民生活水平的不断提高，艺术团的规模也不断地发展壮大，从 1994 年的 24 名演职人员发展到了今天的 64 人，其中年龄最大的 37 岁，最小的只有 14 岁，他们中的有些人原本是没有考上大学的“闲散人员”，藏戏团把他们接收进来，教他们技术，为他们的家庭减少了负担，也为社会减少了不稳定因素。另外，除了18位老演员外，其余所有的演员都是脱产的，这与很多藏戏团雪顿节组织起来演戏，平时各自回家务农的模式不同，演员们只需要专心在藏戏学习、表演上面。小演员为了提升文化水平，每天除了藏戏与民间歌舞的排练以外，还要接受文化课程的训练。[①] 经过30多年的奋斗，现在的娘热民间艺术团已经在业界小有名气，也取得了一些成果：2006年获得"文化厅基层文化建设先进"集体奖，2007年获得拉萨市文化局雪顿节首届藏戏比赛一等奖和组织奖，2008年还参加了北京奥运会开幕式上3分钟藏戏《吉祥奥运》的表演，让世人领略到了藏戏艺术散发出的无穷魅力。在2012年5月1日~8日的罗布林卡藏戏会演上，作为唯一一个可以把所有八大藏戏完整表演下来的藏戏团，娘热藏戏团为热爱藏戏的藏族人带来了一场视觉的盛宴。他们还不止在西藏表演，北京、云南、张家界都留下了他们的足迹。现在的娘热藏戏团不仅致力于八大藏戏的完善，而且致力于藏戏的创新。首先是对藏戏剧目的开发。白玛团长从经书和日喀则的老艺人那里收集剧本素材，准备请专业的扬琴、藏文老师来帮助一起写出新的剧本，力争2015年完成八大藏戏加四部创新小戏的模式，然后再去罗布林卡办一个仪式，吸引更多的人。其次是对藏戏表演形式的开发。2009年底至2010年初，藏戏团与峨眉电影制片厂合作，全团47名演员来到成都市春熙路的锦江剧场将八大藏戏拍摄下来做成光盘，这对于广场戏形式的藏戏来说是一个大突破。光盘还将藏戏唱腔翻译成藏文、汉文和英文，方便更多人观看，使藏戏只使用藏文这一大影响市场开发的缺陷得到了改善，既弥补了市场中没有藏戏光盘销售的不足，又增加了藏戏团的收入，而且还在不懂藏语的人中普及了藏戏，可谓是一举三得。

作为国家级非物质文化遗产拉萨囊玛[②]的传承人，娘热民间艺术团每年都会收到国家对囊玛的保护经费1万元，2010年的时候，团里乐器更新的经费也由国家报销了10.8万元，国家每年还给城关区民间艺术团20万元的补贴，娘热藏戏团也可以从中分得一些。此外，每隔两三年，西藏自

---

① 陈怡琳：《藏戏近几十年来的变迁》，中央民族大学硕士学位论文，2004。

② 囊玛是藏族传统歌舞音乐，在西藏多种民间歌舞的基础上形成，主要流行在拉萨城区。因在布达拉宫的囊玛岗（即内室）演出而得名。其音乐基本上由中速的引子、慢板的歌曲及快板的舞曲三部分组成。

治区文化厅也会拨给藏戏团40万元的经费。国家这一系列的优惠政策也从一定程度上缓解了娘热藏戏团资金不足的困难。对于未来，白玛团长很乐观。不过他希望政府除了资金上的支持以外，还可以多投资一些项目，以项目养文化，通过国家级的优秀项目来促进藏戏文化的发展。

3. 雪巴拉姆藏戏团

雪巴拉姆藏戏团是在西藏享有盛名的民间藏戏艺术团，也算做西藏的“高端藏戏团”。所谓“高端藏戏团”，并不是说雪巴拉姆藏戏团的档次、地位就比娘热等其他藏戏团高，而是因为雪巴拉姆的观众群主要是针对组团来西藏旅游的外地游客以及外国游客，真正拉萨本地的藏族观众很少，可以说是致力于藏戏的外向型发展。而且雪巴拉姆是拉萨市第一家拥有自己的藏戏博物馆的藏戏团，走的是“高端”品牌路线。

雪巴拉姆藏戏团原为1959年筹建的拉萨市城关区雪居委会蓝面具藏戏剧种觉木隆派民间戏班，是现存民间藏戏团体中保存相对最为完整、传统的民间藏戏团。1956年，公德林寺喇嘛去内地参观，在内地看到了京剧，所以有了也将“藏族的京剧”——藏戏发扬光大的想法。于是，达策呼图克图回到拉萨后组建了公德林寺藏戏团，由觉木隆藏戏队的演员传授公德林寺僧人藏戏艺术。1960年，拉萨西城区重新组建雪业余藏戏队，后来“文化大革命”使藏戏的发展几乎停顿，直到1979年，在雪居委会党支部书记洛桑的倡导下，重新组织以往的演员，在公德林寺藏戏团的基础上成立雪业余藏戏社，当时的演员共有33人，其中有9名女演员，24名男演员，年龄最大的62岁，最小的只有13岁。[①] 同年在甲玛林卡表演了雪业余藏戏社在十年动乱后的第一场藏戏——《卓瓦桑姆》，慢慢恢复了他们的演出。2004年4月，北京国风集团公司、西藏圣地股份有限公司携手西藏自治区文联成立西藏圣地文化有限公司（今西藏旅游股份有限公司），筹建起西藏首家雪巴拉姆民间藏戏艺术博物馆，同时聘请雪康·达杰等著名西藏民间艺术与藏戏艺术专家担当顾问和艺术指导并正式成立西藏雪巴拉姆藏戏艺术演出有限公司。前西藏自治区主席热地亲自为雪巴拉姆藏戏艺术演出有限公司的成立剪彩揭幕。[②] 雪巴拉姆也正式开始了它“高端藏

① 陈怡琳：《藏戏近几十年来的变迁》，中央民族大学硕士学位论文，2004。

② 《西藏雪巴拉姆藏戏艺术团赴京》，《西藏人文地理》2005年第11期。

戏”的经营模式。

现在的雪巴拉姆藏戏团总共有60多人，60岁以上的有18人，最小的22岁，他们中也有许多人是孤儿或者没有考上大学的高中生。现任团长和副团长都是藏戏的传承人。每天晚上7点开始，在拉萨市喜马拉雅大酒店的藏戏演出厅内，都会准时上演雪巴拉姆藏戏团的表演，每场票价180元，有时候供不应求还会加演，一年下来平均演出400多场，去年一年粗略统计就接待了2万余人，其中外宾4000多人。雪巴拉姆每晚的演出除了常用的演出厅，有时还会针对政府官员、外国领事馆人员等实行分餐制，为他们在小厅进行专场演出，平均1小时收取3600元。藏戏团的演职人员每月工资最高的2400元，最低的只有970元，平均下来也只有1500元左右，所以收入并没有想象中的高。当然，雪巴拉姆每年也会在固定的时间下乡慰问演出，这样的演出每年也会有将近100场，平均每场6个小时，演员也会相应地拿到4000多元的补贴。虽然收入并不高，但是团长斯伦还是十分感谢西藏旅游有限公司对于藏戏团的大力帮助。因为加入了西藏旅游股份有限公司，演员们的工资虽然很少但是也得到了保障，每年公司光支付工资的开销就达40多万元，这还不算灯光、服装的维修等其他开支。而且公司还为他们修建了专门的排练场、表演场、藏戏博物馆，所以斯伦团长也不好意思总是麻烦公司的领导，提出过多的要求。他和他的团员们对于现状都很知足，这样的待遇可以使全团的演员安心踏实的专心于藏戏表演的钻研，不用担心温饱问题。今天的雪巴拉姆，作为拉萨市藏戏产业的龙头品牌，已经获得了许许多多的荣誉，得到雪顿节藏戏节目一等奖对于他们来说已经是家常便饭，他们还到四川巴塘、北京以及陕西做巡回演出。就在笔者去采访的当天，一群刚刚欣赏完表演的外国游客就对雪巴拉姆藏戏团的表演产生了浓厚的兴趣，并有意邀请他们去意大利进行表演。

对于未来，整个藏戏团是充满信心的。现在政策好了，但是也有一些需要担心的问题：因为加入了西藏旅游股份有限公司，因此有很多政策上的资金补贴都没有将雪巴拉姆算在内，所以资金上仍然有些紧张。另外斯伦团长也觉得自己肩上的担子很沉，压力非常大。现在的雪巴拉姆只能表演八大藏戏中的五个，其他的三个只能表演一些片段，所以在接下来的时间里，团长准备将重点放在学会其他三部藏戏，凑成八大藏戏的完整规模。另外，藏戏节目的设置也准备采取灵活化，可以根据观众的需要进行改动。雪巴拉姆与娘热民间艺术团最大的不同在于它并不要求创新，这点在我们今天这个日新月异的社会中显得有些格格不入，但是斯伦团长坚持以传统藏戏为主打品牌这样一个路线，他认为只有传统的藏戏中才能体会到藏戏的精华，创新的剧目并不是不好，只是时代的痕迹太重，缺少了本身文化内涵的一种纯粹。不论是创新也好，传统也罢，斯伦团长和他的藏戏团这种依托集团的模式也是今后藏戏产业发展中十分值得借鉴的一种模式。

三　藏戏产业与百老汇戏剧产业的比较

一提到音乐剧，大家往往都会想到美国的百老汇。[①] 音乐剧，顾名思义是带有音乐的戏剧形式，它作为美国非常流行的表演方式，在美国民众中间有广泛的群众基础，随之产生的百老汇产业园区也成为美国文化产业成功的典范。它将音乐剧产业化，形成了创意、制作、表演、宣传、售票、融资投资、法律服务、人才培训、行业管理等完整的体系和产业链。其实音乐剧原本是源于英国的伦敦西区，但是经过一个世纪的演变，却在相隔万里的美国发展得如此风生水起，其中有许多原因值得探究。下面我们就将西藏的藏戏产业与百老汇的音乐剧这两种戏剧产业进行比较，希望可以借此发现藏戏产业中的不足之处。

（一）创作以市场为导向

一个艺术形式的生命力和活力，关键就在于它的创新能力。即使是一部家喻户晓的作品，也会随着时间的流逝而对观众不再具有刚公演时的吸引力，观众对于一部戏剧的热爱，在一而再，再而三的反复观看过后也不会热情如初，所以及时创作出受欢迎的新作品就成为一个艺术形式对于观众有持久吸引力的关键所在。

在这一方面，百老汇就做得十分到位。由于市场竞争机制的存在，

① 百老汇（Broadway，原意为“宽阔的街”）是纽约曼哈顿区的一条大街，素有“伟大的白色大道”之称，以纽约市巴特里公园为起点，由南向北纵贯曼哈顿岛，全长2.5公里。街道两旁及附近包括时报广场在内的街区分布着为数众多的豪华剧院，制造着全世界顶级的舞台表演，因而声名远播，成为纽约乃至全美国的一大品牌，也是美国戏剧和音乐剧的重要发祥地，因此成了音乐剧的代名词。

百老汇戏剧产业在创作上始终密切跟踪观众的反映和票房的销售情况，而观众的需要是随着时间变化而变化，随着社会变化而变化的，这就决定了其主题与形式也总是处于变化当中。在其近一个世纪的发展历程里，不同时期的百老汇戏剧有着各不相同的创作主题和表现形式，即使是在同一时期，不同的百老汇戏剧在内容与风格上也十分多样化，与当时的社会结构、文化思潮的多元化暗相呼应，绝不拘泥于一种模式或套路。[①]

反观藏戏产业，首先创意就十分匮乏。目前拉萨市的藏戏团，主要还是以演出八大藏戏为主，很少有新创作的剧目演出，就更谈不上以市场为导向并且符合今天的时代要求。虽然西藏自治区藏剧团等藏戏团早在20世纪50年代的时候就开始了对于新剧目的创作，而且也创作出了《汤东杰布》《仓决的命运》等一批比较成功的作品，但是这些作品大多以政治、历史为主要内容，放在今天并不能吸引年轻一代的目光，造成了藏戏主要观众群的流失。而且藏戏是用藏语演出，这也在很大程度上限制了不懂藏语的外来游客的欣赏，很多观看藏戏的人都只是看个热闹，并不能真正从内容上去理解欣赏藏戏，所以懂得藏语的藏族年轻人就成了将藏戏发扬推广的非常重要的受众群体，只有吸引了他们的目光，让他们喜欢上藏戏，愿意听、愿意学习藏戏，才能使藏戏不至于后继无人，慢慢地发扬光大。因此，藏戏剧目的创新就显得尤为重要。

（二）剧场的集群效应

百老汇剧场群，是由美国戏剧行业组织、美国剧院和制作人联盟资格认定的座位数在600座以上的39家剧场组成的。[②] 百老汇的剧场并不是孤立存在的，自身的39个剧场抱成一团，还有整个纽约市200多个外百老汇剧场和外外百老汇剧场以及其他演艺场所作为基础，相互衬托，相互影响。百老汇的很多剧目，都是从外百老汇和外外百老汇剧场上挖掘初步成功的小戏加以改造提升得来的，连同时报广场周围的饭店餐饮和媒体娱乐

---

① 黄河清：《美国百老汇运作模式及其启示》，中南大学硕士学位论文，2011。

② 百老汇大街两旁分布着几十家剧院，在百老汇大街44街至53街的剧院称为“内百老汇”，而百老汇大街41街至56街上的剧院则称为“外百老汇”。内百老汇上演的是经典的、热门的、商业化的剧目，外百老汇演出的则是一些非营利性的、实验性、还没有名气的以及低成本的剧目。

公司、电影院等各种生活或文化设施，造就了一种丰富、多元、明确而又令人方便随意的晚间文化。①

藏戏因为本身是广场剧，有很多藏戏表演者都以能够不插电在广场上表演一天为荣，所以大多数的藏戏表演都是在临时搭建的舞台，并没有多少专门表演藏戏的剧院，更不用说形成剧场群。因此藏戏并没有享受到剧场群集群效应所带来的种种好处。许多农村的藏戏爱好者就陷入了一种“有藏戏团来表演就有藏戏看，如果藏戏团不来表演就是想看也看不到”的窘境。虽然在拉萨市的雪巴拉姆藏戏团有固定的演出场所，每天晚上也都有藏戏表演，但是看一场180元的藏戏对于大多数生活并不富裕的藏族人来说也是非常奢侈的。所以建立一些票价便宜且专供藏戏表演的剧场就成为藏戏产业化进程中一个亟待解决的问题。

（三）相关产业的推动以及资源配置专业化

百老汇产业园区的经济收益主要来自平时演出的票房收入以及宣传、餐饮、交通工具等配套服务系统的收入。可见即使是产业化如此完备的百老汇也并不是仅仅依靠门票收入这一项，也要靠衍生出来的其他产业来进一步支撑戏剧产业的发展。另外百老汇园区戏剧产业有关的所有资源，从上游的创意、策划，到演出的组织、演员的培训、票房的推销、宣传活动的组织等，都是按照社会化规模生产进行细致分工的。组成戏剧产业链中的每一个环节，几乎都有若干个同一类专业的公司承接这一项业务，一般每个剧目就组成一条单独的产品线。

虽然现在藏戏发展还远达不到这样一个规模去形成这种自始至终的产业链，但这是我们发展的一个目标，在发展到一定的规模以后也可以遵循这样的规划去进一步的发展藏戏产业。其实正如前面提到的，藏戏还可以发展除主体产业以外的相关副业，如面具、佩戴饰品、盔帽以及戏靴等服饰的生产，还可以与一些已经有经验的公司或组织合作开发演员的培训、新剧的推销、宣传活动的组织等，专业化、合理化的配置人力、物力资源，从源头开始形成一条以藏戏为主线的产业链，这样不仅可以使藏戏得到更好的发展，还可以带动营销业、手工业等相关产业的发展，可谓一举多得。

---

① 黄河清：《美国百老汇运作模式及其启示》，中南大学硕士学位论文，2011。

（四）产业的法律保护

百老汇戏剧产业完全按一般市场经济的法则进行。剧目以制作人为核心，与演员、乐队、编导等每一个人签订详细的演出合同，还要与工会、剧场、保险公司、宣传公司、票房促销公司等签订各种合同，制作人本人也是由投资方组成的董事会签约任用的。法律的保护还体现在戏剧版权方面。迄今为止，百老汇的话剧和音乐剧的版权都得到了严格的保护，没有出现类似电影电视剧那样的盗版情况发生。版权之间的交易在业内都按照严格的法律程序进行，而业内的人士也非常重视版权的保护。① 一台百老汇音乐剧所牵涉的法律文书有一尺半厚。

藏戏同其他少数民族剧种一样，面临着传承困难甚至濒临失传的状况，所以很有必要对其进行法律和制度层面上的引导和保护，以确保藏戏文化的传承。我们首先应该考虑的就是保护版权。藏戏作为民间文学艺术表演，是一种传统文化表现形式，是非物质文化遗产的重要类型，从知识产权和非物质文化遗产的保护两方面都应对藏戏的法律保护予以重视。保护了版权，实际上也就是保护了创造，保护了艺术人员创作的积极性，保护了产业的生存基础。对于那些擅自盗用藏戏形象，使用时不注明来源，歪曲、丑化藏戏的行为都应从法律层面予以严厉的惩罚，只有这样才能使藏戏产业化之路更加平坦。

从与百老汇对比中不难看出，藏戏产业未来的发展中，还有许多值得注意的问题。

首先，是政府的支持。在藏戏几百年的发展史中，有几段时期是发展迅速的，如汤东杰布时期、五世达赖喇嘛执政时期，都是由于当时地方政府的支持，才使藏戏得以发展。因此政府的支持是维持藏戏发展的基础。政府在保护与开发像藏戏这样的非物质文化遗产的过程中，要以党的十七届六中全会的决议为指导思想和总纲领，把保护文化多样性当作公益事业，从民族优秀文化的可持续发展，从提高国家文化软实力的高度，进行“无偿”的投入和支持。这里所说的支持，不仅包括资金上的援助，还应当包括项目上的支持。在项目的招商引资上，政府应当把藏戏作为一个重

① 黄河清：《美国百老汇运作模式及其启示》，中南大学硕士学位论文，2011。

点，吸引外资的投入。有了资金，藏戏艺人一些好的想法和创意才能成为现实。

其次，是扩大藏戏在年轻一代中的影响。正如前面的分析，现在藏戏的观众群多半集中在上了岁数的人中间，年轻一代中很少有人对藏戏感兴趣，但是任何一种艺术形式想要得到长足的发展都必须依靠年轻人。家长们在自己看藏戏的同时可以叫上孩子一起，孩子有不懂的地方家长要耐心地解释，从内容上吸引孩子们的注意力。另外学校的音乐课或者平时的课外活动都可以组织学生观看藏戏，首先要做到让每一个孩子都看过藏戏，才能从中找到喜爱藏戏的人，如果连看都没有看过，又何来“喜爱”二字？

再次，加强对藏戏传承人及相关人才的培养力度。无论是对藏戏的保护还是对其的产业化开发，相关人才是最为重要的前提条件之一。没有了传承人，藏戏悠久的历史传承与弘扬也就无从谈起。而传承人数量少，藏戏的传承也就无法形成一定的规模，更谈不上产业化。如果传承人的水平不高，又将直接影响藏戏这项非物质文化遗产的延续，直接影响到藏戏的生命力与前途。另外，虽然现在西藏大学已经开设了专门的藏戏专业来培养这方面的专业人才，传统的师傅带徒弟的传承模式已经被打破，但是从西藏大学毕业的人中只有很少一部分人真正去了藏戏团工作，原因是多方面的，其中以“藏戏团毕业生工资要求太高”这一问题为主。所以怎样才能培养出真正可以学以致用的人才成为现在藏戏发展的当务之急。

最后，依靠现代科技方式传播藏戏。在这方面，娘热民间艺术团已经为我们做了一个好的示范，他们将藏戏与影视唱片业有机地结合起来的想法启发了我们，可以从动漫业、广告业、游戏娱乐业、数字电视、互联网等诸多新兴的媒体中去传播藏戏，也可以效仿百老汇的《歌剧魅影》等剧目一样创作以藏戏为主线的电影、电视剧。几年前西藏自治区藏剧团、西藏电视台、四川金城文化传播中心、西藏国际文化影视有限公司就联合录制了藏戏电视剧《朗萨雯波》，这对藏戏来说是一个新的尝试且十分值得推广。这种新鲜的表现手法虽然还有点生疏，略显稚嫩，但却不失为一次成功的尝试。

总而言之，尽管藏戏产业和相关产品与发达地区相比还有较大的差距，但是近年来它已经有了长足的发展。虽然藏戏的历史悠久，但是作为产业来开发则是最近这几十年的事，是新兴产业。藏戏产业的开发，不仅有丰厚的文化底蕴作为依托，更有来自全国各地、甚至世界上其他国家的资金、技术支持。目前的西藏正努力加强横向经济联合，努力扩大利用国内外资金和市场的规模，形成一批西藏改革开放的龙头产业。藏戏可以抓住这一契机，通过招商引资将自身的产业做大，从而真正形成一条完整的藏戏产业链。在今后的日子里，随着对藏戏这样的西藏特色产业的不断挖掘和开发，必将进一步推动西藏整体经济的发展。藏戏的产业化之路还很漫长，并不是一朝一夕就可以完成的，所以我们也要有耐心和信心，相信未来的某一天，藏戏产业也会像百老汇戏剧产业一样成为举世闻名的文化产业，在弘扬藏族文化的同时，不仅产业自身可以得到飞跃式的发展，而且能够带动整个拉萨市乃至西藏自治区的经济发展。

第十四章　藏族歌舞：人间之神韵

西藏常被称为“歌舞的海洋”。在神奇美丽的雪域高原上，哪里都是歌舞的故乡，随便哪个农牧民站出来都能歌善舞。民族、民间歌舞风格各异，种类繁多，西藏及其他藏族聚居区的民间歌舞分布呈现明显的多风格特征。藏族人的歌舞文化以歌舞张扬着自然生命，是鼓励生命、博爱生命的一种谐和自然韵律的人类行为语言。多姿多彩的西藏民族歌舞犹如一朵朵奇葩，在新时代绽放出了璀璨的光彩！美轮美奂、大气磅礴的大型西藏原生态歌舞诗《幸福在路上》已被打造成西藏文化产业的一个品牌，是西藏文化创作中不可多得的精品佳作，成为进藏旅游者必看的精品节目，成为西藏文化产业发展的领头羊。

一　藏族歌舞演艺业的历史与传统积淀

“藏区歌舞以青藏高原是歌舞的海洋而闻名遐迩：藏人在悠久的历史长河中，不仅营建了其生存模式，还发微了源自人源天性的歌舞娱乐。使自己在高山、大河、茂林、莽原上的生活富有了心灵魅力。踏上这片热土，迎面而来的除了雪域绮丽，更吸引人的是藏族男儿硕壮的健美，和藏族女儿舒展的风姿，及其所体现的歌舞美感。民间歌舞涵盖藏族歌舞百分之八十的领域。茫茫大草原上，二人可以兴歌，三人可以起舞。天蓝云白之下，人们以这种方式娱美如人的山山水水，有多少时间，谁也无法说清楚了。时至今日，他们一如既往地歌舞着，陶冶着自己和同伴的心怀，给人以舒美的耳目之受。”

……

> “在孤绝的环境当中只有守衡了孤独的青藏牧人才是可以有生活生存之期望的；但人又是不能没有交际的。那么青藏牧人怎么办呢？首先是优秀的视力，其次是良好的听力。除了对人的这些生命品质期望外，还需要有特殊的社会存在的感知方式。怎样才能让别人知道自己的存在呢？那就是嘹亮的歌声——甚至尖厉的呼哨。在爱情中的情侣们更是需要这个：嘹亮而优美的歌声及山巅上如风如影的舞姿。是的，青藏牧人就这样活着。其实，青藏牧人的这种生活方式里，也就包含了藏族的歌舞发生方式。”①

藏族人民能歌善舞，歌舞旋律顿挫抑扬，歌词贴切和韵，歌唱时还伴以各种舞蹈，舞姿优美，有独舞、对舞和群舞，或以上身腰臂作舞，或以下身腿足作舞，其中以踢踏舞最具特色。有些舞蹈以各种乐器伴奏，乐曲多取自内地的雅乐，节奏细致悠扬。喇嘛乐器以长柄鼓、长筒号为主，演奏出大自然的声音和飞禽走兽的鸣叫声。宗教舞蹈戴各种面具，或拟神，或扮人，或舞兽。②

藏人的歌以草原民歌著称；藏人的舞以节日民舞著称。从音乐的角度上讲，大体可以分为“噜”和“谐”两大系：“噜”指静态的歌，泛指节奏不规整的歌谣，如山歌、牧歌；“谐”指动态的歌，泛指节奏规整的歌舞曲。从舞蹈的角度上讲，大体可分为“谐”（歌舞）、“卓”（舞蹈）、“噶尔”（乐舞）、“羌姆”（跳神、宗教舞）四大类。

（一）“谐”，包括“果谐”“堆谐”“朗玛谐”“康谐”

1. “果谐”

“果谐”是流传在西藏广大农村的一种拉手成圈，男女分班一唱一和，此起彼落，载歌载舞，顿地为节，连臂踏歌的集体圆圈歌舞。常见于农村的村头、广场、打麦场上。节日里，场地上摆着一缸青稞酒，人们围着酒缸拉圈起舞，男女各站一边，分班歌唱，从左向右沿圈踏步走动。当唱词告一段落之后，由“谐本”（藏舞的组织者）带头发出“咻咻咻”或“曲

① 张世文：《拉萨历史文化之旅》，西藏人民出版社，2007，第169页。
② 杨圣敏：《中国民族志》，中央民族大学出版社，2006，第210页。

曲曲”的叫声，和着节奏开始踏步舞蹈，这种节奏性舞步叫“谐个”（歌头）。跳完“歌头”紧接进入快速集体歌舞，有时舞群中出现男方跳一段后，女方又跳一段，男女双方歌舞竞赛的场面。跳完数遍之后，又由“谐本”带头呼喊“咻咻咻”，或说一段快板词，边说边跳，统一步伐，在整齐的双脚跺地中热烈结束。[①] 这种和着快板说词的跳法叫“谐休（尾声）”。从音乐上讲，快板舞曲通常是慢板歌曲的简化和压缩。

“果谐”的跳法是以 2/4 拍节奏度，重拍起舞，顿地为节，跳时膝盖到脚掌硬直踏地，结实稳扎，节奏鲜明，以抒发集体热烈情绪为其基本特征。音乐曲调浑厚、淳朴、劳动气息很浓，其唱词表达的内容非常广泛，有歌唱劳动生活的，有抨击旧制度的，有描绘自然景色、倾吐爱情的，当然也有歌颂宗教、喇嘛、寺庙的内容。和平解放后，西藏社会发生了根本的变化，社会生活的变化激发了人们的内心情感，因此歌唱党、歌唱领袖、歌唱新生活新气象的内容尤为突出。由于“果谐”流传在前、后藏的广大农村，故有人称“果谐”是西藏的农村歌舞。

2. “堆谐”

“堆谐”有两层含义：一是“堆”有“上”或“高地”之意，因而“堆谐”是泛指后藏昂仁、萨迦、拉孜、定日等县以及阿里部分地区的农村圈舞；二是泛指这种“堆”区的民间舞传入拉萨之后，经过城市各阶层加工规范化了的藏族踢踏舞。

17 世纪中叶，五世达赖规定每年藏历七月初在拉萨举行一年一度的“雪顿节”（即酸奶节，后来发展成为藏戏节），各地藏戏团云集拉萨献演。后藏“堆”区的窘巴藏戏团的演出中，穿插表演过这种活泼热情的踢踏舞。由于艺人的传插和民间的相互交往，这种舞蹈传入拉萨后，为各阶层人士所喜爱并进行了加工。这种加工在音乐上出现了一段有乐器伴奏的慢板抒情歌曲，在舞蹈上主要是突出它 2/4 节奏的后半拍起步，以“三步一变”为基步变化组合，脚下发出各种连点踏步音响，抒发人们活泼热情的情趣。由于配上了扬琴、六弦、笛子、京胡、串铃等乐器伴奏，音乐上突破了原歌词中段、句、音乐的严谨限制。“堆谐”的音乐已经程式化，它的歌头、尾声舞曲基本是固定的，可以通用，目前已经形成了表演性的

① 尹成成：《藏族舞蹈文化及艺术形式述评》，《艺海》2013 年第 12 期。

歌舞。

以往跳“堆谐”，地上要放一块木板，要求舞者踏板表演，以“头顶碗水而不溢”为高，大大地限制了舞蹈的生命力。如今的业余和专业的舞蹈工作者，继承借鉴，广采博收中外踏步舞的节奏音响，将“堆谐”推向了一个新阶段。歌声飞扬，舞步踢踏，故又有人叫它“拉萨踢踏舞”。

3. “朗玛谐”

人们走在拉萨、日喀则等城镇的街头巷尾、林园湖边，不时会听到从内室阁屋、“林卡”帐篷中飘出的阵阵悠扬深情的歌声，这种自弹自唱抒情典雅的歌曲往往就是藏族人民喜爱的“朗玛谐”。关于“朗玛”的来由说法颇多。黄文焕说，“朗玛”的“朗”是“内”的意思，“玛”的藏语阴性名词的词尾，是一种“内”歌舞的称谓。“内”有两层意思：一是指五世达赖的弟子及第悉·桑结嘉措常邀集西藏地方政府中被称为“内大臣”的权贵人士，在内大臣厅“朗玛康”赋诗演唱的歌舞；二是18世纪末，西藏地方主事大臣多仁·旦增班久，在内地各名胜景点游历，广泛接触内地各兄弟民族特别是汉民族的歌舞音乐之后，带上扬琴返回拉萨，将内地音乐的某些音调融合于原上层人士喜爱的“朗玛”之中。因此，“朗玛”也可以说是吸收内地音乐文化发展起来的，受原西藏“内大臣”们所喜爱的一种华贵典雅的歌舞音乐。①

“朗玛”首先流传在拉萨，以歌为主、歌舞结合的舞蹈形式，它的歌曲分为两大段：即“绛谐”（慢歌）和“沉谐”（快板歌舞）。慢歌部分可以弹琴清唱，也可以伴和歌声作平缓洒脱的抬腿甩手踏步。歌酣，当舞者叫一声“勒似”后，旋即进入快板舞曲，唯舞蹈动作比较简单，有似“堆谐”的踢踏舞，上身可以随着舞步作一些踏步旋转、施礼揖拜的姿态动作。乐曲在欢乐的踏踢步中应节结束。“朗玛”的音乐比舞蹈更为丰富，因而运用和流传比舞蹈更广。②

4. “康谐”

“康谐”，指弦子舞。西藏昌都、四川巴塘一带称“叶”，“叶”是

① 周瑾：《论藏区跳锅庄的社会功能》，四川大学硕士学位论文，2002。

② 乔瑞洁：《浅析藏族舞蹈的风格特点》，《大众文艺》2013年8月15日。

“谐”的音变，盛行于青海、云南、西藏昌都、四川巴塘等藏族聚居区，但以四川巴塘弦子最为有名。在巴塘和昌都，每逢节日都要“耍坝子”，男女聚集，翩翩起舞。一般是男操“白旺”（牛角胡）站立排头，拉起胡琴代领人群拂袖起舞，时而圆集，时而散开，男唱女和，借以抒发内心情感。舞者随着胡琴晃动发出的阵阵“颤音”，舞蹈上相应产生一股股“颤法”，以模拟孔雀姿态动作为其形体特征。舞姿圆润舒展，曲调悠扬流畅，它的“拖步”“点步转身”“晃袖”“叉腰颤步”等动作，长袖飘飞，很有特色。①

（二）“卓”，“果卓”

“果卓”又称“锅庄”，藏语里是“圆圈歌舞”的意思。“锅庄”最能体现藏族人纯朴善良、勤劳勇敢、热情奔放、剽悍的集体性格。“锅庄”分农区锅庄、牧区锅庄（牧民舞）和林区锅庄（工布民间舞）三种，都属于不同风格的“谐”的范畴。

“锅庄舞一般在节日或集会时跳，男女围成圆圈，自右而左，边歌边舞。人们围成圈跳锅庄时，踏足为节，绕圆而舞，并无伴奏。这里可以看出狩猎时代的围猎阵容，也可以看出部落时代那认真的欢庆。可以认为它是藏人较为古老的舞蹈形式。脚的点、踢、绕、跨、跃……在锅庄中有着极为重要的舞蹈语汇语言化的作用，舞韵律动的形成也主要由足来体现。”②

农区锅庄以昌都锅庄最为有名，它的结构分两大段，即从慢歌到快板歌舞。速度又有慢、中、快之分。开始跳时男女分班拉手走圈，轮班唱和，歌声像波浪似的起伏，热情开朗，十分动人，歌声伴合舞蹈，多作甩袖应芳步，歌唱一段落之后齐叫“呀”，顿时侧身扭腰加快舞步，越跳越快，歌舞升腾，并在热烈情绪中结束。

“锅庄”的舞姿矫健奔放，男性着肥大的统裤有如雄鹰的粗毛脚健壮有力，舞姿多模拟禽兽特别是大鹰的形态动作，如鹰展翅、鹰跳、鹰盘旋等；女性动作优美开放，重姿态和情绪表现。歌词中有“雪山哟，快闪

---

① 尹成成：《藏族舞蹈文化及艺术形式述评》，《艺海》2013 年第 12 期。

② 张世文：《拉萨历史文化之旅》，西藏人民出版社，2007 年，第 167 页。

开，我们要展翅飞翔。江河哟，快让路，我们要迈开舞步……”等豪情壮语，是藏族人民彪悍气质在舞蹈中的形体表现。

牧区“锅庄”叫牧民歌舞，它的表现层次和形式与农区锅庄大体相似，唯慢板歌近似“噜”，快板歌舞的动作和农区锅庄差异颇大，多胸前双晃手踏步跳跃，前顿步接左右翻身以及“甩袖花”，这是牧区歌舞的一大特点，集体舞蹈起来有如牛羊在草原上拥挤滚动，歌声昂扬，气势磅礴。

森林锅庄流传在工布地区，又称“工布卓”，也分慢板和快板歌舞两大段，为慢板接快板之间有一段顿地为节的过渡连接步叫“谷杂”（九步点），其舞蹈风格顿挫感很强，有如刀斧劈物咔嚓有力。由于工布人以前以农业为主，还兼狩猎、采集，因而舞蹈动作有模拟狩猎生活的张弓“射箭步”、飞鸟展翅的“雀跃步”等，舞步新颖，顿地为节，别具一格。

（三）热巴

“热巴”是流传在西藏东部昌都、工布地区和云南、四川藏族聚居区的一种由铃鼓舞、杂曲、民间歌舞三个主要部分组成的综合表演艺术。“热巴”一语有两层含义：一是指这种综合艺术本身，二是指表演这种杂艺歌舞的艺人。由于“热巴”中有戏曲表演，因此有人叫它“康戏”（原康区的戏曲）。表演热巴歌舞的多数是没有人身依附的流浪艺人，因而热巴也是流浪艺人表演的杂艺歌舞。

“热巴”是广场表演形式，主体部分是铃鼓舞，它的表演程序和层次大体分为七个部分。一是铃鼓舞开场，演员席地而坐，摇铃击鼓招徕观众。待人群聚拢之后，由“格根”（老师、领舞者）带领全体演员出场，边唱边跳，围圈作慢步舞。歌声昂扬飘荡，铃鼓作响，大有歌声入云、鼓声穿谷、激荡四方的气势。二是领舞者说“卡谐”（致语快板），说词可以根据不同场合和对象编讲，大都是夸耀技术，恭贺吉祥。三是集体铃鼓舞，主要是女子举手鼓旋转敲击，表演“缠头鼓”“正反转”等鼓舞。四是男性技巧动作表演，顿时鼓队散开站立一旁，由男演员上场，一个接一个应声呼叫，抖望“起法”，各自表演熟练的技巧动作，如单腿跨转、死人蹦子、滚毛、甩辫子、躺身蹦子、滚壶坛等。场上鼓声隆隆，腾跃飞旋，场面十分热烈。五是表演杂曲，一般除表演藏戏片段，还要演些哑剧，如“猎人和鹿”“没有鼻子的小偷”等，演戏中间有时还穿插摔跤角斗、堆罗汉、“乌龟爬沙”等，取笑逗乐，娱乐观众。以往技艺高超的热巴队，还要表演气功“尖刀刺腹”“夹刀旋转”等惊险动作。六是跳民间舞，男操牛角胡带头，多跳“锅庄”“弦子”舞等。七是结尾，全场演员一齐上场表演集体铃鼓舞，领舞者高叫“阿罗斯”统一节奏加快步伐，名为“夺洛”（快速捣脚步），突然在一个统一的节奏上鼓铃齐下，向观众施礼揖拜，致“扎西德勒”（吉祥如意）的祝贺。这时观众群情激奋，纷纷向演员献哈达、献酒、献钱财食品，酬谢演员的精彩表演。① 这种表演的程序除开场和结尾，都不是一成不变的，是要根据观众的兴致和演员的体力作具体安排调整的。

（四）噶尔

“噶尔”本意是表演性的歌舞，据说是17世纪“噶丹颇章”王朝时期，拉达克国王献给五世达赖的一部伎乐。表演这种伎乐的演员是男性孩童，称“噶尔巴”。“噶尔巴”歌舞队是原地方政府领导的专业队，担负着为宗教仪典、官场集会以及达赖出行时的仪仗等繁重任务。近代史料记载：每年藏历正月初一，达赖在布达拉宫举行盛大的庆祝会，藏名“呷卓”，会上互赠哈达，达赖给每个官员摸顶，然后有舞童十余人上场跳舞，舞童穿彩衣，头戴白布圈帽，靴上拴有很多小铃，跳时叮当作响，每人手中拿一面小斧子，另有乐队十多人击皮鼓和大钵伴奏，舞系尼泊尔式，动作柔和，别有风味。②

“噶尔”的出场动作，舞童双臂托天举斧，送胯，成三道弯式的曲线姿态，舞者的着装头饰以乐队主要伴奏乐器的“达玛鼓”、“加林”（长唢呐）、“根卡”，确有西域乐舞之风，按今天的说法是一台歌舞表演会。这些节目有器乐演奏，宗教性的斧舞、刀舞、瑟鼓舞，歌唱性的“噶噜”，世俗性的堆谐、朗玛等。这类歌舞除世俗性的民间歌舞以外，本身的伎乐异常庄重、肃穆，宗教意味很浓，多以宣扬逐邪迎祥，政教昌隆和歌颂达

① 杨曦帆：《康巴藏区民俗民舞考察与研究》，《南京艺术学院学报》2007年第8期。

② 周瑾：《论藏区跳锅庄的社会功能》，四川大学硕士学位论文，2002。

赖的仁政功德为主要内容。

“噶尔”的应用范围很广，官场宴会上表演时，可谓宴乐舞；用于宗教仪式表演，可谓祭祀乐舞；出现在喜迎恭送的场合，可谓仪礼乐舞。噶尔歌舞队是专为上层权贵服务的，但遇某种重大集会也可奉命为群众表演，然而只能演出一些世俗性的歌舞节目。纵观“噶尔”本身的舞态和舞式，它既富有西域风味，又吸收了内地戏曲舞蹈动作（如刀花、躺腰），并与藏舞的某些动作融合一体，是具有西藏民族特色的造型性宫廷乐舞。

（五）羌姆

羌姆，民间俗称“跳神”，是藏传佛教特有的法事活动，为僧人表演的宗教舞蹈，又名“羌姆”“金刚法舞”。活动时桑烟缭绕，鼓号喧天。这种仪式已有近千年的历史，为纪念藏传佛教祖师莲花生。

西藏的宗教舞蹈“羌姆”（跳神），是在公元7世纪随佛教传入西藏，在与当地本教的对立斗争中形成的。在佛教西藏化的过程中，莲花生采用西藏土风舞与佛教内容相结合，开创了一种驱鬼逐邪的寺庙宗教舞蹈，经改进、规范，逐步演变传播，形成后世喇嘛寺院的跳神。

据说莲花生在公元8世纪入藏，收服了很多西藏本地的神，包括山神、水神、牛神等，这些神灵每年都要展示威力，他们多以狰狞面目威吓邪魔，祈祷人间太平、风调雨顺。这是羌姆的核心意义，实际上是藏传佛教僧侣们采取的一种世俗所喜闻乐见的舆论宣传方式，以浅显易懂的舞蹈来诠释藏传佛教的理念。

从历史记载可以看出，莲花生创跳神并不是对西藏土风舞的全盘吸收，而是结合宗教需要的内容，选择了一些拟僧舞、法器舞和本教仪轨中面具舞（如本教仪式中的鹿、牛、羊等面具舞）混杂而成，这些舞蹈与戴着人骨花跳跃的金刚力士舞混在一起，与遗留在今天跳神中的牛神舞、鹿神舞、护法神舞正是一脉相承。

近代的“跳神”正式开始以前，也要举行传统的牲祭仪式，但不是真的杀牲，一般用图案器物代替。仪式举行时场上唢呐、长号、鼓钹齐鸣，群“神”聚集出场，缓缓而舞，绕场一周，由此揭开跳神的序幕。然后分别出现凶神舞、骷髅舞、牛神嬲、鹿神嬲、手持兵器的金刚力士舞、护法神舞，一段一段地跳下去，每段舞蹈者都有宗教情节内容。在段与段之间的空隙，还穿插喇嘛的摔跤、角斗等嬉戏表演以娱乐观众。有的还要表演宣扬利他主义的佛经故事，如哑剧“舍身饲虎”，以及好善乐施、长命富贵的寿星舞、仙鹤舞等。最后一场是排甲兵驱鬼，众神兵出动，携火花兵器送“朵玛”（用酥油和糌粑制作的想象中的魁首），将其押送至寺外旷地点火焚烧，逐一年之邪，祈来年之福。

除此之外，还包括前、后藏的“谐青”（大歌、颂歌），山南的“卓谐”（扁形腰鼓舞），日喀则的“卓”（大鼓舞），阿里的古格“弦”和孔雀舞，以及藏戏中各种性格舞等。西藏境内的珞巴、门巴族及夏尔巴人也有丰富的音乐舞蹈。

二　西藏歌舞演艺业的发展与表现形式

为庆祝中国移动在西藏地区的彩铃用户突破百万，2012 年，中国移动西藏公司在拉萨、昌都两地主办首届中国西藏“雪域高原无线音乐盛典”，产生轰动效应。“西藏旅游文化资源非常丰富，白天能看的自然和人文景观很多，但晚上干什么呢？要是能在晚上欣赏到西藏特色的文艺演出该有多好！”这是去西藏的游客的心声，说明藏族歌舞深受欢迎。

（一）西藏藏族歌舞演艺业的发展

首先，西藏和平解放后藏族文化艺术的新发展。早在 20 世纪 50 年代，进藏的各族文艺工作者与藏族文艺工作者一起到民间采风，收集了一批音乐、舞蹈、民间故事、谚语、民谣等，陆续整理出版了《西藏歌谣》等书籍。从内地进藏的各族文艺工作者一边深入现实生活，一边发掘继承优秀的民族文艺传统，创作了一批诗歌、小说、歌舞、美术、电影、摄影等作品，给处于封闭和半封闭状态的西藏带来了新的文艺思想和文艺创作经验。一大批爱好文艺的藏族知识分子加入到新的文艺队伍中，创作了大量新的具有鲜明民族特色的现代文艺作品。1959 年民主改革以后，西藏更涌现了一批优秀的文艺作品，如歌曲《北京的金山上》和《翻身农奴把歌唱》、表演唱《逛新城》、歌舞《洗衣歌》、音乐舞蹈史诗《翻身农奴向太阳》、话剧《文成公主》、电影《农奴》等，在国内外都产生了一定影响。[①] 20 世纪 70 年代末，国家又对西藏民族民间文化艺术遗产进行了大规模、系统的普查、搜集、采录和整理工作。20 世纪 80 年代以来，自治区及各地、市成立了民族文化遗产抢救、整理和研究机构，展开了规模空前的抢救、搜集、整理、研究、编辑、出版民族民间文学艺术遗产的工作。西藏自治区先后派出调查组，深入全区城镇、乡村和寺院进行全面调查和采录，搜集了藏汉文资料两三千万字，录制了大量的音像资料，拍摄图片近万幅，先后编辑出版了《中国戏曲志·西藏卷》《中国民间歌谣集成·西藏卷》《中国民族民间舞蹈集成·西藏卷》等。

其次，西藏歌舞演艺业的发展成就。西藏的现代文学艺术事业在同民族传统形式、风格和特色相结合的过程中得到了巨大发展。近 60 年来，西藏专业文学艺术工作者共创作和演出了 569 个具有浓郁民族风格和强烈时代气息的新编文学艺术作品和舞台剧（节）目，其中获全国性奖 51 项，全区性奖 121 项。全区各专业艺术表演团体近 5 年来共演出 4887 场，观众达 279 万人次，每年为基层群众演出 400 余场。

进入 21 世纪，西藏已建成各级群众艺术馆、综合文化馆和文化站 400 多个，在这些文化场所可以开展内容丰富、形式多样的文娱活动。西藏现有县级乌兰牧骑演出队 17 个，业余文艺演出队和藏戏演出队 160 余个，他们常年活跃在农牧区，深受群众喜爱，不少节目在全国性和自治区文艺会演中获奖。各地、市、县还举办不定期的群众文艺会演，促进了群众文化活动的繁荣。近几年，每逢藏族传统节日，如雪顿节，西藏都举行藏戏、歌舞演出，开展丰富多彩的群众自娱性传统文化活动。洛扎县（藏戏、歌舞）、贡嘎县昌果乡（民间舞蹈）、昂仁县窘日吾齐（藏戏）还被国家正式命名为民间艺术之乡。[②]

到 2011 年，西藏全区共有各级各类文化经营场所 1709 家，其中涉及歌舞娱乐场所 87 家，音乐酒吧 258 家，文化演出机构 29 家。截至 2011 年，全区累计派团（组）200 余个，先后到罗马尼亚、匈牙利、尼泊尔、泰国、日本，中国台湾、香港等 50 多个国家和地区的 110 多个城市，进行了 120 多场演出。2010 年，吸收了 73 名年轻舞蹈演员和藏戏演员到自治

① 中华人民共和国国务院新闻办公室：《西藏文化的发展》（白皮书），2000 年 6 月 23 日。
② 中华人民共和国国务院新闻办公室：《西藏文化的发展》（白皮书），2000 年 6 月 23 日。

区歌舞团、自治区藏剧团工作。截至 2011 年，全区共有专业文艺表演团体 10 个，少儿艺术团 5 个，县级民间艺术团 35 个，乡村业余文艺演出队（含藏戏队）500 余支，以藏族为主体、多民族相互协作的艺术队伍不断壮大。有力地回击了达赖集团散布的所谓“西藏文化灭绝论”，展示了社会主义新西藏的良好形象。①

“十一五”期间，西藏区直属 3 个专业艺术团体新创舞台剧目 50 多台，7 个地（市）专业文艺团体新创作剧（节）目近 600 个，累计演出近 5000 场次，观众达 800 万人次。全区县民间艺术团新创作节目 800 余个，下乡演出 4000 余场次，观众达 600 多万人次。歌舞《多彩的哈达》荣获“第三届全国少数民族文艺会演”大奖（音舞类剧目金奖排序第一）；话剧《穿越巅峰》荣获“纪念中国话剧 100 周年诞辰暨全国优秀剧目展演”二等奖；现实题材话剧《扎西岗》荣获第九届中国文化艺术节文华奖特别奖。目前各专业艺术团体不断加大艺术创作力度，已经推出京剧与藏戏《文成公主》，大型歌舞《多彩哈达》《天上西藏》《西藏春天》，话剧《解放，解放》《扎西岗》，电影《唐卡》，等等。

（二）歌舞演艺业的主要呈现形式

西藏歌舞演艺业首先按演艺类型主要可划分为：现代舞台剧和朗玛厅歌舞。

从现代舞台剧来看，近年来，西藏广大文艺工作者创作了一批具有鲜明民族特色和时代特点的精品佳作，如大型原生态歌舞剧《幸福在路上》《珠峰彩虹》《雅鲁藏布情》，大型民族歌舞《喜马拉雅》、《五彩西藏》、《雪域放歌》、《西藏风》、《藏北音画》、《西藏韵》和大型历史剧——京剧藏戏《文成公主》等。其中，大型歌舞诗《幸福在路上》最为典型，它由西藏文化厅和西藏珠穆朗玛集团联合打造，是藏民族文化与旅游经济结合的典范，也是国内首部再创作藏族艺术原生态的全景式艺术精品，首演引起强烈反响，深受演出市场欢迎，在春、夏、秋季固定在拉萨藏戏艺术中心演出，还接连签下国内国际演出订单。②

---

① 马疆虎：《西藏文化事业发展综述》，西藏日报网，2011 年 10 月 23 日。

② 李资源：《中国共产党少数民族文化建设研究》，人民出版社，2010，第 386 页。

大型原生态歌舞剧《寻找香巴拉》2013 年 6 月 7 日在西藏林芝首次公开演出，人间“香巴拉”西藏林芝尽情展露旖旎的风光、淳朴的民风和独特的民族风情。“香巴拉”是藏语音译，意为“极乐园”，是藏传佛教徒向往追求的理想净土。在这里，瀑流飞溅，云蒸霞蔚，青山如黛……西藏优美的田园里生活着一群淳朴的人们，他们与世无争，纵情山水，歌舞相随。《寻找香巴拉》大型原生态歌舞剧共投资 4700 万元，旨在提升林芝文化产业，也是林芝地区旅游文化产品的重要补充。这台歌舞剧深挖林芝地区的文化内涵，现场演出运用了激光全息 LED 等现代声光技术，给传统的歌舞表演带来视觉冲击力。在现代声光技术的辅助下，整场歌舞剧视觉效果炫目多彩。[①]

2013 年 8 月 1 日晚，西藏首部大型实景剧《文成公主》在西藏文化旅游创意园正式公演。文成公主与松赞干布唐蕃联姻的故事，传承千载，家喻户晓，已成为藏文化的宝贵遗产。实景剧《文成公主》共分为五幕，总时长约 90 分钟。该实景剧综合运用了大唐歌舞与西藏地区流传久远的藏舞、藏戏、佛号念唱等艺术形式，以拉萨自然山水为背景，配合人工舞台和高科技视听技术，将戏剧、音乐、舞蹈与现代舞美融为一体，演绎出文成公主万里跋涉、历经艰辛而无悔的进藏和亲历程。剧情跌宕起伏，优美的原生态藏族牧歌、鲜艳华丽的藏族服饰和独具西藏特色的卓舞、藏戏等表演赢得观众阵阵掌声，演出现场座无虚席。

《文成公主》大型实景演出是西藏文化旅游创意园区项目的核心之一，于 2012 年 7 月正式启动。演出场馆总建筑面积 2 万多平方米，可同时容纳近 4000 人观看表演。主创方拉萨市和美布达拉文化创意产业发展有限公司表示，从 2013 年正式对外商业演出开始，该年的演出到 10 月底结束，以后每年将从 5 月到 10 月共演出 180 场。未来，这台演出将是常态化的，每天一场，甚至还会考虑白天演出。《文成公主》大型实景剧票价根据座位、档次及需求等不同，推出 100 元至 1280 元六档票价，以后白天演出的票价将有所优惠。[②]《文成公主》实景剧目前是世界首例藏地星空奇观实景剧，

---

① 黄兴：《大型歌舞剧〈寻找香巴拉〉展现西藏林芝风情人文》，新华网，2013 年 6 月 7 日。

② 刘洪明、普布扎西：《西藏首部大型实景剧〈文成公主〉在拉萨上演》，新华网，2013 年 8 月 2 日。

也是目前国内海拔位置最高、舞台场面壮观的实景剧。

与此同时，主创方还考虑到了实景剧目的延伸发展。作为西藏文化旅游创意园区的核心项目，该项目将被打造成实景（场地）演出和文成公主主题公园两部分。演出场地建筑在满足现代大型演出功能要求下，结合了藏式建筑特征内涵。文成公主公园则是演出场地的延伸区域，既可满足人流分散，又可在广场上设立纪念雕塑景观、演出衍生产品销售区域，是汉藏文化交融的大型文化体验场所。

《文成公主》大型实景演出项目将被打造成拉萨城市文化旅游的新地标，实景演出场馆周边还将被打造成一个以民居、配套商业建筑、工巧广场、欢歌广场、休闲平台、农田景观等为主要特色的主题公园。同时配有休闲水景茶座，还可以远眺拉萨全景和布达拉宫。正在建设中的公园还将有和美商业街、林卡广场等设施，为观众打造一个实景烘托、演出气围浓厚的完整观演旅游目的地。这也将成为西藏传统歌舞与现代科学技术对接的一个精品典范。

从朗玛厅歌舞来看，除了剧院式的演出之外，西藏地区还流行着朗玛厅的歌舞表演，“朗玛”是藏文音译“成年女子的歌舞”，“朗玛厅”的形成源于“朗玛谐”（上文已有介绍）。在西藏和平解放之前，朗玛厅歌舞原是旧西藏贵族上层阶级欣赏的一种宫廷歌舞，只供达官贵人和高级僧侣观看，普通平民和农奴是根本无法观赏到的。随着物质文化的发展和人民生活水平的不断提高，近几年，朗玛厅在拉萨等城市悄然兴起，并成为家喻户晓的专门表演西藏风情歌舞的藏式娱乐场所。朗玛厅以其浓厚的民族特色和丰富优美的演出节目为本地居民所特别喜爱。①

西藏是歌舞的海洋，茶余饭后或休闲娱乐之时，跳舞唱歌仿佛是人们一天生活当中不可或缺的。朗玛厅消费不高，气氛融洽，因而成为大家的首选之地。很多初到西藏的游客，都不会错过去朗玛厅观看节目的机会，因为在这里你才能真正了解西藏人的夜生活，也才能感受到醉人的西藏风情。如今，朗玛厅将这些或优美，或欢快的节目呈现在大众面前，也让来西藏的游客度过一段欢乐的时光。不论是节假日还是双休日，人们喜欢约

---

① 《朗玛厅》，http：//www. tibetdiy. com/gongjushu/16. html，最后访问日期：2014 年 9 月 10 日。

上亲朋好友，来到自己喜爱的朗玛厅享受快乐之夜。

西藏的朗玛厅起源于20世纪90年代，当时，随着旅游热的兴起，西藏成了全世界旅游爱好者的首选之地，西藏文化更成为游客关注的焦点，这也让朗玛厅有了新的卖点和市场空间，游客们把朗玛厅当作了解西藏文化的一个窗口。各朗玛厅开始打造精品节目——藏戏、宫廷歌舞、弦子、六弦琴、踢踏舞。随着社会的发展，朗玛厅的表演不仅突破了传统表演方式，而且增加了服装表演、流行音乐、相声等丰富多彩的新内容，让那些享受藏族传统歌舞的人可以大饱眼福，大大开阔了眼界。此外，为了迎合观众，连那些适合在广场跳的大型锅庄也被搬上朗玛厅的舞台，观众和演员一起手牵手起舞，把气氛推向高潮，这让朗玛厅的招牌更响亮。

朗玛厅里的演员有的是表演朗玛堆谐的，有的是唱流行歌曲的，有的是唱外国歌曲的，有的是表演节目的。这些演员一大半是业余的，其中一部分人把在朗玛厅表演当作了自己的职业。朗玛厅里最亮丽的还是一部分专业的表演和歌唱演员。对他们来说，在朗玛厅里表演除了创收，就是展示自己的才华。商品经济把演员从高高在上的舞台拉进民间，与观众实现了零距离接触。对于这些演员来说，除了每晚固定的劳务费外，朗玛厅里充分的展示空间更让他们有一种如鱼得水的感觉。

朗玛厅的演出以大厅表演为主，一般配以音响、灯光等完善的舞台设施，演员均为区内著名的民族艺人，表演形式以西藏民族歌舞、旧时宫廷乐弹唱、印度歌舞表演为主，席间多才多艺、风趣幽默的主持人还会调动观众上台自娱自乐，场面十分活跃，不仅能欣赏西藏传统歌舞，还能领略到藏族人民的能歌善舞与热情好客。

西藏歌舞演艺业按承载主体划分为政府主导和企业经营。

从政府主导来看，仅就西藏而言，这类歌舞剧目多以政府部门牵头主导，基本上由各地市的专业艺术团创作和演出，属于事业性单位的专业舞台艺术的发展范畴，其代表剧目有国家舞台精品入选剧目《魅力西藏》，西藏和平解放60周年重点献礼剧目大型话剧《解放！解放!》，还包括由各地市打造的优秀剧目，其中有拉萨市与援藏省市联手打造推出的《幸福路上60年》，那曲推出的《盛世羌塘》，山南推出的《魅力山南》，日喀则推出的《喜马拉雅风情》，等等。

这里以西藏歌舞团为例。该团成立于1958年7月，是一个以藏族为主体，含汉、回、珞巴、壮、门巴、纳西族的专业民族歌舞艺术表演团体，主要承担创作、演出等任务。该团主要以歌舞表演为主，表演的节目分为当代和传统两大部分，其表演风格有民间风格、传统宫廷风格和寺院风格三大类型。西藏歌舞团的主要演出节目有大型歌舞《翻身农奴向太阳》，舞剧《热巴情》，主题歌舞《大雁颂》《金色岁月》《岁月如歌》《盛世赞歌》，西藏乐舞《珠穆朗玛》，大型民俗歌舞《多彩的哈达》，大型风情歌舞《天上西藏》，藏族器乐组曲《雅鲁藏布江大峡谷》，舞蹈《丰收之夜》《牧羊女》《夏尔巴的春天》《央金玛》《贡嘎尔鼓舞》《林卡欢舞》《阿里宣》《珞巴人的刀》《飞快的舞步》《天鼓》等，歌曲《毛主席的光辉》《北京的金山上》《翻身农奴把歌唱》《北京有个金太阳》《春风在心中荡漾》《我爱金子般的家乡》《香巴拉并不遥远》《天上的西藏》等。西藏歌舞团有以著名歌唱家才旦卓玛为代表的几十位具有一定独创能力的编导家、作曲家、指挥家、歌唱家、舞蹈家、演奏家及舞台高级技师等人才。截至 2009 年，西藏歌舞团在区内及全国各类专业文艺调演、比赛等活动中共获剧（节）目和个人奖 427 项（其中 206 项自治区级奖，219 项全国性奖，2 项国际奖）。大型歌舞《大雁颂》获得文化部“文华新剧目奖”。歌曲《咱们西藏》《天上的西藏》《圆梦新天路》《这里是祖国的高原》先后获得中宣部精神文明建设“五个一工程奖”，《祖国的西藏》获得文化部“文华奖”。西藏歌舞团足迹不仅遍布西藏高原的广大农牧民地区和边防哨所，而且遍布全国几大藏族聚居区和十几个省、市、自治区，并出访美国、英国、德国、法国、俄罗斯等 70 多个国家和地区。

从企业经营来看，除政府牵头创作的主要歌舞剧目之外，还有部分由民营企业或公司投资开发的歌舞项目，具有典型意义的是歌舞剧《喜马拉雅》和唐卡式歌舞诗《幸福在路上》。《喜马拉雅》是由西藏旅游股份有限公司与香港中旅集团天创国际演艺制作交流有限公司共同投资 1700 余万元，与拉萨市文化局合作的文化旅游项目，2007 年开始创作，2011 年实现首演，目前由西藏圣地天创演艺有限公司负责运营。《幸福在路上》是由西藏珠穆朗玛（集团）有限公司与四川宏义集团成都飞舞文化艺术传播有限公司共同投资 2000 多万元共同打造的大型唐卡式歌舞诗，创作于 2007 年，2008 年正式首演，2009 年常态化演出，目前由西藏珠穆朗玛文化传媒有限公司负责运营。

（三）歌舞演艺业的一般特征

首先，从事业性艺术剧团的歌舞剧目来看，公共性是政府及宣传部门统筹下的事业性文艺单位所属的歌舞剧目的基本特征，主要体现在以下三方面。第一，多数歌舞剧目是在西藏自治区党委宣传部的总体部署下，在文化厅等直属部门的直接领导下，由区级歌舞剧团与各个地市文化事业单位来承担主要的创作及演出任务，其中也有少数文化企业的参与和投资。第二，歌舞剧目的创作主题，基本上都紧密围绕国家和西藏的重大历史纪念活动，以现实题材作为创作的突破口，以弘扬时代的主旋律为主要任务。第三，歌舞剧目演出的目的多具有政治性和公益性，演出方式以巡演或特定演出为主，而非常态化的演出，并且商业化程度较小，不以营利为主要目的。第四，以专业化的演员为主体，即从创作到排演，大部分都由歌舞剧团、艺术剧团以及藏戏剧团的专业人员参与，演员队专业表演技能相对较高，对剧目的理解和阐释能力也较强。

其次，从经营性文化企业的歌舞剧目来看，商业化是这类歌舞剧目的基本特征。简而言之，就是以实现经济效益为主要目的，同时兼顾社会及区域的示范带动效应。其具体的构成内容可以概括为以下几个方面：

第一，旅游文化产品的定位。《喜马拉雅》和《幸福在路上》自创作之初，就以创作旅游文化精品为目标，并定位于大型的民族文化旅游产品。一方面依托于西藏日益成熟且潜力巨大的旅游市场，其演出的对象就以游客为主；另一方面，创作的元素和展现的内容紧密围绕藏族传统的民族宗教文化，具有较强的藏文化内涵及寓意。

第二，商业化的整体运作。这种运作具体体现为：联合化的投资，即由西藏的企业与内地进行联合投资，最后按照相应合同规定分享利润；公司化的管理，即通过组建演艺公司，对公司的人事、财务等项目进行专业化管理，这有别于文化事业单位对其歌舞剧目的管理方式；商业化的营销，即通过确定受众对象，制订宣传方案，参加各种会展进行推介，借助不同类型的媒体力量予以宣传；品牌化的打造，即以创立独树一帜的品牌立足点，如《幸福在路上》就定位于国内首部以歌、舞、诗艺术形式再创藏族唐卡艺术、诠释幸福与和谐这一永恒主体的全景式艺术精品；旅游化的推动，即通过与旅游公司、旅行社合作的方式，将其作为一项旅游项目，游客的观看消费成为主要的收入来源。

第三，演出的常态化与演员的非专业化。常态化的演出，指演出地点和时间的固定化，通常与旅游季节性特征相匹配，即在每年的4月初至10月底西藏的旅游旺季，基本上做到每天一场的演出。演员的非专业化，指除少数专业出身的剧目创作者、编排者之外，大多数演员是来自民间的非专业演员。从商业的角度上看，固定的场所决定了场租在一定时期内的相对固定，非专业的演员也减少了薪酬支出，有利于企业降低运营的成本。

第四，舞台效果的科技化。舞台演出的实际效果，主要依赖剧目的故事寓意、整体的编排结构、演员的表演能力等要素，同时离不开服装设计与道具运用等辅助性的内容。然而，单纯地依赖于固有的传统表演形式，很难满足旅游消费者日益提高的审美要求，只有借助先进的舞台声光技术，塑造传统与现代结合的舞美景观，建构出音响、灯光、视频等多媒体式的场景效果，通过扣人心弦的音乐曲调、立体恢宏的舞蹈场面、出神入化的灯光影像，达到多视角、多空间的舞台效果，在体现文化产品商业元素的同时，突出剧目的独特性，进而实现品牌效应的目的。

三 实例分析:《幸福在路上》

古老的雪域高原已经敞开怀抱，以前所未有的开放姿态走向世界。如何把“养在深闺人未识”的西藏文化展现给更多的朋友，如何通过精品文艺节目让国内外更加了解一个真实的、发展的、幸福的社会主义新西藏，不仅是进藏游客的希望，也是各级领导同志和西藏文化工作者一直都在思考的重大课题。

（一）产生背景与主题

2006年底，一直心系西藏的全国人大常委会副委员长热地和全国政协副主席、中央统战部部长刘延东又一次在北京谈起了西藏的文化产业发展。多姿多彩的西藏民族传统文化犹如一朵朵奇葩，一定要让它们在新时代绽放出更加璀璨的光彩，这是时代的召唤，这是人民的愿望！经过认真交流，两位领导同志当即指示西藏自治区要立足区内、面向国外，努力打造几台精品文艺节目，推动西藏文化产业快速发展，走出高原，走向世界。从2007年开始，为了能让西藏广大群众和国内外游客在最短时间内欣赏到富有西藏特色和时代气息的精品文艺节目，自治区专门成立了以自治区党委常委、宣传部部长崔玉英为组长，自治区副主席尼玛次仁为副组长的“打造精品节目”领导小组，多次召开会议研究部署此项工作，来自区内外的投资商、制作人和一批国内一流的艺术家组成了阵容超强的创作群体，西藏各地区的“山歌王”“情歌王”“踢踏舞王”“六弦琴王”“热巴舞王”“鼓王”……也被邀请到拉萨，众人拾柴火焰高，不到半年的时间，一台大型西藏原生态歌舞诗《幸福在路上》雏形初现。

《幸福在路上》是由西藏珠穆朗玛集团和四川宏义集团联合出品的歌舞剧目。负责运营《幸福在路上》的西藏珠穆朗玛文化传媒有限公司，前身为成立于1996年的西藏博龙文化艺术有限公司，此后隶属于1997年成立的珠穆朗玛（集团）有限公司。早期的珠穆朗玛（集团）有限公司以矿业勘探开采、建筑、路桥工程建设等行业起家，2000年以后，随着西藏地区旅游业的蓬勃兴起，该公司逐步将业务范围调整至旅游业及相关行业，重点加强景区、景点建设，成为以旅游业务为支撑，兼营金属冶炼、房地产、信托、水利电力、食品开发、市政及路桥工程等多个业务领域的大型综合性民营龙头企业集团。2006年前后，在西藏旅游市场日益成熟完善、文化鼓励政策逐步出台以及内地多部优秀的商业剧目的成功上演等多方面有利因素的推动下，珠穆朗玛集团开始涉足文化艺术领域，并凭借其成熟的旅游业务，策划、打造出一项具有西藏及藏族特色的文化产品。由此，珠穆朗玛集团与四川宏义集团联合投资近3000万元，聘请内地及西藏专业艺术人士组成创作团队，于2007年底创作出《幸福在路上》这一歌舞节目。该歌舞节目自2007年8月6日在拉萨首演，截至2008年7月，仅一年时间，演出60余场，此后作为常态剧目于春、夏、秋三季在拉萨西藏藏戏艺术中心上演。2008年7月16日至19日，还作为北京奥运会重大文化活动之一在北京天桥剧场演出。该剧是官方指定的唯一向北京奥运会献礼的西藏舞台艺术精品。

《幸福在路上》作为一部大型的西藏唐卡式歌舞诗，它定位于以唐卡艺术形式全方位展示西藏传统文化，凸显西藏幸福和谐的迷人魅力，为中国首创、世界唯一的原生态藏族舞台艺术精品。在内容构成上，《幸福在路上》以藏戏说唱叙述剧情贯穿始终，以绿、黄、白、红、蓝五色对应水（生命之源）、土（母育之恩）、风（爱情之灵）、火（圣洁之光）、空（天人之合）构架全剧，以祈福、寻福、育福、纳福、辩福、创福的递进关系，将全剧凝聚在“幸福”这一主题上，充分表达“和谐就是幸福”的主题。该剧从一个侧面再现了西藏民族文化艺术、西藏特色产业不断发展壮大，从西藏走向全国，走向国际的历程。①

（二）团队构成

1. 创作团队

《幸福在路上》的创作团队由享受国务院特殊津贴的著名编导苏时进担任全剧的总导演，由国家一级灯光师周正平，国家一级舞美设计师张继文，西藏著名导演卫东、沙丁等艺术家组成。根据创作要求，分别从编剧、监制、文字、音乐、服装、舞美、灯光等领域聘请专业人才，组成创作团队。创作团队专业实力雄厚，熟知藏文化，是《幸福在路上》得以成功推出的重要条件。

2. 演员团队

《幸福在路上》汇合了西藏最优秀的原生态演员，其中包括在2007年央视春晚和全国少数民族艺术节开幕式赢得广泛赞誉的西藏拉孜县农民艺术团六弦琴弹唱《飞弦踏春》的原班人马以及藏族山歌王、情歌王、踢踏舞王、六弦琴王、热巴舞王、鼓王等，也特邀了西藏自治区歌舞团青年舞蹈家加永江春等优秀演员。② 同时，该剧目还选拔了大量的非专业演员参与其中，成为常态化演出的主力军。这些非专业演员不仅掌握藏族民间的歌舞表演技能，而且深谙本民族文化及宗教的内涵，表演过程中对角色和故事寓意的理解较为到位。

3. 管理团队

《幸福在路上》由西藏珠穆朗玛文化传媒有限公司与四川飞舞文化艺

---

① 参见《西藏印象——幸福在路上》简介，西藏珠穆朗玛集团宣传资料。

② 参见《西藏印象——幸福在路上》简介，西藏珠穆朗玛集团宣传资料。

术传播有限公司全程制作，并由成都中亚经济文化投资有限公司与制作公司联合负责全程的运营推广，西藏自治区文化厅、中国电信西藏公司等政府部门和企业协办。在具体的公司化运营的过程中，通过多部门分工协调，实行正规的演出制度、人事制度和财务制度。

4. 品牌影响

从推广效果上看，《幸福在路上》推出之际，正值北京奥运会筹备的关键阶段，《幸福在路上》在西藏自治区的精心推介之下，被文化部、北京奥组委指定为唯一向 2008 年北京奥运会献礼的西藏文艺精品。随后两年，该剧被文化部评为“中国舞台艺术精品工程”，入选首批国家文化旅游重点项目名录，并先后通过北京国际文博会、昆明国际旅交会等平台加大宣传力度，确立了西藏歌舞演艺文化的优秀品牌形象。

从演出场面上看，该剧目全方位突破了西藏乃至国内剧场难以突破的演出模式，多视角、多空间营造神秘、圣洁、宁静、质朴和热诚的浪漫风格，将舞台与观众融为一体；巨资打造全新的舞美、服装、灯光、音乐以及诗意的朗诵，给观众以耳目一新和眼前一亮的快感以及强烈的视听冲击与情感震撼，同时也带给观众最诚挚的祝福。

从外界评价上看，《幸福在路上》的绚丽登场，被誉为“是西藏独特、悠久、灿烂的传统文化在太平盛世奏出的华美乐章，是西藏舞台上又一里程碑式的精品佳作，是西藏第一台原生态世界级旅游文化艺术精品，是中国再创艺术原生态探索性的开创性的成功之作”。① 2010 年，该剧入选文化部“国家文化旅游重点项目”。

（三）《幸福在路上》主要数据指标分析

1. 基本信息概况

演出时间上，《幸福在路上》自 2009 年起才开始常态化的演出。演出时间从每年的 4 月 1 日至 10 月 31 日，实行每晚一场的演出日程，以适应西藏旅游的季节性特征。演出地点上，该剧在拉萨的藏戏艺术中心定点演出。藏戏艺术中心剧场最多能能容纳 729 名观众。在接待方面，夏季的旅游旺季，每场的观众人数一般为 600 ~ 700 人，年接待观众 8 万人次左右。

① 根据本课题组对西藏珠穆朗玛集团的访谈内容整理。

观众由来自内地和国外的游客构成，其中内地游客占较高比例（见表 14－1、表 14－2）。

表 14－1 《幸福在路上》演出概况（1）

所属企业	首演时间	演出地点	演(职)人员
西藏珠穆朗玛文化传媒有限公司	2008 年	拉萨藏戏艺术中心	60(40)余人

资料来源：根据西藏珠穆朗玛集团访谈内容整理。

表 14－2 《幸福在路上》演出概况（2）

年均演出场次(场)	年均接待人次(人)	年均实际利润额(万元)	票面定价档次(元)
200 余	8 万多	300～400	280/380/580

资料来源：根据西藏珠穆朗玛集团访谈内容整理。

2. 投资与收益额

投资额度上，2007 年，打造《幸福在路上》，投资 2000 余万元，至 2009 年常态化的正式演出，先后投入超过 3000 万元。从投资的支出方向上看，主体部分的开支为剧目创作初期的各项投入，包括导演、编剧等创作成员的薪酬支出，服装、道具及舞台灯光音像等的技术设备的投入。经营收入上，由于公司将票价制定在 280 元、380 元及 580 元（VIP）三个档次，以满足不同消费层次的需求，综合这样的定价标准、每场接待人次、年演出场次，扣除旅行社提成、演员收入等支出之外，场均利润 6 万～7 万元，全年有 300 万～400 万元的实际利润总额。据了解，自 2009 年正式常态化演出以来，该剧目的收入一直呈上升趋势，2011 年以后已经扭亏为盈。其他收益方面，包括剧目打造初期，赴北京参加奥运献礼及其他如文博宣传活动时，政府给予的资金扶持，最大的一笔是 300 万元的财政无息借款（见图 14－1）。

3. 成本及支出构成

据介绍，除去创作初期的投资开支之外，《幸福在路上》在常态化运营中的成本主要由旅行社提成、演员工资、场租及水电等开支构成。自剧目投入市场以来，珠穆朗玛文化传媒有限公司与西藏 100 多家大小型旅行社签订

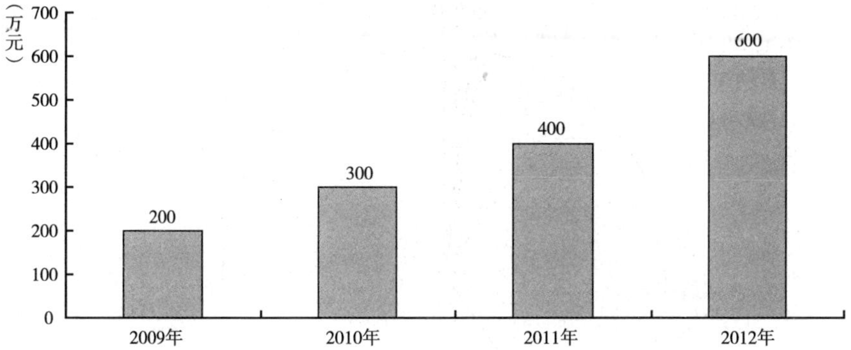

图 14－1　《幸福在路上》年均实际盈利情况

合约，以保证客源量。而合同也同时规定了相应的分成比例，即按照售出的票面价值，公司与旅行社大致进行四六分成。以面值 580 元的 VIP 票为例，旅行社约分得 300 元，公司实际进账 280 元。因此，全年计算，公司向旅行社支付的金额，要占到总账面收入的 60% 左右，金额在 600 万～700 万元。演职人员工资方面，公司划分出三个档次的工资标准，包括 5000 元以上、3000～4000 元、3000 元以下，中间工资部分人数居多。按照每年共演出七个月的标准计算薪酬，年均的工资支付额在 210 万～280 万元。此外，主要的支出还有场租费用、水电费用，以及按照 5% 的正常营业税率上缴的税（见表 14－3 及图 14－2）。

表 14－3　《幸福在路上》运营成本支出情况

旅行社分成方式	分成所占比重	约 60%		
	年均分成总额	600 万～700 万元		
演职员薪酬结构	薪酬档次	5000 元以上	3000～4000 元	3000 元以下
	人数	4～5 人	30～40 人	50 多人
	年均支出总额	210 万～280 万元		
其他主要开支	年均场租	60 多万元		
	水电费	10 万多元		

资料来源：根据西藏珠穆朗玛集团访谈内容整理，部分数据为估算而得。

4. 业务份额及占有率

根据 2011 年的数据分析，珠穆朗玛集团经营的旅游文化业务，年收入

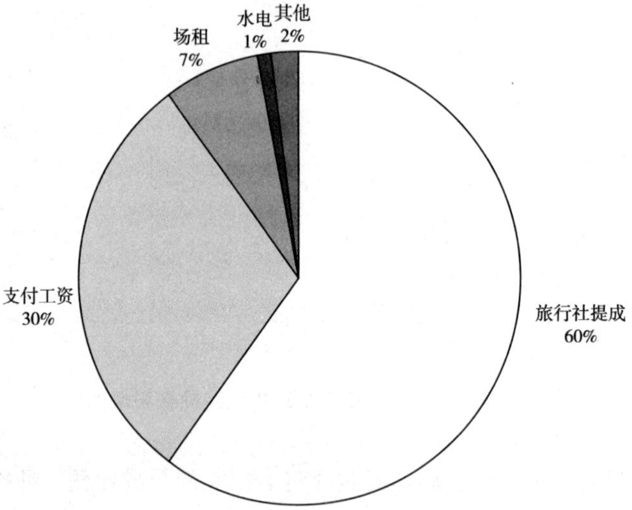

图 14－2　《幸福在路上》各项支出占总成本比重

额超过 2000 万元，全年游客接待量在 60 多万人次，约占整个西藏游客接待量 850 万人次的 7%。集团下属的三个主要旅游品牌羊卓雍错景区、林芝千年古堡景区与歌舞表演《幸福在路上》的游客接待量分别为 30 多万人次、10 多万人次、8 万多人次。其中，《幸福在路上》的收入比重占集团旅游文化业务收入的 20%～30%，整个旅游文化的收入占集团整体收入的 50%～60%，见图 14－3 及图 14－4。

（四）《幸福在路上》存在的问题及对策

1. 对旅游业的依存度过高

《幸福在路上》自打造之初，就定位于旅游文化精品，其受众也是广大的赴藏游客。积极地看，《幸福在路上》的成功有赖于西藏良好的旅游基础条件，旅游公司、旅行社成为提供观赏客源的主力，亦是参与演出收入分成的“大户”。同时，剧目的宣传推广、门票销售也多半通过各大旅游文化企业完成。这种程度相对较高的“歌舞剧—旅行社（公司）”的相互依存关系，在为剧目运营企业创造稳定收入的同时，也影响到剧目发展的独立性问题。也就是说，该剧目收益的好坏，与旅游市场发展的好坏相挂钩，随之产生或潜存着一些问题，主要表现就是，如何实现在剧目所有

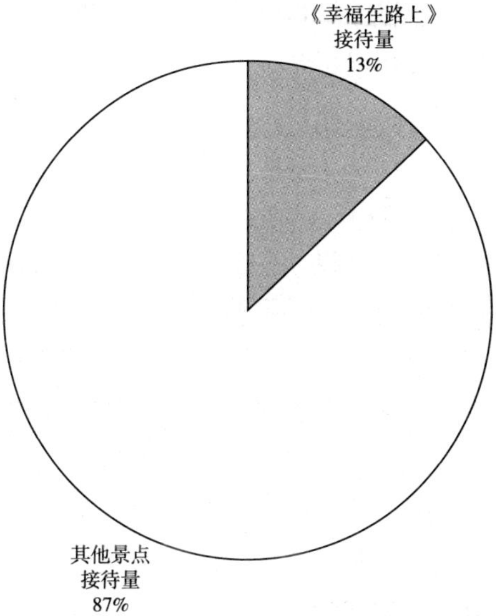

图 14－3　西藏珠穆朗玛集团游客接待量构成情况

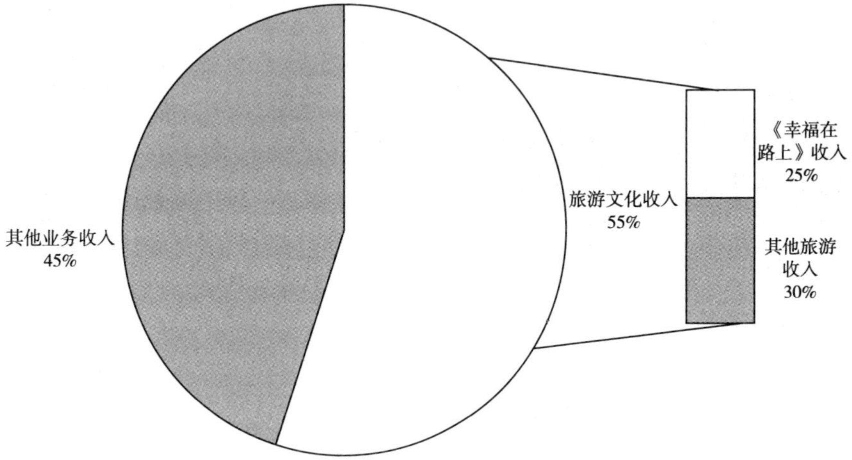

图 14－4　西藏珠穆朗玛集团经营收入构成情况

者与旅行社两者之间进行合理经济利益的分配，以保障旅游消费项目对歌舞剧目稳定的经济支撑。据负责《幸福在路上》运营的珠穆朗玛文化传媒有限公司的介绍，按照现行的四六分成，旅行社拿走约六成的票务账面收人，公司只能获得剩余四成，这也间接地反映出剧目的观众来源较大的依赖旅行社这一客观事实。在演出季保持较高的观众接待人数，那么演出的高收入来源是有所保障的，但同时，仍需要考虑对这种四六分成的分配方式加以细化，以达到双方持续互利的效果。

2. 淡旺季分明的不利影响

淡季、旺季分明的演艺日程，存在一定的不利影响，这是对旅游存在依赖的一种延续，即西藏季节性较强的旅游特征，决定了游客多集中于每年的6~9月，尤其以七八月份游客最为集中。尽管剧目实现了常态化的演出，但也并非全年的常态化。每年的11月至次年的3月，是《幸福在路上》的停演阶段，这就导致了演出收入会有大幅的减少，同时演员也出现暂时待业缺少收入的情况。因此需要在此阶段尝试对剧目内容进一步更新完善，或是考虑尝试到内地巡演等优化的方式。

3. 受众及市场需求相对较窄

一般而言，如果一台歌舞剧目的内生性不强，不能深入挖掘歌舞中的文化内涵，没有新颖独特的表演风格，那么在满足大众审美需求变化方面，必然会面临诸多的问题。而这一点上，《幸福在路上》在文化的品位和表演的新颖性上，在西藏各类歌舞剧目中处于一个较为领先的地位，总体上做到了内涵性与创新性的统一。尽管如此，依托旅游业，以游客为主要受众，使《幸福在路上》的市场需求对象相对固定且单一，观众的消费过程仅局限在演出的几个小时内。就剧目的表现形式而言，一定程度上也局限于舞台表演这种相对固化的模式。因此，仍旧可以适当考虑丰富的歌舞演艺形式，融入更多消费内容，通过开发《幸福在路上》的衍生品，创造具有附加值的文化产品，增加游客在正式演出前后停留的时间，丰富演出之外的娱乐消费内容，以此拓宽消费需求。

4. 剧目间的交流合作能力有待提高

从现有的信息来看，《幸福在路上》与《喜马拉雅》是拉萨主要的两个商业歌舞品牌，所属两家企业主要是在票价的制定上有所统一，总体而言处于竞争与合作并存、竞争稍多于合作的现状。有序的竞争有利于促进各自实力的加强，而拓展交流和合作更有助于双方实现互利共赢。并且，还可以考虑加强与区内其他文化企业、行业的合作，以形成产业链，即打破条块分割实行的跨行业经营，把上游产业与下游产业结合起来，构建文化产业链条。此外，与内地优秀的歌舞剧目运营企业的交流合作也十分必要，既可以借鉴成功的优势经验，也可以在舞台技术、运营理念等方面实现合作和互补。

5. 政府的引导和扶持方式需要优化

在《幸福在路上》打造之初，西藏自治区党委政府等部门给予了极大的扶持，对于该剧目在内地的成功推出和在西藏的落地演出，发挥了积极的作用，体现为资金上的扶持和宣传推广上的支持等，基本上做到了坚持“政府引导，市场主导，社会参与”的方针原则，并且注重从民族文化发展的层面完善对文化产业的扶持。该剧常态化演出之后，政府的角色有所调整，更多的是“抓大放小”的宏观参与，在管理方式上有所转变。尽管在具体的管理和接触中难免存在一些矛盾，但作为政府部门，需要更多地从协调好文化资源保护与文化商业化的关系的大局出发，在确保文化企业良性竞争、规范发展的同时，更多地注重通过整合资源、强化精品、促进保护等有效方式来产生积极的社会文化效应与影响力。

（五）藏族歌舞演艺业发展的路径模式——以《幸福在路上》为例

1. 以提炼整合藏族文化资源为基础

丰富的传统文化艺术资源是藏族人民生活实践的结晶，凝聚着藏民族发展的悠久历史，是对藏族文化进行开发创造的基础。特别是原生态的文化艺术内容，更成为新兴的歌舞节目品牌创作所依赖的条件。《幸福在路上》正是依托了藏族的传统文化，对藏族文化中诸多优秀的因素予以合理发掘和整合。它将歌舞、说唱、音乐史诗演唱等多种文化艺术传统加工、提炼，并以藏戏说唱的方式来叙事。例如，整台《幸福在路上》的剧情结构，就是以绿、黄、白、红、蓝五色对应水（生命之源）、土（母育之恩）、风（爱情之灵）、火（圣洁之光）、空（天人之合）来构架全剧。也就是说，它以再创的藏族艺术原生态的形式，将生活与艺术的原生态通过聚集、放大、抽象、提炼、重新拼合，再创西藏的艺术原生态，展现西藏归真与超越的原生态艺术，展现西藏原生态生活与艺术化了的生活。[①] 因

① 歌舞诗《幸福在路上》，http：//baike. baidu. com/view/1437529. htm。

此，无论是表演的内容还是表演的形式，在根植于丰富的藏族传统历史与民间文化的肥沃土壤的同时，还通过对藏族传统文化资源的提炼整合，反映并展现出藏族文化艺术的独特魅力。

2. 以市场化的运作方式为主体

歌舞演艺业的市场化商业化运作，即以市场化商业化方式，将可以利用的、具有比较优势的文化资源，通过组合开发、改造生产、附加服务等过程，形成文化产品或文化服务，最终实现经济利益，其中就包括了吸引投资、成立企业，招募演员、编排节目，营销宣传、推向市场等具体的环节。以企业形式存在与参与的运作，便是歌舞演艺文化产业市场化的重要途径。《幸福在路上》是由西藏珠穆朗玛集团和四川宏义集团联合出品，并由旗下的西藏珠穆朗玛文化传媒有限公司、飞舞文化艺术传播有限公司、成都中亚文化投资有限公司负责具体的运营和推广的文艺精品。其市场化的运作体现为以下几个方面：一是企业投资。该节目由西藏珠穆朗玛集团投资2500多万元进行打造，充足而持续的资金注入是该节目得以创立和持续发展的经济保障。二是编排制作。既有著名的导演、灯光师、舞美设计师的长期精心创作，也吸纳和汇集了藏族优秀的山歌王、鼓王、六弦琴王等的民间艺人和文艺传承者。三是现代的舞台设计。《幸福在路上》确定于西藏藏戏艺术中心长期演出，不仅有豪华的藏饰的剧场，而且还通过扣人心弦的音乐曲调、立体恢宏的舞蹈场面和出神入化的灯光效果，多视角、多空间的舞台效果带给观众强烈的视觉冲击和听觉享受。四是品牌化的产品营销。《幸福在路上》在初创之时，就强调要打造成为思想性、艺术性、观赏性完美统一，做拿得出、站得住、打得响的文化精品。[①] 并且，该剧目还提出要定位于以唐卡艺术形式全方位展示西藏传统文化，凸显西藏幸福和谐的迷人魅力，为中国首创、世界唯一的原生态藏族文艺节目。宣传推介方面，通过中央电视台、北京国际文博会、上海世博会等机构和媒介的宣传，进一步提升了《幸福在路上》这个文化产品的吸引力和竞争力。与此同时，树立品牌意识，打造推广精品节目，充分挖掘潜力，发展壮大一批文化企业，对于带动一个地区的文化产业发展至关重要。

---

① 《西藏大型唐卡式歌舞诗〈幸福在路上〉介绍》，http：//www. tibetsoul. com。

3. 以优越的旅游市场环境为平台

将文化产业与旅游业相结合发展，是目前国内国际文化产业发展的普遍现象。旅游消费实际上是一种文化消费，文化含量决定着旅游的生命力，旅游景点的文化积淀越深厚，文化内涵越丰富，旅游商品和旅游服务的文化含量越高，文化附加值越大，文化个性和文化特色越明显，就越能吸引游客。[①] 旅游业是西藏的支柱产业，也是西藏文化产业化的关键平台。《幸福在路上》正是依托了拉萨及整个西藏地区优越的且较为成熟的旅游业，才能在自身品牌创建和推广的过程中，获得较好的市场空间以及受众群体。丰富的游客资源不仅为《幸福在路上》这样的歌舞节目的消费提供了稳定市场的保证，使得其能够在经济层面上有着持续且稳定的收益来源，而且在演艺企业和旅游企业之间，能逐步形成良好的业务合作关系，实现不同企业或行业的利益双赢，进而促成演艺业和旅游业的良性互动。同时，借助旅游业的平台，还能够尝试开发一些相关的旅游衍生产品，以衔接产业的上下链条，从而拓宽市场的需求，提升这类演艺节目的品牌附加值。此外，品牌化打造，又有助于提升拉萨及西藏的旅游文化品位，丰富藏族文化的内涵。

4. 以积极的文化政策为导引

民族歌舞演艺产业作为文化产业的构成部分，需要相对宽松的政策条件作为保障。其中既有经济产业政策的引导，也有文化政策的鼓励，也不乏民族政策的扶持。民族歌舞演艺的产业化，应当坚持科学开发、合理规划的基本原则，并顺应主流意识形态的内在要求。那些反映民族文化多样性，对维护和促进民族团结有积极意义，符合党和国家的文化发展战略的民族歌舞演艺产业，往往都能获得较为优越的政策肯定与支持。在《幸福在路上》的创作构思中，西藏自治区党委书记张庆黎就指出，思想性就是一台文艺节目的灵魂和生命。西藏发展进步的伟大历程波澜壮阔，是广大文艺工作者取之不尽、用之不竭的创作源泉。要努力打造富有西藏特色和时代气息的文化精品，不仅要展现西藏丰富而独特的民族传统文化，更要展现西藏和平解放以来所发生的翻天覆地的变化，展现社会主义新西藏欣

---

① 耿香玲、刘士岭：《西藏地区发展文化产业的比较优势探析》，《西藏大学学报》2004 年第 2 期。

欣向荣的今天和光明灿烂的明天！[①]

一个优秀的歌舞品牌，能够激发观众对于藏文化的向往和喜爱，这为通过其实现品牌衍生、打造相关文化产业链奠定了基础。以《幸福在路上》为代表的藏族歌舞演艺剧目，正是顺应了市场经济的发展潮流，根据受众的喜好和需求，将处于原生态的藏族文化作为原料和素材加以整理、加工后推向市场，将文化资源和市场开发有机地结合起来，建构一种利用文化资源刺激经济增长，并同时推进少数民族文化和经济共同发展的有效模式。[②] 概括地说，"政府主导、市场运作、文企联姻、打造品牌"，正是西藏及藏族经营性歌舞演艺业发展的主要路径。

---

① 《幸福在路上》官方网站，http：//www. tibetsoul. com。

② 谢梅、陈丽媛、毛一玲：《少数民族文化的现代化生存范式及其思考》，《中国文化产业》（第二辑），中国海洋大学出版社，第197页。

第十五章　拉萨风情旅游——文化旅游的典范

西藏旅游业迅猛发展，为西藏文化产业的繁荣大发展带来了大好机遇。西藏传统民族文化既是西藏旅游的特色，更是西藏旅游的优势，西藏文化产业也借助旅游市场获得发展良机。截至 2012 年 11 月 30 日，西藏接待海内外游客 1034 万人次，比 2011 年同期增长 22.6%；旅游总收入达到 124 亿元，同比增长 33.9%。业内专家认为，1000 万人次是个临界点，意味着西藏旅游业将进入提质增效、持续发展阶段。“世界屋脊，神奇西藏”的旅游目的地整体形象得到进一步彰显。而拉萨风情旅游，是西藏旅游的典范。

一　拉萨风情与文化旅游

拉萨是国务院首批公布的 24 座历史文化名城之一，文化资源禀赋异常丰富，有史诗说唱、锅庄歌舞、藏戏艺术等文化奇葩，有藏香、藏纸、藏刀、藏毯、雕版等精美绝伦工艺制品，有藏药秘方、冬虫夏草、雪莲红花等高原特色产品，有纳木错、念青唐古拉、当雄草原、高原温泉等自然风光，有雪顿节、藏历新年等丰富多彩的民族节庆，这为拉萨文化旅游产业发展，提供了资源，创造了条件。要把西藏打造成为重要的世界旅游目的地，拉萨作为西藏旅游的中心城市和龙头城市，更是迎来了前所未有的发展机遇。

（一）拉萨风情

拉萨是一座充满魅力的千年古城，是青藏高原上的一颗璀璨的明珠，也是西部大开发十年来，中国西部崛起的战略中心城市之一。享誉中外的布达拉宫、大昭寺和罗布林卡，灿烂悠久的藏文化，旖旎隽美的高原生态风光，构成了拉萨天然的旅游吸引力，推动着拉萨旅游业快速稳定持续发展。

拉萨作为一座具有1300多年历史的文化名城，拥有各级文物保护单位31处，其中国家重点文物保护单位7处，自治区重点文物保护单位15处，县（市）级文物保护单位9处。布达拉宫、大昭寺、罗布林卡分别被列入《世界遗产名录》。拉萨市不仅是西藏的行政中心，而且是藏传佛教的中心，现有寺庙258座。[①] 拉萨的宗教文化中以藏传佛教文化影响最为深远，可以说，藏传佛教文化是西藏文化的核心。而西藏的建筑文化中，陵墓建筑、宫殿建筑、寺庙建筑、园林建筑以及民居建筑都独具特色，具有极强的观赏和实用价值。西藏的民俗文化种类繁多，包含甚广，它的民俗风情、民间戏曲歌舞文化、民间工艺文化、节庆文化、饮食文化以及服饰文化等都有别于其他的地区和其他民族，这也造就了西藏文化独特的吸引力。西藏的藏戏、藏歌舞、藏餐、唐卡艺术等都让游客惊异且流连忘返（见表15－1、表15－2）。

表15－1　拉萨文化旅游资源分类

<table>
<tr><th colspan="2">文化资源类别</th><th>主要文化旅游列举</th></tr>
<tr><td colspan="2">远古文化类</td><td>曲贡文化遗址、羊八井加日塘遗址</td></tr>
<tr><td colspan="2">宗教文化类</td><td>本波教文化、藏传佛教文化、伊斯兰教文化、天主教文化等</td></tr>
<tr><td rowspan="5">建筑文化</td><td>陵墓建筑</td><td>藏王墓</td></tr>
<tr><td>宫殿建筑</td><td>雍布拉康、布达拉宫、阿里古格王国古城遗址、青瓦达孜宫遗址、甲玛王宫遗址</td></tr>
<tr><td>寺庙建筑</td><td>大昭寺、桑耶寺等</td></tr>
<tr><td>园林建筑</td><td>罗布林卡</td></tr>
<tr><td>民居</td><td>帐篷型、碉房式、干栏式、上栋下宇式</td></tr>
<tr><td rowspan="4">民俗文化类</td><td>民俗风情</td><td>信仰民俗、娱乐民俗 婚姻民俗、丧葬民俗等</td></tr>
<tr><td>民间戏曲文化</td><td>说唱艺术、戏曲艺术（藏戏）、歌舞艺术（果谐、堆谐、囊玛、勒谐、鼓舞与热巴舞等）</td></tr>
<tr><td>民间工艺文化</td><td>雕塑艺术、绘画艺术（唐卡、壁画等）、造纸术、印刷术、陶器、五金工艺、纺织工艺等</td></tr>
<tr><td>饮食文化类</td><td>牛羊肉、奶制品、糌粑、酥油茶等</td></tr>
<tr><td colspan="2">革命文化类</td><td>江孜宗山遗址</td></tr>
<tr><td colspan="2">文化名城类</td><td>拉萨</td></tr>
</table>

资料来源：安玉琴等：《西藏文化旅游资源开发现状探析》，《西藏大学学报》2009年第12期。

① 旺希卓玛：《拉萨市近10年旅游业的发展及广阔前景》，《西藏研究》2007年第2期。

表 15－2　拉萨市民俗文化节日

节日	时间	地点
雪顿节	藏历六月三十日至七月六日(8 月 15 日 ~8 月 21 日)	拉萨地区
望果节	藏历八月(9 月)	农村地区
沐浴节	藏历七月(9 月中旬)	全西藏地区
当雄赛马节	藏历七月(8 月)	拉萨当雄县

资料来源：《西藏旅游》2004 年第 3 期。

拉萨文化旅游资源的特点主要表现在三个方面。首先是民族性。神秘的藏传佛教、豪放的西藏歌舞、奇特的婚葬习俗等无不带着很深的民族印记，不仅让旅游者领略到了完全不同的民族风情，而且也让旅游者感受和认识了拉萨文化的独特魅力。其次是原生性。相对封闭的交通、通讯使拉萨民族文化较少受到现代工业文明的冲击与影响，不论是宗教文化还是民俗文化都基本保留了原生态民族文化古朴而原始的特征与内涵。最后是宗教性。千百年来的信仰传统使藏传佛教已经深深融于藏民族的生产、生活之中，拉萨的建筑、戏剧曲艺、音乐舞蹈、民风民俗、工艺美术等无不带着浓厚的宗教色彩，宗教文化无疑成了藏族文化的主体。

（二）文化旅游的发展历程

文化旅游是指以文化旅游资源为支撑，旅游者以获取文化印象、增智为目的的旅游产品，旅游者在旅游期间进行历史、文化或自然科学的考察交流、学习等活动，这些活动中无不包含着文化的元素。文化旅游的实质就是文化交流的一种形式，旅游者从中可以获得精神与智力的满足，是一种较高层次的旅游活动。文化旅游有着可持续性和知识密集性的特点。国内的文化旅游主要集中在三个方面：一是民俗文化旅游，这种文化旅游形式主要在民族地区展开，对少数民族地区传统文化的传承和保护有着积极的作用。二是宗教文化旅游，这在西藏表现得最为明显，其他的还有山西的五台山、湖北的武当山、河南的少林寺等都是宗教文化旅游的典范。三是建筑和雕刻文化旅游，这种类型的文化旅游形式以北京的故宫、苏州的园林、敦煌的莫高窟等为典型。文化旅游对游客自身的知识水平和文化素质要求较高，这种旅游形式不像自然景观旅游一样受制于气候条件和季节的变化。

作为国内旅游发展的典范，拉萨的文化旅游发展正呈现如火如荼的态势。文化旅游作为旅游业中重要的一部分，它的产生、发展和整个旅游环境的发展是密不可分的。而拉萨作为西藏自治区最重要的城市，它的旅游业的发展史可以放大为整个西藏的旅游发展史。

1978 年以前，西藏的旅游业几乎是一片空白，改革开放后，西藏向国内外游客敞开了大门，从此，西藏的旅游业取得了长足的发展。西藏旅游的发展大致分为三个时期：1980～1990 年是起步和成长期。1980 年第一次西藏工作座谈会的召开是西藏旅游起步的标志，当年接待境外游客 1059 人次。1984 年第二次西藏工作座谈会议召开，中央加大了对西藏的投资力度。同年，拉萨市外事办公室（旅游局）筹备组成立，拉萨市旅游业开始起步，但是这一时期的游客主要是国外的，国内的占少数。1991～2005 年是快速发展期。第三和第四次西藏工作座谈会将旅游业作为工作重点。这一时期西藏政府出台了一系列政策文件，保障旅游业的快速发展。1990 年，西藏自治区制定了《西藏自治区旅游规划》。1996 年西藏确立了旅游产业的战略地位。2003 年，西藏自治区提出“打造旅游精品，实现效益双增”。2004 年，西藏旅游的接待量突破了 100 万人次。从 2006 年到现在是西藏旅游的井喷式发展期。2006 年西藏自治区提出了“一产上水平、二产抓重点、三产大发展”的经济发展战略，并将旅游业确立为三产大发展的龙头产业，加大了政策和资金扶持力度。随着青藏铁路的开通，国内外游客络绎不绝，2006 年的接待量突破了 200 万人次。虽然 2008 年的特殊事件导致了游客的减少，但是到 2009 年，西藏的游客数量达到 500 多万人次，2010 年又增加到 600 多万人次，其中拉萨市接待游客 400 多万人次。从 2007 年开始，西藏自治区政府明确提出把旅游产业作为促进西藏经济跨越式发展的首要支柱产业。2012 年西藏自治区接待国内外游客达 1058.4 万人次，实现旅游总收入 126.5 亿元，“十一五”期间年均增长 29.8%，旅游总收入占西藏全区 GDP（国内生产总值）的 14.1%，是名副其实的支柱产业。“世界屋脊”“神奇西藏”的旅游形象已经初步确立。2011 年通过的《西藏“十二五”国民经济和社会发展规划纲要》中明确提出要着力推进“以旅游业为龙头的特色优势产业快速发展”，把旅游业列为六大特色支柱产业之首，重点加以发展。在“十二五”期间，西藏将以建设最重要的世界旅游目的地为目标，精心打造“神奇西藏、和谐生态、圣地天堂、特色文化”的旅游品牌形象。西藏自治区力争在 2015 年，实现年接待游客 1500 万人次，旅游年收入达到 180 亿元。[①]

目前，拉萨市正全力打造具有高原和民族特色的国际旅游城市。首先是加快“三大建设”，即：加快重大文化旅游项目建设、加快旅游基础配套设施建设、加快推进国际旅游品牌建设。其次是着力推进“五个国际化”，即：旅游产品国际化、旅游设施国际化、旅游服务国际化、旅游营销国际化、旅游集团国际化。近年来，拉萨市先后荣获了“中国优秀旅游城市”“欧洲游客最喜欢的旅游城市”“中国旅游精品——文化遗产旅游目的地”“中国最具国际影响力的旅游城市”“国际最佳休闲旅游胜地”等荣誉称号。

西藏旅游的发展史就是拉萨旅游的发展史，从对拉萨旅游的发展史的梳理中可以看出，旅游业在促进拉萨市经济发展中发挥了重要的作用，而国家和自治区政府的重视也充分体现了旅游业的重要地位。拉萨旅游主要以文化旅游为主，去拉萨主要感受的是它独特的宗教文化、民俗文化和各类具有民族特色的建筑和传统工艺文化，这些文化资源构成了拉萨市旅游业发展的重要载体。大力发展文化旅游产业，既是拉萨市充分发挥资源优势的现实选择，又是深入保护和开发藏族优秀的民族文化的必然要求，同时也是带动拉萨市其他文化产业发展的有效路径。

（三）拉萨发展文化旅游的意义

文化旅游产业已成为当代经济社会发展的重要支撑，这不仅是因为它能够获得较高的经济效益，更在于它向其消费对象所提供的服务彰显了以人为本的理念，传承了人类在历史进程中积淀下来的宝贵财富，能够在精神层面上满足人民群众日益增长的需求，对于提升国民素质、促进人的全面发展具有不可忽视的作用。

拉萨市发展文化旅游具有重要的意义。首先是带动相关产业，尤其是拉萨市文化产业的发展。旅游业是一个关联性很强的产业，有学者指出，一个人从事旅游业可以带动相关产业就业五人。旅游业集吃、住、行、游、购、娱为一体，发展旅游业可以带动拉萨餐饮业、住宿业、客运业、

---

① 才旺扎西：《以旅游发展为契机，传承西藏文化》，西藏文化网，2011 年 10 月 17 日。

咨询服务业、销售业、娱乐业等行业的发展。从拉萨旅游的淡旺季中可以明显地感觉到旅游业对其他产业的带动作用。如拉萨市有 2000 辆出租车，在旅游旺季的时候出租车常常供不应求，在拉萨市区半小时内打不到车是常有的事。

为了促进拉萨市文化产业的发展，拉萨市委、市政府顺应形势发展，提出了“文化兴市，产业强市”的战略目标。现在拉萨市文化产业发展初具规模的企业主要有生产和销售唐卡、藏香、藏饰品等的岗地经贸有限公司，西藏奇正藏药股份有限公司，生产藏药的金哈达药业有限公司，生产和销售藏香和藏香水的西藏优格仓工贸有限公司，玛吉阿米风情连锁餐饮，西藏拉萨地毯有限公司，以及打造藏族歌舞剧《幸福在路上》的西藏珠穆朗玛文化传媒有限公司和开发藏族歌舞剧《喜马拉雅》的西藏旅游公司，另外还有生产销售民族手工艺品的卓番林手工业有限公司和生产销售民族手工艺品和唐卡等的西藏拉萨古艺建筑美术公司，等等。拉萨深度开发文化旅游，可以从吃、购、娱上带动相关的文化产业的发展。到了拉萨，很多游客都想体验正宗的藏民生活，因此可以去大昭寺附近的玛吉阿米餐饮店品尝藏餐，然后在购物的时候可以购买有藏族特色的唐卡、藏毯、藏香或藏香水，甚至可以买点藏药，这些物品既可以送人，又可以自己享用。晚上游客还可以观赏原生态的藏舞歌舞《幸福在路上》或者是《喜马拉雅》。这样，游客可以全方位地感受藏族文化，可见拉萨文化旅游对推动拉萨市其他文化产业的发展有重要作用。

其次，可以增强对藏族民族文化的开发与保护意识。拉萨是一个多民族聚居的地区，有独具特色的民俗文化，包括民族村落、生活方式、婚丧习俗、节庆活动、音乐舞蹈、宗教信仰等。另外，拉萨市的宗教文化资源也十分丰富，主要体现在各类寺庙、园林建筑上。这些民俗文化资源和宗教文化资源是吸引外部游客的重要因素，也是文化旅游开展的重要载体，而正是因为拉萨市的文化旅游资源具有独特性和民族性，才吸引着海内外的游客络绎不绝地来到拉萨，感受它的神秘与风采。然而，在对文化旅游的开发过程中，存在对文化资源的破坏现象，尤其是商家在市场经济利润的驱使下，对文化旅游商品浅层次的开发和滥用，很容易导致文化资源变成一些符号化和空洞的东西，这样无疑损坏了文化资源深层次的价值，不利于文化资源的传承与保存。但是，通过开展文化旅游，使当地居民认识到西藏历史文化的价值和比较优势，增强当地居民的自豪感，促使本民族自觉地去保护、传承、弘扬民族文化，同时政府有关部门在文化旅游的开发中也会积极深入地挖掘、拯救、复原、宣传民族文化，对破坏文化资源的行为予以坚决的抵制和打击，使藏族民族文化得以完整地流传和保存，永久地保持它的“比较优势”。

最后，发展文化旅游，有利于促进拉萨市旅游业的可持续发展。文化将成为21世纪旅游业发展的灵魂，因此，在旅游业的发展过程中，只有提高旅游地旅游资源的文化内涵和品位，才会对游客产生持久的吸引力。文化旅游不同于自然景观旅游有很强的季节性和依赖性，文化旅游强调对文化资源深层次的理解，因而，它的传承性和保护性更强。拉萨市有很多世界著名的文化资源，比如布达拉宫、大昭寺等，通过发展文化旅游，能提高政府对这些文化资源的保护意识，从而促进旅游业的可持续发展。

二　拉萨文化旅游的发展

（一）政策的支持和基础设施的完善

首先，强有力的政策支持和实施。随着西藏第五次工作会议的召开和“文化大繁荣大发展”远景目标的提出，西藏政府对构建文化旅游产业园区提出了相关的设想，并在投资建设和招商引资上给予了大量的政策支持，这些支持主要体现在土地使用、人才引进等方面。政府制定的优惠政策包括：文化产业园区和基地由政府统一规划，基础设施由政府投资建设，对进入园区的文化企业、机构、项目，优先享受国家、自治区和高新技术企业发展的各项优惠政策；文化产业重点项目用地纳入土地利用总体规划和年度用地计划，公益性文化设施建设用地由政府划拨，文化产业用地可通过政府议价形式出让。另外，《西藏自治区文化产业发展专项资金管理暂行办法》《西藏自治区文化创作扶持与奖励办法》《关于贯彻落实推动文化大发展大繁荣有关税收优惠的通知》《关于金融支持文化产业振兴和发展繁荣的意见》等，从财政、税收、金融等方面加大文化产业支持力度，并且由文化厅和旅游局根据国家文化部和旅游局相关文件规定设立地方文化旅游节活动扶持名录，通过政策优惠、资金补贴等方式进行支持。

其次，交通和基础设施的日益完善。拉萨是进出西藏的交通枢纽，已建成的川藏、青藏、中尼、新藏、滇藏5条国道形成了以拉萨为中心、辐射全区的公路交通网。2004年，西藏首家航空公司西藏分公司在拉萨成立，将构建起西藏自治区内的航空网络。2005年10月12日，世界上海拔最高、线路最长的高原冻土铁路——青藏铁路全线铺通，2006年7月1日，北京、成都、重庆、兰州、西宁等城市同时开通至拉萨的列车。青藏铁路的建成通车，使进入西藏难的瓶颈问题成为历史，并且进一步推动了拉萨市旅游业的发展。

在拉萨，除了西藏宾馆、拉萨饭店、西藏大厦、日光宾馆、喜马拉雅饭店等国家旅游部门的定点星级宾馆以及其他有一定规模的涉外宾馆外，八廓街附近、北京东路、藏医院路、色拉路、林廓北路、林廓东路、北京中路、宇拓路等街区，接待规模较小的旅馆、招待所为数众多。而今的拉萨，八方风味云集，百味美食争香。拉萨的定点旅游饭店大都兼供中西餐，中餐以藏餐、川菜、鲁菜、淮扬菜、粤菜较为常见，西餐则有德式、法式、俄式以及印度风味、印尼风味等，经营特色各有不同。在拉萨、日喀则等城镇街头，经营川味、粤味、鲁味、清真风味、西北风味、淮扬风味、滇黔风味、东北风味的餐馆、小吃店和摊点比比皆是。西餐馆、西式快餐近年来也逐渐增多。拉萨等地还有少数经营印度风味、尼泊尔风味的餐馆。自助餐在各饭店已成时尚。拉萨还有许多私营餐馆，菜肴丰富，价格合理。西藏各城镇的餐饮服务业日新月异，给游人以极大便利。拉萨市的星级酒店数量从2006年到2011年有很大发展（见表15－3）。

2007年，拉萨有专职导游1500名，旅游公司8家，旅游定点车辆2400辆。到2011年，全区已经有专职导游2000余名，其中持有全国导游证的有1530人，持有西藏临时导游证的有497人，全区共有旅游汽车公司27家，旅游车辆2754辆。[①]

---

① 拉萨市旅游局：《2006～2011年工作总结及2012～2017年工作安排》。

表 15－3　拉萨市 2006 年和 2011 年星级酒店对比

星级	2006 年	2011 年
一星级	2 家	8 家
二星级	12 家	27 家
三星级	21 家	43 家
四星级	1 家	12 家
五星级	0 家	2 家
总计	36 家	92 家

注：根据调研资料整理。

（二）游客规模和旅游收入分析

自 1984 年拉萨开始正式对外接待游客以来，旅游业的发展已经走过了近 30 个春秋，拉萨游客的数量也从 1987 年的 44 838 人次增加到 2010 年的 4 134 194 人次，旅游收入由 773 万元增加到 421 120 万元。游客也从最初的外国游客居多到现在国内游客人数一年胜过一年。拉萨市近五年中，除了 2008 年受不稳定因素的影响而导致游客锐减以外，其他各年份的游客呈现逐年递增的态势。尤其是青藏铁路开通后，游客数量呈现井喷。拉萨游客数量的增加，为拉萨旅游商品的销售带来了市场，为拉萨的财政收入做了较大贡献，同时，也为拉萨文化产业的发展开阔了路径。

拉萨市 2010 年全年共接待国内外旅游者 413.42 万人次，比 2009 年增长 29%，其中接待国内旅游者，399.02 万人次，增长 28.6%。实现旅游总收入 42.11 亿元，增长 28.2%，其中国内旅游收入 37.18 亿元，比 2009 年增长 24.8%。国际旅游外汇收入 4507.23 万美元，增长 39.3%。拉萨文化旅游产业依托其良好的文化旅游资源和政策的支持以及日益完善的交通基础设施建设而呈现出蓬勃发展的态势。

从图 15－1 中可以看出，除了 2008 年外，2006～2010 年，五年间到拉萨旅游的游客数量增长迅速，2010 年比 2006 年游客数增长了 143%。这五年间的旅游接待总收入如图 15－2 所示。

拉萨市文化旅游的发展对推动第三产业的发展有巨大的作用，从近

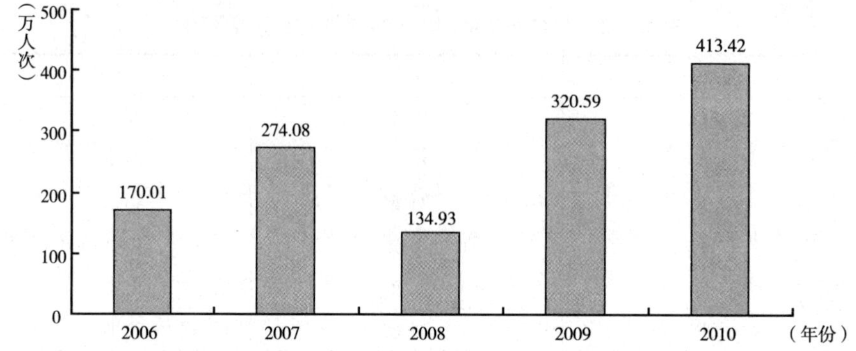

图 15-1　2006~2010 年拉萨年游客接待量统计

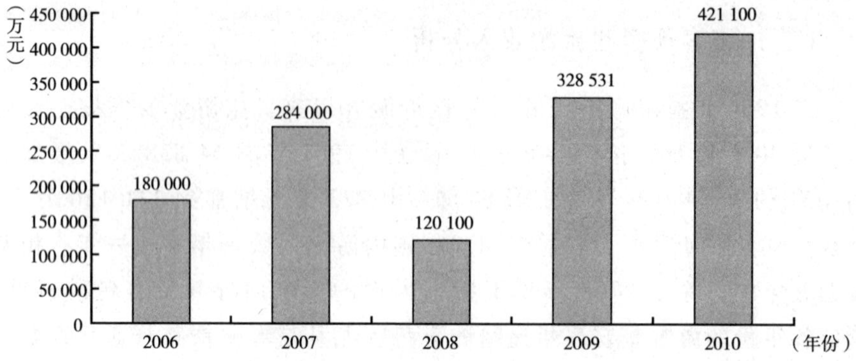

图 15-2　2006~2010 年拉萨年旅游接待总收入统计

五年的统计数据中可以看出，第三产业中旅游业占了很大比重，见表 15-4。

表 15-4　拉萨市 2006~2010 年旅游业占第三产业比重

年份＼产值	第三产业(亿元)	旅游业(亿元)	旅游业所占比重(%)
2006	70.33	18	25.6
2007	83.28	28.4	34.1
2008	91.15	12.01	13.2
2009	99.63	32.85	33
2010	114.01	42.112	37

资料来源：根据《拉萨市 2011 年统计年鉴》整理所得。

通过表 15－4 可以看出，除了 2008 年受到不稳定因素的影响，旅游接待人数有所减少，从而影响旅游业在第二产业中所占比重，进而还影响到 2009 年的旅游收入外，旅游业在拉萨第三产业中的比重一年比一年高。而第三产业在拉萨地区生产总值中所占比重 2010 年为 63.7%，由此可见拉萨旅游业在整个拉萨地区生产总值中的地位之高。

此外，通过与近十年来日喀则、林芝、山南、昌都、那曲、阿里的旅游接待量作对比，发现拉萨旅游对整个西藏自治区的旅游贡献最大，如图 15－3 所示。

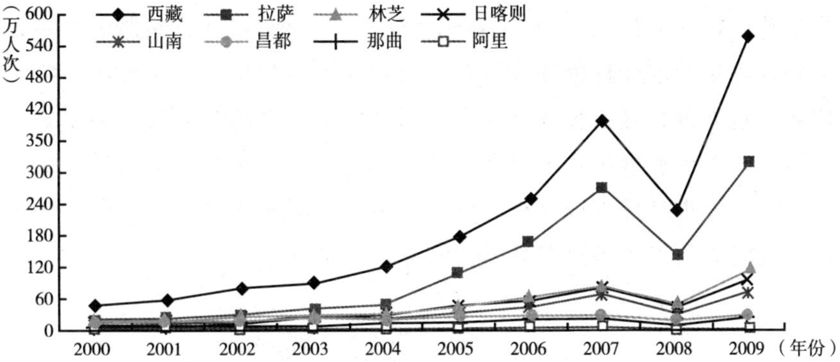

图 15－3　西藏及下辖 7 地市 2000～2009 年旅游接待量比较

资料来源：李欣华：《西藏旅游业发展的实证研究》，《商业研究》2011 年第 6 期。

（三）供求市场及存在的问题分析

拉萨旅游是以文化见长，不是以山水取胜的，纵观拉萨文化产品的发展状况，存在着供给与需求失衡的问题。拉萨文化旅游的需求市场主要由两方面构成：一是拉萨到访游客市场，其中又包括国内市场和国际市场；二是拉萨本地居民城郊休闲市场，这类游客的旅游目的主要是回归休闲的藏族生活，典型的旅游方式就是“过林卡”。随着人们生活水平的提高以及拉萨独特的地理位置造就的神秘的宗教文化和淳朴的民俗文化，越来越多的国内外游客愿意把更多的钱消费在愉悦身心的旅游上，愿意到圣地拉萨感受这片净土的洗礼。近年来，到拉萨旅游的游客数量成百万地增长，可以说拉萨的旅游市场是很广阔的。

与此相对应，拉萨文化旅游的供给市场主要有六种类型：一是文化遗产观光，主要内容有布达拉宫、罗布林卡、大昭寺三大世界文化遗产观光，小昭寺、色拉寺、甘丹寺等宗教寺庙观光，参观西藏博物馆。这些景点代表着西藏文化遗产的最精华部分，但整体存在着同质性突出等问题。二是民族手工艺品的购买，主要是在八廓街购物。八廓街是拉萨最著名的购物街区，汇集120多家手工艺品商店和200多家摊点。但由于管理混乱，商品质量参差不齐，假冒伪劣商品充斥其中，整体品质不高。三是藏族民俗文化体验，主要是娘热民俗风情园民俗体验和甲玛沟民俗文化体验。但是从整个供给市场来看，除娘热民俗风情园发展相对成熟外，依托村落的原生态民俗旅游产品还处于起步阶段，整体供给不足。四是藏式食宿服务，主要是玛吉阿米等主题餐厅特色餐饮服务以及藏式家庭旅馆、主题酒店等特色住宿服务。这类藏式食宿服务存在的问题是以中低端的服务设施为主，文化品位与文化内涵有待进一步提升，高端的文化度假设施相对缺乏。

通过对供求市场进行分析后可以看出，拉萨文化旅游的需求市场还很广阔，同时供给市场还存在着很大的提升空间。

三　五种文化旅游模式

拉萨市旅游产业自形成以来，已经走过了近30个春秋，经过多年的发展，拉萨市集合自身的资源优势，形成了五种典型的文化旅游模式。这五种文化旅游模式分别是："乡村旅游+文化体验"模式，以墨竹工卡县旅游为典型；宗教文化旅游模式，这主要是依托于拉萨市著名的三大景点布达拉宫、大昭寺、罗布林卡发展起来的；民俗文化旅游发展模式，其中成熟的代表是娘热风情园；文化产业园模式，虽然以此模式为代表的吞米岭·藏艺文博园正在建设之中，预计2014年年末，该项目将被建设成为国家5A级旅游景区，它将是拉萨甚至是整个西藏最大的文化产业园区；"大旅游"模式，这种模式以西藏旅游公司为代表。西藏旅游公司是西藏第一家本土的上市公司，集旅游的六要素吃、住、行、游、购、娱为一体，发展全方位的旅游服务，该公司不仅有自己的酒店、旅游公司、旅游杂志，而且还经营藏戏《雪巴拉姆》，自身也进行景点的开发，如雅鲁藏布大峡谷就是该公司开发的一个旅游景点。（见表15-5）

表 15－5 拉萨文化旅游模式

旅游模式	典型代表
“乡村旅游＋文化体验”模式	墨竹工卡县
宗教文化旅游模式	布达拉宫、大昭寺、罗布林卡
民俗文化旅游模式	娘热风情园、桑木民俗村
文化产业园模式	吞米岭·藏艺文博园
“大旅游”战略模式	西藏旅游公司

资料来源：根据调研资料整理。

（一）“乡村旅游＋文化体验”模式

这种模式以墨竹工卡县最为典型。乡村旅游在国内外都发展得如火如荼，它作为一种既能促进当地就业、带动相关产业的发展，又能提高当地人民的文化素质水平和生活质量的旅游模式，对乡村的脱贫致富和新农村的建设都有极大的意义。但是能把乡村旅游和文化体验结合起来的旅游形式并不多见，这其中有两个原因：一是以农家乐为主的乡村旅游没有特殊的、可供游客体验的文化资源；二是具有丰富的文化资源的地区因缺乏专业的人才和政策的支持而未能充分发挥其文化优势，只能流于表面，局限于浅层次的乡村旅游开发。拉萨市的墨竹工卡县，既有丰富的文化旅游资源，又有距拉萨市近 68 公里的地理优势，这为其发展乡村旅游和文化体验旅游提供了内在支持。近年来，墨竹工卡县依托其特有的地理优势和资源优势，形成了“乡村旅游＋文化体验”的旅游模式，使游客在享受乡村惬意悠闲的慢节奏生活的同时，又能切身地体验藏民族的历史文化和风俗习惯，为当地经济的发展注入了新的增长因素。

墨竹工卡的人文景观特别突出，因为这里是藏王松赞干布的出生地。甲玛沟很小，小到让人怎么也想象不出它曾是吐蕃王朝的行政中心，是一个强大王朝的心脏地带。来到这里，人们能够清晰地感受到西藏从吐蕃王朝发展至今的历史脉络。公元 7 世纪，松赞干布的父亲，雅砻部落的首领囊日伦赞，北上吉曲河谷即现在的拉萨河流域，并在甲玛沟修建了强巴敏久林宫。公元 617 年，松赞干布出生在这里。这里也是松赞干布和他父亲两代赞普执政、居住过的地方。甲玛沟因此成为吐蕃早期的行政中心之一。古往今来，作为西藏历史上最重要、最广为人知的藏王，松赞干布的名字在雪域大地上家喻户晓。他建立了吐蕃王朝，在执政期间，推广佛教，创制文字，统一度量衡制度，与唐朝友好往来，推动了藏汉民族文化的交流与发展。当年繁华一时的强巴敏久林宫如今变成了松赞干布纪念馆。松赞干布出生地纪念馆位于墨竹工卡县甲玛乡，在318国道旁，交通便利，距拉萨70公里，距墨竹工卡县城15公里，平均海拔4000米左右。2008年，墨竹工卡县对大甲玛景区做了大规模的开发建设，并于2011年正式对外开放。

甲玛沟的著名还因为这里有曾是萨迦王朝时期西藏的“十三万户”之一——甲玛万户的所在地——赤康村。赤康村的名字出自元代，甲玛沟因连片的农田而富足，甲玛沟的赤康村因甲玛万户在当时声名显赫，今天西藏所有万户中也唯有此地仍保存了古老的地名“赤康”。全国政协原副主席阿沛·阿旺晋美也是在此地出生。

今天的甲玛沟属西藏拉萨市墨竹工卡县的一个乡，是拉萨通往林芝的必经之地。每年的夏秋之交，甲玛沟都会举行规模盛大的演出，人们穿着华丽的服装尽情地在舞台上载歌载舞，用自己的方式表达对甲玛沟的喜爱和赞美之情。甲玛沟的美，无处不在，无时不有，生活在这里的人们与甲玛沟一同描绘着甲玛沟的魅力令人无限向往。甲玛松赞文化艺术节，至今已经顺利地举行了两届。同时，借助其天时地利的地理条件，通过乡村旅游，使游客体验到藏族同胞的日常生活，领略西藏丰厚的历史底蕴。这样一种“乡村旅游+文化体验”的模式为墨竹工卡县的文化旅游业发展提供了一种新的思路，也为其带来了可观的旅游收入。艺术节晚上还能看露天电影。文艺表演是节庆期间必不可少的项目。

这里还有被美、德、日等国的专家称为“世界第一热泉”的德仲温泉；有西藏历史上第一座有佛的寺庙，寺前有两块历史悠久的石碑，记载着当时的社会情况，对研究西藏的历史有着重要的作用，也是自治区文物保护单位之一；有斯布沟野生动物自然保护区；有吐蕃时期的古墓群；有藏王松赞干布和文成公主为镇压罗刹女亲自选址修建的嘎则寺；有具有治病保健特异疗效的日多温泉等。墨竹工卡县旅游资源状况见表15－6。

表 15－6　墨竹工卡县旅游景点

自然人文旅游景点	寺庙旅游景点	文物古迹遗址景点
日多温泉、德仲温泉、日多思金拉措（神湖）、甲玛乡风景区、斯布沟野生动物自然保护区	直贡梯寺和直贡天葬台、查布寺、德仲寺、顶杰寺、羊日岗寺、夏拉康、宗则寺、唐青拉康、松赞拉康、赤康拉康等	藏王出生地纪念馆、加卡村唐东杰布铁索桥、宗雪村康东杰布铁索桥、同盖村吐蕃古墓群、农田及建筑遗址、伦布村古墓群等

资料来源：根据墨竹工卡县旅游规划资料整理所得。

截至 2011 年 12 月底，墨竹工卡县共接待国内外游客 46.9 万人次，同比增长 28.49%，实现旅游总收入 868.6 万元，同比增长 20.75%，其中国内游客 45.7 万人次，入境游客 11699 人次，旅游从业人员 540 人。乡村旅游业不仅是墨竹工卡县旅游发展中的一个重要方面，也是引导农牧民参与旅游业，增加收入的有效途径。为了规范全县农家乐发展，墨竹工卡县加大了对乡村旅游业的政策扶持力度，加强农家乐从业人员的培训工作，进一步提高农家乐旅游的接待能力与服务水平。2012 年，墨竹工卡旅游局专门购置了价值 10 万元的藏式床、桌子、卡垫等必需品，分别发放给 9 户群众，帮助他们开办农（牧）家乐。县旅游局还在 2012 年推荐全县 24 名农牧民群众参加了由拉萨市旅游局主办的“乡村旅游培训班”，并在当年 4 月份发放了旅游从业合格证书。这些措施在引导农牧民参与旅游业、增加农牧民收入方面起到了积极的作用。

拉萨市人民政府在 2012 年印发的《拉萨市关于加快乡村旅游发展的实施意见》中提出了今后重点打造四类乡村旅游精品，见表 15－7。

表 15－7　拉萨市将重点打造的乡村旅游精品

产品构成	具体内容	重要区块
特色文化村落旅游	参观尼木吞巴藏香村、曲水俊巴渔村、觉木隆藏戏村等特色村落，体验拉萨原生态非物质文化遗产；参观安居新村，感受现代藏民生活巨变；入住乡村旅游接待户，体验藏族乡村生活	尼木吞巴藏香村、曲水俊巴渔村、觉木隆藏戏村、甲玛松赞干布故里、318 国道及 109 国道沿线安居新村、桑珠林等旅游接待村

续表

产品构成	具体内容	重要区块
休闲农牧业旅游	参观曲水瓜果采摘基地、雪桃种植基地、当雄高原牧场等特色农牧业旅游点，感受拉萨乡村农牧业发展	当雄高原牧场、曲水瓜果采摘基地、曲水雪桃种植基地、夺底沟、娘热沟等现代农牧业示范区
林卡休闲旅游	游赏林卡度假村，与当地农牧民一起参与各类林卡休闲活动，体验拉萨林卡文化	拉萨河沿类林卡度假村线以及城郊各类林卡度假村
户外旅游	户外徒步、登山、攀岩、漂流等	墨竹雪绒藏布漂流、甲玛徒步、塔杰乡徒步、夺底乡徒步和登山等

资料来源：《拉萨市关于加快乡村旅游发展的实施意见（2012）》。

（二）“宗教文化旅游”模式

“宗教文化旅游”模式是拉萨文化旅游发展的一种典型模式。它不仅是拉萨市旅游发展的典型模式，甚至也是整个西藏的典型旅游模式。提到西藏旅游，首先映入我们脑海的就是神圣的布达拉宫，拉萨的佛教文化为它的旅游业的发展注入了深厚的文化内涵。

沈祖祥在他的《旅游心理学》里指出：“从当今旅游业发展的角度来看，宗教旅游是指以宗教景观、宗教生态环境、宗教活动以及宗教习俗资源为主要吸引物，以观赏、考察、参与、学习为主要目的，旨在了解宗教彼岸世界，体验宗教活动带来的神秘气氛的一种旅游活动。它属于专题旅游和主题旅游，是以宗教为特定对象和内容的一种特色旅游。”① 宗教文化旅游有着主题突出、专题性强、重游率较高、对季节和价格等因素不太敏感的外在消费特征。同时，从精神层面来说，宗教文化旅游有着境界神秘、精神性强、文化含量深厚、民族特色鲜明的特点。在我国的宗教文化旅游中，最典型的就是西藏。西藏有著名的布达拉宫，有供奉着释迦牟尼12岁等身像的大昭寺，还有很多有名的寺院，这些丰富的宗教文化资源为西藏发展宗教文化旅游提供了内在保障。

① 沈祖祥：《旅游心理学》，福建人民出版社，2009。

1. 拉萨名胜几乎都与浓郁的宗教文化密不可分

在拉萨，重要的宗教文化旅游物质载体包括布达拉宫、大昭寺、小昭寺、罗布林卡以及围着大昭寺发展起来的八廓街。这些景点形成的原因各不相同，但都与西藏浓郁的宗教文化密不可分。

布达拉宫是很多人非常向往的一个宗教文化圣地，几乎每个到西藏去的人都会到布达拉宫看一看，而在布达拉宫面前，人们才能真切地体会它的那份宏伟和神圣。布达拉宫位于西藏拉萨市的红山之巅，13 层的宫殿式建筑，高 110 米，海拔 3750 米。相传，布达拉宫始建于公元 7 世纪，原是藏王松赞干布为了迎娶大唐文成公主而建，当时修建的是九层楼共 1000 间。吐蕃王朝灭亡之后，古老的宫堡大部分被毁于战火，直至公元 17 世纪，五世达赖建立噶丹颇章王朝并被清朝政府正式封为西藏地方政教首领后，开始重建布达拉宫，时年为公元 1645 年。以后历代达赖又相继进行过扩建，于是布达拉宫就成了今天的规模。布达拉宫是历世达赖喇嘛的冬宫，也是过去西藏地方统治者政教合一的统治中心，从五世达赖喇嘛起，重大的宗教、政治仪式均在此举行，同时又是供奉历世达赖喇嘛灵塔的地方。红宫是达赖的灵塔殿及各类佛堂，共有灵塔 8 座，其中五世达赖的是第一座，也是最大的一座。宫内的柱梁上有各种雕刻，墙壁上的彩色壁画面积有 2500 多平方米。宫内还收藏了西藏特有的、在棉布绸缎上彩绘的唐卡以及历代文物。布达拉宫在 1961 年被列为全国重点文物保护单位，1989 年进行了全面的修建，1994 年 12 月初，被列入《世界遗产名录》。2013 年 1 月，布达拉宫荣升为 5A 级国家旅游景区。每年到布达拉宫参观的人络绎不绝，从全国各地赶来的朝拜者，经过长途跋涉来到布达拉宫，为他们心中的佛献上他们最崇高的敬意。

大昭寺位于拉萨老城区中心，是一座藏传佛教寺院，是全国重点文物保护单位，距今已有 1300 多年的历史。大昭寺在藏传佛教中拥有至高无上的地位。2000 年 11 月，大昭寺作为布达拉宫的扩展项目被批准列入《世界遗产名录》。大昭寺又名“祖拉康”“觉康”（藏语意为佛殿），始建于唐贞观二十一年（公元 647 年），是藏王松赞干布为纪念尼泊尔赤尊公主入藏而建的，后经历代修缮增建，形成庞大的建筑群。当时大昭寺里供奉着赤尊公主从尼泊尔带来的 8 岁释迦牟尼等身像。寺院经历代扩建，目前占地 25100 余平方米。大昭寺是西藏现存最辉煌的吐蕃时期的建筑，也是西藏现存最古老的土木结构建筑，开创了藏式平川式的寺庙布局规式。大昭寺融合了藏、汉、尼泊尔、印度的建筑风格，成为藏式宗教建筑的千古典范。

罗布林卡属于全国重点文物保护单位，位于西藏拉萨西郊，始建于18世纪40年代（七世达赖执政时期），是历代达赖喇嘛消夏理政的地方。经过200多年的扩建，全园占地36万平方米，建筑以格桑颇章、金色颇章、达登明久颇章为主体，有房374间，是西藏人造园林中规模最大、风景最佳、古迹最多的园林。2001年罗布林卡被列入世界非物质文化遗产。罗布林卡四面都有门，东面是正门。康松思轮是正面最醒目的一座阁楼，它原是座汉式小木亭，后改修为观戏楼，东边又加修了一片便于演出的开阔场地，专供达赖喇嘛看戏用。康松思轮旁边就是夏布甸拉康，是进行宗教礼仪的场所。康松思轮的北侧设有噶厦的办公室和会议室。每到夏日，布达拉宫内的许多政府机构都要随着达赖喇嘛转移到罗布林卡办公。八世达赖在此基础上扩建了恰白康（阅览室）、康松司伦（威镇三界阁）、曲然（讲经院），并把原有的水塘开挖成湖，按汉式亭台楼阁的建筑风格在湖心建了龙王庙和湖心宫，两侧架设了石桥。1922年，十三世达赖对罗布林卡再兴土木，在西面建金色林卡和三层楼的金色颇章，并种植大量花、草、树木。1954年，十四世达赖又在北面建了新宫，使罗布林卡发展为今天的规模。

八廓街，又名八廓街，位于拉萨市旧城区，是拉萨著名的转经道和商业中心，较完整地保存了古城的传统面貌和居住方式。八廓街是为了建筑大昭寺并随着大昭寺的发展而建设和发展起来的，距今已有1300多年的历史。公元7世纪，藏王松赞干布下令在卧堂湖修建大昭寺，同时在湖的四周修建了四座宫殿，与嫔妃、臣民移居宫殿，亲自监督大昭寺工程的进展。四座宫殿即为八廓街最早的建筑。大昭寺建成后，引来了众多朝圣者朝拜，日久逐渐踏出环绕大昭寺的一条小径，为最初的八廓街。寺院周围陆续修建了18座家族式建筑，为远道朝圣的信徒或商人提供住宿地。15世纪以后，大昭寺成为佛教传播的中心，周围相继出现僧人宿舍、宗教学校、小寺庙建筑，众多信佛者迁居大昭寺周围生活，街上逐渐出现了大量民居、店铺、旅馆、手工作坊等。随着大昭寺宗教地位的提升，藏传佛教认为，以大昭寺为中心顺时针绕行为“转经”，表示对供奉在大昭寺内释迦牟尼佛像的朝拜，八廓街成为拉萨三大转经道之一。八廓街保留了拉萨古城的原有风貌，街道由手工打磨的石块铺成，旁边保留有老式藏房建筑。街心有一个巨型香炉，昼夜烟火弥漫。现在，八廓街已成为拉萨市著名的商街，商品涉及各种宗教用品、饰品，藏族日用品，还有来自印度、尼泊尔、缅甸等地的商品。

除了以上重要的宗教文化旅游景点以外，拉萨市还有其他的宗教文化旅游景点。一些重要景点的门票如表 15－8 所示。

表 15－8　拉萨市宗教文化旅游景点门票（2012 年）

景点名称	景区星级	景点介绍	门票
大昭寺	4A	西藏最辉煌的一座吐蕃时期的建筑，因供奉着释迦牟尼 12 岁等身像而被视为圣地，被列入《世界遗产名录》	85 元
小昭寺		藏传佛教格鲁派密宗最高学府之一，早期建筑系仿汉唐风格建筑，现存的小昭寺为晚期建筑	20 元
西藏博物馆	4A	展示西藏的历史和文化	30 元
布达拉宫	5A	松赞干布为迎娶文成公主而兴建的，世界上海拔最高，集宫殿、城堡和寺院于一体的宏伟建筑，被列为世界文化遗产	200 元
哲蚌寺		中国藏传佛教格鲁派六大寺之一，寺内有大量的鎏金铜佛像、唐卡壁画，被列为全国重点文物保护单位	55 元
甘丹寺		格鲁派创始人宗喀巴大师于 1409 年修建，为格鲁派六大寺院之首，藏有丰富珍贵的历史文物	45 元
色拉寺		藏传佛教格鲁派六大主寺之一，寺内藏有大量的珍贵文物和工艺品，被列为全国重点文物保护单位	55 元
罗布林卡	4A	历代达赖喇嘛消夏理政的地方，以格桑颇章、金色颇章、达登明久颇章为主体，是西藏人造园林中规模最大、风景最佳、古迹最多的园林	80 元

资料来源：根据网上查询整理各景点门票所得。

2. 拉萨市宗教文化旅游产品分类和发展意义

宗教文化旅游在拉萨集中体现为佛教文化旅游。拉萨拥有丰富而独特的佛教文化旅游资源，主要表现为三部分。其一是佛教建筑，包括寺院和佛塔。拉萨已开放的寺院有很多座，拉萨佛寺的建造大都因地制宜，建筑类型大致可分为平川式建筑和依山式建筑两大类，平川式建筑以大昭寺为代表，依山式建筑以布达拉宫为典型。其二是佛事活动。西藏佛寺平时的日常宗教活动有修习经纶，进行语言、文学、诗歌、医药等的教育。除此之外，寺庙还定期举办宗教法事、节庆活动，比较著名的有传召大会、酥油花灯节、雪顿节等。其三是佛教艺术。西藏主要的佛教艺术有壁画、唐卡等，其中壁画是藏族绘画的主要形式，内容涉及佛教人物、历史事件、民俗、建筑、文化等方面；唐卡是刺绣或绘画在布、绸或纸上的彩色卷轴画，内容涉及佛像，也有反映藏族历史和民族风情的画面。

发展佛教文化旅游对拉萨经济、社会、文化各方面都有重要的意义。首先，旅游业是一项带动性很强的产业，而佛教文化旅游又是拉萨旅游业发展的核心，因此，发展佛教文化旅游有利于进一步推进拉萨经济向前发展，增加拉萨政府的财政收入，从而改善拉萨人民的生活水平。其次，发展佛教文化旅游有利于维护社会的和谐和稳定，佛教文化注重养身和内心的平静与安宁，同时，它还强调人与自然和谐相处，众生平等。这样一种人生观、价值观和生态伦理观随着佛教的发展渗透到了拉萨人民生活的方方面面，这种信仰和观念使得他们安于享受平静的生活。发展佛教文化旅游可以使当地的居民和外来的游客都进一步受到这种宗教文化的熏陶，从而使得内心更加纯美，有益于维护社会的和谐和稳定。最后，发展佛教文化旅游有利于佛教文化的传播和当地文化遗产的保护。西藏的世界文化遗产有两处，分别是布达拉宫和大昭寺，而这两处遗产都是藏传佛教文化传播的重要载体。发展藏传佛教文化，有利于团结当地的居民参与到保护文化遗产的队伍中，也让外地的游客更好地把藏传佛教文化传播到世界各地。

拉萨佛教文化旅游按其功能可以分为观光型、参与型和购物型。观光型的旅游资源有寺院建筑及其内部装饰和宗教艺术品等，比如著名的布达拉宫和唐卡艺术就主要属于这种类型的旅游资源。参与型旅游主要是为了使游客参与其中，获得亲身的感受和体验，这种类型的旅游资源有宗教仪式和庆典、宗教音乐和舞蹈等。西藏有14个风俗各异的民间重大节日，其中有些就是以佛教文化为内容，比如雪顿节。如果游客有幸赶上了这样一些节日就可以参与其中，获得最直观的文化旅游体验。购物型旅游主要是为了满足游客购买佛教商品，实现其纪念和收藏的目的，比如宗教艺术品、宗教纪念品以及护身符等。以大昭寺为中心的拉萨著名的八廓街就是这类商品的集散地，在那里，游客可以买到各式各样的藏传佛教旅游纪念品。

（三）“民俗文化旅游”模式

民俗旅游是一种高层次的文化型旅游，它欣赏的对象为人文景观，而非自然景观。任何一个国家、地区和民族的传统节日、婚丧嫁娶、建筑风格、民间歌舞等都是民俗旅游的珍贵资源与欣赏对象。[①] 民俗旅游属于高档次的文化旅游，是指旅游者为异域或异族独具个性的民俗文化所吸引，以一定旅游设施为条件，离开自己的居所，前往旅游地（某特定的地域或特定的民族区域）进行民俗文化消费的一个动态过程的复合体，是人类文明进步所形成的一种文化生活方式。

参加民俗旅游的旅游者的行为动机可分为以下几类：观光型民俗旅游、参与型民俗旅游、考察型民俗旅游和娱乐型民俗旅游。在实际的景点开发和游客的旅游过程中，这几种类型之间往往没有明显的界线，而拉萨市的娘热民俗风情园就是这几种类型的集合。

首先从娘热风情园发展现状来看。娘热民俗风情园是由嘎吉林建筑有限公司投资开发的林卡演变而来。它位于拉萨市北郊娘热沟，离拉萨市中心 6.2 公里，占地总面积 50 000 平方米，总投资 4000 多万元。娘热民俗风情园所处娘热沟的附近有西藏著名的三大寺之一的色拉寺、格日尼姑寺等寺庙建筑，藏文创始之地——帕崩岗寺及近期发现的具有 4000 多年历史的曲贡遗址等著名旅游景点。

娘热风情园 2004 年底被评为“全国农业旅游示范点”和“国家 AAA 级旅游景区”，2005 年 8 月举行隆重的挂牌仪式，标志着该民俗风情园从林卡向民俗村的转型，这种转型是拉萨民俗村发展的优势、趋势所在。[②] 娘热民俗风情园正是拉萨开发文化旅游资源、获得经济利润的成功范例。

娘热风情园现有的文化旅游产品包括以下几大类：

一是西藏农牧林区民宅。风情园里的西藏农牧林区民宅以西藏七地市各具风格的藏式建筑为蓝本，如拉萨的林卡、藏北牧区的帐篷、林芝的木

---

① 陆景川：《民俗旅游发展探析》，《民俗研究》1988 年第 2 期。

② 程忠红：《拉萨地区民俗村旅游资源开发现状分析及对策研究》，西藏大学硕士学位论文，2010。

屋和藏式农家院等。这些藏式建筑保持着原有风貌，室内家具布置皆为浓郁的藏式风格，全面展示藏族百姓的日常生活习俗。

二是饮食文化区。游客可参观糌粑水磨房、原始榨油坊，品尝配有野生调味品的土制烧烤以及古老传统工艺打制的酥油茶、青稞酒、牦牛酸奶等乡村绿色饮食。

三是甲米曲果，即圣水水磨房。它是娘热民俗风情园的一大特色。这里水磨制的糌粑洁白如雪、香气浓郁，是历代达赖及活佛的贡品。开磨时间为藏历每月的初八、十五、三十，每次磨7“克”（“克”为西藏称重的计量单位）约210斤。这里的乡村烧烤值得一提。每天下午，游客可以在此品尝以牦牛肉、羊肉和藏香猪肉为主原料，加上当地原种土豆和野生调味品的乡村土制烧烤食品和其他当地小吃。

四是林卡娱乐区。游客可观看藏戏、民族歌舞表演，登山、骑马、射响箭，参加篝火晚会，观看藏式婚俗展示。据藏史和民间传说，当年松赞干布和文成公主就是在娘热沟千年核桃林里一棵核桃树下盟誓结婚、共饮同心酒。至今娘热沟内还有松赞干布与文公主以及众多高僧名人在此普度众生的遗迹。在这里，有关松赞干布与文成公主的爱情故事通过藏戏表演出来，这种“爱情旅游项目”不仅弘扬了历史文化，而且极大地吸引了游客。这里还是八大藏戏之一《顿月顿珠》的故事发源地。娘热乡民间业余艺术团的藏戏表演在拉萨非常有名，只要来到娘热民俗风情园，游客就可以欣赏到地道的表演，各种藏戏段子、神舞、朗玛、堆谐以及民间对歌等让人对藏民族的历史文化有进一步的了解和认识。

五是民族手工艺品展销区。园区现场展示土陶器、藏宣纸、氆氇、卡垫等民族手工艺品的制作工艺，并销售旅游纪念品。

六是文化精品展厅。在位于藏文创始之地——帕崩岗寺脚下两座具有浓郁古典藏式建筑风格的展厅内的展览，向中外学者和游客系统地展示着藏文字书法艺术发展、演变过程和以藏医、藏药为主题的唐卡及以壁画绘画艺术为主的西藏民间文化艺术精品。展厅内还举办文化艺术交流展示活动，是了解藏文化的理想去处。

其次，从娘热风情园成功因素分析来看，娘热风情园充分挖掘历史渊源，展现藏文化的原始风貌，运用独特的营销宣传策略，成为拉萨开发文化旅游资源的成功范例。

一是充分挖掘历史渊源。据了解，公元7世纪，吐蕃王松赞干布在娘热沟建造了9层高的沽喀玛如堡，吞米桑布扎在此创造了沿用至今的通用藏文字，藏传佛教第一幅石刻六字真言《嘛呢经》就矗立在园内。娘热风情园经历了慎重的建园选址过程。1999年底，公司首先派部分人到新加坡、马来西亚、泰国去参观、考察，对当地利用独特的民俗文化资源开发旅游项目，发展当地经济，受益当地的百姓，公司大受启发。回来以后，他们对考察内容进行总结，决定挖掘西藏独特的民俗文化旅游资源建造一家与众不同的文化旅游景点。当时公司在娘热沟有一个过林卡的定点地方，娘热沟本身的历史是非常悠久的，其中曲贡遗址具有4000多年的历史。公元7世纪，松赞干布最有名的大臣之一——桑布扎就是在娘热沟帕崩岗寺创造了现在通用的藏文文字。于是，公司决定在这个基础上逐步扩展，建造一处民俗旅游景点。公司从2001年开始建造娘热民俗风情园，到2006年，风情园的首期开发基本完成。娘热风情园的选址选在众所周知且历史悠久的娘热沟，可以说赢在了起跑线上。在深厚的历史积淀的基础上，打造有藏族特色的文化旅游景点容易受到广泛的认可，因有历史痕迹可寻，易于打造出品牌。

二是展现藏文化的原始风貌。娘热民俗风情园的规划紧扣现代旅游消费市场需求特点，参照国内外相关景区开发的理念与经验，在传统旅游区开发模式的基础上有所创新与突破，凸显产品的藏文化内涵，实现藏文化的全面利用和提升，打造差异化的市场竞争优势，开发出既符合时代特征又具有藏文化特质的旅游项目。经过几年的不断修建完善，民俗风情园初具规模。在园区的文化展区里，游客可以参观公元7世纪至今的80多种风格迥异的藏文书写文体，以及西藏公元7世纪前的象雄文字书写体。在唐卡展区里，游客还可以参观多幅有关藏医医术的唐卡。74幅有关吐蕃时期的绘画展，将吐蕃时期经济、社会、文化发展的各个方面展现在了游客的眼前。在生活展区，游客还可以充分感受以林芝为原型的西藏林区民居生活和以牧区生活特色为主的游牧生活展。淳朴的民风、原始的榨油坊、农耕器具、农家灶房，将早先藏族人民的生活浓缩在了一个园林中，方便游客了解认识。语言文字是一个民族文化的重要符号，风情园着力打造精品完备的藏文书法展馆。由于专业性较强，所以公司专门聘请了西藏自治区内的一些书法家、文学家、民俗专家、藏医藏药方面的专家，还有在文物考古方面有一定成就的一些专家学者，对藏文字进行考证、搜集。这方面的专家组到西藏自治区内的各寺院、档案馆，远到阿里甚至青海的一些地方，去搜集关于文学方面的实际资料以及藏文字的各种书法文体。

风情园中别具匠心的展品如器具、摆设、文物等都力求真实，保持藏文化的原本面貌，将藏文化原汁原味地展现给游客。

三是独特的营销宣传策略。相信很多人都还记得2008年北京奥运会开幕式上精彩的西藏蓝面具表演《吉祥奥运》，这出由城关区娘热民间艺术团排演的独具西藏民俗特色的精彩演出，充分展示出古朴、悠久、独特的藏民族文化。奥运会上的精彩表演让人们注意到古朴、纯粹的娘热乡，也让进藏旅游的游客们，愿意走进娘热民俗风情园观藏戏、吃糌粑、过林卡。据娘热乡民俗风情园总经理甲措说："娘热乡民俗风情园发展民俗风情游，让游客吃藏餐、住帐篷。从2011年4月至9月仅半年的时间，娘热民俗风情园的游客达1万余人，2011年风情园的旅游收入与往年相比大大增加。"藏族娘热风情园通过奥运会展示自己，把内涵深厚藏文化的娘热乡推到世人面前，让世界注意西藏，欣赏藏文化。原始古老的藏文化正发挥着她的独特魅力，吸引着全世界的游客来到西藏，来到娘热民俗风情园，来真切的体验藏族风情，带来可观的经济收入，既造福一方百姓又传承了传统文化。

（四）"文化产业园"模式

吞米岭·藏艺文博园是由2008年被国家文化部命名为"国家文化产业示范基地"的拉萨岗地经贸有限公司经过两年多精心策划打造的大型综合性文化旅游产业项目。它位于拉萨市达孜县桑珠林村，距拉萨市中心约25公里，紧邻318国道，占地面积1000亩，总投资4.8亿元，计划于2014年底竣工，将建设成为国家5A级旅游景区、西藏具有示范带动作用的文化产业基地和拉萨文化遗产旅游的必游节点，预计年接待游客将达到80万人次。建成后，将成为拉萨市乃至全区最大的一项文化旅游产业工程。

文化产业园在我国的发展还不成熟，国内对文化产业园也没有一个清晰的界定。樊盛春等在总结了国内外关于文化产业园的阐释的基础上，将文化产业园区界定为："文化产业园区是一系列与文化关联的、产业规模集聚的特定地理区域，是一具有鲜明文化形象并对外界产生一定吸引力的集生产、交易、休闲、居住为一体的多功能园区。园区内形成了一个包括生产—发行—消费产供销一体的文化产业链。"①吞米岭·藏艺文博园项目的开发主体——拉萨岗地经贸有限公司，是一家以开发唐卡、藏香、刺绣等西藏传统手工艺品和文化旅游为主的综合性企业，注册资本 1150 万元，资产累计超过 1.8 亿元，银行的 2A 级客户，金融信誉优良。拉萨岗地经贸有限公司有着丰富的非物质文化遗产产业化开发经验，2008 年被国家文化部命名为"国家文化产业示范基地"，是西藏唯一的国家文化产业示范基地，2009 年被西藏自治区文化厅评为首批"西藏自治区文化产业示范基地"。公司以"抢救民间文化遗产，保护民族传统工艺，培养民族手工艺人才，发展民族文化产业，进而为促进中华民族文明发展尽力"为宗旨，开发、启动了参观唐卡、藏香制作流程和生产车间的特色文化旅游服务。2010 年，拉萨岗地经贸有限公司共接待国内外游客 56 万人次，在西藏旅游接待单位中排名第一位。

吞米岭·藏艺文博园建成后，作为传播藏族优秀传统文化的一个重要的平台，将向世界各地的游客打开一扇门，让世界了解西藏文化，同时让西藏文化走向世界。虽然项目还未建成，但是通过对项目的可行性研究，文化产业园建成后将是拉萨文化旅游收入的一个新的增长点。

西藏自治区到目前为止还没有一家像吞米岭·藏艺文博园这样的大型综合性休闲旅游观光园区，吞米岭·藏艺文博园将为西藏自治区经营民族文化产品的企业提供一个很好的发展平台，而且游客也不用费时费力，就可在园区内全方位体验藏民族传统文化。旅游业是一个产业带动效用很强的产业，这个项目的建成还可以给当地的百姓提供大量的就业机会，并带动周边经济发展。

① 樊盛春、王伟年：《文化产业园区理论问题探讨》，《企业经济》2008 年第 10 期。

吞米岭·藏艺文博园围绕“文化传承”“创意旅游”“产业示范”“环境友好”“回馈社会”五个命题，重点打造五个基地：西藏非物质文化遗产保护与传承基地、西藏文化创意旅游及特色休闲消费基地、西藏非物质文化产业孵化基地、西藏低碳旅游示范基地、西藏非物质文化教育培训基地。为了深入挖掘藏族非物质文化遗产内涵，促进西藏非物质文化遗产的保护与现代旅游业的完美结合，吞米岭·藏艺文博园在项目体系设计的基础上，重点策划的各个项目的内容详见表15－9。

表15－9　吞米岭·藏艺文博园项目结构

项目名称	项目内容
一个标志性藏文化博物馆	唐卡博物馆
一个非物质文化遗产公园	西藏非物质文化遗产公园
四大主体休闲片区	吞米岭藏艺街区、生态农庄度假区、藏艺创意孵化区、民俗文化体验区
八大景观节点	启智莲、求真路、大智海、援艺台、石刻塔、静修林、古朵场、藏源溪
一个国际文化旅游盛会	西藏非物质文化遗产节
一个完善的藏艺创意产业展示平台	西藏非物质文化遗产传承人协会、藏艺创业产业发展基金会、西藏非物质文化遗产网

资料来源：《吞米岭·藏艺文博园项目策划书》。

据拉萨岗地经贸有限公司经营负责人介绍，一期工程分为观光体验区、休闲娱乐区、旅游接待区和室外活动区。在观光体验区内集结了藏毯坊、石刻坊、藏式家具坊、酥油花坊、泥塑坊、藏香坊、藏纸和印经坊、藏药经典养生坊、金属藏饰工艺坊、牦牛牧场、生态农业庄园、藏族纺织工艺坊等12种民族民间工艺，游客和市民可在此区域全面体验民族工艺制作全过程。一期工程完工后，将通过滚动发展，推动二期、三期项目的建设。一期体验特色、专项；二期体现广泛、综合，增设特色民族手工艺、餐饮商业街区、规模型旅游酒店接待、规模型户外休闲游艺等；三期体现高端、潮流，以高端商务、会议接待、休闲型度假、疗养等为主。吞米岭·藏艺文博园分期发展指标体系见表15－10。

表 15－10　吞米岭·藏艺文博园分期发展指标体系

项目分期		一期	二期	三期
年游客接待量(万人次)		50	80	120
入驻企业和商户数量(个)		60	100	150
园区年总收入（万元）	旅游收入(万元)	8000	15000	25000
	相关文化产业收入(万元)	5000	10000	20000
园区吸纳就业规模(人)		1000	1500	2000
园区年培训文化从业人员规模(人次)		500	1000	2000
园区年带动周边农牧民增收(万元/人)		1.5	2	3

资料来源：《吞米岭·藏艺文博园项目策划书》。

吞米岭·藏艺文博园的总体定位是成为中国民族文化旅游产业标杆、西藏具有示范性的现代文化产业基地、拉萨文化产业和文化旅游龙头品牌。建成开放后，会为西藏旅游业的发展重新注入新的生机和活力。

关于吞米岭·藏艺文博园的利好形势和效益分析，具体分析如下。

第一，项目的利好形势。首先是中央的政策支持。2009 年《文化产业振兴规划》出台，文化产业上升为战略性产业。2011 年 10 月，党的十七届六中全会通过《中共中央关于深化文化体制改革、推动社会主义文化大发展大繁荣若干重点问题的决定》，提出努力建设社会主义文化强国，吞米岭·藏艺文博园赶上国内促进文化产业发展的好环境。其次是西藏地方政府的力促。“十二五”期间，西藏将加快发展文化产业，力促文化实现大发展大繁荣，文化产业发展规划即将出台。2009 年 2 月，拉萨岗地经贸有限公司被西藏自治区文化厅命名为“西藏自治区文化产业示范基地”。再次是拉萨市的倾力打造。“十二五”规划提出逐步形成国家资金扶持、地方财政带动、民间投资为主的多元文化产业投入机制，建设吞米岭·藏艺文博园等文化项目，稳步发展产业。2011 年 10 月 17 日，在中国共产党拉萨市第八次代表大会上，代表们明确提出关于“吞米岭·藏艺文博园为重点，加快打造多功能文化产业园”的要求。最后是拉萨岗地经贸有限公司自身所具备的条件。2008 年 9 月拉萨岗地经贸有限公司被中华人民共和国文化部命名为西藏自治区第一个“国家文化产业示范基地”。2011 年 11 月 11 日，项目执行人多吉遵珠在北京文博会荣获“2011 第六届中国创业产业领军人物奖”。多方的利好形势均有助于吞米岭·藏艺文博园的成功打造。

第二，项目的效益分析。吞米岭·藏艺文博园的各种效益都是显而易见的，除了经济效益以外，在传承西藏的文化方面，也有很强的文化效益，吞米岭·藏艺文博园可以把西藏的文化传播到世界各地。还有就是社会效益。旅游业是一种无污染的绿色行业，在发展旅游的过程中，不会对生态环境造成太大的伤害。

首先是旅游效益。通过收益估算和赢利能力分析可知，吞米岭·藏艺文博园项目在未来10年年均旅游直接收入将达到2亿元，旅游间接收入将超过10亿元，创造直接就业机会1500个，间接就业机会超过7000个，对拉萨旅游经济发展会起到重大的推动作用。吞米岭·藏艺文博园的建设，将填补拉萨大型文化旅游项目空白，形成拉萨文化旅游的又一增长极，同时也将有效完善拉萨旅游产品谱系，推动拉萨文化旅游产业升级。

其次是产业效益。吞米岭·藏艺文博园以打造西藏非物质文化创意产业的孵化基地为重要目标，不仅承担唐卡、藏香等手工艺品的生产与销售功能，同时也将为西藏主要的非物质文化遗产传承人打造良好的发展空间和交流平台。2014年项目建设完成后，园区可为30家相关企业和100个非物质文化传承人与工艺品设计提供设计工作室，并形成西藏最大的旅游商品集散批发基地，年创造产业收益将超亿元。

再次是文化效益。吞米岭·藏艺文博园以促进和推动西藏非物质文化遗产的保护、传承与发展为核心使命，项目在运营过程中，将通过建设非物质文化遗产保护基金、为非物质文化传承人提供小额贷款、承担非物质文化从业者的培训与教育功能等方式，建立对接西藏非物质文化保护地的反哺机制，为西藏非物质文化遗产的保护提供资金、人才等方面的支持。

最后是社会效益。吞米岭·藏艺文博园的开发建设将贯彻可持续发展和低碳旅游的理念，在旅游接待设施上，不设立高耗能、高排放的旅游接待设施，而以与生态环境相得益彰的小型乡村酒店和民居旅馆为主；在餐饮、住宿、沐浴等接待服务中，重点利用太阳能等新型能源；在设施开发上，主要使用降低能耗的材料和技术，同时推行自行车骑行、露营等低碳旅行方式，以此建设西藏低碳旅游区示范基地，促进生态环保技术在旅游开发中的推广与应用。

作为西藏文化产业的一面旗帜，岗地公司及吞米岭·藏艺文博园项目不仅仅是一个藏族民间艺术产品研发和生产的基地，更是藏文化向世界展示和传播的窗口。

（五）“大旅游战略”模式

国内学者严伟对大旅游下了这样一个定义：“大旅游是一种在我国旅游业发展到相对成熟阶段背景下产生的旅游发展新观念。首先，它是一簇产业群体，由旅游业六大要素形成的大旅游主导产业、与其直接相关的大旅游辅助产业，以及由于经济、技术联系而间接相关的大旅游关联产业共同构成的综合性产业体系。其次，它是一种旅游产业发展模式，强调旅游业与其他产业间的开放性、互动性和综合性，谋求整个大旅游产业系统整体效益的最大化和整个社会—经济—生态系统的协调发展。”[①] 大旅游的定义包括两个层面的含义：一是承认旅游业独立的产业地位，强调旅游业内部价值链吃、住、行、游、购、娱六大要素的深入挖掘与融合；二是在承认旅游业独立的产业地位基础上，强调旅游业与当地其他产业的交汇融合，即强调旅游业的综合性、关联性、带动性。拉萨市旅游产业化的主要类型和途径如表 15－11 所示。

表 15－11　拉萨市旅游产业化的主要类型和途径

类型	途径
龙头企业带动型	以旅行社、旅游星级宾馆、旅游汽车出租公司、旅游娱乐公司、旅游购物商店等企业为龙头，集吃、住、行、游、购、娱为一体
资源优势带动型	围绕优势资源配置旅游产品和服务，如西安兵马俑
服务基地带动型	专门服务生态型旅游风情区，如休闲型旅游业和探险型旅游业
中介商团带动型	中介商团形成产业化经营景区或者是经营其他旅游企业的集团，如国际性中介酒店管理集团
旅游行业专业协会带动型	以为旅游企业服务为宗旨，以各种形式向海内外朋友宣传本地区旅游产品，促进旅游产品及品牌的提升

资料来源：陈靖滨：《关于加快拉萨旅落产业化进程的思考》，《西藏发展论坛》2006 年第 5 期。

① 严伟：《“大旅游”产业理论及其实践研究》，《改革与战略》2009 年第 1 期。

从拉萨市旅游产业化发展的主要类型和途径表中可以看出，大旅游模式主要是由一些龙头企业带动发展的，而且这种龙头企业还可能是由一家集团公司和下属诸多与旅游相关的子公司组成。西藏旅游公司就是大旅游模式的一个典型，他们所实行的就是大旅游战略。

西藏旅游股份有限公司是西藏本土第一家上市公司，也是西藏自治区唯一一家以旅游、文化传媒为主业的上市公司。公司旅游主业下设有西藏圣地国际体育旅游公司、西藏旅游股份有限公司喜马拉雅饭店、西藏旅游股份有限公司林芝分公司，控股西藏巴松措旅游开发有限公司、西藏圣地旅游汽车有限公司、西藏雪巴拉姆艺术演出有限公司。由这六家公司构成稳固的旅游服务体系。公司文化传媒版块有实施西藏人文地理工程的西藏圣地文化有限公司、西藏国风广告有限公司。企业的经营理念是创造体验，传播西藏公司立足西藏本土，响应政府发展支柱产业、特色经济、促进农牧民收入的号召，制定大旅游战略及西藏人文地理工程。通过对西藏人文地理资源的发掘提升公司主业的文化内涵，以旅游消费、文化消费的方式实现对西藏人文地理的引导、传播，最终达到公司旅游与文化传媒双主业比翼齐飞。西藏旅游股份有限公司作为西藏旅游业的旗舰，以文化消费的方式实现西藏文化的导引、传播，开启了世界了解西藏的平台。

西藏旅游股份有限公司的各类子公司涵盖了吃、住、行、游、购、娱等方面，公司除了在旅游创收方面表现卓越以外，还以传播西藏文化为己任，推动藏族文化、藏族歌舞戏剧向世界的传播。这些子公司主要有以下几个。一是西藏圣地国际体育旅游公司。它是西藏旅游行业的旗舰企业——西藏旅游股份有限公司的全资子公司，成立于1984年，是西藏成立最早的旅游企业也是西藏具备经营出境旅游业务的三家企业之一。公司主要从事观光旅游、徒步旅游、特种旅游和各种探险活动。20世纪80年代初，公司率先开辟了珠峰、阿里沿线的旅游线路（自治区旅游西环线）。在旅游东环线方面，目前公司正着手对雅鲁藏布大峡谷水上旅游区、巴松措景区的生态、探险、体育旅游项目进行开发。二是喜马拉雅饭店。该饭店拥有20多年的历史，自创办以来是世界顶级的专业登山队和热爱登山运动的超级山友首选的三星级涉外酒店。饭店共9层，有客房133间，宽敞、舒适、极富民族特色。房间配有宽带。饭店内设藏式歌舞风味餐厅、中西餐厅、藏式咖啡厅、多功能厅和会议室、大小厅堂共计10余处，可供宾客日常用餐及举行各种规格的宴会、酒会和聚会，也是西藏自治区唯一拥有藏戏博物馆的饭店。博物馆内的藏戏艺术演出由现存民间藏戏团体中保存最完整、最传统的民间藏戏团——觉木隆流派民间戏班表演。三是西藏圣地旅游汽车有限公司。该公司拥有西藏规模最大、性能最好的越野车队和旅游车队，有各种型号的运营车辆 293 辆，其中路虎揽胜 2 辆、丰田陆地巡洋舰 100 型 11 辆、大型客车 50 辆，中型客车 200 辆，小型客车 30 辆。车队司机大部分都有 10 年以上的高原驾驶经验，通晓藏语和普通话，能承接各类大中小型旅游运输、探险旅游、后备物资供应、特种探险后备物资供应、徒步旅行配套服务等西藏及周边境内旅游活动。四是《西藏人文地理》杂志。它创刊于 2004 年，是一本针对高端人群的人文地理类杂志，是西藏的人文和地理的深度报道者，致力于西藏人文地理的深度挖掘报道和西藏现实热点话题的人文关照式报道。“时效、主动、深度、全面、对比、公正”是杂志的创作宗旨。五是雪巴拉姆藏戏博物馆。藏戏诞生于 14 世纪末 15 世纪初，被视为藏文化的“活化石”，国家以“人类口头和非物质遗产代表作”的形式向联合国教科文组织申报了世界文化遗产。西藏雪巴拉姆藏戏艺术演出有限公司，原为 1959 年筹建的拉萨市城关区雪居委会的蓝面具藏戏剧种觉木隆流派民间戏班，是现存民间藏戏团体中保存最完整、最传统的民间藏戏团。2004 年，西藏旅游股份有限公司为继承弘扬藏民族优秀传统艺术文化，打造西藏文化品牌，将雪巴拉姆藏戏团并入西藏旅游股份有限公司。该公司是正式成立雪巴拉姆藏戏博物馆和西藏雪巴拉姆艺术演出有限公司。六是西藏圣地天创演艺有限公司。该公司是西藏旅游股份有限公司与香港中旅集团所属企业天创国际演艺建立的合资企业。圣地天创演艺有限公司斥资 1600 万元与拉萨市人民政府、自治区文联、拉萨市文化局合作推出的大型西藏歌舞音画史诗《喜马拉雅》，是西藏首部大型常态旅游文化演艺项目，极具西藏民族特色。《喜马拉雅》一剧汲取西藏文化的精华，用现代高科技手段艺术的表现西藏独特的人文风情，展现藏民族传统文化，用歌舞、杂技等多种艺术形式，多层次地展现西藏特有的劳动生活场景及多姿多彩的民族文化艺术。

除此之外，西藏旅游公司还开发了自己的旅游景点，分别是雅鲁藏布大峡谷、尼洋河风光带和神湖巴松措。这些自主开发的景点为其带来了良好的收益。西藏旅游公司以旅行社、旅游星级宾馆、旅游汽车出租公司、旅游娱乐公司、旅游购物商店等企业为一体，围绕旅游选线、组团，提供地接和运输服务，开展购物、娱乐等一项或多项活动，实行客源市场、地接市场、服务市场一体化和“吃、住、行、游、购、娱”一条龙经营，为拉萨文化旅游的创汇增收做出了巨大的贡献。

从近几年来西藏自治区的旅游发展情况来看，拉萨市旅游产业的发展成果是显著的，而且与西藏自治区周边的其他六个地区比起来，拉萨市的游客接待量遥遥领先。

第十六章　藏族文化的传承、保护与创意发展

藏族传统文化是藏族人民在漫长的历史长河中，经过不同时期的历史变革、文化变迁与冲击、演变而形成的复杂的、具有完整结构的文化体系，是藏族人民的生产方式、思维方式的体现，也是藏民族存在和发展的灵魂。藏族传统文化博大精深，不仅涵盖藏族的发展历程，还反映藏族人民的生产方式和生活方式及风俗习惯。西藏是我国重要的民族文化地区，千百年来形成了丰富、独特、神秘、圣洁的文化资源，在现代化、国际化的大潮流中，西藏文化的保护和发展是一份重要的责任。西藏文化产业的发展不应该仅仅体现在创新和发展上，更重要的是在保护的基础上发展和创新。

一　藏民族文化的传承与保护

藏族传统文化是一个综合概念，它有着丰富的内容。藏族文化历史悠久，范围广泛，内容丰富，形式多样，并且表现出强烈的地域性和民族性。根据唯物史观关于社会意识的基本原理，任何民族的文化一旦形成，就会作为一种既成事实，成为后人生存和发展的精神前提，对后世产生不可低估的影响。这种文化影响后世的现象就是“文化传统”。随着历史的发展，传统不断被后人继承，成为后代文化的核心。从这个意义上说，藏族传统文化与现实是不可分割的。藏族文化产业有别于其他产业，关键是它属于“文化的”。尽管藏族文化产业不见得纯粹是文化部门或文化行业所办的产业——其他部门、行业或个人也可以“跳出文化办产业”，但藏族文化产业“文化的”属性是不变的。因此，藏族文化传统与当代文化产业的关系就基本上可以这样表述：两者不仅存在着血脉传承的渊源关系，而且存

在着核心与拓展的关系。也就是说，发展藏族文化产业，既要继承、弘扬藏民族的优秀文化传统，又要密切联系当代西藏社会主义现代化建设过程中的文化产业的具体实践，同时，努力学习先进的技术和经验，力求与国内、国际文化产业接轨，与时俱进的表现藏民族文化的时代特征。

在市场经济条件下，各地的经济、文化、社会有了一定的发展，这是市场经济带来的积极一面。从消极的角度来讲，各地区的经济交往、文化交融，在经济利益的驱动下，使传统元素被迫经济化、产业化，原本的传统元素会被现代科技所侵蚀。这种现代与传统的交融是一个趋势，藏族文化产业的发展也不例外。现代文化创意产业必定能带来经济效益，但是传统的元素、民族之魂也有消失的危机。藏族传统文化生长在一个特殊的地域、特殊的文化氛围中，表现出来的传统性才能更加地明显、更加的神秘。藏族传统文化是人类文化的瑰宝。但是，传统文化被现代文化所影响而导致的传统文化的濒临危机现象层出不穷。在这种情形之下，国家如何站在文化战略的高度，制定合理的政策和规划，企业和民间应该如何采取有效的传承方式，应根据不同领域、不同项目实际情况落实符合实际的保护工程，使经济建设开发和文化资源保护协调发展。

（一）准确定位藏族的传统文化

藏族传统文化在藏族历史的发展过程中产生、成长与发展，是藏族历史的积淀，在漫长的岁月里为藏族人民的生活发挥着重要的作用，并且在藏民族经济发展中占据着重要的地位。由于藏民族生存的地域、特殊的历史发展进程和人文条件决定了藏族的生产方式和生活方式与其他地区有着很大的不同，因此，三大产业中第一产业和第三产业相对第二产业较为发达。而作为传统文化中的重要组成部分的手工业在第三产业中的地位更加突出，贡献更大。但是，随着现代化程度的深入，传统文化出现不适应现代发展的需要而遇到了严重的挑战。在这种情况下，应该准确定位传统文化在现代背景下经济、社会中的地位，而不应该仅仅停留在它在历史中的作用。

1. 现代化建设务必要尊重传统文化

藏民族生活的青藏高原地带，自然环境与生态结构特殊，藏族文明的特殊性决定着藏民族在现代化进程中的建设必须更加注重环境的保护，不能走“先污染后治理”的老路。藏族传统文化生长在神秘的沃土上，不被现代化所污染，如果一旦在现代文化中丢失了传统文化的灵魂，就像自然环境的破坏一样，很难修复。因此，西藏的经济建设要在保护和尊重藏族传统文化的完整性的前提下进行。西藏非物质文化遗产作为西藏民族文化中的精髓，在促进旅游业发展方面具有举足轻重的作用。鉴于此，要将促进非物质文化遗产的保护和传承与旅游相结合，就要发挥基层的作用。非物质文化遗产所在的基层，特别是乡村，是广大群众生活劳作的基本场所。很多非物质文化遗产就是以乡村基层中的人为主要负载者和传承者，以乡村基层为流传区域而不断传承。可以说，乡村基层是非物质文化遗产的根脉，也是非物质文化遗产保护的前沿阵地。全区非物质文化遗产保护的好坏在很大程度上取决于广大基层的作用能否得到很好的发挥。因此，西藏旅游业特别是乡村游更加离不开非物质文化遗产的支撑，而基层各具风情的非物质文化遗产展演为全区旅游业的发展增添了新的活力。

2. 藏族传统文化的发展要适应现代化的发展

现代化建设要以尊重文化的传统性为前提，那么反过来，传统文化一定要适应现代化的进程。因为，社会的发展是客观规律，是无法阻挡的，是时代的进步，在这种情况下，藏族传统文化必须要面对的是如何去适应时代的变化。藏族传统文化的发展历史告诉我们，藏民族的传统文化直到今天都在适应时代的更替、制度的变革，当然，在适应社会 - 时代变迁的过程中也会面临各种各样的压力。正如藏族的非物质遗产——藏纸技术，有一千多年的悠久历史，以独特的原材料和制作工艺独树一帜。它特殊的材质和工艺，在市场经济条件下成为弊端——工艺特殊，企业很难上规模。与之对比，现代的造纸技术可以大量生产普通纸张，并且原料的价格低廉。藏纸无法大量生产，致使不能快速地占领市场，只能作为旅游纪念品体现其收藏价值。藏族传统工艺如何适应现代化是一个重要课题，值得好好探索。

适应现代文化不是完全改变原有的内容，而是在原有的传统文化的基础上对其形式进行创新。创新才是永久性生存和保证，只有走创新发展的道路才能满足现代化的需要，这也是一种自我保护模式。

（二）政府的力量

1. 发达国家政府在文化产业中作用的借鉴

从世界范围来看，一个产业的产生、发展和壮大，必须有来自政府的扶持和引导。尤其在新产业的发展初期，政府的作用更是不可或缺。20 多年来，发达国家都把文化产业作为增强文化软实力的最重要途径。美、英、法、日、德、韩等多个国家都通过政府的计划，大力推动文化产业的发展。如 20 世纪 80 年代以后，随着文化商品化程度的加深，美国凭借经济、技术和知识等方面的优势，使文化产业进入快速发展时期，其中离不开政府的保驾护航。要大力促进文化产业的发展，有以下两点建议：

首先要全面立法，保护知识产业。为了适应时代发展的需要，美国先后出台了一系列重要的法律、法规，以加强国内知识产权保护。这些法律、法规的颁布，目的是加强对美国文化产业的保护，提高文化产业的竞争力，同时大力推动知识产权保护的国际化进程，促进其文化产业占领国际市场。美国实施的知识产业战略，在国内，为其文化产业的发展开辟了肥沃的“法治土壤”；在国外，为其文化产业开辟了广阔的市场空间。

其次是政策扶持，促进产业发展。美国政府一直为文化产业的发展制定优惠政策，创造了良好的市场环境。一是采用贸易保护主义，对外国进口商品课以重税，外国文化产品要打入美国市场，只能采取直接投资方法，同时贸易保护政策也限制进口，造成市场封闭，限制国际竞争国内化，在一定程度上促成了美国国内较高的利润回报率，从而吸引大量国际资本投资美国文化产业。另外，针对发展中国家盗版现象严重的情况，美国经常利用知识产权保护等手段与别的国家进行谈判甚至施压，以确保美国文化产业的相关利益。二是合理调控，引领产业健康发展。虽然美国政府鼓励文化产业积极发展，但还会采取各种手段，对文化市场进行合理调控，以保证产业健康发展。再如日本，1995 年，日本确立了在 21 世纪的文化立国方略。日本主要依靠市场机制发展文化产业，但政府主导的特点也很明显。大力支持和发展文化产业，为文化产业提供方便，制定相关鼓励政策，是日本文化产业得以发展的一个根本原因。比如，政府支援地区文化活动，包括重新挖掘、振兴具有地方特色的文化遗产、民间艺术、传统工艺和祭祀活动等；政府制定长期规划，对具有地方特色的文化艺术提供综合援助；中央政府与地方政府联手举办全国规模的文化节等。日本经产省与文部省还联手促成了民间的“内容产品海外流通促进机构”，拨专款支持该机构在海外市场开展文化贸易与维权活动。这些发达国家在促进文化产业成功发展方面的经验是值得西藏自治区在大力推进文化产业发展的进程中借鉴的。虽然西藏自治区发展文化产业有自己的特点，但是广泛吸引和借鉴不同国家、地区和不同民族发展文化产业的经验与教训是非常有必要的。在一定意义上，任何一个产业的发展扩张速度是与政府的重视程度成正比的。改革开放以来中国经济快速增长的一个重要原因，就是政府的强力推动。在文化产业领域，由于西藏文化企业主体市场化程度低，文化市场发育还非常不充分，进行产业扩张的动力和能力都十分有限，另外，西藏文化由于历史积淀悠久，许多拥有千年历史的文化传承面临失传的危险，再加之“西藏问题”的特殊性，所以，政府采取适当的行政和经济手段，对西藏文化产业加以引导和扶持都是非常有必要和必须的，也是西藏文化产业发展壮大的基本前提。

2. 正确认识和发挥政府在文化产业发展中的作用

要把不同产业发展主体的不同利益和不同价值取向凝聚到一个共同方向，使产业的发展由自发转向自觉，不断形成产业集群，离开了代表社会公众利益并行使权力的政府，几乎是不可能的。同时，不断培植新的产业，培育新的经济增长点，推进经济社会的全面发展，也是政府义不容辞的责任和义务。[①] 这是从一般意义上说政府在文化产业上的地位与作用。对于西藏自治区来说，发展文化产业，先要对一些重要的文化资源进行保护，然后才是传承和发展。

首先，各级政府要在倡导对西藏传统文化保护方面发挥积极作用。各级政府对西藏传统历史文化的保护了起到了表率作用。为了继承、保护和发展西藏优秀的传统文化，西藏和平解放60多年以来，中央政府和西藏自治区各级政府不断加大对西藏传统文化的保护力度，使其在现代社会焕发出新的生命力。改革开放以来，中央先后召开五次西藏工作会议，加强西藏经济、社会和文化事业的发展，累计拨款数十亿元对西藏文化遗产和重要的历史遗

① 丹增：《文化产业发展论》，人民出版社，2005，第82页。

迹、文物进行了维修和保护。如2000年以来，中央先后投入资金20.4亿元，实施了一系列重点文物保护维修工程。其中，对布达拉宫、罗布林卡、萨迦寺三大重点文物保护维修工程投资3.8亿余元①，确保了这些文物的“延年益寿”。但是，在藏族文化的保护与发展中，各级政府依然还有巨大的作为空间，我们希望，政府对藏民族文化保护和发展的措施更加得力，更加具有针对性，使大量重要的藏族文化得以保护和开发，焕发出民族文化的异彩。

其次，政府应建立适应西藏文化产业发展的体制和机制，采取并推行适当的文化产业政策，大力促进西藏文化产业的发展。具体有以下四点：

一是政府在当前要实行积极政策，采取各种手段扶持文化产业发展。2009年，西藏首次构建文化产业项目库，西藏自治区文化部门积极向社会各界征求有价值的藏族特色文化产业项目。参选的项目一旦经过专家团的认可，将被政府纳入西藏文化产业项目库，并将作为政府重点扶持和推介的项目。通过评选，充分利用西藏独特而丰富的文化资源优势，更好地推动重点文化产业项目建设、打造著名文化品牌和扶持骨干文化企业。据介绍，参选项目将重点包括特色文化开发项目、文化艺术服务项目、广播影视制作项目、动漫和网络服务项目、乡镇特色文化资源配对项目等八大类。项目库建成后，各种特色文化产业将会列入自治区文化产业项目投融资服务平台，与不同体制和机制的合作者对接，进行许可经营、托管经营、授权经营及合作经营。西藏还会对评选出的特色突出、市场前景良好、发展潜力较大的重点项目给予政策和资金扶持，并将其列入自治区和地市对外招商引资项目。同时，政府还将与区外有实力的企业合作，共同举办“西藏特色产品博览会”等系列文化经贸活动，为项目对接搭建平台。为进一步加快西藏文化产业振兴步伐，在中央大力支持下，西藏自治区政府计划每年投入2500万元作为文化产业和文化创作专项资金。② 这些具体措施均体现了西藏各级政府在发展文化产业上积极的扶持作用。

二是政府通过制定和完善政策法规来规划引导文化产业，给文化产业的起步和发展提供政策支持。不断完善的政策法规，是文化产业健康发展

---

① 中华人民共和国国务院新闻办公室：《西藏的发展与进步》白皮书，2013。

② 颜园园、斯郎曲西：《西藏将首次构建文化产业项目库》，最后访问日期：2009年8月30日。http：//news. xinhuanet. com/politics/2009 - 08/30/content_ 11965811. htm

的根本保证。文化产业的相关政策法规是文化产业发展的依据和导向，是文化产业发展的基本条件。政府通过建立完整的政策系统和法律系统，以及公开、透明、非歧视的文化市场准入机制，和公平、公正、自由竞争的文化产业生态环境，为文化产业的发展壮大提供了全面、系统的法律保障机制和政策支持系统。西藏自治区先后颁布了《西藏自治区人民政府关于加强文物保护的布告》《西藏自治区文物保护管理条例》等法规和规定，使文物保护工作日益法制化、规范化。2010 年 12 月，西藏自治区研究制定了首个《中共西藏自治区委员会西藏自治区人民政府关于推动文化大发展大繁荣的决定》，该决定从大文化范畴着眼，全面落实中央第五次西藏工作座谈会所提出的重要论断、重大政策和重点项目，与自治区“十二五”重点项目建设规划相衔接。该决定还强调走中国特色、西藏特点的文化发展道路，并安排部署了社会主义核心价值体系建设、舆论宣传、公共文化服务体系建设、文艺创作、文化遗产保护、文化体制改革和文化产业发展等六项任务，为西藏文化事业的发展提出了重要的思路与方向。今后，西藏自治区政府将为建立起更加公开、透明、非歧视的文化市场准入机制，继续营造公平、公正、自由竞争的文化产业生态环境，提供更加全面、系统的法律保障机制和政策支持系统而努力。

三是从培育产业的角度，加强规划引导，提供政策建议，明确政策导向，充分运用财政、金融、行政、立法等手段来调控文化产业的发展方向，实现对西藏文化产业中不同行业的发展的调控。政府运用财政、金融等手段支持西藏文化产业发展，让文化企业在市场竞争中，提高自身的经营管理能力，提高文化产品和服务质量。同时，政府也要推进文化体制改革和文化事业单位改革，鼓励各种社会资金投入文化产业，放宽和取消一些对非公有制经济成分投入文化产业领域的限制，培育真正的有市场竞争力的文化企业，提升产业竞争力。政府还要鼓励组建各级各类文化产业组织、文化投资公司，形成投资主体多元化的新格局，创造有利于文化产业发展的综合性投融资手段和方式。对于新兴的有发展前景的文化产业项目实行低息或贴息贷款，安排一定的政策性贷款用于发展各类文化产业。据悉，为确保非物质文化遗产永世长存，目前西藏已启动对国家级非物质文化遗产的抢救性记录工作。截至目前，中央财政累计对西藏非物质文化遗产投入 9716 万元，西藏自治区各级财政也不断加大对非物质文化遗产保护工作的投入力度，累计投入近3000万元，使西藏自治区一批亟待抢救的非物质文化遗产项目得到了有效保护与传承。①

四是调整产业结构，引导文化产业进行深度整合，同时，以资产为纽带，积极组建大型文化产业集团，形成跨地区发展和多媒体经营，推动西藏文化产业走向世界，参与国际竞争。美国、法国、日本等西方国家普遍以营利和非营利为界限对各类文化产业实行区别对待政策。政府基本的态度是放手让其自由竞争，自由发展，管理的手段主要是通过制定和实施相关的文化产业政策，在投资和税收等方面区别对待，运用经济和法律手段对其产业结构进行调控，该保护发展的财政大力支持，该放开搞活的确保经营自由，有利于调控产业结构，使各类文化产业都能得到发展。这一政策对促进文化产业发展发挥了积极的作用。今天的西藏，虽然已涌现出拉萨娘热民族风情园、喜马拉雅文化发展有限公司等一大批龙头文化企业和一批具有鲜明民族特色和时代特点的精品佳作，如大型原生态歌舞诗《幸福在路上》、大型民族歌舞《喜马拉雅》、大型京剧与藏戏《文成公主》等，但因西藏文化市场发展相对滞后，市场化程度较低，目前供求缺口也日益凸显。这强烈吸引着自治区内外文化资本的注入，形成了多渠道、多方位的文化投资格局，也有待于进一步深度整合，形成更多更好的文化产品和品牌。

总之，正在起步阶段的西藏文化产业十分需要政府政策的指导、扶持和倾斜。在全面调查和评估当地文化资源的基础上，政府要制定产业发展规划，调整财政投入结构和投入方式，适当增加用于扶持文化产业发展的政策性专项投入，通过差别税率等政策促进文化产业迅速发展，调控文化产业总量规模和水平。

（三）在传承中保护，在保护中传承

2014年8月12日～13日，“2014·中国西藏发展论坛”在拉萨召开，“西藏文化的传承与保护”作为此次论坛的分议题之一，颇受关注，多位来自世界各地的专家学者共同探讨了西藏传统文化的传承和保护问题。中国民间组织国际交流促进会理事栾建章提出了在西藏文化传承与保护工作

① 中国西藏网：《拉萨文化事业发展欣欣向荣》，http://opinion.china.com.cn/opinion_11_106811.html，最后访问日期：2014年8月14日。

中应该把握的原则。西藏文化的传承与保护作为一项兼具物质和精神特性，贯穿历史与现实，涉及社会各个层面的重大系统工程，在西藏经济、社会发展中已显得举足轻重。

1. 使文化产业成为藏族传统文化保护的科学路径

2007年党的十七大报告指出："文化越来越成为民族凝聚力和创造力的重要源泉，越来越成为综合国力竞争的重要因素。"文化产业作为向人们提供精神产品和服务的产业，是承载、传承、生产、发展、创新中华文化的直接有效载体。产业化是活态保护模式的一种。

产业化，即如何将理念、想法、需求、价值、观念转化为一种产品，然后进入市场，拥有买方市场，进入营销体系，实现利润的过程。产业化是一个动态的过程，属于市场化经济的运作形式达到一定程度与规模后以营利为目的的经济活动。

藏族文化产业的发展是对藏族文化的开发性保护，是活态性的保护模式。随着文化产业的发展，西藏已经有一些企业自发从事非物质文化遗产的保护工作。例如，2007年以来，西藏四方数码有限公司投资2000万元，用于藏东南非物质文化遗产博物馆外围景观藏东南文化博览园的建设，建有门巴族、珞巴族和当地藏族民居，进行旅游开发式保护。除了高层管理人员外，藏东南文化博览园所用的工人均为与之毗邻的巴结村村民。从场馆建设到旅游表演，藏东南文化博览园每年都会给巴结村带来至少200万元的经济收入，带动了一大批村民靠吃旅游饭发家致富，这从侧面提升了村民对本民族非物质文化遗产的认识水平，促使他们积极投身到本民族非物质文化遗产的保护和传承中。[①]

当然，必须注意的是：文化产业这一途径未必适合所有的藏族文化。已传承数千年的西藏古老的手工技艺，在国际市场上的知名度也越来越高，大量手工艺人制作的唐卡、纺织品、藏装服饰等远销到美、日、德等10多个国家和地区。在提倡发展文化产业的过程中，要注意定位哪些资源适合做产业，哪些资源不适合做产业，只有先定位才能较好地进行下一步的开发和利用，不能盲目地产业化。藏族文化内容丰富，形式多样，涵盖

① 马宁：《在西藏文化大发展大繁荣中要大力保护非物质文化遗产》，《西藏日报》2012年3月12日。

了诸多领域，尤其是手工业中涉及取材的限制和制作上的特殊性，导致有些手工技艺无法进行产业化，也不适合进行产业化。因此，在发展藏族文化产业时，一定要在分类总结的基础上确定产业化方案。就如唐卡来讲，唐卡这种艺术的绘画方法的手工形式决定了唐卡是无法产业化的，也不适合产业化。只有纯手工绘画方式才是唐卡的灵魂。如果唐卡失去了纯粹的手工绘画，以机械方式来取代传统手工艺的话，那么唐卡将面临危机。今天，为了一定经济利益，西藏不少地方的唐卡有产业化的现象出现，这是一个有争议的问题，并没有得到唐卡行业者的认同，相反唐卡产业化引来各方强烈的反对。相对来讲，有着完整理论体系的藏药就可以进行产业化，可以进入市场，并且藏药必须通过这种渠道才能体现藏药的价值，为人类谋福祉，但受到原料及制作工艺特殊性的制约，这种产业化也必须限制在一定范围，而与其他的制药大不相同。

总体来说，产业化是一种现代经济条件下出现的新的发展模式。文化产业在一定意义上来讲，都是通过文化企业进行经营和发展的。因此，必定出现利益最大化的目标大于纯粹意义上保护传统文化的现象，这也是市场经济的缺陷。所以在文化产业化的过程中要非常注意受利益驱动的市场机制下，藏族传统文化遭到破坏的情况，不要被某些利益驱使而破坏文化原本的东西，这需要各部门的监督和企业本身的高度自觉性来协调。

2. 以藏文化圈为依托建立文化生态保护区

所谓“文化生态保护区”是指为了更好地传承、保护和弘扬传统文化，促进发展而建设的保留优秀文化基因的，专门针对极具地域特色、分布相对密集的区域设置的传统文化综合保护区域。藏族集中的地区，以西藏为中心可以形成较为典型的藏文化圈。对以藏文化圈为依托建立的文化生态保护区可以进行整体性的保护，同时也要进行具体区域的文化保护。文化生态保护区其实是按照地域的分布特点来划分的。

拉萨的文化事业正在欣欣向荣地发展着，传统文化得到有效保护，特色文化深入人心。现任市委书记齐扎拉在“2014·中国西藏发展论坛”上发言说：“文化是民族的血脉和灵魂。我们积极保护传统文化，全面启动非物质文化遗产保护工作。”“我们逐步形成了以拉萨民族地域特色的雪顿节等文化品牌为主要内容的文化艺术长廊。深入挖掘西藏历史文化资源，积极打造文化产业品牌，成功推出大型实景演出剧《文成公主》。我们计划招商 300 亿元，按照‘一城一园三谷’（文化城，林卡园，宝箧彩幡谷、香巴拉逸心谷、璎珞流芳谷）的规划构架，全面建设西藏文化旅游创意园区。”① 事实上，投资逾300亿元的中国西藏文化旅游创意园区已于2012年7月8日在拉萨市城关区蔡公堂乡次角林村举行了开工仪式，建成后的园区将成为西藏又一文化旅游“名片”。西藏文化旅游创意园区位于拉萨市城关区蔡公堂乡次角林沟彭布山脚下，规划可利用土地面积约合12000亩，建设周期为3至5年。该园区是以文化旅游为主导产业，打造集民俗文化展示、民族手工艺品产销、演艺娱乐、酒店休闲、商贸观光于一体的文化产业聚集区。它也将成为西藏文化的荟萃和浓缩，也是世界文化遗产中的璀璨明珠。西藏有史诗说唱、锅庄歌舞、藏戏艺术等文化奇葩，有藏药秘方、冬虫夏草、雪莲、藏红花等高原特色产品，有念青唐古拉、当雄草原、高原温泉等自然风光，有雪顿节、藏历新年等丰富多彩的民族节庆。园区将依托这些藏民族深厚独特的优秀传统文化底蕴，将西藏的民族建筑、民族音乐、民族歌舞、生活风俗、民间故事进行全面展示，使创意园成为藏民族优秀传统文化鲜活的博物馆。建成后的园区将有助于丰富藏文化旅游产品，树立西藏文化产业的特色品牌，疏减老城区游客压力，整体提升西藏旅游产业品质。②

3. 保护藏族传统文化基本单元

藏族传统文化历史悠久，传统文化主要在传统的村落中，村落是传统文化生存的地方。而民俗村的建立是将传统文化按原有的生活样态，放置在一个按照传统的样式建立起来的文化空间，并以活态的方式表现出来的。民俗村是在原有的村落的基础进行改造，更加突出村庄的特殊性，建立完整的基础设施和人文的管理机制。就传统工艺制作的邦典而言，位于山南贡嘎县的杰德秀镇就属于一个历史悠久的邦典之乡，因此完全可以作为民族民俗村来发展。现在的邦典之乡就是在各家各户各自经营的基础上，自然形成的文化村，没有经过后期的改造。在这种情况下，如果加入后期的局部改造完全能变成更具特色的民俗村落。

这种民俗村的建立相对生态博物馆来讲可能容易操作，并且可能更加

① 中国西藏网：《拉萨文化事业发展欣欣向荣》，http：//opinion. china. com. cn/opinion_ 11_ 106811. html，最后访问日期：2014年8月14日。

② 王军、许万虎：《中国西藏文化旅游创意园区开工建设》，http：//news. xinhuanet. com/fortune/2012 -07/08/c_ 112385301. htm，最后访问日期：2012年7月8日。

适合西藏，落实到村庄，也可以说成是文化产业下放到村庄，成为最微观的传统文化产业。而文化产业一旦具体发展到与村庄相结合，可以参照西藏尼木县规划实施的“公司+基地+农户”的模式统一经营，以实施对村庄的文化开发，这也是文化产业带动村庄发展的有效途径。

4. 经典项目和品牌的开发性保护

项目开发和品牌的创造涉及一个最具体的保护模式。从文化产业到品牌开发，是从宏观到微观的过程，在完成文化产业的宏观规划后通过企业的参与进行项目开发，对传统资源一个一个进行评估分析，可以保证高质量的品牌。

不管以何种模式开发都是为了对藏族文化进行保护，所以最终的落脚点一定落在对文化的保护层面上。在传统与现代的结合中不能丢失祖先留下来的传统基因，不能丢失文化的根基，如果在文化产业道路上葬送了最原始、最传统的根源，那么所有的事业都毫无意义。

拉萨市墨竹工卡县的直孔刺绣唐卡是众多流派中极富特色的一支，历史上一直以家族传承的方式流传于较小范围。米玛次仁2011年时只有36岁，却已是国家级非物质文化遗产“直孔刺绣唐卡”的第六代传承人，是远近闻名的唐卡高手。他所制作的“直孔嘎举金锦宝串唐卡”高120米，宽85米，每个局部佛像都有一层楼高。刺绣、堆绣、缂丝等都是彩绘唐卡之外的重要门类。为了更好地保护这项国家级非物质文化遗产，政府已拟定修建直孔刺绣唐卡工艺制造厂坊，由政府提供建厂用地、资金和部分前期经费，依托全新的平台把直孔刺绣唐卡发扬光大。2011年，米玛次仁也获得10万元贴息贷款。据米玛次仁介绍，贷款只需还本金，利息由政府来还。米玛次仁说：“传承人的意思，不是说我的东西能卖多少钱，而是说我能不能把这门手艺发扬好，传递好。政府给我们创造了很好的物质条件，剩下的就是我该尽的责任了。”[①] 事实上，像米玛次仁这样的文化传承人在西藏还有许多，目前仅拉萨就有非物质文化遗产项目76项，其中国家级非遗代表作20项，自治区级非遗代表作31项，非遗传承人80人。[②] 而

① 徐博、李洪磊：《西藏重视文化保护　唐卡传承后继有人》。http://news.xinhuanet.com/local/2011-07/01/c_121609179.htm，最后访问日期：2011年7月1日。

② 中国西藏网：《拉萨文化事业发展欣欣向荣》，http://opinion.china.com.cn/opinion_11_106811.html，最后访问日期：2014年8月14日。

说起西藏非遗文化特产，藏香是大部分人第一时间想到的。藏香，既是非物质文化遗产，又能帮助当地百姓们实现就业和致富。藏香手工艺制作工艺被列为国家级非物质文化遗产。在西藏拉萨尼木县，现年 37 岁的藏香手工艺师次仁多吉是第四代藏香制作传承人，也是国家级非物质文化遗产传人，他制作的藏香质量上乘，口碑极好。因此，他手中的订单一直没有间断过。此外，他还有专门的销售点，年收入可以达到 6 万多元。[①] 为进一步保护和传承该项非物质文化遗产，西藏尼木县有关部门在尼木县组织开办了藏香制作培训班，让更多的当地青年学好藏香制作技能，使得这项重要的非物质文化遗产项目在民间得到更好的保护和传承。

二　藏族文化产业的创意与发展

文化创意产业是在全球化背景下，伴随知识经济时代发展起来的新兴经济实践理念。文化创意产业以文化为基础，以创新为动力，以创意为产品，渗透于从第一产业到第三产业的各个生产环节。文化创意产业推崇创新和创造，强调文化对经济的支持与推动，通过创新及设计使文化产生更大的经济效益。[②]

（一）文化创意产业——藏族文化产业发展的必然趋势

文化创意产业，也叫创意文化产业，是指依靠创意和技能，借助高科技和现代理念对文化资源进行创造与提升，通过知识产权开发和运用，产生出高附加值产品，具有创造财富和就业潜力的产业。以创造性的想法、构思、意念、主意为定义的创意，是文化创意产业的核心要素。文化创意在藏族文化产业的发展中显得十分重要。创意产业依靠个人的知识、技能和天赋，通过科技与艺术的手段，以创意为核心，以文化资源为素材，对藏族文化资源进行创造、重构和提升，使藏族文化产业可以更深层地展现藏族文化资源的内涵，更全面地展现藏族文化资源，又能从一定程度上更

① 中国西藏网：《拉萨文化事业发展欣欣向荣》，http：//opinion. china. com. cn/opinion_ 11_ 106811. html，最后访问日期：2014 年 8 月 14 日。

② 石杰、司志浩：《文化创意产业概论》，海洋出版社，2008，第 31 页。

完整地保护和传承藏族文化资源。同时，以新的方式深入挖掘了藏族文化的潜力，使藏族文化产业向现代化、集约化、高附加值的方向发展，对藏族文化遗产的保护和继承起到了更为积极的作用。

西藏拥有丰富的文化资源，文化产业的发展也在逐渐受到重视，但其创意文化产业的发展仍处于起步阶段。创意产业经营管理水平低，文化资源的商品转化率低，文化产品的精神内涵和艺术精致程度也还没有得到较好的开发，由于没有达到深度开发从而也很难适应市场的竞争需要，所以藏族文化产业一直没能将其很好地转化为经济效益。就全国而言，西藏文化产业的发展相对滞后。文化创意产业具有低碳、附加值高、产业渗透性强等优势，应该特别适合青藏高原生态脆弱，不能较多进行自然资源开发的特点。本课题组认为，文化创意产业应该是西藏乃至整个青藏高原文化产业发展的未来趋势和方向，也是促使西藏文化产业提升和发展的重要驱动力。

（二）文化创意产业是变资源优势为产业优势的关键

文化资源并不能天然地转化为产业发展的优势，要变资源优势为产业优势，关键还是创意。只有经过一定形式的再创造，才能成为具有知识产权的文化产品。创新、创意能力的强弱是决定文化资源占有多少和开发利用成效大小的关键。[①] 藏族作为我国少数民族中居住面积较广的民族，千百年来繁衍生息在青藏高原上，在征服大自然的斗争中和社会发展的演变中创造了独特而丰富的物质文化和精神文化。藏族文化作为中华文化的一朵奇葩，承载着藏民族浩瀚的历史文化，凝聚着藏族人民千年的智慧，正散发着她诱人的清香。西藏的文化资源丰富，但由于缺乏好的创意及足够的创意人才，致使很多资源都在闲置浪费，还有很多资源在开发的过程中受到严重破坏。因此，要更为有效地保护和利用藏族珍贵、唯一的文化资源，变文化资源优势为文化产业优势，关键是发展文化创意产业。

作为文化产业发展的高级阶段，文化创意产业是社会发展到一定阶段，人们普遍的心理、精神、文化需求所催生的新兴产业，是传统文化产业的升级、变革。

---

① 石杰、司志浩：《文化创意产业概论》，海洋出版社，2008，第41页。

（三）藏族文化创意产业的发展目标

1. 以丰富的藏族文化资源作为创意载体

文化资源，作为文化创意的素材，为创意提供了充足且基本的构思空间。西藏既拥有神奇独特的高原自然资源，又拥有历史悠久、包容厚重的藏族历史、文化资源。这些资源为藏族文化产业的发展提供了丰厚的文化“矿藏”，形成了独具特色的历史、科技、民俗、文学、宗教、艺术等方面的人文景观，成为中华民族文化艺术宝库中一颗璀璨的明珠，博大精深，魅力无穷。这些独特甚至唯一的藏族文化资源不仅使藏族文化产业区别于其他文化产业，也给藏族文化创意产业提供了丰富的创意载体和创作素材。藏族文化创意产品可以在藏族文化基础上进行提升和再造，丰富、独特的藏族文化资源使藏族文化创意产品更具民族性和差异性，可开发的空间更为广阔。

2. 打造圣地西藏的品牌基础

西藏独特的吸引力及世界性的知名度，为文化创意产业的发展提供了强有力的品牌基础。世界净土西藏所具有的“神奇、神秘、神圣”的圣地文化形象，使其文化资源在世界具有唯一性和垄断性。西藏文化资源的独特性和丰富性是世界上任何地方都无法比拟的，它所蕴涵的新奇感、神秘感、粗犷感和原始感，吸引着越来越多的国内外游客。西藏既有独特的高原雪域风光，又有妩媚的南国风采，而与这种大自然相融合的人文景观，也使西藏在旅行者眼中具有独特的魅力。至今，还有许多藏族人的生活习俗与高原之外的都市人有着很大的距离，也正由于距离的产生，才使西藏的一切具有了观赏价值。神秘的藏传佛教、天葬,雪域高原的精灵——藏羚羊，还有那木错、羊卓雍错超凡脱俗的美，足以震撼人的心灵，成为每个行者梦中的天堂。正是这独特的民俗文化和人文景观使游客拥有更加浓厚的兴趣去进一步了解西藏深厚的底蕴。而通过创意产业如影视、歌舞、网络对大量富有藏族特色文化的传统工艺进行创意，都将进一步提升西藏的品牌形象和魅力。

3. 突出创新，促进观念转变

民族文化创意产业是创意产业向民族文化的延伸，向民族地区的拓展，也是创意产业追求文化异质性的必然结果。随着创意产业的蓬勃发展，研究者发现，它实际上已经超越了一般的产业概念、产业属性和产业分类。它既有为消费者生产休闲娱乐等精神产品的一面，也有与生产、管理和服务耦合导致产业升级，形成新的产业形态的一面。[①] 因此，文化创意产业是一种新的发展模式，它强调用全新的思维逻辑方式融入现有产业实现价值创新，从而促使产业升级换代。创意产业价值的提升，特别是观念价值的挖掘，在某种程度上是发展观的根本改变。[②] 对于西藏而言，由于其经济发展水平和产业发展水平有限，科技生产力薄弱，很难实现现代文化创意产业理论概念中对高科技、高艺术和高创造力人才的要求，这也就意味着依据理论定义，在现阶段的西藏，发展文化创意产业还需要大力度的支持。如《幸福在路上》，就展现了西藏唐卡式的歌舞，是西藏传统文化借助现代科技、现代经营理念形成的一个文化创意产业的杰作。事实上，在目前的藏族文化产业中存在很多创意元素，这些创意元素虽然大部分没有很高的科技含量，却也体现着一种创新、一种新的思维方式和一种要素的新组合，这些都可以被视为文化创意产业的萌芽。因此，文化创意产业的定义应针对不同发展程度的地区、不同的时间段和不同的语境有所不同，区别对待。既然文化创意产业注重的是创意，那么不论在文化企业生产、管理和服务的任何一个环节，只要存在创新、存在要素的重新组合就可视为文化创意产业的一部分。

（四）藏族文化产业中的创意代表

1. 题材的创新——把现代艺术融入唐卡创作

唐卡是用彩缎装裱后悬挂供奉的宗教卷轴画，是藏族文化中一种独具特色的绘画艺术形式，其题材多样，内容涉及藏族的历史、政治、文化和社会生活等诸多领域。在通常的唐卡作品中，法相庄严的释迦牟尼佛、度母或护法神端坐正中，色彩绮丽的花草、山水、祥云点缀四周。但是在边巴大师的唐卡作品中，不仅有功底深厚的传统唐卡作品，更有让人眼前一亮的用传统唐卡技法创作的现代作品。这些现代作品虽依然沿用传统的唐

---

① 郎耀秀、韦建益、韦声光：《广西民族文化创意产业的战略选择》，《世纪桥》2011 年第 1 期。

② 石杰、司志浩：《文化创意产业概论》，海洋出版社，2008，第 29 页。

卡颜料、传统唐卡画的技法，但内容却不局限于宗教题材，不仅反映当代社会的现实问题，也反映了新时代藏族的新生活。作品的主体也由宗教人物向花、鸟、动物、普通人家、草原、天空、藏族女孩和漫画人物转变，开始关注地球的生态问题、环保问题和社会热点问题。边巴大师的现代艺术作品构思大胆、风格多样，将现代艺术和现代观念融入唐卡创作，在西藏唐卡画界中独树一帜，可谓是对唐卡的颠覆性创新。边巴师从西藏“勉唐派”著名唐卡大师贡桑朗杰，学画伊始他便接受大师的严格训练，因此画唐卡的功底非常深厚。20 世纪 80 年代末期，边巴的唐卡绘制技巧渐臻成熟，经过布达拉宫、大昭寺、扎什伦布寺等的重大壁画、唐卡修复工程的洗礼，边巴的生活发生了很多改变。边巴一边磨炼自己的绘画技法，一边审视自己的生存状态，内心有很多东西要表达，那时的边巴即开始用绘画的形式表现自己的内心世界。边巴描述，有时候他会进行完全自由的创作，画出来的东西是生活状态的流露。[①] 边巴的作品《和谐之音》就是其中最好的代表，藏家姑娘身姿曼妙，手抚长琴，神情喜悦，而图画下方的虎鹿同丘，鸭鱼相嬉，一曲心灵中的和谐之音跃然而出，这是边巴对世界和平的美好向往。

2. 要素的创新组合——《幸福在路上》

《幸福在路上》是一部大型的西藏唐卡式歌舞诗。作为藏族文化产中的创意代表，其创意之处在于，它是将不同的藏族文化元素以舞台剧的形式冠以不同的主题和情节重新组合而成。在该舞台剧中，不仅能看到藏族传统的歌舞、藏戏、服饰表演，还能看到对藏族传统节日的诠释，但是各个元素并非独立的呈现给观众，而是通过一定的主题和故事情节将各个元素巧妙串联起来，综合的、立体地展现给观众。这种要素的创新组合方式是藏族传统文化产业向文化创意产业靠拢的一种重要的存在形式，这种形式不仅可以有效地利用藏族丰富的文化资源，而且通过人的智力对要素的创新组合，可以使各要素间形成紧密的关系，提高各要素产出的附加值。

3. 传统手工艺品的现代开发——卓番林

在八廓街外围洽彩岗路尽头的一座拉萨古建筑院内，有一家以“保护西藏手工艺文化”为宗旨的别致店铺——卓番林手工业发展中心。该中心

---

① 《对话边巴：传承和创造》，唐卡艺术家网，http：//www. thangkart. com/bianba。

展示面积不大，但是所展的西藏手工艺的商品却是应有尽有，大到手工编织的藏毯、挂毯，小到手工雕刻的玛尼石、烛台、木器，还有藏香、藏装、背包、面具、玩具、藏饰……商品的品种之多令人目不暇接。这些手工艺品虽然都出自西藏本地的手工艺人之手，但与八廓街其他摊铺所售卖的手工艺品却有着巨大的差别。这些手工艺品不论从颜色、形状、图案和材质上，都在古朴中透露出了现代的气息，从每一样工艺品身上都看到明显的创意痕迹。它们中有一部分是卓番林创意团队深入西藏各地，将一些深藏乡间的手工艺人制作的唐卡、纺织品（藏毯、藏绳）、藏装服饰、皮制品、木器、石器和金属制品等集中创新研发后得出设计方案，再由当地手工艺人制作完成的；有一部分是由西藏当地一些富有想法的手工艺人结合藏民族和雪域高原文化特点创作完成的。这些商品既原汁原味地保留和继承了藏族传统手工技艺，又具有极强的现代感，可以满足和迎合旅游者的审美需求。“卓番林”在藏文里是“有益于人类回归”的意思。“有益于人类”既是卓番林手工业发展中心的发展理念，又体现了其另一种性质——慈善组织。卓番林从成立之初就致力于继承、保护和发展西藏传统手工技艺，塑造西藏民间文化品牌形象，并且在帮助西藏手工业者解决产品生产、创新和销售中亟待解决的实际困难中献计献策。现在，卓番林的手工艺术品已远销到美国、日本、德国等十余个国家和地区，这不仅开拓了西藏传统手工艺品的市场，扩大了西藏手工业在国际市场上的知名度，而且拯救了很多濒临灭绝的传统手工技艺，也使一部分非遗传承人的生活得到了极大的改善。

4. 创意产业园区——次角林

产业园区是一种介于政府、市场与企业之间的新型社会经济组织和企业发展平台，它通过提供一系列新创企业发展所需的管理支持和资源网络，帮助初创阶段或相对弱小的新创企业，使其能够独立运作并健康成长。[①] 因而，发展文化创意产业园区对于处于初级阶段的藏族文化创意产业而言意义重大。目前，我国文化创意产业集聚区也随着文化创意产业的发展和科技进步，尤其是数字技术的飞速发展而成长起来，形成了包括首都、长三角、珠三角、滇海、川陕以及中部等六大文化创意产业集

① 石杰、司志浩：《文化创意产业概论》，海洋出版社，2008，第194页。

群，其中以上海的文化创意产业园区的建设最具代表性。近年来，上海开发改造和利用了100余处老上海工业建筑，对老厂房、老仓库进行了改建，吸引了众多动漫、游戏、多媒体制作、软硬件开发制作和产品工业造型设计等企业入驻，形成了一批独具特色的创意工作园区，如泰康路视觉创意设计基地、莫干山路春明都市工业园区、福佑路旅游纪念品设计中心和“八号桥”时尚设计产业谷等，闯出了文化创意产业集聚的新路。

2012年，在西藏自治区政府的大力支持下，拉萨市政府规划在城关区蔡公堂乡次角林村建设“次角林中国西藏文化旅游创意园”，2012年5月，园区开工建设，第一批项目主要是文成公主主题公园的建设。文成公主主题公园建设完工后，大型历史实景演出剧《文成公主》的剧组将搬迁入驻。相传，次角林沟的次角林村曾是文成公主进藏后随行人员的聚居地，在此选址作为文成公主主题公园的规划位置也是出于历史因素的考虑。次角林文化旅游创意园区依托藏民族深厚独特的传统文化底蕴，以项目建设为载体，将西藏的民族建筑、民族音乐、民族歌舞、民族绘画、民族服饰、生活风俗、民间故事进行全面展示，以文化吸引企业入驻，以景点凝聚游人，以文化旅游整体发展促进地块增值，将次角林沟建设成为“藏文化的世界总部基地”、藏文化旅游产品标准输出地、藏文化创意发祥地、高端休闲度假地、市民休闲理想地，打造具有西藏特色、西藏风格、西藏气派的先进文化品牌。[①] 建成后的创意园，将成为藏民族文化传承的新典范。目前，拉萨周边旅游资源有限，游客主要集中在布达拉宫、罗布林卡、大昭寺等旅游景点。而次角林村藏式民房的布局，基本保存了较为完善的西藏本土建筑风格，具有原汁原味的民族特色，也将与新园区的建设相得益彰。

5. 品牌中蕴含的文化创意——玛吉阿米

玛吉阿米（Makye Ame）坐落在西藏拉萨市八廓街的东南角，是以尼泊尔、印度、中国西藏风味为主的餐厅，在北京和昆明都设有分店。“玛吉阿米”这个名字源于其餐厅所在的黄色藏式建筑背后的动人故事，玛

① 《中国西藏文化旅游创意园区开工建设》，新华网，http：//news.xinhuanet.com/fortume/2012-07/08/c_112385301.htm，最后访问日期：2012年7月9日。

吉阿米用一首情歌和一段与情歌紧密相连的故事为企业打造了品牌。相传，在大约300年前的某个星空月色下，坐落在古城拉萨八廓街东南角的一幢藏式酒馆里，来了一位神秘人物。他看似普通，却是一个不寻常之人。恰巧，此时一位月亮般纯美的少女也不期而至，她那美丽的容颜和神情深深地烙印在了这位神秘人物的心里和梦里。从此，他常常光顾这家酒馆，期待着与这位月亮少女的重逢。[①] 遗憾的是，这位月亮少女再也没有出现过。那位神秘人物为了追忆月亮少女而创作了在当地脍炙人口的诗句："在那东方高高的山顶，每当升起那明月皎颜，玛吉阿米醉人的笑脸，就冉冉浮现在我心田。"而那位神秘人物就是西藏六世达赖喇嘛——仓央嘉措。

仓央嘉措，不仅是西藏历史上的一位杰出宗教领袖，还是一位才华横溢的浪漫主义诗人。他常常装扮成平民百姓，走出深宫寺庙，到民间直接体验普通人的生存状态和情感。仓央嘉措诗中的藏文"玛吉阿米"的意思是："玛吉"为未生或未染，可理解为圣洁、无瑕、纯真；"阿米"是"阿妈"的介词形式，原意为母亲。在藏族人的审美观中，母亲是女性美的化身，母亲身上浓缩了女人内外在所有的美。因此，"玛吉阿米"的含义可解读为：圣洁的母亲、纯洁的少女、未嫁的姑娘或可引申为美丽的遗梦。而当年，仓央嘉措与那位月亮少女相遇的藏式酒馆就是现在"玛吉阿米"藏餐厅的所在地。

1997年，玛吉阿米品牌的创始人泽郎王清从家乡来到圣地拉萨实现创业梦想。他自己亲自设计了店里的所有装饰，将店铺布置为古朴、温馨而又充满藏族文化氛围的地方，在这个基础上考虑到客源的多元性，融入了现代的经营理念，在藏餐的基础上加强了饮食结构的多元化，形成了既有藏族特色又不乏多元饮食特色的餐饮业模式。利用"玛吉阿米"这个名字所传达的美妙寓意以及与该名字意境相投的古朴、温馨又充满藏族文化氛围的用餐氛围，藏族风味浓厚又不乏现代理念的菜品，玛吉阿米很快就受到国内外游客的喜爱。

品牌作为民族文化的象征，凝聚着本民族深刻而丰富的文化内涵。企业树立品牌时必须广泛吸收各种文化要素，最重要的方面包括民族优秀文

---

① 《玛吉阿米》，百度百科，http：//baike. baidu. com/view/465972. htm。

化传统在企业中的弘扬、企业自身的文化特征、注重设计的文化内涵、企业形象的艺术化等。玛吉阿米西藏风情企业在这方面应该说是很成功的。目前，玛吉阿米已经成为藏族餐饮业最著名的品牌，也是率先进入内地市场的藏餐连锁企业，从某种意义上说它已经成为藏餐文化的象征和表率。这样的成绩不仅源于玛吉阿米餐饮本身的魅力，更多的源于其中的文化魅力。

第十七章 加强藏族文化产业的市场运作与政府扶持

文化产业是一种特殊产业，在发展的初始阶段，必须依靠政府保护。政府必须从实际出发，进一步完善文化经济政策，尽快制定出台加快文化产业发展的实施意见，明确目标、厘清思路，为发展文化产业提供更加优惠的政策支持。而文化企业则应注意如何在国家优惠政策的引导、扶持和推动下，采取必要措施，积极参与市场竞争，学会按市场规律办事，树立新的经营观和发展观，彻底改变计划经济体制下形成的思维定式，切实加大内部改革的力度，大胆改革劳动、人事、分配、财务等制度，增强自我造血功能、提高微观竞争力，在市场竞争中增强自我发展的能力。

发展藏族文化产业一是要以市场运作为内在根据，二是要以政府扶持为外在条件。既通过文化企业自力更生，发展自我，寻找经济“内生”增长点，又通过政府对文化产业的“输血”，最终达到“造血”的目的，实现藏族文化产业的大发展、大繁荣。

一 加强藏族文化产业的市场化运作

文化产业是一种对文化产品和文化服务的制造与经营活动，是一个遵循价值规律进行生产、流通和消费的过程，文化产品的生产、流通过程都要受文化市场的供求关系、价格机制、竞争规律的作用。文化市场，就是以某种文化产品或文化服务满足一定文化需要的活动。文化市场运作是指文化资源配置方式由政府分配向市场调节的转化，具体来说，是取消或放松国家对文化商品、生产要素数量和价格的管制，根据消费者的文化需求来决定文化产品产量的一种运作方式。藏族文化产业的市场运作以具有藏民族文化特色的产品为载体，依托于藏族文化。从经营和运营方式来讲，它要求藏族文化产业进入文化市场领域，遵循市场规律。当前，藏族文化产业发展主要包含藏族文化的市场化和产业的藏族文化化两方面内容，通过创意将藏族文化元素融入具有藏民族文化特色产品中，将这些产品推向市场。

（一）西藏文化产业市场运作的意义

市场经济条件下，西藏文化产业市场运作不仅能带动地区经济的发展，具有经济效益，而且能传承和弘扬民族文化，具有社会效益。

首先，是可以转变经济增长方式、优化经济结构。市场经济条件下，西藏文化产业市场化运作，要有自主经营、自负盈亏的经营理念。这样一是能提高文化企业的市场竞争力，丰富产品和经营种类，扩大文化产品的市场规模，以满足消费者需求；二是可以使文化企业优胜劣汰或重组整合，实现文化产业的蓬勃发展，形成以传统文化产业为依托，实现传统文化产业与现代文化产业并重发展的经济增长方式，优化产业结构，提高经济效益，实现西藏经济增长的新方式，从而推动地区经济的发展。

其次，具有辐射、带动关联产业的作用。文化产业在创造自身价值的同时必然带动相关产业的发展，如文化旅游业将带动宾馆、餐饮、交通、娱乐等市场；影视制作业将带动音像、游戏软件、通信设备、广告展览等产品及服务市场；各类文化设施的建设有利于营造投资环境，带动建筑业和制造业市场的发展。文化产业市场化可以从总体上带动整个地区的发展。

再次，可以传承和弘扬民族文化。文化是民族的灵魂，是民族凝聚力和创造力的重要源泉，是地区经济社会发展的重要支撑。发展西藏文化产业，让人们感受和了解神秘而独特的藏文化，能使西藏传统文化得到尊重和保护，其技艺、理念能得到挖掘、开发和推广。如藏药熏香炉就是为了满足消费者需求，集使用价值和艺术价值于一体，在市场上得到好评。藏族歌舞剧《幸福在路上》，是传统演艺与现代技术的完美结合，震撼了人们的心灵，这对于弘扬藏文化有重要意义。

最后，应提高文化安全意识。市场经济条件下，西藏文化资源由市场来配置，文化产业遵循市场化原则，企业自主经营、自负盈亏。文化市场竞争激烈，这有利于提高企业注册商标、保护知识产权和专利权的意识。

在全球化视野下，国内外发展文化产业的阵容越来越强大，为防止文化入侵，政府、企业会采取保护和传承民族文化的措施，以更好地发展民族文化产业。

近年来，在政府的大力扶持和文化企业的自主经营下，西藏大力发展文化产业，不断健全文化市场体系，文化产业经营种类和经营单位数量不断增加，涉及文化旅游、文化演艺、民族手工艺、新闻出版、影视制作、藏医藏药和民族手工艺等领域。文化产业规模不断扩大，产业结构逐渐升级，国内外市场占有率大幅度提升，文化产业逐现经济效益，西藏已初步形成多门类、多层次的文化市场发展格局。随着文化产业的加快发展，涌现出岗地经贸有限公司、古艺建筑美术公司、优格仓工贸有限公司、帮锦镁朵工贸有限公司、拉萨娘热民俗风情园等一批龙头文化企业和文化产业先进集体。藏族文化市场中以民族传统手工艺居多，其中，唐卡、藏毯、藏香等产业已形成一定的产业规模，在国内外市场占有一定的份额。

（二）西藏文化产业市场运作的方式

目前，西藏文化产业市场已进入稳步发展阶段，文化产业发展初具规模，市场运作的方式主要有以下几种。

1. 公司 + 基地 + 农户

西藏文化产业市场运作模式多数是公司、基地和农户共同发展的集合体。文化企业下设公司，高层管理人员负责统筹管理整个公司的运营，是整个企业或集团的核心；“基地”即产品生产基地或工厂，是企业的主体部分，负责产品的研发与生产；“农户”指生产基地的原料由农户提供，产品生产、制作基本由农户完成，特别是纯手工制作品。如帮锦镁朵工贸有限公司通过向那曲、阿里农户订购羊毛，在曲水县生产基地招收农牧民捻线或经过培训参加藏毯生产，从而完成藏毯生产。藏药业也采取“农户 + 基地 + 公司”的产业化经营模式，建立藏医药材原料生产基地，由农民种植。这种模式以藏药、藏毯业居多，最大的特点是节约生产成本，保护生态环境，同时又带动农牧业经济的发展。

2. 公司 + 手工艺作坊

在西藏，几乎家家户户都会民族手工艺。山南贡嘎县杰德秀镇因“家家都有纺织机，人人都会织邦典”而成为有名的“邦典之乡”。公司提前订购，农户在家纺织邦典，织完后由公司收购。尼木县的藏纸也是家庭小作坊制作，完工后由公司收购。西藏卓番林手工业有限公司的运作模式是：首先，公司设计人员对产品进行创意性设计，公司作为设计平台和创意平台，为农牧民提供免费手工艺培训；其次，公司向农牧民下发订单，对家庭困难的农牧民提供原材料和生产工具，农牧民在家制作手工艺品上交公司；最后，公司将产品推向国内外市场。这是典型的“公司＋手工艺作坊”的企业运作模式，这种模式以民族手工艺品企业为主，其特点也是降低生产成本，带动农牧民发家致富。

3. 研发＋生产＋展示＋销售

西藏文化产业采取产品研究、员工培训、自主生产、产品展示和销售为一体的运作模式。西藏自治区藏药厂采取科研、生产、展示、销售相结合的办法，加强品种的优选优育和种源基地建设，建立藏药材种植、生产、展示和销售体系，保护培育濒危藏药材，研究开发新产品，对员工进行培训。藏药厂设有产品展示、销售中心，供游客参观、购买。如岗地经贸有限公司、帮锦镁朵工贸有限公司集产品研究、传承、展示、销售于一体，其展示包括生产过程的展示和产品的展示，并且现场直销。这种运作模式适用于藏药、藏毯和唐卡等产业。

4. 一业为主，多种经营

西藏众多文化企业几乎都是以一业为主，多元化经营，其中以手工艺产业、文化旅游业居多。如拉萨岗地经贸有限公司主营唐卡，同时打造旅游、藏香、吞米岭·藏艺文博园等产业项目。拉萨城关区古艺建筑美术公司除了建筑修复业务外，还经营唐卡、壁画彩绘、金银铜器、木雕家具、各种民族用品、矿植物颜料等，民族手工技术产品多达300种。同时兴建了古艺宾馆。西藏优格仓工贸有限公司以优·敏芭藏香而闻名，兼营藏香水，目前准备投入生产藏纸。藏毯生产商帮锦镁朵工贸有限公司不仅生产手工羊毛地毯，还生产挂毯、卡垫和哈达。西藏旅游股份有限公司集旅游业和文化传媒业为一体发展文化产业。西藏珠穆朗玛集团以旅游业为主，以矿山开采、工程装潢、房地产开发、餐饮娱乐、金融证券和影视制作等为辅。西藏罗占民族手工艺发展有限公司除了掌握青铜铸造工艺，还掌握雕刻、唐卡、泥塑、木工等手工艺。拉萨彩泉福利学校主打藏纸生产，同时还生产藏纸衍生品，如笔记本、风筝、灯笼及藏靴、藏服等产品。可见，这是众多藏族文化产业的固有经营模式。

5. 以产定销模式

西藏文化产品很多都是手工制作，尤其是民族手工艺品几乎都是纯手工制作，这些产品主要是采用订购方式生产和销售。其原因有两个，一是手工产品精致、优质，供给量小，而市场需求大，产品供不应求，有时因消费者的特别需求而采用订购方式；二是手工制作品耗时费力，尤其是一些大宗产品，如铜铸品、高档藏毯等，生产周期长，资金周转慢，生产成本高，故这些产品大都采用订购方式生产和销售。

西藏文化产业中逐步形成了一批生产唐卡、藏药、藏毯、藏香等的骨干文化企业，国内外市场广阔。一些文化产品已基本改变了过去只有国内市场，基本没有国外市场，打造国外市场困难的局面。目前藏族文化产品在国外市场走俏，如优·敏芭藏香由于西班牙消费者的需求，在西班牙开设了加盟店；西藏卓番林手工业有限公司在国外设有实体店，产品销到美国、日本、德国等十余个国家和地区；帮锦镁朵工贸有限公司是从尼泊尔搬迁至西藏的外企，目前国外市场份额比较大；西藏卓玛民族手工艺品有限公司的藏毯、工艺挂毯销往美国，并与美国卓玛藏毯销售公司签订了长期供销合同；西藏旅游股份有限公司的雪巴拉姆藏戏也深受国外消费者青睐。由于各方面条件的限制，现有的外销毕竟有限，亟待更广泛的开拓，藏族文化产业发展还存在很大的发展空间。

（三）西藏文化产业市场运作中存在的问题

一是产业规模不一，买方、卖方市场不对称。藏族文化从民族传统手工艺到现代影视传媒业形成了一个比较完善的市场运作体系，但由于藏族传统文化产业规模不一、良莠不齐，没有形成大型的文化核心企业。西藏现代影视传媒业、文化创意产业等处于起步阶段，产业规模小。市场上“唐卡”众多，但质量参差不齐，无人鉴定唐卡真伪、规定价格，市场比较混乱。杰德秀镇的邦典远近闻名，但家庭作坊式生产导致产量小、产品质量不一，无统一价格，市场比较紊乱。

同时，藏族文化产品中一些富含民族特色、做工精致的产品，受到国内外消费者的青睐，市场需求量大。如卓番林公司生产的手工艺品，在国内外热销；优·敏芭藏香、吞柏古藏香销往全国各地及东南亚地区，常常处于供不应求的状况。一般市场对品牌藏毯、藏香的需求大于供给，而一些制作简单、无技术含量的手工艺品，由于不存在行业壁垒和技术壁垒，产量高，销路多，导致市场上供大于求的局面。所以，藏族文化产品存在卖方市场与买方市场不对称的情况。

二是投资、融资渠道单一，资金缺乏。第一，藏族文化产业处于初步发展阶段，文化企业扩大规模、研发产品、开发项目和扩大宣传力度等都需要资金。特别是高新技术产业，如动漫游戏、影视制作等产业比较薄弱，完善文化市场体系，需要对这些产业投入大量资金。第二，藏族文化产业大军中有很多人是非物质文化遗产传承人，拥有高超的手工技艺，希望开办企业，招收农牧民学习民族手工艺，将手工技艺传承下去，但是他们缺乏资本，没有资金开办公司，只能以家庭小作坊的模式生产产品，或招收几个徒弟，生活条件相当艰苦。如直孔堆绣第五代家族传承人是国家级非物质文化遗产传承人，迫于资金压力，只能招收两三个徒弟在家制作堆绣，他们对政府充满信心，希望通过政府扶持和自主经营开办企业，传承文化。第三，文化产业投资渠道单一，基本上靠财政拨款，这与发展文化产业需要资本的扩张能力不相适应，导致文化产业的基础设施比较落后，文化产业发展速度缓慢。

三是人才匮乏，企业经营困难。“会做的不会说，会说的不会做”，这句话是西藏传统工艺美术协会的会长央扎西老师告诉我们的一句话。这是藏族文化产业发展的一个最大困境。的确，很多民族手工艺人、民族企业家都有这样的困惑。他们拥有高超的技能、无与伦比的手工艺作品以及对民族文化的深刻领悟，但无法用汉语流畅地表达出来；而一些能说会道的人却对民族手工艺不甚了解，二者都处于“两难”境地。同时，由于民族特性，很多藏族人不善经营，所以藏族文化企业极其缺乏高层次经营管理人才。

四是品牌意识弱，缺乏文化保护意识。伴随着全球化程度的加剧和各个国家、地区在经济、文化、政治等方面的联系日益密切，国家的民族文化安全比以往任何时候都显得更为紧迫。世界经济一体化既为各地发展带来了前所未有的新机遇，也带来了文化等方面的危机。

由于历史原因，西藏生产力水平较低，人们观念还比较落后，不能很快适应现代文化产业的发展，对民族文化资源的挖掘和保护意识还比较欠缺。目前，党中央和西藏自治区政府倡导文化大发展，西藏已经开始注重开发藏族特色文化产业，但在对当地文化产品的保护上还需引起高度重视。由于自治区生产能力还跟不上市场的需求，使得外来文化产品在本地市场泛滥，如拉孜藏刀，雕刻技术复杂，存在传承困难的问题，云南藏刀开始对西藏藏刀市场构成威胁。据了解，西藏市场上70%的藏刀都来自云南等地。藏毯是世界三大名毯之一，却受到尼泊尔地毯的冲击。藏纸也是如此，藏纸精美质优，但由于成本高、规模小，所以售价高、销量低。而尼泊尔纸是机制纸，便宜、实惠，在西藏市场上占有很大一部分份额，可见，西藏本地生产的藏族文化产品受到外来产品的巨大威胁和挑战。另外，一些藏族文化企业还忽视申请专利、注册商标的保护意识。在八廓街，环绕大昭寺有很多卖藏式手工艺品的小商店、小摊，但是据调查，那里的商品大部分是内地生产的。由于这类商品工艺简单，内地人经过简单培训完全可以制造出来，加之无行业壁垒，外地产品在西藏市场泛滥。

二　藏族文化产业需要政府扶持

从国际经验看，越来越多的国家和地区都开始重视文化产业及国家软实力，并且取得了可喜的进展。美国、英国、法国、日本等多个国家都在大力推动文化产业发展。美国在新一轮世界经济结构战略性调整中，把文化产业上升为扩大对外贸易的主导型产业和国民经济与社会发展的支柱产业。中国制造业加速发展之时，美国新兴文化产业的GDP比重已超过传统制造业，引领着世界产业结构调整的潮流，并占据了国际产业升级的制高点。短短十几年，文化产业已成为美国最富活力并能带来巨大经济效益的产业。法国和奥地利等都以举国之力扶持重大文化产业项目。日本政府甚至提出“动漫外交”的口号。韩国政府则先后制定了《文化产业振兴基本法》，修改了《电影振兴法》《著作权法》《演出法》等，为文化产业的发展提供了法律保障。为调动社会各界力量共同推动文化产业的迅速发展，韩国政府成立了文化产业振兴院，韩国民间成立了亚洲文化交流协会，政府和民间同心协力，共同打造文化产业的竞争力。此外，韩国政府逐年提高对文化产业的投入，还设立了文艺振兴基金、文化产业振兴基金等多种专项资金资助文化娱乐产业，形成了政府支持、企业出资和民间协作的框架。在此背景下，韩国在短时间内使本土文化得到了跨越式发展。韩国政府制定了文化产业的国家战略，在公共文化服务平台建设、企业孵化扶持、信息提供等方面积极引导企业创新，实现了从贸易逆差到顺差的飞跃，尤其是在数字内容产业方面取得了重大的进展。新加坡为了发展文化旅游，专门在旅游局下面成立了会展署，支持企业发展会展和娱乐产业。

总之，文化产业正在日益深入世界各国的社会经济活动之中，它已经被看作是发展经济、减少贫困、确保文化多样性、提升国家综合实力和国际市场竞争力不可或缺的驱动力。文化产业作为推进可持续发展的手段，被列入各国的经济和社会发展规划之中。尤其是对于发展中国家来说，文化产业正在成为这些国家提升国际竞争力、走向富强的重要机会和途径。

文化产业在西藏是一个极具发展潜力的产业，在政府高度重视下，藏族文化产业逐渐在中国五大藏族聚居区（西藏、青海、甘肃、四川和云南）形成一定规模，而且在中国内地一些发达地区也慢慢发展起来，如北京、上海、广州等地。同时，在国外，特别是欧美等发达国家，藏族文化产业也有广阔的市场，已取得一定的经济效益和社会效益。西藏文化产业起步较晚，发展缓慢，自我发展能力有限，所以在文化市场开发初期，需要政府的大力扶持，以解决文化市场发展的基础问题。

（一）针对文化产业的投入不足问题

政府保驾护航，推动文化产业发展。西藏文化企业规模都较小，竞争实力较弱，营销能力不足，其中最主要的问题之一是资金投入不足，由于资金不足，使得许多企业在发展的深度、广度方面都很难展开，特别是一些具有悠久历史的传统工艺产业，如藏纸制造工艺、藏香制造工艺、藏毯制造工艺等有许多潜力不能得到有效挖掘，产能也很难得到提高，一些发达国家如美国、法国、韩国政府的一些做法值得西藏借鉴。美国政府没有管理文化事务的专门机构，对文化产业实行间接管理，政府管理文化产业的目标，就是要创造条件，促进文化产业快速发展。为此，美国政府从多方入手，以保证目标的实现。首先是制定优惠政策，鼓励多方投资，特别鼓励非文化部门和外来资金投入文化产业，并为他们积极创造良好的投资环境，吸引大量资本在文化产业中寻觅商机。以文化艺术产业为例，据统计，仅纽约市就有500多家私人的艺术团体，他们同公立的艺术团体享有同等的待遇。政府对文化产业的投入不仅面广而且量大，这种投入面向所有符合政策导向的团体。1999年纽约市政府向500个艺术团体拨款1400万美元，资助它们为社会提供公共服务。① 其次是促进文化产业投资主体多元化。联邦政府主要通过国家艺术基金会、国家人文基金会和博物馆学会对文化艺术业给予资助，州和市镇政府以及联邦政府某些部门在文化方面也提供资助。美国文化艺术团体得到的主要社会资助则来自公司、基金会和个人的捐助等，远远高于各级政府的资助。

而韩国政府对文化产业的资金扶持力度尤为显著。1998年，韩国成立游戏产业振兴中心，2001年又成立文化产业振兴院，该院每年可得到政府大量的资助。为了促进文化产品的出口，韩国政府还特别成立影音分轨公司，对韩文的外语翻译和制作几乎全额补助。在投融资方面，韩国还设立了专项基金扶持相关产业发展，如文艺振兴基金、文化产业振兴基金、信息化促进基金、广播发展基金、电影振兴基金、出版基金等，并运作文化产业“专门投资组合”，这是以动员社会资金为主，官民共同合作的投融资运作方式。文化产业振兴院仅在2000年至2001年两年间，成功运作“投资组合”17项，共融资2073亿韩元（政府350亿韩元，民间1723亿韩元）。韩国对于具有风险性的文化产业发展的支持力度更是巨大。一是体现在财政预算上，1997年前，韩国政府对于文化产业投入的资金不过1000多万美元，占当年政府总预算的0.02%，此后逐年增长。2003年，此项投入已达到1.58亿美元，占当年政府总预算的0.17%。1998年起，韩国对创新企业实行资金援助，通过税制上的优惠，吸引机构、法人和个人的资金流向创新企业，并采取一系列措施，多渠道筹措文化产业发展资金，按照“集中与选择”的原则，有目的、有重点地实施资金支持，在经

① 汤莉萍、殷瑜、殷俊编著《世界文化产业案例选析》（第二版），四川大学出版社，2009，第47页。

费上确保文化产业的发展。①

在对传统手工艺的保护方面，日本和韩国政府在资金扶持方面的一些做法是值得西藏借鉴的。日本早在1950年颁布的《文物保护法》中，就提出无形文化财产（即非物质文化遗产）的概念，并以法律形式规定了它的范畴和保护办法。对那些造诣颇高、身怀绝技的艺人，称为“人间国宝”。从1955年起，日本政府在全国不定期选拔认定“人间国宝”。大师级的艺人经严格遴选和确认后由国家保护起来，每年发给200万日元（约合人民币14万元）的特别扶助金，用以磨炼技艺、培养传人。针对年轻人对民族文化淡漠的现象，日本自2001年开始在儿童、音乐教育中增加歌舞伎、文乐等传统艺术课程，对木器、传统食品的制作也给予了关注。韩国把非物质文化遗产分为不同等级，由国家确定具有重要价值的非物质文化遗产，给予经费保障。1964年，韩国启动了“人间国宝”工程。在韩国，“人间国宝”是指在工艺制作领域身怀绝技并愿意通过带徒方式将技艺传诸后人的著名艺人。韩国对具有重要价值的无形文化遗产的传承者或保持团体授予“人间国宝”的荣誉称号并确定其责任和义务。获得认证的艺人可得到中央和地方政府的保护和财政支持。政府制定了金字塔式的文化传承人制度，最顶层被授予“保护者”称号，国家除给予每人200万韩元（约合人民币1.1万元）至500万韩元（约合人民币2.8万元）的资助用于展示及研究外，还提供每人每月100万韩元（约合人民币5570元）的生活补助及医疗保障，以保证其衣食无忧。对于能培养出大师级人才的艺人，不仅给予薪水支持使其提高技艺，还给予研究经费和传承费。优秀的学生由政府提供经费，在师傅去世之后，可成为主要传承人。经过几十年的推动，韩国的传统文化得到了全面的保护和振兴。今天，西藏列入国家级非物质文化遗产传人（相当于日本和韩国的“人间国宝”）的代表共有62位，他们所掌握的技艺涵盖了西藏非物质文化遗产的方方面面，他们对西藏文化产业发展的影响以及在西藏文化产业发展史上的地位都举足轻重，应该得到进一步的重视和保护。

因此，针对藏族文化产业投入不足的问题，西藏各级政府要按具体情

---

① 汤莉萍、殷瑜、殷俊编著《世界文化产业案例选析》（第二版），四川大学出版社，2009，第76~77页。

况妥善处理，对具有公益性质的文化事业单位给予经费的保障，以保证此类单位向文化市场提供的公共文化产品和服务的质量和水准；对承载文化市场资源的民族民间艺术、特色项目、历史文化遗产，要加大抢救和保护力度，使其免遭破坏和流失；对体现地方特殊民族特色并有一定市场影响力的文化项目和艺术团体，应给予一定的政策资金支持，以保证其能够向文化市场提供具有品牌效应的优质文化产品。同时，政府应有大局观，财政资金的支持不只是对国有文化单位，应面向全社会：在兴办公共文化设施、增强艺术院团的创作演出能力以及发展影视和传媒集团等方面应给予财政资金的扶持；在引导和带动社会力量参与文化事业和文化产业的建设中，地方政府应在法律允许的范围内给予由国有文化事业单位改制而成的文化企业政策和税收优惠，使其尽快进入市场，并以市场为导向进行文化产品的生产。政府应积极鼓励民间和民营资本进入文化产业，开拓文化产业的新空间，促进文化市场的竞争，推动文化市场的繁荣。如《幸福在路上》就是由西藏自治区文化厅与西藏珠穆朗玛（集团）有限公司共同合作，在整合区内文化艺术资源和人才资源的基础上，特邀国内著名编导和灯光、舞美等方面的专家，充分挖掘西藏优秀传统文化的深厚底蕴，打造了面向旅游市场的西藏文化旅游产业样板——大型唐卡式原生态歌舞诗《幸福在路上》，充分展示西藏的新发展、新变化、新生活，让世界了解西藏独特、灿烂、悠久的历史文化。2008 年，《幸福在路上》受西藏自治区人民政府委托，成为唯一向 2008 年北京奥运会献礼的西藏文艺精品，是西藏自治区政府参与并扶持的一项杰作。

另外，无论是本地文化消费市场的开发还是文化产品的推广和宣传，政府的积极参与和引导支持都是必不可少的。西藏文化产业应充分利用政府所拥有的媒体资源特别是电视、网络、报纸等加强对外宣传，提升本地文化产品和服务的品牌知名度，拓展文化市场发展空间，甚至利用中央电视台等中国最强势的媒体推介西藏文化产品和服务。

（二）充分发挥政府的能动作用

这里以法国为例进一步说明政府在文化产业发展中的能动作用，以期对西藏产生一定的启迪。法国作为文化大国，名胜古迹众多，法国政府在支持文化产业发展中的做法值得西藏借鉴。法国政府非常重视文化产业，制定了一系列优惠政策，对文化事业及相关产业给予不同形式的财政支持或赞助，主要有四种形式：一是中央政府直接提供赞助、补助和奖金等。每一个从事文化活动的企业或民间协会，均可向文化部直接申请财政支持。二是来自地方财政支持。法国的大区、省、市、镇政府都有支持文化事业发展的财政预算。三是政府通过制定减税等规章鼓励企业为文化发展提供各类帮助，这样有关企业可享受减免3%左右的税收。法国政府通过增加文化投资，积极发展文化产业，以增加就业，带动经济发展。四是法国政府向民间组织下放文化遗产的鉴定和管理权力，激发民间组织争当“文化遗产发现者和保护者”的积极性。法国还开展“义务者工地”活动，组织青少年志愿者维护及修复城堡、塔楼、骑士官邸、教堂、农舍、农场、磨坊、工厂、花园等古迹和文物，使遗产能重新使用并向公众开放，让文化遗产在人们的心中变得鲜活起来。这些经验和做法都值得西藏学习和借鉴。①

中央第五次西藏工作座谈会提出要使西藏成为“重要的中华民族特色文化保护地”。2012年西藏政府工作报告中进一步提出：“坚持政府扶持、市场运作，完善落实扶持发展文化产业、鼓励文化创新的政策措施，大力发展文化创意、文化旅游、影视制作、演艺娱乐、出版发行、民族手工艺、高原极限运动等特色文化产业，提高文化产业增加值占生产总值的比重。”② 我们已看到了各级政府促进藏族文化产业发展的决心和目标。目前西藏发展文化产业应加强以下五个方面。

一是加强文物古迹保护。中央历来高度重视西藏具有悠久历史的民族文化遗产的保护。尤其近年来，中央政府加大对西藏的扶持力度，从人力、物力、财力三方面加大对西藏文物、古建筑的保护力度，做出了巨大的贡献。“十五”期间国家投入3.8亿元资金，组织实施布达拉宫、萨迦寺、罗布林卡三大重点文物保护工程。“十一五”期间国家安排5.7亿元资金投入重点文物保护工程，涉及22个文物保护单位。“十二五”期间，国家又安排了10.9亿元资金实施46处文物保护维修项目，安排投资1.5

① 栾建章：《让现代人更好地感受西藏文化的魅力》，http://opinion.china.com.cn/opinion_48_106748.html，最后访问日期：2014年8月13日。

② 《2012年西藏自治区政府工作报告》，http://www.chinat：betnew9.com，最后访问日期：2014年8月13日。

亿元对险情严重的区县级文物保护单位进行抢救维修。之后，国家追加7亿元，将投资17亿元发展西藏文物事业。[①] 可见中央政府对西藏文化事业的扶持资金增加幅度之大，这为藏族文化产业提供了发展环境。

二是加大基础设施建设力度。60多年来，中央对西藏的直接投资超过1600亿元，相继安排了“43项援藏工程”“62项援藏工程”“117项援藏工程”“188项援藏工程”等一大批关系西藏长远发展和人民生活的重大工程项目，建成公路、铁路、机场、通信、能源等一批重点项目，极大地改善了西藏的基础设施和人民生产生活条件。1994～2010年，对口援藏的省市、中央国家机关及中央企业分6批共支援西藏4393个经济、社会建设项目，总投资133亿元。[②] 截至2011年底，中央企业在西藏累计投入文化教育、医疗卫生、抗灾救灾、人才培训、无偿捐赠、行业扶持等方面无偿援助资金50多亿元。承担对口援藏任务的16家国资委监管的中央企业累计落实对口援藏项目976个，投入对口援藏资金18.28亿元，派出援藏干部138名。截至2012年3月，已有15家中央企业与西藏签订各类战略合作协议，“十二五”时期中央企业已计划在藏投资800多亿元。另外，中央企业在西藏电力、水利、通信、能源、矿产、旅游等方面累计投资400多亿元，承建铁路、公路、基建、通信、水利水电、资源勘探等各类项目合同总额240多亿元。[③] 显然，在中央政府的领导下，各省市、各部门对西藏基础设施建设的完善发挥了重要作用。

三是整合资源，培育重点文化企业，发展创意产业。针对西藏文化产业中家庭小作坊数量多、生产规模小和经济效益低的现状，首先，政府应扶持一批重点文化企业，通过资金扶持、人才引进、品牌宣传等途径扩大企业规模效益；其次，以重点文化企业为龙头，重组中小企业，整合家庭小作坊，将其兼并到文化企业并建立文化企业集团，扩大企业规模，进行统一生产、管理和经营；再次，建立文化产业园区，实行产供销一体化经营；最后，重点扶持非物质文化遗产传承人及民族企业家，通过他们带动地区经济发展，同时传承和弘扬民族文化。

---

① 《西藏文化建设进入历史最好时期面临五大挑战》，西藏新闻网，2012年8月29日。

② 国务院新闻办公室发布《西藏和平解放60年》（白皮书），2011。

③ 江国成：《15家央企计划“十二五”在藏投资800多亿元》，中国西藏新闻网，2012年9月。

目前，西藏的文化产业发展以传统文化产业为重点，而一些具有文化创意、文化传媒、影视制作、出版发行、演艺娱乐、动漫游戏和数字内容等高科技现代文化产业发展较慢，为此，西藏政府对这些比较薄弱的产业加大投资力度，进行重点扶持，目前已取得了一定的成绩。如歌舞剧《幸福在路上》、动画片《阿古顿巴》及衍生品开发等丰富了藏族文化产业的内容。

四是加大对外宣传力度，提高产品知名度。首先，政府应依托拉萨市的历史文化名城效应，大力发展旅游业，借助旅游平台宣传文化产业。如在旅游景点设置藏族文化产品销售点，由企业自理或由代理商经营旅游纪念品专卖店。其次，政府应加大对外文化交流活动，定期开展大型文化活动，如多举办“西藏文化艺术展”、“西藏出版物展销会”和“西藏珠穆朗玛摄影大赛”等活动，以让外界人士了解藏文化和藏族文化产品，扩大市场消费领域。同时，政府应引导文化企业多参加国内外展会，以提高文化企业知名度、扩大产品销售渠道。最后，政府和企业应充分利用网络媒体资源，做好企业形象和品牌宣传，提高产品知名度。通过各级政府对藏族文化产业的帮助和支持，文化产业得到了一定的发展。但藏族文化产业底子薄，规模小，经济效益不高，政府对民族文化的推介不够，外界人士对藏文化不甚了解。西藏本地文化展会比较少，西藏文化产业参加国内外展览会的次数也不多，与国内其他地区及国外的文化交流少，生产的文化产品一般都在本地市场销售，文化产品知名度不高，市场销售渠道狭窄。另外，政府对媒体、网络等资源利用不够，对藏族文化企业、产品的对外宣传力度不足。

五是建立健全文化市场体系。文化产业作为一个新型产业，在发展中对政策、服务信息的及时了解十分重要，建立多层次、多样化的信息服务体系显得尤为重要。藏族文化产业从起步发展到现在，文化体系逐步完善，政府扶持和组建了一些文化企业，目前组建了传媒集团，同时计划成立市场化公司、文化投资发展公司、文化演艺公司、展览公司、文化会展企业，进一步完善文化市场体系。但文化产业发展中缺乏非营利性组织、项目合作平台等信息服务体系的指导和支持，文化企业对市场信息、行情了解不全面、不及时，不利于文化产业的快速发展。同时，政府对文化产业的统计工作比较欠缺，不利于了解文化产业市场和对其进行有效研究。藏族文化产业市场体系还远没有完善，应大力发展文化企业中介组织，为企业深入市场提供支持。中介组织是文化企业和市场进行沟通的桥梁，是促进文化市场良性运作、提供安全信息、完善市场体系、拓展市场空间必不可少的因素。许多藏族文化企业在市场领域中无法深入，最主要的原因就在于不熟悉文化产业的运作规律，不了解市场化原则、市场经济运行规律，不能获取充分有效的文化市场信息。所以，第一，政府需要大力发展文化企业中介组织，为文化企业提供咨询服务、宣传政策信息，让文化企业和消费市场结合，以更好地适应市场需求，最终实现二者的共同发展。第二，政府应结合本地实际情况，出台一些地方性法规，包括市场准入、运营、竞争等方面的法规，以规范文化市场秩序，如成立文化产品技能鉴定协会，发布地方标准，规范文化市场运营，完善文化市场体系。

（三）完善文化产业政策

“十二五”时期，西藏文化、科技发展呈现新趋势。中央第五次工作会议提出“把西藏建设成为有中华民族特色文化保护地”的任务重大而艰巨，我国的文化大发展使西藏文化产业的发展处于重要的机遇期与跃升期。但是，面对新的形势，必须清醒地认识到西藏文化科技发展仍存在许多薄弱环节和深层次问题，主要表现为：一是西藏传统文化的开发、传承和保护的力度还须进一步深化。如何进一步推动传统文化产业的现代化转换是至关重要的问题，同时促进文化产业进一步实现产业化、规模化、商品化和市场化，不仅提高数量更要注重质量；二是提升企业的文化科技自主创新意识，许多当地企业文化科技创新投入严重不足，自主创新政策落实需要进一步深化。事实上，一个国家或地区所制定的文化产业政策在推动文化产业的发展方面所起的作用是很大的。欧洲作为世界文化遗产最为丰富的地区之一，也是当今文化产业最为发达的地区，在文化政策推动欧洲整体文化发展方面是值得西藏政府借鉴的。从历史发展来看，欧盟的相关政策主要是在经济领域。1992 年《马斯特里赫条约》签署后欧盟才将文化领域纳入自己的职权范围。《马斯特里赫条约》第九章第 128 条规定：“共同体将致力于弘扬共同文化遗产，发展各成员国文化，尊重各国各地区的文化多样性。”这是欧盟文化政策的基本原则。《马斯特里赫条约》正式赋予欧盟管理文化事务的职能。这标志着从今以后欧盟有关的文化决策与行动具有了长期且既定的性质，成为欧盟政策中不可或缺的一部分。

1998年，欧盟理事会文化指导委员会确定，将建设“创造性的欧洲”（Creative Europe）当作自己的战略目标。在欧洲文化政策比较研究中心的学术支持下，欧盟理事会文化指导委员会推出了欧盟文化政策的框架模式。该框架包括八大部分，并在每一主题下还有确定数量的子题。这8大部分是：1. 历史回顾：文化政策和手段；2. 立法、决策和行政机制；3. 制定文化政策的一般目标和原则；4. 文化政策发展方面的问题争论；5. 文化领域的主要法律条款；6. 文化资助；7. 文化体制和新的合作关系；8. 对创造性和参与性的扶持。依照这一框架，欧洲各国在1998年后相继推出自己的官方、非官方的文化政策，通常由各国负责文化、艺术或遗产的政府部门委托，由自治性质的文化委员会中的专家集团来起草，所颁布的文件每隔一段时期还会进行修改和更新。①

事实上，除了欧盟，几乎所有文化产业发达的国家和地区在推动其文化产业的发展方面都制定了比较完善的政策体系，尤其在文化产业发展的薄弱环节，政策保障能起到非常重要的作用。西藏文化产业的发展，需要建立健全各种政策体系，并且一定要落实到实处，在一些最为关键的地方体现支持力度。

首先，强调文化产品应面向大众，鼓励广大民众积极参加各种文化活动，并为广大民众提供尽可能多的参与机会。这就为藏族文化产品培养潜在的文化消费市场。

其次，支持各门类文化产业的发展，特别是对那些优秀的、具有创造性的文化产业提供帮助，将经费用于与特色文化密切相关的重点文化单位和文化产品，如藏药、藏纸、唐卡等优秀传统文化产业的发展，同时注重发展具有现代意义的创意文化产业，提高对藏族文化经济价值的认识，积极鼓励文化产业的多元化发展。

再次，强调发展具有开拓潜力的文化产业，如藏纸这类独具特色的藏族传统文化产业。目前，从中央政府，各省、自治区、直辖市到西藏当地政府都不同程度地为文化产业营造投资环境，提供资金帮助，对西藏文化产业的发展起到了重要作用。但是，政府对文化企业提供资金扶持的渠道

① 汤莉萍、殷瑜、殷俊编著《世界文化产业案例选析》（第二版），四川大学出版社，2009，第64～65页。

还比较单一，几乎都是直接的资金扶持。文化企业的发展需要筹集大量资金，而政府的力量有限，需要大量的企业融资。同时，对非物质文化遗产和其传承人的扶持力度不够，文化企业引进外来技术员工也存在困难，这需要政府从多方面完善文化产业政策。

第四，通过法律法规和政策杠杆来鼓励和扶持文化产业发展。这一点美国的做法值得借鉴。美国是公认的第一个进行文化立法的国家。1917 年美国联邦税法明文规定对非营利性文化团体和机构免征所得税，并减免资助者的税额。美国不设文化部，1965 年美国通过了《国家艺术及人文事业基金法》，依据此法，美国创立了致力于艺术与人文事业发展的机构——国家艺术基金会与国家人文基金会。此外，美国政府还依据《文娱版权法》、《合同法》和《劳工法》推动文化产业的发展。近几年，西藏文化产业发展在法律法规方面更多的是参照国家的统一标准，缺乏自主创新，尤其是针对西藏自身的特点，如何制定出具有“中国特色，西藏路子”的法律法规及政策体系，对指导西藏今后的文化产业发展至关重要。西藏决不能照搬照套内地文化产业的政策体系，一定要突出特殊性和针对性，讲究实效。

第五，注重对本土文化的保护。这方面欧盟、韩国等国家都是高度重视这个问题的。面对大规模的美国文化入侵，欧洲国家一直对其国内文化市场和民族文化采取保护措施。1993 年，在关贸总协定乌拉圭回合的最后谈判中，美国为了在全球范围内推销其视听产品，要求把“自由”的范围扩大到影视产品及服务领域。法国则提出著名的“文化例外”原则，坚决反对美国把文化列入一般服务贸易范畴的主张，指出“文化不是一般商品”，“文化例外”。随后，欧盟其他国家也以文化产业的敏感性及特殊性为由，拒绝开放视听服务以及图书馆、档案馆和艺术馆等相关文化服务市场。美国商务部前高级官员大卫·罗斯科普这样说过：“未来的世界文化一定要由美国文化来支配。”而日本、韩国文化的崛起，在东西方文化的较量上，为东方文化在全球的格局里赢得了一份很大的荣耀。西藏文化的影响在国内外举足轻重，更要注意本土文化的保护以及安全，以真正实现“越是民族的，就越是世界的”共识。

（四）完善文化体制和机制的改革创新

在计划经济时期，西藏的文化部门是由政府管理的事业单位，主要是公益性文化事业。改革开放后，随着党中央对文化产业的高度重视，各地文化事业单位转企改制，公益性文化事业和经营性文化产业均得到大力发展。西藏政府大力扶持文化产业，深入挖掘文化资源，不断将文化产品推向市场，文化产业逐渐进入大发展、大繁荣的时代。目前，西藏发展文化产业还应做好以下四点。

一是转变政府文化管理职能。首先要实现政府从“办”文化向“管”文化转变，由直接管理向间接管理转变；其次通过“服务、咨询、监督、协调”等方式把文化市场的管理纳入规范化、法制化轨道。

二是建立多元化的投资融资体制，拓宽融资渠道。改变主要依靠财政投入和文化企业自身积累扩大再生产的方式，运用投资控股、金融信贷、资本市场融资等手段，加快建立和发展文化产业基金组织、文化投资公司和资本市场融资等多元投资主体，尤其是吸引民间资本的参与。目前，西藏经济欠发达，文化企业筹集资金相对困难，单纯依靠政府有限的投入不可能将文化产业做大做强。因此，西藏财政应继续加大对文化产业的投入与扶持力度，增加引导性资金投入，鼓励和带动社会力量兴办文化事业和文化产业。此外应加大招商引资力度，积极开展形式多样的投融资渠道，如多举办文化会展、论坛等，同时出台鼓励政策，吸引非公有经济和境外资金对西藏文化产业投资。

三是积极推进经营性文化事业单位的企业化改造。按照政企分开、政事分开原则，积极推进经营性文化事业单位的企业化改造。建立文化单位注册登记制度，合理划分文化单位的类型与功能，实行分类指导。对于公益性单位要加大财政支持力度，对于竞争性单位要更多运用市场机制。

四是重视人才引进和培养。人才是发展创意文化产业的核心资源。目前，藏族文化产业发展中的人才危机已十分明显，人才数量、素质、知识结构等跟不上文化产业发展速度，成了制约西藏文化产业发展的一个瓶颈。党的十七届六中全会指出：“加强基层文化人才队伍建设，重视发现和培养扎根基层的乡土文化能人、民族民间文化传承人特别是非物质文化遗产项目代表性传承人。”藏族非物质文化遗产是根植于民族土壤中的活态文化，不能脱离生产者和享用者而独立存在，不能进行凝固的死保护，必须进行活态的保护。活态保护的关键在于对传承主体的保护，“传承主体”主要指非物质文化遗产的优秀传承人，这些身怀绝技的传承人大多是老人。各级政府要积极采取各种措施，着力改善非物质文化遗产传承主体的生活和工作条件，为他们创造从事非物质文化遗产传承工作的有利环境。政府要鼓励老传承人能够将所掌握的技艺毫无保留地传授给新人，让他们挑选一批符合传承规矩、具有灵气、愿意学习非物质文化遗产的合适人选，收其为徒，放手去教。政府还可以给这些学习者提供基本的生活费用，让他们在一个较为宽松的环境下安心跟随老传承人学习，掌握非物质文化遗产的精髓，做到新老接替，确保非物质文化遗产不会因为老传承人的逝去而消失，确保非物质文化遗产世世代代延续下去。

另外，西藏应尽快实施文化产业人才引进工程，加大对高层次、复合型、营销型人才的引进。政府应多举办文化会展，企业应多参加国内外会展，增加文化交流，学习经验。同时，文化企业可与技校或高等院校合作，由学校举办各种培训，对传承人、民族企业家、手工艺人等进行各种技能培训，以提高其文化素质和经营管理能力。学校可设立民族手工艺专业，聘请国家级大师、非物质文化遗产传承人来学校授课，办讲座；文化企业为学生提供实习基地，使理论知识与实践相结合，让年轻人可以深入了解民族文化的精髓和价值，从而加强年轻人对民族文化保护和传承的信念，以培养综合性、全面性、德才兼备的文化人才，为民族文化产业的发展打下坚实的基础，以发扬光大藏文化。

总之，文化产业的市场运作，需要政府的宏观调控和规划。如果没有政府的指导与调控，没有相关部门的监督指导，文化产业市场将会紊乱。只有将政府调控与市场运作相结合，才能促进文化产业的健康持续发展。由于藏族文化产业处于初步发展阶段，产业规模小、市场体系不完善，所以，发展藏族文化产业需要政府和市场的共同推动。

第十八章　西藏文化产业中的安全、保障与发展目标

西藏文化产业正处于发展初期，但在发展过程中面临着各种安全问题，首先是敌对势力利用所谓“西藏问题”对文化产业进行的渗透与瓦解；其次是面临发达国家和地区的强势文化的影响和威胁；再次是在文化产业本身发展过程中，那些非物质文化产业，发展规模小，产品质量不能保障，缺乏竞争力，缺少资金和技术支持，甚至有濒临失传的危险。这就要求西藏在文化产业发展过程中，有针对性、合理地进行扶持，加强发展。今天西藏文化产业的发展，不仅面向区内和全国，而且还须面向世界。在很大程度上，对西藏文化安全的维护并不是固守，也不能单纯地消极防御，走出去，引进来，进行有效的防守，让西藏文明在世界文化市场上发挥更大的作用，占据更大的份额，是维护西藏文化安全的更好的途径和选择。

一　藏族文化产业中的安全问题

改革开放以来，我国的经济发展是取得了令世人瞩目的成就，但相对来说，文化发展方面却滞后不少，尤其是涉及意识形态安全方面，“西强我弱”的文化发展态势严重不利于我国文化产业的健康发展。

（一）西藏文化发展涉及意识形态安全问题

意识形态安全，是指一个国家占统治地位的主体意识形态不受任何威胁、侵害并能够健康发展的相对稳定状态。它既是国家利益的重要组成部分，也是国家安全体系的重要组成部分。而文化则属国家的一项重要资源与利益，文化安全涉及文化主权，在某种意义上讲，维护文化安全就是维护文化主权，就是维护国家利益，发展文化就是发展国家综合国力，文化

发展成为国家安全的一个重要指标。

自近代以来，英美等西方发达国家就一直处心积虑地基于各种目的在打西藏的主意，先是想殖民西藏，后是想遏制中国。西方反华势力与达赖集团不断地利用各种手段在西藏进行反马克思主义、反社会主义、反共产党、分裂国家的活动，甚至散布“西藏文化灭绝论”，以达到他们侵蚀、破坏和颠覆我国社会主义制度，侵犯我国主权利益的目的。因此，西藏问题事实上已经涉及国家利益的问题，西藏文化发展涉及我国意识形态的安全和国家安全的问题。学者伍业兵认为文化安全是“指一个主权国家在文化、精神生活方面不受外来文化的干扰、控制或同化，从而保持本民族的价值观念、生活方式的民族性以及本国意识形态的自主性，文化安全的核心是意识形态与价值观的安全”。[①] 在当今世界秩序中，任何一个正常的国家，其首要的功能都是维护国家主权；任何一国政府，其首要的任务都是保证领土完整和安全。因此，维护国家利益和国家文化安全是西藏文化发展不可推卸的责任。

西藏文化发展涉及的不稳定因素主要来自西方敌对势力及达赖集团。如反华势力常用覆盖全球的综合信息传播体系、国际教育文化交流及国外NGO（非政府组织）的援助项目、经济合作与援助以及宗教活动和民族传统文化活动对西藏人民进行意识形态方面的渗透。

文化属于国家的一项重要资源与利益，文化安全涉及文化主权，在某种意义上讲，维护文化安全就是维护文化主权，就是维护国家利益；发展文化就是发展国家综合国力，文化发展成为国家安全的一个重要指标。促进西藏的文化发展，无疑是国家维护主权完整、维护中华民族核心利益的重要之举。我国文化软实力发展的空间非常大，西藏也是如此。

（二）面临全球一体化中的“强势”文化的潜在威胁

这一方面来自国际上最先进国家的强势文化的冲击，另一方面也来自国内强势文化的影响。首先，全球化是一个充满矛盾的现象，它发挥正面作用的同时，无疑也会产生负面作用，尤其是全球化时代，在国家与国家之间实力悬殊的情况下，强势文化常常以自身的价值观及其判断标准来影

① 伍业兵：《中国加入 WTO 后文化安全问题思考》，《理论月刊》2003 年第 3 期。

改革后，特别是改革开放后，在中央政府和全国各省区市的共同支援下，西藏经济从封闭走向开放，西藏与全国一样掀起了现代化建设热潮，并且取得了令世界瞩目的成就。今天的西藏站在新的历史起点上展现了蓬勃发展的崭新态势。

鉴于此，中央政府应建立统一的国家文化发展战略或预算，将西藏文化安全工作整合为全面的国家文化安全环境；探索、界定战略性文化企业，给予保护性监督；加强对不明投资意图的文化投资的检视，对具有明显追随某种政治利益目的的境外投资采取有针对性的阻止。

（三）民族现代化进程中的文化流失

目前，西藏发展民族文化事业，主要面临着两方面的问题。一是随着新文化以及外来文化的不断出现，加之现代社会的浮躁，民族的文化传承正面临着巨大的挑战。二是西藏民族文化特色非常鲜明，资源比较丰富，但还没有得到充分的挖掘和开发，转化为相应的产业优势。

随着世界经济一体化格局的形成，各国间的文化交流日益密切，文化渗透、文化入侵等现象频繁出现，文化企业需要提高文化安全意识。藏族文化企业一般都重视产品技术、质量和设计，技术高超、设计新颖、产品优质，但往往忽略了对产品的保护，所以，企业应高度重视对文化产品的保护力度，及时申请专利、注册商标。对文化产业，特别是对一些新型产业，如文化传媒、动漫游戏、影视制作、数字内容等项目进行内容创新，提高科技含量。同时，要运用高新科技手段加强对文化衍生品的创作与开发，加大产品在生产、包装、销售等环节的科技含量，运用现代技术更新传统文化产品与服务，提升文化企业的市场竞争力。

鉴于此，弘扬藏民族文化事业，西藏政府应该做好三方面的工作：一是加强藏民族文化事业发展经费保障，加大对藏民族文化事业的投入；二是要完善文化产业扶持优惠政策，将民族文化资源向产业化推进；三是要健全人才和优秀文化成果激励政策，吸引更多人才驻留其中。

民族文化走产业化的道路，才能以文养文，才能为民族的生存和发展注入源源不断的生机和活力，推动民族文化走上可持续发展的道路。但是发展民族文化产业时必须清醒地认识到民族文化与文化安全的关系，在西藏地区开放文化市场、吸取国外优秀文化的同时，必须以维护国家文化安全为前提，采取有效措施维护中华民族文化的完整性；更应该传承优秀的民族文化，树立起一种民族文化安全保护的责任意识，不断地为民族文化注入现代元素，通过产业的力量，使西藏的民族文化发扬光大；必须坚决维护中国国家文化利益，对于可能对中国文化及其产业发展造成生存与发展危机的因素，则应坚决予以拒绝，并给予有力回击。

二 藏族文化产业的保障

文化安全反映的是一个主权国家的国家利益问题。国家的经济、政治、军事安全是必需的也是极为重要的，但从战略角度看，经济、政治、军事是以外在形式表现的国家利益构成，而文化利益则是一个国家的内在精神利益的满足，所以通常把文化叫国家的“软实力”或“文化软实力”。对于一个国家的长期、全面、均衡发展而言，文化作为内在的、隐形的、精神层面的利益，常常与经济、政治等利益的实现相得益彰、相辅相成，没有文化的全面发展和国家文化利益的充分实现，国家发展的内部根基就不稳固，国家文化安全就无法保证，国家的整体安全就会受到威胁。

（一）要确保文化和意识形态领域绝对安全

针对西方敌对势力和达赖集团不断对我国进行反动思想渗透的情况，我们要旗帜鲜明、针锋相对，强化措施、掌握主动，不断提高意识形态领域的战斗力，坚决维护文化和意识形态安全，让社会主义文化牢牢占领各族人民群众思想文化阵地。英国《每日电讯报》网络版日前刊登了中国驻英国大使刘晓明写的题为《西藏旧貌换新颜》的文章，文章指出：把西藏文化吸收其他民族文化的精华称为“西藏文化灭绝”，要么是对西藏文化保护和传承的错误理解，要么是一些人有意歪曲事实。“今天，包括藏传佛教在内的藏族传统文化为中国各地民众了解和喜爱，已成为中华文化不可或缺的一部分。中国很多年轻人都喜爱戴藏族的传统饰物，希望借此避邪驱灾。在北京、上海、广州等许多城市，都不难找到正宗地道的藏餐馆。中国歌坛也不乏藏族的著名歌手，他们具有鲜明西藏特色的歌曲红遍中国。到西藏旅游是中国最热的旅游线路之一，藏药、藏香、唐卡等西藏特产则是畅销中国各地。”①

在国家的大力倡导下，西藏文化产业近年来呈现出蓬勃发展、快速增长的良好势头，正成为推动第三次产业结构调整的重要推动力量和经济发展新的增长点。特别是在中央第五次西藏工作座谈会上，中央提出要使西藏成为重要的国家安全屏障、生态安全屏障、战略资源储备基地、高原特色农产品基地、中华民族特色文化保护地和世界旅游目的地。这给西藏民族文化发展提供了无可比拟的良好契机。文化要传承发展，文化也要保障安全。藏族文化产业中展现出来的博大精深，不但是对藏族历史的铭记，同样也是对中华文明的弘扬。所以，在大力发展藏族文化产业的同时，更应该加强对藏民族文化安全的保障，保护文化产业的知识产权，维护藏民族的合法利益。

文化产业除了具有一般产业的经济属性之外，还具有特殊的意识形态属性。文化产品不同于一般产品，它对于人的观念、意识、态度、趣味乃至价值标准、行为方式等都有着非常重要的潜移默化的作用。② 文化产业的发展除了可以传承民族文化，还可以使政府能从更高的层面加强对社会整体文化意识的引导，协调多种存在着的文化意识。

知识产权作为现代企业的无形资产，代表着企业所拥有的财富和市场竞争力。但纵观我国知识产权体系的现状，维权成本高，执行效率偏低，特别是作为市场主体的企业，缺乏相关的认知意识，未能充分重视这方面的保护，出现纠纷的例子不胜枚举，还有很多牵扯到中华老字号，不仅对这些企业造成了巨大的损失，更重要的是对这些老字号文化的侵犯。在发展文化产业的过程中，必须加强企业自身的文化建设，同样也要注意对文化产品的保护力度，《联合国可持续发展二十一世纪议程》中就提出了："推行或加强适当的政策和（或）法律文书，以保护土著人民的知识和文化产权以及维护其习俗和行政制度和办法的权利。”③ 可见，对文化产业的保护已备受各国重视。

---

① 《中国驻英大使撰文驳斥“西藏文化灭绝论”》，http：//www. hljradio. com/folder16/folder3995/folder39907 - 31136658. htm/，最后访问日期：2012 年 7 月 30 日。

② 余炳贵、郝良华：《中国国家文化安全研究》，山东人民出版社，2007，第 118 页。

③ 《确认和加强土著人民及其社区的作用方案领域》，《联合国可持续发展二十一世纪议程》第 26 章，http：//www. un. org/Chinese/events/wssd/ehap26. htm。

在市场经济发展过程中，政府作为重要的参与者，不能对经济进行过多的干预，随着我国对外开放程度的提高，我国的企业不仅开始走入国际市场，同样，国外的一些企业、资金也渐渐融入我国的各个行业。在发展藏民族文化产业时，由于我们还处于起步阶段，应正确对待这些外资，合理引进和吸收，明确双方的责任，树立正确的文化产业安全意识，将外资引向政策允许的文化产业中，从一点一滴中加强对文化产业安全的保护。但这些文化企业主要还是要增强自身的市场竞争力，以便能更好地参与国内外产业中的相互竞争。文化产业的繁荣发展，对于市场经济的丰富发展有着重要作用。文化与经济相互促进相互影响，只有保证了文化产业的安全、健康发展，才能更好地繁荣当前的市场经济。

近年来，藏学研究热潮兴起，越来越多的海内外研究者开始关注和挖掘藏民族的文化、生活等方面。特别是我们加入 WTO 后开放了国内的市场，一些打着文化旗号的国外不良思潮开始侵入我们的文化生活，并且开始了对中国文化的“研究”。在这种形势下，我们必须做好一些防护措施，维护好我们优秀的文化资源，特别是我们藏民族的文化资源。

科技、经济和文化结合起来而形成的新型文化产业，越来越成为世界上最强大的经济实体之一，在整个国民经济中占有相当大的比重，甚至成为国民经济的支柱产业。① 在发展藏族文化产业的过程中，在合理开发藏民族文化的过程中，在对传统产业进行市场化经营的过程中，树立安全意识，防范风险，切实做到维护文化产业的良好发展秩序，应该按照挖掘与发展并重，发展与保护并重的思路进行。

（二）保护藏族文化产权安全的措施

《中共中央关于深化文化体制改革，推动社会主义文化大发展大繁荣若干重大问题的决定》中明确指出要加快发展文化产业，推动文化产业成为国民经济支柱性产业。我们在实际工作中应努力加强政府在市场经济体系中的主导作用，推动藏族文化产业与旅游、物流等产业的融合发展，增加相关产业的文化含量，延伸文化产业链条，提高产业附加值。积极发展藏族文化产业，不仅可以带动相关产业的共同繁荣发展，成为西藏新的经

① 余炳贵、郝良华：《中国国家文化安全研究》，山东人民出版社，2007，第 119 页。

济增长点，而且对于藏民族的文化传承和保护、生产生活水平的提高、就业状况的改善都有着巨大的促进意义。[①] 在发展藏民族文化产业的过程中，我们也不能一味抱着只重效益的态度，只计较经济利益的得失，还要考虑对藏民族文化产业安全的保护和对藏民族文化的发扬。具体要注意以下四点。

一是从政府层面保护藏族文化产权安全。明确政府在文化产业发展中的主导作用，加大中央和西藏自治区政府在藏民族文化产业发展的资金投入力度。对于正在发展中的藏族文化产业，如拉萨岗地经贸有限公司、西藏优格仓工贸有限公司、西藏帮锦镁朵工贸有限公司、西藏罗占民族手工艺发展有限公司等企业，政府应通过不同的方式和途径对这些文化企业进行扶持。政府可通过贴息贷款、项目补贴、补充资本金等方式，建立文化产业基地，吸引更多的文化企业入驻，促进文化产业领域新技术的研发和新产品的开发。另外，应大幅扩大中央财政扶持文化产业发展专项资金和文化体制改革专项资金的规模。自治区政府应努力完善藏族文化产业发展的基础设施建设，为藏族文化产业的发展提供全方位的保护。

在国家层面上，应建立积极的国家文化安全预警机制。我国在实施了文化产业全方位的开放政策后，文化产业领域的一系列问题也凸显出来。文化作为衡量一国综合实力的重要方面，各国、各企业对文化、文化产业的开发和利用越来越深入。在国际交往中，文化资源已成为全球化背景下国家间利益争夺的重要内容。维护国家的文化安全，提升国家的综合国力，尤其要加强对那些涉及国家文化安全和民族文化传统的产业实施必要的保护。从国家层面上，我们必须制定符合我国国情的文化安全政策措施，充分运用国际组织有关文化产业的相关条款，建立科学有效的文化产业安全预警和防护系统。

通过建立完整、科学、高效的国家文化安全体制，完善文化商品市场及对文化商品市场的监督机制，建立文化产业投资安全风险评估和风险管理体系；通过分析国际文化商品的流动趋势和以各种渠道进入我国文化市场的文化商品可能对我国文化产业、文化市场的发展所构成的威胁，把中

---

① 刘立强：《大力推动我区出版事业繁荣发展》，《西藏日报》2012 年 5 月 19 日。

国文化产业牢牢控制在安全警戒范围内。[①] 藏族文化产业的安全，需要在发展中加以保护，也需要在发展前进行抢救和保护。对西藏非物质文化遗产采取合理的传承、保护方针，应按照相关的标准，对全区的非物质文化遗产普查，摸清现状，制定相应的文化保护规章。目前西藏申报的国家非物质文化遗产项目包含民间文学、传统音乐、舞蹈、戏剧、体育、美术、手工技艺、医药、民俗节目 9 大类，都是具有悠久历史的藏传文化瑰宝，表现出鲜明的民族性和地域性，承载着藏民族延续千年的文明和智慧。[②] 只有及时保护好这些传统文化遗产，才能在接下来的文化产业发展中弘扬、传承好藏民族的优秀民族文化，才能为藏族文化产业的发展提供基础性资源。

建立健全市场经济运行规则下的文化产业发展机制。在今天经济全球化、市场经济体制下，我们努力发展文化产业，就是要在产业化的过程中寻找文化的经济价值。相应的，要在更大程度上发现文化的经济价值，就需要有规范的市场规则进行引导。合理、有序、健全的市场运行规则会给文化产业的发展提供充分的环境，也会为文化产业的发展保驾护航。在成熟的市场体系中，“看不见的手”在修复市场不足时，也可以引导市场主体充分认识到文化产业发展中的不足甚至是安全隐患，以便企业管理者及时修补漏洞，维护文化产业的安全。只有通过政府的宏观引导、微观监控，确保市场经济运行的良好秩序，才能更好地维护文化产业安全。西藏的企业参与市场经济时间短，特别是近几年成长起来的文化产业，仍处于成长阶段，只有在短时间内健西藏市场经济的运行规则，理顺文化产业发展的机制，确保文化实体在经济发展中按照规则经营，才能更好地维护藏族文化产业安全。

保监会于 2011 年 1 月发布的《关于保险业支持文化产业发展有关工作的通知》中，确定由中国出口信用保险公司、中国人民财产保险股份有限公司、中国太平洋财产保险股份有限公司进行这方面的试点经营，期限为两年，试点险种包括演艺活动财产保险、演艺活动公众责任保险、

---

① 张军：《致力文化创新壮大文化产业》，《南方论丛》2002 年第 2 期。

② 索文清：《西藏非物质文化遗产的保护、传承和发展》，《西藏历史与文化论文集》，西藏人民出版社，2009，第 174 ~ 175 页。

演艺活动取消保险、演艺人员意外和健康保险、展览会综合责任保险、艺术品综合保险、动漫游戏企业关键人员意外和健康保险、动漫游戏企业关键人员无法从业保险、文化企业信用保证保险、文化企业知识产权侵权保险、文化活动公共安全综合保险。实践证明，保险业通过推出便捷服务、提供风险保障，支持文化产业发展，对于拓宽保险服务领域、培育新增长点、繁荣文化事业会起到积极的促进作用。但不容否认的是，目前我国文化产业保险市场仍处于“试水”阶段，其潜在的市场空间还有待深入挖掘。①

制定特色文化产业规划。发展文化产业是关乎经济社会发展全局的大事，西藏各地应该抓住时代赋予的机遇，研究制订相关文化发展规划，明确提出藏族文化产业发展的方针、战略、目标、任务、突破口和保护方针，并纳入社会发展总体规划，尽快建立健全相关的法律法规，完善配套的政策和管理办法。② 为此，在制订文化产业规划中，完全有必要也必须独立出相关的部分，对文化产业的安全防护进行研究和论述。一方面可以从西藏自治区政府的角度制定全区的发展规划；另一方面，可以从市级或县级政府的层面，制定更具体的发展规划和保护规划。在第五次西藏工作座谈会上，中央政府明确提出要把西藏建设成重要的中华民族特色文化保护地。为实现这一目标，各级政府应制订切实可行、合理发展的文化产业规划，且规划手段与法律法规应相辅相成，以确保藏族文化产业的安全。

二是从法律法规层面保护藏族文化产权的安全，进一步规范、完善现行的文化产业安全保护法律体系。虽然近年来我国相继制定了《著作权法》《音像制品管理条例》《电影管理条例》《演出市场管理条例》等一系列法律法规，但与美国、日本、欧洲等国家和地区的文化产业法律法规体系相比还不健全。③

在文化资源保护与开发的立法方面，日美、韩国有许多方面值得学习和借鉴。日本仅保留下来的民间祭祀活动仪式就多达几十种，如开河

① 马黎：《保险为文化产业安全买单》，《中国金融家》2012 年第 4 期。
② 罗莉：《藏族特色文化产业发展探析》，《民族经济——民族与发展》，中国经济出版社，2012，第 37 页。
③ 余炳贵、郝良华：《中国国家文化安全研究》，山东人民出版社，2007，第 126 页。

祭、开山祭、樱花祭、温泉祭等。日本自19世纪下半叶便开始了对文化产业的立法保护，1882年发布《关于保存古器旧物的布告》、1898年制定《古社寺保存法》、1928年颁布《国宝保存法》、1950年颁布实施《文化财产保护法》，此外还颁布实施了《自然公园法》等一系列保护文化资源的法规。美国1906年就通过了《古迹法》，授权总统以文告形式设立国家遗址，1935年和1936年分别通过了《历史遗址法》《公园、风景路和休闲地法》。韩国在抵制美国文化入侵过程中，民族文化主权意识猛增。虽然韩国《文化财产保护法》颁布较晚，但韩国对文化资源的保护非常有效。

依法加强对藏族文化产业发展中企业活动的规范管理，加强对藏民族文化产业知识产权的维护，建立健全企业知识产权安全维护的规章制度，自上而下树立正确的维护知识产权的意识。同时，加强企业和自治区政府之间的合作、交流，建立共同合作的防护措施。在文化产业的发展中，及时发现存在的问题和不足，适时研究和制定有关少数民族文化保护和发展的法律法规和政策措施，充分考虑藏民族文化的特殊性，加强对藏民族文化产业安全的专项条款研究。

而在文化知识产权的保护制度方面，一些国家的经验也是值得我们借鉴的，如日本为振兴本国电影文化，促进电影产业的健康发展，于2007年制定了《防止盗录电影法》；2009年4月6日，日本制定的《第三阶段知识产权战略基本方针》对文化产业做出了大量的规定。[①] 美国更是将知识产权看成是文化产业的安身立命之本。为了保护日益发展起来的文化产业，美国采取了一系列法律措施，不断加强国内外的知识产权保护，有效地促进了文化产业的发展。美国在1980年就颁布了《计算机软件保护法》，成为最早采用版权制度来保护软件知识产权的国家。如今，美国软件产业对其经济所做的贡献超过其他任何制造业。

加强对假冒盗版等行为的查处力度。如在西藏旅游产品市场上，一些打着藏毯旗号的境外普通地毯，以低廉的价格和松散的质地，侵蚀着西藏传统手工藏毯的市场份额，政府在接下来的工作中，应加大对这些市场的

① 李本美、刘宝：《我国文化产业投入保障机制存在的问题及其对策研究》，《湖北经济学院学报》（人文社会科学版），2012年第6期。

规范力度和打假力度。2009 年，“全国版权交易共同市场”在北京东方雍和国际版权交易中心正式启动，这也开启了知识产权维权的乂一新阶段。不仅如此，国家财政部会同国家版权局也计划推出版权价值评估体系，为版权交易提供了一套行业标准。

加强对 WTO 及其他国际组织的相关规则的研究。以“文化例外”原则为例，为了对抗美国的“文化自由贸易”理论，法国率先在 20 世纪 50 年代提出了“文化例外”的概念。他们认为，文化产品是特殊产商品，文化产品贸易不能只考虑商业利益，因此不能把规范一般商品的国际贸易协定完全套用到文化贸易领域，应该允许各国采取保护文化个性和文化产业的政策和措施。[①] 这同样启示我们，在参与文化产业发展竞争中，首先要充分研究、吃透相关的规定之后，从规则本身出发，制定符合本国、本地区文化产业发展中产业安全保护的规范，利用国际准则保护文化产业的安全。

三是从企业自身出发保护藏族文化产权安全。文化是一个民族的灵魂，在市场经济中，若不能有效加强对文化的保护，将会对我们传统的优秀文化产生不良的冲击，甚至会影响到意识形态的安全。因此，站在文化产业安全的角度上，在弘扬藏民族优秀文化的同时，我们必须坚持正确的产业发展道路和产业化方针，增强文化产业的安全意识，树立维护文化产业安全的正确观念。

藏族文化特有的原生性、民族性、地域性、宗教性、开放性和兼容性等诸多特点，决定了藏族文化产业发展的先天优势。拉萨岗地经贸有限公司、西藏优格仓工贸有限公司、西藏帮锦镁朵工贸有限公司、西藏罗占民族手工艺发展有限公司等文化产业的代表企业，在发展中就应明确民族间文化的认同性，在兼容吸收外部优秀文化因素的同时，保护好本民族的优秀文化及文化资源，合理利用外部优秀的文化因素，当然也要注意外部文化因素对藏族文化产业的不良影响，在吸收中注意保护，在借鉴中注意维护安全。

面对来势汹汹的西方文化产业巨头，我们别无选择，只有大力传播中华民族的优秀文化，向世界展示中国文化产业的优势，同时在竞争中打造出一大批文化精英企业，在国际市场上与西方文化产业巨头竞争，在竞争

① 涂成林、史啸虎等：《国家软实力与文化安全研究：以广州为例》，中央编译出版社，2011，第 68 页。

中求生存，求发展。[①]

在现行的开放市场条件下，国外文化企业通过高新技术、强大的资本力量、现代化的管理方式和经营理念，携带着众多文化产品进入我国市场，我国的文化产业势必会受到一定程度的冲击。对此，我们应积极参与行业竞争，尽可能多地占领市场份额。在韩流、日流风靡国内市场的状况下，我国的文化企业应加强自身文化产品的开发和创新，争取市场份额。对于藏族文化产业，其独特的产品、独特的工艺、独特的原料，在市场上有着无法比拟的巨大优势，这些企业在发展中除了创新和研发外，更多的是要注重对企业相关文化产权的保护和对文化产业安全的维护。

企业在发展文化产业时，应时刻把握行业的各种动态，可以设立专门的机构负责收集、整理企业所从事的文化产业的发展现状、问题及动态，也可以在海外设立分支机构，对于国外企业的侵权行为，中国企业应及时发现，及时采取相应的维权措施。

西藏文化产业在发展中，相关企业应积极向政府寻求扶持和补贴，以提高企业自身的竞争力。在藏族现存的文化产业中，有部分企业起步于小作坊式的经营模式，文化内涵丰富但起点低，历史悠久但抗风险能力弱，立足于本土市场但海外需求较大。在这样的背景下，发展藏族文化产业必须争取政府在多方面的补贴和扶持力度。这样不仅能促进产业的发展，也可以壮大企业的实力，增强企业的自身保护力度。如欧盟早在1990年就开始实施“媒体计划”，通过对相关企业的财政补贴和政策扶持，支持这些企业参与国际市场上的竞争，企业自身需求得到了满足，这就大大提高了这些文化产业的实力以及在国际市场竞争中的安全度。

四是发挥行业协会的作用，保护藏族文化产权安全。文化产业的繁荣发展离不开政府的宏观指导，也离不开行业协会的自律规范。行业协会这样的组织机构对于文化产业的发展有着灵活机动的特点，可以充分弥补政府在市场经济发展中对文化产业宏观管理上的不足。像西藏自治区工艺美术协会这样的组织，一方面通过组织机构的完善、规范，建立了一套系统的行业规章制度，把发展文化产业中的不足和问题都写进了规章制度中；

---

① 欧阳有旺、郭炳南：《中国文化产业对外开放策略》，《大国策文化产业发展策略》，人民日报出版社，2009，第114页。

另一方面，通过行业协会的有效组织和联系，把众多分散的中小企业单位联系在一起，形成行业集团式的组织结构，对分散的中小企业和机构进行统一的管理，集中行业实力，不论是在维权还是其他方面，都能产生行业的抱团性质，可以有效地维护企业的权益，支持企业的发展。

在发展藏族文化产业的过程中，众多行会组织都发挥了其应有的作用。如中国西藏文化保护与发展协会连年组织了多种文化论坛和文化活动，2006 年在北京举办了首届中国西藏文化论坛，2007 年在尼泊尔加德满都举办了第二届中国西藏文化论坛。在 2011 年“第三届中国西藏文化论坛”上，来自中国、美国、英国等 17 个国家和地区的藏学家参加了主题为“西藏非物质文化遗产的传承与发展”的研讨。除此之外，国家政府和一些 NGO（非官方组织）先后在北京、拉萨、台湾及美国、日本一些国家和地区举办“新西藏”“格萨尔千幅唐卡”“西藏文化周”“西藏艺术与考古”等西藏文化文物展，西藏与有关学术机构联合举办“北京国际藏学讨论会”“藏学珠峰论坛”等一系列学术研讨会，有力地推动了西藏文化的保护与发展事业不断蓬勃发展。[①] 还有如西藏自治区工艺美术协会，对西藏传统手工艺文化、艺术的保护和传承起到了极大的促进作用。该协会通过多次展览，不仅向外界很好地展示了西藏的精湛艺术品，同时也有力地把西藏的文化推向全国。在这些行会组织的努力下，西藏文化产业也打开了向外宣传、发展的新思路。

通过相关领域的学术研究机构的理论研究和创新，以及向文化产业安全保护做得很有成效的国家学习和借鉴，研究其他国家发展文化产业中采取的措施和手段，并结合我国文化产业领域的现有状况和形式，提出符合藏族文化产业安全健康发展的理论和其他建议。如国家通过对专业领域人才的培养，形成专业的理论研究和创新发展团队，找出文化产业发展中的不足和非安全因素，在产业发展的实践中为文化产业的安全健康发展提供理论保障。拉萨市在发展藏族文化产业的时候，可以借助西藏大学、西藏民族学院、西藏社会科学院等科研机构的学术研究力量，结合相关企业乃至产业发展中的安全等问题，组成藏族文化产业安全问题研究小组，在各领域专家实地调查研究后，对企业存在的问题进行梳理和论证，由此制定

① 常凌翀：《西藏文化产业发展及其研究综述》，《民族论坛》2012 年第 5 期。

相关的安全保护建议和理论政策。

总之，藏族文化产业的安全保障问题是发展藏族文化产业必须首先考虑的问题之一。只有在产业安全健康发展的前提下，才能更好地规划文化产业的发展方向、发展思路等。藏民族的文化是中华五千年优秀文化的重要组成部分，经历过历史的积淀和现实的洗礼。藏文化如何在保护中传承，在传承中保护已显得至关重要。

三　藏族文化产业的目标

西藏发展文化产业的总体目标应该是提升文化软实力，以促进藏族文化、经济的大发展。文化软实力是加快区域经济社会发展的重要途径，也是提升西藏形象的需要。西藏作为欠发达地区，在吸引投资、实现资源优势向经济优势转变过程中，没有文化等软环境支撑，硬环境再好也难以发挥作用。提升文化软实力对于西藏的稳定发展具有重要意义。西藏要抵御西方敌对势力和达赖集团的干扰和破坏，必须以共同的理念和价值观来协调内部关系，用中华文化的吸引力和感召力来凝聚全社会。

西藏自治区政府在《关于推动文化大发展大繁荣的决定》中指出："到2015年，文化产业在全区生产总值中的比重力争达到3%以上。到2020年，文化产业成为西藏支柱产业，为推进西藏跨越式发展和长治久安提供强大动力和文化支撑。"

（一）着力发展特色文化产业

西藏自治区政府编制了《西藏自治区文化产业发展规划（2011～2020)》，重点发展文化创意、文化旅游、影视制作、演艺娱乐、出版发行、民族手工艺、高原极限运动等西藏特色文化产业。促进文化与旅游相结合，打造各类文化旅游品牌，提升旅游文化品位；促进文化与科技、金融、生态、特色产业有机结合，培育特色产业的文化品格，提升特色产业和产品的文化附加值。实施文化产业"标准化"战略，制定文化旅游资源的等级标准和保护、使用、合作办法，制定文化工艺品的制作生产鉴评标准；实施重大文化产业项目带动战略，规划建设民族文化产业发展园区、文化传播基地和"一江三河"民族文化产业带等重点文化产业项目。建设自治区文化产业项目库，挖掘自然和人文资源，进行“一县一业”“一乡一品”的小规模、大群体开发，选择一批特色鲜明、前景良好、具备实施条件的重点项目给予政策和资金支持。

（二）培育和扶持重点文化企业

培育具有较强实力和竞争力的国有或国有控股的骨干文化企业，形成文化市场主体。大力发展各类“专、精、特、新”文化企业，培育一批民营龙头文化企业。吸引非公有资本进入政策许可的文化产业领域，鼓励以知识产权等非货币财产出资创办中小创新型文化企业。支持文化企业跨地区、跨行业投资经营，积极鼓励、支持文化企业做大做强，条件成熟的可组建文化企业集团。鼓励成熟的文化企业产品走出去。推动文化产品深加工，不断拉长产业链。

文化产业有传统文化产业与新兴文化产业之分。传统文化产业包括电影、演出、图书、音像、艺术品等文化产品形式，新兴文化产业包括网络、游戏、动漫、流媒体等文化产品形式。从西藏特殊的实际情况出发，西藏在传统文化产业发展方面具有一定的优势和潜力，而在新兴文化产业发展方面并不具备优势。因此，大力发展传统文化产业将成为目前西藏文化产业的重点。

（三）建立和完善现代文化市场体系

加快建立统一开放、竞争有序、健康繁荣的现代文化市场体系。培育演出市场、文物市场、文化娱乐市场和艺术品市场，发展现代流通组织形式，推进连锁经营、物流配送，建立文化经纪、影视产品、音像制品、电子出版物、艺术品、演出剧目的现代市场营销体系。发展文化经纪、代理、评估、鉴定、推介、咨询、拍卖等中介组织，成立文化产业协会等行业性组织。引导区内文化资源与区外资金、市场、人才的有机整合，探索对西藏自治区品牌文化资源的许可经营、托管经营、授权经营、对接合作经营等多种运作方式，搭建资源互补互惠互利的共赢服务平台。探索重大出版选题、优秀电视电影、文艺剧目等核心资源的经营管理模式，充分尊重文艺创作规律和特点，利用市场规则和制度管理文化项目，重大项目面向社会公开招标。建立完善文化项目审查制度、文化资源有偿使用制度和文化项目成本控制制度。

总之，从科学发展观出发，就建设社会主义现代化西藏、建设西藏先进文化、壮大西藏文化实力而言，本课题组认为应从时代机遇与文化自身的本质特性结合，充分继承和发挥藏民族文化中的优秀成分，推动西藏文化产业的发展。西藏传统文化要在社会发展新现实条件下实现批判性继承，也要积极引入现代文明，推动现代文明与西藏传统文化的融合，将西藏文化真正纳入全球文化发展的大潮流中。

四　藏族文化产业的发展总体思路

积极发展藏族文化产业，可以对藏族特色文化起到宣传的作用，同时全面提升藏族文化产业核心竞争力，成为西藏经济新的增长点。藏民族的特色文化具有明显的地域性与多样性，传统与现代结合是藏族文化产业向前、光大和进步的必由之路。

青藏高原的自然环境和地理条件决定西藏走大规模、全方位的自然资源开发的路子是行不通的。在这种情况下，西藏各地必须找准自己的比较优势，实施与其他地区“差别化”“错位化”的发展路线，立足于特色资源，发展特色产业。

（一）正确处理与政府和市场的关系

在藏族文化产业发展过程中，政府对藏族文化的发展需要有长期的战略性规划，要以文化作为发展藏族经济的重要动力，有效和合理地对其进行运用和发展。一方面，政府对文化遗产按照“分级管理、分级负担、地方为主、逐级配套”的原则，使各文化遗产得到有效的保护。胡锦涛指出：“世界各国都有自己独特的文化和自然遗产，它们不仅是各国、各民族的宝贵财富，也是全人类的宝贵财富。……加强世界遗产保护已成为国际社会刻不容缓的任务。这是历史赋予我们的崇高责任，也是实现人类文明延续和可持续发展的必然要求。”[①] 另外，在藏族文化产业的发展中，政

① 《胡锦涛致第28届世界遗产委员会会议的贺辞全文》，http：//news. sina. com. cn/c/2004－06－28/18412931696s. shtrnl，最后访问日期：2004年6月26日。

府给予企业资金、技术、咨询、信息上的帮助与扶持，特别是对中小企业的发展，要给予政策上的优惠，如税收、贷款方面的优惠，使藏族文化产业的生产和销售渠道顺畅，开发更多的投资渠道和吸引更多投资者的积极性。目前，整个西藏的市场建设都还十分落后，市场体系不完善，基础设施也不配套，一定要重视藏族文化市场的建立健全，为文化产业长期发展提供广阔空间。无论政府还是市场都应广开渠道，多方筹集保护资金。对于可以取得收益的文化产业发展项目，在维护国家权益和文化遗产安全的前提下，可按谁投资谁受益的原则，广泛吸引社会资金，大力倡导一些部门和企事业单位，以资金投入或技术设备投入等形式直接参与文化产业的发展。

（二）重点发展具有示范效应的文化产业品牌，打造特色文化产业链

西藏的文化产业发展空间很大。打造藏族文化精品，培育知名文化品牌，对藏族文化产业发展起着至关重要的作用，并可通过富有特色的文化产品，把藏族文化向世界传播。发展藏族文化产业要有一个国际性的视野，才能把文化产业培育成为西藏经济发展的新增长点。在整个西藏，藏族文化的民间基础深厚，有很多资料性的东西需要整理，也有很多艺术门类需要被产业化。许多文化产业都可以走一条生产性保护之路，即“传承—创新—发展—保护”的模式，成立集传统艺术与现代实用工艺品开发设计、生产加工、产品存储、销售和服务为一体的综合性法人企业，从产品的策划、创意、制作、包装等各个环节着手，积极培育具有地方民族特色的文化品牌。

（三）深化文化体制改革

西藏独特的文化优势决定了其文化体制改革的方式。目前，西藏有着非常丰富的文化资源，具有发展文化产业得天独厚的条件以及实现文化经济、经济文化现代化的核心优势。但是西藏文化体制的改革还没有完全找到适合自己的发展之路，既不能完全模仿内地模式，更不能在市场经济的发展中推动自身的特色和优势。改革文化体制，必须首先完善文化政策，形成适应社会主义市场经济体制要求的文化运作机制，这是建立社会主义文化新体制的关键；通过改革，进行文化资源的整合，实现文化资源的综

合利用；通过改革，加大文化结构的调整，形成多种所有制文化共同发展的格局。

（四）制定特色文化产业规划

发展文化产业是经济社会发展全局的大事，西藏应该抓住时代赋予的机遇，研究制订相关文化发展规划，明确提出藏族文化产业发展的方针、战略、目标、任务和突破口，并纳入社会发展总体规划，尽快建立健全相关的法律法规，完善配套政策和管理办法。在制订产业规划时，必须与政策导向、财政支持、法规管理、市场培育等相结合。

一要从整体定位出发，规划出培育和发展的重点文化产业门类。重点文化产业门类具有规模生产和市场扩张能力，对整个文化产业的发展具有举足轻重的影响，所以，要把握全部和整体的观念。任何已具备文化产业性质又蕴含文化资源的项目设计，都要根据整体的文化定位，并由此进行铺展与延伸，将文化的增长点变成增长面和增长线。发展西藏文化产业，要从实际出发，适应文化发展趋势和规律，把旅游、演艺、工艺、餐饮等产业作为藏族文化产业发展中的重点部类。

二是利用民族文化品牌，不断进行相关延伸性开发。这就要求开展文化消费调查，根据海内外多样性、个性化的文化市场消费需求，以市场为导向，开阔思路，挖掘潜力，拓宽领域，开发出不同类型的、具有鲜明文化个性和民族特色的文化旅游产品，促使潜在的文化资源优势变为现实的经济优势，形成文化产品延展性开发的新格局、新体系。同时还要不断培养文化消费主体，活跃文化市场，拓展文化产业的发展空间。[①]

（五）加强国内外合作，按照现代企业的要求进行发展

加强与国际、国内的合作，培育能驾驭藏族文化资源、又具有国内外竞争力的微观经济主体。坚持“纵向驱动，横向联合”，鼓励规模经营专业化协作，促进文化产业各行业形成适合自身特点的组织结构。按照现代企业制度的要求，规范文化生产单位的组织形式，形成合理的法人治理结构和经营管理制度，建立开放性的创新发展机制。鼓励打破地区、部门的

---

① 许广智：《西藏传统文化与社会可持续发展的关系》，《西藏研究》2007 年第 11 期。

分割，通过兼并、联合、重组等形式，形成一批跨地区、跨部门、跨所有制乃至跨国经营的大型文化企业集团。同时，积极鼓励文化中介机构的发展，推进集约化、系统化、网络化的营销服务，鼓励其向集团化、网络化、品牌化方向发展，培养、打造一批具有一定影响、拥有著名文化品牌、有较强竞争力的大型文化经纪机构，为文化产业高规模化、专业化方面发展创造条件。

（六）培育与引进文化产业的专业人才

任何一种优秀的文化从被人逐渐认识到长盛不衰，离不开一代代人的辛勤付出。如何让藏族文化事业在现代社会能够节节升高，也是一个长期的、不能避免的问题。笔者认为，首先必须继续加强对传统民族文化的保护与创新，注重对优秀区域文化传承人的支持力度，让这些艺术形式保持长期旺盛的生命力。同时，文化产业的运作需要大量熟悉文化产业经营管理业务并掌握市场规则的人才队伍，需要大量文化创作、文化经纪、文化科技创新、策划等专业队伍。培养一支高素质的人才队伍是藏族文化产业发展一个关键。现在藏族文化产业的专业化人才极为缺乏，因此，一方面，政府要出台政策措施，加大人才引进的力度；另一方面可以通过对现有人才队伍加强培训、鼓励文化产业单位与高校联合等措施，努力培育结构合理、素质优良、富有活力的专业化人才群体。

（七）注重各族聚居藏区之间在文化产业上的协调发展

为配合西藏地区建设特色文化保护地，我国其他藏区如何发挥其应有的作用也是十分重要的。藏区在历史上分为卫藏、安多、康三个区域，都具有共同的藏族文化形态，各区域藏族的宗教信仰、语言文字、生活习惯、风情习俗、民族认同感、共同的心理素质等都没有太大的差别，比如康巴文化作为藏文化的发源地之一，也深刻影响其他藏区文化的形成与发展。各藏区在历史上，都有千丝万缕的关系，发展藏族文化产业绝不是某一个区域的职责与任务，而是整个藏区的共同需要。各藏区应不断开拓和发展的优势产业，实现资源共享、共同发展；在藏族文化产业的发展方面尽量达到协调一致，资源共享，风险共担，利益上各获其利，努力寻求符合各区域利益的合作与发展机会，以促进藏族文化产业在各藏区都能得到合理、科学的开拓与发展。

总之，2010年初，中央召开的第五次西藏工作座谈会提出，要把西藏建设成为“重要的中华民族特色文化保护地、重要的世界旅游目的地”，无疑为西藏和其他藏区的藏族特色文化产业发展提供了难得的历史机遇。虽然中央提出了使西藏地区成为特色文化保护地的方向，同时也考虑了其他藏区的发展方向，笔者认为发展藏族文化产业，应该立足于藏族特色文化资源，在保护资源的前提下，力争使文化优势转变为经济优势，努力使藏族文化特色产业成为推动藏区经济发展的一个新的经济增长点。

参考文献

[1] 安玉琴、徐爱燕、刘静静：《西藏文化旅游资源开发现状探析》，《西藏大学学报》2009 年第 12 期。
[2] 才让：《藏传佛教——信仰与民俗》，民族出版社，1999。
[3] 陈崇凯：《西藏地方经济史》，甘肃人民出版社，2008。
[4] 陈靖滨：《关于加快拉萨旅游产业化进程的思考》，《西藏发展论坛》2006 年第 5 期。
[5] 陈军里：《西藏文化产业的现状、问题和发展思路》，《开发研究》2005 年第 3 期。
[6] 陈茜：《苗族蜡染文化传承中的政府扶持研究——以贵州省 A 市为例》，《中南民族大学》2011 年第 6 期。
[7] 陈庆德、马羽炜：《文化经济学》，中国社会科学出版社，2007。
[8] 陈少峰、张立波：《文化产业商业模式》，北京大学出版社，2011。
[9] 程忠红、韩富贵：《西藏民俗文化的旅游表达及旅游开发模式构想》，《西藏大学学报》2010 年第 5 期。
[10] 丹增：《文化产业发展论》，人民出版社，2005。
[11] 丹珠昂奔：《藏族文化发展史》，甘肃教育出版社，2000。
[12] 单世联：《文化产业研究读本·西方卷》，上海人民出版社，2011。
[13] 董昌俊：《"十二五"西藏自治区将出台优惠政策扶持藏医药事业》，《西藏商报》2010 年第 11 期。
[14] 〔法〕布迪厄：《文化资本与社会炼金术》，包亚明译，上海人民出版社，1997。
[15] 耿香玲：《西藏旅游发展中的负外部效应及其内化研究》，《西藏大学学报》2012 年第 3 期。

[16] 耿香玲、刘士岭：《西藏地区发展文化产业的比较优势探析》，《西藏大学学报》2004 年第 6 期。
[17] 胡惠林：《我国文化产业发展战略理论文献研究综述》，上海人民出版社，2010。
[18] 花建：《区域文化产业发展》，湖南文艺出版社，2008。
[19] 贾春峰：《文化力》，人民出版社，1995。
[20] 蒋燕：《文化产业“跃升”到国家战略层面》，《当代广西》2009 年第 11 期。
[21] 金硕仁：《民族文化产业不能片面市场化》，《中国人大》2010 年第 5 期。
[22] 孔誉璇：《走进青海唐卡艺术之乡》，《上海工美艺术》2007 年第 3 期。
[23] 拉萨市工业与信息局：《拉萨市藏药藏毯产业发展工作设想》2011 年第 2 期。
[24] 李坚尚：《西藏手工业调查研究》，中国藏学出版社，2000。
[25] 李康化：《文化产业研究读本 · 中国卷》，上海人民出版社，2011。
[26] 李孟刚主编《产业经济学》，高等教育出版社，2008。
[27] 廖育群、华觉明：《传统手工技艺的保护和可持续发展》，大象出版社，2009。
[28] 林日葵：《艺术经济学与文化产业新论》，中央文献出版社，2011。
[29] 林志文、周银钗：《泽雅造纸》，中国戏剧出版社，2010。
[30] 刘庆顺：《西藏成立专项资金支持 10 项文化产业发展》，《西藏日报》2011 年 12 月 8 日。
[31] 刘巍：《传统手工艺的历史、现状与保护传承的探讨——以对徽墨制作技艺及徽墨业的研究为例》，博士学位论文，中国科学院研究生院，2008。
[32] 刘妍、陈世江、胡大凯：《西藏旅游产业发展现状研究》，《西藏大学学报》2009 年第 7 期。
[33] 罗莉：《藏族特色文化产业发展探析》，刘永佶主编《民族经济》，中国经济出版社，2012。
[34] 罗莉：《藏族文化产业的定位与发展》，《西南民族大学学报》2005

年第6期。
[35] 罗莉：《藏族经济》，巴蜀书社，2004。
[36] 罗莉：《简析西藏特色资源与绿色产品》，《西藏民族学院学报》2004年第3期。
[37] 〔美〕M. 塞缪尔·亨廷顿：《文明的冲突与世界秩序的重建》，周琪、刘绯、张立平、王圆译，新华出版社，1998。
[38] 尼玛潘多：《西藏文化踏上产业发展之路》，中国西藏新闻网，2011年11月28日。
[39] 牛春颖：《论藏族工艺品的文物价值》，硕士学位论文，中央民族大学，2006。
[40] 潘久艳：《全国援藏的经济学分析》，四川大学出版社，2009。
[41] 彭岚嘉：《中国西部文化产业战略选择》，中国社会科学出版社，2009。
[42] 彭岚嘉、黄怀璞等：《中国西部文化产业发展战略选择》，中国社会科学出版社，2008。
[43] 祁述裕：《中国文化产业发展战略研究》，社会科学文献出版社，2008。
[44] 祁述裕、韩骏伟：《新兴文化产业的地位和文化产业发展趋势》，《产业经济》2006年第5期。
[45] 强巴遵珠：《藏纸生产工艺的抢救与发展过程》，民族出版社，2010。
[46] 乔秀花：《唐卡艺术品产业化发展对策》，《攀登》2008年第4期。
[47] 商子庄、姜云宁：《藏式手工艺鉴赏与收藏》，湖南美术出版社，2010。
[48] 施惟达：《民族文化与产业化发展》，云南大学出版社，2011。
[49] 施正一：《广义民族学》，民族出版社，2006。
[50] 施正一：《民族经济学教程》，中央民族大学出版社，2001。
[51] 孙继琼：《民族手工业村经济与社会发展——西藏山南地区贡嘎县杰德秀居委会调查报告》，社会科学文献出版社，2010。
[52] 庄万禄主编《中国少数民族经济研究论纲》，民族出版社，2013。
[53] 孙晶：《文化霸权理论研究》，社会科学文献出版社，2004。
[54] 孙克勤主编《世界旅游文化》，北京大学出版社，2007。
[55] 孙是炎：《文化力：横店的启示》，中国中央党校出版社，1995。

[56] 索代:《藏族文化史纲》，甘肃文化出版社，1999。
[57] 索朗措姆:《山南邦典民俗文化研究》，硕士学位论文，西藏大学，2010。
[58] 田富强:《西藏藏传佛教文化旅游开发战略及对策试析》，《贵州民族研究》2011年第2期。
[59] 王珂:《西藏自治区旅游业可持续发展问题初探》，硕士学位论文，中央民族大学，2005。
[60] 王文章:《非物质文化遗产概论》，教育科学出版社，2008。
[61] 王亚欣、曹利平:《论西藏旅游产品的深度开发》，《地理与地理信息科学》2009年第2期。
[62] 王亚欣:《当代藏传佛教文化旅游研究》，博士学位论文，中央民族大学，2011。
[63] 旺堆次仁主编《拉萨》，中国建筑工业出版社，1995。
[64] 旺希卓玛:《拉萨市近10年旅游业的发展及广阔前景》，《西藏研究》2007年第2期。
[65] 郭京福、毛海军编著《民族地区特色产业论》，民族出版社，2006。
[66] 西藏自治区文物局编《西藏自治区"十二五"时期文物事业发展规划》，2012年。
[67] 向勇:《北大文化产业前沿报告》，群言出版社，2004。
[68] 罗莉、拉灿:《西藏50年·经济卷》，民族出版社，2001。
[69] 谢元鲁:《旅游文化学》，北京大学出版社，2007。
[70] 徐博、李洪磊:《"把这门手艺发扬好"——访刺绣唐卡传承人》，新华网，2011年6月30日。
[71] 徐加存:《帕廓街唐卡作坊考察》，硕士学位论文，首都师范大学，2007。
[72] 许丽丽:《西藏唐卡投资新风向》，《东方艺术》2007年第5期。
[73] 姚伟钧等《从文化资源到文化产业——历史文化资源的保护与开发》，华中师范大学出版社，2012。
[74] 叶朗:《中国文化产业年度发展报告》，北京大学出版社，2010。
[75] 艺衡:《文化主权与国家文化软实力》，社会科学文献出版社，2009。
[76]〔英〕费雷德·英格利斯:《文化》，韩启群、张曾宁、樊淑英译，

南京大学出版社，2008。
[77] 苑捷：《当代西方文化产业理论研究概述》，《马克思主义与现实》2004 年第 1 期。
[78] 扎呷：《西藏传统民族手工艺研究》，中国藏学出版社，2005。
[79] 张岱年、方克立：《中国文化概论》，北京师范大学出版社，1994。
[80] 张佼、王双进、郭军瑞：《我国文化产业研究综述》，《产业经济》2010 年第 1 期。
[81] 张明：《西藏的手工业和工艺品》，中国藏学出版社，1996。
[82] 张世文：《拉萨历史文化之旅》，西藏人民出版社，2007。
[83] 赵树明、许立：《以主导产业认识西藏旅游产业的若干思考》，《西藏发展论坛》2010 年第 2 期。
[84] 郑明高：《产业融合：产业经济发展的新趋势》，中国经济出版社，2011。
[85] 中国社会科学院民族研究所等编著《西藏的商业与手工业调查研究》，中国藏学出版社，2000。
[86] 左惠：《文化产品供给论》，经济科学出版社，2009。

后 记

本书是在本人所承担的2010年国家社科基金重大特别委托项目“藏族文化产业模式研究”（项目编号为XZ2013）的基础上修改成书的，现项目已结项。

在课题即将结尾之际，笔者迟迟舍不得画上句号，并几易其稿，反复修改。从事藏族文化产业的研究是近年来笔者深感有意义的一件事情。研究文化是一件非常有价值且有趣的事情，更何况探讨的是西藏文化。文化部部长蔡武先生曾说“文化是一个民族的面孔和心灵”。今天，许多人都对地处“世界屋脊”的藏民族充满好奇，觉得这样一个在世界上仅有的在古代时期就受到世界两大文明（印度恒河文明、中国长江和黄河文明）以及本地宗教（本教）的冲击和交融的“极地”（以藏传佛教为核心）文化，它必定与一般地区的文化有所区别。

文化本来就是体现人类征服自然战胜自然的智慧结晶，而西藏文化所体现的则是藏民族征服“地球第三极”——“世界屋脊”这个世界上独特的自然地形所产生的人类文明。“世界屋脊”，因为她的高、远以及她亘古的力量和与时俱进的发展，充满了神秘与魅力，人们崇拜她又莫名地敬畏她。西藏文化向世人彰显着各种魅力，成为人类社会少有的被世界各地民族都崇拜、向往、追寻的一种民族文化，一朵世界文化领域中的奇葩。一提到西藏，人们自然联想到雄伟圣洁的布达拉宫和神秘的藏传佛教，而对其文化精髓却知之甚少。事实上，充满底蕴的西藏文化虽丰富多彩，但就如西藏自治区文化厅王胜处长所说：“本来好酒不怕巷子深，可是西藏的文化是好酒也怕巷子深!”的确，西藏文化深邃厚重，认识西藏文化的“巷子”太深了，而西藏文化也太需要让这个世界去了解和分享。本书以“西藏文化产业发展探析”为题，希望对西藏这个世界文化宝地和中华民族的特色文化保护地从文化产业的视角加以认识和研究。

本课题组分别于2011年、2012年、2013年的夏天三度奔赴西藏，深入开展西藏文化产业的研究，还曾于2010年深入四川甘孜藏族自治州康定县营官村，2011年深入拉萨市城关区纳金乡塔玛村进行以“藏族乡村文化”为主题的调查和研究。在西藏，我们分别走访调查了西藏藏药厂、拉萨地毯厂、藏香企业优格仓、两个国家文化产业示范基地岗地和古艺、藏毯企业帮锦镁朵、藏药企业金哈达、藏纸企业彩泉福利厂、上市企业西藏旅游股份有限公司、藏餐企业玛吉阿米、藏族风情园——娘热风情园、松赞干布出生地墨竹工卡甲玛沟、拉萨城关区纳金乡塔玛村、达孜工业园、西藏出版集团、西藏商报、藏饰产品销售店卓番林、山南贡嘎杰德秀围裙农民专业合作社，并与各企业的负责人进行了深入的访谈和交流，如与强巴遵珠（彩泉）、优格仓·龙日江（优·敏芭）、多吉顿珠（岗地）、达娃顿珠（达氏集团）、罗布斯达（唐卡传人）等文化产业负责人的交流，让我们更加了解西藏文化产业的底蕴和文化内涵。西藏自治区文化厅还组织我们观看了大型歌舞练《幸福在路上》。每一次实地考察，每一次访谈，我们都深深为藏族文化产业的发展而自豪，深切体会了西藏传统文化与现代文化产业共同奏响的乐章，亲自感受到藏民族热爱自己的文化事业并为之奋斗的信念和决心。布达拉宫、大昭寺、八廓街、雍布拉康……无不让人震撼和回味。拉萨河畔的美景，雪顿节的热闹，藏药的神奇，唐卡的魅力，藏族歌舞的神韵，藏纸、藏香的传说……西藏这块文化热土是那样底蕴深厚，这些都深深嵌入师生的脑海里、心田中，挥之不去，回味无穷，荡涤心灵。我们惊叹高原人民搏击自然、战胜自然的神圣力量和发展轨迹，我们深为当地藏族人民善良、纯朴的奋斗精神所感染。这里的发展取得的任何一点成绩都要付出比任何一个地方多得多的智慧和力量，然而，藏族人民积极乐观地坚守在“世界屋脊”，的确给世人太多的启迪，甚至影响人们重新去认识生命的价值和意义。

西藏今天的文化产业有所发展，并开始呈现欣欣向荣的发展态势。西藏的文化产品和产业作为西藏文化的重要组成部分，魅力无限，浩瀚无穷。随着“西藏文化热”的兴起，西藏文化产品深受市场欢迎，推动了西藏文化和市场的发展。虽然今天西藏的文化产业与内地其他地区特别是文化产业发达的地区相比差距非常明显，企业规模有限，生产周期长，并侧重传统手工艺生产，成本高，文化产品市场供不应求，文化市场占有率仅20%左右，但西藏文化产业发展潜力巨大，优势明显。今天西藏文化产业面临的真正问题主要是观念问题，就是如何使西藏的文化资源优势转化成经济发展优势。我们相信，随着西藏文化产业的发展，会生产出越来越多的反映西藏文化精髓的产品，藏族文化的精髓会得到越来越广泛的传播和交流，西藏文化产业也会迎来自己应有的发展规模和空间。

西藏，真的是让人很难用语言去诉说、用文字去表达的一个神圣之地，它会促使人们发自肺腑的深思，也会让人不自觉地被感染。课题组所有成员都觉得能为西藏敬献一份微不足道的力量，深感幸福和幸运。对于西藏文化产业的探索犹如对西藏文化的认识一样任重而道远。如何让人们更加全面、客观、辩证地去认识西藏文化产业，反映西藏文化产业发展的真实风貌，体现其在“藏文化热”中独特的作用及方向。为其出谋划策，是我们不断努力的一个学术研究方向。目前，学术界完整、系统地探讨藏族文化产业的研究还十分有限，本课题算是为此做了一点力所能及的探索，至少可以弥补我国民族文化产业特别是西藏文化产业这个研究领域上的不足与空缺。我们对于西藏文化及其产业发展的认识程度、深度和广度都还十分有限，因为藏族文化产业博大精深，需要人们从多种角度、多个领域去发现、去探索、去研究。虽然我们的探讨还十分稚嫩，但我们已迈出了第一步，以后的第二步、第三步……将更稳、更扎实、更深入，这是课题研究带给我们的思索，也为我们设定了以后的奋斗目标。

感谢国家社科基金重大特别委托项目“西藏历史与现状综合研究项目”的领导小组、专家委员会和办公室的信任，将这样具有重要意义的课题赐予笔者！我们在西藏的调研得到了西藏自治区政协、自治区党委宣传部、自治区民宗委、自治区文化厅、西藏文化促进会、西藏工艺美术协会、拉萨市委组织部、拉萨市旅游局、拉萨城关区等有关部门的大力支持和帮助，才使我们的调研得以顺利进行，在此深表感谢！感谢中央民族大学经济学院、科研处等部门的大力支持。参与课题研究但未列入作者名单的还有中央民族大学经济学院中国少数民族经济专业的几位研究生，他们是：羌洲（藏族）、彭措卓玛（藏族）、白玛玉珍（藏族）、才让珠玛（藏族）、扎西加（藏族）、司南多吉（藏族）、王雯雯（藏族），虽然今天他们都各自走上了自己的工作岗位，但他们为自己民族产业发展的研究都做出了应有的努力，付出了很多。

这里要特别感谢所有直接参与撰写的师生们，他们不仅要克服高原反应等诸多身体上的不适，从不叫苦喊累，还在西藏进行了大量的实地调研，收集和整理了大量的第一手资料，同时在撰写过程中更是付出了许多的汗水和心血。应该说如果没有他们的积极参与和配合，我个人是很难在这么短的时间里完成这样大工作量的课题。在此，作为他们的老师和导师，我获得的是巨大的满足和欣慰。

同时要深深感谢社会科学文献出版社为此书付出心血的编辑同志们，你们的辛勤劳动以及高度的责任心和谨慎细致的工作作风都令我们感动，是我们学习的榜样，也是这本书能够成书出版的前提保障！这里还要感谢我们引用的大量署名和没有署名的文献的作者，以及知网，感谢刊发西藏文化信息的新华网、人民网、中国西藏新闻网、西藏文化网、藏人文化网、《西藏日报》、《中国藏学》、《中国西藏》和《西藏研究》等。

最后，我想表达的是，对于西藏文化特别是西藏文化产业，人们了解甚少，本书力图以深入浅出的方法，以中华民族特色文化保护地——西藏为载体，全面梳理和介绍凡是能够体现藏民族文化及以此为依托发展起来的文化产业体系，它们既体现传统文化的风韵，也彰显现代的气息，它们是“世界屋脊”的根和魂，是伴随藏民族征服高原、战胜高原，代代传承、永不停止和可歌可泣的人类文化宝库的奇葩。文化永远都是厚重的，需要用心体会，它在带给我们快乐的同时也将给我们以启发，愿读者尽情享用这份西藏文化大餐。我们也是抛砖引玉，希望更多人来关注和研究西藏文化及其产业。

笔者更加怀念在藏区工作一生的父母，如果他们看到笔者所取得的丁点成绩和收获一定会含笑九泉。笔者也更加感念敬爱的导师施正一教授，他至今身陷病榻，但他对民族经济发展事业充满了敬重和热爱，一直是笔者学习的榜样，相信他一定会为自己学生的努力而欣慰。感谢我的家人，他们一直大力支持和帮助我完成各项工作和任务。

探索西藏文化产业是重要的事，快乐的事，幸福的事！笔者将用余生领着学生们一直走下去……

罗　莉

2014 年 8 月

图书在版编目(CIP)数据

西藏文化产业发展探析/罗莉主编. —北京：社会科学文献出版社，2015. 1
（西藏历史与现状综合研究项目）
ISBN 978 - 7 - 5097 - 5473 - 3

Ⅰ. ①西… Ⅱ. ①罗… Ⅲ. ①文化产业 - 产业发展 - 研究 - 西藏 Ⅳ. ①G127. 75

中国版本图书馆 CIP 数据核字（2013）第 311350 号

· 西藏历史与现状综合研究项目 ·
西藏文化产业发展探析

主　　编 / 罗　莉

出 版 人 / 谢寿光
项目统筹 / 宋月华　周志静
责任编辑 / 卫　羚　周志宽

出　　版 / 社会科学文献出版社 · 人文分社（010）59367215
地址：北京市北三环中路甲 29 号院华龙大厦　邮编：100029
网址：www. ssap. com. cn
发　　行 / 市场营销中心（010）59367081　59367090
读者服务中心（010）59367028
印　　装 / 三河市尚艺印装有限公司

规　　格 / 开　本：787mm × 1092mm　1/16
印　张：30. 25　字　数：552 千字
版　　次 / 2015 年 1 月第 1 版　2015 年 1 月第 1 次印刷
书　　号 / ISBN 978 - 7 - 5097 - 5473 - 3
定　　价 / 138. 00 元